ESQUISSE D'UNE HISTOIRE

GÉNÉRALE ET COMPARÉE

DES

PHILOSOPHIES MÉDIÉVALES

PAR

FRANÇOIS PICAVET

Secrétaire du Collège de France
Directeur-Adjoint à l'École pratique des Hautes Études
Chargé du cours de philosophie du moyen âge à la Sorbonne

DEUXIÈME ÉDITION REVUE, CORRIGÉE ET AUGMENTÉE

HISTOIRE DE LA PHILOSOPHIE — CIVILISATION MÉDIÉVALE
HISTOIRE COMPARÉE DES PHILOSOPHIES MÉDIÉVALES — LES ÉCOLES
LA THÉOLOGIE AU MOYEN AGE — LES VRAIS MAÎTRES
RENAISSANCE AVEC ALCUIN ET JEAN SCOT ÉRIGÈNE — DU VIIIe AU XIIIe SIÈCLE
LA RAISON ET LA SCIENCE — LA RESTAURATION THOMISTE AU XIXe SIÈCLE
HISTOIRE ENSEIGNÉE ET ÉCRITE DES PHILOSOPHIES MÉDIÉVALES.

PARIS
FÉLIX ALCAN, ÉDITEUR
LIBRAIRIES FÉLIX ALCAN ET GUILLAUMIN RÉUNIES
108, BOULEVARD SAINT-GERMAIN, 108
—
1907

ESQUISSE D'UNE HISTOIRE

GÉNÉRALE ET COMPARÉE

DES

PHILOSOPHIES MÉDIÉVALES

PRINCIPAUX OUVRAGES DE M. FRANÇOIS PICAVET

Éditions de Condillac, *Traité des sensations*, première partie, Paris, 1886, Delagrave, 2ᵉ édition, 1906 ; de Cicéron, *de Natura Deorum*, l. II, Paris, F. Alcan, 1887 ; de d'Alembert, *Discours préliminaire de l'Encyclopédie*, Paris, Colin, 1894.

Kant, *Critique de la Raison pratique*, nouvelle traduction française, in-8, Paris, F. Alcan, 1888, 3ᵉ édition, 1906.

Instruction morale et civique, 1 vol. in-18 de 690 pages, Paris, Colin, 1888, 4ᵉ édition, 1905.

Les Idéologues, 1 vol. in-8, de 628 pages, couronné par l'Académie française, Paris, F. Alcan, 1891.

De Epicuro novæ religionis auctore, *sive de diis quid senserit Epicurus*, in-8, Paris, F. Alcan, 1885.

L'Éducation, 1 vol. in-12 de 232 pages, Paris, Flammarion, 1895.

Troisième Congrès international d'Enseignement supérieur, 30 juillet-4 août 1900, 1 vol. in-8, lii-592 pp. Paris, Chevalier-Marescq et Cⁱᵉ, 1902.

Brochures

L'Histoire de la philosophie, ce qu'elle a été, ce qu'elle peut être. Ac. des Sc. m., et Paris, F. Alcan, 1888 ; *M. Ludovic Carrau* « Rev. int. de l'Ens. » et Paris, Colin, 1889 ; *La Mettrie et la Critique allemande*, Ac des Sc. m. et pol. et Paris, F. Alcan, 1889 ; *Un document important pour l'histoire du pyrrhonisme*, Ac. des Sc. m. et pol. et Paris, Picard, 1888 ; *La philosophie de Maine de Biran de l'an IX à l'an XI*, d'après les deux Mémoires sur l'habitude, découverts aux Archives de l'Institut, Ac. des Sc. m. et. p. et Paris, Picard, 1889 ; *Bibliographies de l'agrégation de philosophie*, en 1885, 1886, 1887, 1888, 1889, Paris, Paul Dupont ; *Essai sur l'éducation littéraire, philosophique et politique d'un grand orateur, Gambetta*, Paris, 1905, Pichon et Durand-Auzias.

Publications relatives à l'histoire des philosophies médiévales

L'histoire des rapports de la théologie et de la philosophie, Paris, Colin, 1888 ; *De l'origine de la scolastique en France et en Allemagne*, Paris, Leroux, 1888 ; *Le mouvement néo-thomiste et les travaux récents sur la scolastique* « Rev. ph. » 1892, 1893, 1896, 1902 ; *La Scolastique*, Paris, Colin, 1893 ; *La science expérimentale au XIII° siècle*, Paris, Bouillon, 1894 ; *Galilée destructeur de la scolastique, fondateur de la science et de la philosophie modernes*, Paris « Revue rose » et Fontemoing, 1895 ; *Abélard et Alexandre de Halès, créateurs de la méthode scolastique*, Paris, Leroux, 1896 ; *Les discussions sur la liberté au temps de Gottschalk, de Raban Maur, d'Hincmar et de Jean Scot*, Paris, Picard, 1896 ; *La renaissance des études scolastiques* « Revue bleue » 1896 ; *Roscelin, philosophe et théologien*, Imprimerie Nationale, 1896 ; *Gerbert, Un pape philosophe*, in-8, Paris, Leroux, 1897 ; Art. *Péripatétisme et École Péripatéticienne, Scolastique, Stoïcisme à Rome, Thomisme et néo-Thomisme* dans la Grande Encyclopédie ; *Le moyen âge, caractéristique théologique et philosophico-scientifique, limites chronologiques*, Ac. des Sc. m. et pol. et Alcan, *Entre Camarades*, Paris, 1901 ; *B. Hauréau*, « Rev. int. de l'Enseig. », *Histoire de l'Ens. et des Écoles du IX° au XIII° siècle*, ibid., 1901 ; *Les Historiens de la scolastique, Hauréau, de Wulf, Élie Blanc, Ueberweg-Heinze* « Rev. ph. », Moyen Age, « Rev. de l'histoire des religions », 1902 ; *L'Averroïsme et les Averroïstes du XIII° siècle, d'après le de unitate intellectus contra Averroistas de saint Thomas*, Paris, Leroux, 1902 ; *Valeur de la Scolastique*, Paris, Colin, 1902 ; *Plotin et les Mystères d'Éleusis*, Paris, Leroux, 1903 ; *Plotin et saint Paul*, Ac. des sc. m. et pol. 1904 ; *Deux directions de la théologie et de l'exégèse catholiques au XIII° siècle, saint Thomas d'Aquin et Roger Bacon*, Paris, Leroux, 1905.

ESQUISSE D'UNE HISTOIRE

GÉNÉRALE ET COMPARÉE

DES

PHILOSOPHIES MÉDIÉVALES

PAR

FRANÇOIS PICAVET

Secrétaire du Collège de France
Directeur-Adjoint à l'Ecole pratique des Hautes Études
Chargé du cours de philosophie du moyen âge à la Sorbonne

DEUXIÈME ÉDITION REVUE, CORRIGÉE ET AUGMENTÉE

HISTOIRE DE LA PHILOSOPHIE — CIVILISATION MÉDIÉVALE
HISTOIRE COMPARÉE DES PHILOSOPHIES MÉDIÉVALES — LES ÉCOLES
LA THÉOLOGIE AU MOYEN AGE — LES VRAIS MAÎTRES
RENAISSANCE AVEC ALCUIN ET JEAN SCOT ÉRIGÈNE — DU VIIIe AU XIIIe SIÈCLE
LA RAISON ET LA SCIENCE — LA RESTAURATION THOMISTE AU XIXe SIÈCLE
HISTOIRE ENSEIGNÉE ET ÉCRITE DES PHILOSOPHIES MÉDIÉVALES.

PARIS
FÉLIX ALCAN, ÉDITEUR
LIBRAIRIES FÉLIX ALCAN ET GUILLAUMIN RÉUNIES
108, BOULEVARD SAINT-GERMAIN, 108

1907

Tous droits de traduction et de reproduction réservés

AVANT-PROPOS

Depuis l'époque de Charlemagne jusqu'à l'apparition et la diffusion de l'imprimerie, l'Occident chrétien eut une théologie, une philosophie, une histoire que l'on a appelées *scolastiques* (1). Les livres, les revues, les journaux, dont nous disposons de nos jours, n'existaient pas. Les manuscrits étaient rares, parfois peu corrects ou incomplets, toujours très coûteux. Aux maîtres qui enseignaient dans les écoles revenaient le soin et la charge de conserver ou d'augmenter, en tout cas, de transmettre les connaissances qui avaient survécu aux invasions des Barbares.

De l'aveu à peu près unanime, la théologie scolastique a pris sa forme la plus achevée dans la *Somme* de S. Thomas d'Aquin et les catholiques l'ont, en ses grandes lignes, conservée jusqu'à nos jours. Combattue par les Réformés, elle n'a jamais cessé d'être considérée, par les clercs et les laïques, comme la systématisation des croyances de l'Église romaine.

Il n'y a pas le même accord pour définir et pour juger la philosophie dite scolastique. Pour les uns, c'est une succession ou une collection de doctrines, orthodoxes ou hétérodoxes, dont l'unité est purement nominale, puisqu'elle provient des écoles mêmes où elles ont vécu, grandi et décliné. Pour d'autres, au contraire, c'est un système qui, à côté de la théologie catholique, s'est constitué comme une philosophie orthodoxe, servante, suivante ou auxiliaire.

En raison même de ces divergences sur la nature de la scolastique, les jugements qu'on en porte sont différents et, en majorité, sévères, hostiles ou dédaigneux. Descartes et Gassendi, Arnauld et Nicole, Malebranche et Fénelon, Foucher et Huet, Buffier et Condillac, qui acceptent tous les enseignements religieux et théologiques de l'Église catholique, abandonnent, combattent ou raillent la scolastique. De ce fait, des laïques, voire des clercs, concluent que la valeur de la scolastique est médiocre, puisqu'on la met à l'écart, alors même que la théologie à laquelle elle fut liée demeure vivante et respectée. Quant aux profanes, pour qui la théologie n'est plus la directrice des pensées et des actes, ils ne peuvent guère voir, dans la scolastique, qu'une doctrine ou une série de doctrines auxquelles les croyants ont renoncé, parce qu'ils en ont eux-mêmes reconnu l'erreur ou l'inanité. Aussi quand de nos jours Léon XIII recommanda aux catho-

---

(1) L'*Histoire scolastique* rappelle surtout Pierre Comestor ou le Mangeur, chancelier de l'Église de Paris vers 1161.

liques de revenir au thomisme, il y eut des protestations parmi les fidèles les moins disposés à se soustraire, en général, à l'autorité pontificale. En dehors de l'Eglise, on jugea l'entreprise paradoxale et, pendant longtemps, on se refusa à croire que Léon XIII voulait réellement ramener ses contemporains à une doctrine dont ses prédécesseurs avaient permis l'abandon, qu'ils avaient ainsi condamnée ou dépréciée! (ch. IX).

Mais en lisant ce que nous possédons d'Avicenne et d'Averroès, d'Avicebron et de Maimonide, de Photius, de Jean Scot Erigène, de Gerbert et de S. Anselme, d'Hugues de Saint-Victor et de Jean de Salisbury, d'Alexandre de Halès, de S. Bonaventure et de Roger Bacon, de Vincent de Beauvais et d'Albert le Grand, de S. Thomas et d'Henri de Gand, que nous recommandent d'ailleurs tant d'hommes éminents dont les jugements ne sauraient être imputés à des préjugés religieux, nous arrivons à penser que la question a été mal posée, puisque les conclusions, sommaires et générales, auxquelles on aboutit, sont en opposition manifeste avec l'appréciation, portée après examen et en connaissance de cause, sur chacun de ceux auxquels elles devraient s'appliquer.

Il faut donc procéder autrement et replacer les systèmes philosophiques du moyen âge dans la civilisation à laquelle ils étaient joints.

Dans nos sociétés modernes, les recherches scientifiques et philosophiques ont pris une place telle qu'elles tendent à y devenir l'élément caractéristique et essentiel. Des hommes, en nombre de plus en plus considérable, leur demandent l'idéal de la vie individuelle ou sociale, que fournissaient autrefois les religions. Elles ont modifié l'agriculture, l'industrie, le commerce, l'existence même des individus et des peuples qui demeurent fidèles aux croyances du passé. Scientifique et rationnelle, la civilisation moderne tend à devenir uniforme, en ses grandes lignes et dans les différents pays, par conséquent vraiment universelle.

Chez les Juifs, chez les Chrétiens et chez les Musulmans d'Orient et d'Occident, il y a prédominance de la religion et surtout de la théologie. Les uns et les autres s'appuient sur la révélation, sur des livres saints entre lesquels s'établit, presque naturellement, une comparaison que justifient leur contenu et leur origine. Ils commentent ces livres ; ils en donnent une interprétation littérale et historique, mais surtout une interprétation spirituelle, c'est-à-dire allégorique, anagogique et morale, pour laquelle ils font appel à la raison et à la science, au trivium et au quadrivium, à la dialectique et à la logique, à la philosophie des Latins et des Grecs. Toute leur civilisation et toutes leurs institutions découlent de ce mélange des doctrines religieuses, qui restent essentielles, avec des emprunts plus ou moins considérables aux sciences et à la philosophie antiques. Toutes leurs pensées, toutes leurs spéculations portent sur Dieu, sur la manière dont il produit le monde et le gouverne, sur les moyens de nous rapprocher de lui en cette vie, pour lui être à jamais uni dans l'autre (ch. II).

Dès lors, il faut reculer les limites entre lesquelles on enferme, à d'autres points de vue, la civilisation médiévale, puisque les conceptions théologiques relatives à Dieu et à notre union présente ou future avec lui prédominent au premier siècle de l'ère chrétienne chez les partisans de l'hellénisme, comme chez les Chrétiens et les Juifs ; puisqu'elles persistent, avec une force égale, jusqu'au XVIIe siècle, jusqu'à l'Edit de Nantes et au Traité de Vervins, jusqu'à l'apparition des travaux de Galilée et de Bacon, de Harvey et de Descartes.

Or c'est Plotin qui, d'un point de vue théologique et mystique, donne la synthèse, définitive en ses grandes lignes, des éléments, isolés ou déjà assemblés par les anciens (ch. III, 4). C'est lui qui fournit les solutions désirables, plausibles et fécondes à ceux qui, pendant le moyen âge ou dans les temps modernes, expliquent toutes choses par Dieu et cherchent la béatitude dans l'union avec lui. Par l'analyse de l'âme, il constitue le monde intelligible, qui a ses catégories spéciales et qui est régi par le principe de perfection. Partant du corps, il édifie le monde sensible pour lequel il conserve, avec les principes de contradiction et de causalité, une bonne partie des catégories d'Aristote. Avec la *procession*, se produisent les trois hypostases, Un, Intelligence, Ame du monde, puis toutes choses. Par la *conversion*, les êtres se retournent vers celui dont ils procèdent immédiatement, enfin vers l'Un dont ils procèdent tous. Ainsi par l'*extase*, l'âme s'unit à Dieu.

Si donc Plotin est le véritable maître des philosophes du moyen âge, orthodoxes ou hétérodoxes, on comprend que leurs systèmes ne sauraient être négligés par l'historien des philosophies et des religions, en raison même de la richesse et de la complexité des éléments qu'ils synthétisent. C'est ce qu'a bien montré M. Boutroux, en analysant brièvement, à l'Académie des sciences morales, notre brochure sur Plotin et les Mystères d'Eleusis, qui, modifiée, est devenue une partie de notre chapitre cinquième :

« Intéressante, disait-il, en elle-même, en tant qu'elle nous montre Plotin
« présentant sa philosophie comme l'interprétation profonde et spirituelle des
« mystères d'Eleusis, cette étude mérite particulièrement d'être signalée, à cause
« des idées générales sur les origines et les caractères de la philosophie du
« moyen âge, qui se font jour dans les conclusions de l'auteur. Tandis que l'on
« a coutume de placer la philosophie dite scolastique, avant tout sous le patro-
« nage d'Aristote, et d'y attribuer la prépondérance à l'élément logique,
« M. Picavet indique, à la fin de son travail, que, selon lui, le néo-platonisme,
« en particulier le plotinisme, constitue, en dehors des livres saints, le facteur
« le plus important des doctrines médiévales. Or cette vue, si elle se justifie, est
« de grande conséquence. Résumée dans ce qu'on entend d'ordinaire par la
« Scolastique, la philosophie du moyen âge est une œuvre formelle, abstraite,
« conforme sans doute à la foi religieuse, mais constituée dans la région pure-
« ment intellectuelle de l'âme, comme dans une province séparable de celle de
« la croyance, de l'amour et de la vie, composée, dès lors, de concepts quasi-
« mathématiques, immobiles, sans profondeur et sans âme. Et si cette forme
« pseudo-aristotélique est l'essentiel de la philosophie du moyen âge, il apparaît
« comme une entreprise étrange de vouloir que des hommes de nos jours, dont
« l'intelligence a été formée par la science et la vie modernes, cherchent dans
« ces doctes écrits autre chose que des documents historiques et des curiosités
« d'érudition. Tout autre apparaît la philosophie du moyen âge, si l'esprit de
« Plotin et non le syllogisme aristotélique y prédomine. L'esprit de Plotin est
« foncièrement religieux. C'est l'effort même de l'âme pour s'unir ou plutôt se
« réunir, en gravissant et dépassant l'échelle des choses sensibles et intellec-
« tuelles, au premier être dont l'amour est la cause et le lien de toutes choses.
« Entre le plotinisme et le christianisme du Christ et des apôtres, l'affinité est
« grande, et la vie spirituelle qui caractérise celui-ci n'est pas réduite à un
« mécanisme logique, pour se développer en se pénétrant de celui-là. La reli-
« gion donc, dans le mouvement intérieur de l'âme qui en est l'essence, n'est

« pas, comme il semble d'après les expositions ordinaires, séparée de la philo-
« sophie dans les doctrines scolastiques. Ces formes qui nous paraissent mortes
« ont été vivantes. Elles ne sont que l'enveloppe contingente et inadéquate de
« pensées, d'aspirations qui les dépassaient de toutes parts, et c'est parce que
« nous considérons les systèmes scolastiques en eux-mêmes, sans les rattacher
« à leur source et sans rechercher les réalités internes qu'ils avaient mission
« d'exprimer que nous les trouvons secs, factices, et sans rapport avec les besoins
« profonds de l'âme humaine.

« On le voit : la philosophie du moyen âge prendra une autre signification et
« présentera un autre intérêt si l'on peut démontrer que l'influence de Plotin,
« spirituelle et religieuse, y domine l'influence, logique et formelle, de l'aristo-
« télisme des Catégories et de l'Herménéia. Aussi ne pouvons-nous qu'applaudir
« aux recherches approfondies que M. Picavet a entreprises sur ce sujet et dont
« sa récente lecture sur Plotin comme maître des philosophes médiévaux a
« donné une idée à l'Académie (1). M. Picavet prépare une *Histoire générale et
« comparée des philosophies médiévales*, qui doit être un travail considérable. De ce
« travail, l'Esquisse déjà très étendue et très riche de faits, est sur le point de
« paraître. Nous ne doutons pas que ces écrits, par la conscience et l'élévation
« d'esprit avec lesquelles nous savons qu'ils seront composés, par l'idée à
« certains égards originale qu'ils mettront en lumière, ne soient favorable-
« ment accueillis de tous ceux qui, comme le recommandait Leibnitz, s'appli-
« quent à retrouver, en toute grande œuvre que nous lègue le passé, les titres
« de l'esprit humain ».

Plotin est-il bien le véritable maître des philosophes du moyen âge ? C'est ce que nous croyons avoir montré, tout spécialement dans notre chapitre cinquième. Presque toujours l'Aristotélisme, en se répandant, a été complété par des apocryphes ou des commentateurs néo-platoniciens. Plotin a donné une interprétation vraiment classique d'un passage célèbre de S. Paul ; ses disciples ont présenté et expliqué Platon et Aristote aux Chrétiens, aux Arabes et aux Juifs. Par S. Basile, ses contemporains ou ses successeurs, par le Pseudo-Denys l'Aréopagite et Jean Scot Erigène, par S. Augustin et Macrobe, par les orthodoxes et les hétérodoxes des trois religions, théologiens ou philosophes, Plotin est entré dans le domaine commun des spéculatifs, de telle sorte qu'on retrouve ses doctrines essentielles, comme elles figurent dans ses œuvres ou comme elles ont été modifiées par ses disciples, chrétiens ou néo-platoniciens, chez Malebranche, Bossuet ou Fénelon, comme chez Spinoza et les penseurs allemands du début du XIXe siècle.

En ce sens, il est possible de faire une histoire générale des philosophies médiévales. Analogues, sinon toujours identiques, sont les tendances religieuses du monde hellénique et du monde chrétien. Philon, ses contemporains et ses successeurs, tentent la synthèse des idées religieuses et des résultats acquis par la philosophie et les sciences antiques. Plotin la réalise. D'abord tout ce qu'ont donné jusque-là les sciences positives trouve place dans le monde sensible auquel

---

(1) Il s'agit de Plotin et S. Paul dont nous avons fait, après modifications, une autre partie de notre chapitre cinquième.

s'appliquent les catégories d'Aristote, comme les principes de contradiction et de causalité. Pour constituer, avec ces éléments positifs, le monde intelligible, Plotin use d'une interprétation allégorique (ch. III, 10) qui repose sur une analyse psychologique d'une précision et d'une exactitude qu'on n'a pas dépassées, tant qu'on s'est borné à demander à l'observation intérieure la connaissance de l'âme humaine. Par ce point de départ, cette période théologique se distingue profondément de l'antiquité religieuse, qu'il s'agisse de l'Egypte, de la Chaldée ou de l'Assyrie, de la Judée, de l'Inde ou de la Phénicie. La construction plotinienne, qui domine toutes les autres, comporte l'utilisation de toutes les acquisitions positives, provenant de l'observation intérieure ou extérieure, pour la formation ou la représentation du monde intelligible où doit s'opérer un jour l'union indissoluble de notre âme avec Dieu. Aussi, à côté des religions qui s'occupent, par des procédés très différents, de Dieu et de l'immortalité, il y a place pour des conceptions systématiques du monde sensible et du monde intelligible, de la vie présente et de la vie future, auxquelles président la méthode scolastique et la méthode mystique (ch. III, 10). Et les plus remarquables seront, à l'imitation du plotinisme, celles qui feront la part la plus large à l'expérience et à la raison, soit en les consultant directement l'une et l'autre, soit en mettant à profit ce qu'elles avaient déjà fourni aux Latins et surtout aux Grecs. C'est ainsi qu'il y aura une première Renaissance en Occident, avec Alcuin et Jean Scot Érigène (ch. VI). C'est ainsi que les Byzantins conserveront, jusqu'au XVe et surtout jusqu'au XIIIe siècle, une civilisation, par certains points très raffinée, où entrent — comme la religion — les sciences et les lettres, les arts et la philosophie. Ainsi les Arabes s'assimilent, en quatre siècles, les sciences et les philosophies grecques, font eux-mêmes des additions, parfois considérables, aux acquisitions antiques et deviennent au XIIIe siècle les principaux maîtres des chrétiens de l'Occident, alors qu'eux-mêmes, ayant renoncé à la science et à la philosophie, pour conserver plus sûrement leurs croyances religieuses, cessent de figurer au premier plan parmi les hommes civilisés. Pour une raison semblable, le XIIIe siècle a été un grand siècle dans l'histoire de la civilisation chrétienne, le plus grand peut-être dans le développement catholique (ch. VIII).

C'est pour cela encore que des hommes comme Descartes, Malebranche, Charles Bonnet dont les recherches font époque dans l'histoire scientifique, se rattachent à Plotin par leur métaphysique. Et de nos jours enfin, c'est en faisant appel aux sciences physiques, naturelles et historiques que les catholiques fidèles aux instructions de Léon XIII (ch. IX), ont entrepris de restaurer le thomisme philosophique pour le remettre à côté du thomisme théologique et faire revivre une des doctrines médiévales qui rappellent le mieux Plotin, au point de vue dogmatique et mystique (ch. VIII, 3).

Par cette étude générale, on comprend le passage de la civilisation médiévale à la civilisation moderne. Quand les représentants des philosophies théologiques furent, au XVIIe et au XVIIIe siècles, des scolastiques qui ne voulaient pas savoir ce que devenaient alors les sciences positives avec l'emploi des instruments comme par l'usage systématique de la raison et de l'expérience, qui ignoraient ou combattaient Galilée et Bacon, Harvey, Descartes et leurs successeurs, ceux qui acclamaient avec enthousiasme les découvertes incessantes des nombreux chercheurs se demandèrent s'il ne suffisait pas d'étudier, à leur exemple, l'univers sensible, la nature et l'homme, pour organiser la vie individuelle et sociale (ch. IX, 1), pour améliorer la condition humaine en ce monde plutôt que de construire, sur ces données positives, un monde intelligible où des âmes, débarrassées de leurs corps, verraient régner la justice et le bonheur.

Dès lors, on se propose de constituer une psychologie, une logique et une morale, une pédagogie et une sociologie exclusivement scientifiques, rationnelles et laïques, pour rendre de moins en moins imparfaits l'individu et la société (ch. IX, 3). Sans doute il eût pu y avoir accord entre des hommes qui s'inspiraient également du principe de perfection, les uns pour construire un monde intelligible en vue d'une autre vie, les autres pour créer et réaliser l'idéal de la vie actuelle. Mais la lutte est souvent devenue très âpre entre ceux qui voulaient organiser, en religieux et en mystiques, notre existence actuelle pour une vie future, et ceux qui entendent la régler en elle-même et pour elle-même. Ainsi la connaissance précise, exacte, complète des conceptions médiévales devient une nécessité pour l'éducateur, le sociologue et le politique, comme pour l'historien des religions et des philosophies (IX, 10). Et l'histoire générale qu'on en peut entreprendre, du 1er au XVIIe siècle, doit tenir compte des idées théologiques (IV), philosophiques et scientifiques qu'elles ont systématisées.

Cette histoire générale peut et doit être en même temps comparée. A chacun des points de vue qui correspondent à leurs éléments constitutifs, les philosophies du moyen âge peuvent être rapprochées et synchroniquement examinées. D'abord les religions qu'elles accompagnent ont des traits communs (II). Puis la plupart des données scientifiques et philosophiques qui entrent dans les systèmes viennent de l'antiquité grecque et latine. On peut donc suivre le développement continu ou interrompu de ce qu'il y a d'essentiel et de caractéristique dans les civilisations et surtout dans les philosophies.

D'abord on rencontre, en une première période, qui va du 1er siècle au concile de Nicée, la philosophie judéo-hellénique de Philon ; des néo-pythagoriciens, des platoniciens éclectiques et platonisants, des Épicuriens et des sceptiques ; surtout des stoïciens, des néo-platoniciens, pour qui Plotin édifie un système, des chrétiens qui, de S. Paul à Clément d'Alexandrie, travaillent à constituer une philosophie orthodoxe ou hétérodoxe. Toutes ces doctrines, d'origine et parfois de contenu différents, mais de tendances analogues, se pénètrent, se combattent, se neutralisent ou se fortifient les unes les autres.

Du Concile de Nicée à la fermeture des écoles d'Athènes, c'est la lutte entre néo-platoniciens, partisans de l'hellénisme, et chrétiens, qui se réclament également du plotinisme. Puis jusqu'au VIIIe siècle, le christianisme vainqueur achève de s'incorporer le néo-platonisme en conservant tout ce qu'il peut de la civilisation antique.

De la Renaissance carolingienne au XIIIe siècle, la comparaison porte sur la philosophie byzantine dont Photius est le plus illustre représentant ; sur la philosophie arabe qui réclame en Orient, Avicenne, en Occident, Averroès ; sur la philosophie juive, avec Saadia en Orient, Ibn Gebirol et Maïmonide en Occident ; sur la philosophie de l'Occident chrétien où paraissent Jean Scot Érigène, Gerbert et S. Anselme, Abélard, Hugues de Saint-Victor, Jean de Salisbury et Alain de Lille. Toutes ces philosophies, comme les doctrines religieuses, orthodoxes ou non, auxquelles elles correspondent, chez les peuples où elles fleurissent, sont en rapports très intimes et s'imprègnent des sciences et des systèmes antiques, surtout du néo-platonisme.

Du XIIIe siècle à la prise de Constantinople, la comparaison doit surtout être établie entre les chrétiens d'Occident. Elle n'en est pas moins fort intéressante, parce qu'elle nous montre, constituées et achevées, la philosophie et la théologie catholiques ; parce qu'elle nous indique les directions diverses dans lesquelles va s'engager la pensée chrétienne et nous fait même entrevoir ce que sera la civilisation laïque, rationnelle et scientifique des temps modernes.

De la troisième Renaissance et de la Réforme au xviie siècle, il y a des systèmes qui reprennent toutes les théories antiques, surtout le néo-platonisme, puisé à ses sources ou revêtu de ses formes médiévales, qui s'opposent au christianisme ou tendent à se concilier avec lui. On trouve aussi des philosophies catholiques, thomistes ou scotistes, des philosophies protestantes qui font appel au stoïcisme, au néo-platonisme, même à la scolastique péripatéticienne ou qui préludent, par une mystique profonde et toute plotinienne, à la philosophie allemande du xixe siècle.

Au xviie siècle apparaît la civilisation moderne. La comparaison s'impose entre la philosophie rationnelle et scientifique qui la caractérise de plus en plus et les systèmes qui se rattachent encore, par leur métaphysique, au néo-platonisme, tout en donnant une large place aux sciences positives, comme avec le péripatétisme thomiste qui renonce pendant deux siècles à en tenir compte, pour essayer de nos jours de reprendre la direction générale des esprits en s'assimilant tous les résultats des recherches scientifiques qui se sont poursuivies pendant les trois derniers siècles (ch. IX).

De cette histoire générale et comparée des philosophies médiévales, nous entreprenons aujourd'hui de donner une Esquisse, dont l'objet n'est pas d'en reproduire les traits essentiels, avec les proportions qu'ils devraient avoir d'après leur place dans l'œuvre complète, mais de montrer que cette histoire peut être faite et mérite de l'être, puis aussi comment elle pourrait et devrait l'être.

Paris, 1er mai 1904.   François Picavet.

La première édition de l'*Esquisse* est épuisée. A l'étranger comme en France, elle a été fort bien accueillie par ceux qui s'occupent de l'histoire des philosophies et des religions, par ceux qu'intéresse l'étude du moyen âge, par tous ceux qui, au point de vue politique et social, ont souci de connaître l'origine, le développement et le contenu des principes d'après lesquels se conduisent, dans leurs rapports avec l'Etat et leurs concitoyens, les hommes qui continuent à se réclamer des religions monothéistes, judaïsme, mahométisme, christianisme sous ses formes diverses et multiples Des lettres qui m'ont été adressées, des articles qui ont été publiés (1), on ferait un volume dont la lecture serait pour

(1) *Flandre libérale*, 12 novembre 1904, prof. L. Leclère. *Le Soir*, 20 novembre 1904, prof. L.L. Comptes rendus de l'*Académie des sciences m. et pol.*, séance du 26 novembre 1904, prof. Emile Boutroux, pp. 394-396. *Petite République*, décembre 1904, A. Surier. *Gaulois*, décembre 1904. *Aurore*, décembre 1904, Fr. Albert. *Revue de métaphysique et de morale*, janvier 1905, Xavier Léon, p. 4-5. *Revue historique*, janvier-février 1905, prof. Chr. Pfister, pp. 105-107. *Quinzaine*, Fonsegrive et M. Salomon, 1905. *Journal de Genève*, 20 février 1905, prof. Maurice Millioud. *Archives israélites*, 23 février 1905, Maurice Bloch, pp. 60-61. *Revue de l'Université de Bruxelles*, février-mars 1905, prof. L. Leclère, pp. 439-441. *Journal des Savants*, mars 1905. *Revue bibliographique belge*, mars 1905, V. de Brabandère, pp. 120-121.

bien d'autres comme elle l'a été pour moi, fort instructive et fort suggestive. Lettres et articles de purs historiens des idées et des doctrines, d'historiens ou d'hommes politiques, de philosophes et de théologiens, de penseurs libres, de protestants, d'israélites ou de catholiques ont reconnu l'impartialité de l'exposition. On a admis, en général, la valeur de la méthode recommandée pour l'histoire des philosophies, des écoles et de l'enseignement ; les limites et la caractéristique proposées pour la civilisation médiévale ; la nécessité d'une histoire générale et comparée des philosophies médiévales où l'on tienne compte du développement théologique comme des méthodes, des affirmations et des recherches scientifiques ; l'importance d'une histoire ainsi conçue et exécutée pour l'étude générale du moyen âge ; son intérêt actuel pour les hommes politiques qui, ayant séparé l'Etat des Eglises, doivent se rendre un compte exact des doctrines anciennes que conservent ou restaurent les représentants des religions, spécialement les catholiques et les musulmans. Sur Plotin, présenté comme le maître des philosophes du moyen âge, il eût fallu un volume au lieu d'un chapitre : des objections ont été faites, des questions ont été posées auxquelles il sera complètement répondu dans l'*Histoire générale et comparée*.

L'édition nouvelle présente quelques additions bibliographiques, des modifications et des corrections qui nous ont été demandées et qui portent surtout sur des détails. Il a été apporté une grande attention aux citations grecques. Plusieurs pages ont été ajoutées au chapitre V : après avoir montré, p. 105 et suivantes, *Pourquoi* le Plotinisme a réussi à pénétrer dans le monde médiéval, il est indiqué sommairement *Comment et par quelles voies* il est arrivé aux chrétiens, aux juifs, aux musulmans de l'Orient et de l'Occident.

Aux critiques qui ont cru devoir insister sur des objections que j'ai tenté ou que je tenterai de résoudre ; aux hommes de bonne volonté qui ont imposé silence à leurs antipathies ou à leurs préférences les plus raisonnées et les plus intimes pour donner de l'*Esquisse* une exposition impartiale et souvent sympathique ; aux amis très chers (1) qui m'ont jugé avec une grande bienveillance et

---

Revue néo-scolastique de Louvain, mars 1905, de Wulf, pp. 112-115, mai 1905, Pelzer, pp. 266-268. *Annales de philosophie chrétienne*, avril 1905, Ch. Denis, pp. 73-83. *Petit Temps*, 20 avril 1905. *Univers israélite*, 21 avril 1905, Louis Lévy, pp. 137-141. *Asiatic Quarterly Review*, april 1905, prof. Ed. Montet, p. 5-6. *Revue philosophique*, avril 1905, A. Hannequin, pp. 397-409. *Année philosophique*, Pillon, pp. 300-302. *Polybiblion*, mai 1905, Maisonneuve, pp. 412-413. *Rivista filosofica*, mai-juin 1905, prof. Cesare Cantoni, pp. 1-16. *Revue bleue*, 17 juin 1905, Ernest-Charles. *Revue de l'histoire des religions*, mai-juin 1905, Paul Alphandéry, pp. 422-438. *Revue politique et parlementaire*, 10 juin 1905, Georges Renard, pp. 588-592. *Revue de philosophie*, juin 1905, X. Moisant, pp. 705-706, 1er mars 1906, comte Domet de Vorges, pp. 289-298. *Philosophisches Jahrbuch*, juillet 1905, P. Nicol. Stehle, pp. 344-346. *The Monist*, septembre 1905 et avril 1906, Lucien Arréat, pp. 294-303. *Revue thomiste*, juillet-août 1905, P. Jacquemin, pp. 329-331. *Etudes franciscaines*, septembre 1905, Fr. Timothée. *Journal des Débats*, 2 septembre 1905, J. Bourdeau. *Revue espagnole*, Altamira y Crevea, pp. 555-556. *Studi Religiosi*, décembre 1905, pp. 674-675. *Revue des Etudes grecques*, 1906, Th. R. *Etudes* publiées par des Pères de la Société de Jésus, 20 janvier 1906, X. Moisant, pp. 237-248. *Revue de Belgique*, avril 1906, etc...

(1) Parmi eux je ne retrouverai plus ni Paul Tannery, ni Arthur Hannequin, dont la mort prématurée a été un deuil pour tous ceux qui s'occupent de nos études comme pour leur famille.

qui ont signalé, avec une diligence si ingénieuse tout ce qui méritait d'appeler l'attention des lecteurs, j'adresse mes remerciements les plus vifs et les plus reconnaissants. Je les prie de conserver les mêmes dispositions pour l'œuvre future, dont la difficulté, l'importance et la nécessité ont été mises par tous en pleine lumière.

Paris, 16 mai 1906.

F. P.

BIBLIOGRAPHIE GÉNÉRALE

Une bibliographie de l'histoire générale et comparée des philosophies médiévales devrait avant tout être critique, pour les raisons que nous avons données au chapitre X. Elle signalerait tous les ouvrages dans lesquels le lecteur pourrait trouver des renseignements utiles, montrerait exactement ce qu'il convient d'y chercher et renverrait ensuite ceux qui désirent connaître tout ce qui a été publié sur le sujet qu'ils étudient, aux Revues ou aux travaux de bibliographie qui s'efforcent, en ce sens, d'être complets.

Notre bibliographie indiquerait donc :

1º Les éditions indispensables et celles qu'il peut être utile de consulter ;

2º Les manuscrits, les traductions, les commentaires, les interprétations de toute espèce qui sont propres à donner l'intelligence des œuvres elles-mêmes ;

3º Les ouvrages qui traitent, pour le moyen âge, entendu comme il a été indiqué au chapitre II : *a*, de l'histoire des dogmes, des conciles, des papes, des Églises, des écoles et de l'enseignement, des institutions monastiques ; *b*, des théologies et des croyances ; *c*, des philosophies et des métaphysiques ; *d*, de la logique ; *e*, de la morale ; *f*, du droit romain et du droit canon ; *g*, des sciences mathématiques, arithmétique, géométrie, algèbre, mécanique, astronomie et astrologie ; *h*, des sciences physiques, dans lesquelles on ferait rentrer l'alchimie ; *i*, des sciences naturelles auxquelles on rattacherait la géographie et la médecine ; *j*, de l'histoire générale, provinciale, municipale ou locale, des institutions civiles et familiales, politiques, administratives et judiciaires ; *k*, de l'histoire de l'agriculture, de l'industrie et du commerce ; *l*, de l'histoire des métiers et des classes, des mœurs et des coutumes, des beaux-arts, des langues et des littératures. Toutes ces indications seraient d'ailleurs fournies, non au point de vue même des histoires spéciales auxquelles on les demande, mais pour la constitution d'une histoire générale et comparée des philosophies médiévales (ch. I, II et III, ch. IV et VIII).

En tenant compte de considérations géographiques et politiques, chronologiques et synchroniques, on noterait :

1º Les sources antiques, antérieures au 1er siècle de l'ère chrétienne et les travaux qui traitent de leur diffusion et de leur rôle pendant tout le moyen âge ;

2º Les travaux sur les philosophies théologiques qui se développent dans le monde hellénique et romain, surtout sur les doctrines judéo-alexandrines, stoïciennes, néo-platoniciennes et chrétiennes d'Orient et d'Occident;

3° Les travaux sur les philosophies théologiques, du VIIIe au XIIIe siècle, chez les chrétiens d'Occident et les Byzantins, chez les Arabes d'Orient et d'Occident, chez les Juifs;

4° Les travaux sur les philosophies théologiques, du XIIIe au XVe siècle, chez les Byzantins, les chrétiens d'Occident, les Juifs;

5° Les travaux sur les philosophies théologiques, catholiques, juives, protestantes de toute confession, sur les philosophies antiques qui renaissent, du XVe au XVIIe siècle;

6° Les travaux sur les philosophies théologiques des catholiques et des protestants, sur le kantisme et le néo-thomisme, sur les philosophies scientifiques, du XVIIe au XIXe siècle.

Notre Bibliographie générale, incomplète de propos délibéré comme l'*Esquisse* qu'elle précède, portera aussi, comme elle, sur les points qu'il nous semble utile de mettre en lumière dans une exposition générale et comparée des philosophies médiévales.

I. Répertoires, Manuels et Revues

Académie des Inscriptions et Belles-Lettres, Académie des sciences morales et politiques, Comptes rendus et Mémoires.

Annales de philosophie chrétienne (*Ch. Denis*), Paris, Roger et Chernowiz, et 2, rue Rotrou. — **Année philosophique** (*F. Pillon*), Paris, Alcan, depuis 1890. — **Année sociologique** (*E. Durckheim*), Paris, Alcan, depuis 1898. — **Archiv für Geschichte der Philosophie** (*L. Stein*), Berlin, Reimer, depuis 1887. — **Archiv für Literatur und Kirchengeschichte des Mittelalters** (*H. Denifle et F. Ehrle*), 1885 à 1892). — **Archiv für Reformationsgeschichte**, *Texte und Untersuchungen*, Berlin, 1904. — **Archiv f. Religionswissenschaft** (à partir de 1898).

Bibliothèque des écrivains de la Compagnie de Jésus, refondue par le P. Sommervogel, Bruxelles, depuis 1890. — **Bibliothèque française du Moyen Age** et *Moyen Age,* Paris, Bouillon, depuis 1898. — **Bibliothèque de l'Ecole des Chartes,** Paris — **Bibliothèque de l'Ecole des Hautes Etudes,** *section des sciences historiques et philologiques,* Paris.

Bibliothèque de l'Ecole des Hautes Etudes, *section des sciences religieuses,* Paris, 1889-1904, 17 volumes, voir spécialement : I. *Etudes de critique et d'histoire par les membres de la section;* V. *Les Origines de l'Episcopat,* par J. **Réville.**— VII. *Etudes de critique et d'histoire par les membres de la section.* — VIII. *S. Augustin et le Néo-platonisme,* par L. **Grandgeorge** (thèse diplômée). — IX. *Gerbert, Un pape philosophe, d'après l'histoire et d'après la légende,* par **François Picavet.** — XII. *Clément d'Alexandrie, Etude sur les rapports du christianisme et de la philosophie au Ier siècle,* par E. **de Faye.** — XIV. *Le 4e Evangile,* par Jean **Réville.** — XVI. *Les idées morales chez les hétérodoxes latins au début du XIIIe siècle,* par Paul **Alphandéry** (thèse diplômée) : *Aristote et l'Université de Paris pendant le XIIIe siècle,* par **Luquet** (thèse diplômée).

Bibliothèque des écoles françaises d'Athènes et de Rome ; Mélanges d'archéologie et d'histoire de l'Ecole française de Rome, depuis 1881. — Bulletin de correspondance hellénique, Paris, Fontemoing. — Bibliothèque de la Faculté des lettres de Paris. Paris, Alcan, depuis 1896.

Böloseleti Folyoirat, Szerkeszti és kiadja D' Kiss, Budapest.

E. Bratke, *Wegweiser zur Quellen und Litteraturkunde der Kirchengeschichte*, Gotha, 1890, in-8.

Brunet, *Manuel du libraire et de l'amateur de livres*, 5e édit., Paris, 1860-65, 6 vol. in-8, *Supplément*, 2 vol. in-8, Paris, 1878-1880.

Bulletin, publié depuis 1896, Bibliographia bibliographica, publiée depuis 1900, par l'Institut international de Bibliographie, Bruxelles. — Bulletin critique de littérature, d'histoire et de philologie, depuis 1880, Paris. — Byzantinische Zeitschrift, Munich, depuis 1892.

Dom F. Cabrol, *Dictionnaire d'archéologie chrétienne et de liturgie*, Paris, Letouzey, depuis 1902.

Du Cange, *Glossarium ad scriptores mediæ et infimæ latinitatis*, édition Henschel-Didot, 1840-50, 7 vol. in-4.

U. Chevalier, *Répertoire des sources historiques du moyen âge* : I. *Biobibliographie*, Paris, 1877-1886, *Supplément*, 1888, 2e édit. en publication. — II. *Topobibliographie*, Paris, 1894-1904. — III. *Dictionnaire des auteurs du moyen âge* (à paraître). — Repertorium hymnologicum, Louvain, 1899.

Daremberg et Saglio, *Dictionnaire des antiquités grecques et romaines*, depuis 1873, Paris.

Ersch et Grüber, *Allgemeine Encyclopædie der Wissenschaften und Kunste*, Leipzig, Brockhaus, 167 vol. in-4.

Divus Thomas, Piacenza.

Fabricius, *Bibliotheca latina mediæ et infimæ latinitatis*, Hambourg, 1734-46, 6 vol. in-8, 2e édit., Padoue, 1754; Florence, 1855, 6 vol. in-8.

Franklin, *Dictionnaire des noms, surnoms et pseudonymes latins de l'histoire littéraire du moyen âge*, 1100 à 1530, Paris, 1875, in-8.

Friederici, *Bibliotheca orientalis*, de 1876 à 1883, continuée par Kuhn. *Litteraturblatt für orientalische Philologie*, de 1883 à 1886, par A. Müller et Scherman, *Orientalische Bibliographie*, depuis 1887.

G. Gröber, *Grundriss der romanischen Philologie*, Strassburg, depuis 1888.

Gallia christiana (v. abbé Pêcheur, *Précis sur l'histoire du Gallia christiana*, dans *Bulletin de la Soc. arch. de Soissons*, XV, 1884, p. 127; Ch. V. Langlois, *Manuel*, p. 298).

Grande Encyclopédie, 31 volumes in-4, Paris.

Hagenbach, *Encyclopædie und Methodologie der theologischen Wissenschaften*, Leipzig, 1889.

Handbuch der Klassischen Alterthumswissenschaft, 9 vol., 1886-1904. Günther traite des mathématiques, des sciences naturelles et de la géodésie dans l'antiquité ; Windelband, de la Philosophie ancienne; Gruppe, de la Mythologie grecque et histoire de la religion ; Stengel, des cultes grecs ; Wissowa, de la religion et du culte des Romains (V) ; Christ donne l'histoire de la littérature grecque (VII) ; Schanz, celle de la littérature romaine (VIII) ; Krumbacher, celle de la littérature byzantine (IX). La publication est dirigée par Iwan von Müller, à Munich.

Harnack et **Schürer**, *Theologische Litteraturzeitung*, Leipzig, depuis 1876.
Hauréau, *Histoire de la philosophie scolastique*, 3 vol. (voir II).
Hermann Paul, *Grandriss der germanischen Philologie*, Strassburg. 2 vol. in-8. La 2e édit. a été commencée en 1896.
J. J. Herzog, *Real Encyclopædie f. protestantische Theologie und Kirche*, éd. A. Hauck. Leipzig, depuis 1896.
Histoire littéraire de la France, commencée par dom Rivet en 1733, continuée par l'Académie des Inscriptions et Belles-Lettres.
Holtzmann et **G. Krüger**, *Theologischer Jahresbericht*, Freiburg i. B. und Braunschweig, depuis 1882.
P. A. Ingold, *Essai de bibliographie oratorienne*, Paris, 1880-1884.
Jahrbuch f. Philos. und specul. Theologie, Dr *E. Commer*, Paderborn, depuis 1887.
Philosophisches Jahrbuch, *Pohle, Schmitt, C. Gutberlet*, Fulda, depuis 1881.
Theolog. Jahresbericht, *Pünger, Lipsius, Holtzmann*, Leipzig et Braunschweig, depuis 1881.
J. Jastrow, *Handbuch zur Litteraturberichten*, Berlin, 1891.
Jewish Encyclopœdia, New-York, depuis 1901.
Journal des Savants, v. Gaston Paris, dans le premier numéro de la nouvelle série, janvier 1903, où le *Journal des Savants* est devenu l'organe de l'Institut de France.
Kantsstudien, *Vaihinger*, Hamburg et Leipzig.
Kraus F. X., *Real Encyclopædie der christlichen Alterthumer*, Frib. im B. 1882-86, 2 vol. in-4.
Krüger, *Geschichte der Quellen und Litteratur des römischen Rechts*, Leipzig, 1888, trad. française, Paris, 1894.
Kurtz, *Lehrbuch der Kirchengeschichte*, Leipzig, 1899, 2 vol. in-8.
Ch. V. Langlois, *Manuel de Bibliographie historique*, 1896 et 1904, Paris, Hachette.
F. Lichtenberger, *Encyclopédie des sciences religieuses*, Paris, 1877-82.
Lorenz, *Catalogue de la librairie française*, continué par **D. Jordell**, depuis 1840.
Luchaire, *Manuel des Institutions françaises*, Paris, Hachette, 1892.
Martigny. *Dictionnaire des antiquités chrétiennes*, Paris, 3e éd. 1889.
W. Moeller, *Lehrbuch der Kirchengeschichte*, Freib. im Br. 1889-95, 3 vol. in-8, 2e édit. commencée.
Mommsen et **Marquardt**, *Manuel des antiquités romaines*, traduit sous la direction de **G. Humbert**, 17 vol. in-8, Paris, 1893 et années suivantes.
G. Monod, *Bibliographie de l'histoire de France*, Paris, 1888.
Mind, *A quarterly Review of Psychology and Philosophy*, London.
M. J. Œsterley. *Wegweiser durch die Litteratur der Urkundensammlung*, Berlin, 1885-86, 2 vol. in-8.
Pauly-Wissowa, *Real Encyclopædie der classischen Alterthums-Wissenschaft*, depuis 1893, in-8.
Julius Petzholdt, *Bibliotheca bibliographica*, Leipzig, 1866.
Polybiblion, Paris, depuis 1868.
A. Potthast, *Bibliotheca historica medii ævi*, Berlin, 1895-96, 2 vol. in-8.
K. Prantl, Gesch. der Logik (v. II).

M. Prou, *Manuel de paléographie*, Paris, Picard, 1892.

Publications de l'Ecole des langues orientales vivantes, Paris, Leroux.

Quérard, *La France littéraire*, 10 vol. in-8, Paris, 1827-1839 ; 2 vol. de suppl., 1854-1864.

Salomon Reinach, *Manuel de philologie classique*, 2ᵉ édit., 1904, Paris.

Renouvier, *Manuel de philosophie moderne ; de philosophie ancienne* (v. II).

Revue archéologique, Paris. — **Revue biblique internationale**, publiée depuis 1892 au couvent des dominicains à Jérusalem. **Critique philosophique** et **Critique religieuse**, *Renouvier, F. Pillon (disparues).* — **Revue critique d'histoire et de littérature**, *Chuquet*, Paris, Leroux, depuis 1866. — **Revue des études grecques**, Paris. — **Revue des études juives**, Paris, depuis 1880. — **Revue historique**, G. Monod, Paris, depuis 1876. — **Revue des questions historiques**, Paris, depuis 1866. — **Revue de l'histoire des religions**, *Maurice Vernes*, puis *J. Réville* et *Marillier, J. Réville* et *P. Alphandéry*, Paris, Leroux, depuis 1880. — **Revue d'histoire et de littérature religieuses**, Paris, depuis 1896. — **Revue internationale de l'Enseignement**, après *Bulletin de la Société d'enseignement supérieur*, *Dreyfus-Brisac*, puis *François Picavet*, Paris, depuis 1878. — **Revue de métaphysique et de morale**, *Xavier Léon*, Paris, depuis 1891. — **Revue néo-scolastique**, *Mgr Mercier* et *de Wulf*, Louvain, depuis 1893. — **Revue philosophique**, *Th. Ribot*, Paris, depuis 1876. **Revue de philosophie**, *E. Peillaube*, Paris, depuis 1900. — **Revue de philologie** (Revue des Revues en appendice, depuis 1876), Paris. — **Revue de la Renaissance**, Paris, depuis 1901. — **Revue de synthèse historique**, *Henri Berr*, Paris, depuis 1900. — **Revue thomiste**, *R. P. Coconnier*, Paris, depuis 1894. — **Revue de l'Université de Bruxelles**. — **Ph. Review**, *Schurman*, Boston. — **Rivista filosofica**, *C. Cantoni*, Pavia. — **The Monist**, Dʳ *Paul Carus*, Chicago.

Rixner, *Handbuch der Geschichte der Philosophie*, Sulzbach 1829-1850.

Romania, *P. Meyer* et *G. Paris*, depuis 1872.

Schulte, *Die Geschichte der Quellen und Litteratur des canonischen Rechts*, Stuttgart, 1875-80, 3 vol.

La scienza italiana, periodico di filosofia, medicina e scienze naturali, public. dell' Academia filos. medica di S. Tom. d'Aq.

W. Smith et H. Wace, *A dictionary of christian biography, litterature, sects and doctrines*, London, 1877-87, 4 vol. in-8.

Stein, *Manuel de Bibliographie générale*, Paris, 1898.

Tardif, *Histoire des sources du droit canonique*, Paris, 1887.

F. Ueberweg, *Grundriss* (v. II).

Vidier, *Répertoire méthodique du moyen âge français*, I, 1894, II, 1895, Paris, 2 vol.

Wetzer et Welte, *Kirchen Lexicon*, 2ᵉ édit., par Hergenröther et Kaulen, 1882 et suivantes.

E. de Wulf et Ed. Zeller (voir II).

Zeitschrift f. Kath Theolog., Inspruck. — Zeitsch. f. neutestamentliche Wissenschaft und die Kunde des Urchristenthums, depuis 1900. — Zeitsch. f. Ph. und ph. Kritik, *J. H. Fichte, Ulrici, Krohn, Falckenberg*, Halle. — Zeitsch. f. Ph. und Pædagogik, *Flügel und W. Rein*, Langensalza. — **Zeitsch. f. Verbreitung. d. Lehre d. h. Thomas**, *Cesl. M. Schneider* (S. Thomas-Blätter).

II. Éditions, Histoires, Monographies

Abélard, éditions **Cousin**, Paris, 1836; Paris, 1849-1859. — **Henke** et **Lindenkohl**, 1re édition complète du *Sic et Non*, Marburg, 1851. — **Migne**, Pat. latine, vol. 178. — **Stölzle**, *De unitate et trinitate divina*, Freiburg i. B., 1891.

Acta Sanctorum des Bollandistes (v. **G. Monod**, art. *Bollandistes* dans Encyclopédie religieuse de *Lichtenberger*), Bruxelles, 1643-58, 56 vol., Paris, 1875.

Actes du premier Congrès international d'histoire des religions, Paris, Leroux 1901-1902.

C. Adam et **Paul Tannery**, *OEuvres de Descartes*, depuis 1897.

Albert le Grand, *Opera omnia*, édit. **Jammy**, Lyon, 1651, réimprimée par **Borguet**, Paris, 1890.

P. Alphandéry (v. I, Biblioth. de l'Ecole des Hautes-Etudes, section des sciences relig.).

R. Altamira, *Historia de Espana*, Barcelone, 1900-1902 ; *La Enseñanza de la historia*, Madrid, 1895.

Amélineau, *Essai sur le gnosticisme égyptien*, Lyon, 1887.

Apulei Madaurensis *opuscula quæ sunt de philosophia* rec. **A. Goldbacher**, Wien, 1876.

D'Arbois de Jubainville, *Les abbayes cisterciennes et en particulier Clairvaux aux XIIe et XIIIe siècles*, Paris, 1858.

Miguel Asin, *Algazel*, Zaragoza, 1901. (Compte rendu, *Revue de l'Histoire des religions*, 1905, pp. 295-312).

Aubé, *Les persécutions de l'Eglise jusqu'à la fin des Antonins*, Paris, 1875 ; *Les chrétiens dans l'empire romain*, Paris, 1881.

Aubertin, *Histoire de la langue et de la littérature française au Moyen Age*, Paris, 1876-1879 ; *Sénèque et S. Paul*, Paris, 1869.

Aulard, *Histoire politique de la Révolution française*, Paris, Colin, 1902.

Avencebrolis Fons vitæ, édit. **Cl. Baeumker**, *Beitr. z. Gesch. d. Ph. des Mittelalters*, Münster, 1892-1895.

Roger Bacon, édit. **Jebb**, *Opus majus*, Londres, 1733, Venet, 1750 ; édit., **Brewer**, *Opus tertium, Opus minus, Compendium philosophiæ*, Londres, 1859 ; édit. **Bridges**, *Opus majus*, Oxford, 1807 et suivantes.

Cl. Baeumker, *Das Problem der Materie in der griechischen Ph.*, München, 1890 ; *Ein Tractat gegen die Amalricaner aus d. Anfang d. 13 Jahrh.*, Jahrb. f. Ph. und spec. Theolog., 1893-1894.

Cl. Baeumker et **G. von Hertling**, *Beiträge zur Geschichte der Philosophie des Mittelalters, Texte und Untersuchungen* (La collection, commencée depuis 1891, contient le *de unitate* de Gundisalvi, le *Fons vitæ* d'Avicebron, la théorie de la connaissance de Guillaume d'Auvergne, la philosophie de J. Ibn Zaddik, le traité de l'immortalité et le *de divisione philosophiæ*, de Gundisalvi, la philosophie d'Alain de Lille, les traités philos. d'Alkindi, les *Impossibilia* de Siger de Brabant, la philosophie de Pierre Lombard, etc.).

Baluze, *Conciliorum nova Collectio*, Paris, 1683, in-fol.
Bardenhewer, *Patrologie*, Fribourg, 1894.
A. Barth, *Les religions de l'Inde*, Paris, 1879.
Batiffol, *La littérature grecque chrétienne*, 1897.
Baur, *Apollonius und Christus...*, réédité par E. Zeller, Leipzig, 1876.
Bayet, *L'art byzantin*, Paris, Quantin ; avec **Kleinclausz et Pfister**, *les Mérovingiens*, dans l'Histoire de France publiée sous la direction de M. Lavisse.
Pierre Bayle, *Dictionnaire historique et critique*, édit. Des Maiseaux, 4 vol. in-fol., Amsterdam et Leyde, 1740, *Beuchot*, 16 vol. in-8, Paris, 1820 ; *Œuvres diverses*, La Haye, 1725-1731.
Bédier, *Les fabliaux au Moyen-Age*, Paris.
R. Benzoni, *La filosofia dell' Academia romana di S. Tommaso*, Riv. ital. filos., 1886.
Bergaigne, *La religion védique*, Paris, 1880-82.
S. Berger, *Histoire de la Vulgate pendant les premiers siècles du Moyen Age*, Nancy, 1893.
Berthelot, *Les Origines de l'alchimie*, in-8, 1885 ; *Science et Philosophie*, 1886 ; *Introduction à l'étude de la chimie des anciens et du moyen âge*, 1889 ; *Collection des anciens alchimistes grecs*, 4 vol. in-4, 1887-1888 ; *Histoire des sciences, la Chimie au Moyen Age*, 3 vol. in-4, 1893.
C. Besse, *Deux centres du mouvement thomiste*, Paris, 1902.
Elie Blanc, *Histoire de la philosophie*, 1896, Paris (v. ch. X).
H. Bois, *Essai sur les origines de la philosophie judéo-alexandrine*, Toulouse, 1890.
G. Boissier, *La religion romaine d'Auguste jusqu'aux Antonins*, 1878 ; *La fin du Paganisme*, 2 vol., Paris, 1891, 2ᵉ édit., 1894 ; *Tacite*, Paris, 1903.
S. Bonaventure, *Opera omnia edita studio et cura PP. collegii a S. Bonaventura, Ad Claras Aquas prope Florentiam*, à partir de 1882.
Max Bonnet, *Le latin de Grégoire de Tours*, Paris, 1890.
Bouché-Leclercq, *Histoire de la divination dans l'antiquité*, 4 vol., Paris, 1879 ; trad. de l'*Histoire grecque* de Curtius, 5 vol. et atlas, Paris, 1880, de l'*Histoire de l'Hellénisme* de Droysen, 3 vol., Paris, 1883 ; *L'Astrologie grecque*, 1899 ; *Leçons d'histoire grecque*, 1900 ; *Histoire des Lagides*, I, 1903, II, 1904 ; *Manuel des Institutions romaines*, 1886.
F. Bouillier, *Histoire de la philosophie cartésienne*, Paris, 2 vol. in-8, 1854.
Bouillet, *Les Ennéades de Plotin...*, 3 vol., Paris, 1857-1860 ; **Porphyre**, *Son rôle dans l'école néo platonicienne...*, Revue crit. et bibliog., Paris, mars 1864.
Bourgain, *La Chaire française au XIIᵉ siècle*, Paris, 1879.
Bourquard, *de Boetio*, 1877.
Boutaric, *Vincent de Beauvais et la connaissance de l'antiquité classique au XIIIᵉ siècle*, Paris, 1875.
Emile Boutroux, *Études d'histoire de la philosophie*, Paris, F. Alcan, 1897 ; *Pascal*, Paris, Hachette. V. *Ed. Zeller*.
M. Bréal, *Hercule et Cacus*, Paris, 1863 ; *La Sémantique*, Paris, Hachette, 1899.
Brochard, *Les sceptiques grecs*, Paris, Alcan, 1887.

Brucker, *Historia critica philosophiæ a mundi incunabilis ad nostram usque ætatem deducta*, 2ᵉ édit., 6 vol., 1766-67.

Brunot, *Grammaire historique de la langue française*, Paris, 1899.

Burckhardt, *La civilisation en Italie au temps de la Renaissance*, trad. Schmitt, 2 vol. 1885.

Bülow, *D. Dominicus Gundissalinus Schrift von der Unsterblichkeit der Seele*, 1897.

Cantoni, *E. Kant, I, La filosofia teoretica; II, La filosofia practica; III, La filosofia religiosa*, Milano, 1879-84.

C. Cantoni, *Storia compendiosa della filosofia*, Milano, 1887.

Cantor, *Vorlesungen über Geschichte der Mathematik*, Leipzig, I, 1894; II, 1892; III, 1894-96, 3 vol. in-8.

Carra de Vaux, *Avicenne*, 1900, in-8; *Gazali*, 1902, in-8, Paris, F. Alcan.

Carus, *Histoire de la zoologie*, trad. française par Hagenmüller, L. Ollivier, E. de Tannenberg, Paris, 1880.

Casiri, *Bibliotheca arabico-hispana*, Madrid, 1760.

Cathrein, *Moralphilosophie...*, 2 Bde, Freib. i. B., 1893; *Philosophia moralis*, 1895.

Cartault, *Etude sur les Bucoliques de Virgile*, Paris, 1897.

Chaignet, *Histoire de la psychologie chez les Grecs*, 5 vol., Paris, 1887-92.

E. Charles, *Roger Bacon*, 1861.

A. Chassang, *Le merveilleux dans l'antiquité, Apollonius de Tyane*, Paris, 2ᵉ édit., 1864.

Chauvet, *La psychologie de Galien*, Caen, 1860-1867; *La théologie de Galien*, Caen, 1873; *Galien, Deux chapitres de la morale pratique chez les anciens*, Caen, 1874; *La logique de Galien*, Paris, 1882; *La médecine grecque et ses rapports à la philosophie*, Rev. philos., vol. 16.

Clarke, *Manuals of Catholic Philosophy : Moral Philosophy*, par **J. Rickhaby**; *The first Principles of Knowledge*, par **J. Rickhaby**; *Logic*, par **Clarke**; *General Metaphysics*, par **J. Rickhaby**; *Psychology*, par **Michael Maher**.

Clédat, *La poésie lyrique et satirique en France au Moyen Age*, 1893.

Clementis Alexandrini Opera, édit. R. Klotz, Lips., 1830-34; **Dindorf**, Oxonii, 1869 (Voir *Ueberweg*, II, p. 84).

Clermont-Ganneau, *Mythologie iconographique*, Paris, 1880.

Clerval, *Les Ecoles de Chartres*, Paris, 1885.

Collections d'études et de documents sur l'histoire religieuse et littéraire du Moyen Age, Opuscules de critique historique, publiés sous la direction de P. Sabatier, Paris, Fischbacher.

Collection des Pères grecs et latins, par les Bénédictins. v. **J.-B. Vanel,** *Les Bénédictins de S.-Maur à S.-Germain-des-Prés*, 1630-1791, Paris, 1896.

Collection de textes pour servir à l'étude et à l'enseignement de l'histoire, Paris, Picard, depuis 1886.

E. Commer, *Die ph. Wissenschaft*, Berlin, 1882; *System der Philosophie*, Paderborn, 1883-1886.

Comparetti, *Vergilio nel medio evo*, 2ᵉ édit., 1896.

Compayré, *Abelard and the origins and early history of Universities*, Londres, 1893.

Cornoldi, *La filosofia scolastica speculativa di S. Tommaso d'Aquino*, Bologna, 1881.

Corpus scriptorum ecclesiasticorum latinorum, publié depuis 1866 par l'Académie des sciences de Vienne.

Costa, *Storia del diritto romano*, 2 vol., 1901-1903.

Crozals (de), *Lanfranc, archevêque de Cantorbéry*, Paris, 1877.

Courajod, *Leçons professées à l'École du Louvre*, Paris, Picard, 1899-1901.

V. Cousin, *Fragm. philos.*, 5 vol., Paris, 1866 (souvent réimprimés).

A. et M. Croiset, *Histoire de la littérature grecque*, 5 vol., Paris, Fontemoing, 1887-1890.

Cumont, *Mystères de Mithra*, Bruxelles, 2 vol., 1896-99.

Ch. Daremberg, *Fragments du Commentaire de Galien sur le Timée de Platon, suivis d'un Essai sur Galien considéré comme philosophe*, Paris, Leipzig, 1848.

Decharme, *Mythologie de la Grèce antique*, 2ᵉ édit., Paris, 1886 ; *La Critique des traditions religieuses chez les Grecs*, Paris, 1904.

Degérando, *Histoire comparée des systèmes de philosophie*, 3 vol., Paris, 1804, 2ᵉ édit., 4 vol., Paris, 1822-1823.

Delacroix, *Essai sur le mysticisme spéculatif en Allemagne au XIVᵉ siècle*, Paris, F. Alcan, in-8, 1900.

Delambre, *Histoire de l'astronomie du moyen âge*, 1819, 2 vol., Paris.

Delaunay, *Philon d'Alexandrie...*, Paris, 1867.

Delaunay, *Moines et Sibylles*, Paris, 1873.

Denifle, *Die Sentenzen Abelards und die Bearbeitung seiner Theologia vor Mitte des XII Jahrhunderts*, Archiv f. Litt. und Kircheng. des Mittelalters; I, 1885, *Die Universitäten des Mittelalters bis 1400*, Berlin, 1885, in-8.

Denifle et Chatelain, *Chartularium Universitatis Parisiensis*, Paris, 1889-1897, 4 vol. in-4.

J. Denis, *De la philosophie d'Origène*, Paris, 1894.

Diehl, *Justinien et la civilisation byzantine au VIᵉ siècle*, Paris, Leroux, 1901 ; *Histoire de la domination byzantine en Afrique*, ibid., 1896.

Diels, *Doxographi græci*, Berlin, 1879.

Dieterici, *Die Philosophie der Araber in X Jahrhundert* (nach den Schriften der lautern Bruder), 8 vol.

Döllinger, *La Papauté*, trad. française de **Giraud-Teulon**, Paris, Alcan.

Döllinger, *Beitr. z. Sektengeschichte im M. A.*, Munich, 1890.

Douais, *Les Albigeois, leurs origines, action de l'Église au XIIᵉ siècle*, Paris, 1879 ; *Essai sur l'organisation des études dans l'ordre des Frères prêcheurs, 1216-1346*, Paris, 1884, in-8.

Donaldson, *Histoire de la litt. byzantine et gr. moderne*, Encyclopædia Britannica, 1880.

Douarche, *L'Université de Paris et les Jésuites*, Paris, 1888.

Druon, *Synésius*, Paris.

M. Dubois, *Examen de la géographie de Strabon*, Paris, 1891.

Abbé Duchesne, *Liber Pontificalis et Étude sur le L. P.*, 3 vol., Paris, Thorin.

Dugat, *Histoire des philosophes et des théologiens musulmans*, Paris, 1878.

A. Dumont, *Essai sur l'Ephébie*, 1876.

Rubens Duval, *La littérature syriaque*, Paris, Lecoffre; *Histoire d'Édesse*, Journal asiatique, 1891.

Ebersolt, *Bérenger de Tours*, Rev. de l'hist. des religions, 1903.

A. Ebert, *Allg. Gesch. der Litteratur des Mittelalters im Abendland*, Leipzig, I, 1889; II et III, 1880-87; trad. française de **Aymeric-Condamin**, 1883-1889.

E. Egger, *Histoire de l'hellénisme en France*, Paris, 1869, 2 vol. in-8.

V. Egger, *Disputationes de fontibus D. Laertii*, Bordeaux, 1881; *La science ancienne et la science moderne*, Rev. intern. de l'Enseignement, t. XX, pp. 129-160, 277-294.

Enlart, *Manuel d'archéologie française*, Paris, Picard, 1902 et suiv.

D. Erdmann, *Kants Kriticismus in der 1ten und in der 2ten Auflage der Kritik der reinen Vernunft*, Leipzig, 1878.

Esmein, *Cours d'histoire du droit français*, 4e édit., Paris, 1901.

Eucken, *Gesch. d. philos. Terminologie*, Leipzig, 1878; *d. Lebensanschauungen der grossen Denker*, Leipzig, 1890; *d. philos. des Thomas von Aquino und d. Cultur der Neuzeit*, Halle, 1886; *Neuthomismus und d. neuere Wissenschaft*, Ph. Monatshefte, 24, 1888, p. 575-581; *Kant und Thomas von Aquino*, 1901.

Eunapii, *S. Vitæ philosophorum et sophistarum*, Ed. **Boissonade**, Amst., 1822, Paris, 1849.

Eusebii, *Præparatio evangelica*, édit. **Viger**, Paris, 1628, **Dindorf**, Leips., 1868.

Eyssenhardt, *M. Capella, Satiricon*, Leips., 1866, 2e édition.

Fagniez, *Documents relatifs à l'histoire de l'industrie et du commerce en France*.

De Faye, *Clément d'Alexandrie* (v. I, B. de l'Ecole des Hautes Etudes) *et les Sources du Gnosticisme*, Rev. de l'hist. des religions, 1902-1903, volume à part chez Leroux.

H. Felder, *Gesch. d. wissensch. Studien im Franciskanerorden bis um die Mitte des 13 Iahrh.*, Freiburg-im Brisg. 1904 in-8.

Feldner, *die Lehre des hl. Thomas über die Willensfreiheit der vernünftigen Wesen*, Graz, 1890.

L. Ferri, *L'Accademia romana di S. Tommaso et l'istruzione filosofica del clero*, Nuova Antol. 1880.

Fichte (*Discours de*) *à la nation allemande*, trad. **Léon Philippe**, avec introduction de **F. Picavet**, avant-propos de **Jean Philippe**, Paris, Delagrave.

J. Flach, *Les origines de l'Ancienne France*, 3 vol. in-8, 1886, 1893, 1904; *Etudes complémentaires sur l'histoire du droit romain au moyen âge*, 1890; *L'origine historique de l'habitation et des lieux habités en France*, 1899.

Foucart, *Associations religieuses chez les Grecs*, Paris, 1874; *Recherches sur l'origine et la nature des mystères d'Eleusis*, 1895; *Les Grands Mystères d'Eleusis*, 1900.

M. Fournier, *Les statuts et privilèges des Universités françaises depuis leur fondation jusqu'en 1879*, I-III, Paris, 1890-1892.

A. Franchi, *La filosofia delle scuole italiane*, Capolago, 1852; *Aggiunta al Libro, La fil. d. s. ital.*, Genova, 1853; *La religione del secolo XIX*, Losanna, 1853; *Il sentimento*, Torino, 1854; *Il rationalismo del popolo*, Ginevra, 1856; *Letture sulla storia della filosofia moderna*, Milano, 1863; *La ragione*, Rivista *settimanale*, 1853 bis 1857 ; *Il secolo XIX, altra Rivista ; Ultima Critica*, 3 vol., Milano, 1889-93.

A. Franck, *Dictionnaire des sciences philosophiques*, 2ᵉ édit., Paris, 1875 ; *La Kabbale*, 2ᵉ édit., 1889.

Freppel, *Clément d'Alexandrie*, Paris, 1866 ; *Origène*, Paris, 1875.

Freudenthal, *Spinoza und die Scholastik*, Ph. Aufsätze Ed. Zeller zu sein 50 jähr. Doctorj. gewidmet, Leipzig, 1887, pp. 83-138.

Frohschammer, *Die Philos. d. Thomas v. Aquino kritisch gewürdigt*, Leipzig, 1889.

Fustel de Coulanges, *La cité antique*, in-16, Paris ; *Histoire des institutions politiques de l'ancienne France*, Paris.

Gasquet, *L'empire byzantin et la civilisation franque*, Paris, 1888 ; *Le culte de Mithra*, Paris, 1899.

L. Gautier, *Les épopées françaises*, 2ᵉ édit., 1878-1897 ; *La Chevalerie*, 1890.

Gebhart, *Les origines de la Renaissance en Italie*, in-16 ; *L'Italie mystique*, in-16 ; *Moines et Papes*, in-16, Paris, Hachette.

P. Girard, *L'éducation athénienne* 1899.

Giry, *Manuel de Diplomatique*, Paris, 1894.

Glasson, *Histoire du droit et des institutions de la France*, Paris, 1888-1889.

M. Glossner, *Zur Frage nach d. Einfluss d. Scholastik auf d. neuer. Philos.*, Jahrb. f. ph. und spec. Theolog., III, 1889.

Goblet d'Alviella, *Les Mystères d'Eleusis*, Rev. de l'histoire des religions, 1902-1903.

Goelzer, *Etude sur la latinité de S. Jérôme*, Paris, 1884.

Gomperz, *Griech. Denker*, Leipzig, 1893-94. trad. fr., Paris, F. Alcan, 1904.

Z. Gonzalez, *Historia de la filosofia*, 2ᵉ édit., 1886, trad. française.

H. Graetz, *Gesch. der Juden*, Leipzig, trad. française de **Wogue**, Paris, 1882-1897.

Grandgeorge (v. I, Bibl. des Hautes Etudes).

Die Griechischen christlichen Schriftsteller der ersten drei Jahrhunderte (public. de l'Acad. de Berlin, dirigée par **Harnack**, qui comprendra les hérétiques et les apocryphes, comme les orthodoxes, jusqu'à Eusèbe inclusivement).

Grote, *Histoire de la Grèce*, 12 vol., trad. française.

Guardia, *La misère philosophique en Espagne*, Rev. ph., 1893, pp. 287-293.

Guizot, *Histoire de la civilisation en France*, 11ᵉ édit., 1869 ; *Histoire de la civilisation en Europe*, Paris.

Guttmann, *D. Ph. des S. Ibn Gabirol*, Göttingen, 1889 ; *Das Verh. d. Th. von Aquino zum Judenth. und die Schol. des XIIIᵉⁿ Jahrh.*

P. Haffner, *Grundlinien der Philos. als Aufgabe, Gesch. und Lehre zur Einleit. in d. ph. Studien*, Mainz, 1881-1884.

Hanckel, *Histoire des mathématiques chez les Arabes.*

Hannequin, *Essai critique sur l'hypothèse des atomes.* 2ᵉ édit., Paris, Alcan.

Harnack, *Lehrbuch der Dogmengeschichte*, Freib. i. B., 3 vol., 1886-90, 3ᵉ édit., 1894 ; *Grundriss der Dogmengeschichte*, 1889-1891, 2ᵉ édit., 1893 ; *Gesch. d. altchristl. Litteratur*, Leipzig, 1893, 1897 (la publication continue) ; *Die Mission und Ausbreitung des Christentums in den drei ersten Jahrh.*, 1902.

Th. Harper, *The Metaphysics of the Schools*, London, 1879, 1881, 1884.

Hauck, *Kirchengeschichte Deutschlands*, Leipzig, depuis 1887.

A. Harrent, *Les Écoles d'Antioche,* Paris, 1898.
Hauréau, *De la ph. scolastique,* 2 vol., Paris, 1850 ; *Singularités historiques et littéraires,* Paris, 1861 ; *Histoire littéraire du Maine,* 10 vol. in-12, Paris, 1870 ; *Histoire de la ph. scolastique,* I, 1872 ; II, 2 vol., 1880 (ch. X) ; *Notices et extraits de quelques manuscrits latins de la bibliothèque nationale,* Paris (v. Ueberweg, II ; Wallon, Ac. des I. et B. L., 1898).
Ernest Havet, *Le Christianisme et ses origines.* 4 vol., Paris, 1870-1884.
Julien Havet, *Lettres de Gerbert,* Paris, Picard, 1889.
Héfélé, *Histoire des conciles d'après les documents originaux,* trad. **Delaro,** Paris, 1869-76.
Hemmer et **Lejay,** *Textes et Documents pour l'étude historique du Christianisme,* Paris, Picard.
Victor Henry, *Les littératures de l'Inde,* Paris, 1904 (V. *Oldenberg*).
E. Herriot, *Philon le Juif,* Paris, 1898.
G. v. Hertling, *Albertus Magnus und die Wissenschaft seiner Zeit,* Hist. pol. Blätter, Bd. 73, 1874, v. *C. Bæumker.*
Hertzberg, *Histoire de la Grèce sous la domination romaine,* trad. franç., Paris.
Heyd, *Histoire du commerce du Levant au moyen âge,* 2 vol., Leipzig, 1886, trad. franç. par Reynaud, Paris.
Himly, *Les grandes époques de l'histoire de la découverte du globe,* Paris, 1885.
Hœfer, *Histoire des sciences,* 5 vol., Paris, Hachette.
Horoy, *Medii ævi bibliotheca patristica seu ejusdem temporis ab anno 1216 usque ad concilii Tridentini tempora,* Paris, 1879.
Ch. Huit, *La vie et l'œuvre de Platon,* Paris, 1893, 2 vol., et le *Platonisme au moyen âge,* surtout dans *Annales de philosophie chrétienne,* XX, XXI, XXII.
Huvelin, *Les tablettes magiques et le droit romain,* 1901.
Izquierdo, *Historia de la filosofía del siglo XIX,* 1903.
Jaffé, *Regesta pontificum romanorum a condita Ecclesia ad annum 1198,* Berlin, 1851, 2e édit., 1885-1888.
W. James, *L'expérience religieuse,* Préf. de **M. Boutroux,** Paris, F. Alcan.
L. H. Jordan, *Comparative Religion,* Edimbourg, 1905, in-8.
Paul Janet, *Histoire de la science politique,* 3e édit., 2 vol. in-8, Paris 1887 ; *Victor Cousin et son œuvre,* in-8, Paris, 1885 ; *Lamennais,* in-16, Paris, Alcan.
Jebb, *The classical Renaissance* dans *The Cambridge modern history,* I, 1902.
J. M. Jost, *Gesch. d. Judenthums,* Leipzig, 1857, sqq.
A. Jourdain, *Recherches critiques sur l'âge et l'origine des traductions latines d'Aristote,* 2e édit., Paris, 1843.
C. Jourdain, *La philosophie de Saint Thomas,* 2 vol. in-8, Paris, 1858 ; *Excursions historiques et philosophiques à travers le moyen âge,* Paris, 1888.
A. Jundt, *Histoire du panthéisme populaire au moyen âge et au XVIe siècle,* Paris, 1875.
Karppe, *Etude sur les origines et la nature du Zohar,* précédée d'une étude sur l'histoire de la Kabale, in-8, Paris, F. Alcan, 1901 ; *Essais de critique et d'histoire de la philosophie,* in-8, Paris, F. Alcan, 1902.
Kleinclausz, *L'empire carolingien, ses origines et ses transformations,* Paris, 1902.
Krause, *Die Byzantiner des Mittelalters,* 1869.

Krische, *Forschungen auf d. Gebiete der alten Phie, I Bd, d. theolog. Lehren der griech. Denker,* Göttingen, 1840.

K. Krumbacher, *Gesch. d. byzantinisch. Litteratur,* 2e Aufl. 1897.

P. Labbe, *Sacrosancta Concilia,* publiés par le **P. Cossart,** Paris, 1671-72, 18 vol. in-f°.

Lacour-Gayet, *Antonin le Pieux,* Paris, 1888.

Lange, *Gesch. des Materialismus...* 1866, 3e éd., 1876, trad. franç. de **Pommereul,** avec préface de **Nolen.**

E. Langlois, *Origines et sources du roman de la Rose,* in-8, Paris, 1891.

Ch. V. Langlois, *Questions d'histoire et d'enseignement,* in-16, Paris, Hachette ; **V. Lavisse, M. L.** traite de saint Louis aux derniers Capétiens.

Ch. V. Langlois et **Seignobos,** *Introduction aux études historiques,* Paris, Hachette.

Lafaye, *Histoire du culte des divinités d'Alexandrie,* in-8, Paris, 1884.

Lanson, *Histoire de la littérature française,* Paris, 1895, souvent réédité.

K. Laswitz, *Gesch. d. Atomistik vom Mittelalter bis Newton,* 2 Bde, Hamb. 1889-90.

Launoy, *De varia Arist. fortuna in Acad. Paris.,* Paris, 1658.

E. Lavisse, *La décadence mérovingienne,* Rev. des Deux-Mondes, 1885, *La foi et la morale des Francs,* ibid., 1886 ; **E. Lavisse,** *Histoire de France depuis les origines jusqu'à la Révolution,* avec la collaboration de MM. **Bayet, Bloch, Carré, Coville, Kleinclausz, Langlois, Lemonnier, Luchaire, Mariéjol, Petit-Dutaillis, Pfister, Rebelliau, Sagnac, Vidal de la Blache,** Paris, Hachette (en publication).

Lavisse et **Rambaud,** *Histoire générale,* Paris, Colin.

H. C. Lea, *History of the Inquisition,* trad. franç. de **S. Reinach,** 3 vol., Paris, 1902.

A. Lefranc, *Histoire du Collège de France,* in-8, Paris, 1893.

Louis Leger, *Russes et Slaves : Le monde slave,* 3 vol. in-16, Paris, Hachette, 1890, 1897, 1901.

Ch. Lenient, *La satire en France au moyen âge,* Paris, 1859.

Xavier Léon, *La philosophie de Fichte,* in-8, Paris, F. Alcan, 1902.

Levasseur, *La population française,* Paris, 1889-1891, 2e éd., 1903-1904 ; *Histoire de l'industrie et des classes ouvrières en France,* 2e édit., 1900.

Lévy-Bruhl, *Philosophie de Jacobi,* in-8 ; *Philosophie d'Auguste Comte,* in-8, Paris, Alcan.

G. H. Lewes, *A biographical history of philosophy,* 4e éd., Londres, 2 vol., 1871.

Liard, *Descartes,* in-8, Paris, Alcan ; *L'enseignement supérieur en France,* 1789-1889, 2 vol. in-8, Paris, 1888-1894.

Liberatore, *Institutiones philosophicæ,* Neapel, 1851 ; *Trattato della conoscenza intellectuale,* Neapel, 1855, Roma, 1873.

A. Longnon, *Atlas historique de la France,* Paris, Picard.

Lorenz, *Alcuins Leben,* Halle, 1829.

Luchaire, *Manuel des institutions françaises,* gr. in-8 ; *Les Capétiens jusque Louis VIII,* vol. 4 et 5 de l'Histoire de France (voir **Lavisse**), *Innocent III, Rome et l'Italie,* in-16, Paris, 1904.

Carl Ludwig, *die Substanz b. Cartes. im Zusammenhang m. d. scholastisch. und. neuer. Philos.,* Philos. Jahrbuch, Fulda, 1893.

Luquet (V. I, *Bibliothèque des Hautes Études*).
Lutoslawski, *Kant in Spanien* (Kantsstudien, Bd I, pp. 217-231).
Georges Lyon, *L'Idéalisme en Angleterre au XVIIIe siècle*, in-8, Paris, F. Alcan, 1888 ; art. **Stoïcisme** (Gr. Encycl.).
Maassen, *Geschichte der Quellen und der Litteratur des canonischen Rechts im Abenlande*, I, Graz, 1870.
Male, *L'art religieux et le symbolisme au XIIIe siècle*, Paris, Colin, 1899.
T. Mamiani, *Degli scolastici italiani in Politee, 1844 ; Cristianita della filosofia italiana*, Civil. Cattol. 1875.
R. P. Mandonnet, *Siger de Brabant et l'Averroïsme latin au XIIIe siècle*, Fribourg, 1900.
Manitius, *Histoire de la poésie chrétienne jusqu'au milieu du VIIIe siècle*, 1891.
Marcelino Menendez y Pelayo, *La Ciencia española*, 1877 (1880-1887) ; *Historia de las ideas esteticas en España*, 1882 ; *Historia de los heterodoxos españoles*, 1880.
Marignan, *Études sur la civilisation française. I. La société mérovingienne ; II. Le culte des saints sous les Mérovingiens*. Paris, 1899.
C. Martha, *Les moralistes dans l'empire romain. — Le poème de Lucrèce. — Études morales sur l'antiquité. — Mélanges de littérature ancienne*, 4 vol. in-16, Paris, Hachette.
Th. H. Martin, *Études sur le Timée*, 2 vol., Paris, 1841 ; *Galilée*, Paris ; *Histoire des sciences physiques dans l'antiquité*, 1849.
Maspéro, *Histoire ancienne des peuples de l'Orient classique*, in-8, I, II, III, Paris, Hachette.
Massebieau, *Le classement des œuvres de Philon*, Paris, 1889 ; **Massebieau** et **Bréhier**, *Essai sur la chronologie de la vie et des œuvres de Philon*, Rev. d'hist. des religions, 1906.
A. Matinée, *Platon et Plotin*, Paris, 1879.
Matter, *Sur l'école d'Alexandrie*, Paris, 1826, 2e éd., 1840-1848.
Maury, *La magie et l'astrologie dans l'antiquité et au moyen âge*, 1860 ; *Croyances et légendes du moyen âge*, publié par **Longnon** et **Bonet-Maury**, in-8, Paris, 1896 ; *Religions de la Grèce antique*, 3 vol., 1856-1859.
Th. Mayer, *Institutiones juris naturalis seu philosophiæ moralis universæ secundum principia Thomæ Aquinatis*, Fribourg, 1885.
Mercier, *La bataille de Poitiers et les vraies causes du recul de l'invasion arabe*, Rev. hist., 1878.
Mgr Mercier, *Cours de philosophie*, Paris, F. Alcan (voir ch. IX).
Michaud, *Guillaume de Champeaux et les écoles de Paris au XIIe siècle*, 2e éd., Paris, 1868.
Michelet, *Histoire de France* (surtout Moyen âge et Renaissance).
Migne, *Patrologia latina*, Paris, 1844-1855, 221 vol. in-4, des origines à 1216 ; *Patrologia græca*, des origines à 1473, Paris, 1857-1866, 166 vol. in-4 avec trad. latine.
Milhaud, *La géométrie grecque considérée comme œuvre personnelle du génie grec* (Rev. des études grecques, 1896, pp. 371-423).
Mommsen, *Römische Geschichte*, trad. franç., 1887.
Monceaux, *Apulée*, 1889 ; *Les Africains*, Paris, 1894 ; *Histoire littéraire de*

l'Afrique chrétienne depuis les origines jusqu'à l'invasion latine, 2 vol., Paris, 1901, 3ᵉ volume, 1906.

Monnier, *Alcuin et son influence littéraire, religieuse et politique*, Paris, 1851; *de Gothescalci et Johannis Scoti Erigenæ controversia*, Paris, 1853.

G. Monod, *Études critiques sur les sources de l'histoire carolingienne*, Paris, 1898 (v. I).

Montuola, *Histoire des mathématiques*, 2ᵉ éd., 1799.

Monumenta Ecclesiæ liturgica, Paris, Picard.

Monumenta Germaniæ historica, commencé par **Pertz**, continué par **Waitz et Dümmler**.

Monumenta historica Societatis Jesu, Matriti, 1894-1903, 21 vol. in-8.

Monumenta ordinis Fratrum Prædicatorum historica, Romæ, 1897-1901, 10 vol. in-8.

F. Morin, *Dictionnaire de philosophie et de théologie scolastiques* (t. XXI et XXII de la 3ᵉ Encyclopédie théologique de Migne).

R. P. Mortier, *Histoire des maîtres généraux de l'ordre des Frères Prêcheurs*, Paris, 1903 et suiv., in-8.

S. Munk, *Mélanges de philosophie juive et arabe*, in-8, Paris, 1859; *Le Guide des Égarés de Maïmonide*, I-III, Paris, 1856, 61, 66.

Munro, édit. du *de Natura rerum* de Lucrèce, avec trad. anglaise et notes, Cambridge, 1866.

John Henri Newmann, *The Arians of the Fourth Century*, 1833; *Development of Doctrine*, 1870; *Grammar of Assent*, 1870-71.

M. Nicolas, *Études sur Philon d'Alexandrie*, Revue de l'histoire des religions, vol. 5 et 7, p. 318, p. 145, p. 468 et suivantes.

Noel, *Histoire du commerce du monde*, Paris, 1891.

V. Nostitz-Rieneck, *Leibnitz und die Scholastik*, Philosop. Jahrbuch, 1894.

Oldenberg, *Le Bouddha*, trad. **A. Foucher**, 2ᵉ éd., *La religion du Véda*, trad. **Victor Henry**, Paris, Alcan.

Olleris, *Œuvres de Gerbert*, Clermont-Ferrand et Paris, 1867.

Ortolan, *Astronomie et Théologie*, 1894.

Pagel, *Gesch. der Medicin*, Berlin, in-8, 1897.

Palmieri, *Institutiones Philosophiæ*, Romæ, 1875.

G. Paris, *La littérature française au moyen âge*, 2ᵉ éd., Paris, 1890; *La poésie du moyen âge*, 1887-1895; *Poèmes et Légendes*, 1900; *Légendes*, 1903.

Patrologia syriaca complectens opera omnia Patrum, etc., accurante **R. Graffin**, Paris, 1895.

Pesch, *Institutiones philosophiæ naturalis*, Fribourg, 1880; *Das Weltphænomen*, 1881; *Die grossen Welträthsel*, 1883, 1884, 2ᵉ édit., 1892; *Institutiones logicales secundum principia S. Thomæ*, 1888-1890.

Petit de Julleville, *Histoire de la littérature française*, Paris, Colin; *Les Mystères au moyen âge*, Paris, 1880.

F. X. Pfeifer, *Harmonische Beziehungen zw. Scholastik und moderner Naturwissenschaft*, Augsb, 1881.

Pfister, *de Fulberti Carnotensis vita et operibus*, Nancy, 1885; *Étude sur le règne de Robert le Pieux*, 1885, v. **Lavisse**.

Dʳ Jean Philippe, *Lucrèce dans la théologie chrétienne, du IIIᵉ au XIIIᵉ siècle et spécialement dans les Écoles carolingiennes*, Paris, Leroux, 1896.

Philonis Opera, ed. Mangey, Londres, 1742 ; Pfeiffer, Erlangen, 1785-92, rééd. en 1820 ; C. E. Richter, Lips. 1828-30 ; nouvelle édition commencée par l'Académie de Berlin.

Philostratorum quæ supersunt omnia, *Vita Apollonii Tyanensis*, etc. Accedunt Apol. Ty. *Epistolæ*, Eusebii *liber adv. Hieroclem*, etc. Ed. G. Olearius, Lips. 1708 ; C. L. Kayser, Turici, 1844, 1846, Leipzig, 2 vol., 1870-71 ; Westermann, Paris, 1848.

R. Pichon, *Histoire de la littérature latine*, Paris, 1897 ; *Lactance*, 1901.

Pigeonneau, *Histoire du commerce de la France au moyen âge*, Paris, 1885.

Plotini Opera, éd. Wyttenbach, Moser et Creuzer, Oxonii, 1835 ; Creuzer et Moser, Paris, 1855 ; Kirchhoff, Lips. 1856.

Pluzanski, *Essai sur la philosophie de Duns Scot*, Paris, 1887.

Lenormant et Pottier, art. *Eleusinia* (Daremberg et Saglio).

A. Potthast, *Regesta pontificum romanorum inde ab anno* p. Chr. *natum 1198 ad annum 1304*, Berlin, 1874-75, 2 vol. in-4.

Pouchet, *Histoire des sciences naturelles au moyen âge*, Paris, 1853.

Karl Prantl, *Gesch. der Logik im Abendlande*, Bd. I, *die Entwickelung der Logik im Altherthum*, Leipzig, 1855 ; Bd II bis IV, *die Logik im Mittelalter*, 1861-70, Bd II, 2te Aufl. Leipzig, 1885.

W. Preger, *Gesch. d. deutsch. Mystik im Mittelalter*, 1875, 1881, 1892.

Prou, V. I et *La Gaule mérovingienne*, Bibl. d'histoire illustrée, Paris ; *Les monnaies mérovingiennes*, Paris, 1892 ; *Raoul Glaber* (collection des textes), Paris, Picard.

Puech, *Prudence*, Paris, 1888 ; *S. Jean Chrysostome*, 1901 ; *Tatien*, Paris, 1903.

Puaux, *Histoire de la réformation française*, Paris, 1859-1869, 7 vol. in-8.

Quétif et Echard. *Scriptores ordinis Prædicatorum recensiti notisque historicis et criticis illustrati*, Paris, 1719-1721.

Radet, *Histoire de l'école française d'Athènes*, 1901.

Ragey, *Histoire de S. Anselme*, Paris, 1890 ; *L'Argument de S. Anselme*, Paris, 1893.

Rambaud, *Constantin Porphyrogénète*, 1870 ; *Histoire de la civilisation française*, Paris, Colin ; *Histoire générale* (V. Lavisse).

Ranke, *Histoire de la papauté au XVIe et au XVIIe siècle*, trad. française.

Ravaisson, *Essai sur la Métaphysique d'Aristote*, Paris, 1837-1846 ; *Rapport sur les bibliothèques de l'Ouest*, Paris, 1841 ; *Mémoire sur la philosophie d'Aristote chez les Arabes*, Paris, 1844 ; *Essai sur le Stoïcisme*, Paris, 1856 ; *Rapport sur la philosophie en France au XIXe siècle*, Paris, 1868, 3e éd., 1889.

Recueil des historiens des Gaules et de la France, commencé par dom Bouquet en 1733, continué par l'Académie des Inscriptions et Belles-Lettres.

Regnier, *Latinité des sermons de S. Augustin*, Paris, 1886.

S. Reinach, v. I et II, *Lea* ; art. *Medicus et Mulomedicus* (Daremberg et Saglio).

Th. Reinach, *Histoire des Israélites*, 2e éd., 1901 ; *Mithridate Eupator*, 1890 ; *Œuvres de Flavius Josèphe*, tr. et cre, I, 1900 ; *Textes d'auteurs grecs et romains relatifs au judaïsme*, réunis, traduits et annotés, 1895.

Charles de Rémusat, *Abélard*, Paris, 1845. — *S. Anselme de Cantorbéry*, Paris, 1853-1868. — *Bacon*, Paris, 1857.

Ernest Renan, *Averroès et l'Averroïsme*, Paris, 1852 (souvent réimprimé).

— *Histoire des origines du christianisme* : *Vie de Jésus, Les Apôtres, Saint Paul, L'Antechrist, Les Évangiles de la seconde génération, L'Église chrétienne, Marc-Aurèle et la fin du monde antique, Études d'histoire religieuse.* — *Nouvelles études d'histoire religieuse.* — *L'avenir de la Science*, Paris, 1890. — *Histoire du peuple d'Israël.* — *Souvenirs d'enfance et de jeunesse.* — *Feuilles détachées*, Paris, Calmann-Lévy.

Renouvier, *Manuel de philosophie moderne; Manuel de philosophie ancienne*, Paris, 1845; *Esquisse d'une classification systématique des doctrines philosophiques*, 1885-86.

E. Reuss, *Histoire de la théologie chrétienne au siècle apostolique*, Strasbourg, 1852.

Albert Réville, *La christologie de Paul de Samosate* (Bibl. de l'Ecole des Hautes Etudes, vol. VII); *Prolégomènes de l'histoire des religions*, in-8; *Religions des peuples non civilisés*, 2 vol. in-8; *Les religions du Mexique, de l'Amérique centrale et du Pérou*, in-8; *La religion chinoise*, in-8; *Jésus de Nazareth*, 2 vol. in-8, Paris, Fischbacher ; *Le Christ païen du IIIe siècle*, Revue des Deux Mondes, 1865; *La Divinité de J.-C.*, 2e éd., Paris, Alcan, 1904.

Jean Réville, *La notion du Logos dans le quatrième Évangile et dans les œuvres de Philon*, Paris, 1881. — *Le Logos d'après Philon d'Alexandrie*, Genève, 1877. — *La religion à Rome sous les Sévères*, Paris, 1886. — *Le quatrième Évangile, son origine et sa valeur historique*, Paris, 1901. — *Les origines de l'épiscopat* (Bib. de l'Ecole des Hautes Etudes, section des sciences religieuses, t. V), Paris.

E. Révillout, *Vie et sentences de Secundus, d'après les livres et les manuscrits orientaux, les analogies avec les ouvrages gnostiques*, Paris, 1873.

Heinr. Ritter, *Geschichte der Philosophie*, 15 Bde, Hamburg, 1829-1853.

Ritter et Preller, *Historia philosophiæ Græco-Romanæ ex fontium locis contexta*, 7e éd., 1888.

Ritter, *Die Christliche philosophie*, Göttingen, 1858-1859, traduction française de Trullard, 2 vol. in-8, Paris, 1872.

Th. Ribot, *Phychologie de l'attention*, in-18 ; *Psychologie des sentiments*, in-8 ; *Logique des sentiments*, in-8 ; *L'imagination créatrice*, in-8 ; *L'hérédité psychologique*, in-8 ; *L'évolution des idées générales*, in-18, Paris, Alcan.

Rodier, *La physique de Straton de Lampsaque*, Paris, 1891 ; *Traité de l'âme d'Aristote*, 2 vol. Paris, Leroux, 1900.

Rosenberger, *Die Gesch. der Physik*, Braunschweig, 1882-1890, 2 vol. in-8.

Rousselot, *Études sur la philosophie dans le moyen âge*, 3 vol. in-8, Paris, 1840-1842.

B. Saint-Hilaire, *Sur le concours ouvert par l'Académie des sciences morales et politiques sur l'école d'Alexandrie*, Paris, 1845 ; *trad. avec commentaires d'Aristote 1837-1892*. — *Mahomet et le Coran*, Paris, 1865.

Sainte-Beuve, *Port-Royal*, Paris, Hachette, 1888-1891.

Sandys, *A History of classical Scholarship in the end of the middleages*, 1903.

Sanseverino, *Philosophia christiana cum antiqua et nova comparata*, Neap., 1862.

Schanz, *Geschichte der römischen Litteratur*, Munich, 1896.

Schepss, *Conradi Hirsaugiensis dialogus super auctores sive Didascalion*, Würzb., 1889.

Schmidt, *Histoire et doctrine de la secte des Cathares ou Albigeois*, Paris, 1849, 2 vol. in-8.

H. Schmidt, *Der Mysticismus in seiner Entstehungsperiode*, Iéna, 1824.

A. Schmœlders, *Documenta philosophiæ Arabum*, Bonn, 1836 ; *Essai sur les écoles ph. chez les Arabes*, Paris, 1842.

M. Schneid, *Naturphilosophie im Geiste d. hl. Thomas*, Paderborn, 1890.

Sée, *Les classes rurales et le régime domanial en France au Moyen Age*, 1901.

Schütz, *Thomas-Lexicon*, 2e édit., Paderborn, 1892.

Séailles, *Léonard de Vinci*, Paris, Perrin ; *Les Affirmations de la Conscience moderne*, Paris, 1903.

Ch. Secrétan, *La restauration du thomisme*, Rev. ph., XVIII, pp. 56-91 ; *La philosophie de la liberté*, 2 vol. in-8, Paris, Alcan.

Sédillot, *Matériaux pour servir à l'histoire comparée des sciences mathématiques chez les Grecs et les orientaux*, 2 vol. Paris, 1845-49.

R. Seeberg et Bonwetsch, *Studien zur Gesch. d. Theol. und d. Kirche*, Leipzig (Plusieurs volumes ont déjà paru, dont celui de **Seeberg**, *Die Theologie d. Johannes Duns Scotus*, 1900).

H. Siebeck, *Gesch. der Psychologie*, 1880-1884 (art. sur la Psychologie de la scolastique dans Arch. f. G. d. Ph., Bd , I-III ; dans Z. f. Ph. und ph. Kr. Bd., 93, 94, 95).

Jules Simon, *Histoire de l'Ecole d'Alexandrie*, Paris, 1843-45.

Richard Simon, *Histoire critique du vieux Testament ; du Nouveau Testament ; des versions, des commentaires du Nouveau Testament*, 1678 et années suivantes.

Simplicius, *Comm. ad Arist. physicas auscultationes*, Ed. **Asulanus**, Venet., 1596 ; S.. *in Arist. physic. libros quatuor priores*, édit. **H. Diels**. Berl., 1882, *in Arist. Categorias*, Venet., 1499, Basil., 1551.

B. de Spinoza, *Opera...*, recogn. **J. Van Vlooten** et **J. P. N. Land**, 3 vol., Hagæ, 1882-1883.

Sprengel, *Gesch. der Medicin*, 3e édit., 1821-1840.

Ludwig Stein, *Die Continuität der gr. Ph. in der Gedankenwelt der Byzantiner*, Archiv f. G. d. Ph., 19, 1896, pp. 225-246 ; *Antike und mittelalt. Vorlaufer des Occasionalismus*, II, 1889 ; *Ueber d. erste Auftreten d. griech. Ph. unter d. Araber*, Arch. f. G. d. Ph. 7, 1894.

M. Steinschneider, *Alfarabi d. arab. Philos. Leben und Schriften nebst Anhängen : J. Philoponus bei den Arabern, Darst. der Philos. Platos, Leben und Testament des Arist. von Ptolemäus*, Petersb. und Leipzig, 1869.

A. Stöckl, *Gesch. der christ. Ph. zur Zeit der K. Väter*, Mainz, 1891 ; *Gesch. der Ph. des Mittelalters*, Bd I-III, Mainz, 1864-1866.

Sumner-Maine, *L'Ancien droit*, trad. **Courcelle-Seneuil**, 1874.

F. Susemihl, *Gesch. d. griech. Litteratur in der Alexandrinerzeit*, 2 vol. in-8, Leipzig, 1891-1892.

Taine, *Philosophie de l'art ; Voyage en Italie ; Voyage aux Pyrénées*, Paris, Hachette.

Talamo, *L'aristotélisme dans l'histoire de la philosophie*, trad. française, 1876.

E. Talbot, *Julien, œuvres complètes, trad. nouvelle, accompagnée de sommaires, notes, éclaircissements*, Paris, 1863.

P. Tannery, *La géométrie grecque*, Paris, 1887 ; *Pour l'histoire de la science hellène*, Paris, Alcan, 1889.

Teichmüller, *d. plat. Frage*, Gotha, 1876 ; *über d. Reihenfolge d. plat. Dia-*

loge, Dorpat, 1879 ; *Studien z. Gesch. d. Begriffe*, Berlin, 1874 ; *Neue Studien*, I-III, Gotha, 1876-79.

Thamin, *Saint-Ambroise*, 1895.

Thiaucourt, *Les traités philosophiques de Cicéron et leurs sources grecques*, Paris.

Thurot, *Extraits de manuscrits latins pour servir à l'histoire des doctrines grammaticales du moyen âge*, 1869.

S. Thomas, *Opera omnia*, édit. Fretté et Maré, à partir de 1872 ; édit. Léonine (Léon XIII), à partir de 1882.

Trendelenburg, *Hist. Beiträge z. Ph.*, 3 vol., Berlin, 1846, 1855, 1867.

Friedrich Ueberweg, *Grundriss der Geschichte der Philosophie*, I. Theil, *das Alterthum*, 8ᵉ édit. du Dr **Max Heinze**, Berlin, 1894. — II. Theil, *Die Mittlere oder die Patristische und Scolastische Zeit*, 8ᵉ édit. du Dr **Max Heinze**, Berlin, 1898. — III. Theil, *Die Neue Zeit*, I Band, 8ᵉ édit. du Dr **Max Heinze**, Berlin, 1896 ; II Band, 8ᵉ édit. du Dr **Max Heinze**, Berlin, 1897.

Usener, *Epicurea*, 1887.

Vacandard, *P. Abélard et sa lutte avec S. Bernard, sa doctrine, sa méthode*, Paris, 1881 ; *Vie de Saint-Ouen*, Paris, 1901 ; *Vie de S. Bernard*, Paris, 1895.

E. Vacherot, *Histoire critique de l'École d'Alexandrie*, 3 vol. in-8, Paris, 1846-51 ; *La Religion*, in-8, Paris, Alcan, 1869.

P. J. Valla, *Institutiones logicæ*, 6 vol., 1782 et suiv. ; *Institutiones philosophicæ*, 1783, 5 vol.

N. Valois, *Guillaume d'Auvergne*, Paris, 1880.

Van Weddingen, *Albert le Grand, le maître de S. Thomas*, Bruxelles, 1881.

Ventura, *La philosophie chrétienne*, Paris, 1881.

Maurice Vernes, *Le prétendu polythéisme des Hébreux*, 2 vol. in-8, Paris, Leroux, 1891.

Viollet, *Précis de l'histoire du droit romain*, Paris ; *Histoire des institutions politiques et administratives de la France*, 1890.

Ch. Waddington, *Ramus et ses écrits*, in-8, Paris, 1856.

Karl Werner, *Suarez und die Scholastik der letzten Jahrhunderte*, 2 Bde, Regensb., 1861 ; *D. Scholastik des späteren Mittelalters*, 3 vol., 1881 et suivantes.

Wattenbach, *Ecriture au Moyen Age*, 1871.

Wadding, *Scriptores ordinis Minorum*, avec supplément de **Sbaraglia**, Rome, 1806.

Wilm, *Histoire de la ph. allemande*, 4 vol., Paris, 1846-1849.

O. Wilmann, *Gesch. d. Idealismus*, Bd. II, Braunschweig, 1896.

Windelband, *Gesch. der Philosophie*, Freiburg im Brisgau, 1892.

Winterton, *The Metaphysics of the Schools*, London, 5 vol., 1879 et suivantes.

E. de Wulf, *Histoire de la philosophie scolastique dans les Pays-Bas et la Principauté de Liège*, 1895 ; *Histoire de la philosophie médiévale précédée d'un aperçu sur la philosophie ancienne*, Paris, Alcan, 1900 (v. ch. X). 2ᵉ édit., 1906 ; *Introduction à la philosophie néo-scolastique*, Paris, Alcan, 1904.

F. Wustenfeld, *Die Geschichtsschreiber der Araber und ihre Werke* (Abhand. d. k. Gesellschaft d. Wissenschaften zu Göttingen, 1882, t. XVIII et XIX).

Th. Zahn, *Der Stoiker Epiktet und sein Verhältniss zum Christenthum*, Erlangen und Leipzig, 1895.

Eduard Zeller, *Die Philosophie der Griechen*, Tübingen et Leipzig, 1844, 1859, 1868, 1892, etc. Sous la direction de M. Boutroux a paru une traduction française qui comprend les antésocratiques, Socrate et les petits Socratiques (Paris, Hachette) ; *Vorträge und Abhandlungen geschichtlichen Inhalts*, Leipzig, 1865.

CHAPITRE PREMIER

L'HISTOIRE DE LA PHILOSOPHIE DANS L'HISTOIRE DE LA CIVILISATION

Par rapport aux époques qu'elle embrasse et dont la chronologie étudie la succession, la continuité ou le développement simultané dans l'espace, l'histoire de la civilisation, prise dans son ensemble et avec les lacunes considérables qu'elle comporte encore malgré son prodigieux accroissement depuis un siècle, est généralement divisée en trois grandes périodes, antiquité, moyen âge et temps modernes. On fait commencer la civilisation antique avec l'Égypte ; on la termine à la naissance du Christ, à la division de l'empire romain, à la ruine de l'empire d'Occident ou à l'invasion des Barbares. On voit les débuts de la civilisation moderne au xve, au xvie ou au xviie siècle ; on laisse à la civilisation médiévale l'époque intermédiaire.

Considérée dans son développement spatial ou géographiquement, la première est méditerranéenne, avec un centre qui se déplace de l'Égypte à l'Italie en passant par la Grèce (II, 1) ; la seconde, méditerranéenne encore, s'étend à l'Europe centrale et septentrionale (II, 2 à 6) ; la troisième, partant de l'Europe tend à se répandre peu à peu en Amérique, en Asie, en Afrique et en Océanie (II, 7).

Considérée dans son contenu, l'histoire de la civilisation nous présente des éléments essentiels qui se retrouvent à peu près dans toutes ses divisions, mais qui y sont groupés dans des proportions si diverses que l'on s'attache surtout à suivre l'évolution de celui qui y devient de plus en plus prédominant. Ce sont d'abord les conditions d'existence et de prospérité matérielle, l'agriculture, l'industrie, le commerce : l'agriculture tint la première place dans l'antique Égypte ; l'industrie et le commerce grandissent simultanément dans l'Amérique et dans l'Allemagne contemporaines ; le commerce fut prépondérant en Phénicie ; l'industrie l'a été dans l'Angleterre, pendant la première moitié du xixe siècle. Puis viennent les institutions constitutives de la famille et de la société ; la religion, qui se mêle plus ou moins à la vie des individus et des peuples. La puissance des institutions apparaît surtout dans la Rome républicaine ; celle de la religion, dans l'antique Judée ou dans l'Europe médiévale.

Tels sont les éléments qui distinguent toutes les nations civilisées des peuplades barbares. Il en est d'autres qui, par un développement harmonieux et parfait, donnent à la civilisation toute sa splendeur, à l'humanité, le plein épanouissement de toutes ses facultés. Les lettres, avec leurs genres divers pour la poésie et pour la prose, se joignent aux beaux-arts dont les manifestations sont éphémères avec la danse, le chant, même la musique, laissent des traces durables, avec l'architecture, la peinture et la sculpture ou se révèlent dans les moindres objets fabriqués par les industriels et les artisans. Suivent les sciences : la mathématique qui construit un univers possible et logique avec des éléments dont l'existence est donnée ou justifiée par la réalité; les sciences physiques, naturelles et morales, qui explorent le monde réel dans toute sa profondeur et son étendue, pour nous le faire connaître, pour nous en rendre maîtres et possesseurs. Enfin la philosophie résume, complète ou étend les sciences, nous renseigne sur leur valeur, condense leurs résultats, justifie leur point de départ, leur ouvre des voies nouvelles et s'efforce de résoudre, appuyée sur elles, des questions qui les dépassent. C'est pour avoir cultivé les lettres, les sciences, les arts et la philosophie que les époques, auxquelles on a, par une abréviation qui n'est ni tout à fait exacte ni entièrement injuste, attaché les noms de Périclès, d'Auguste, de Léon X et de Louis XIV, sont restées grandes entre toutes et ont provoqué l'admiration comme l'émulation des générations postérieures.

L'historien qui veut donner, d'un peuple ou d'une époque, une idée complète dans son ensemble, se demande ce que furent l'agriculture, le commerce et l'industrie, les institutions familiales et sociales, la religion et le culte ; puis, s'il y a lieu, les lettres, les arts, les sciences et la philosophie. Entre ces éléments dont il étudie les rapports, il cherche à mettre une coordination et une hiérarchie. Mais par cela seul que les éléments d'ordre supérieur n'existent pas ou n'existent que sous forme rudimentaire chez certains peuples, l'histoire générale met au premier plan ce qu'elle trouve chez tous et surtout ce qui a préoccupé les hommes dont elle parle : les guerres, par exemple, y tiennent — sous peine d'inexactitude — une place aussi grande que celle qu'elles ont eue dans la vie de nos ancêtres ou de nos contemporains.

Les historiens, qu'on pourrait appeler spéciaux, s'attachent à retracer ce qu'ont été l'agriculture, le commerce et l'industrie, les institutions et les religions, les lettres et les arts, les sciences et les philosophies chez un ou plusieurs peuples, à une ou plusieurs époques. Sans doute ils ne sauraient se dispenser d'étudier les éléments dont ils ne font pas l'histoire, puisqu'ils ont à replacer dans leur cadre et dans leur milieu, institutions, religions ou philosophies ; mais ils font, de parti pris, une œuvre incomplète, en laissant à d'autres spécialistes le soin de mettre en lumière le développement de ceux qu'ils ont négligés ; aux auteurs d'histoires générales, celui de montrer ce que fut la civilisation dans son ensemble.

Pour tous, il y a des règles qui concernent la recherche, la réunion, l'examen, le classement et l'interprétation des textes ; pour chacun des spécialistes, il y a une méthode qu'il doit suivre scrupuleusement s'il veut atteindre la vérité et la présenter avec précision et clarté.

Or l'historien se propose de faire connaître la pensée d'un philosophe ou les doctrines d'une école, la philosophie d'un peuple ou celle d'une époque (1).

---

(1) Les idées qui suivent ont été exposées en 1888 dans un Mémoire lu à l'Académie des sciences morales et politiques et publié chez Alcan. Nous avons essayé de les appliquer

Il doit d'abord réunir les textes et pour cela puiser à toutes les sources, directes ou indirectes, manifestes ou dissimulées. Par conséquent il recherche les œuvres qui nous ont été transmises sous le nom du philosophe ; il rassemble les fragments que nous ont conservés de lui ses contemporains, disciples ou adversaires, ses successeurs, philosophes ou historiens, poètes, compilateurs et scoliastes, commentateurs de toute espèce, géomètres et physiciens, médecins et savants, tous ceux enfin qui ont eu ou ont pu avoir en leur possession des manuscrits aujourd'hui perdus.

A ces œuvres, à ces fragments originaux, il est nécessaire de joindre tous les passages qui ne sont pas des citations directes ou expresses, mais des expositions, faites de première, de seconde ou même de troisième main et toujours cependant d'après des documents anciens qui n'existent plus.

Il faut, par conséquent, que l'historien de la philosophie surveille, avec un grand soin, toutes les publications nouvelles de documents donnés comme inédits : car les ruines, qui ont déjà révélé tant de textes précieux, peuvent fournir des manuscrits jusqu'ici inconnus ou meilleurs que ceux que nous possédons déjà. Et il en est de même des bibliothèques de l'Occident ou des monastères de l'Orient. Écrivains de l'antiquité, médecins, astrologues et alchimistes, philosophes et théologiens du moyen âge ou polygraphes de Byzance, peuvent ainsi, dans leurs œuvres retrouvées, qu'elles soient complètes ou qu'elles soient mutilées, nous donner des fragments d'une valeur très grande pour l'intelligence complète des doctrines philosophiques (1).

L'historien de la philosophie, qui a ainsi réuni tous les textes doit, avant même d'en examiner l'authenticité et d'en déterminer la valeur, en constituer l'histoire bibliographique. Alors encore il distingue les originaux, les citations ou fragments d'originaux.

Pour un texte original, il convient de savoir quels sont les manuscrits que l'on en connaît, quel est l'âge de chacun d'eux, dans quel état de conservation il se trouve ; puis, quels sont ceux qui ont été plus spécialement utilisés par les éditeurs qui l'ont publié. En examinant les variantes tirées des autres manuscrits, les conjectures proposées ou adoptées, on fixe, provisoirement au moins, le texte à propos duquel on se posera ensuite les questions d'authenticité et de valeur, avant d'en extraire les doctrines.

La comparaison des éditions est tout aussi nécessaire, lorsqu'il s'agit d'auteurs modernes qui ont eux-mêmes introduit dans leurs œuvres des changements importants : les *Essais* ont été modifiés par Montaigne en ses publications successives ; Descartes a donné une édition française et autorisé une traduction latine du *Discours de la Méthode*, diverses éditions ou traductions auto-

---

dans quelques ouvrages et dans de nombreux articles (voir la Bibliographie du début). Elles se sont d'ailleurs complétées et modifiées en plus d'un point. Nous n'avons pas repris ici la première partie de ce Mémoire (*L'histoire de la philosophie, ce qu'elle a été, ce qu'elle peut être*). Ueberweg, dans son Grundriss donne vol. I, p. 1 et suivantes, toutes les références sur le concept, la méthode, les sources générales et spéciales de l'histoire de la philosophie.

(1) Voir surtout Eduard Zeller, *Die Philosophie der Griechen*, et l'Introduction que M. Boutroux a mise en tête de la partie traduite en français. L'*Archiv für Geschichte der Philosophie*, publiée par Ludwig Stein, doit être dépouillée avec soin.

risées des *Méditations* et des *Principes*, dont l'examen permet de constituer un texte singulièrement compréhensif (1). Condillac apparaît, dans l'édition de 1798, comme auteur d'un *Traité des Sensations* fort différent de celui qui avait été plusieurs fois déjà publié (2). Kant a, par ses deux éditions successives de la *Critique de la Raison pure*, suscité des commentaires qui parfois ont une très grande valeur (3); Victor Cousin, par la suppression d'une préface et d'une phrase célèbres (4), a montré le changement radical qui s'était produit dans sa pensée.

Lorsqu'il s'agit de fragments, au sens exact du mot, il faut les traiter comme les œuvres originales, en faisant l'histoire des manuscrits et des éditions, pour aboutir à une reconstitution aussi précise, aussi exacte que possible. Si l'on se trouve en présence de citations littérales, il convient de soumettre d'abord à un travail analogue les ouvrages d'où elles sont tirées, puis d'examiner les variantes et les conjectures relatives au fragment, enfin d'en établir soigneusement le sens à l'aide du contexte. Si les fragments et les citations ont été réunis, classés et rapprochés, on examinera les raisons qui ont guidé les éditeurs pour ces rapprochements et l'on verra ainsi jusqu'à quel point l'on est autorisé à admettre leur reconstruction, dans son ensemble et ses détails.

Même travail préparatoire pour les expositions ou mentions qui ne sont plus des citations littérales, avec plus de précaution encore pour en établir le sens d'après le contexte; puis classification, par ordre chronologique, avec le nom et la qualité de l'auteur qui les a transmises.

Cette tâche terminée (5) est déjà plus qu'une œuvre d'érudition; elle donne une idée générale, superficielle peut-être et sûrement à compléter par l'étude patiente et approfondie des textes, mais non inexacte, de la composition philosophique. Ainsi l'énumération et l'étude des manuscrits nous apprennent comment se sont propagées les doctrines et ce qu'elles ont pu trouver de lecteurs. Par exemple celui qui aura parcouru une liste des éditions et des extraits des *Essais*, des éloges et des critiques dont Montaigne fut l'objet au xviie siècle, saura que sa philosophie ne fut pas détruite par le cartésianisme. De même une simple recension des éditions, des traductions et des commentaires, des expositions et des réfutations qui se succèdent depuis un siècle en Allemagne, en Italie, en Angleterre et en Amérique, montre que Kant est en faveur auprès de beaucoup de penseurs contemporains.

D'un autre côté, si l'on sait comment se sont transmises les œuvres de Platon

---

(1) Voir l'édition de MM. Adam et Paul Tannery.

(2) Voir notre édition de la 1re partie avec Introduction (Paris, Delagrave, 1885, 2e éd. 1906).

(3) Voir la bibliographie complète dans Ueberweg III, 1e et spécialement BENNO ERDMANN, *Kants Kriticismus in der ersten und in der zweiten Auflage der Krit d. rein. Vernunft*, Leipzig 1878. Il faut consulter les *Kantsstudien*, publiés depuis 1896 par Hans Vaihinger à Hambourg et à Leipzig.

(4) Cousin avait écrit en 1833, de la philosophie de Schelling : « *Ce système est le vrai* ». Voir PAUL JANET, *Victor Cousin et son œuvre*, Paris, 1885.

(5) Voir DIELS, *Doxographi græci*, Berlin, 1879. Voir dans les Comptes rendus de l'Académie des sc. mor. et pol. notre Mémoire, *Un document important pour l'histoire du Pyrrhonisme*, 1888, et la discussion à laquelle nous avons soumis le texte de l'*Historia francica*, relatif à Roscelin (*Roscelin, philosophe et théologien d'après la légende et d'après l'histoire*, Paris, Imprimerie Nationale, 1896), p. 17.

et d'Aristote, ce que connurent de l'un et de l'autre les Juifs, les Arabes et les philosophes chrétiens du moyen âge, on est plus à même de trancher certaines questions d'authenticité, d'apprécier l'influence des deux philosophes et de saisir les doctrines à la formation desquelles ils ont contribué (1).

Même on peut dire que toute étude qui nous renseigne sur le nombre, le prix des manuscrits d'un philosophe à une époque déterminée, sur la manière dont ils circulaient, sur la composition des bibliothèques publiques, comme à Alexandrie et à Pergame, ou privées, comme à Herculanum et à Pompéi, sur les ouvrages qu'avaient composés les divers philosophes, permet de conjecturer, parfois même de montrer assez exactement les rapports des philosophes d'une même école ou des écoles différentes.

Après avoir réuni tous les textes et en avoir constitué l'histoire bibliographique, il faut en examiner l'authenticité. Sur ce point, il est bon de se mettre à l'école des historiens proprement dits, de se pénétrer de leurs méthodes si minutieuses, si exactes, si affinées par le travail de plusieurs générations (2). Mais il y aura lieu d'user un peu différemment des preuves externes et internes, par lesquelles on décide d'ordinaire l'authenticité ou l'inauthenticité.

Aux preuves externes, aux témoignages venus de l'époque même par les philosophes et les poètes, les historiens et les scoliastes, il convient de faire une part très large, à condition toutefois qu'on sache bien s'ils sont des documents aussi clairs dans leur signification qu'incontestés dans leur transmission. Sauf exception, à justifier par celui qui nie, il faut admettre comme authentiques tous les ouvrages sur lesquels s'accordent les témoignages contemporains.

Pour les preuves internes, on a parfois procédé d'une façon assez singulière. On a construit, avec quelques-unes des œuvres dont l'authenticité n'était pas plus solidement établie que celle des autres, laissées cependant à l'écart, une doctrine systématique, une pour le fond, une pour la forme. Puis on a déclaré inauthentique tout écrit qui contenait des affirmations contraires, en elles-mêmes ou dans leur expression, à cette conception qu'on avait imposée, sans bonne raison, au philosophe étudié. En définitive on a fait savoir au lecteur ce qu'on pensait du philosophe, non ce que le philosophe pensait lui-même : on a fait une reconstruction arbitraire du système, on a supprimé les recherches relatives à l'authenticité et on a donné, *a priori*, les résultats qui n'auraient dû en être que les conséquences.

(1) Voir EDUARD ZELLER, *Die Phil. der Griechen*, II, 1 ; et *Abh. d. Ak. d. W. de Berlin*; *Hermes*, Bd. XI, combattu par TEICHMÜLLER, *D. platon. Frage*, Gotha, 1876; *Ueber d. Reihenfolge der plat. Dialoge*, Dorpat 1879. Ueberweg I⁵, p. 155-163, résume les travaux relatifs aux Dialogues. M. Brochard (Année philosophique, 1903) a examiné les publications récentes et donné des conclusions intéressantes. Sur Aristote, voir notre chapitre V.

(2) Voir LAVISSE et RAMBAUD, *Histoire générale*, Paris Colin ; LAVISSE, *Histoire de France*, Paris, Hachette ; MOMMSEN, *Histoire romaine* (traduction Cagnat et Toutain); CURTIUS, DROYSEN, *Histoire grecque* et *Histoire de l'Hellénisme* (traductions Bouché-Leclercq) ; LANGLOIS et SEIGNOBOS, *Introduction aux études historiques*, Paris, Hachette ; FUSTEL DE COULANGES, *Rev. de synthèse historique, juin 1901*. On lira avec fruit la plupart des articles publiés dans cette revue, dirigée par M. Henri Berr (Paris, Cerf).

Les vraies preuves internes, ce sont celles que l'on trouve dans les indications relatives à l'histoire politique ou littéraire, à l'histoire des concepts ou des mots. Ce qui ne signifie pas qu'il soit nécessaire de renoncer à toute preuve tirée des doctrines, mais qu'il faut en user avec une extrême prudence, ne s'appuyer que sur des textes incontestés, n'en faire sortir que ce qu'ils contiennent et se souvenir qu'un penseur a pu s'attacher à des idées différentes, même opposées ; que ce qui est le plus rare, ce n'est pas la transformation des doctrines, mais la persistance systématique d'un individu, qui élargit et augmente ses idées, dans la voie où il s'est trouvé engagé au début et même au milieu de sa carrière.

Enfin il est indispensable, pour se prononcer en connaissance de cause, d'examiner les travaux critiques, s'il en existe, qui ont porté, dans l'antiquité, au moyen âge ou dans les temps modernes, sur les œuvres philosophiques dont on entreprend l'étude. Si l'on s'occupe de Platon, par exemple, on réunira et on pèsera les résultats obtenus par Aristophane de Byzance et Thrasylle, qui disposaient de documents aujourd'hui perdus, comme ceux auxquels ont abouti Schleiermacher et Hermann, Steinhart et Munk, Grote et Schaarschmidt, Ed. Zeller, Ueberweg, Teichmüller, etc., en un mot tous les philosophes ou érudits, étrangers et français, chez lesquels on trouve un sens historique développé et sûr.

Après l'authenticité, la valeur. Au premier rang, on doit mettre les œuvres de l'auteur, en les classant d'après l'ordre chronologique. Au second rang, on placera les fragments et les citations littérales, dont le contexte a permis de déterminer la signification exacte, en essayant de les insérer, à leur place chronologique, dans la classification précédente des œuvres. Entre toutes ces sources immédiates, puisqu'on puise chez le philosophe lui-même, il y aura lieu parfois d'établir une distinction fondée, non plus sur l'ordre des temps, mais sur l'importance dogmatique. Quand un homme écrit, comme Descartes, qu'il ne faut s'attacher, pour connaître sa pensée, qu'aux œuvres publiées par lui-même et de son vivant, il est évident que l'historien ne doit user, qu'avec une réserve extrême, des publications posthumes, traités, lettres ou fragments.

La valeur des sources médiates est plus difficile à apprécier, car il arrive que l'on ait affaire à un auteur qui a pu utiliser des documents aujourd'hui perdus, mais qui aussi n'a peut-être lui-même consulté que des œuvres de seconde main. C'est pourquoi il faudra voir d'abord combien de temps sépare le compilateur ou l'historien, du philosophe dont il expose les doctrines ; puis, s'il a sous les yeux les écrits qu'il analyse ou dont il interprète certains passages. Et dans tous les cas, on devra se demander s'il n'a pas pu ou s'il n'a pas voulu nous tromper, même s'il a eu souci de nous renseigner exactement. Platon et Aristote ont certes compris leurs devanciers, mais ne leur ont-ils pas demandé des réponses à des questions qu'ils ne s'étaient pas posées, ne les ont-ils pas exprimées en des termes différents de ceux dont avaient usé leurs auteurs, parce qu'ils en parlaient, en prenant leurs propres doctrines pour point de départ ? N'ont-ils pas même, quand ils ont traité de certains adversaires, des sophistes (1), par

---

(1) Voir nos articles *Sophiste, Scepticisme, Pyrrhon, Sextus Empiricus, Bayle* (Grande Encyclopédie). Chacun de ces articles donne une bibliographie de la question ou des auteurs à consulter.

exemple, été injustes en attribuant à tous ce qui n'avait été dit que par quelques-uns et en leur imputant parfois des affirmations qu'ils n'avaient jamais émises, mais qu'on leur attribuait par voie de déduction logique ? Ces dernières questions ne se posent guère, à propos d'un Sextus Empiricus ou d'un Bayle, qui, en raison même de leurs tendances, sont disposés à présenter dans toute leur force les doctrines adverses.

Mais si les écrivains que l'on consulte n'ont ni la compétence d'un Aristote, ni l'impartialité d'un Bayle, si l'on s'adresse à un Diogène Laërce, aux doxographes, aux adversaires de la philosophie ancienne et de toute philosophie, à d'autres qui parlent d'une école sur laquelle nous n'avons à peu près aucun renseignement immédiat, il faut se poser d'autres questions encore. Quelle était la compétence du compilateur ? Quels matériaux a-t-il employés et que valaient-ils ? A quelle œuvre originale a-t-il puisé ? Quelle en était la valeur ? Et que valent, en définitive, pour l'histoire, les documents transmis par des intermédiaires, successifs et nombreux, dont la compétence et l'impartialité sont souvent fort contestables ? Des recherches récentes sur le Pythagorisme, les physiologues, les doxographes, sur Cicéron, Lucrèce, etc., ont montré ce qui pouvait être fait en ce sens (1).

Supposons qu'on ait classé ainsi les textes de toute espèce relatifs aux différents philosophes et aux diverses écoles. Il faut éclairer les obscurités des originaux, compléter des fragments et des citations souvent fort écourtées, tirer d'expositions et de commentaires, peu précis et même contradictoires, ce qui peut être considéré comme la pensée suffisamment exacte des auteurs. Pour cela, la philologie et la psychologie, l'histoire de la civilisation, celle des religions, des lettres, des arts et des sciences sont nécessaires.

Les philologues, les physiologistes et les psychologues nous ont appris que le mot est formé par la réunion d'éléments divers, que c'est un signe par lequel sont réunies des images et des idées simples ; qu'il éveille, dans des esprits différents, des idées qui n'ont entre elles que fort peu de rapports. On sait qu'il est difficile de rendre, dans une traduction, la pensée d'un auteur, que *conceptus*, *concept et Begriff* ne sont pas absolument synonymes. On sait de plus que le sens d'un même mot varie selon les époques et selon les écrivains. La philosophie, par exemple, est, pour Hérodote, l'observation perspicace et réfléchie des mœurs et des coutumes, la connaissance des astres ; pour Thucydide, c'est la culture générale de l'esprit ; pour Platon, c'est l'acquisition de la science et elle comprend les sciences positives. Aristote lui conserve ce sens général, mais la prend parfois pour ce que nous nommons aujourd'hui la métaphysique. Avec certains Stoïciens, elle devient l'étude de la vertu, la science des choses divines et humaines ; avec Épicure, la recherche du bonheur ; avec les chrétiens, c'est la vie monacale, voire celle des bergers, ou le christianisme lui-même. Et le mot change sans cesse de sens pendant le moyen âge et les temps modernes. Mêmes

---

(1) Voir ZELLER, DIELS, *op. cit.* ; THIAUCOURT, *Les traités philosophiques de Cicéron et leurs sources grecques*, Paris, Hachette, et VICTOR EGGER, *Disputationes de fontibus D. Laertii*, Bordeaux, 1881 qui résument les recherches faites en Allemagne. USENER, *Epicurea*, MUNRO, 4e édition du *de Natura rerum* ; DIELS et TANNERY, *op. cit.* Il faut aussi consulter l'*Archiv für Geschichte der Philosophie (Bibliographie générale)*, qui analyse et signale les travaux au moment où ils apparaissent.

variations dans la signification des mots *sophiste* et *sceptique* (1), qui obligent l'historien à déterminer nettement ce que furent les penseurs auxquels il applique l'une ou l'autre de ces désignations. La Sémantique (2) qui établit quelles idées se sont trouvées successivement réunies sous le même mot de la langue commune, comme de la langue littéraire et philosophique, devient une auxiliaire précieuse : ainsi elle nous ferait assister à la transformation profonde que subit la langue latine sous l'influence du christianisme au temps de Prudence, de saint Jérôme et de saint Augustin (3). Rien ne serait plus précieux, pour l'interprétation des textes, qu'une histoire bien faite — complétant les travaux d'Eucken et de Teichmüller (4) — des mots grecs, français, latins aux diverses époques où ils ont servi à exprimer des idées littéraires ou scientifiques, artistiques ou philosophiques. N'est-on pas obligé, quand on sait que les mots *prolepsis, catalepsis, époque*, sont postérieurs à Aristote, de ne pas admettre comme pleinement significatifs les textes où ils sont appliqués à des philosophes antésocratiques, puis de chercher, en s'appuyant sur d'autres documents, à en faire sortir la pensée qu'ils traduisent et dénaturent ? De même si l'on se souvient que la puissance et l'acte, la δύναμις et l'ἐνέργεια n'ont pris qu'avec Aristote le sens qui leur a été attribué en philosophie, jusqu'au temps de Plotin, parfois aussi dans les temps modernes, on ne saurait admettre la division des philosophes antésocratiques en mécanistes et en dynamistes. Il n'est pas besoin non plus d'insister sur l'importance que peut avoir pour l'historien de la philosophie le tableau des significations diverses qu'ont prises, chez les Grecs, les mots ἄπειρον, ψυχή, αἴσθησις, ἀρετή, ἐπιστήμη, etc. ; chez les Latins, *comprehensio, voluptas, religio;* chez les Français; *liberté, libre-arbitre, faculté, bonheur, progrès ;* en allemand, *Gemüth, Willkür* et *Freiheit, Anschauung, Vernunft* et *Verstand* (5), en anglais, *will* et *freedom*, etc.

Remarquons, en outre, que l'étude des racines et la philologie comparée sont éminemment propres à nous indiquer quelles ont été les idées primitives des peuples dont nous avons à exposer les doctrines philosophiques ; quelles ont été les relations de ces peuples les uns avec les autres, à une époque sur laquelle l'histoire proprement dite ne nous apprend absolument rien ; quelles sont leurs affinités intellectuelles et jusqu'à quel point ils ont pu arriver, chacun de leur côté, à des conceptions, en une certaine mesure, identiques. On a pu exagérer l'importance de l'étude du langage pour la connaissance de la pensée ; il est incontestable que les progrès de la science du langage, que les travaux qui nous en font connaître le développement à travers les âges et chez les différents

(1) Voir nos articles *Sophiste* et *Sceptique* (Grande Encyclopédie) avec la bibliographie qui y est jointe.
(2) MICHEL BRÉAL, *La Sémantique*, Paris, Hachette.
(3) GOELZER, *Etude sur la latinité de saint Jérôme*, Paris, Hachette ; RÉGNIER, *Latinité des sermons de saint Augustin*, Paris, Hachette ; PUECH, *Prudence*, Paris, Hachette ; GASTON BOISSIER, *La fin du paganisme*, Paris, Hachette.
(4) EUCKEN, *Geschichte der philos. Terminologie*, Leipzig, 1878 ; TEICHMULLER, *Studien zur Geschichte der Begriffe*, Berlin, 1874 ; *Neue Studien*, I-III, Gotha, 1876-1879.
(5) Voir notre traduction de la *Critique de la Raison pratique de Kant*, 3ᵉ édition, Paris, F. Alcan. Pour traduire certains mots de Kant, il a été nécessaire de joindre, aux mots français, des termes anglais et latins, parfois même l'expression allemande. Voir aussi note 12, p. 314 du même ouvrage.

peuples, ne sauraient manquer de nous donner des renseignements, qu'il est impossible de trouver ailleurs, sur les phases diverses qu'ont traversées les doctrines philosophiques.

On peut dire des progrès de la psychologie ce que nous avons dit des progrès de la philologie. L'étude du langage intérieur a permis de donner une interprétation originale et plus vraie de ce que l'on appelle le démon de Socrate ; celle de l'extase nous permet de nous faire une idée plus précise de tous les philosophes qu'on range sous l'épithète de mystiques, depuis les Alexandrins jusqu'à Saint-Martin et Baader. — La psychologie aide, en certains cas, à connaître le caractère et les tendances de l'individu, au moment où il publiait ses œuvres capitales. Il est possible de retrouver dans Xénophon la vie intellectuelle et morale de Socrate ; de déterminer les tendances de son caractère et la direction de son esprit. On peut de même, en réunissant tous les textes qui nous ont été transmis, et en usant avec réserve des inductions qu'autorisent les résultats auxquels est arrivée la psychologie moderne, reconstituer le caractère et les dispositions intellectuelles de Cléanthe et d'Epictète, de Marc-Aurèle et de Plotin, de Descartes et de Locke. Ceux-là seuls qui auront fait ce travail sauront exactement ce qu'est la vertu pour Cléanthe, pour Epictète et pour Marc-Aurèle ; ce que fut la philosophie pour Descartes et pour Locke. Que si l'on n'arrive pas à faire d'une façon aussi précise la psychologie des individus, on pourra tout au moins, avec les documents qui viennent des poètes, des historiens, des artistes, etc., déterminer les habitudes, les goûts, les tendances, les idées et les sentiments, les croyances et les aspirations des hommes cultivés qui vivaient alors : on aura la psychologie du Grec au temps de Zénon, d'Epicure et de Pyrrhon, celle de l'Italien de la Renaissance, de l'Anglais pendant les troubles qui précédèrent les révolutions de 1648 et de 1688. On comprendra déjà mieux ainsi combien furent différentes les philosophies qui suivirent Aristote de celles qui le précédèrent, les doctrines qui apparurent en Italie au XVIe et au commencement du XVIIe siècle, de celles qui furent en honneur dans l'Angleterre de Hobbes et de Locke. On pourra d'ailleurs utiliser, pour les premiers philosophes d'une nation et même pour ceux qui leur succèdent, les renseignements que nous fournissent l'ethnographie sur l'origine et les caractères essentiels des peuples, sur leurs relations, leur parenté physique et morale ; l'anthropologie, sur la constitution intellectuelle, sur les habitudes et les goûts des hommes qui ont précédé l'époque historique.

Il ne suffit pas, pour connaître l'homme, d'étudier l'individu et la race dans le présent et dans le passé, il faut encore examiner les enfants pour assister à la formation des tendances et au développement des aptitudes : de même il faut réunir tout ce qu'il est possible de savoir sur l'éducation du penseur, pour bien comprendre sa philosophie. Quelle lumière jette sur les doctrines de Stuart Mill, sur les transformations qu'elles ont subies, les accroissements qu'elles ont pris à un moment de son existence, la lecture de son Autobiographie ! De même les quelques pages dans lesquelles Descartes a résumé ses premières études, ses voyages, ses doutes et ses résolutions, nous donnent des indications bien précieuses pour l'intelligence de ses doctrines. Mais combien la découverte du cours de philosophie que professaient à La Flèche les Jésuites avec lesquels il étudia, celle d'un morceau de papier sur lequel il aurait consigné jour par jour les lectures auxquelles il se livrait quand il passait au lit une partie de sa matinée, ou quand il vivait retiré à Paris ou en Hollande, ne serait-elle pas de nature à nous faire mieux comprendre sa théorie sur les rapports en Dieu de l'intelligence et de la volonté ou telle autre de ses doctrines métaphysiques ou scientifiques !

Montaigne raconte, dans ses *Essais*, quelle éducation il a reçue de son père : en lisant ce curieux passage, on comprend son caractère tout païen et son éloignement pour le dogmatisme. Kant a été élevé par un père et une mère très pieux, dirigé ensuite dans son éducation par Schulz, disciple de Spener, le fondateur du piétisme ; il parlera toujours avec admiration de son premier maître et écrira telle page de son œuvre capitale, de manière à y introduire des idées et des termes chers aux piétistes (1). Dans l'antiquité, les renseignements donnés par Cicéron, à différents endroits de ses œuvres, font connaître les études philosophiques de sa jeunesse, permettent de combattre ainsi l'opinion accréditée en Allemagne depuis Mommsen, et trop facilement acceptée en France, qu'il a composé ses divers ouvrages philosophiques en se bornant à traduire, avec plus ou moins d'intelligence, une œuvre grecque, comme aussi de comprendre le caractère oratoire, pratique et éclectique de sa philosophie (2). Les indications, en nombre assez astreint, que nous avons sur les premiers travaux, sur les maîtres de Platon, expliquent la forme dramatique et poétique des Dialogues, le caractère compréhensif, et difficile à faire rentrer dans un seul cadre, des doctrines qu'il y a exposées. On comprend mieux la guerre que déclara Epicure à la superstition quand on sait qu'il accompagnait, dans sa jeunesse, sa mère, lorsqu'elle allait dans les campagnes accomplir certaines purifications ou cérémonies superstitieuses (3). A coup sûr, il n'est pas possible de savoir, pour chacun des anciens philosophes, ni quels ont été ses maîtres, ni quel enseignement il en a reçu, ni comment il a complété ensuite son éducation par ses voyages ou ses rapports avec tel ou tel autre penseur, mais nous pourrons bien souvent déterminer, d'une façon suffisamment exacte, quelle éducation était donnée de son temps aux enfants de sa condition, quelles connaissances littéraires, scientifiques, historiques possédaient alors les hommes cultivés, quelles étaient leurs croyances et leurs mœurs. Ainsi nous comprendrons mieux leurs doctrines et même, dans certains cas, nous retrouverons ce qu'ils doivent à leurs contemporains et à leurs prédécesseurs. Si l'on tient compte de la vie molle et luxueuse des habitants de Cyrène, on s'expliquera plus aisément qu'Aristippe ait retenu si peu de chose de l'enseignement éminemment moral de Socrate. Si l'on a une idée des ressemblances de mœurs et de croyances, des rapports qui unissaient les villes grecques de l'Asie Mineure, on apercevra mieux les analogies des diverses doctrines antérieures à Socrate. Le Stoïcisme (III, 3) paraîtra moins singulier en comparaison des autres systèmes, et laissera mieux voir les transformations profondes qu'il a subies depuis son apparition jusqu'à la chute de l'empire d'Occident, si l'on sait quelle éducation, différente de celle qui se donnait à Athènes, eurent Zénon à Cittium en Chypre, Cléanthe à Assos, Chrysippe à Soli, Panétius à Rhodes, Posidonius à Apamée, Antipater à Tyr ; même Perse, Lucain, Thraséas et Marc-Aurèle à Rome. On ne peut bien comprendre la for-

---

(1) Voir notre traduction de la *Critique de la Raison pratique*, 3ᵉ éd., Avant-propos et note 17, p. 320.

(2) Nous avons discuté ces affirmations de Mommsen dans l'Introduction à l'édition du livre II, du *de Natura Deorum*, Paris, F. Alcan.

(3) Voir *de Epicuro novæ religionis auctore*, Paris, F. Alcan, 1885.

mation et la diffusion des théories néo-platoniciennes si l'on ne se rend compte de l'éducation que recevaient les esprits dans une ville où se mêlaient les nations, les Orientaux et les Grecs; où existait une immense bibliothèque, où venaient converger toutes les doctrines, toutes les croyances, tous les enseignements; où il y avait des mathématiciens, des critiques et des historiens, des Épicuriens, des Platoniciens, des sceptiques, des Péripatéticiens, des Stoïciens, des Juifs et des Chrétiens, des païens et des théurgistes.

On convient sans doute qu'il faut éclairer l'histoire des idées par l'histoire des faits, l'histoire de la philosophie par celle des institutions, des états, de leurs relations et de leurs révolutions. On expose d'ordinaire, en quelques lignes, la situation de la Grèce et d'Athènes à l'époque où parurent les sophistes, on explique rapidement les révolutions qui se produisirent à Athènes dans les années qui précédèrent la mort de Socrate, les changements qui se produisirent en Grèce après la conquête de la Perse par Alexandre. Mais on ne tire pas en général de l'histoire proprement dite tous les éclaircissements qu'elle peut fournir pour l'intelligence des systèmes et des doctrines philosophiques. Il faut se souvenir d'abord qu'un certain nombre de philosophes, peut-être même le plus grand nombre, ont été mêlés à la vie publique; que Thalès et Pythagore ont joué un rôle politique; que l'histoire des pythagoriciens est inséparable de celle des révolutions de la Grande-Grèce; que Parménide a été probablement le législateur des Éléates; que Zénon trouva la mort en cherchant à affranchir ses concitoyens; qu'Empédocle rétablit la démocratie à Agrigente; qu'Archytas fut un grand général; que Mélissus commanda probablement la flotte qui vainquit les Athéniens à Samos; qu'Anaxagore est inséparable de Périclès; qu'Hippias, Protagoras, Gorgias, Prodicus furent chargés de fonctions importantes. Pyrrhon prit part à l'expédition d'Alexandre; Carnéade, Diogène et Critolaüs furent envoyés en ambassade à Rome; Panétius a été l'ami de Scipion et de Lélius; Cicéron, un des hommes les plus considérables de son temps; Sénèque, le précepteur et le ministre de Néron; Marc-Aurèle a gouverné le plus vaste empire qui ait jamais existé. Bacon a été chancelier; Descartes a longtemps servi comme volontaire; Locke et Hume ont été mêlés aux affaires publiques; Voltaire a été en relations avec Frédéric II, Choiseul et le roi Stanislas. Turgot a essayé de réaliser, pendant son ministère, les réformes que lui avaient suggérées ses études philosophiques et économiques. Fichte a contribué, dans une mesure qu'on ne saurait faire trop grande, au relèvement de la Prusse (1). Stuart Mill a pris part aux luttes politiques et économiques de l'Angleterre. Maine de Biran, en qui l'on voit d'ordinaire le méditatif par excellence, a été administrateur de la Dordogne, membre des Cinq-Cents, conseiller de préfecture et sous-préfet, député, questeur et conseiller d'État. N'est-il pas nécessaire de distinguer ces philosophes de ceux qui furent des spéculatifs purs, comme Spinosa et Malebranche, Kant et Schopenhauer?

Ce n'est pas tout. Une des questions les plus contestées, mais aussi les plus intéressantes que soulève l'histoire de la philosophie ancienne, c'est celle des

---

(1) Voir *Les Discours de Fichte à la Nation allemande*, traduction Léon Philippe, avec Introduction de François Picavet et Avant-Propos de Jean Philippe, Paris, Delagrave; Xavier Léon, *La Philosophie de Fichte*, Paris, F. Alcan.

origines : les Grecs doivent-ils quelque chose à l'Inde, à l'Égypte, à la Perse et, d'une façon plus générale, à l'Orient, ou bien doit-on considérer leur œuvre philosophique comme absolument originale ? Comment résoudre cette question, ou pour se placer sur un terrain mieux délimité, comment savoir si tel ou tel philosophe a fait des emprunts à tel ou tel pays, lorsqu'on n'a pas demandé aux historiens ce que nous apprennent les inscriptions cunéiformes, les hiéroglyphes, les livres des Indous et des Persans, quelles relations ont existé entre ces différents peuples et la Grèce, ou inversement quelle action ce dernier pays a pu exercer sur eux par son expansion au dehors ? On ne comprendra ni la vie, ni le rôle, ni la mort de Socrate, si l'on ne tient compte des révolutions intérieures d'Athènes ; ni la République, ni les Lois de Platon, si l'on ne sait quelles étaient à cette époque les institutions de la Sicile et d'Athènes ; ni Aristote et sa Politique, qu'il avait préparée en étudiant plus de cent cinquante constitutions, si l'on ne demande aux historiens ce que l'étude des textes et des inscriptions a pu leur révéler sur ces constitutions. Souvent on a cherché quelle signification il fallait attribuer aux anecdotes si singulières que Diogène Laërce rapporte sur Pyrrhon : on s'apercevra qu'elles ont été imaginées, tout au moins, pour exprimer un état d'esprit nouveau en Grèce, si on lit dans Droysen, inspiré par les historiens anciens, le récit de la mort du gymnosophiste Calanus, qui dut produire sur tous les Grecs une impression aussi étrange que profonde. De même on soutient quelquefois qu'Épicure n'a admis des dieux que par hypocrisie et par crainte des persécutions. Or, si l'on consulte les historiens de la Grèce, on voit que les Athéniens, recevant Démétrius dans leurs murs, l'appelant un dieu et disant des autres dieux que peut-être ils n'existaient pas, n'auraient pas songé à punir Épicure de penser comme eux sur ce sujet. Il est fort intéressant de savoir ce qu'il convient de penser de la conduite de Sénèque comparée à sa doctrine. A-t-il réellement fait l'apologie du meurtre d'Agrippine et peut-on le rendre en partie responsable des crimes qui souillèrent le règne de Néron ? Certains historiens se sont demandé d'abord, à tort ou à raison, s'il fallait accuser ce dernier de tous les crimes que lui attribue Tacite ; ils ont examiné, à propos de certains événements, les détails très précis que fournit l'historien romain et qu'eût pu seul donner un témoin oculaire ; ils ont pensé qu'il ne fallait accepter, qu'avec une très grande réserve, les récits dans lesquels ils ont été utilisés, qu'il y avait lieu de reviser un certain nombre des jugements portés par un écrivain dont la langue est forte, concise et imagée, mais dont l'impartialité et même la compétence, au sens strict du mot, peuvent ainsi être mis en doute. D'un autre côté, si l'on se rappelle le sort de Lucain, de Thraséas, d'Helvidius Priscus, de Sénèque lui même et de bien d'autres Stoïciens, on est amené à chercher si le Stoïcisme n'a pas été, à un moment donné, un parti politique en opposition avec celui qui possédait alors le pouvoir. On peut soutenir le contraire, mais encore faut-il examiner les raisons invoquées de part et d'autre, pour se faire une idée juste du Stoïcisme à Rome (1).

Si nous laissons de côté le moyen âge, dont nous traiterons plus amplement, pour passer aux temps modernes, il est bien évident qu'on ne peut comprendre Montaigne, ses idées de scepticisme et de tolérance religieuse, sans se rappeler

---

(1) Voir MARTHA, *Les moralistes dans l'empire romain*, Paris, Hachette ; notre *Stoïcisme à Rome* (Grande Encyclopédie), et GASTON BOISSIER, *Tacite*, Paris, Hachette (Voir ch. III, 3).

qu'il a vécu au temps des guerres entre protestants et catholiques, de la Saint-Barthélemy et de la Ligue, des massacres ordonnés par Montluc et par le baron des Adrets. Hobbes et sa politique absolutiste, Locke, son libéralisme et sa propagande en faveur d'une tolérance partielle, ne seront bien mis en lumière que si l'on étudie de fort près les événements qui ont préparé, accompagné ou suivi les révolutions de 1648 et de 1688. Ne s'expose-t-on pas à méconnaître la philosophie du xviiie siècle, ses revendications politiques et sociales, si l'on ignore l'organisation de la société qui les provoquait et les encourageait? Séparer les *Lettres persanes* de la Régence, le *Contrat social* des Constitutions genevoises, Mably et Turgot de la seconde moitié du xviiie siècle, c'est courir le risque de fausser les doctrines qui ont eu à cette époque et même de nos jours une brillante fortune. Et en nous rapprochant encore davantage des temps où nous vivons nous-mêmes, entendrait-on bien les idéologues (2), de Bonald, Lamennais, Grote et Stuart Mill, Fichte, Baader et Cousin, si on ne les replaçait dans le milieu politique où ils ont joué un rôle quelquefois important?

Bornons-nous à rappeler que la chronologie a une valeur capitale pour l'historien des doctrines philosophiques comme pour l'historien des institutions et des sociétés. Il faut, pour les physiologues, fixer la manière dont les anciens posaient et résolvaient les questions de cette nature; il faut essayer de déterminer l'ordre dans lequel se sont succédé chronologiquement les œuvres de Platon et d'Aristote, remarquer que Pyrrhon, antérieur à Zénon et à Epicure, a mis en circulation un certain nombre d'idées qui se retrouvent chez les deux derniers. Si l'on se rappelle que Chrysippe est postérieur à Arcésilas, antérieur à Carnéade, et si l'on compare soigneusement ensuite les fragments des uns et des autres, il sera possible d'établir, dans une certaine mesure, ce qui appartient en propre, d'un côté à Zénon, à Cléanthe, à Chrysippe; de l'autre à Arcésilas et à Carnéade. De même celui qui se souviendra que Bernier était devenu célèbre, même en Angleterre, après avoir publié en 1670 et 1671 ses Mémoires sur l'empire du Grand-Mogol et avait rendu presque populaire la philosophie de Gassendi par la publication de son Abrégé (1674-1678); que Locke était à Paris en 1677 et 1678, qu'il vit souvent Bernier, qu'il le nomme dans ses ouvrages et qu'il goûtait beaucoup Gassendi, sera amené ainsi à restituer à ce dernier une partie des théories de Locke. Celui qui saura que la *Critique générale de l'histoire du Calvinisme du P. Maimbourg*, par Bayle, parut en 1682, tandis que la première lettre où Locke défendait, avec beaucoup moins de largeur d'esprit, les idées de tolérance, est de 1685, rejettera une opinion bien accréditée et répétera, avec Voltaire et après La Bruyère, que les Anglais se sont enrichis plus d'une fois à nos dépens. Enfin, il est de toute évidence que l'historien de la philosophie se fera une idée absolument fausse de Maine de Biran et de Schelling, de Cousin et de Comte, s'il ne suit chronologiquement et avec le plus grand soin les modifications de leurs doctrines, ou s'il mêle des théories qu'ils ont mises au jour à des époques différentes.

Il n'est pas besoin non plus d'insister sur la nécessité, pour l'historien de la philosophie, d'étudier l'histoire des lettres et des arts, afin de saisir dans toute sa complexité le développement de la pensée philosophique. Les Grecs ont tou-

---

(2) Voir les *Idéologues*, Paris, F. Alcan, 1891.

jours uni le bien et le beau et l'on ne saurait dire s'il y a plus de poésie et de grâce que de profondeur et de subtilité dans les dialogues de Platon. Homère et Hésiode ont été lus, commentés et interprétés, au moins autant par les philosophes que par les scoliastes et les poètes, Aristophane est inséparable de Socrate, dont on ne peut guère non plus séparer Euripide, et Chrysippe a fait passer dans son œuvre presque tous les ouvrages de ce dernier. L'étude des monuments de l'art grec a fourni des renseignements qu'on ne saurait trouver ailleurs, sur les croyances des hommes qui en ont été les contemporains. On a rapproché avec raison la philosophie et les œuvres artistiques et littéraires qui parurent après Aristote ; la renaissance littéraire et artistique, de la renaissance philosophique du xve siècle, la philosophie cartésienne et la littérature classique du xviie siècle. On ne saurait séparer l'étude de la *Poétique* et de la *Rhétorique* d'Aristote, de celle des orateurs et des poètes qui l'ont précédé, pas plus qu'on ne saurait comprendre sa *Politique*, sans connaître au moins un certain nombre des institutions qu'elle suppose. Il serait difficile de distinguer nettement, dans l'étude du xviiie siècle, ce qui appartient à la littérature et ce qui appartient à la philosophie.

Peut-être convient-il d'insister un peu plus sur l'utilité qu'on retirera, pour la connaissance des systèmes, d'une science toute récente, celle des religions (1) Les premiers philosophes ont été en Grèce les successeurs des théologiens. Il importe de connaître la religion populaire au temps de Thalès, de Xénophane, d'Anaxagore, d'Héraclite, pour mieux comprendre les questions qu'ils ont accepté de résoudre, les solutions qu'ils y ont données, les raisons qui les ont amenés à combattre, à admettre ou à interpréter les croyances religieuses de leurs contemporains. Il faut se demander si certains éléments du brahmanisme et du bouddhisme, de la religion des Perses ou des Égyptiens, n'ont pas pénétré d'abord dans la religion et ensuite dans la philosophie des Grecs Il faut de même, pour comprendre les mythes et les allégories de Platon, les doctrines théologiques d'Évhémère, d'Épicure et de Lucrèce, savoir, aussi exactement que possible, ce que croyaient leurs contemporains en matière religieuse, qu'ils se rattachassent d'ailleurs à un culte public ou fussent initiés à des mystères. Il faut encore, pour se rendre compte de l'interprétation donnée par les Stoïciens, de la religion populaire, avoir recherché quelles étaient les croyances des cités où avaient grandi les principaux chefs du Stoïcisme, et des Grecs parmi lesquels ils étaient venus habiter. On sait que les doctrines grecques ont été en partie incorporées aux doctrines chrétiennes ; que les scolastiques ont subordonné ou uni leur philosophie à leurs croyances religieuses : il est impossible d'étudier la philosophie des gnostiques, de Clément d'Alexandrie, d'Origène, d'Arnobe, de saint Augustin, de saint Thomas, de Duns Scot, si on la met absolument à part de leur théologie. Il suffit de signaler les analogies profondes du kantisme et du piétisme, de la philosophie allemande tout entière et des tendances religieuses

(1) Voir la *Revue de l'Histoire des religions*, dirigée par M. Maurice Vernes, puis par M. Jean Réville, et les publications de l'Ecole des Hautes Etudes, section des sciences religieuses. — Fustel de Coulanges, dans la *Cité Antique*, Renan, dans tous ses ouvrages, Albert Réville, dans ses cours au Collège de France, ont fortement contribué à mettre en lumière le rôle des religions dans l'histoire de la civilisation.

qui ont dominé en Allemagne depuis Luther, de l'ultramontanisme et du traditionalisme de M. de Bonald, J. de Maistre et Lamennais. Et l'étude des religions est d'autant plus nécessaire pour les temps modernes que, selon une remarque ingénieuse et vraie (1), la philosophie, chassée du domaine sensible par les sciences positives, dépossédée du domaine de l'invisible par une religion jalouse de posséder complètement le cœur et l'esprit de l'homme, a presque toujours lutté pour conserver une place entre ses deux puissants adversaires.

Mais plus importante encore est, pour l'historien de la philosophie, la connaissance du développement progressif des sciences (2). On a dit, à propos des physiologues, qu'il fallait compléter l'histoire philosophique par l'histoire scientifique. Nous irions beaucoup plus loin. On sait que, dans l'antiquité et même au commencement du XVIIe siècle, les sciences n'étaient ni séparées les unes des autres aussi rigoureusement qu'elles le sont aujourd'hui, ni séparées les unes et les autres de la métaphysique. D'un autre côté, on discute encore pour savoir si le noyau des systèmes anté-socratiques a été la conception que chaque philosophe se formait du monde, d'après l'ensemble de ses connaissances particulières, ou une idée métaphysique ; pour savoir s'il faut en considérer les auteurs comme des savants ou comme des philosophes. On s'est même demandé plus d'une fois si Descartes est un savant ou un métaphysicien, et il faut convenir, qu'en se plaçant au point de vue moderne, les raisons invoquées de part et d'autre ne manquent pas de vraisemblance (3).

Les livres de Platon, d'Aristote, les poëmes de Lucrèce, d'Aratus, de Manilius, contiennent plus d'un passage qui embarrasse aujourd'hui encore les mathématiciens ou les physiciens ; l'œuvre d'Aristote est une véritable encyclopédie. Comment séparer le savant et le philosophe ? En supposant même que l'historien de la philosophie puisse, pour quelques-uns d'entre eux faire la démarcation entre ce qui est métaphysique et ce qui est scientifique, devrait-il abandonner ce qui appartient au domaine des sciences ? Nous ne le pensons pas, car il mutilerait ainsi les doctrines et s'exposerait à en donner une idée fausse. Assez souvent on a montré les analogies entre les systèmes anciens et les systèmes modernes, entre les théories d'Anaximandre et l'évolutionisme, entre Démocrite et les mécanistes ou les matérialistes modernes, entre Platon et Leibniz, mais on fait trop souvent aussi abstraction des connaissances positives que supposent les théories des anciens et des modernes. Examinez une carte où sont tracées, même d'une façon approximative, les contrées connues au temps où furent créées l'Iliade et l'Odyssée, et une carte où sont marqués les pays connus au temps d'Hérodote et d'Aristote, vous verrez sans peine que le dernier avait sur la terre et sur les peuples qui l'habitent, sur leurs mœurs, sur leurs usages et leur genre de vie, des connaissances positives plus étendues et plus précises qu'un Thalès ou qu'un Pythagore. Lors donc que les philosophes se poseraient

---

(1) BOUTROUX, *Cours d'ouverture à la Faculté des lettres*, 1888. — Sur les rapports de la théologie et de la philosophie au moyen âge, voir ch. IV, §§ 5 à 11.
(2) Voir PAUL TANNERY, *Pour l'histoire de la science hellène, de Thalès à Empédocle*, Paris, F. Alcan, 1887 ; les comptes rendus de BOUTROUX (*Revue philosophique*), de NATORP (*Philosophische Monatshefte*) et le nôtre (*Revue critique*).
(3) Voir LIARD, *Descartes*, Paris, F. Alcan.

les mêmes questions métaphysiques à propos de l'homme et de la terre sur laquelle il vit, il est tout à fait évident que, partant de données différentes sur l'un et sur l'autre, les solutions qu'ils en tireraient, quoique revêtant la même forme, devraient toujours être distinguées, en raison des différences que présente le savoir positif qu'elles recouvrent.

La découverte de l'Amérique, la connaissance d'hommes, d'animaux, de plantes, de productions, d'une civilisation même inconnue aux anciens, ont contribué à discréditer la scolastique et la philosophie ancienne, à faire chercher une explication métaphysique nouvelle, pour un monde qui paraissait agrandi et peuplé d'êtres nouveaux (1).

Sur la terre même, on peut suivre les progrès que fait la recherche spéculative à propos des êtres qui la peuplent. La connaissance de la constitution anatomique, de l'organisation physiologique des êtres vivants varie au temps d'Alcméon (2) qui, le premier peut-être, fit des dissections, au temps d'Hippocrate, de Platon, d'Aristote et de Galien. Il y a une physiologie de Platon qu'il faut avoir comprise non pour interpréter, mais pour analyser le *Timée*, l'un de ses plus importants dialogues. Il y a une physiologie, une anatomie, une tératologie, une zoologie, une embryogénie d'Aristote, sans l'intelligence desquelles il est difficile, sinon impossible, de comprendre sa psychologie, sa physique et sa métaphysique. Bien des sceptiques anciens ont été des médecins, et Sextus s'est cru obligé de distinguer la *sceptique* de la secte des médecins empiriques : comment pourrait-on se dispenser d'étudier les doctrines médicales, acceptées par les empiriques et les méthodiques, si l'on veut savoir quelle influence elles ont exercée sur les spéculations métaphysiques ? Qu'on se rappelle la découverte de la circulation du sang, révélée par Harvey en 1628, exposée en France par Descartes dès 1637, et l'on verra, en suivant les luttes si curieuses des *circulateurs*, comme dit Molière, et de leurs adversaires, combien elle a contribué, elle aussi, à ruiner la scolastique. De même en pensant aux investigations étonnantes auxquelles on s'est livré, grâce au microscope, dans le monde des infiniment petits, au moment où le télescope élargissait l'univers en sens contraire, mais dans des proportions analogues, on comprendra bien mieux l'enthousiasme de Pascal, suspendant l'homme entre deux infinis, le dédain des hommes du xviie siècle pour l'antiquité et le moyen âge. En résumant les travaux des admirables observateurs du xviie et du xviiie siècle, d'un Leuwenhoeck et d'un Swammerdam, d'un Réaumur et d'un Lyonnet, des classificateurs ingénieux ou profonds comme Linné et les Jussieu, des généralisateurs puissants qui cherchaient à en systématiser les résultats, depuis Buffon, Maillet, Robinet et Diderot jusqu'à d'Holbach, Delisle de Sales et Lamarck, on saura tout à la fois pourquoi le xviiie siècle a donné une si grande place à la Nature, et produit tant d'ouvrages où il a essayé de la faire connaître ou de l'expliquer ; on verra mieux que jamais combien il est nécessaire de tenir compte des données positives sur lesquelles chaque philosophe a appuyé ses doctrines métaphysiques.

On tirera des éclaircissements non moins précieux de l'histoire des sciences

---

(1) Cf. HIMLY, *Les grandes époques de l'histoire de la découverte du globe*, 1885. — Voir sur les causes qui ont amené la décadence de la civilisation médiévale et de la scolastique occidentale, ch. VIII ; GABRIEL SÉAILLES, *Les affirmations de la conscience moderne*, Paris, Colin (*Pourquoi les dogmes ne renaissent pas*).

(2) Art. ALCMÉON (*Grande Encyclopédie*).

physiques. Comment chacun des anciens philosophes expliquait-il la formation des corps et la production des phénomènes, que savait-il des corps et de leurs propriétés, que connaissait-il de l'immense domaine qu'ont exploré en partie la physique et la chimie actuelles ? Que savait, par exemple, un Empédocle, un Démocrite, un Anaxagore sur les faits et les lois du monde physico-chimique? Quelles questions se posait chaque philosophe à propos du monde inorganique et quelles réponses y faisait-il ? Voilà ce qu'il est absolument nécessaire de savoir pour ne pas se méprendre sur le sens exact et la valeur des théories métaphysiques, pour saisir, sous l'identité du mot, la différence profonde qui sépare l'atomisme de Leucippe, de Démocrite ou d'Epicure, de la théorie qu'ont ainsi appelée les chimistes modernes (1).

En étudiant les doctrines quelquefois bizarres des alchimistes, on aura une intelligence plus nette des novateurs du moyen âge, on assistera à la formation lente de la science et de la philosophie modernes en même temps qu'à la destruction graduelle de la scolastique. La découverte de la loi de la pesanteur, à laquelle sont mêlés les noms de Galilée, de Torricelli, de Descartes, de Pascal, a excité les penseurs, obligés de renoncer à l'horreur du vide, à abandonner la philosophie qu'on enseignait sous le nom d'Aristote. Celle de la loi de l'attraction, en ruinant les tourbillons, a porté un coup mortel à la métaphysique cartésienne, et la philosophie de Locke, associée à la physique de Newton, a régné un certain temps dans presque toute l'Europe. La lecture des ouvrages de Lavoisier, revendiquant comme Pinel le titre de disciple de Condillac, la connaissance des découvertes importantes faites par lui et après lui par ceux qui ont suivi la même voie, nous expliqueront, en partie du moins, le succès de la philosophie de Condillac (2). Enfin celui qui se rendra compte des progrès réalisés par l'invention de nouveaux instruments, de nouveaux procédés de méthode, par l'introduction de nouvelles hypothèses, saura quelles ont été les connaissances positives, faits bien établis, lois vérifiées par l'expérience et le calcul, sur lesquelles on a construit, depuis le commencement du xviie siècle jusqu'à nos jours, la philosophie des sciences et la métaphysique.

Les mathématiques arrivèrent, les premières entre les sciences, à l'autonomie, tout en restant souvent, en raison même de leurs progrès plus rapides, le point de départ des méthodes et des systèmes philosophiques. Les théories géométriques et arithmétiques tiennent une place considérable dans l'école pythagoricienne ; les théories sur le mouvement, dans les écoles d'Elée et de Mégare ; les théories mathématiques en général, dans certaines doctrines de Platon et de ses successeurs : l'histoire des sciences mathématiques fournira, pour l'étude de ces systèmes, de précieux et indispensables renseignements. Bien moins nécessaire encore est-il d'insister sur le rôle qu'ont joué les mathématiques dans le développement de la philosophie moderne. Il suffit de rappeler Descartes et sa mathématique universelle; Spinoza, qui donne à l'Ethique la forme d'un traité de géométrie ; Malebranche, qui fait partie comme géomètre de l'Académie des sciences ; Leibniz, qui invente en même temps que Newton, mais par d'autres voies,

---

(1) HANNEQUIN, *Essai critique sur l'hypothèse des atomes*, 2e édition, Paris, F. Alcan ; KURD LASSWITZ, *Gesch. d. Atomistik vom Mittelalter bis Newton*, 2 Bde, Hamb. 1889-90.

(2) Voir les *Idéologues* et l'*Introduction* à l'édition de la 1re partie du *Traité des sensations*.

le calcul infinitésimal ; d'Alembert, Euler, Laplace, Condorcet, Cournot, A. Comte, Sophie Germain, qui furent des mathématiciens éminents et des philosophes non méprisables ; Herbart, Fechner et Wundt, qui ont essayé de transporter les mathématiques dans la philosophie et dans la psychologie.

L'astronomie est intermédiaire entre les sciences mathématiques et les sciences physiques. En même temps que les premiers philosophes se demandaient ce qu'ils savaient de la terre sur laquelle ils habitaient, ils se demandaient ce qu'ils savaient de l'univers dont la terre est une des parties constitutives. Aussi faut-il distinguer avec soin, dans l'exposition des systèmes, les doctrines métaphysiques, identiques en apparence, qui supposent des connaissances astronomiques absolument différentes ; à plus forte raison importe-t-il de tenir compte des distinctions qui, partant de connaissances positives, ont leur retentissement dans le système métaphysique tout entier. On a appelé, non sans raison, les premiers philosophes des physiciens, peut-être serait-il aussi exact de les considérer comme des astronomes. Un historien de la philosophie qui ne chercherait pas à déterminer d'une façon précise ce que savaient sur le ciel Thalès, Pythagore, Anaximandre, Empédocle, Démocrite, Platon, Aristote, avant d'aborder leur philosophie, s'exposerait à en méconnaître la portée, à en exagérer ou quelquefois même à en diminuer l'importance. Celui qui ne suivrait pas dans la mesure où le permettent les documents publiés, l'histoire de l'astronomie et des théories astrologiques dont le rôle est si grand dans le Stoïcisme, dans l'école d'Alexandrie, pendant une bonne partie du moyen âge, de la Renaissance et même encore dans les temps modernes à l'époque de Képler, de Campanella, de Morin et de Gassendi, courrait grand risque de ne comprendre qu'imparfaitement les systèmes philosophiques qui ont pris naissance à ces époques diverses.

Peut-être même l'étude du développement des connaissances astronomiques en Chaldée, en Egypte et en Grèce, nous permettra-t-elle un jour de savoir quels ont été les rapports des penseurs grecs avec les Orientaux et avec l'Egypte, de déterminer avec plus de précision ce qui constitue l'originalité d'un Thalès, d'un Anaximandre, d'un Empédocle, d'un Anaxagore ; de faire la part de Pythagore dans les doctrines si diverses par la date, la signification et l'importance, qui sont mises sous son nom. Comment oublier en outre que les découvertes de Copernic, de Képler, de Galilée sur la rotation de la terre, les taches du soleil, les phases de Vénus, la voie lactée, etc., ont contribué, au moins autant que les découvertes physiques et physiologiques, à déconsidérer les anciens systèmes et à préparer une philosophie nouvelle (ch. VIII) ; que l'emploi du télescope et des lunettes a, comme celui des microscopes, prodigieusement reculé l'horizon scientifique et accru les ambitions métaphysiques ? Si l'on ne suit pas chronologiquement et pas à pas les merveilleuses découvertes qui, au xviie et au xviiie siècle, avaient un si grand retentissement dans tout le monde savant, on ne comprendra complètement ni Descartes, ni Pascal, ni même Fénelon, ni Gassendi, ni Bayle, ni Fontenelle, ni Laplace, ni Kant ; on ne saisira pas les différences profondes qui séparent la philosophie moderne de la philosophie ancienne, on ne verra pas quelle distance il y a entre l'idée qu'avaient du ciel étoilé un Pythagore, qui célébrait l'harmonie des sphères célestes, et un Kant qui en faisait, avec la loi morale, les deux choses qui remplissent le cœur d'une admiration et d'une vénération toujours nouvelles et toujours croissantes à mesure que la réflexion s'y attache et s'y applique !

Mais, dira-t-on, l'historien de la philosophie ne risque-t-il pas, en s'occupant ainsi de l'histoire des sciences, des lettres, des arts, des institutions, des hommes et des religions, d'être moins attentif à l'histoire des doctrines et de rester superficiel dans la connaissance même des éléments divers par lesquels il prétend les éclairer ? Il est bien évident qu'il ne s'agit pour lui ni d'écrire l'histoire d'une science ou d'un art, ni de faire des recherches personnelles propres à porter une lumière nouvelle sur les institutions d'un peuple, la religion d'une cité. Tout ce qui lui importe, c'est de recueillir les résultats auxquels arrivent les maîtres qui font de ces recherches leur unique occupation, de les contrôler avec la méthode dont il use comme eux et de s'en servir, dans la mesure où cela peut être utile à l'intelligence des doctrines dont l'exposition forme son objet spécial. Il doit savoir ce qu'ont fait les contemporains du philosophe : comment ils se représentaient la terre, le ciel et toute la nature ; quelles étaient leurs connaissances positives, leurs croyances religieuses, les institutions qui les régissaient, leurs idées, leurs sentiments et la manière dont ils les exprimaient par le langage ou les arts, pour reconstituer le milieu historique, politique, littéraire, artistique, scientifique. Il doit tenir compte de l'éducation philosophique que chaque penseur a reçue de ses prédécesseurs et de ses contemporains, se préparer ainsi à établir ce qu'il s'est assimilé, ce qui lui appartient en propre et ce qu'il a transmis à ses successeurs, à savoir quelles questions il se posait en matière scientifique et en matière métaphysique, avant de passer à l'exposition des doctrines elles-mêmes.

Cette exposition, comment faut-il la faire, après une telle préparation ? On prendra chacun des ouvrages, chacun des fragments, chacune des expositions ou citations, pour se demander quelles questions s'y était posées le philosophe et quelles réponses il y faisait. On essayera ensuite, en rapprochant ces questions et ces réponses diverses, de voir quelle importance il attachait aux premières et quel degré de confiance il accordait aux secondes ; de ranger les idées diverses qui y sont exposées autour d'une idée maîtresse qui explique pourquoi et comment celles qui la précèdent l'ont préparée, comment en ont été tirées celles qui la suivent et quelle valeur elles avaient chacune, relativement à l'idée maîtresse, pour celui-là même qui les a émises. On prendra, par exemple, tous les dialogues de Platon, tous les ouvrages d'Aristote, tous les traités de Cicéron, toutes les œuvres de Descartes et de Kant ; on y joindra les renseignements que nous ont transmis ceux qui ont été leurs disciples ou qui ont eu en leur possession des œuvres aujourd'hui perdues. De chacune de ces sources, de valeur diverse, on fera une étude dans laquelle on tiendra un compte aussi exact que possible des indications chronologiques : on éclairera par exemple, l'exposition des idées contenues dans le *Discours de la méthode*, par les lettres que Descartes écrivit au Père Mersenne, depuis le moment où il en conçut le projet jusqu'à celui où il le fit paraître. On relira avant d'aborder les *Passions de l'âme*, le *Discours de la Méthode* et les *Méditations*, les *Principes de Philosophie* et les *Lettres*. On reverra, pour bien comprendre la *Critique de la Raison pratique*, la première édition de la *Critique de la Raison pure de 1781*, les *Fondements de la Métaphysique des Mœurs de 1785*, la deuxième édition de la *Critique de la Raison pure de 1787* (1). Puis, quand on se trouvera ainsi en présence de résultats précis, en ce qui con-

---

(1) Voir *Avant-Propos* à la seconde édition de notre traduction de la *Critique de la Raison pratique* et la note 18, p. 322.

cerne les doctrines que contiennent chacun des originaux, chacun des fragments, chacune des expositions ou mentions, on réunira et on rapprochera toutes ces indications. Alors, et seulement alors, on cherchera utilement si l'auteur, en supposant qu'il ait établi un lien entre les diverses idées qu'il a exposées dans chacune des parties de son œuvre successivement étudiées, a tenté d'y condenser systématiquement, autour d'une théorie maîtresse, les solutions qu'il a données des questions que se posaient les penseurs de son temps. On verra ainsi combien il est difficile de savoir si Platon a été guidé, dans tous ses écrits, par une idée directrice, d'une importance capitale pour lui et à laquelle il se serait efforcé de ramener toutes ses doctrines positives, métaphysiques ou mythiques, ou si sa pensée a subi des changements qu'expliqueraient tout à la fois le progrès de ses connaissances et les conditions sociales, religieuses et politiques dans lesquelles s'est écoulée sa longue existence. De même on comprendra mieux, après un tel travail, les phases successives de la philosophie de Leibniz, de Kant ou de Maine de Biran (1), de Schelling, de Cousin ou de Lamennais.

De cette manière on arrivera, ce semble, à déterminer aussi exactement qu'on peut l'espérer, sinon le souhaiter, ce qui, dans l'œuvre de chaque penseur, revient à ses prédécesseurs et à ses contemporains, ce qu'il a trouvé par lui-même et transmis à ses successeurs, ce qui doit lui être attribué d'une façon spéciale dans le développement des sciences et de la métaphysique. Par suite, il sera également possible de montrer quelle influence il a exercée sur ses contemporains et sur ses successeurs, sur les philosophes et les artistes, les littérateurs et les historiens, les orateurs et les jurisconsultes, les médecins, les savants et les économistes. On pourra dire ce que doit Euripide à Socrate, ce que doivent à Aristote, à Platon et surtout à Plotin, les Pères de l'Eglise, les scolastiques et les hommes de la Renaissance (ch. III et V) ; au stoïcisme, les jurisconsultes romains ; aux philosophes du XVIIIe siècle, les hommes qui ont formulé les principes de 1789 ; à Kant, Schiller, Fichte, Schelling, Hegel et Schopenhauer.

Il y aura lieu ensuite de faire un travail identique pour les divers représentants d'une même école. Ainsi, on déterminera, en indiquant toujours ce qui est incontestable d'après les textes et ce qu'on peut conjecturer d'après les renseignements qui les complètent, ce qu'il faut attribuer dans les doctrines stoïciennes, à Zénon, à Cléanthe, à Chrysippe, à Panétius, à Posidonius, à Sénèque, à Epictète, à Marc-Aurèle ; dans les théories sceptiques, à Pyrrhon et à Timon, à Enésidème et à Sextus ; dans l'école thomiste, à Albert le Grand et à saint Thomas d'Aquin. Ensuite on pourra se demander, avec quelque chance de répondre d'une façon exacte et précise, ce qui appartient à tous les représentants d'une même école, ce qui constitue leur doctrine fondamentale. On exposera la naissance, l'évolution chronologique et la disparition ou la transformation des systèmes ; l'influence qu'ils ont exercée à travers les siècles et les rapports qu'ils ont eus les uns avec les autres. On comparera avec fruit les systèmes anté-socratiques ; ceux de Platon et d'Aristote ; de Pyrrhon, de Zénon et d'Epicure ; de Descartes, de Spinoza et de Malebranche ; de Hume et de Kant ; de Condillac, de Cabanis, de D. de Tracy et de Maine de Biran ; de Lamarck, de Darwin et de Spencer.

(1) *La philosophie de Biran de l'an IX à l'an XI*, d'après les deux Mémoires sur l'habitude, découverts aux Archives de l'Institut (Ac. des sc. m. et polit. 1889).

Il est inutile d'ailleurs de dire que l'historien qui se sera imposé ces recherches ne se croira pas obligé d'en donner tous les résultats à ses auditeurs ou à ses lecteurs. Il pourra et devra même fort souvent mettre au premier plan l'édifice reconstruit et ne laisser apercevoir que très discrètement les matériaux qu'il a utilisés, les études lentes mais sûres par lesquelles il a groupé les idées émises dans chaque ouvrage suivant la valeur que leur attribuait le philosophe, rassemblé de même les idées exprimées dans tous les documents qui nous ont été transmis, déterminé ce qui vient du passé et du présent et ce qui est laissé à l'avenir, fait la part de chacun dans la constitution d'un système qui a été formé, comme le néo-platonisme ou le scepticisme ancien, par les travaux successifs d'un certain nombre de maîtres ou d'écrivains. Mais dans d'autres cas et plus souvent peut-être, il fera bien de mettre en lumière les procédés par lesquels il est arrivé à avoir, d'une école et d'un système, une connaissance très différente de celle qui était acceptée avant lui. Il devra, pour le Stoïcisme, par exemple, indiquer aussi nettement que possible quels textes ou quels fragments il a réunis sur Zénon, quelle éducation avait reçue ce philosophe, dans quel milieu politique, social, religieux, scientifique et philosophique il s'était formé à Cittium et à Athènes, pour se justifier d'avoir essayé de lui rendre sa physionomie propre, de reconstruire sa doctrine et de montrer ce que fut le stoïcisme à son origine. Il agira de même avec Cléanthe, avec Chrysippe qui eut à fortifier le système, attaqué par Arcésilas, et qui sembla avoir deviné les attaques plus redoutables encore de Carnéade (1) ; avec Panétius et Posidonius, qui l'adaptèrent à un milieu tout nouveau ; avec Sénèque; avec l'esclave Epictète et l'empereur Marc-Aurèle. Il lui sera possible ensuite de montrer, s'il y a lieu, les ressemblances qui existent entre les doctrines des divers Stoïciens et de décider, dans quelle mesure exacte, on peut parler à leur sujet d'un système ou d'une école.

L'historien laissera donc d'abord irrésolues un certain nombre de questions qu'on se pose avec raison, mais qu'on a coutume de trancher avant de commencer l'exposition des doctrines. Il ne décidera pas d'abord s'il y a progrès ou décadence dans le développement et l'apparition des systèmes, il n'essayera pas d'en donner une classification systématique, il n'affirmera pas qu'il faut avoir les yeux tournés vers l'avenir pour comprendre la signification et l'importance des anciennes doctrines. En un mot, il laissera en suspens tous les problèmes que soulève l'étude des systèmes, mais il recueillera, dans l'immense enquête à laquelle il se livre, toutes les données qui lui permettront un jour de répondre affirmativement ou négativement s'il a le temps de la mener à bonne fin, ou qu'il transmettra à ceux qui entreprendront, après lui ou avec lui, de ne les résoudre qu'après avoir recueilli et examiné tous les documents à propos desquels on est obligé de se les poser. Et les affirmations auxquelles on arrivera ainsi ne pourront que gagner en exactitude sans perdre en profondeur.

Que l'histoire de la philosophie ainsi comprise puisse donner à son tour de précieuses indications à l'historien des institutions et des hommes, des lettres et des arts, des sciences, des religions et des langues; pour la psychologie, la philosophie des sciences et la métaphysique, c'est ce qui apparaît trop claire-

---

(1) Voir *Carnéade, Le phénoménisme et le probabilisme dans l'Ecole platonicienne* (*Revue philosophique*, 1887, I, 378-399, 498-513).

ment d'après ce que nous avons dit déjà, pour qu'il soit nécessaire d'y insister. L'historien de la Révolution de 1789 ne saurait comprendre ni les actes, ni les écrits, ni les institutions de cette époque, s'il ne connaît les philosophes du xviiie siècle (1). De même l'étude du Stoïcisme sera très profitable à l'historien de Rome au temps des empereurs. Le littérateur qui cherche à comprendre et à expliquer Xénophon et Euripide, Cicéron et Sénèque, Schiller et Gœthe y réussira d'autant mieux qu'il sera plus en état de les replacer comme penseurs dans l'école à laquelle ils se rattachent. L'historien de l'art ne saurait se dispenser d'étudier la philosophie grecque ; l'historien des religions s'exposerait à en méconnaître, dans une certaine mesure, le développement et l'essence, s'il ignorait les doctrines sur lesquelles se sont appuyés les Stoïciens pour interpréter les croyances populaires et leur donner un sens nouveau (2). Celui qui étudie le christianisme ne le comprendrait pas s'il ne connaissait assez exactement les théories philosophiques qu'acceptaient, en tout ou en partie, saint Clément d'Alexandrie et saint Augustin, Arnobe et Lactance, saint Thomas et Duns Scot, Fénelon, Bossuet et Arnauld (IV, 5 à 11). L'historien des mathématiques et de l'astronomie aura une idée beaucoup plus nette de la part qui revient, dans leur constitution progressive, à Pythagore, à Platon, à Descartes, à Galilée, à Newton, à Laplace, s'il a essayé de saisir le mouvement philosophique qu'ils ont provoqué ou auquel ils se sont associés. On peut en dire autant de celui qui veut apprécier les découvertes, dans les sciences physiques ou naturelles, d'un Boyle ou d'un Réaumur, d'un Lavoisier, d'un Lamarck, d'un Cuvier ou d'un Darwin ; de celui qui veut connaître les doctrines économiques de Turgot et de Condillac, de Hume et d'Adam Smith, ou qui cherche comment s'est constituée la langue française à travers le Moyen Age et la Renaissance, quel sens ont pris successivement les mots avec lesquels elle a exprimé, à des époques différentes, les idées dont le contenu a lui même sans cesse varié. Et s'il est bon de faire la psychologie des sauvages et des enfants, de savoir ce qui constitue l'état intellectuel et moral d'un fou, d'un idiot, d'un halluciné, d'étudier les manifestations de l'activité psychique sous leur forme la plus imparfaite ou la plus anormale, personne ne contestera qu'il ne soit fort important d'en étudier aussi les manifestations les plus parfaites, et de savoir jusqu'à quel degré de puissance ou de perfection peuvent atteindre les facultés plus spécialement humaines. De même que la psychologie des grands artistes est propre à nous montrer le prodigieux développement que prend chez certains hommes la puissance créatrice, que la psychologie des hommes dont la vie a été toute de dévouement nous fait bien voir à quelle hauteur morale peut s'élever dans certains cas l'humanité, la psychologie des grands savants et des grands philosophes mettra admirablement en lumière ce dont l'homme est capable au point de vue spéculatif. On s'exposerait à laisser dans l'ombre une des manifestations les plus intéressantes de l'intelligence humaine, si l'on ignorait ce qu'ont pensé Aristote et Platon, Chrysippe, Epicure et Plotin, Descartes et Hume, Leibniz et Kant.

Bien moins nécessaire encore est-il de montrer, ce qui a été fort souvent et

---

(1) Rapprocher nos *Idéologues* de l'*Histoire politique de la Révolution française* de M. Aulard, Paris, Colin.

(2) Nous avons essayé de montrer, dans la *Revue d'histoire des religions* (juillet 1903), comment l'étude de Plotin peut servir à l'intelligence des mystères d'Eleusis, même après les travaux de Lenormant, de Pottier, de Foucart et de Goblet d'Alviella.

fort bien fait, que l'étude des systèmes est nécessaire à celui qui tente de résoudre les questions que soulèvent la philosophie des sciences et la métaphysique, s'il ne veut pas s'exposer à perdre son temps et sa peine, en risquant de donner comme nouvelles des doctrines anciennes, dont les lacunes ou les erreurs ont été depuis longtemps signalées. Ajoutons néanmoins que seule peut rendre ce service une histoire essentiellement impartiale et explicative, qui s'efforce toujours de faire la part des connaissances positives et des conceptions métaphysiques.

Ainsi l'historien de la philosophie, profitant des résultats auxquels conduisent l'histoire des sociétés, des religions, des lettres, des arts, des sciences, des institutions et des langues, la psychologie, la philologie, l'anthropologie et l'ethnographie, rendra à chacun de ceux auxquels il aura fait des emprunts, des services analogues à ceux qu'il en aura reçus. Il réalisera, autant qu'il est en lui, cette union si désirable entre tous ceux qui se proposent d'étendre le domaine de la connaissance humaine et si nécessaire pour les progrès de chaque science particulière, comme de la philosophie des sciences et de la métaphysique elle-même. Le temps n'est plus sans doute où le même homme pouvait aborder, comme Aristote et Descartes, presque tous les sujets que se propose d'examiner l'intelligence humaine : chacun doit se consacrer tout entier à un ordre déterminé de recherches, pour que le champ de l'inconnu soit de plus en plus restreint ou plutôt pour que le terrain exploré s'étende de jour en jour. Mais il faut aussi que chacun ait au moins des fenêtres ouvertes sur le dehors et connaisse les découvertes propres à éclairer ce qu'il s'est spécialement proposé d'étudier ; que tous, savants ou érudits, psychologues et philosophes, historiens et philologues, nous nous gardions d'oublier que l'union fait la force, dans la spéculation comme dans la pratique.

CHAPITRE II

LA CIVILISATION MÉDIÉVALE

On est à peu près d'accord pour définir et caractériser les civilisations antiques et la civilisation moderne (1).

Les recherches scientifiques et philosophiques ont pris une place telle dans nos sociétés qu'elles y sont et qu'elles tendent à y devenir de plus en plus l'élément caractéristique et essentiel. Elles fournissent à des hommes, dont le nombre grandit de jour en jour, l'idéal, qu'on demandait autrefois aux religions, de la vie individuelle ou sociale. Elles ont amené chez les peuples les plus fidèles aux croyances du passé, des modifications capitales dans l'agriculture, l'industrie et le commerce, qui leur doivent des produits et des engrais, des machines, des moyens de communication, de transport et d'action dont le nombre et la puissance augmentent sans cesse. Par les applications de la vapeur et de l'électricité, par les perfectionnements des armes de toute espèce, elles ont changé l'existence des individus et des peuples. Elles ont donné naissance à une littérature, enrichi la technique artistique et elles créeront peut-être, par l'emploi du fer et des métaux, un art tout nouveau. La civilisation moderne, avant tout scientifique et philosophique, tend à devenir uniforme, en ses grandes lignes, dans les diverses parties du monde où elle s'implante et s'étend. Par cela même, elle tend à devenir vraiment universelle (1, 1).

Infiniment plus variée dans ses divers centres nous apparaît la civilisation antique. Laissons la Grèce à part. Aux grandes époques de son histoire, elle poursuit partout la vérité et la beauté ; elle travaille à faire de l'homme un être complet et achevé ; à tirer de la connaissance du monde physique et moral, les règles directrices de la vie, la morale, l'éducation et la politique, l'éloquence et la poésie, les lettres, les arts et la philosophie. La civilisation grecque est la mère de notre civilisation moderne (2).

---

(1) Victor Egger, *La Science ancienne et la science moderne* (Rev. int. de l'Enseignement, XX, pp. 129-160, 277-291).

(2) Voir Alfred et Maurice Croiset, *Histoire de la littérature grecque*, Paris, Fontemoing (*Bibliographie générale*).

Mais dans tous les pays de l'Orient (1), dans la Grèce primitive et à Rome, les religions apparaissent comme l'élément prépondérant. Propres à un peuple ou même à une cité, elles diffèrent, par les dieux dont elles recommandent le culte, par les pratiques qu'elles imposent, par l'éducation qu'elles déterminent et par les institutions qu'elles établissent. Elles divisent les peuples autant qu'elles relient les individus, car les dieux épousent les querelles et les rancunes, les haines et les inimitiés de leurs adorateurs. Elles inspirent les artistes, comme en Egypte ; les poètes et même des créateurs de philosophies religieuses, comme dans l'Inde. A côté d'elles fleurissent l'agriculture, qui enrichit la Chaldée et l'Egypte ; le commerce et l'industrie, qui sont surtout l'apanage de la Phénicie et de Carthage ; les procédés et les pratiques techniques, qui donneront naissance à l'arithmétique et à la géométrie, à l'astronomie et à la médecine. Mais, sauf en Grèce, on ne rencontre guère le goût de l'observation réfléchie, la passion de la recherche désintéressée, la conception de la vérité scientifique et rationnelle, auxquels nous sommes redevables de notre civilisation actuelle (1, 1).

Il est plus difficile de caractériser la civilisation intermédiaire, celle du moyen âge (2) et par conséquent les philosophies qu'on a coutume d'y rattacher. Pendant longtemps, on a considéré le moyen âge comme une « époque de barbarie », pour la traversée de laquelle il fallait prendre des bottes de sept lieues ; comme une « gigantesque moisissure de mille ans », qui a recouvert la puissante végétation de la Grèce antique et fait obstacle à la poussée vigoureuse des temps modernes. Il faut donc, avant tout, se demander s'il y a une civilisation médiévale et, pour y répondre, se tenir dans les limites chronologiques que l'on accepte en général, la séparation définitive de l'empire d'Orient et de l'empire d'Occident, en 395, et la prise de Constantinople par les Turcs en 1453.

Rien n'est plus aisé que de recueillir des faits, des arguments et des autorités, en quantité suffisante pour affirmer, par une généralisation dont la valeur comme telle reste néanmoins à établir, que le moyen âge fut une époque de barbarie (3). La vie sociale présente des serfs et des vilains, ignorants, superstitieux et misérables ; des seigneurs grossiers, brutaux et se glorifiant de ne savoir ni lire ni écrire ; des rois, des empereurs ou des papes, comme les prédécesseurs et les

---

(1) Maspéro, *Histoire ancienne de l'Orient*, Paris, Hachette.
(2) Pour en avoir une idée sommaire et exacte, parfois détaillée et justifiée, on peut consulter Lavisse et Rambaud, *Histoire générale*, Paris, Colin ; Ernest Lavisse, *Histoire de France depuis les origines jusqu'à la Révolution*, publiée avec la collaboration de MM. Bayet, Bloch, Carré, Coville, Kleinclausz, Langlois, Lemonnier, Luchaire, Mariéjol, Petit-Dutaillis, Rebelliau, Saghac, Vidal de la Blache (Paris, Hachette) ; *Bibliothèque de l'Ecole des Chartes; Bibliothèque de l'Ecole pratique des Hautes Etudes* (IVe section); *Moyen Age* (dirigé aujourd'hui par Maurice Prou) ; la *Revue historique*, dirigée par M. Gabriel Monod, qui fait une large place aux études sur le Moyen Age; *Histoire de la littérature française*, publiée sous la direction de M. Petit de Julleville, Paris, Collin ; les travaux de MM. Gaston Paris, Paul Meyer, Viollet, Glasson, Gebhart, etc.
(3) Voir surtout Lavisse et Rambaud, *Histoire générale* et, dans l'*Histoire de France*, publiée sous la direction de M. Lavisse, les volumes de MM. Bloch; Bayet, Pfister et Kleinclausz; Luchaire ; Langlois, Coville. — G. Henry Lewes, *A biographical history of philosophy*, 4e édition, Londres, 2 vol., 1871 ; Hauréau, *Histoire de la scolastique* (voir notre ch. X).

successeurs de Gerbert, chez lesquels on ne trouve ni science, ni conscience, ni moralité. Puis les Francs et les Burgondes, les Alamands, les Saxons et les Normands, les Wisigoths et les Ostrogoths, les Huns et les Vandales, les Bulgares et les Hongrois, les Slaves et les Arabes apparaissent comme des destructeurs qui ne devaient rien laisser subsister du passé et qui semblaient incapables de produire, à eux seuls et par eux-mêmes, une civilisation nouvelle. Joignez à cela les guerres continuelles, privées ou publiques, religieuses ou politiques, les famines et les pestes, les Croisades et l'Inquisition, les vols, les pillages et les meurtres, les violations incessantes de la justice et du droit par les individus et les peuples, vous comprendrez le réquisitoire que Michelet a dressé contre le moyen âge, au bas des pages où il fait l'éloge de la Renaissance. Supposez un historien des mathématiques qui recueille les passages où il est question de la vertu mystique et magique des nombres ou des figures, des planètes et des astres ; un historien des sciences physiques et naturelles, accoutumé à demander à une observation minutieuse, patiente et tenace, à une expérimentation hardie, ingénieuse et impartiale, la connaissance des êtres et des phénomènes, de la nature et de ses secrets, qui lit les ouvrages où l'on a réuni, sans critique et sans examen, ce qu'ont pensé les anciens, des animaux, des végétaux ou des minéraux, ou encore les bestiaires dont les descriptions symboliques n'ont presque aucun rapport avec la réalité ; supposez un psychologue en présence de comparaisons où la Trinité est rapprochée de l'âme humaine et l'homme ou microcosme, du monde ou macrocosme ; supposez un historien proprement dit, qui s'attache à établir l'authenticité des textes, pour les constituer ensuite dans toute leur pureté littérale et en extraire le sens exact et précis, auquel on présente des écrivains dont le plus grand souci est de rassembler des textes, même apocryphes, pour en donner une interprétation allégorique qui, plus d'une fois, ne conserve absolument rien du sens littéral : supposez enfin un penseur ou un philosophe, prenant toujours pour norme de son activité rationnelle les principes de contradiction et de causalité, auquel vous exposerez que les hommes du moyen âge, guidés par le principe de perfection, ne se soucient parfois ni de l'un ni de l'autre et accumulent, comme à plaisir, les miracles et les affirmations contraires à la raison ; tous, par comparaison avec ce qu'ils font eux-mêmes, proclameront que le moyen âge, au point de vue spéculatif comme au point de vue pratique, est une période où l'ignorance, où une erreur pire encore que l'ignorance dominent et voisinent avec la barbarie.

Les mêmes conclusions, en ce qui concerne l'Occident médiéval, ressortiraient, d'une façon plus ou moins explicite, de la lecture des apologistes — je ne dis pas des historiens — de la Réforme ou de la Révolution française. Les uns, revenant aux Évangiles et à leur interprétation directe, combattent et condamnent tout ou à peu près tout ce qui s'est fait sur le terrain théologique et moral, du IVe au XVe siècle. Les autres, en présence des partisans actuels du thomisme, qui, depuis plus de vingt ans, travaillent, comme nous le verrons (1), à reconstituer l'ensemble des institutions et des pratiques qui étaient en accord avec la théologie et la philosophie du XIIIe siècle, pour les opposer et les substituer à celles qui découlent des principes de la Révolution française, se refusent à recon-

(1) Voir le chapitre IX, *Néo-thomisme et Néo-scolastique* ; le ch. X, *Les historiens de la scolastique*.

naître que le moyen âge, puisse, par quelque côté que ce soit, offrir une civilisation comparable à celles de l'antiquité ou des temps modernes.

Ainsi les invasions des Barbares, des faits empruntés à la vie sociale, dans tous les siècles et chez toutes les classes, l'état des sciences, de l'histoire proprement dite, et même de la pensée; la lutte prolongée, parfois dramatique, toujours acharnée entre les défenseurs de l'idéal médiéval et les partisans de la Réforme, ou plus encore de la Révolution française, expliquent le dur jugement qu'on a souvent porté sur le moyen âge.

Ce jugement, l'historien impartial ne le prend plus à son compte. Il sait qu'à plusieurs reprises, l'empire grec, réduit à sa flotte et à Byzance, fut sur le point de périr et que l'Occident fut plus mal traité encore : après Boèce et Cassiodore, l'Italie semble épuisée; la Gaule, au VIᵉ et au VIIᵉ siècle, est presque tout entière livrée à l'ignorance (1); l'Afrique a perdu toute activité intellectuelle; l'Espagne ne cite guère que le compilateur Isidore de Séville; l'Angleterre, que Bède le vénérable. Il n'y a donc nulle exagération à soutenir que, dans ce pays et à ce moment, la barbarie l'emportait sur la civilisation et menaçait de la submerger complètement. L'historien impartial admettrait de même qu'il y a eu, pendant toute cette période, des hommes dont la mentalité, les actes et les institutions dénotent une barbarie véritable : peut-être encore concèderait-il, quoique l'énumération exacte soit difficile, qu'il y en eut alors plus qu'il n'en reste de nos jours. Mais plutôt, il se refuserait à des comparaisons qui sont toujours difficiles, quand il s'agit de choses aussi dissemblables; qui sont impossibles, quand elles portent sur des périodes aussi longues et aussi mal connues, en raison même de la complexité presque infinie des faits; qui ne prouvent rien enfin, parce qu'elles expriment les préférences de l'écrivain, sans donner de la réalité une représentation précise et exacte. Et sans contester, au moins à cette place, la vérité des faits ou la valeur limitée des arguments invoqués, il ferait remarquer que d'autres faits, d'autres arguments, empêchent d'accepter la généralisation proposée : il y a eu barbarie, mais il y a eu autre chose que la barbarie.

D'abord justice a été rendue à Byzance (2). Non seulement elle n'a cessé d'avoir des artistes et des jurisconsultes, des poètes et des historiens, des savants et philosophes, mais encore elle a instruit les Syriens et, par eux, les Arabes. Aux Bulgares et aux Slaves, qui avaient voulu la détruire, elle a donné la civilisation dont ils lui ont gardé un souvenir fidèle et reconnaissant. Directement et par les Arabes, elle a agi sur les chrétiens occidentaux (III, 6 à 10; IV, 7; VI et VII).

En Occident, il restait des manuscrits; quelques moines savaient encore lire

---

(1) Au commencement du VIᵉ siècle.... nous entrons dans cette période où, comme le dit Grégoire de Tours, se déchaîne la barbarie. BAYET, PFISTER et KLEINCLAUSZ, ouvrage cité, II, 1, ch. IV, p. 115.

(2) Voir surtout KRUMBACHER, *Gesch. der byzant. Litteratur*, 2ᵗᵉ Auflage, 1897, et la Revue qu'il publie à Munich, *Byzantin. Zeitschrift*; DIEHL, *Justinien*, Paris, Leroux; LOUIS LÉGER, *Russes et Slaves*; *Le monde slave* (1ʳᵉ et 2ᵉ séries), Paris, Hachette. (Bibliographie dans LAVISSE et RAMBAUD, *Histoire générale*; dans UEBERWEG-HEINZE, IIᵉ, p. 214).

et écrire ; les artisans avaient conservé les traditions de leurs prédécesseurs et parfois produisaient des œuvres ou des édifices qui n'en étaient pas absolument indignes. Quand Charlemagne créa un puissant empire, plutôt qu'il ne restaura l'ancien empire d'Occident, il trouva en Angleterre, en Irlande, en Italie, en Espagne et même en Gaule, des collaborateurs pour faire revivre les lettres, les sciences et les arts. Dès lors il n'y aura plus d'éclipse pour la civilisation occidentale. D'une marche lente, parfois interrompue, mais sûre, les clercs, plus tard les laïques, s'assimileront ce qu'a laissé l'antiquité, puis travailleront à créer la science et la pensée modernes. L'architecture gothique succédera à l'architecture romane. Jean Scot Erigène et Hincmar, contemporains de Charles le Chauve, avec qui commence la décadence politique des Carolingiens, seront suivis par Gerbert et Fulbert, puis par Bérenger, Lanfranc, Hildebert et saint Anselme, Roscelin et Guillaume de Champeaux, Abélard et saint Bernard, Hugues de Saint-Victor, Jean de Salisbury et bien d'autres, dont on ne saurait contester l'intelligence et les connaissances, nous conduiront à saint Louis, qui se fit de la justice une idée si haute, à Roger Bacon, Albert le Grand et saint Thomas, qui ne manqueront ni de successeurs, ni de continuateurs (III, 7, 8, 9, 10 ; IV, 3, 8 ; VI et VII).

A partir du viiie siècle, les Arabes, ou les peuples soumis à leur domination, enrichis par le commerce, l'industrie, l'agriculture, établissent des écoles, ont des poètes et des historiens, des médecins, des philosophes et des astronomes, des architectes, des alchimistes et des musiciens (III, 8 ; VII).

Et auprès des Arabes, auprès des Occidentaux, les Juifs étendent le domaine du savoir et portent, des uns aux autres, les acquisitions nouvelles (III, 8, 9 ; V et VII).

S'il y a une civilisation médiévale, quelle en est la caractéristique? Selon qu'on porte ses recherches sur l'agriculture, l'industrie et le commerce, ou sur la vie économique, sur les institutions ou sur la vie politique, sur les beaux-arts ou sur les littératures romanes, on est tenté de considérer comme caractéristique l'élément même dont on suit l'évolution. Et de fait, comme l'ont dit MM. Monod, Levasseur et Himly dans la séance de l'Académie des sciences morales et politiques où nous avons, pour la première fois, exposé ces idées (1), chacun d'eux tient une telle place dans l'histoire générale qu'il l'éclaire et la présente sous un jour tout nouveau. Toutefois il nous semble, après un examen approfondi, que la caractéristique véritable, c'est, pour les Arabes et les Juifs, comme pour les chrétiens grecs et latins, la religion et surtout la théologie.

Les Juifs suivent les traditions de leur race depuis son entrée en Palestine ; mais ils construisent, à l'exemple des Arabes et des Chrétiens, une théologie et une philosophie (ch. III, IV et VII) (2).

Les chrétiens, grecs ou latins, constituent une hiérarchie (3) qui, exposée par

---

(1) Elles ont été complétées et modifiées en plus d'un point. Voir *Comptes rendus de l'Ac. des sc. m. et pol.*, 1900, et *Entre Camarades*, Paris, Alcan, 1900.

(2) Sur les Juifs, consulter S. MUNK, *Mélanges de philosophie juive et arabe*, Paris, 1859, et ses articles dans le Dictionnaire philosophique de Franck ; UEBERWEG-HEINZE, IIe, p. 237 et la bibliographie de nos chapitres III et VII.

(3) Cette hiérarchie rappelle tout à la fois l'organisation byzantine, celle que Gerbert

le Pseudo-Denys l'Aréopagite, complétée au cours des siècles, range en une armée immense et où chacun a sa place les purs esprits, les hommes d'aujourd'hui et ceux d'autrefois.

D'abord la hiérarchie céleste, Dieu un et triple, Père, Fils et Saint-Esprit ; les neuf chœurs des anges, esprits créés qui n'ont jamais été unis à des corps, qui vivent en présence de Dieu, exécutent ses ordres et transmettent ses volontés. Aux anges demeurés fidèles s'opposent les démons, dont l'action s'exerce sur le monde matériel et sur les hommes, dans des limites fixées par Dieu, mais avec une grande puissance. Nombreux sont, pendant tout le moyen âge, les traités d'angéologie et de démonologie qui énumèrent les noms, les fonctions et le pouvoir des chefs et des soldats de l'armée divine, comme de leurs adversaires. Derrière ces deux armées, antérieures à l'apparition de l'homme, se rangent les morts qui ont été les fidèles serviteurs de Dieu ou ceux qui ont été conquis par les démons et se sont donnés à eux. D'un côté, la Vierge, les Apôtres et leurs disciples immédiats, les Patriarches et les prophètes, les martyrs, les Pères, les Docteurs, les saints et les saintes dont le nombre grandit sans cesse, à tel point que chaque paroisse aura le sien et qu'on sera obligé, non seulement d'en invoquer plusieurs le même jour, mais encore d'instituer la *Toussaint* pour se rappeler au souvenir des oubliés. De l'autre, la plupart des hommes antérieurs au christianisme — on inclinera même parfois à y joindre tous ceux qui n'ont pas connu et pratiqué la loi mosaïque — les chrétiens qui n'ont pas su bénéficier de la mort du Christ, les hérétiques, les schismatiques, les infidèles, etc. Les saints se mêlent aux anges : la Vierge, saint Pierre, saint Jean, bien d'autres siègent plus près de Dieu que les Chérubins et les Séraphins. De même, les damnés occupent parfois parmi les démons une place qui augmente leurs souffrances, mais aussi leur pouvoir.

Sur terre, et parmi les vivants, hiérarchies analogues : la hiérarchie ecclésiastique, qui a pour chef suprême le pape, assisté de ses cardinaux ; puis le clergé séculier, archevêques, évêques, prêtres, diacres et sous-diacres ; le clergé régulier, abbés, prieurs et tous ceux qui les aident dans le gouvernement des moines. A côté, la hiérarchie laïque avec l'empereur ou le roi, au-dessous desquels se trouvent les nobles s'étageant en des fonctions multiples, qui comportent, à Byzance ou dans les féodalités d'Occident, presque autant de dignitaires que la hiérarchie céleste. Au-dessous encore, les bourgeois, les artisans et les commerçants, les vilains et les serfs, avec des divisions qui deviendront de plus en plus nombreuses.

Dieu gouverne le monde. Il agit, en certains cas, d'après des lois ; mais il les modifie, de son plein gré ou sur les prières des anges, des saints ou des hommes. Le miracle intervient à chaque instant pour produire les plus importantes manifestations de la vie naturelle et civile. C'est au nom de Dieu et par une sorte de délégation que tous ceux qui sont chargés d'une fonction exercent leur pouvoir. Ils ont pour auxiliaires les anges, les saints et Dieu lui-même ; leurs devoirs sont tracés par les livres sacrés et leurs commentaires, quelquefois ils leur sont dictés directement par Dieu ou ses envoyés. Ceux dont le rôle est plus spécialement d'obéir ont, séculiers ou réguliers, des règles spéciales qui fixent, jour par jour, heure par heure, l'emploi d'un temps qui doit être tout entier consa-

---

voulut introduire en Occident et les divisions ou subdivisions de plus en plus nombreuses que les néo-platoniciens introduisent dans le monde intelligible (III, 4, 6 ; V).

cré à Dieu. Ils ont des supérieurs, chargés d'en assurer l'exécution et de suppléer, par leurs propres lumières, aux lacunes qu'elles pourraient présenter. Les anges, les saints, leurs anciens compagnons apparaissent parfois pour les éclairer, les guider et les aider dans la lutte contre les démons, pour les fortifier et les réconforter. Et l'obéissance est fructueuse, car elle assure le salut, même une place privilégiée dans le royaume des cieux. Autant il est aisé aux humbles et aux pauvres d'être au nombre des élus, autant cela est difficile aux riches et aux puissants. Aussi abandonne-t-on souvent richesses et dignités, pour demander à la pauvreté et à l'obéissance volontaires les moyens d'être plus près de Dieu pendant l'éternité.

Les laïques vaquent aux œuvres purement humaines, en attendant que Dieu mette fin au monde actuel ; ils labourent et sèment, ils moissonnent et vendangent, ils combattent les hérétiques et les infidèles, ils exécutent les jugements de l'Eglise ou jugent ceux qu'elle ne réclame pas pour ses tribunaux. Mais ils savent que « travailler, c'est prier », que juger et combattre les ennemis de Dieu, c'est faire une œuvre agréable à Dieu, avantageuse pour soi. Les commandements de Dieu et de l'Eglise, les sermons des dimanches et des jours de fête leur apprennent, comme les décorations des églises et comme les mystères, ce qu'ils doivent faire pour être sauvés. Les cloches les invitent, le jour et la nuit, à se recommander à Dieu par la prière avant de commencer les travaux et les repas, avant de se livrer au repos. Par l'Eglise, Dieu dirige la vie des individus et des peuples : les sacrements, baptême, pénitence, eucharistie, confirmation, mariage, extrême-onction, les conduisent de la naissance à la mort, les unissent pour un temps au Christ et préparent l'union définitive. L'excommunication, la mise en interdit sont, avant l'Inquisition, des armes terribles contre ceux qui se montreraient rebelles. Même par la fondation du tiers-ordre, il n'y a plus, pour ainsi dire, de laïques, il n'y a que des hommes enrôlés pour le service de Dieu dans la hiérarchie ecclésiastique et appelés à entrer dans la hiérarchie céleste.

Le Coran (pour les Musulmans) (1) est la source et le guide de la vie religieuse, morale, civile et politique. Chacune de ses 114 sourates débute en invoquant le « nom du Dieu clément et miséricordieux ». C'est de Dieu qu'on est parti, c'est à Dieu qu'il faut aboutir. « La prière vous conduit à moitié chemin vers la divinité, le jeûne même à son palais, les aumônes vous y font entrer ». Cinq fois par jour le muezzin appelle les musulmans à la prière. Ils doivent observer un jeûne très dur pendant le rhamadan, consacrer à l'aumône le dixième de leurs biens, et accomplir, au moins une fois en leur vie, le pèlerinage de la Mecque. C'est de Dieu que se réclame Mahomet pour organiser la famille, restreindre la polygamie, prescrire les ablutions, les règles d'hygiène et tous les rapports entre Musulmans.

Si, au moyen âge, Juifs, Byzantins, Arabes et Occidentaux règlent leur vie, comme bon nombre de nations antiques et plus strictement encore, par des pres-

---

(1) BARTHÉLEMY SAINT-HILAIRE, *Mahomet et le Coran*, Paris, 1865 ; MUNK, UEBERWEG-HEINZE, *op. cit.* ; ERNEST RENAN, *Averroès et l'Averroïsme*, Paris, 1852, souvent réimprimé ; LAVISSE et RAMBAUD, *Histoire générale*, et la bibliographie des ch. III et VII.

criptions religieuses, il y a des différences profondes dans la façon dont la religion y est constituée et agit, comme dans les rapports qu'elle soutient avec les autres éléments de la civilisation.

D'abord pour les trois religions, la vérité a été révélée par Dieu, ses prophètes et ses envoyés. Des livres saints, Bible, Evangile Coran, apprennent aux hommes ce qu'ils doivent penser et faire. Les chrétiens reçoivent, comme les juifs, l'ancien Testament ; les juifs attendent le Messie, que les chrétiens reconnaissent en Jésus-Christ. Les musulmans tiennent Noé, Abraham, Moïse, Jésus pour des prophètes et puisent dans la Bible et l'Evangile ; Mahomet sera parfois considéré comme un hérésiarque chrétien ; sa doctrine, comme un christianisme hérétique à l'usage des Arabes (1). Monothéistes, les trois religions admettent la Création telle qu'elle est racontée par la Genèse ; elles croient que Dieu veille sur le monde et en particulier sur l'homme ; elles introduisent, entre Dieu et l'homme, des anges et des démons. La fin suprême de l'homme, c'est de revenir à son créateur, de gagner le paradis, d'éviter l'enfer ou la géhenne. Aussi quand certains philosophes arabes sont soupçonnés, sinon convaincus de ruiner la Création, la Providence et l'immortalité de l'âme, tous les théologiens, arabes, juifs et chrétiens les combattent avec des arguments qu'ils se passent les uns aux autres. Saint Thomas répète ceux d'Al-Gazel (VIII). Les livres averroïstes, brûlés par les Arabes, l'auraient été chez les juifs si les théologiens l'avaient emporté, chez les chrétiens occidentaux si l'on n'avait eu besoin, pour comprendre Aristote, de son commentateur.

Les ressemblances entre les trois religions apparaissent nettement aux incrédules qui attaquent avec une même ardeur ceux qu'ils appellent les trois imposteurs, Mahomet Jésus, Moïse ; aux partisans d'une tolérance bien peu dans les mœurs du temps, à ceux pour qui Dieu seul pourrait dire quelle est la meilleure des trois religions, comme seul le père dirait auquel des trois anneaux, pour nous entièrement semblables, il avait attaché la possession de son héritage.

Ces ressemblances ont leurs conséquences dans la vie des croyants. De ce qu'ils ont la vérité, ils se croient obligés à la répandre et à la faire triompher ; de ce qu'ils ont vu l'unité politique réalisée dans l'empire romain, ils tentent de la rétablir, en constituant l'unité religieuse dont elle découlerait nécessairement. S'ils sont forts, ils prennent les armes contre les hérétiques, les schismatiques, les infidèles. Byzance est ensanglantée jusqu'à son dernier jour par des querelles théologiques, dans lesquelles chacun prétend défendre l'orthodoxie. « Il me déplaît, dit Clovis en parlant des Wisigoths, que ces Ariens possèdent la meilleure partie des Gaules ; marchons avec l'aide de Dieu, et après les avoir vaincus, soumettons le pays à notre domination. Dieu, dit Grégoire de Tours après avoir raconté comment Clovis fit périr les rois ses parents, renversait chaque jour ses ennemis et accroissait son royaume, parce qu'il marchait devant

---

(1) UEBERWEG-HEINZE, II°, p. 225. « Als den Entstehungsgrund des Mohammedanismus bei den Arabern bezeichnet Sprenger in seinem Werke « *Das Leben und die Lehre des Mohammed* » das Bedürfniss zu einem offenbarungsgläubigen Monotheismus von universalistischem Charakter zu gelangen,... dem Kirchlichen Christenthum gegenüber kann der Mohammedanismus als die späte, aber um so energischere Reaction des seit dem Concil von Nicäa mehr noch gewaltsam unterdrückten als geistig überwundenen Subordinationismus betrachtet werden ».

lui le cœur pur et faisait ce qui était agréable à ses yeux. Il m'appartient, dit à son tour Charlemagne, de défendre la sainte Eglise du Christ au dehors contre les infidèles et de la fortifier au dedans en faisant connaître la vraie foi. » Après des guerres sanglantes, il force les Saxons et leurs chefs à se faire baptiser, il établit dans le pays des évêques et des moines qu'il dote richement et décrète la peine de mort contre tout Saxon qui adorerait ses anciens dieux ou qui négligerait d'observer les jeûnes prescrits par l'Eglise. A son tour, l'Allemagne envoie des missionnaires qui évangélisent les Scandinaves, des guerriers qui exterminent les païens slaves. Les croisades sont entreprises au cri de « Dieu le veut ! », pour rendre aux chrétiens le pays où vécut et mourut le Christ. Mais l'une d'elles a pour résultat la conquête de l'empire grec, chrétien et schismatique. Une autre est dirigée contre les Albigeois hérétiques ; le comte Raymond est obligé de jurer « devant vingt archevêques et évêques, sur le corps du Christ et les reliques des saints, d'obéir en tout aux commandements de la sainte Eglise romaine ». Contre son neveu, Raymond Roger, on déclare « qu'on ne doit point garder sa foi à qui ne la garde pas à Dieu ». En Espagne, la croisade est une guerre continuelle des chrétiens contre les Musulmans.

En présence d'individus isolés ou peu nombreux, hérétiques d'Orléans ou Amauriciens, Averroïstes ou Juifs, le pouvoir civil et le pouvoir ecclésiastique ont recours au bûcher, à la prison, à la confiscation, à l'expulsion. Quelquefois, on châtie soi-même l'hérétique, l'infidèle ou l'incrédule. « Un laïque, dit saint Louis, qui entend médire de la foi chrétienne, ne doit la défendre, sinon avec l'épée, dont il doit donner dans le ventre au mécréant, autant qu'elle y peut entrer ».

C'est pour faire triompher le Coran que les Arabes entreprennent leurs conquêtes : « Combattez les incrédules, dit Mahomet, jusqu'à ce que toute résistance cesse et que la religion de Dieu soit la seule. La guerre contre les infidèles est une guerre sainte, Dieu est avec les combattants et ceux qui tombent dans la bataille vont droit au paradis ». Aux peuples contre lesquels ils marchent, les khalifes offrent le choix entre le Coran, qui les rendra les égaux des Musulmans, le tribut qui en fera des sujets, l'épée qui les exterminera.

D'ailleurs, l'essentiel pour tous, c'est de répandre la vérité, et de s'opposer à la propagation de l'erreur. Si l'on y arrive par la persuasion, par la prédication, il sera inutile de recourir à la force. Les Arabes placent au nombre des vieux croyants ceux qui acceptent leur foi religieuse. Les chrétiens grecs et latins envoient des missionnaires chez les peuples païens et luttent parfois à qui obtiendra le plus de conversions. Les Juifs font des prosélytes ; dans la seconde moitié du VIIIe siècle, le roi des Khozars ou Khazares et une grande partie de son peuple se convertissent au judaïsme (1).

Mais dès lors, il faut que tous exposent leurs doctrines et les discutent avec les hérétiques, les païens ou les sectateurs d'une autre religion.

De là, un second caractère de la civilisation médiévale : on établit, on com-

---

(1) Voir Munk, p. 483, qui établit le fait, non seulement d'après le Khozari de Juda Hallévi, mais encore par le témoignage des historiens arabes. On relèverait, dans nos scolastiques, bon nombre de textes qui témoignent que des Juifs tentent de convertir des chrétiens et y réussissent.

mente, on interprète les textes sacrés et, pour en montrer la valeur spéciale ou générale, on est amené à recourir aux sciences, à la dialectique, à la philosophie. Et l'on se trouve heureux d'utiliser les travaux si complets des Latins et surtout des Grecs.

Byzance conserva, augmenta l'héritage antique. En théologie, elle continua les Pères grecs, par des discussions où la subtilité l'emporte souvent sur la profondeur. Les publications de ses jurisconsultes sont demeurées célèbres, comme celles de ses mathématiciens, de ses grammairiens, de ses historiens, de ses compilateurs et de ses alchimistes. Qu'il nous suffise de rappeler Jean Philopon (1) le commentateur chrétien d'Aristote, « treizième apôtre », qu'il modifie là où il contredit les principes du christianisme ; Jean Damascène, dont la Πηγὴ γνώσεως, classique en Orient jusqu'à nos jours, et en Occident au XIIe et au XIIIe siècle, contient, avec une exposition de la foi orthodoxe et une réfutation des principales hérésies, une partie où la dialectique d'Aristote est appliquée à la théologie, « reine des sciences ayant la philosophie pour suivante » ; le patriarche Photius, dont le *Myriobiblion* témoigne d'un esprit aussi hardi que versé dans l'étude de l'antiquité grecque et du christianisme (III, 6, 7, 8 ; IV, 7, 8, 9 et ch. V). Il ne semble pas que Byzance ait eu des philosophes pour lesquels la théologie ne soit pas la science maîtresse.

Il en fut tout autrement pour les Juifs, les Arabes et les chrétiens occidentaux, chez lesquels on débute par les livres saints et où presque toutes les positions diverses que peut occuper la philosophie par rapport à la religion révélée ont été prises ensuite, sans que la majorité ait d'ailleurs renoncé à ses croyances.

Sans doute on peut décider qu'on ne recourra ni à la raison, ni à la philosophie ; qu'on se bornera à reproduire les affirmations de la Bible, de l'Évangile ou du Coran. Mais des questions se posent qui ne figurent pas dans les livres saints : il faut que les textes ou une autorité constituée y fournissent des réponses. Pour défendre et justifier ces réponses, il faut la raison, la dialectique ou ce syllogisme — composé de trois propositions telles que, les deux premières étant admises, la troisième suit nécessairement — dont Aristote, complété par ses commentateurs, a donné une théorie mathématique et sûre. Certains théologiens constituent ainsi un système, avec des prémisses exclusivement religieuses, et s'en tiennent là. D'autres vont plus loin : toutes les affirmations philosophiques sur la physique, la psychologie, la morale, la métaphysique qui forment le savoir humain, ils se les approprient, pourvu qu'elles ne soient pas en contradiction formelle avec les articles de foi. Puis il y a des philosophes qui, renversant les points de vue, se réclament avant tout de l'expérience et de la raison, mais admettent les dogmes qui s'accordent ou qu'ils accordent avec les résultats rationnels. D'autres soutiennent qu'il y a identité entre la foi et la raison, entre la théologie et la philosophie, tout en mettant, de fait, les assertions de la première avant les assertions de la seconde. D'autres encore admettent, au nom de la foi, ce qu'ils condamnent au nom de la raison. Il y a enfin une position, qui ne fut jamais franchement prise, ce semble, pendant le moyen âge. C'est de ne faire appel qu'à la raison et à l'expérience, qu'à la science et à la philosophie, sans rien emprunter aux religions ni aux théologies. Et par là, la civilisation médiévale se distingue profondément de la civilisation moderne (III, 9, 10 ; VIII).

---

(1) Voir notre article dans la *Grande Encyclopédie*.

L'interprétation allégorique fournit une multitude de réponses aux lecteurs des livres saints. De tout temps et en tout pays, la poésie, comme la musique, la peinture et la sculpture, recourt à des images, pour exprimer ce que la prose rend par des termes positifs et liés dans une construction logique. La prose la suit parfois sur ce terrain, et l'objet de la rhétorique est d'étudier les figures de mots ou tropes, les figures de construction et de pensée. De bonne heure aussi, on recherche, dans les œuvres du passé, les idées du présent, qu'on veut fortifier ou recommander par l'autorité des anciens. Les stoïciens retrouvent ainsi leur physique et leur théologie dans Hésiode, Homère et les poètes (III, 3). Les Juifs et surtout Philon (III, 1) découvrent dans la Bible, interprétée allégoriquement, les doctrines des Pythagoriciens, de Platon et d'Aristote. Clément d'Alexandrie, Origène, saint Augustin, saint Jérôme cherchent un sens spirituel sous le sens littéral de l'Ancien et du Nouveau Testament. Saint Thomas explique que la doctrine sacrée, proposée à tous, a dû être exposée avec des métaphores et des enveloppes corporelles ; que, d'un autre côté, Dieu en est l'auteur et tient en son pouvoir les choses comme les mots. Dès lors il convient, dit-il, de compléter le sens littéral et historique des mots, considérés comme s'ils figuraient dans un livre ordinaire, par le sens spirituel, qui est allégorique s'il montre, dans la Loi ancienne, la figure de la Loi nouvelle ; anagogique s'il trouve, dans la Loi nouvelle, la figure de la gloire future ; moral si, des actes relatés par la Loi ancienne et nouvelle, il tire des règles de conduite. Ainsi les livres saints diront ce qui a été depuis l'origine du monde et ce qui a préparé l'avènement du christianisme, ce qui sera dans la vie future et ce que nous devons faire dans la vie actuelle.

Mais les interprétations qui, chez les Musulmans, les Chrétiens et les Juifs, tendent à écarter de Dieu toute qualité indigne de sa divinité, suppriment parfois le sens littéral et historique, ou en tirent les affirmations les plus diverses, les plus hérétiques comme les plus orthodoxes, de sorte que l'autorité, appelée à prononcer entre elles, n'a plus, à moins d'invoquer l'inspiration et le prophétisme, qu'à se servir de la raison, à rattacher, par un enchaînement syllogistique et nécessaire, la conclusion qui servira de réponse, à des prémisses d'un sens incontesté, puisées dans les livres saints (III, 10, VIII).

D'ailleurs, nul ne pouvait nier que la grammaire fût nécessaire pour l'intelligence et l'interprétation des livres saints. Quand les khalifes brûlent en Espagne les traités de philosophie, d'astronomie et de sciences, ils conservent ceux de grammaire, avec ceux de théologie et de médecine. Et la grammaire, chez Isidore de Séville, chez Alcuin et d'autres, comprend l'histoire avec la géographie, la fable, une partie de la logique : elle devient ainsi la science universelle. Isidore de Séville et Alcuin (VI, 1, 2), fort suivis au moyen âge, établissent un parallélisme entre la philosophie et ses trois parties, physique, logique, morale, et les *Eloquia divina*, où la Genèse et l'Ecclésiaste traitent de la nature ; le Cantique des Cantiques et l'Évangile, de logique et de théologie ; les Proverbes, de morale. Comment le comprendre, si l'on n'étudie les ouvrages des physiciens, des logiciens, des moralistes ou du moins un Manuel qui en résume les doctrines ? Puis, l'astronomie est indispensable pour savoir s'il faut célébrer la Pâque à la façon romaine ou à la façon alexandrine ; la musique est nécessaire à tous les clercs ; l'arithmétique, comme la rhétorique, sert à l'interprétation mystique ou spirituelle. Il y a donc toute raison de se mettre, après Martianus Capella, à l'étude du trivium et du quadrivium. Aussi

Alcuin, dont l'enseignement est bien théologique (1), fait-il un éloge enthousiaste des arts libéraux. Il insiste sur la dialectique qui a servi à confondre Arius, dont les partisans avaient été si nombreux dans l'Orient et l'Occident. Entre le philosophe, maître des sept arts, dit-il encore, et le chrétien, il n'y a d'autre différence que la foi et le baptême. La philosophie est donc une préparation évangélique, elle est plus qu'une servante de la théologie. Et Charlemagne, convaincu par Alcuin, recommandera « l'instruction, qui permet de pénétrer plus facilement et plus sûrement les mystères des Saintes Écritures » (IV, 2 et VI, 1, 2).

Dès lors, il y aura bien, dans l'Occident latin, des mystiques — dont ne sera pas Hugues de Saint-Victor, l'un des plus éminents d'entre eux — qui répudieront raison et dialectique, science et philosophie ; il y aura des interprétations allégoriques qui viendront, en grande partie, de l'imagination et de la fantaisie ; mais la dialectique, l'analytique avec son syllogisme démonstratif dont on est en possession au XIIe siècle par l'*Organon*, sera l'instrument employé dans la construction des *Commentaires* et surtout des *Sommes* (III, 9, 10 ; VIII). Lorsqu'on aura, au XIIIe siècle, l'œuvre à peu près complète d'Aristote, de ses commentateurs arabes, imprégnés de néo-platonisme, on l'utilisera, comme tout ce qu'on a rassemblé des savants, des philosophes latins, grecs et arabes, pour achever l'édifice théologique et scolastique qui, sans grands changements dans l'ensemble, abritera le catholicisme jusqu'à nos jours.

On aurait plus vite fait d'énumérer les adversaires que les partisans de cette large méthode. Mais quelques noms et quelques faits suffiront à mettre en lumière l'évolution générale des esprits. Jean Scot Érigène, dont l'influence fut si considérable, unit la raison et la foi, la théologie et la philosophie. Chrétien d'intention, il est en opposition avec les doctrines établies ou généralement acceptées, par ses raisonnements purement humains sur la liberté, la prédestination, le paradis et l'enfer : en lui, le philosophe l'emporte sur le théologien (VI, 3, 4, 5). Le théologien, le savant, le philosophe sont inséparables chez Gerbert. Abélard accorde une autorité égale aux livres saints et aux Pères, aux philosophes et aux poètes. Saint Anselme, partant de la foi, demande à la raison une preuve incontestable de l'existence de Dieu (VII). Les Averroïstes latins du XIIIe siècle, combattus par saint Thomas, soutiennent des thèses hétérodoxes sur l'intellect, dont les conclusions sont nécessaires pour la raison, tout en maintenant, au nom de la foi, les antithèses orthodoxes : ils laissent entendre, comme on l'affirmera plus tard, que la raison peut à elle seule répondre aux questions résolues par la foi (ch. VIII). Les alchimistes conçoivent leurs expériences de telle façon que s'il y eût eu un développement régulier de leurs recherches au XIVe siècle, la chimie eût été créée trois siècles plus tôt (ch. VIII). Roger Bacon, tout en conservant la théologie au premier plan, insiste sans cesse sur la nécessité d'étudier les langues et les sciences : sans elles la connaissance de la religion, la constitution de la théologie sont absolument imparfaites. Raimond Lulle

---

(1) Qu'on instruise d'abord l'homme de l'immortalité de l'âme, de la vie future, de la rétribution des bons et des méchants et de l'éternité de leur destinée ; puis qu'on lui dise pour quels crimes et péchés il aura à souffrir auprès du diable des peines éternelles, et pour quelles bonnes actions il jouira avec le Christ, d'une gloire éternelle ; enfin qu'on lui inculque avec soin la foi dans la sainte Trinité et qu'on lui explique la venue en ce monde du Fils de Dieu, N.-S. J.-C., pour le salut du genre humain. *Ed. Fræben*, ép. 28.

argumente, avec des syllogismes, contre les théologiens musulmans. Guillaume d'Occam prépare, dit Hauréau, le sol sur lequel François Bacon a fondé son éternel monument. Ainsi se fait peu à peu, dans l'Occident chrétien, le travail qui, à des catholiques soumis à la foi et disposés à concilier la science et la philosophie avec la théologie, à les dédaigner ou à les lui subordonner, juxtaposera des savants et des philosophes, pour qui la raison et l'expérience seront les maîtresses de la vie.

L'exemple le plus significatif peut-être est celui de saint Thomas. Il appelle la philosophie et les sciences les servantes de la théologie ; mais cette formule est expliquée d'ordinaire, au moyen âge, par la comparaison entre Sara et Agar, servante et épouse d'Abraham, mère d'Ismaël, dont la race propagera une religion rivale du judaïsme et du christianisme. Puis il se sert du terme *vassales*, qui implique une tout autre idée, puisque certains vassaux sont les pairs ou presque les égaux de leur suzerain. Que saint Thomas l'entende en ce dernier sens, c'est ce qui apparaît manifestement par la lecture de quelques-uns de ses ouvrages. La *Somme contre les Gentils* est une œuvre de raisonnement où, contre les Juifs, les mahométans et les païens ou les incrédules, il emploie des arguments métaphysiques et philosophiques. Le *Commentaire sur les Sentences de Pierre Lombard*, première rédaction de la *Somme de théologie* à laquelle il a fourni d'ailleurs sa partie terminale, témoigne des accroissements que la théologie a pris en un siècle, grâce à la raison et aux trésors antiques et contemporains apportés d'Espagne ou de Byzance. Les conclusions sont chrétiennes, cela va sans dire ; mais elles sont infiniment plus nombreuses et partent de prémisses rationnelles, péripatéticiennes ou arabes. Enfin le traité contre les Averroïstes (ch. VIII), où il s'agissait pour saint Thomas de maintenir un des points essentiels du christianisme, l'immortalité de l'âme, avec les récompenses ou les peines qui en sont la conséquence, est tout entier consacré à montrer que les Averroïstes ne peuvent s'appuyer ni sur Aristote, ni sur les Péripatéticiens grecs ou arabes, que tous ceux-ci au contraire soutiennent une doctrine sur laquelle les catholiques n'ont plus qu'à édifier la partie surnaturelle de leurs croyances.

Le judaïsme et le mahométisme, comme l'ont montré Munk et Renan, passent par les mêmes phases. D'abord des sectes religieuses interprètent le Coran et aboutissent à des conclusions hétérodoxes. Pour les combattre, les premiers Motecallemin (*loquentes*) appellent le raisonnement au secours de l'orthodoxie. Puis la philosophie péripatéticienne apparaît, accompagnée de ses commentateurs néo-platoniciens, des savants grecs, mathématiciens, astronomes, médecins, etc. Des sectes philosophiques, qui augmentent, dit Makrizzi, les erreurs des hérétiques, soutiennent des doctrines souvent opposées à la Création, à la Providence, à l'immortalité avec ses récompenses et ses peines, c'est-à-dire aux croyances essentielles du mahométisme comme du christianisme. Un second *calam* subordonne la philosophie à la religion et parfois, comme le Gassendisme, combat le péripatétisme hétérodoxe par l'atomisme. Les *Frères de la pureté* essaient, sans succès, d'unir la philosophie grecque et la religion musulmane. Après Al-Kindi, Al-Farabi, Ibn-Sina, dont les noms resteront dans l'histoire, le théologien Al-Gazel, qui finit par vivre de la vie contemplative des Soufis, condamne les sciences et la métaphysique, affirme la supériorité de l'Islam sur les philosophies et les autres religions. Ses partisans l'emportent en Orient. En Espagne, Ibn-Badja (Avempace), Ibn-Tofaïl (Abubacer) dont le curieux roman montre un solitaire, élevé dans une île déserte, arrivant par la seule raison aux résultats obtenus par un religieux qui médite sur le Coran ; Averroès, pour qui le but le plus élevé est la philosophie, vraie religion que la révélation ne supplée qu'auprès du vulgaire, sont tous des savants et des penseurs partisans de la raison, de l'expérience, de la métaphysique péripatéticienne, et néo-platonicienne. Mais les disciples d'Al-Gazel triomphent en Espagne comme en Orient : il y aura désormais, dans le monde musulman, des théologiens et des Motecallemin, raisonnant sur les doctrines religieuses, il n'y aura plus de philosophes.

Les Juifs travaillèrent plusieurs siècles, après la prise de Jérusalem, à recueillir dans la Mischna et le Talmud les lois, les coutumes, les pratiques, les opinions et les traditions religieuses, à donner de la Bible une interprétation de plus en plus distincte de l'interprétation chrétienne. Sous l'influence de la philosophie grecque, propagée chez les Arabes, sous l'action des Motecallemin, Anan-ben-David et les Karaïtes proclamèrent les droits du libre examen et usèrent du raisonnement pour établir, sur des bases philosophiques, les croyances fondamentales du judaïsme. Pour défendre le Talmud, les rabbanites durent emprunter des arguments à la philosophie. Au IXe siècle, Saadia (892-942) joint la raison, l'Écriture et la tradition, qui enseignent les mêmes vérités. Par lui nous savons que des philosophes juifs avaient admis la doctrine des atomes et essayé d'expliquer rationnellement les miracles. Après lui, les Juifs d'Espagne et de Provence étudient la philosophie. Ibn-Gebirol (*Avicebron*) donne, au XIe siècle, la *Source de vie*, qui attribue une matière à l'âme et est tenue pour hérétique en philosophie par les péripatéticiens juifs. Les théologiens combattent les tendances philosophiques. Juda Hallévi compose, en 1140, l'année où Abélard est condamné à Sens, le *Khozari*, où un docteur juif triomphe d'un philosophe et de deux théologiens, l'un musulman, l'autre chrétien. Maïmonide, développant comme Averroès le péripatétisme arabe, arrive à un système à peu près identique. Son école est fidèle au péripatétisme averroïstique, fortement combattu par les théologiens juifs de Provence, de Catalogne et d'Aragon. Après une lutte des plus vives, Aristote et son commentateur, plus heureux que chez les Arabes, sont vainqueurs ; les philosophes l'emportent sur les théologiens et sont tout occupés, au XIIIe et au XIVe siècles, à traduire Aristote et surtout Averroès, à les interpréter et à les analyser. Averroès demeure classique jusqu'au XIXe siècle, dans certaines écoles juives.

Ainsi les civilisations médiévales font aux religions une situation prédominante. Chrétiens, musulmans et juifs trouvent, dans des livres saints, la vérité, à peu près identique sur des points d'une importance capitale et s'efforcent de constituer l'unité religieuse, en la propageant par la force, par la prédication et la discussion. La théologie se constitue, par l'interprétation allégorique et le raisonnement (IV, 0 ; ch. VIII), pour répondre à toutes les questions, résoudre toutes les objections. A la théologie s'unissent, se subordonnent ou s'opposent les sciences et les philosophies antiques, filles de la raison et de l'expérience.

La civilisation byzantine est détruite par les Turcs ; la philosophie et les sciences sont vaincues chez les Arabes à la fin du XIIe siècle ; la raison prend une place de plus en plus grande chez les Juifs ; la religion reste prépondérante dans l'Occident chrétien, mais des orthodoxes y interrogent fréquemment la raison et l'expérience, auxquelles, selon des hommes, dont l'action s'exerce sur les esprits cultivés sinon sur la foule, on peut hardiment se confier. L'évolution se continuera dans les siècles suivants (ch. VIII).

Du mélange avec les traditions latines et les coutumes germaines, de la religion, de la philosophie et des sciences, découlent les institutions privées et publiques, l'organisation de l'Etat, de la famille, de la corporation, de l'Eglise, des Universités et des tribunaux. Et les époques qui ont le plus usé de la raison et de l'expérience sont celles où la civilisation fut la plus brillante, où les lettres et les arts furent les plus florissants. Cela est vrai pour Byzance, Bagdad, Cordoue, pour le XIII° siècle et les admirables cathédrales où s'unissaient harmonieusement l'architecture, la peinture, la sculpture et la musique. Cela est vrai pour les hommes comme pour les époques. Ceux-là surtout ont marqué et valent d'être étudiés qui se rattachent à la civilisation antique et sont réclamés de la civilisation moderne (ch. III, 10; ch. VII et VIII).

Pour déterminer la caractéristique de la civilisation médiévale, nous l'avons limitée aux dates généralement admises, 395 et 1453. Nous savons maintenant qu'elle forme essentiellement une période théologique, qu'elle fait une place prépondérante aux questions relatives à Dieu et à l'immortalité ou plus exactement à Dieu et aux moyens par lesquels l'homme peut se réunir à lui. Est-il possible de la renfermer encore entre ces dates extrêmes? Sans doute il y a lieu de suivre l'évolution des civilisations antiques jusqu'à la séparation définitive des deux Empires, en 395, ou même jusqu'à la destruction de l'Empire d'Occident, en 476 (1). De même il est utile de chercher dès la Renaissance, les progrès de l'esprit scientifique et philosophique qui dirigera notre monde moderne. Mais peut-on, sans mutiler la civilisation médiévale et sans laisser de côté l'étude de périodes importantes, même pour en préciser le caractère, la faire commencer en 395 et finir en 1453?

Pour les Arabes dont la civilisation sous sa forme la plus brillante va du VIII° siècle au XIII°, la question ne se pose que d'une façon très indirecte, en raison des emprunts faits par eux aux chrétiens, aux néo-platoniciens et aux Juifs.

Pour les Juifs, c'est au temps de Philon (ch. III, 1) qu'ils sont définitivement en contact avec le monde grec; c'est en s'opposant aux chrétiens qu'ils délimitent plus exactement leur foi, leurs croyances et leurs espérances. C'est donc l'examen du monde chrétien qui nous permettra de résoudre la question.

D'abord il semble étrange de chercher une distinction profonde dans l'empire byzantin entre les années qui précèdent et celles qui suivent 395 ou 476. Si l'on considère le christianisme, il faut, pour avoir un point de départ ferme, remonter d'abord au Concile de Nicée, en 325, qui décide ce que l'on doit croire; puis à l'édit de Milan, qui en fait la religion de l'empire; enfin de proche en proche, pour la constitution de la doctrine, jusqu'à l'avènement du Christ. Mais cela même ne suffit pas. Sans doute saint Augustin, baptisé en 387, prêtre en 391, évêque d'Hippone en 395, n'est plus laissé en dehors du moyen âge dont il a été l'un des maîtres les plus vénérés et les plus écoutés; mais on ne saurait le com-

_____
(1) Renan, dans les *Origines du Christianisme*, fait finir le monde antique avec Marc-Aurèle (Voir ce qui est dit du Stoïcisme, III, 3).

prendre sans les néo-platoniciens dont la lecture le fit passer du manichéisme au catholicisme (1).

Le néo-platonisme est tout aussi nécessaire pour comprendre Origène, S. Basile, S. Grégoire de Nysse, le Pseudo-Denys l'Aréopagite, Jean Philopon et Jean Scot Erigène. Pour une raison plus profonde, car elle tient à son essence même, le néo-platonisme doit rentrer dans la philosophie médiévale (2). Nulle autre doctrine n'a fait à Dieu une place plus grande, n'a plus subtilement enseigné comment, par la procession, tous les êtres viennent de lui, comment, par la conversion, quelques-uns s'en rapprochent et s'unissent à lui. Aussi nulle autre doctrine n'a plus inspiré les Pères et les docteurs, grecs ou latins, les philosophes arabes, juifs et chrétiens.

Aux néo-platoniciens, il convient de joindre, pour les mêmes raisons de doctrines et d'influence, le juif Philon dont les théories sur le *Logos* et la méthode d'interprétation allégorique sont inséparables des théologies chrétienne et juive, comme sa philosophie dans son ensemble, l'est de celle de Plotin et de Proclus. Ainsi nous sommes ramenés à la fin du premier siècle avant J.-C.

C'est l'époque où Auguste organise l'empire, où il restaure la religion avec l'aide de Virgile et même d'Horace (3), où il l'élargit en plaçant au Panthéon, pour veiller au salut de l'empire, les dieux de toutes les nations. De leur vivant, ses successeurs assistent à leur apothéose et reçoivent les honneurs divins dans tout le monde civilisé. Les mêmes tendances se manifestent dans la foule et dans l'élite. Tandis que les religions de l'Orient envahissent l'empire, Apollonius de Tyane a de nombreux admirateurs qui l'opposent au Christ. Des platoniciens éclectiques, comme Plutarque de Chéronée, Apulée de Madaure, Numénius d'Apamée ; des néo-pythagoriciens, comme les Sextius ou ce Secundus d'Athènes que pratiqueront assidûment les scolastiques, traitent surtout de Dieu, de l'âme humaine, de son origine, de son essence et de sa fin. D'autres philosophes, qui paraissent, à première vue, moins portés vers les spéculations religieuses, ren-

---

(1) Voir BOUILLET, *Les Ennéades de Plotin*, Paris, Hachette ; GRANDGEORGE, *Saint Augustin et le Néo-platonisme* (Bibl. de l'Ecole des Hautes Etudes, section des sciences religieuses).

(2) M. de Wulf (*Rev. néo-scolastique*, mai 1902, p. 263), écrit : « Si le raisonnement de M. Picavet était pertinent, le moyen âge commencerait pour le moins avec Aristote et Platon, car personne ne peut rivaliser d'influence avec ces deux philosophes ». Il est plus que contestable que Platon et Aristote (voir ch. V) aient agi autant que Plotin et ses disciples sur la théologie et la philosophie médiévales ; il l'est plus encore que leurs doctrines s'y relient directement et par leur essence même. On pourrait nous dire que Plotin a fait la synthèse d'éléments platoniciens, péripatéticiens, stoïciens, dans sa théorie des trois hypostases, et que, dès lors, il est possible et légitime de le faire rentrer dans la philosophie antique. Nous n'en disconviendrons pas et nous rappellerons qu'une civilisation ne se substitue pas du jour au lendemain à une autre civilisation. Il nous suffit que, par sa préoccupation du divin et de tout ce qui nous en rapproche, le néo-platonisme soit bien plus en accord avec la pensée médiévale qu'avec la pensée grecque, prise dans ce qu'elle a de plus caractéristique. Voir sur l'influence du néo-platonisme, le chapitre III, le ch. IV, surtout le ch. V dans son entier, la seconde partie du ch. VI et le ch. VII.

(3) « L'Enéide, écrit Pichon (*Litt. Latine*, pp. 353-358), est un poème religieux, même liturgique »... « presque chrétien par le cœur ». Voir *Comparetti, op. cit.*

« Il y a là six odes (au début du livre III des Odes d'Horace), qui sont comme un commentaire des lois morales, *religieuses* et sociales d'Auguste » (*Pichon*, p. 369).

trent aussi, par leurs œuvres authentiques et par celles qu'on leur prête, dans la période théologique et médiévale. Tel est Sénèque : ses *Questions naturelles* dénotent un grand amour et une intelligence pénétrante des choses scientifiques, mais ses œuvres ont été comparées avec autant de finesse que de justesse, à celles des directeurs de conscience du xviie siècle ; sa correspondance supposée avec S. Paul fut tenue pour authentique aussi longtemps que son christianisme fut incontesté.

Ainsi tout en accordant que la philosophie antique continue à être bien vivante, c'est avec la fin du premier siècle avant l'ère chrétienne que nous placerons les débuts, indispensables à connaître, de la civilisation essentiellement théologique du moyen âge (1).

Convient-il d'en mettre la fin au xve siècle, avec la prise de Constantinople et l'invention de l'imprimerie, avec la découverte de l'Amérique, avec la Renaissance et la Réforme ? La prise de Constantinople fait arriver en Occident et surtout en Italie des manuscrits et des hellénistes ; c'est une des causes de la Renaissance proprement dite, qui continue et accentue celles du ixe et du xiiie siècles. L'imprimerie multiplie les œuvres de l'antiquité grecque et latine ; la découverte de l'Amérique révèle l'existence d'un continent, d'hommes, d'animaux et de végétaux jusque-là inconnus ; la Réforme supprime la théologie et la philosophie scolastiques et laisse à l'individu le soin d'interpréter librement les Ecritures. Mais les humanistes sont souvent plus occupés de la forme que du fond, de l'expression que de la pensée ; les imprimeurs publient bien plus d'ouvrages qui portent sur les polémiques contemporaines ou qui appartiennent à la période médiévale, que de manuscrits latins et grecs (2) ; les conquérants de l'Amérique songent à l'exploiter plus qu'à l'étudier ; les luthériens reprennent en grande partie la scolastique péripatéticienne et reconstruisent bientôt une théologie. Il y a préparation, non avènement immédiat de la civilisation moderne. Jamais les questions théologiques n'ont tenu plus de place ; jamais les luttes religieuses n'ont été plus âpres et n'ont plus profondément remué, agité, soulevé et enflammé les individus et les peuples. Que l'on considère les grandes réformations, celles de Luther, de Zwingle et de Calvin, celles dont l'Angleterre et la Hollande furent le théâtre, on verra que partout et toujours ce dont on discute, ce sur quoi on se bat, c'est sur la manière de concevoir Dieu et d'opérer son salut ; mais qu'on reste d'accord sur la nécessité absolue d'être chrétien et de faire son salut. Si l'on porte ses regards sur le catholicisme, dans lequel certaines réformes s'introduisent, on verra de même qu'elles ont pour but et pour résultat de rendre les croyances plus intenses et plus actives. Les jésuites se représentent le monde comme deux armées en bataille, d'un côté celle de Dieu, de l'autre celle de Satan. Ils construisent un système d'éducation qui doit former le parfait chrétien. L'Université de Paris les suit sur ce terrain, comme les réformés, avec Mélanchthon et Calvin les y avaient précédés.

---

(1) Voir les ch. III, V, X « L'Introduction et les progrès du christianisme, l'arrivée et l'établissement des Barbares, ouvrent pour la Gaule une période nouvelle. Alors commencent les temps que nous appelons le moyen âge ». BAYET, *op. cit.*, p. 1, cf. p. 3 et suivantes.

(2) En particulier, ils reproduisent sans cesse les œuvres de Pierre le Lombard et celles de saint Thomas, devenu, après le concile de Trente, le docteur le plus écouté et le plus autorisé du monde catholique.

Mais les catholiques de France, d'Espagne et d'Autriche sont impuissants, après des guerres qui remplissent tout le xvi° siècle, à rétablir l'unité religieuse et chrétienne en Occident. En 1598, le traité de Vervins et l'édit de Nantes reconnaissent, implicitement tout au moins, que les diverses communions chrétiennes, ne pouvant se détruire, doivent se résigner à coexister les unes à côté des autres. Il y aura encore, des discussions violentes au xvii° siècle : la Révocation de l'édit de Nantes, les querelles jansénistes et quiétistes, celles des Arminiens et des Gomaristes, celles des sectes anglaises pourront faire croire qu'il n'y a rien de changé dans l'état des esprits. Mais la science trouve, avec Galilée, Harvey et tous les observateurs du xvii° siècle, des instruments adaptés à une observation et une expérimentation de plus en plus précises et sûres. On connaît la liaison causale des phénomènes, on en prévoit le retour ; on apprend à en combattre les effets, à ruiner les hypothèses gratuites, à édifier solidement celles qui préparent des découvertes nouvelles et étendent notre connaissance et notre pouvoir. Bacon proclame l'évangile des temps nouveaux ; Descartes jette les fondements d'une religion naturelle que préciseront Voltaire et Rousseau ; il prépare l'explication mathématique des phénomènes matériels et vitaux, une philosophie de la pensée fondée sur la connaissance du monde moral et de la réalité physique (ch. VIII). Désormais il y a des hommes qui n'ont plus d'autre guide que la raison et l'expérience pour se rendre compte de l'univers, pour constituer l'éducation, la morale et la politique. Après Locke et surtout Bayle, les philosophes du xviii° siècle et la Révolution française font triompher, en droit, sinon de fait, les principes de la liberté religieuse, scientifique et philosophique : ils ont grandement contribué ainsi à l'avènement d'une civilisation nouvelle, qui demande aux sciences et à la philosophie, les moyens d'assurer, dès cette vie, le triomphe du droit et de l'équité, le perfectionnement, aussi complet que possible — et il peut être d'autant plus grand que les progrès scientifiques sont plus considérables — de l'individu, de la famille, des sociétés particulières et de l'humanité tout entière.

Ainsi seize siècles forment cette période de civilisation théologique, qui comporte formation et accroissement, qui atteint son complet épanouissement dans l'Occident, où s'est synthétisé un moment ce qu'elle a donné de plus original en tout pays. Elle a eu son déclin. Elle se continue dans les pays musulmans ; elle coexiste encore, dans les pays catholiques et protestants, avec la civilisation scientifique et philosophique, à laquelle elle tente de s'adapter, en lui faisant chaque jour des emprunts, sans qu'on puisse dire qu'elle doive lui céder définitivement la place, car il ne semble pas que l'unité, pour des raisons multiples, dont la plupart tiennent à la nature humaine, infiniment diversifiée et variée, puisse se faire par les sciences et la philosophie, plutôt qu'elle ne s'est faite et maintenue par les religions.

CHAPITRE III

L'HISTOIRE COMPARÉE DES PHILOSOPHIES MÉDIÉVALES

Les religions médiévales caractérisent la civilisation qu'elles accompagnent. Elles ont des traits communs qui en légitiment l'étude comparée (ch. II). A plus forte raison en est-il de même des philosophies médiévales : étroitement attachées à des religions dont le but commun est d'unir l'homme à Dieu, elles puisent leurs données positives et leurs méthodes à une même source, les sciences et les philosophies helléniques, parfois adaptées aux tendances romaines. A première vue elles forment ainsi un mélange d'idées théologiques, philosophiques et scientifiques.

Une revue rapide des principaux philosophes, dont quelques-uns relèvent plus peut-être des religions et des théologies, nous permettra une détermination plus exacte et nous signalera les essais successifs, analogues à ceux dont parlent les naturalistes pour la production d'espèces durables, par lesquels se sont élevés les systèmes destinés à vivre et à se transformer encore dans les époques ultérieures.

La philosophie théologique du moyen âge commence au 1er siècle avec saint Paul, chez les chrétiens; avec Philon chez les Juifs; avec les néopythagoriciens dont le plus marquant est Apollonius de Tyane sous Néron, avec les platoniciens éclectiques et pythagorisants, comme Plutarque de Chéronée et Apulée de Madaure, avec les stoïciens Sénèque et Epictète, dans le monde hellénique et romain.

Une première division nous conduit au VIIIe siècle, au temps de Charlemagne et d'Haroun-al-Raschid; une seconde, de la renaissance philosophique du VIIIe siècle au XVIIe où commencent les temps modernes.

Dans la première, des subdivisions sont marquées par le concile de Nicée en 325 et par la fermeture des écoles d'Athènes en 520 : dans la seconde, par la fin du XIIe siècle (Averroès meurt en 1198, Maïmonide, en 1204, l'année même où Constantinople est prise par les Croisés), par la chute de Constantinople, en 1453. L'histoire comparée des philosophies théologiques et médiévales se termine avec l'Edit de Nantes et le traité de Vervins, en 1598, qui concordent à peu près chronologiquement avec les ouvrages de Bacon et les recherches de Galilée (1).

Du 1er siècle au concile de Nicée, il y a d'abord une philosophie judéo-alexandrine. Commencée par Aristobule au IIe siècle avant J.-C., par la *Lettre à Philocrate* du Pseudo-Aristée, le second livre des Macchabées, peut-être par le livre de la *Sagesse*, continuée par les Esséens et les Thérapeutes, elle se résume dans Philon, qui vit de 30 ou 20 avant J.-C. à 40 après J.-C. Mélangeant le stoïcisme et le platonisme au judaïsme dans sa philosophie et surtout dans sa théosophie, il use constamment de l'interprétation allégorique pour l'explication des livres saints. Aux principes de contradiction et de causalité, il substitue le principe de perfection comme règle directrice et normative de la pensée : Dieu, par ses puissances, est dans la terre et dans l'eau, dans le ciel et dans l'air ; par son essence, il n'est nulle part, ayant donné l'espace et le lieu à tout ce qui est corporel ; il est dans un intermonde, comme dans un château saint et royal ; il est le lieu du monde, étant ce qui contient et entoure toutes choses. Pour créer, Dieu se sert des puissances incorporelles, des idées qui sont, créatrice et Dieu, royale et maîtresse, providence, législatrice, etc. La plus haute, c'est le Verbe, λόγος, en qui est le lieu du monde des idées, comme le plan d'une ville est dans l'âme de l'architecte ; en elle la sagesse σοφία, est donnée parfois comme la partie la plus élevée. Dans l'homme, il y a le Verbe intérieur et le Verbe extérieur, la source et le courant. Connaître le Verbe est, pour l'homme, une richesse seconde ; la première étant de saisir, dans un état passif semblable au délire des corybantes, le Dieu incompréhensible, supérieur à toute connaissance discursive.

Philon (2) enrichit le judaïsme ; il transmet aux chrétiens et aux néo-platoniciens le principe de perfection, l'interprétation allégorique que leur donne également le stoïcisme, la doctrine des idées transformées en pensées divines, une théorie du Logos et une théorie mystique.

Comme les Juifs, les néo-pythagoriciens cherchent à unir la doctrine d'un Dieu transcendant à celle de l'immanence. Nigidius Figulus, les Sextius, le thaumaturge Apollonius de Tyane (3) qu'on adorera comme un Dieu, en l'opposant à J.-C., son contemporain Modératus de Gadès, Nicomaque de Gérase, qui traite à peu près les nombres comme Philon a traité les idées, Secundus d'Athènes, qui vit sous Hadrien et sera beaucoup lu par la suite, font appel au principe de perfection, développent le symbolisme des nombres, recommandent des pratiques ascétiques et mystiques.

(1) Les Essais de morale et de politique sont de 1597 ; la première édition, en anglais, du *de dignitate et augmentis scientiarum* est de 1605. C'est en 1610 que Galilée découvre les satellites de Jupiter.

(2) Sur Philon, voir surtout, outre Zeller et Ueberweg op. cit., Massebieau, *Le classement des œuvres de Philon*, Paris, 1889. Jean Réville, *Le Logos d'après Philon d'Alexandrie*, Genève, 1877 ; *La doctrine du Logos d'après le 4e Évangile et dans les œuvres de Philon*, Paris, 1881 ; Blum, art. Philon (Gr. Encyc.).

(3) Voir Albert Réville, *Le Christ païen du IIIe siècle* (Rev. des Deux-Mondes 1865, I, 59) ; A. Chassang, *Le Merveilleux dans l'antiquité, Apollonius de Tyane, sa vie par Philostrate, et ses lettres, ouvrages traduits du grec, avec introduction, notes et éclaircissements*, 2e édition, Paris, 1864. Sur tout ce chapitre, voir la bibliographie mise en tête du volume.

Plus directement encore, les platoniciens éclectiques et pythagorisants préparent la synthèse néo-platonicienne, en faisant prévaloir le Dieu transcendant de Platon sur le Dieu stoïcien qui anime l'univers et sur le naturalisme épicurien, qui ne veut des dieux ni comme créateurs ni comme organisateurs ou directeurs des choses. Parmi eux figurent Eudore d'Alexandrie, vers 25 avant J.-C. ; Arius Didymus, un disciple d'Antiochus d'Ascalon ; Dercyllide et Thrasylle, sous Tibère ; Plutarque de Chéronée (50-125) ; Maxime de Tyr et Apulée de Madaure (né entre 126 et 132), qui traite de démonologie et de magie et qui, joint par saint Augustin aux Platoniciens, deviendra une autorité pour les chrétiens, même pour saint Thomas (1) ; Alcinous peut-être son contemporain, qui expose une théorie complète de la démonologie et de la magie ; Albinus, le maître de Galien, vers 151 ou 152 ; Calvisius Taurus, celui d'Aulu-Gelle ; Atticus, qui s'attache au *Timée*. Galien (2), né en 131, le maître en médecine des Arabes, des Juifs et des chrétiens, identifie la philosophie avec la religion et se distingue, lui et les Grecs, fort nettement de Moïse et par suite des chrétiens, en soutenant « qu'il y a des choses naturellement impossibles et que Dieu ne touche pas à ces choses-là ». Celse combat les Chrétiens dans son *Discours véritable*, vers 178, un an après qu'Athénagore, converti au christianisme, adresse son *Apologie* à Marc-Aurèle. Numénius d'Apamée, dans la seconde moitié du second siècle, ramène la philosophie grecque à la sagesse orientale. Parti des doctrines judéo-alexandrines et peut-être de celles des Valentiniens gnostiques, il distingue un Dieu suprême, un Démiurge et un troisième Dieu qui est le monde. L'interprétation allégorique, les affirmations hypothétiques, tirées du principe de perfection, envahissent le domaine profane comme le domaine religieux avec Numénius, avec Cronius et Harpocration, ses contemporains ou ses successeurs. Plus qu'aucun des philosophes antérieurs, Numénius prépare la synthèse d'Ammonius et surtout celle de Plotin (§ 4).

L'épicurisme qui, par la négation de la création, de la Providence et de l'immortalité, s'opposait complètement aux tendances médiévales, s'organisait de plus en plus comme une église et ressemblait à une religion plus qu'à une philosophie (3). Le scepticisme, qui admettait des dieux, les honorait et croyait à leur Providence, transmettait, par Sextus Empiricus (vers 180 à 200 après J.-C), des armes aux chrétiens et à leurs adversaires, des doctrines que devaient utiliser pour la constitution d'une théologie négative, les néo-platoniciens et les chrétiens ; pour les rapports entre la raison et la foi, les orthodoxes, les croyants et même les incrédules, comme certains Averroïstes du xiiie siècle (ch. VIII). L'école subsista dans des communautés, analogues aux associations religieuses, appelées thiases et éranes (4).

Si Platon fut un des maîtres auxquels la période théologique demanda le plus, les représentants de l'Académie, Arcésilas, Carnéade, Philon de Larisse, Antiochus d'Ascalon, Phavorinus d'Arles, le maître d'Aulu-Gelle, fournissent, par

---

(1) Monceaux, *Apulée*, 1889 ; G. Boissier, *L'Afrique romaine*.
(2) Sur Galien, voir surtout les travaux de Chauvet ; sur Plutarque de Chéronée, Volkmann et Gréard ; sur Numénius, Bouillet, *op. cit.* (Bibliographie du début).
(3) C. Martha, F Picavet, *op. cit.*
(4) V. Brochard, *Les sceptiques grecs*, Paris, F. Alcan ; F. Picavet, *Un document important pour l'histoire du pyrrhonisme*, art. Scepticisme, Pyrrhon, Sextus Empiricus, etc. (Bibliog.).

celui-ci et par Cicéron, quelques indications à Lactance et à saint Augustin. En particulier Carnéade expose une théorie de la liberté que reprendront après Cicéron, Plotin et Jean Scot Erigène (1).

Sans avoir, dans les philosophies médiévales, une importance aussi considérable que Platon ou Plotin, Aristote (ch. V) transmet aux penseurs de cette époque une théorie des catégories, du jugement, du raisonnement, et de la démonstration, qui, déjà perfectionnée par les péripatéticiens antérieurs à l'ère chrétienne, continue à l'être par les philosophes médiévaux. Elle leur suscitera d'ailleurs de grosses difficultés : fondée en effet sur les principes de contradiction et de causalité, elle ne saurait s'appliquer au monde intelligible, qui suppose le principe de perfection. Ses arguments sur la liberté sont développés par Carnéade ; les textes épars et fragmentaires, sur la Providence et l'immortalité, sont interprétés en des sens fort différents par les purs péripatéticiens et les alexandristes, les averroïstes et les thomistes. Alexandre d'Aphrodise, qui occupe la chaire d'Athènes de 198 à 211, soutient que l'âme, forme matérialisée de l'organisme et de la vie, n'a aucune existence réelle. Par là, comme par l'usage constant qu'il fait des principes de contradiction et de causalité, Alexandre est en opposition avec les néo-platoniciens et les chrétiens. Il s'en rapproche, en combattant la doctrine stoïcienne du destin pour défendre la liberté humaine.

Le stoïcisme (2) a été un facteur important dans la synthèse néo-platonicienne et dans la philosophie chrétienne, du IIIe au XVIIe siècle. La théologie est une partie essentielle du système. Les stoïciens prouvent l'existence de Dieu par la divination, le consentement universel, les causes finales, par les choses utiles ou effrayantes. Dieu est le plus subtil de tous les corps : il pénètre toutes choses et conserve à l'univers sa continuité, son unité et sa tension (3). Il en est la raison séminale ; il les enchaîne entre elles, il est Fatalité, Destin, Providence ; il possède, à un degré infini, toutes les perfections des êtres ; âme du monde, il lui conserve vie, ordre et harmonie. Existant seul d'abord, l'éther divin se transforme, en partie et successivement, en air, en eau, en terre ; puis le monde rentre en Dieu, par une transformation inverse, qui produit l'embrasement universel. De nouveau et pendant toute l'éternité le même monde renaît et disparaît, avec les mêmes hommes et après les mêmes événements.

Si la doctrine de l'enchaînement et de la sympathie universelle justifie la croyance à la divination, bien liée avec le Destin et la Providence, elle est en opposition avec le libre arbitre. Les stoïciens travaillent à maintenir la liberté humaine : le moi est cause parfaite et principale, les autres causes sont auxiliaires et prochaines. Placés au point de vue du principe de perfection dans bien des parties de leur philosophie, les stoïciens essayent de ne pas être en désaccord, en certains cas, avec le principe de contradiction et le principe de causalité. Cela se comprend, puisqu'ils ont donné à la logique et à la physique

---

(1) Art. *Carnéade* (*Rev. ph.*, 1887) ; ch. V et VI, pour Plotin et Jean Scot Erigène.
(2) Voir Georges Lyon, art. *Stoïcisme* (*Gr. Encyc.*).
(3) Cette théorie suppose celle du mélange : les corps et les fluides se pénètrent, sont coétendus et conservent leurs propriétés réciproques (Stob. Ecl. I, 376) : une seule goutte de vin, dit Chrysippe, se mêle à toute la mer. Plotin lui donne un sens spirituel et s'en sert pour expliquer une union des âmes avec Dieu, qui exclut le panthéisme (§ 4 et ch. V).

un développement considérable, mais cela aussi distingue profondément les stoïciens des chrétiens et des néo-platoniciens.

En réalité, il n'y a qu'un Dieu, mais chaque être, ayant en lui une portion de l'éther divin, forme pour ainsi dire une divinité secondaire. Les mythes religieux sont des allégories qu'il faut interpréter, et constituent, en ce sens, une religion en parfait accord avec la philosophie. Ainsi, bien avant l'ère chrétienne — puisque Carnéade les critique vivement — les stoïciens pratiquent l'interprétation allégorique dont Philon (1), les néo-platoniciens et les chrétiens feront un usage si constant et si étendu : le sens historique et libéral des textes sacrés ou profanes, est presque complètement perdu ou négligé, mais on pense librement en ayant l'air de ne régler sa croyance que sur l'autorité (II, 6).

La théologie fournit à l'homme sa règle de vie qui est de suivre Dieu ou la nature, de maintenir en soi, comme Zeus dans l'Univers, l'ordre et l'harmonie. Chaque homme est absolument respectable, l'égal des autres, leur frère, et, à un certain point, l'égal des Dieux. Formules curieuses qui dénotent un mélange de doctrines fondées sur les principes de perfection, de contradiction et de causalité, dont les unes sont reprises par les chrétiens et les néo-platoniciens, dont les autres triomphent avec la Révolution française.

Le stoïcisme grec fournit donc une méthode d'interprétation allégorique, une théologie complètement constituée, avec preuve de l'existence de Dieu, conception de Dieu et du divin, interprétation finaliste de la nature et optimisme systématique, qui passent aux plotiniens et aux Pères de l'Eglise, qui se retrouvent chez Bossuet et Malebranche, Fénelon et Leibnitz, Voltaire et Rousseau, Bonnet, Bernardin de Saint-Pierre et Chateaubriand, comme les conséquences politiques et sociales qui en découlent sont mises en lumière par les philosophes du XVIIIe siècle et en pratique par les hommes de la Révolution.

A Rome (2), du Ier au IVe siècle de l'ère chrétienne, le stoïcisme, éclectique et pratique, semble prendre encore un caractère plus théologique. Après Cicéron, dont se réclament saint Ambroise, Minucius Félix, saint Augustin, la plupart des théologiens et des philosophes à partir du IXe siècle, vient Sénèque, savant et théologien, philosophe et moraliste dont les chrétiens ont fait un des leurs. Puis ce sont les stoïciens qui meurent d'une façon si admirable sous les Empereurs ; c'est Lucain, dont Héloïse récite les vers en prenant le voile ; Perse, que lisent fréquemment les Pères de l'Eglise ; les jurisconsultes, qui introduisent, dans la législation, plus de douceur et d'humanité, qui proclament l'esclavage un droit contre nature, reconnaissent des droits à la femme, à l'esclave, au pauvre et créent, bien avant le Digeste, cette raison écrite, ce code universel qui aura une influence si grande au moyen âge et dans les temps modernes. Euphrate cherche à vivre en stoïcien, pour lui et pour Dieu, avant de se dire philosophe et d'en prendre le costume. Dion Chrysostome consacre ses vingt dernières années à la prédication populaire, à des « missions », comme dit Constant Martha, dans lesquelles il réalise la conception d'Epictète, pour qui le cynique est un envoyé

---

(1) KARPE, *Etude sur les origines et la nature du Zohar*, Paris, F. Alcan : « L'allégorie est inhérente à l'esprit biblique.... Les Juifs n'ont donc pas eu à l'emprunter à d'autres. Mais pour ce qui est de la portée que le mysticisme juif donna à l'allégorie, les Juifs nous paraissent avoir subi véritablement l'influence stoïcienne » (p. 18-19).

(2) Art. *Stoïcisme à Rome*, *Sénèque* (*Gr. Encycl.*) ; CONSTANT MARTHA, *Les moralistes sous l'empire romain*, Paris, Hachette (*Bibliogr. générale*).

de Dieu. Les chrétiens, clercs ou laïques, puisent sans cesse dans les *Entretiens* d'Epictète ; ceux qui vont chercher dans la solitude une perfection plus grande et une vie plus ascétique, s'adressent au *Manuel*. Saint Nil, au début du v⁰ siècle, et l'auteur anonyme d'une paraphrase dont on ignore la date, adaptent le *Manuel* à la vie monastique, par quelques changements qui ne touchent pas au fond des doctrines. Saint Nil supprime le chapitre sur la divination et conserve le chapitre sur les présages ; il remplace les *Dieux* par *Dieu* ; Socrate, par saint Paul (1). Au XIII⁰ siècle les exaltés de la religion franciscaine s'enfoncent dans les bois et les steppes de la campagne romaine, prient et dorment sous un toit de roseaux : ils tentent de réaliser ainsi en pleine époque chrétienne, l'idéal qu'Epictète, de l'avis de leurs prédécesseurs, avait clairement et nettement aperçu. Nul n'a mieux montré que Marc-Aurèle (2), sauf peut-être Epictète, à quelle pureté et à quelle sainteté le stoïcisme sut élever les âmes romaines. « Il semble, dit Constant Martha, que la philosophie païenne se rapproche de plus en plus du christianisme et qu'elle soit prête à se jeter entre les bras du Dieu inconnu ». N'est-il pas plus exact de dire que le même courant entraîne vers la recherche de la perfection morale, de l'union momentanée ou constante avec Dieu, tous les hommes de cette époque, qu'ils se réclament des philosophies antiques, des religions helléniques et orientales ou du christianisme ?

Les rapports du stoïcisme et du christianisme frappent d'autant plus les yeux que l'un et l'autre eurent leurs martyrs ; les partisans d'Apollonius de Tyane l'avaient comparé au Christ ; Celse rapproche du Christ mourant sur la croix, Epictète dont Epaphrodite se serait amusé à briser la jambe.

C'est bien une conception médiévale que celle par laquelle on juge surtout la valeur d'une doctrine par les martyrs qui ont donné leur vie pour montrer la force et la sincérité de leur croyance. Dans les sciences du réel, dans la philosophie scientifique — et nous entendons toujours par là celle qui suppose les sciences historiques et morales, comme les sciences physiques et naturelles — l'observation, l'expérimentation et le calcul indiquent d'une façon certaine ou avec une approximation suffisante dans sa détermination, les résultats qui, annoncés à l'avance, seront observés, reproduits ou vérifiés par chacun de ceux qui connaissent et savent appliquer les méthodes inductive et déductive. Puis la vérité d'une affirmation devient incontestable — et elle est incontestée pour tous. les hommes compétents — quand elle témoigne d'un raisonnement solidement et logiquement construit, quand elle est en accord manifeste avec la nature et avec les choses. L'individu peut bien risquer ou donner sa vie, comme l'ont fait et pourront le faire des disciples ou des successeurs de Pasteur, pour obtenir la vérification expérimentale sur l'homme, d'un résultat obtenu sur l'animal ou prévu par hypothèse et déduction ; il ne croit pas, si la vérité est scientifiquement établie, qu'il en augmenterait la certitude, en bravant la mort pour la défendre. Il craindrait même de déprécier la valeur des sciences, s'il acceptait qu'on décide, par de semblables moyens, dont useraient les plus ignorants et les plus incompétents, de la vérité, de la probabilité ou de l'erreur.

(1) Voir TH. ZAHN, *Der Stoiker Epiktet und sein Verhältniss zum Christenthum*, Erlangen und Leipzig, 1895. — Eucken écrit (chez Bonhöffer VI) : « Der Stoicismus... auch den mächtigsten Einfluss auf die Kirche des Morgen und Abenlandes geübt... hat ».

(2) Voir surtout le *Marc-Aurèle* de Renan.

Au contraire, dans les matières théologiques et religieuses, la foi intervient pour chacune des affirmations dont se compose le Symbole, tout au moins pour les mystères et pour l'acceptation, comme inspirés, des livres sur lesquels se construisent ensuite, avec le raisonnement déductif et l'interprétation allégorique, tout le dogme et toute la morale. Or la foi est subjective ; une vérification positive par l'observation et par l'expérimentation, partant par le témoignage qui repose sur l'une et l'autre, est impossible pour les croyances capitales, existence et nature de Dieu, immortalité et destinée de l'âme, récompense des bons et punition des méchants. L'unique moyen, en dernière analyse, d'en déterminer la valeur objective, pour ceux qui se placent exclusivement sur le terrain religieux, c'est d'en apprécier la force dans l'individu, en examinant la grandeur des sacrifices auxquels il consent pour la conserver. Celui qui brave la souffrance, les tortures physiques ou morales, même la mort est, pour le croyant, qui demande à la foi de régler sa conduite en déterminant son idéal, l'homme dont les sentiments religieux ont le plus de force et de vitalité, dont la religion est, par suite, la plus puissante et la meilleure. Le nombre des martyrs, la durée et l'intensité des souffrances endurées, deviennent dès lors pour tous ceux qui se réclament d'opinions théologiques, des arguments dont on discute l'exactitude, mais non la portée.

Sans doute les stoïciens ne meurent pas, comme les chrétiens, pour leur dieu, mais « pour l'honneur de la dignité humaine ». Même Sénèque et Marc-Aurèle affirment nettement qu'il faudrait agir ainsi si l'âme n'était pas immortelle ou si les dieux ne pouvaient rien. Mais du moment où ils avaient leurs martyrs comme les chrétiens, les doctrines qui leur commandaient la mort pouvaient à ce point de vue être placées sur le même plan que le christianisme. Ainsi pensèrent les chrétiens, qui cherchèrent parfois à s'approprier le meilleur du stoïcisme, estimant du même coup qu'ils augmenteraient leur force et diminueraient celle d'un de leurs adversaires les plus redoutables. Mais parfois aussi et d'ailleurs en raisonnant d'après les mêmes prémisses, d'autres chrétiens, en particulier les catholiques du xviie siècle, le combattirent avec un acharnement qu'on ne comprend pas si l'on ne s'est pas rendu compte des rapports entre les doctrines et les pratiques.

Ammonius Saccas est un curieux exemple de cette pénétration réciproque de l'hellénisme et du christianisme, qui est une des caractéristiques de la première période du moyen âge. D'autres passaient de la philosophie et surtout du platonisme au christianisme; Ammonius (175-250), élevé par des parents chrétiens, revint, nous dit Porphyre, à la religion nationale et légale, πρός τὴν κατὰ νόμους πολιτείαν, quand il commença à réfléchir et à philosopher.

Parmi ses disciples, Ammonius compte Origène le néoplatonicien, Origène le chrétien (§ 5), Hérennius, Longin et Plotin. Il n'a rien écrit. Némésius rapporte, pour justifier l'immatérialité de l'âme, les raisons d'Ammonius, maître de Plotin, et celles de Numénius le Pythagoricien, Hiéroclès parle d'Ammonius en termes enthousiastes : « Enfin brilla la sagesse d'Ammonius, qu'on célèbre sous le nom d'inspiré de Dieu (θεοδίδακτος). Ce fut lui qui, purifiant les opinions des anciens philosophes, et dissipant les rêveries écloses de part et d'autre, établit l'harmonie entre les doctrines de Platon et d'Aristote dans ce qu'elles ont d'essentiel et de fondamental... Ce fut lui qui, le premier, s'attachant à ce qu'il y a de vrai dans la philosophie et s'élevant au-dessus des opinions vulgaires qui rendaient la philosophie un objet de mépris, comprit bien la doctrine de Platon et d'Aristote, les réunit en un seul et même esprit et livra ainsi la philosophie en paix à ses disciples, Plotin, Origène et leurs successeurs » (1).

C'est à Plotin (204-270) que l'école doit son système. C'est lui qui mène à bonne fin la tâche entreprise par tous ses prédécesseurs. D'un point de vue théologique et mystique, il donne la synthèse définitive, en ses grandes lignes, de tous les éléments, isolés ou déjà assemblés par les anciens. Ainsi, il fournit toutes les solutions désirables, plausibles et fécondes à ceux qui, pendant le moyen âge ou dans les temps modernes, placés sur le même terrain, expliquent toutes choses par Dieu, et cherchent dans l'union avec lui l'immortalité et la béatitude (2).

Que Plotin ait connu les essais de synthèse des écoles qui l'ont précédé, c'est ce que montre Porphyre : « On lisait dans les conférences de Plotin, les commentaires de Sévère, de Cronius, de Numénius, de Gaïus et d'Atticus.... On lisait aussi les ouvrages des péripatéticiens, ceux d'Aspasius, d'Alexandre d'Aphrodise, d'Adraste et des autres qui se rencontraient.... Amélius est obligé d'écrire un livre intitulé de la différence entre les dogmes de Plotin et ceux de Numénius... Plotin, écrit Longin, a expliqué les principes de Pythagore et de Platon plus clairement que ceux qui l'ont précédé : car ni Numénius, ni Cronius, ni Modératus, ni Thrasyllus n'approchent de la précision de Plotin, quand ils traitent les mêmes matières » (*Porphyr. Vita Plotini XIV, XVII, XX*). Porphyre ajoute que « les doctrines des stoïciens et des péripatéticiens sont secrètement mélangées dans ses écrits; que la *Métaphysique* d'Aristote y est condensée tout entière (XIII); que Plotin prit un si grand goût pour la philosophie, qu'il se proposa d'étudier celle qui était enseignée chez les Perses et celle qui prévalait chez les Indiens (III) ». Enfin Bouillet a bien fait voir (I, p. XCIX) que Numénius fut un intermédiaire entre Philon et Plotin ; puis, par de nombreux rapprochements, que les idées essentielles de Philon ont passé chez Plotin (3).

Pour donner de la philosophie de Plotin une exposition exacte et complète, qui nous en montrerait les éléments stoïciens, péripatéticiens, philoniens, platoniciens, etc., il faudrait faire l'analyse, par ordre chronologique, des 54 traités qu'il nous a laissés et que Porphyre a rangés d'une façon tout à fait arbitraire (4); puis reconstruire, par une synthèse prudente, la pensée que Plotin a développée plutôt que systématisée. Voici, en abrégé, les résultats auxquels nous

---

(1) Hiéroclès, *De la Providence* (chez Photius, Bibl. cod., 214, p. 172 a, 173 b, cod. 251, p. 461 a). — Sur Ammonius, voir surtout Bouillet, vol. I et II.

(2) Pour l'établir, il faudrait exposer l'histoire complète des philosophies spiritualistes et idéalistes, de Plotin à nos jours. Pour en avoir une idée suffisante, il faut voir les rapprochements que Bouillet a faits dans ses *Ennéades* entre Plotin et les philosophes du moyen âge ou du XVIIe siècle, puis parcourir Wilm, *Histoire de la philosophie allemande*, 4 vol., Paris, 1846-1849, surtout les pages consacrées à Fichte et à Schelling, qui sont presque des traductions littérales. Voir pour la même raison, Ravaisson, *Essai sur la Métaphysique d'Aristote* et *Rapport sur la philosophie au XIXe siècle*.

(3) Voir notamment I, p. 120, 256, 259, 263, 279, 303, 331 ; II, 112, 231-232, 284, 511, 624 ; III, 348, etc.

(4) *Vit. Plotini*, XXIV : « Je ne jugeai pas à propos de les ranger confusément suivant l'ordre du temps où ils avaient été publiés ; j'ai imité Apollodore d'Athènes et Andronicus le Péripatéticien... J'ai partagé les 54 livres de Plotin en six Ennéades en l'honneur des nombres parfaits six et neuf. J'ai réuni dans chaque Ennéade les livres qui traitent

a conduit ce double travail. Plotin part, d'un côté, de l'âme considérée indépendamment du corps, partant immatérielle, spirituelle et libre. Par une analyse où le degré d'abstraction des notions détermine le degré de perfection des êtres, il constitue le monde intelligible, avec ses catégories spéciales, ses cinq genres, être, mouvement, stabilité, identité et différence. De même, en partant du corps, considéré indépendamment de l'âme, il voit, dans le monde sensible, une œuvre faite à la ressemblance du monde intelligible, mais qui a ses catégories propres, analogues, en une large mesure, à celles qu'Aristote donne comme les seules véritables. Le monde intelligible obéit au principe de perfection ; le monde sensible, pris en lui-même, aux principes de contradiction et de causalité.

Par la *procession*, toutes choses, en commençant par les hypostases (1) sortent du premier principe, s'engendrent les unes les autres, de telle sorte que, sur une ligne immense, chaque être occupe un point toujours distinct, sans être séparé de l'être générateur et de l'être engendré, dans lequel il passe sans être absorbé, comme le principe supérieur lui donne de son être sans rien perdre et sans changer en rien. La procession part de l'Un, d'où s'écoule, comme la lumière émane du soleil, l'Intelligence, ou seconde hypostase. De l'Intelligence procède l'Âme, son image. Âme universelle qui reçoit les formes et les transmet à l'Âme inférieure, puissance naturelle et génératrice, âmes particulières unies à l'Âme universelle dont elles procèdent, multiplicité qui subsiste dans l'unité, comme les sciences subsistent distinctes dans une seule âme. De l'Âme procède le corporel, univers placé dans l'Âme universelle comme un filet dans la mer, corps d'hommes, d'animaux, de végétaux qui sont dans l'âme où a prédominé la puissance rationnelle, animale ou végétative.

L'Un est le Premier, le Bien, l'Absolu, le Simple, l'Infini qui manifeste sa puissance en produisant tous les êtres intelligibles. L'Intelligence embrasse, dans son universalité, toutes les intelligences particulières. Ses idées sont les formes pures, les types de tout ce qui existe dans le monde sensible, les essences, les êtres réels. Elles composent le monde intelligible, au sens précis du mot, puisqu'il y a des idées des universaux (l'homme en soi), des individus (Socrate), de tous les êtres intelligents et raisonnables, de tous les êtres privés d'intelligence et de raison. Les idées sont les nombres premiers et véritables, contenus dans le nombre universel et essentiel. L'Intelligence est l'Animal premier, en qui sont la Vie parfaite et la Sagesse suprême ; cause, archétype, paradigme, elle fait subsister l'Univers toujours de la même manière; elle est Providence universelle et, par conséquent, l'univers, image aussi parfaite que possible de l'Intelligence divine, est bon, et le mal qu'on y aperçoit ne forme que le moindre degré du bien. Enfin elle est le type de la beauté ; toutes les perfections dont nous admirons l'image dans les objets sensibles sont, au degré le plus éminent, dans les Idées ou formes, qui

---

de la même matière, mettant toujours en tête ceux qui sont les moins importants. » Dans cette édition de Porphyre suivie par tous les éditeurs, sauf par Kirchhoff, nous avons sa systématisation, bien plus que celle de Plotin.

(1) Le sens du mot ὑπόστασις est éclairci quand on le rapproche des mots de même nature : στάσις désigne l'être à l'état de stabilité dans le monde intelligible. L'Un est Dieu en se portant en quelque sorte vers ses profondeurs les plus intimes, en se posant lui-même, ὑποστάσας ἑαυτόν, comme dit Plotin avant Fichte, en conservant en lui la suprême perfection. L'imperfection de l'être est en raison directe de son éloignement, ἀπόστασις, par rapport à l'Un. Voir plus loin le sens du mot extase.

brillent par la grâce qu'elles reçoivent de l'Un ou du Bien. L'Ame fait, de l'Univers, l'Animal un et universel. Par elle y règnent l'ordre, puisque toutes choses procèdent d'un principe et tendent à une fin ; la justice, puisque des conséquences naturelles s'attachent aux actions et rendent heureuses les âmes qui exercent leur raison et mènent une vie conforme à celle de la Divinité, malheureuses celles qui deviennent esclaves de l'ordre physique de l'univers, en s'abandonnant aux inclinations vicieuses qui naissent de leur commerce avec les choses sensibles.

A la procession, qui produit la hiérarchie des êtres, répond la conversion, c'est-à-dire le retour vers celui dont ils procèdent immédiatement et vers l'Un dont ils procèdent tous. L'âme humaine, qui est de même nature que les hypostases (1), qui reste unie à l'Ame universelle peut, par elle, atteindre l'Intelligence et, par celle-ci, l'Un lui-même. Les vertus politiques, purificatives et exemplaires, débarrassent l'homme de ses souillures. La science le met sur la voie et lui montre la route. S'il le veut, il supprime tous les obstacles et l'union avec Dieu se produit : il sort de lui-même et devient Dieu. C'est là l'extase, ἐκστάσις. Le mot inventé par Plotin, indique bien, tout à la fois, la sortie de soi-même et le passage à un état qui rappelle la stabilité, catégorie suprême, semble-t-il, du monde intelligible, puisque c'est celle que Plotin emploie pour désigner, du nom commun d'hypostase, l'Un, l'Intelligence et l'Ame du monde.

Faute de se souvenir que Plotin met à part le monde intelligible et n'y fait intervenir que le principe de perfection, on a parlé parfois de son panthéisme et de son fatalisme. Or Plotin a combattu très énergiquement les stoïciens. Il soutient que Dieu est présent partout (ch. V), que les trois hypostases sont distinctes et restent unies, que l'Intelligence embrasse toutes les intelligences particulières, l'Ame universelle, les âmes individuelles, mais que l'âme et l'intelligence de l'individu ont leur existence propre ; qu'il y a providence et liberté. Il faut qu'il en soit ainsi pour maintenir la perfection divine et pour permettre à l'homme d'atteindre par la culture de sa raison et de sa volonté, par la vertu, par la science et par l'extase, la béatitude suprême. On peut ne pas l'admettre et refuser de suivre Plotin sur ce terrain ; on n'a pas le droit de lui adresser des objections qui ne vaudraient que dans le cas où il eût fait entrer le monde intelligible dans les catégories d'Aristote, où il l'eût soumis aux principes de contradiction et de causalité. D'ailleurs les comparaisons dont il use sont caractéristiques : les âmes particulières sont dans l'Ame universelle, comme la science est tout entière dans chacune de ses parties, sans cesser d'être tout entière en elle-même, comme les vers se produisent dans un animal qui se putréfie, comme les centres de tous les grands cercles concordent avec celui de la sphère, comme les chants se confondent harmonieusement lorsque les choristes sont tournés vers le chef du chœur et attentifs à suivre sa direction. Surtout il reprend et développe les comparaisons que Platon tirait déjà de la lumière. L'Un est comme le soleil du monde intelligible ; l'Intelligence est comme un cercle lumineux concentrique au soleil ; l'Ame, comme un second cercle concentrique au premier ; l'une et l'autre sont lumière de lumière, φῶς ἐκ φωτός. Toutes ces lumières se confondent, sans cesser un instant d'avoir leur existence propre. De même l'âme humaine, l'âme individuelle est représentée par un cercle lumineux. Si des obs-

(1) Voir surtout le Livre sur l'Un ou le Bien, VI, IX, 8, p. 767, l. IV, ὡς τὸ νοοῦν παρεῖναι ὁμοιότητι καὶ ταυτότητι, καὶ συνάπτειν τῷ συγγενεῖ οὐδενὸς διείργοντος.

tacles l'entourent, elle est séparée du soleil central, dont la lumière n'arrive plus jusqu'à elle. S'ils sont supprimés, sa propre lumière et celle des hypostases se fondent, sans qu'on puisse dire que l'une ou l'autre disparaissent (1).

Plotin avait combattu les gnostiques et pouvait ainsi apparaître comme un auxiliaire des chrétiens orthodoxes. Amélius et Porphyre le secondèrent dans cette lutte : « Adelphius et Aquilinus, dit Porphyre (XVI) avaient la plupart des ouvrages d'Alexandre de Lybie, de Philocomus, de Démostrate et de Lydus. Ils montraient les Révélations de Zoroastre, de Zostrien, de Nicothée, d'Allogène, de Mésus et de plusieurs autres.... Plotin les réfuta longuement dans ses conférences et il écrivit contre eux le livre que nous avons intitulé, *Contre les Gnostiques*. Il nous laissa le reste à examiner. Amélius composa jusqu'à quarante livres contre l'ouvrage de Zostrien et moi je fis voir, par une foule de preuves, que le livre de Zoroastre était apocryphe et composé depuis peu par ceux de cette secte qui voulaient faire croire que leurs dogmes avaient été enseignés par l'ancien Zoroastre ».

Amélius distingue trois hypostases dans l'Intelligence dont il fait un triple démiurge ou trois rois, augmentant ainsi avant Proclus les degrés de la hiérarchie.

Eustochius et Porphyre (232-304) donnent des éditions de Plotin. Le second écrit une *Vie de Plotin* et une *Vie de Pythagore*, montrant le caractère synthétique de l'école par ces deux ouvrages, comme par l'*Isagoge*, si célèbre au moyen âge, par ses *Commentaires* sur les Catégories, l'Interprétation, les Premiers Analytiques, la Physique, la Métaphysique, le Timée et le Sophiste ; comme par les sept livres où il soutient l'unité des doctrines de Platon et d'Aristote, par le traité sur l'abstinence des viandes et les *Principes de la théorie des intelligibles*. D'un autre côté, il imprime à la philosophie un caractère plus religieux et plus théurgique, préparant ainsi les voies à son disciple Jamblique, et il compose contre les chrétiens 15 livres, brûlés en 435 par ordre de Théodose II, qui témoignent d'une lutte déjà ardente entre ceux-ci et les défenseurs de l'hellénisme.

On peut faire commencer la philosophie chrétienne avec saint Paul, l'apôtre des Gentils, qui utilise, pour sa prédication à Athènes, un passage stoïcien, auquel Plotin, en s'appuyant sur le principe de perfection, donne un sens spiritualiste et qui est invoqué au xviiie siècle par Spinoza, comme par Bossuet et Fénelon (Ch. V) (2).

Après les Apôtres et les Pères apostoliques, après la lutte contre le judaïsme et le paganisme, vient le gnosticisme dont les principaux représentants sont Cérinthe de Clinasie, peut-être formé à Alexandrie ; Saturnin d'Antioche ; le Syrien Cerdon et Marcion du Pont qui vivent sous Hadrien, Carpocrate d'Alexandrie ; les Ophites et les Pérates ; Basilide, de Syrie, qui tient école à Alexandrie ; Valentin, le personnage le plus important de l'école, qui enseigne vers 135 à Alexandrie, puis à Rome et meurt à Chypre ; Bardesane de Mésopotamie (153-

---

(1) Sur Plotin et les Néo-platoniciens, voir le ch. IV, 6 à 11, tout le ch. V et la *Bibliographie générale*.

(2) Sur la philosophie chrétienne voir Ritter (traduction Trullard) : Ueberweg-Heinze (ch. X) ; Harnack, *Lehrb. der Dogmengeschichte*, 3e édition, 1894 et Bibliographie générale.

224), le contemporain d'Ammonius Saccas ; enfin Mani qui expose vers 238, sa doctrine, et relève des gnostiques, comme de Zoroastre. Le gnosticisme, dont une légende fait remonter l'origine à Simon le magicien, est un premier essai de philosophie chrétienne, sinon orthodoxe (1). Aux doctrines de l'Orient, il mêle, tout en la combattant, la philosophie ancienne et fournit des indications aux néo-platoniciens et aux Pères d'Alexandrie (IV, 6).

A la même époque, les Apologistes, nourris dans les lettres et la philosophie helléniques, défendent le christianisme contre tous ses adversaires. Parmi eux figurent Quadratus, Aristide d'Athènes qui adresse son Apologie à Antonin le Pieux ; Saint Justin, de Sichem en Palestine, qui fleurit vers 150 après Jésus-Christ et écrit pour le même empereur, deux Apologies, où il présente le christianisme comme une philosophie meilleure que celle de l'antiquité ; Méliton de Sardes et Apollinaire, évêque de Hiérapolis qui composent, vers 170 et 172, des Apologies pour Marc-Aurèle ; Miltiades et Ariston de Pella en Palestine ; Tatien l'Assyrien, disciple de Justin ; Athénagore d'Athènes, dont l'Apologie date probablement de 177, tandis que celle de Théophile d'Antioche se place après 180 ; l'auteur anonyme de la *Lettre à Diognète* ; Hermias, qui tient la philosophie païenne pour un présent des démons. Saint Irénée né entre 120 et 130 à Clinasie, mort vers 202 évêque de Lyon et de Vienne, attaque le Valentinisme et la science hellénique qui lui a donné naissance. Son disciple, le prêtre Hippolyte, combat le platonisme et s'en inspire (IV, 6).

Tous les auteurs précédents écrivent en grec. En latin, nous avons les œuvres de Minucius Félix, de Tertullien (160-220), puis d'Arnobe, vers 300 et de Lactance, postérieurs aux écoles chrétiennes et néo-platoniciennes d'Alexandrie.

Contre les tendances polythéistes des gnostiques réagissent les monarchiens, Artémon, Théodote de Byzance, Noétus de Smyrne, Praxéas que Tertullien combat en lui attribuant le patripassianisme ; Sabellius, dont le nom reviendra si souvent au XII° siècle ; Bérylle, évêque de Bostra en Arabie ; Paul de Samosate ; Arius auquel s'opppse Athanase (296-373), dont les doctrines sur la Trinité deviennent orthodoxes dans l'Eglise et sont postérieures à la théorie plotinienne des hypostases.

L'école catéchétique d'Alexandrie (2) commence avec Panténus, stoïcien avant d'être chrétien, qui meurt vers 200. Son disciple saint Clément enseigne en même temps que lui et après lui. Il est mort après 216 et se rattache à Philon, à Platon et aux stoïciens. Origène (185-254), né de parents chrétiens, suit les leçons de saint Clément et, avec Plotin, celles d'Ammonius Saccas. Il a pour successeur Denys le Grand qui est évêque d'Alexandrie et meurt vers 264. L'école tout entière travaille à mettre la pensée grecque au service du christianisme et à constituer une philosophie orthodoxe. Son influence, surtout celle d'Origène, se fait sentir sur les théologiens et les philosophes de l'Orient et de l'Occident, pendant toute la période médiévale (IV, 6).

---

(1) On consultera avec fruit les articles de M. Eugène de Faye, sur les *Sources du gnosticisme* (*Rev de l'Histoire des Religions*, 1902, 1903) réunis en volume, Paris, Leroux.

(2) Voyez les Histoires de MATTER, de JULES SIMON, de VACHEROT (*Bibl. générale*) ; HARNACK, *op. cit.* ; FREPPEL, *Clément d'Alexandrie*. Paris, 1866, *Origène*, Paris 1875 ; J. DENIS, *De la philosophie d'Origène*, Paris, 1894 et *Bibl. générale*.

De 325 à 529, les chrétiens d'Orient ont, comme théologiens et philosophes, les trois lumières de l'Eglise de Cappadoce, saint Basile, mort en 379, saint Grégoire de Nysse, en 390, saint Grégoire de Nazianze, vers 394 ; Apollinaire le jeune, évêque de Laodicée. Comme eux se rattachent à Origène les représentants de l'école d'Antioche, Eusèbe d'Emèse, mort vers 360, Diodore de Tarse, vers 394, Jean d'Antioche, Chrysostome, mort vers 407. Puis viennent Cyrille, patriarche d'Alexandrie, de 412 à 444, l'adversaire de Nestorius et d'Hypatie, dont le disciple Synésius meurt vers 430 évêque de Cyrène ; Némésius, évêque d'Emèse en Phénicie entre 400 et 450. Dans l'école de Gaza, figurent Enée, Zacharie le scolastique, plus tard évêque de Mitylène, Procope, adversaire de Proclus ; dans celle d'Edesse, Probus, Iiba et Kusni qui commentent ou traduisent en syrien des œuvres grecques. Détruite en 489 par ordre de l'empereur Zénon, à cause de son nestorianisme, elle donna naissance aux écoles perses de Nisibe, de Gandisapora, surtout médicale, dont les maîtres enseignèrent par la suite la médecine et la philosophie aux Arabes. David l'Arménien, peut-être le condisciple de Proclus traduit, commente Aristote, et prépare lui aussi la philosophie arabe.

En Occident, c'est l'époque de saint Ambroise (334-397), de Marius Victorinus qui traduit les néo-platoniciens : de saint Jérôme, l'auteur de la Vulgate, du *liber de viris illustribus*, d'une traduction des *Chroniques* d'Eusèbe, dont Rufin met en latin l'*Histoire ecclésiastique* comme les *Homélies* et le περὶ ἀρχῶν d'Origène ; de saint Augustin (354-430) et de Pelage ; de saint Hilaire, évêque de Poitiers, mort en 366 et de Claudianus Mamertus, prêtre de Vienne en Dauphiné, mort en 477 ; enfin de Boèce (480-525) que le moyen âge considère comme chrétien et dont la *Consolation* est toute néo-platonicienne (IV, 7).

C'est encore chez les néo-platoniciens que, dans cette période, l'activité philosophique est la plus féconde. Le disciple de Porphyre, Jamblique de Chalcis en Cœlé-Syrie, mort en 330, met la philosophie néo-platonicienne au service de la religion hellénique. Il place, dans son système, les dieux des Grecs et des Orientaux comme les dieux de Plotin. Ses disciples immédiats lui attribuent le don des miracles ; il est, pour Proclus, le divin, pour Julien, le très divin. Jamblique commente Platon et Aristote, compose un grand ouvrage sur le pythagorisme, συναγωγὴ τῶν πυθαγορείων δογμάτων, dont quelques parties sont conservées. C'est de lui ou de quelqu'un de son école que viennent les *Mystères des Egyptiens*. Au-dessus de l'Un, que Plotin identifie avec le bien, Jamblique place l'Un qui n'a absolument aucune propriété. Il distingue un monde intelligible qui comprend les Idées, objets de la pensée, et un monde intellectuel, qui est l'être pensant. Chacun de ces mondes comporte trois éléments : πέρας, πατήρ, νόησις τῆς δυνάμεως ; νοῦς, δύναμις, δημιουργός. L'Ame du monde est elle-même subdivisée en trois parties. Dans le monde, sont les âmes des dieux du polythéisme, des anges, des démons, des héros, dont Jamblique détermine le rang et fixe les dimensions, d'après des conceptions néo-pythagoriciennes.

Jamblique a des disciples nombreux. Théodore d'Asine, pour la hiérarchie des êtres, sert d'intermédiaire entre Jamblique et Proclus. Sopater d'Apamée, est, par Constantin, condamné à mort parce qu'il est soupçonné d'avoir, grâce à la magie, supprimé le vent à une flotte chargée de blé. Dexippe, vers 330, écrit un *Commentaire* sur les *Catégories* d'Aristote. Edesius de Cappadoce, mort vers 355, succède à Jamblique. Après s'être caché quelque temps pour échapper à la mort, lorsque Constantin faisait exécuter Sopater, il ouvre à Pergame une école que fréquentent Maxime d'Ephèse, Chrysanthius de Sardes, Priscus de Molossis, Eusèbe de

Mynde, Chrysanthius est le maître d'Eunape qui, dans *les Vies des Sophistes et des Philosophes*, n'oublie pas les représentants de son école (1) ; de l'empereur Julien qui, ne pouvant le faire venir auprès de lui, le nomme grand prêtre en Lydie. Priscus, au dire d'Eunape, enseigne encore à Athènes après la mort de Julien, y a peut-être Plutarque pour disciple et meurt vers 398. Eusèbe de Mynde semble s'être opposé, malgré Julien et la plupart des représentants de l'école, aux pratiques magiques et théurgiques. Eustachius de Cappadoce succède à Ædesius et avec sa femme Sosipatra et son fils Antonin, s'occupe beaucoup de démonologie et de théurgie. Julien, empereur, de décembre 361 à juin 363, élevé par Eusèbe l'évêque de Nicomédie et par l'eunuque Mardonius dans les principes d'une piété exaltée, puis disciple d'Ædesius, de Maxime, de Chrysanthius, initié au culte de Mithra, qui parut un moment près de l'emporter sur le christianisme, se déclara l'adversaire des chrétiens et voulut faire triompher les doctrines néo-platoniciennes. Sa mort fut un échec pour l'école et les chrétiens n'oublièrent pas qu'elle avait nourri, encouragé et suivi leur plus redoutable adversaire.

C'est à Rome et en latin que Macrobe compose les Saturnales et le Commentaire du Songe de Scipion, de Cicéron, où il fait entrer tant de doctrines plotiniennes (ch. V et VIII). C'est en Afrique que Martianus Capella écrit le *Satyricon*, encyclopédie en prose et en vers, divisée en sept livres et précédée d'un petit roman en deux livres intitulé (2) *les Noces de Mercure et de la Philologie*, qu'on lit beaucoup dans les écoles du vi^e au xie siècle et que commentent Jean Scot Erigène et Rémi d'Auxerre (ch. VII). C'est à Constantinople que vit au début du ve siècle Thémistius (317-387) le commentateur de Platon et d'Aristote.

Hypatie, disciple peut-être à Athènes de Proairésos et de Plutarque, enseigne les mathématiques et le néo-platonisme à Alexandrie. Elle obtient un grand succès, dont témoigne son disciple Synésius, l'évêque de Cyrène. Les chrétiens d'Alexandrie, dirigés par l'évêque Cyrille, se montrent de plus en plus hostiles aux défenseurs de l'hellénisme. En 415, une foule furieuse où les moines sont nombreux, arrache Hypatie de son char et la lapide, puis la déchire en morceaux dans la grande église dite l'Impériale ! Comme le stoïcisme (§ 3) et le christianisme, le néo-platonisme a ses martyrs.

C'est à Athènes que l'école, avant de finir, jette son plus vif éclat. Plutarque, fils de Nestorius (350-433), peut-être disciple de Priscus, y enseigne avec son fils Hiérius et sa fille Asclépigénie, la doctrine de Plotin. Syrianus d'Alexandrie, son disciple et le maître de Proclus, trouve, dans la philosophie d'Aristote une préparation à l'étude de la théologie ou des doctrines pythagoriciennes et platoniciennes. En commentant la *Métaphysique*, il défend contre Aristote, Platon et les pythagoriciens. Hiéroclès, disciple de Plutarque commente vers 430, le *Gorgias*, les *Vers dorés de Pythagore*, écrit sur la Providence et le destin, sept livres que nous connaissons en partie par Photius. Son enseignement à Alexandrie eut un grand éclat. Il fut battu de verges sous Théodose II ou sous Pulchérie, qui voulaient détruire l'hellénisme. Le Syrien Hermias dont la femme Edesia et le fils Ammonius furent célèbres, le mathématicien Dominus sont des disciples de Syrianus.

(1) Eunape traite de Plotin, de Porphyre, de Jamblique, d'Ædésius, de Maxime, de Julien, de Chrysanthius, etc.
(2) Eyssenhardt a donné en 1893 une seconde édition de Martianus Capella (Leipzig, Teubner). Capella fait des emprunts à Apulée que S. Augustin place à côté de Plotin et de ses disciples.

Proclus (410-485), disciple d'Olympiodore l'ancien, de Plutarque et de Syrianus est, après Plotin, le plus illustre représentant du néo-platonisme.

La hiérarchie se complète. De l'Un procèdent les Hénades, pluralité d'unités qui sont au-dessus de l'être, de la vie, de la raison, de la connaissance, et constituent les dieux au sens le plus élevé du mot. Aux Hénades se rattache la triade des êtres intelligibles, intellectuels, intelligibles et intellectuels. A son tour l'intelligible (οὐσία) comprend trois triades, dans chacune desquelles figurent le Père, la Puissance, l'Intelligence. L'intelligible-intellectuel a de même ses trois triades et contient les divinités femelles. Les êtres intellectuels sont divisés d'après le nombre sept. A ces hebdomades, Proclus rattache des divinités populaires et des conceptions de Platon ou de Plotin. Ainsi la 18ᵉ des 49 divisions « la source des âmes » est le vase dans lequel le Démiurge du Timée mélange les éléments qui entrent dans la substance des âmes.

Toute âme est éternelle d'après son essence ; c'est par son activité qu'elle tombe dans le temps. L'Ame du monde, formée de la substance divisible, de la substance indivisible et de la substance intermédiaire, est partagée d'après des rapports harmoniques. Il y a des âmes de dieux, de démons et d'hommes. L'âme, intermédiaire entre le sensible et le divin, possède la liberté de faire le mal ou de se tourner vers Dieu. La matière n'est en soi ni bonne ni mauvaise. Des raisons séminales descendent en elle quand elle est informée par le Démiurge d'après les Idées.

Marinus, successeur de Proclus, nous a laissé une vie de son maître (*Proclus ou du bonheur*) : il y fait le portrait du vrai philosophe, de ses qualités corporelles, de ses vertus qui vont jusqu'à imiter Dieu par des miracles ; puis il montre comment Proclus s'est élevé ainsi de la terre au ciel en réalisant un idéal de perfection et de bonheur.

Parmi ses condisciples et les derniers représentants du néo-platonisme, on trouve le médecin Asclépiodote ; les fils d'Hermias et d'Ædesia, Héliodore, Ammonius qui commente les *Catégories*, l'*Isagoge* et l'*Interprétation* ; Sévérianus et Hégias, l'oncle de Plutarque ; Olympiodore le jeune. Pendant son scolarchat, Isidore d'Alexandrie supprime à peu près toute science pour s'en rapporter à l'inspiration, à l'interprétation des songes, à la théurgie et à la théosophie. Zénodote enseigne aussi à Athènes. Damascius de Damas succède à Isidore vers 520 ; il écrit la *Vie d'Isidore*, des *Questions sur les premiers Principes*, des *Commentaires* sur divers dialogues de Platon.

Justinien s'était attaqué dès le début de son règne aux hérétiques et aux non-chrétiens : en 529, il supprime l'enseignement de la philosophie à Athènes et confisque les possessions de l'école platonicienne. Damascius, Simplicius, Diogène et Hermias de Phénicie, Isidore de Gaza, Eulamius de Phrygie, Priscianus se rendent en Perse auprès du roi Chosroës. Ils rentrent en 533. On leur accorde la liberté de conserver leurs croyances, mais on leur défend d'enseigner. Simplicius compose un *Abrégé de la Physique de Théophraste* et un *Commentaire de la Métaphysique d'Aristote* que nous n'avons plus ; des *Commentaires* sur les *Catégories*, les traités *de l'Ame et du Ciel*, le *Manuel* d'Epictète, qui ont été conservés et plusieurs fois publiés. Il unit ainsi les représentants de l'hellénisme, Epictète comme Aristote aux néo-platoniciens, pour combattre le christianisme dont il réfute la thèse, admise par Jean Philopon, de la création du monde dans le temps. Ses théories de la matière première, substratum de toutes les formes, des démons hyliques, des esprits de la nature et des génies des éléments ont contribué, comme l'a montré M. Berthelot, à édifier l'alchimie du moyen âge. De Priscianus, nous avons une *Paraphrase du Traité de la Sensation* de Théophraste, qui a été conservée et des *Réponses à certaines questions posées par le roi Chosroès*, dont nous n'avons qu'un texte latin du ɪx° siècle (*Solutiones eorum de quibus dubitavit Chosroes Persarum rex*).

A ces partisans de l'hellénisme, il faudrait joindre, si l'on voulait énumérer tous les penseurs qui relèvent du néo-platonisme, la plupart des chrétiens de cette période (IV, 7), spécialement Synésius, les disciples des écoles d'Antioche, de Gaza, d'Édesse et le romain Boèce.

De la fermeture des écoles d'Athènes à la renaissance carolingienne, l'Orient chrétien compte encore des théologiens et des philosophes remarquables : Léontius de Byzance, qui meurt vers 543, attaque les Nestoriens, les Eutychiens et explique les formules christologiques du concile de Chalcédoine avec la terminologie d'Aristote ; le Pseudo-Denys l'Aréopagite dont les œuvres sont invoquées à partir de 532 ; Maxime le Confesseur (580-662), l'adversaire des Monothélètes et le commentateur du Pseudo-Denys ; les écoles monophysites ou Jacobites de Resaina et de Kinnesrin en Syrie, avec Sergius qui traduit Aristote, l'évêque Jacob d'Édesse, mort en 708, théologien et grammairien, qui met en syrien des œuvres de théologiens et de philosophes grecs ; Jean Philopon, le monophysite et le trithéiste, que combat Simplicius, resté fidèle à l'ancienne religion ; Jean Damascène ou de Damas, qui vit vers 700 (IV, 7).

En Occident, il n'y a guère que Cassiodore, contemporain de Boèce, auquel il survit près de 30 ans ; Isidore de Séville, qui vit vers 600 en Espagne ; l'anglo-saxon Bède le Vénérable (674-735). Il reste en Irlande des écoles d'où viendront au ɪx° siècle Clément Scot et Jean Scot Érigène. Mais en Gaule, le vɪɪ° siècle, auquel il faut joindre une grande partie du vɪɪɪ° est, comme l'ont montré les auteurs de la *France littéraire*, un siècle d'ignorance (II, 2). Les ecclésiastiques et les moines, qui seuls savent lire et écrire, ignorent toute autre chose. Un évêque d'Auxerre s'empare à main armée des pays d'Orléans, de Tonnerre, d'Avallon, de Troyes et de Nevers. Les règlements des conciles portent que les évêques et les prêtres s'instruiront des saints canons et des règles de l'Église, qu'ils ne laisseront plus les simples fidèles dans l'ignorance des premiers principes du christianisme.

Du vɪɪɪ° au xɪɪɪ° siècle, il y a des philosophes chez les chrétiens, chez les Arabes d'Orient et d'Occident, chez les Juifs. Les Arabes tirent leurs connaissances scientifiques et philosophiques des Grecs, par les Byzantins, les Syriens et les Arméniens. En Orient, ils ont Alkindi, les Frères de la Pureté, Alfarabi, Avicenne, Algazel qui y est le destructeur de la philosophie ; en Occident, Avempace, Abubacer, Averroès, après lequel il n'y a plus guère, dans le monde musulman, que des mystiques ou des motecallemin, raisonnant sur les matières religieuses, mais condamnant, les uns comme les autres, la philosophie rationnelle. En quatre siècles on assiste, dans le monde musulman, à sa naissance, à ses progrès, à son apogée et à sa ruine.

Les Byzantins continuent à produire des œuvres remarquables dans tous les domaines. Sans doute ils portent, dans les questions théologiques, une subtilité qui rappelle les plus déliés des Alexandrins ; mais ils donnent aux sciences et à la philosophie toute leur attention et tous leurs soins. Photius, Michel Psellus, Eustrate ne sont nullement inférieurs, pour les connaissances et pour la vigueur de la pensée, à leurs prédécesseurs de la période antérieure.

Les Juifs ont, comme les Arabes, d'illustres représentants : Saadia au Xe siècle en Orient ; au XIe siècle Ibn Gebirol ou Avicebron, l'auteur du *Fons vitæ* ; au XIIe, Maimonide, à qui l'on doit le célèbre *Guide des égarés* dans l'Occident.

Dans l'Occident chrétien, il y a une renaissance carolingienne avec Alcuin (VI, 1, 2) et Jean Scot Érigène (VI, 3, 4, 5). Les écoles se multiplient, mais les sources où l'on puise sont moins nombreuses que chez les Arabes, les Juifs et les Byzantins. Après Alcuin et Jean Scot, viennent Heiric et Remi d'Auxerre, puis Gerbert auquel se rattachent Fulbert et Béranger de Tours ; Lanfranc et Saint Anselme ; Roscelin, Guillaume de Champeaux, Abélard, Gilbert de la Porrée, Robert Pulleyn, Gauthier de Mortagne ; Adhélard de Bath ; Bernard et Thierry de Chartres, Guillaume de Conches, Saint Bernard, Hugues et Richard de Saint Victor, Pierre Lombard, Jean de Salisbury et Alain de Lille, qui meurt en 1203, après Averroès, avant Maimonide, qui connaît déjà le *Livre des Causes* et annonce ainsi l'invasion des doctrines grecques, arabes et juives (1).

Du XIIIe siècle à la prise de Constantinople, il reste des philosophes à Byzance dont les Grecs redeviennent les maîtres, Johannes Italus, Michel d'Ephèse, Nicéphore Blemmydès, Georgius Pachymère et Théodore Métochita. Les Juifs ont Joseph ibn-Falaquera, Levi ben Gerson, bien d'autres qui font triompher la philosophie, même l'averroïsme dans les écoles juives où on le retrouve au début des temps modernes. Mais c'est chez les chrétiens d'Occident, surtout au XIIIe siècle et dans la première moitié du XIVe, que la philosophie est florissante. Des œuvres d'Aristote, authentiques et apocryphes, leur viennent d'Espagne et de Byzance ; ils ont de nouveaux commentaires néo-platoniciens, les travaux des Arabes et des Juifs, ceux de leurs prédécesseurs, les chrétiens occidentaux du VIIIe au XIIIe siècle ; ceux des Pères et des écrivains chrétiens antérieurs au VIIIe siècle. Alexandre de Halès achève la méthode, Albert le Grand et Saint Thomas unissent la foi et la raison, la philosophie et la théologie. Saint Bonaventure développe la philosophie et la théologie mystiques. Roger Bacon et les alchimistes pratiquent l'observation et l'expérimentation. Vincent de Beauvais résume les connaissances humaines. Henri de Gand, Guillaume d'Auvergne, Guillaume de Saint-Amour et Siger de Brabant, Raimond Lull et son *Grand Art*, Duns Scot et Durand de Saint-Pourçain, Guillaume d'Occam et Jean Buridan : les mystiques Ekkart, Jean Tauler, Suso qui continuent Jean Scot Érigène, qui préparent la Réforme et la philosophie allemande ; les Amauriciens, les Averroïstes et les partisans de l'Évangile éternel témoignent de l'activité spéculative des hommes de cette époque.

Mais la guerre de Cent Ans, les luttes entre les papes et les souverains temporels, le grand schisme et peut-être aussi l'épuisement qui suit tout effort considérable, amènent la décadence, malgré quelques hommes dont il faut rappeler les noms, Ruysbrock, Gérard Groot et Nicolas d'Oresme, Pierre d'Ailly et Raymond de Sebond, Gabriel Biel, Gerson et Denys le Chartreux.

(1) Sur cette période du VIIIe au XIIIe siècle, voir ch. IV, 9, 10, 11 ; ch. VI et VII et *Bibliographie générale*.

Après 1453, la philosophie disparaît, comme la civilisation grecque, de Byzance. En Occident, c'est la Renaissance et la Réforme, qui continuent, en une très large mesure, la période médiévale (II, 8), qui préparent, d'une façon beaucoup moins marquée, les temps modernes. Il y a renaissance des systèmes antiques qu'on oppose à la scolastique. Valla, Agricola, Vivès, Nizolius, Ramus combattent leurs contemporains et croient parfois combattre les scolastiques du xiii° siècle ou même Aristote. Pléthon, Marsile Ficin, Pic de la Mirandole, Thomas Morus restaurent le platonisme ou plutôt le néo-platonisme. Il y a des péripatéticiens alexandristes et matérialistes, comme Pomponace ; il en est d'averroïstes, comme Achillinus, Niphus, Zimara ; d'autres, qui étudient Aristote, se rapprochent tantôt des uns et tantôt des autres. Juste Lipse s'attache au stoïcisme ; Montaigne, Charron, Sanchez, au scepticisme ou à l'acatalepsie ; Gassendi et d'autres relèvent l'épicurisme. Télésius, Campanella, Paracelse, Cardan, Patritius, Giordano Bruno, développent des doctrines naturalistes ; Reuchlin et Agrippa, une philosophie cabalistique ; mais tous combattent Aristote et la scolastique qui se couvre de son autorité. Il y a des commentateurs de Saint Thomas dont le principal est Cajétan, des néo-thomistes qui, à Salamanque et dans d'autres Universités, substituent la *Somme de théologie* de S. Thomas aux *Sentences* de Pierre Lombard ; il y en a parmi les jésuites, notamment Suarez ; parmi les dominicains, les carmes, les cisterciens et les bénédictins. Les albertistes s'opposent aux thomistes ; les scotistes sont surtout franciscains ; des capucins et des conventuels s'attachent à S. Bonaventure ; les Occamistes s'appellent modernes et combattent les thomistes qui suivent l'ancienne voie (*via antiqua*). Luther reproche à la scolastique d'avoir par ses sophismes, profané le domaine théologique ; Zwingle utilise le stoïcisme et le néo-platonisme ; les sociniens ne conservent du christianisme que ce qui est en accord avec la raison ; Taurellus veut substituer une philosophie rationnelle et conforme à l'Evangile à la scolastique péripatéticienne; Jacob Böhme, mystique et protestant, annonce la philosophie allemande du xix° siècle. Mais Mélanchthon se sert d'Aristote et crée une scolastique protestante, tandis que le thomisme reprend son autorité chez les catholiques (1).

Au début du xvii° siècle, la science et la philosophie scientifique prennent définitivement possession d'un certain nombre d'esprits : l'édifice médiéval est attaqué dans sa base même et le sera de plus en plus, en raison des progrès continus des sciences exactes. Surtout un nouveau mode de penser et de diriger la vie humaine est inauguré, qui prendra de jour en jour une puissance nouvelle (ch. VIII). Le thomisme continue à vivre et même il conserve, auprès des pouvoirs spirituels et temporels, une grande influence au xvii° et au xviii° siècle ; la scolastique péripatéticienne, grâce à Mélanchthon, se perpétue en Allemagne. La fin du xix° siècle verra une rénovation du thomisme et de la scolastique dans les pays catholiques (ch. IX).

En résumé la première période, du premier siècle au concile de Nicée, met en présence les représentants de l'hellénisme et les partisans du christianisme. Les

---

(1) Sur la Renaissance et la Réforme, voir Burckhardt. *d. Cultur d. Renaiss. in Italien*, 4° Aufl. besorgt. v. L. Geiger, Leipzig, 1866 ; Ueberweg Heinze, *Neuzeit*, I°, p. 1-59 et *Bibliographie générale*.

premiers sont les plus nombreux sur le terrain philosophique. Il y a encore des épicuriens, des sceptiques, des péripatéticiens, mais surtout il y a une philosophie judéo-alexandrine, des néo-pythagoriciens, des platoniciens éclectiques et pythagorisants, des stoïciens et des plotiniens ou néo-platoniciens. Du côté des chrétiens, il y a après saint Paul, des gnostiques, des apologistes, des trinitaires et des monarchianistes.

Dans la seconde, de 325 à 529, il n'y a plus que des chrétiens et des néo-platoniciens ; mais déjà les chrétiens d'Orient semblent parfois suivre une voie différente de celle dans laquelle se sont engagés les chrétiens d'Occident.

De la fermeture des écoles d'Athènes à la Renaissance carolingienne, les chrétiens sont les seuls dont on constate l'activité philosophique : ils achèvent, en Orient surtout, de s'assimiler les doctrines des néo-platoniciens qu'ils ont définitivement vaincus. Les Arabes et les Juifs se livrent au travail de construction religieuse et théologique qui les conduira à la philosophie.

De la renaissance carolingienne au XIII° siècle, la philosophie continue à fleurir chez les Byzantins ; elle naît et grandit, brille et meurt chez les Arabes d'Orient et d'Occident ; elle est puissante aussi chez les Juifs où elle se maintiendra par la suite ; elle renaît en Occident et lentement prépare l'évolution qui aboutira, dans la période suivante, à la constitution de la théologie et de la philosophie catholiques.

Du XIII° au XV°, on trouve, en effet, des philosophes chez les Byzantins et chez les Juifs, mais c'est dans l'Occident chrétien, héritier des Arabes, des Grecs et des Byzantins, des Juifs et des Latins des époques antérieures, que la philosophie atteint son plus haut développement.

Du XV° au XVII° siècle, on remet au jour tous les systèmes antiques, qui avaient disparu devant les doctrines religieuses des chrétiens, des musulmans ou des Juifs ou qui s'étaient fondus avec elles. A la suite de la Réforme et des querelles ou des guerres religieuses qu'elle provoque, les protestants et les catholiques se rallient à une philosophie qui ne contient aucun élément nouveau, qui ne constitue pas une synthèse nouvelle. La scolastique péripatéticienne de Mélanchthon se conserve en Allemagne, le thomisme dans les pays catholiques ; mais la philosophie qui s'appuie sur les sciences physiques, naturelles et morales augmente de jour en jour, et comme elles, en puissance et en ampleur, en portée et en précision.

C'est du premier au VIII° siècle que se constituent, dans leurs grandes lignes, les doctrines religieuses ; c'est alors aussi que se marquent les directions philosophiques. D'abord le christianisme, le stoïcisme et le néo-platonisme qui tous ont leurs martyrs, se disputent l'influence. Puis le christianisme, qui, devenu le maître avec les empereurs, a ses miracles comme ses martyrs, est en lutte avec le néo-platonisme, qui a absorbé toutes les doctrines antiques, et qui fait une place de plus en plus grande aux pratiques théurgiques. Vaincu une première fois avec Julien, le néo-platonisme meurt par Justinien ou plutôt il achève, avec le Pseudo-Denys, d'être absorbé dans le christianisme (ch. V).

Philon avait donné la théorie du *Logos*, il avait fait, des idées platoniciennes, des pensées divines, dirigé ses recherches d'après le principe de perfection, employé l'interprétation allégorique et enseigné l'union de l'âme avec Dieu. Ses contemporains avaient, comme lui, tourné leurs regards vers le monde intelligible et quelques-uns s'étaient occupés de le peupler, de le connaître et d'entrer en rapports avec lui ou même de se rendre maître par lui de toutes choses : de là les théories démonologiques, les recherches astrologiques ou magiques, les pratiques théurgiques. D'autres, en nombre bien moins considérable, avaient cherché à conserver et à augmenter les connaissances positives et à les utiliser en vue du monde intelligible. Les néo-platoniciens firent la synthèse de toutes ces recherches et de toutes ces tendances. Ils constituèrent un monde intelligible dont le monde sensible fut une image ; ils peuplèrent, par conséquent, le premier d'êtres dont on trouvait des copies dans le second et qu'ils conçurent, qu'ils ordonnèrent et hiérarchisèrent d'après le principe de perfection, tandis que le monde sensible restait soumis aux principes de contradiction et de causalité.

Leur système pouvait ainsi embrasser toutes les sciences positives : l'interprétation des résultats qu'elles fournissent devenait même nécessaire pour la connaissance du monde intelligible. Leur interprétation allégorique et par suite leur construction théologique et métaphysique, n'est pas purement imaginative et arbitraire, comme elle le fut chez les gnostiques, comme elle le sera souvent dans le monde chrétien : elle repose sur une analyse psychologique d'une précision et d'une exactitude qui n'ont pas été surpassées, tant qu'on a demandé exclusivement à l'observation intérieure la connaissance de l'âme humaine. C'est cette analyse qui donne la procession et les hypostases ; c'est elle qui explique la conversion, qui justifie l'existence de la liberté humaine, nécessaire pour qu'il y ait union avec Dieu ou extase. A cette vérification, la seule qui approche en une certaine mesure, des vérifications expérimentales, la seule qu'invoqueront les métaphysiciens modernes qui restent attachés à la conception d'un monde intelligible, comme Descartes, Malebranche, Maine de Biran, Fichte et Schelling, Plotin et ses disciples joignent des comparaisons admirablement choisies et qui seront employées, comme leur analyse psychologique, jusqu'au jour où elles seront ruinées par les progrès des sciences positives, pour montrer que leur interprétation allégorique des textes, des idées ou des données positives est en accord complet avec le sens littéral ou la réalité. Aussi les philosophes qui suivent, musulmans, chrétiens ou juifs, seront-ils d'autant plus remarquables qu'ils auront puisé davantage chez Plotin et suivi plus fidèlement la voie qu'il a tracée, en faisant une large place à la réflexion, à l'analyse psychologique, à la connaissance littérale des textes, à la connaissance réelle des choses (VIII). Dès lors il est impossible de caractériser les philosophies médiévales en disant qu'Aristote a été l'unique ou le principal inspirateur de ceux qui les ont créées (ch. V). Il est tout aussi inexact de dire qu'ils ont fait appel à l'autorité, qu'ils se sont bornés à répéter ce qui avait été dit avant eux, puisqu'ils ont usé constamment de l'interprétation allégorique, qui change parfois du tout au tout le sens littéral ou la donnée positive. C'est être superficiel et incomplet que de limiter leurs recherches à la solution du problème des universaux (ch. VII) ou d'admettre, avec les catholiques pour l'exalter, avec leurs adversaires, pour la déprécier, une *scolastique* dont les doctrines compléteraient les dogmes et la théologie chrétienne, en opposition avec une *antiscolastique*, qui serait hérétique ou même non chrétienne, par ses admirations ou ses tendances (ch. IX et X).

Tous les hommes du moyen âge font une place prépondérante, dans leurs recherches et dans leurs préoccupations, aux questions religieuses qui portent sur Dieu et sur l'immortalité ou plus exactement sur Dieu et les moyens par lesquels l'homme se réunira à Dieu. Tous les philosophes, néo-platoniciens et stoïciens, chrétiens, musulmans et juifs sont essentiellement des théologiens. Mais de même qu'aux époques positives ou métaphysiques, il y a place pour la religion ou pour la théologie, qui en est une conception systématisée par la raison, il y eut au moyen âge des conceptions d'un caractère purement philosophique, des recherches et des affirmations d'un caractère scientifique. Les philosophies médiévales sont ainsi des conceptions systématiques du monde sensible et intelligible, de la vie présente et future, où entrent, en proportions diverses, la religion et la théologie, la philosophie grecque et latine puisée à ses sources; les données scientifiques de l'antiquité que l'on utilise ou que l'on reprend peu à peu et auxquelles on fait, à certains moments, des additions parfois considérables. Les systèmes les plus remarquables sont ceux qui font la part la plus large à l'expérience et à la raison (ch. VIII).

Il est possible de compléter ces indications, en tenant compte des procédés employés pour faire cette synthèse. La méthode scolastique, constituée par le travail des générations successives d'interprètes, de commentateurs et de philosophes, parmi lesquels il faut surtout citer Abélard et Alexandre de Halès (ch. VIII), est caractérisée par l'emploi du syllogisme. Ils s'attachent à enchaîner rigoureusement la conclusion aux prémisses, en suivant les règles minutieuses et précises d'Aristote, qu'ils ont complétées et parfois formulées. Les prémisses viennent des livres saints et des livres profanes, des philosophes, des jurisconsultes et des poètes, des historiens et des orateurs ; elles ont été fournies par le bon sens, l'expérience ou la raison. Mais tous usent de l'allégorie, par laquelle ils donnent aux textes ou aux affirmations, un ou même plusieurs sens, parfois fort rapprochés, parfois fort éloignés, pour appliquer au monde intelligible ce qui était dit du monde sensible, pour unir ou opposer le principe de perfection aux principes de contradiction et de causalité. Divisant les questions, ils rangent d'un côté tous les arguments positifs, de l'autre, tous les arguments négatifs, justifient les uns et réfutent les autres ; ils examinent, à propos de chacun d'eux, les difficultés auxquelles peuvent donner lieu la majeure, la mineure, la conclusion et ils tâchent de ne pas les laisser irrésolues.

A cette méthode scolastique, qui préside à la formation des systèmes, se joint une méthode mystique, qui indique à l'homme comment il peut s'unir à Dieu. C'est chez Plotin, qui tient compte de la science, de la morale et de l'esthétique, qui fait de la possession du vrai, de la pratique du bien, de la contemplation du beau, la préparation à l'union avec Dieu ou à l'extase, qu'elle se trouve d'abord et complètement présentée. Jean Scot Érigène, saint Anselme, saint Bernard, Hugues de Saint-Victor, saint Bonaventure, des Arabes et des Juifs la décriront et la pratiqueront, en tout ou en partie, sans y ajouter d'éléments nouveaux. Les plus grands mystiques seront ceux qui, s'inspirant de la hiérarchie plotinienne, ne donneront aux pratiques purement ascétiques, corporelles et machinales, qu'une place secondaire et mettront au premier plan la formation aussi complète que possible, de l'homme intellectuel et moral, d'autant plus apte à s'unir à Dieu, qu'il s'est rapproché davantage de la suprême perfection.

Cette période médiévale de seize siècles est unique dans l'histoire comparée des philosophies : car nous assistons à l'éclosion de systèmes liés à l'évolution des religions hellénique, chrétienne, juive et musulmane, qui entrent en relations et en conflit, qui unissent si étroitement la philosophie, la théologie et la science, qu'il est presque impossible de délimiter le domaine de chacune d'elles. Elle nous révèle des types disparus ou dont le développement est aujourd'hui incomplet, des mystiques comme Plotin ou saint Anselme, qui sont des métaphysiciens subtils et des hommes capables de donner aux affaires pratiques une excellente direction ; des dialecticiens rigoureux et froids qui sont, comme saint Thomas, d'ardents mystiques ; des philosophes très hardis qui sont des chrétiens très fervents et très dociles ; des raisonneurs intrépides, assurés comme Raimond Lull, d'enserrer la réalité dans leurs syllogismes ; des savants, comme Roger Bacon, qui attendent de la science la possession absolue de la nature et qui font grand cas de la philosophie et de la théologie. Enfin si elle a réalisé tant d'abstractions et créé des êtres de raison qu'elle plaçait souvent au-dessus des êtres véritables, si elle a multiplié infiniment plus qu'il ne convient les hypothèses sans s'occuper de les vérifier, elle a poussé, jusqu'à ses dernières limites, l'analyse des idées que lui fournissait, dans le passé et dans le présent, l'observation interne ou externe ; elle a fait des éléments ultimes de cette analyse, une infinité de combinaisons, systématiques ou non, logiques ou imaginatives, qui, considérées en elles-mêmes et indépendamment de leur valeur objective, montrent plus encore, sinon mieux que les œuvres d'art de toute la période médiévale, quelle fut alors la puissance créatrice de l'esprit humain, quelle fut la richesse et la variété des conceptions par lesquelles il essaya de s'instruire et de s'éclairer ou parfois même de se consoler et de s'enchanter.

CHAPITRE IV

LES ÉCOLES ET LES RAPPORTS DE LA PHILOSOPHIE ET DE LA THÉOLOGIE AU MOYEN AGE

Dans l'énumération rapide des philosophes aux diverses époques du moyen âge, nous avons rencontré partout des écoles, comme partout nous nous sommes trouvés en présence de la théologie.

C'est dans des écoles, répandues par tout l'empire, que s'enseignent du 1er siècle à 325, le néo-pythagorisme, le platonisme éclectique et pythagorisant, l'épicurisme, le scepticisme et le péripatétisme, le stoïcisme grec ou romain. Chez les néo-platoniciens, Ammonius Saccas professe à Alexandrie et Plotin, à Rome ; les chrétiens ont, à Alexandrie, des maîtres illustres, Panténus, saint Clément et Origène. Les Juifs, alors comme dans les autres époques de leur histoire, instituent des écoles à côté des synagogues.

De 325 à 529, les néo-platoniciens ont des écoles ou des maîtres à Alexandrie, à Constantinople, à Athènes ; les chrétiens, en Afrique, en Italie, en Irlande, en Espagne, surtout en Orient, à Antioche, à Gaza, à Edesse, etc. (ch. III, 6).

De 529 au VIIIe siècle, l'enseignement décroît comme la civilisation. L'Orient conserve des écoles dans l'empire byzantin et en Syrie. En Occident, il n'en reste guère qu'en Espagne, en Angleterre et surtout en Irlande (ch. III, 7).

Du VIIIe au XIIIe siècle, les écoles sont aussi nombreuses, aussi florissantes que les diverses civilisations, juive et arabe, byzantine ou occidentale, qu'elles servent à développer et à transmettre (III, 8).

Des environs de 1200 à 1453 (III, 9), les écoles sont mutilées dans leur enseignement comme l'est la civilisation elle-même chez les musulmans ; elles se maintiennent à Byzance, mais elle ne servent plus à accroître les connaissances. Chez les Juifs, elles resteront à peu près stationnaires jusqu'au XVIIe siècle. En Occident, les Universités se créent partout et prospèrent, dans la mesure où grandissent les sciences, la philosophie et la théologie (ch. VIII). Dans la seconde moitié du XIVe siècle, on peut constater déjà l décroissance des unes et des autres.

Après 1453 ou plutôt dans le cours du XVIe siècle (ch. III, 9), les Universités et les Ecoles, dans le monde catholique et dans le monde protestant, ont une grande activité. Parfois même, comme dans celles d'Italie, on trouve des maîtres qui ne se réclament plus que de la raison ou de l'expérience ; mais la découverte de l'imprimerie a déjà diminué leur importance générale.

Au XVIIe et au XVIIIe siècles, les progrès des sciences et de la philosophie se font presque toujours en dehors des Universités et des Écoles. Il faudra qu'au XIXe siècle elles se réforment ou se transforment pour que leurs maîtres reprennent, dans la société moderne, une place équivalente, sinon égale, à celle que tenaient dans les sociétés médiévales, Plotin, Alcuin, Averroès, Maïmonide ou saint Thomas.

Or celui qui veut faire, comme il convient, l'histoire d'une École, d'une Faculté ou d'une Université, cherche où elle s'est formée et depuis quel temps elle dure ; pourquoi elle a été fondée ; comment elle a été installée et organisée ; quels en ont été les maîtres et les élèves ; quelle instruction et, s'il y a lieu, quelle éducation elle donne ; quels livres elle possède, emploie ou produit ; quels rapports elle entretient avec les autres établissements du même genre et avec les autorités constituées.

Les documents ne manquent ni pour nos Écoles ni pour nos Universités actuelles. S'agit-il de l'Université de France ? Nous avons le décret portant organisation générale du 17 mars 1808, les autres décrets impériaux, les statuts, règlements et arrêtés pris en conseil de l'Université, les almanachs impériaux, etc. Pour nos Universités actuelles, il y a les discussions de la *Société d'enseignement supérieur*, qui en a préparé la réorganisation (1), les rapports de MM. Liard, Lavisse, Esmein, Darboux, Croiset, etc., des lois, décrets, arrêtés, règlements, des programmes et des horaires, des annuaires, des bulletins, des livrets, des comptes rendus, qui nous indiquent quels grades et diplômes elles délivrent ; quelles ressources matérielles et intellectuelles, cours et conférences, laboratoires et bibliothèques, cercles et associations, elles offrent aux étudiants ; quels travaux font leurs maîtres et quelle préparation on exige d'eux avant de les nommer. De même nous pouvons réunir, sans trop de peine, des documents officiels et précis sur les Universités et Écoles de l'étranger, sur nos lycées et collèges, sur nos écoles normales, sur nos écoles primaires et sur nos écoles primaires supérieures, sur presque tous les établissements d'instruction publique qui existent dans le monde civilisé.

Par ces documents nous savons ce que l'on s'est proposé de faire ; nous connaissons les moyens préparés pour atteindre le but visé, ce qu'on réclame des hommes chargés de le poursuivre, ce que l'on attend d'eux et de leurs élèves.

Mais ce qui a été décidé par une loi, par un décret, par un arrêté, c'est-à-dire par un acte officiel et administratif, l'a-t-on fait réellement passer dans la pratique ? Parfois on n'a pu l'entreprendre : ainsi le décret du 15 novembre 1811, qui fixait à cent le nombre des lycées de l'Empire français, quatre-vingts devant être

---

(1) Voir *La Société d'Enseignement supérieur*, 1878 à 1903, par François Picavet ; *25e anniversaire de la Société, Discours de MM. Alfred Croiset, Berthelot, Larnaude, Brouardel, Boirac, Van Hamel, Chaumié*, Paris, Chevalier-Marescq et Cie, 1903. Voir aussi la *Réorganisation de l'enseignement supérieur, d'après un livre récent* (Revue internationale de l'enseignement, du 15 février 1903).

en activité dans le cours de 1812 et les vingt autres érigés dans le cours de 1813 (1), est resté lettre morte. Parfois on n'a rien fait pour en assurer la réalisation : l'obligation scolaire, que les lois organiques sur l'enseignement primaire placent à côté de la gratuité et de la laïcité, est à peu près près partout sans sanction effective. Enfin d'autres prescriptions, comme celle qui commandait aux professeurs de théologie « de se conformer aux dispositions de l'édit de 1682, concernant les quatre propositions contenues en la déclaration du clergé de France de ladite année », ont été de très bonne heure combattues par presque tous ceux à qui elles s'adressaient.

D'autres difficultés naissent, pour l'historien des écoles, des termes mêmes employés dans les divers documents. S'il s'agit d'une langue étrangère, ils n'ont pas d'équivalent en français, ou les mots français par lesquels on les rend impliquent des idées différentes en tout ou en partie. Trop souvent, en cette matière, on est exposé à donner raison au proverbe italien, *Traduttore, Traditore*. Même des mots identiques désignent des choses distinctes. Le doctorat est décerné par toutes les Universités : mais la possession du diplôme ne répond pas à un ensemble de connaissances identiques ou analogues. Certaines Universités le donnent, *honoris causa*, à des hommes qui parfois l'ont mérité par des services tout différents des recherches scientifiques. D'autres, comme nos anciennes Universités, qui le faisaient à peu près ouvertement, et des Universités modernes qui tâchent de s'en cacher, s'en font une source de revenus et le décernent à tous ceux qui, même sans avoir figuré sur les registres d'immatriculation, sans avoir mis les pieds dans une salle de cours, versent une somme d'argent plus ou moins considérable. Dans les Universités où les docteurs ont suivi des cours et prouvé, par des examens écrits ou oraux, qu'ils possèdent les connaissances requises par les règlements, ils sont loin de présenter, au point de vue professionnel ou scientifique, la même compétence et les mêmes garanties. Un docteur allemand équivaut à peu près à un licencié ès sciences ou ès lettres de France. Un docteur en médecine, de nos Universités françaises, fait une thèse peu considérable, en général, qui lui est nécessaire pour se présenter à l'agrégation. Un docteur ès lettres est, presque toujours, agrégé ; il publie, comme thèse, un travail qui dépasse souvent cinq cents pages et le classe, s'il n'y est déjà, parmi les maîtres de l'enseignement supérieur. Enfin, on distingue encore les docteurs ès lettres de Paris et ceux des Facultés provinciales, tandis qu'on ne sépare jamais, ni pour les connaissances ni pour la valeur intellectuelle, les bacheliers reçus à Paris de ceux qui le sont en province.

Ainsi les documents officiels, législatifs ou administratifs, doivent être, après qu'on les a réunis, comparés soigneusement avec les institutions dont ils ont préparé et réglé la création.

Cela est plus indispensable encore quand on veut découvrir ce qui est essentiel et capital, l'étendue, la valeur et la solidité de l'instruction ou de l'éducation. Sans doute, nous sommes renseignés par les maîtres, les examens et les concours, parfois par des inspecteurs chargés de contrôler les études, d'écouter les maîtres et d'interroger les élèves. Mais les maîtres nous disent-ils ce que le règlement leur commandait de faire et qu'ils n'ont pas fait ou n'ont fait qu'incomplètement ? Nous disent-ils ce qu'ils se sont proposé comme un idéal, sans nous indiquer qu'ils n'ont pas réussi à le réaliser ? Ou nous apprennent-ils exac-

(1) L'Almanach de l'Université impériale de 1812 n'en donne que cinquante-sept.

tement ce que fut leur œuvre? Les inspecteurs sont-ils compétents pour apprécier les maîtres, pour interroger les élèves, pour comprendre et juger les études? Et s'ils le sont, ont-ils toujours l'impartialité requise? Ont-ils donné le temps qu'il fallait pour se rendre un compte exact de la valeur des professeurs et des progrès des jeunes gens? Questions analogues pour les examinateurs ; sont-ils compétents? Sont-ils impartiaux? Dans les épreuves écrites, sont-ils sûrs qu'il n'y a pas eu de fraude ou peuvent-ils conclure, de ce que le candidat a réussi ou manqué une question, qu'il sait ou ignore toutes les autres? Dans les épreuves orales, ont-ils interrogé de façon à s'assurer que celui qui répond bien n'a pas eu la chance d'être placé sur le seul terrain qu'il connaissait? Que celui dont les réponses étaient peu satisfaisantes avait été arrêté par la timidité ou aurait réussi s'il eût été interrogé autrement ou sur d'autres sujets? D'une façon générale, inspecteurs et examinateurs peuvent-ils, en un jour ou moins encore, voir quels résultats ont donnés des études poursuivies pendant une ou plusieurs années?

Enfin, si les maîtres sont excellents et ont fait ce que l'on voulait d'eux, comme le fit Bossuet pour le Dauphin, les élèves ont-ils profité, comme ils le devaient et le pouvaient, de l'enseignement qui leur fut ainsi préparé? Par contre, si les élèves n'ont pas répondu, dans l'avenir, aux espérances qu'autorisaient le mérite et l'enseignement des maîtres, est-ce la faute des uns ou des autres, ou bien cela est-il dû aux conditions d'existence dans lesquelles les ont placés la famille et la société? Et s'ils sont devenus des hommes remarquables, le doivent-ils à l'enseignement qu'ils ont reçu ou à leur travail ultérieur?

Ainsi l'histoire des écoles actuellement existantes, possible avec le grand nombre de documents qu'elles nous fournissent, difficile, en raison des questions multiples que soulèvent l'interprétation et l'appréciation de ces documents, est pour tous d'un intérêt incontestable.

Sans doute, c'est un problème de savoir, pour chaque individu et chaque société, quelle place l'activité réfléchie et consciente, raisonnée et raisonnable tient directement ou indirectement, dans la vie humaine. On peut désirer que chaque acte, à l'origine ou par acceptation, soit conforme à la raison, que les actes de tous les individus, dans leurs associations les plus différentes, tendent à réaliser le vrai, le beau et le bien ; mais on ne saurait nier que, pour certains individus et certaines sociétés, l'activité spontanée et réflexe, provoquée par les agents extérieurs, l'activité instinctive, innée ou héritée, des habitudes qui n'ont rien à voir avec la raison, sont tout ou presque tout, soit que le développement intellectuel et réfléchi ne puisse avoir lieu, soit qu'il se trouve arrêté ou même annihilé. D'un autre côté, admettons une liaison entre les actions individuelles ou sociales et l'instruction, qui donne les idées, l'éducation, qui constitue les habitudes, forme le caractère, discipline et fortifie la volonté. Il faudra nous souvenir que les connaissances s'acquièrent, que l'intelligence s'étend et s'affine, non seulement dans les écoles, mais encore dans la famille et les société diverses, par les livres, les revues et les journaux, par l'observation personnelle des hommes et des choses, par la recherche méthodique de la vérité. De même l'éducation, individuelle et sociale, se fait, à vrai dire, dans les écoles, mais aussi par la famille et par les camarades, par l'atelier et la caserne, par les institutions, les coutumes et les lois, par l'imitation et la lecture, par la réflexion et l'effort personnel. Même il arrive que les écoles manquent à leur tâche, distribuent des connaissances incomplètes ou fausses, ne fassent rien pour l'éducation intellectuelle, générale ou professionnelle, qu'elles soient ainsi inutiles et parfois nuisibles.

Toutefois, pour l'éducation comme pour l'instruction, le but poursuivi par les plus intelligents et les meilleurs d'entre nous, c'est de faire que la famille et la société, les hommes, leurs œuvres de toute espèce et les choses elles-mêmes concourent, avec les écoles, à la formation physique, intellectuelle et morale, générale et professionnelle des individus, considérés en eux-mêmes et dans leurs relations entre eux. Et dans la réalisation de cet idéal, les écoles peuvent et parfois doivent intervenir pour une part considérable. Elles agissent sur l'enfant, au moment où son cerveau reçoit les impressions les plus fortes et les plus durables, où la mémoire est la plus fraîche, l'intelligence la plus souple. Comme leur action s'exerce simultanément sur un nombre considérable d'enfants et de jeunes gens, elle se trouve fortifiée et multipliée par les réactions des uns sur les autres, de tous sur chacun. Si la fréquentation est régulière pendant plusieurs années, si l'école a eu les parents avant les enfants, la famille agit dans le même sens ; si elle a été instituée pour préparer les jeunes gens à remplacer leurs pères ou même à faire plus et mieux, si la société coordonne ses efforts pour un but identique, l'école donne tout son effet utile. Quand il en est ainsi, mais seulement alors, on peut dire, avec M. Jules Simon : « Le peuple qui a les meilleures écoles est le premier peuple ; s'il ne l'est pas aujourd'hui, il le sera demain ».

Etudier le fonctionnement, passé ou présent, d'une semblable école, c'est travailler à connaître les pères et leurs enfants, à comprendre les actes des uns et à prévoir la vie des autres. L'histoire des écoles, qui est une partie considérable de l'histoire des institutions, éclaire d'une lumière nouvelle celle des idées et des faits. Surtout elle nous procure un avantage immédiat et considérable : sachant ce qui a été obtenu dans un pays et un temps déterminés, avec telle organisation scolaire, nous pouvons parfois introduire celle-ci, partiellement tout au moins et, *mutatis mutandis*, dans la société dont nous faisons partie. Toujours nous apprenons ce que devient un peuple qui transforme ses écoles ou y fait régner un esprit nouveau, par exemple ce que les *Discours de Fichte à la nation allemande* ont fait des Universités, des écoles et du pays ; ce que les Universités actuelles ont produit pour le commerce et l'industrie de l'Allemagne, peut-être même ce que les transformations scolaires de l'Angleterre présagent de sa politique et de ses aspirations futures.

Dans la période médiévale, c'est l'histoire des écoles du VIIIe au XIIIe siècle qui mérite plus spécialement d'être étudiée ; car c'est l'époque la plus curieuse peut-être de la période théologique qui va du Ier au XVIIe siècle (ch. III, VII) : l'Orient, après que Justinien a fermé l'école d'Athènes en 529, n'a plus que des écoles chrétiennes, la civilisation arabe, que provoquent, facilitent ou accompagnent les travaux des Byzantins et des Juifs, atteint son apogée en Orient et en Occident ; l'Occident chrétien prépare, par ses écoles, les futures Universités. Chrétiens, Arabes et Juifs, préoccupés surtout de Dieu et de l'immortalité, s'approprient cependant à l'envi les dépouilles des Latins et des Grecs.

En raison de l'importance attribuée à la révélation et à la tradition, de la rareté des manuscrits, de l'absence de journaux, de revues et de livres imprimés, tout enseignement est scolaire, toute science se transmet oralement (1). Il y a une histoire, une théologie, une philosophie scolastiques. C'est dans les écoles qu'on étudie le droit canonique et le droit romain; qu'on apprend, de la médecine et des sciences, tout ce qui n'est pas pur empirisme. En outre, les institutions civiles et politiques, les fêtes et les prescriptions religieuses, les œuvres littéraires et artistiques supposent des croyances identiques dont le triomphe est, pour tous, un but commun et définitif; tout concourt à continuer, à maintenir et à compléter le travail de l'école et des maîtres.

Pour comprendre ces institutions scolaires et cet enseignement, il faut, par les écoles italiennes et espagnoles, surtout irlandaises et byzantines, remonter jusqu'à celles de la Grèce et de Rome. Il faut en suivre le développement régulier dans les Universités, du XIII° au XVII° siècle, par conséquent embrasser dans son ensemble, et, en partant d'un point vraiment central, la pensée du moyen âge.

Les difficultés abondent. D'abord celles qui se produisent à propos des écoles contemporaines, pour interpréter et apprécier les documents, pour voir si les hommes ont bien mis en pratique ce qu'ils avaient projeté et résolu. Puis les documents authentiques sont peu nombreux et la différence de mœurs, de coutumes, d'institutions en rend l'intelligence moins aisée et moins assurée. Les apocryphes pullulent et sont d'autant plus explicites qu'ils s'écartent davantage de la vérité. L'usage des *deflorationes* qui fait qu'on retrouve chez Alcuin (ch. VI, I. 2), par exemple, des pages entières d'Isidore et de Bède, nous oblige à nous demander si l'on ne s'est pas borné parfois à reproduire, sans les comprendre, des œuvres antérieures; surtout il nous fait une loi de nous prononcer, avec une grande circonspection, sur l'originalité des maîtres, quand nous voyons encore Guillaume d'Auvergne, évêque de Paris, s'approprier, sans en rien dire, un traité sur l'immortalité de l'âme de Gundissalinus! (2) A l'usage des *deflorationes* se joint celui de la méthode allégorique, qui peut nous conduire à prendre à la lettre ce qui est dit en un sens figuré ou à interpréter, d'une façon inexacte, ce que nous voulons ramener au sens littéral (ch. II, 6; III, 1, 3, 4, 10). Enfin les habitudes apologétiques ont passé, plus d'une fois, des écrivains du moyen âge, aux Bénédictins et aux historiens nos contemporains. On se crée pour chaque type, un idéal de perfection, et l'on attribue à chacun des personnages qui l'incarnent, non ce qu'il a fait, mais ce qu'il a pu et dû faire. Tel évêque, qui était instruit, a *dû* fonder des écoles; tel monastère n'*eût* pas été aussi florissant, s'il n'en avait eu une ou plusieurs autour de lui; tel maître *eût* été moins éminent, s'il n'*eût* pas enseigné telle matière et s'il ne l'*eût* pas enseignée de telle façon; tel disciple n'a *pu* négliger les doctrines exposées par son maître; telle époque n'a *pu* être privée de telles ou telles institutions, de telles ou telles œuvres. Et sur ces indications inexactes ou risquées, on a trop souvent fondé des généralisations hâtives qui rapprochent, sans raison légitime, des choses éloignées par l'espace et par le temps, qui étendent à toutes et à tous, ce qui est vrai pour une seule école et pour un seul maître.

---

(1) Ce que dit Hauréau, I, 33 et suiv., est surtout vrai des VIII°, IX°, X°, XI°, XII° et XIII° siècles.
(2) Bülow, *Des Dominicus Gundissalinus Schrift von der Unsterblichkeit der Seele, Anhang enthaltend des Wilhem von Paris (Auvergne) de immortalitate animæ*, 1897.

C'est pourquoi il est nécessaire de préparer des monographies sur une école, sur un maître et ses disciples, sur une des matières enseignées, sur la méthode suivie et sur les livres employés dans les écoles qui se sont succédé ou ont existé simultanément, du VIII⁰ au XIII⁰ siècle, bref sur un des problèmes qui n'ont pas été résolus et sur lesquels les documents nous permettent de jeter une lumière suffisante. Il va sans dire qu'il ne s'agit pas de recommencer ce qui aurait été bien fait, mais d'augmenter le nombre des travaux de ce genre, après avoir indiqué ceux qui méritent de subsister ou même de servir de modèles, parce que leurs auteurs ont dit la vérité et rien que la vérité, parce qu'ils ont, non seulement écarté ce qui est faux ou gratuitement hypothétique, mais encore distingué ce qui est vrai, ce qui est probable, ce qui est vraisemblable.

Le premier travail à entreprendre ou, tout au moins, le plus général consiste à dresser la liste aussi complète que possible, des écoles dont l'existence, du VIII⁰ au XIII⁰ siècle, est indubitablement établie, parce que l'on connaît au moins quelques-uns de leurs maîtres ou de leurs disciples. Aux écoles arabes de Cordoue, de Bagdad, aux écoles juives, aux écoles byzantines, on joindra celles d'Espagne, d'Italie, d'Irlande, d'Ecosse et d'Angleterre, de France et d'Allemagne, dont chacune, spécialement celles d'Irlande, du Palais et de Tours, de Fulda et d'Auxerre, de Reims et de Laon, de Chartres, de Paris et du Bec, de Cordoue et de Tolède, de Bologne et de Salerne, a été ou pourrait être l'objet d'une monographie spéciale. Et l'histoire des empereurs et des rois, des papes, des évêques et des abbés fournira l'occasion de se demander s'ils ont fondé, restauré ou encouragé des écoles.

Puis, pour chacune, on rassemblera les documents contemporains et on en déterminera la valeur (ch. 1) ; on cherchera si les documents postérieurs s'appuient sur des témoignages aujourd'hui perdus, si ce ne sont que de pures conjectures ou des affirmations gratuites. L'examen des travaux auxquels l'Ecole a donné lieu, fait après cette étude préliminaire, montrera s'ils doivent être conservés ou s'il convient de les remplacer par une monographie nouvelle.

Dans ce dernier cas, voici quelques-unes des questions qu'on pourra se poser, sans préjudice de celles qui naîtront au fur et à mesure de l'étude approfondie des textes :

1° Quel but a poursuivi le fondateur ? Est-il indiqué expressément ou faut-il le conjecturer d'après les documents ?
2° Combien de temps a-t-elle duré ?
3° Quelle fut son installation matérielle, son organisation générale, ses règlements, son emploi du temps annuel et journalier, ses ressources financières et autres ?
4° Quels en furent les maîtres et que sait-on de chacun d'eux ?
5° Que sait-on des élèves, clercs ou laïques, séculiers ou réguliers ?
6° Quelle instruction et quelle éducation y recevait-on ?
7° L'éducation était-elle donnée par tous les maîtres, ou par quelques-uns ? L'a-t-on considérée parfois comme devant former l'individu pour toute la vie ? Ou bien d'autres que les maîtres, à qui est réservée l'instruction, sont-il chargés de l'éducation, à l'école comme partout ailleurs ? Est-elle individuelle et sociale, humaine et religieuse, morale, politique et professionnelle ?

8° *L'instruction était-elle donnée d'après un plan déterminé et tracé à l'avance ? Ou ce plan se dégage-t-il des documents contemporains, des livres des maîtres ou des élèves ?*

9° *Quelles étaient les matières enseignées ? Quel ordre et quelle méthode suivait-on pour les enseigner ? Quels étaient les exercices scolaires ? Quelle était l'instruction générale, religieuse, morale et professionnelle ?*

10° *Que sait-on des livres sacrés ou profanes, employés pour l'enseignement, des bibliothèques et des copistes ?*

11° *Quels livres, Commentaires, Manuels, Sommes, etc., furent composés par les maîtres ?*

12° *Quels furent les rapports des écoles entre elles et avec les autorités laïques et ecclésiastiques ?*

On pourra pour chacune des questions précédentes, procéder à une analyse nouvelle, soit qu'il s'agisse d'une seule, soit qu'il s'agisse de plusieurs écoles, à propos desquelles on voudrait réunir et interpréter des textes identiques ou analogues. Ainsi pour les maîtres il y aura lieu de se demander :

1° *D'où viennent-ils ? Sont-ils laïques, séculiers ou réguliers ?*

2° *Comment se sont-ils formés ? Quels maîtres ont-ils entendus ? Quelles écoles ont-ils fréquentées ? Quels voyages ont-ils entrepris ? Ont-ils enseigné et, en quelque sorte, fait leur apprentissage sous un de ces maîtres ? Quelles étaient leurs connaissances générales et spéciales au moment où ils commencèrent à enseigner ? Les ont-ils augmentées par la suite ?*

3° *Suivaient-ils un programme et ce programme était-il réparti en plusieurs années ? Quelle méthode employaient-ils ? Quelle part faisaient-ils aux livres, anciens ou modernes, à la parole ? Composaient-ils des livres pour leurs étudiants ? Lisaient-ils des cahiers ? Improvisaient-ils ?*

4° *Quelles furent leurs relations avec les étudiants, avec leurs collègues, avec leurs contemporains, laïques ou ecclésiastiques ?*

5° *Leurs œuvres furent-elles composées avant, pendant ou après leur enseignement ? Le résumaient-elles, le préparaient-elles ou en étaient-elles un complément ? Quelle en fut l'influence sur leurs élèves, leurs contemporains, leurs successeurs ? Qu'y a-t-il de réel dans les dialogues qu'on rencontre, par exemple, dans les œuvres d'Alcuin, de Jean Scot Erigène, de Conrad de Hirschau ?* (1)

6° *Quelle influence, directe et indirecte, ont-ils exercée sur leur époque et sur celles qui ont suivi ?*

7° *Combien de temps enseignaient-ils ? Que devenaient-ils quand ils cessaient d'enseigner ? Qui les nommait ? Qui les surveillait ? Qui les remplaçait ?*

8° *Quelles doctrines, empruntées ou originales, ont-ils enseignées et transmises ?*

De même, on cherchera à savoir, à propos des élèves d'une école, de plusieurs ou de toutes, quelles étaient leur provenance et leurs conditions d'existence,

---

(1) Schepss, *Conradi Hirsaugiensis dialogus super auctores sive Didascalion, eine Litteraturgeschichte aus dem Jahrhundert erstmals. hgg.*, Würzburg, 1889.

quelle fut leur vie scolaire et quelle en fut la durée, quelles situations ils occupèrent, etc.

Sur les matières enseignées, on verra quel fut le programme et quelle fut la méthode, soit qu'on place en groupes voisins et se complétant les uns les autres, le trivium, le quadrivium, les autres sciences, la médecine et le droit, la théologie et la philosophie ; soit qu'on fasse une analyse complète et qu'on s'occupe, successivement ou à part, de la grammaire, de la rhétorique et de la dialectique, de l'arithmétique et de la géométrie, de la musique et de l'astronomie, de la physique et de la philosophie, de la morale et de la politique, de la religion et de la théologie, de la médecine et de l'alchimie, du droit romain et du droit canonique.

Supposez qu'on ait rassemblé avec soin et critiqué tous les textes significatifs, qu'on en ait tiré, d'après les indications précédentes, toutes les monographies qu'ils peuvent fournir, pour l'histoire complète de chaque école ou pour une histoire fragmentaire et chronologique des maîtres, des doctrines, des enseignements et des méthodes, on ne saurait pas sans doute tout ce qu'ont appris, enseigné ou pensé, tout ce qu'ont souhaité et tenté, pour leur éducation et celle de leurs enfants, les hommes du VIIIe au XIIIe siècle, car ils ont négligé de nous transmettre bien des renseignements et bon nombre de documents se sont perdus, mais on connaîtrait tout ce qu'il est humainement possible de savoir, en ce sens, sur une époque qui fut la plus brillante, pour la civilisation arabe, et qui a préparé celle dont s'inspirent et que veulent, en partie, faire revivre les catholiques fidèles aux enseignements de Léon XIII. Par ce côté encore, cette étude, historique et impartiale, est utile, indispensable même, aux néo-thomistes et aux néo-scolastiques, comme à ceux qui, tout en tenant compte du passé, entendent défendre contre eux, maintenir et développer des institutions uniquement fondées sur une adhésion pleine et entière aux enseignements des sciences et de la philosophie modernes.

Nous avons vu (ch. I, 10), quels services l'histoire des religions peut rendre à l'histoire des philosophies. Il a été établi brièvement, d'autre part (II, 6), que celle-ci, pendant tout le moyen âge fut intimement liée et de façons fort diverses, avec les théologies. Il convient donc, pour en faire l'étude aussi approfondie que possible, de chercher quelle méthode il faut appliquer à l'histoire des rapports des théologies et des philosophies médiévales.

Nous nous attacherons, de préférence, aux philosophies chrétiennes, dont le développement a été plus complexe, puisqu'elles ont puisé dans les philosophies antiques, arabes et juives, et plus continu, puisqu'elles vont des premiers siècles à nos jours. Et nous indiquerons d'abord quels sont les principaux problèmes qui se posent, de ce point de vue, pour toute cette période.

A son origine, le christianisme fut dans une opposition presque complète avec la philosophie grecque. Les Grecs, dit M. Edouard Zeller, cherchent le divin dans la nature qui, corrompue par le péché, perd tout son prix pour les chrétiens en présence de la toute-puissance et de l'infinité du Créateur. Ils veulent connaître les lois du monde et, dans la vie humaine, ils poursuivent l'harmonie de l'esprit et de la nature. Le chrétien renonce à la raison, corrompue elle aussi par le péché, pour se réfugier dans la révélation. Son idéal, c'est l'ascétisme, brisant tout lien entre la raison et la sensibilité. Il remplace les héros, qui luttent et jouissent comme des hommes, par des saints d'une apathie monastique, les dieux enflammés de désirs sensuels par des anges privés de sexe, un Zeus qui goûte et légitime toutes les jouissances terrestres par un Dieu qui, pour condamner ces jouissances, se fait homme, en sacrifiant sa propre vie.

Mais l'homme n'abandonne pas, du jour au lendemain, toutes les idées qui l'ont fait vivre pendant des siècles. Même quand il le veut, fût-il un Descartes, il ne peut faire table rase dans son esprit : quoi qu'il en ait et quoi qu'il fasse, les idées anciennes reparaissent et se mêlent à l'idéal nouveau, surtout quand elles sont étroitement associées à des sentiments qu'on peut condamner et chercher à détruire, mais qui rarement disparaissent tout à fait de l'âme humaine, dont ils forment le fond le plus intime. La philosophie, comme la civilisation grecque, que le christianisme semblait devoir supprimer, se fondront dans le christianisme et lui donneront ainsi un aspect tout nouveau. Mais, pour renouer la tradition, pour savoir ce qu'il convient d'emprunter au passé, il y aura une lutte longue et acharnée, qui dure encore et s'est compliquée, avec les découvertes scientifiques et leurs applications industrielles, d'éléments nouveaux qui rendent la synthèse de plus en plus difficile (1).

Du premier siècle au concile de Nicée (III, 2,3), la théologie et la philosophie se combattent, se pénètrent, s'allient. S. Paul donne l'exemple en invoquant le Dieu inconnu des Athéniens et le Dieu des stoïciens dans lequel nous sommes, nous vivons et nous nous mouvons (ch. V). Les gnostiques se rattachent aux philosophes. Certains points de la doctrine de Saturnin sont éclairés par des passages de Plutarque. Les partisans de Carpocrate ont une vénération presque égale pour Jésus et S. Paul, pour Homère et Pythagore, Platon et Aristote. Le fils de Carpocrate, Epiphane, professe un communisme anarchique qui découle des principes religieux de son père, mais aussi de la *République* de Platon. Basilide rappelle, en plus d'un point, Platon, Aristote et Philon. Valentin qui avait, a-t-on dit, reçu une éducation platonicienne, s'efforce de fondre le christianisme avec les doctrines orientales, mais aussi avec le platonisme, le pythagorisme et le stoïcisme. Ses disciples placent la fin négative des hommes spirituels, à la façon des pyrrhoniens, dans l'apathie ou le repos de l'esprit; leur fin positive dans une connaissance parfaite de Dieu, acquise par la communauté tout entière. De l'origine du mal, les manichéens donnent une solution, souvent attaquée, souvent reproduite de S. Augustin à Bayle et à Leibnitz. Pour S. Irénée, Hyppolyte et Tertullien, les gnostiques ont emprunté leurs doctrines à la philosophie grecque. Sans doute, ils combattent ainsi tout à la fois les hérétiques et les philosophes, et leurs affirmations peuvent paraître suspectes. Mais Plotin, qui n'a aucune raison de maltraiter les derniers, soutient également que les gnostiques relèvent de Platon (III, 5).

Les mêmes préoccupations se trouvent chez les Apologistes. Saint Justin croit que presque toutes les doctrines chrétiennes sont contenues dans la philosophie et la mythologie païennes; il incline vers le platonisme, mais il estime les stoïciens. Parmi les hommes pieux, il place Socrate, Héraclite et Musonius, les patriarches et les prophètes. Or S. Justin a exercé une influence considérable sur ses successeurs : *Justinus ipse*, écrivait Lange, en 1795, *fundamenta jecit, quibus sequens ætas totum illud corpus philosophematum de religionis capitibus, quod a nobis*

(1) Voir Ritter, Ueberweg-Heinze, *cit. op.*, et *Bibliographie générale*.

hodie thǒlogica thetica vocatur supertruxit (1). Tatien (2), ancien sophiste nomade, combat la civilisation, les mœurs, les arts et la science grecque; il reproche aux philosophes leurs contradictions et devient le chef d'une secte gnostique. Les écrits d'Athénagore portent presque partout l'empreinte de la philosophie grecque et surtout du platonisme; en raison de ses études profanes, il donne à la vie physique plus d'attention que les autres écrivains philosophiques. Chez Théophile, qui déclare insensées les doctrines des poètes et des philosophes païens, qui réfute le platonisme et l'aristotélisme d'Hermogène, qui reprend beaucoup chez Platon lui-même, il y a cependant plus d'un emprunt au platonisme. Pour Hermias, qui prétend prouver que les opinions des philosophes se contredisent, la philosophie vient des démons, issus de l'union des anges déchus avec les femmes de la terre. Hippolyte, après Irénée, condamne la sagesse hellénique et les doctrines philosophiques, les mystères et l'astronomie. Tertullien, qui finit par s'attacher à l'hérésie de Montanus, poursuit avec acharnement la philosophie, mère des hérésies : Aristote, qui a donné la dialectique aux hérétiques; les platoniciens, qui ont inspiré Valentin; les stoïciens qui peuvent revendiquer Marcion; les épicuriens, qui nient l'immortalité de l'âme; tous les philosophes, qui rejettent la résurrection et sont les véritables patriarches des hérétiques. Mais, sur l'âme et sur Dieu, Tertullien se rapproche des stoïciens. Sous une forme anticipée, il énonce l'argument de Descartes sur la véracité divine. En platonicien, il soutient que tout est disposé, dans l'univers, de manière à former le système le plus beau, témoignant ainsi, comme dit Ritter, d'une sympathie hétérodoxe pour la civilisation grecque, puisque le chrétien a moins affaire au beau qu'au bien et n'identifie nullement l'un avec l'autre. C'est de même à la conception antique de la justice distributive que Tertullien se rattache, quand il trouve la justice de Dieu si intimement liée à sa bonté, qu'il refuse de la déduire de la nécessité des châtiments et maintient qu'elle est en rapport avec la répartition des contraires dans le monde. Enfin, il réclame la liberté religieuse en termes que rappelleront souvent les philosophes du xviiie siècle (3). Ainsi, cet homme qui se dit l'ennemi de toute philosophie, est doué d'un esprit philosophique, il cherche à se rendre compte de la foi et prépare le développement de la philosophie chrétienne !

(1) Dissertatio, in qua Justini Mart. Apologia prima sub examen vocatur Iéna, 1795, I, p. 7, cité par Ueberweg-Heinze, 8° édition, p. 55.
(2) Voir Puech, *Tatien* (op. cit., *Bibliographie générale*).
(3) Humani juris et naturalis potestatis est unicuique quod putaverit colere. Nec alii obest aut prodest alterius religio. Sed nec religionis est cogere religionem quæ sponte suscipi debeat, non vi, quum et hostiæ ab animo libenti expostulentur. Ita etsi nos compuleritis ad sacrificandum, nihil præstabitis diis vestris (Ad Scap. 2), Colat alius Deum, alius Jovem, alius ad Cœlum supplices manus tendat, alius ad aram Dei, alius, si hoc putatis, Nubes numeret orans, alius Lacunaria, alius suam animam Deo suo voveat, alius hirci. Videte enim, ne et hoc ad irreligiositatis elogium concurrat, adimere libertatem religionis et interdicere optionem divinitatis ut non liceat mihi colere quem velim, sed cogar colere quem nolim. Nemo se ab invito coli volet, ne homo quidem (Apol. C. 24). Remarquons que Tertullien est un de ceux qui ont donné au principe de perfection la forme la plus opposée aux principes de contradiction et de causalité. « Crucifixus est dei filius; non pudet, quia pudendum est. *Et mortuus est dei filius; prorsus credibile est, quia ineptum est. Et sepultus resurrexit; certum est, quia impossibile est* » (*De carne Chr.* 5).

Dans la doctrine trinitaire qui s'élabore par les luttes avec les monarchiens et grâce à des emprunts aux néo-platoniciens (ch. III et V), il convient, ce semble, de rapporter tout à la fois à l'histoire théologique des dogmes et à l'histoire de la philosophie chrétienne, ce qui repose sur des principes spéculatifs. D'ailleurs Hippolyte a comparé la doctrine de Noëtus à la doctrine héraclitéenne de l'identité des contraires, qui en est, selon lui, l'origine. Puis on signale des analogies entre Sabellius et Philon, on dit que Sabellius se rattache au panthéisme stoïcien et professe l'éternité de la matière; que dans les controverses sur la Trinité, c'est surtout l'idée païenne du rapport du monde avec Dieu qui s'éleva contre le mystère chrétien; que les païens qui avaient adhéré en grand nombre au christianisme à l'époque des controverses ariennes, ont rendu la philosophie grecque maîtresse de l'école et de la pensée chrétiennes.

Dans l'école catéchétique d'Alexandrie, saint Clément ne se prononce pour aucun système, mais il marque une certaine préférence pour le platonisme. C'est un véritable éclectique pour qui la Providence a, par les philosophes, préparé les païens à goûter la révélation du Christ, pour qui la philosophie grecque, avant-courrière du christianisme, marche de pair avec les révélations des Juifs; pour qui refuser de reconnaître dans la philosophie un ouvrage divin, c'est blasphémer contre l'universalité de la divine Providence. La connaissance de la philosophie et de la science grecques lui semble absolument nécessaire pour l'intelligence de l'Écriture sainte; la dialectique stoïcienne, excellente pour prouver les vérités de la foi. Sa psychologie doit beaucoup à Platon et aux stoïciens et on a pu montrer en lui un retour de la doctrine chrétienne du Rédempteur à la doctrine platonique du monde des Idées. Origène lit Platon, Numénius, Modératus, Cornutus et écoute Ammonius Saccas. Il cherche à justifier la foi par des preuves philosophiques, à combler les lacunes qu'il croit trouver dans le christianisme, par des doctrines empruntées aux philosophes grecs, à Platon, à Philon, aux stoïciens, avec lesquels il voit en Dieu une substance qui pénètre le monde et dont il admet les théories sur la liberté, sur les germes, sur l'embrasement de l'univers. Il combat le platonicien éclectique Celse, considéré à tort par lui comme un épicurien, mais fournit lui-même des armes aux ariens et aux pélagiens.

A peu près à la même époque, Minucius Félix, s'inspirant du *de Natura Deorum* de Cicéron, compose le dialogue dans lequel le chrétien Octavius, réfutant le païen Cécilius, soutient que presque tous les philosophes ont reconnu l'unité de la Divinité. Arnobe, formé par la philosophie païenne, exprime un certain nombre d'idées qui se rapprochent plus peut-être de la philosophie grecque que du christianisme. Il loue Platon, et sera revendiqué par la Mettrie — ce que Condillac eût pu faire à plus juste titre — pour un de ses précurseurs. Lactance, rhéteur avant sa conversion, cite plus souvent les auteurs païens que l'Évangile, combat, comme Tertullien, la philosophie fausse et vaine, INANIS ET FALSA, met en relief les contradictions des écoles, mais s'inspire, comme Arnobe, du *de Natura Deorum* et emprunte des arguments aux stoïciens, spécialement pour maintenir contre les épicuriens le dogme de la Providence. Il affirme que si quelqu'un recueillait les vérités éparses dans les diverses écoles philosophiques, en faisait un choix et les réunissait en un seul corps, elles ne se trouveraient pas en contradiction avec les doctrines chrétiennes.

Le concile de Nicée formule les dogmes fondamentaux de l'Église; il reproduit l'expression φῶς ἐκ φωτός dont Plotin s'est servi pour désigner les rapports de l'Intelligence au Bien. Saint Athanase, qui donne son nom à un Symbole, combat les épicuriens qui nient la Providence, Platon qui ne voit pas en Dieu le Créateur ; mais il se rapproche souvent des néo-platoniciens et en particulier de Plotin.

De 325 à 529 (III, 6) l'Église chrétienne développe les doctrines acceptées par le concile de Nicée, définitivement triomphantes après celui de Chalcédoine et elle les défend contre les hérésies sans cesse renaissantes. Puis, de 529 au VIIIe siècle (III, 6), elle achève de s'assimiler les doctrines néo-platoniciennes qu'elle avait vaincues et reste à peu près seule en possession d'une civilisation que les barbares ne parviennent pas à détruire.

Saint Basile, saint Grégoire de Nazianze et saint Grégoire de Nysse ont une grande estime pour Origène. Saint Basile et saint Grégoire de Nazianze passent quatre ou cinq ans à Athènes avec des néo-platoniciens et donnent une anthologie des écrits d'Origène. Dans son ouvrage contre Eunomius, saint Basile reproduit, sous le titre de *Oratio de Spiritu Sancto*, plusieurs pages de Plotin, où il se borne à remplacer l'Âme du monde par l'Esprit saint. A. Jahn a pu recueillir et mettre en parallèle un nombre assez considérable de passages identiques chez Plotin et saint Basile, en leur donnant pour titre *Basilius magnus Plotinizans*. Saint Grégoire de Nysse se rattache également au néo-platonisme et se propose de porter la philosophie ancienne dans la sphère de la théologie chrétienne. Dans la *Création de l'homme*, il combine les propositions bibliques avec des doctrines platoniciennes, péripatéticiennes et une physiologie téléologique. Des digressions nombreuses sur les doctrines et certains passages de Platon nous indiquent sa préférence pour le platonisme. Synésius, disciple de la célèbre Hypatie avant d'être chrétien, conserve, comme évêque de Ptolémaïs, ses doctrines antérieures. Il ne croit pas à la destruction du monde, et il est disposé à admettre la préexistence des âmes. Il considère la résurrection comme une allégorie spirituelle, s'inspire du néo-platonisme dans ses poésies et, dans son Traité sur la Providence, reproduit en grande partie les idées de Plotin. Némésius, évêque d'Émèse, se rattache au péripatétisme et surtout au platonisme. Énée de Gaza, disciple du néo-platonicien Hiéroclès ; Jean Philopon, qui commente Aristote en accentuant la différence du platonisme et du péripatétisme, acceptent du néo-platonisme les doctrines qui s'accordent avec le dogme chrétien. Le Pseudo-Denys l'Aréopagite n'emprunte guère au christianisme que les formules et les procédés extérieurs, le germe de sa pensée est tout hellénique. Dans les Noms divins, il développe la doctrine de Plotin sur la théologie négative (ch. V), sur le mal, sur la Providence, et semble avoir même subi l'influence de Jamblique et de Proclus. Maxime le Confesseur, en commentant le Pseudo-Denys, mêle ses doctrines à celles de saint Grégoire de Nysse. Jean de Damas, dans la *Source de la connaissance*, expose l'ontologie aristotélique, combat les hérésies, donne des croyances orthodoxes une exposition systématique, pour laquelle il compile les deux Grégoire et saint Basile, Némésius et Denys l'Aréopagite. La philosophie, surtout la logique et l'ontologie, sont pour lui l'instrument de la théologie.

Dans l'église d'Occident, saint Augustin exerce une influence prépondérante sur les théologiens et les philosophes postérieurs. Élevé par une mère chrétienne, il professe d'abord la rhétorique et éprouve une impression profonde en lisant l'*Hortensius* de Cicéron. Séduit par le dualisme manichéen, il subit l'influence des académiciens et il lit les écrits platoniciens dans la traduction de Victorinus. Saint Ambroise l'en félicite, parce que tous les raisonnements des platoniciens tendent, dit-il, à élever l'esprit à la connaissance de Dieu et de son Verbe. Combattant ensuite les manichéens en s'inspirant de Plotin, saint Augustin espère, pendant un certain temps, qu'il ne trouvera rien dans les platoniciens qui soit contraire au christianisme. Après avoir hésité assez longtemps entre le christianisme et la philosophie ancienne, il se range tout à fait du côté du christianisme, sans cesser de croire cependant que les philosophes païens ont aperçu la vérité entourée de ténèbres. Il reste encore philosophe en empruntant aux stoïciens la théorie si souvent reproduite, que la connaissance suppose le consentement de la volonté ; à Plotin, la théorie de la purification de l'âme, un exemple célèbre sur l'essence de la cire qui passera dans les *Méditations* de Descartes, et les doctrines sur l'immortalité. Ses théories sur la prédestination, la liberté et la grâce sont aussi importantes dans les développements de la philosophie que dans celui de la théologie. A plusieurs reprises on a étudié sa philosophie, sa psychologie, exposé son anthropologie, sa logique et sa dialectique, sa théorie de la connaissance et son importance pour le développement historique de la philosophie considérée comme science pure, sa théorie de la connaissance de soi-même comparée à celle de Descartes, sa philosophie de l'histoire, ses pensées philosophiques sur la Trinité, sa doctrine de l'immortalité. On l'a signalé avec raison comme un des principaux intermédiaires par lesquels saint Thomas et Bossuet, Malebranche, Fénelon et Leibnitz, ont connu les doctrines plotiniennes. Jansénius, Arnauld, Nicole et Pascal sont des disciples de saint Augustin, que réclament également l'histoire de la philosophie et celle de la théologie (1).

Claudianus Mamertus, dans le *de Statu animæ*, qui selon quelques auteurs a inspiré les *Méditations* de Descartes, suit surtout saint Augustin et Plotin. Boèce, formé par les néo-platoniciens, traduit, explique et commente des écrits d'Aristote, de Porphyre et de Cicéron. Dans son *de Consolatione philosophiæ*, il reproduit les idées de Plotin sur le temps, l'éternité, sur la théorie stoïcienne de la sensation, la Providence, le destin, etc. Cassiodore relève d'Apulée, de Boèce, de saint Augustin, et reproduit en grande partie la psychologie de Plotin. Isidore de Séville suit Boèce et Cassiodore, qu'il joint à des extraits des Pères de l'Eglise.

Sur cette période de l'histoire du christianisme, qui va du 1er au viiie siècle, les sujets d'étude ne manquent pas. En utilisant les travaux déjà publiés, surtout en comparant soigneusement les textes, on peut chercher ce que chaque écrivain chrétien a connu des philosophes grecs et latins ; ce qu'il leur a réellement emprunté ; comment il a concilié ces emprunts avec les dogmes chrétiens ; comment les doctrines philosophiques ont pris un caractère nouveau en passant dans l'Eglise. De même, il y a lieu de se demander dans quelle mesure les doctrines philosophiques ont contribué à donner aux dogmes la forme qu'ils présentent après les conciles de Nicée et de Chalcédoine ; ce qu'il convient d'entendre par le platonisme des Pères, à propos de chacun desquels on verrait quelles questions et quelles réponses leur ont fournies Platon, Plotin et leurs disciples. On étudierait la fortune du péripatétisme, du stoïcisme, de l'épicurisme, du pyrrho-

(1) Voir GRANDGEORGE, *op. cit.*, et *Bibliographie générale*.

nisme, de tous leurs représentants dans l'Église jusqu'à Charlemagne. On suivrait les discussions des théologiens et des philosophes, qui, les uns et les autres, appellent les anciens à leur secours ; on essaierait de retracer la lutte qui s'est livrée entre le théologie et la philosophie chez un saint Augustin et un Synésius. On verrait quel rôle ont joué les philosophes dans les controverses entre païens et chrétiens, entre orthodoxes et hérétiques, au temps de Marc-Aurèle, de Plotin ou de Julien. On chercherait enfin jusqu'à quel point il convient de considérer les philosophes grecs comme les *patriarches des hérétiques*.

L'époque qui va de Charlemagne au xviie siècle (III, 9, VII) est une des plus glorieuses, des plus tourmentées et des plus vivantes dans l'histoire du christianisme. C'est la période des croisades, des luttes entre le sacerdoce et l'empire, de la paix et de la trêve de Dieu, de l'inquisition et de la chevalerie. La terre se couvre, comme dit Raoul Glaber, d'un blanc manteau d'églises, puis de cathédrales. On élève des monastères où l'on copie les manuscrits et où l'on rédige des chroniques ; des écoles, des universités, dont les maîtres et les écoliers parcourent l'Europe ; on représente les mystères, on compose les légendes. On croit à l'intervention incessante de Dieu, des anges, des démons ; on renonce à une vie criminelle pour se livrer aux austérités les plus rudes et faire son salut. Après la scission qui se produit dans l'Église au début du xvie siècle, les guerres de religion en Allemagne, en France, en Angleterre, l'institution des jésuites, les querelles des jansénistes, des molinistes, des quiétistes, des protestants et des catholiques montrent que les questions religieuses préoccupent encore les hommes et les peuples (II, 8).

Or, jamais les rapports de la religion, de la science et de la philosophie n'ont été plus intimes, plus incessants qu'à l'époque où le christianisme tenait une place aussi importante dans la vie de l'Occident.

Qu'il suffise de rappeler, pour les temps antérieurs à la Réforme, Jean Scot Erigène et Gerbert, Pierre Damien et saint Anselme, Abélard et Pierre le Lombard ; Walther de Saint Victor qui nomme Abélard, Pierre le Lombard, Gilbert et Pierre de Poitiers, les quatre labyrinthes de la France, parce que, *enflés*, dit-il, *par l'esprit aristotélique, ils ont traité avec une légèreté scolastique de l'ineffable Trinité et de l'Incarnation* ; Jean de Salisbury et Raymond de Tolède ; les décisions prises à l'égard de la métaphysique et de la physique d'Aristote en 1210, en 1215, en 1231 ; l'enseignement d'Albert le Grand, de saint Thomas, de Duns Scot ; l'opinion des théologiens qui voient en Aristote le précurseur du Messie dans les mystères de la nature, comme saint Jean a été son précurseur dans les mystères de la grâce.

Des rapports aussi intimes subsistent entre la théologie et la philosophie après la Réforme et aux premiers temps de la philosophie moderne. Luther croit d'abord qu'il faut détruire de fond en comble les canons et les décrétales, la théologie, la philosophie et la logique scolastiques ; que l'Aristote des scolastiques est l'œuvre des papistes ; que l'Aristote véritable, naturaliste et niant l'immortalité de l'âme, est, pour la théologie, ce que sont les ténèbres par rapport à la lumière. Mais Mélanchthon comprend que la Réforme ne peut se passer de philosophie. Or, pour lui, l'épicurisme manque trop du divin, les stoïciens sont trop fatalistes dans leur théologie, trop orgueilleux dans leur morale ; Platon et les néo-platoniciens, trop hérétiques et trop indécis, la moyenne Académie trop sceptique : on ne peut donc choisir qu'Aristote. Et Mélanchthon convertit à ses idées Luther, qui finit par regarder Aristote comme le plus pénétrant des hommes et sa *Morale*, que Mélanchthon déclarait une pierre précieuse insigne (*insignis gemma*), comme un excellent ouvrage. Quant à Mélanchthon, il s'efforce d'unir la raison et la foi, en sacrifiant Aristote quand il est en opposition absolue avec la foi, en l'unissant quelquefois avec Platon.

Au xviie siècle, même quand la civilisation devient rationnelle et scientifique Descartes met à l'écart les vérités de la foi et refuse d'examiner les fondements de sa religion, comme il a examiné les fondements de sa philosophie. En certains points il reproduit saint Anselme et saint Augustin. Il demande et reçoit des objections et des encouragements des théologiens, et quand on lui fait remarquer qu'il ne lui sert de rien de protester de son attachement à la foi, s'il ne montre que ses principes peuvent s'accorder avec la doctrine de l'Eglise sur la présence réelle, il essaie de s'expliquer, en partant des termes du concile de Trente, sur l'extension du corps de Jésus-Christ dans le sacrement, conformément aux principes de l'étendue essentielle et sans recourir aux accidents absolus. Ses lettres au P. Mesland inquiètent Bossuet et fournissent aux réformés des armes contre le concile de Trente. Violemment attaquées par les jésuites, qui accusent les cartésiens d'être d'accord avec les calvinistes, elles expliquent en partie la persécution à laquelle le cartésianisme fut en butte, à peu près à l'époque où l'on préparait la révocation de l'édit de Nantes. Spinoza compose un traité théologico-politique, dans lequel il emploie, à l'égard des Écritures, un système d'interprétation qui n'épargne pas la personne du Christ. Bossuet, Malebranche, Fénelon, les jansénistes et les jésuites discutent, au point de vue théologique et au point de vue philosophique, les questions de la nature et de la grâce, de la liberté et de la prédestination. Malebranche écrit des *Conversations métaphysiques et chrétiennes*, des *Méditations métaphysiques et chrétiennes*, des *Entretiens sur la métaphysique et la religion*, dont les titres montrent bien qu'il veut unir l'une et l'autre. Leibnitz place, en tête de ses *Essais de théodicée*, un important discours sur la conformité de la raison avec la foi ; il cherche à réunir les catholiques et les protestants, comme il s'efforce de concilier les doctrines des philosophes.

Le xviiie siècle est une époque de lutte, où les théologiens condamnent les philosophes et font brûler leurs livres, tandis que les philosophes combattent les théologiens par le raisonnement et par le ridicule. Au xixe siècle la théologie reprend l'offensive avec De Bonald, Frayssinous, J. de Maistre, Lamennais. Mais il ne faut pas croire qu'il y ait, même alors, séparation absolue entre la religion, la science et la philosophie. Voltaire, d'Alembert, Helvétius, d'Argens se servent d'arguments théologiques ; le cardinal de Polignac, l'abbé de Lignac défendent le cartésianisme et les théologiens ne dédaignent pas, en général, les arguments philosophiques. Kant doit beaucoup au piétisme, et sa philosophie produit un mouvement considérable dans la théologie allemande; Schleiermacher, Baader, Strauss, sont des théologiens et des philosophes. Maine de Biran commente l'évangile de saint Jean ; V. Cousin écrit à Pie IX, en 1856, qu'il poursuit l'établissement d'une philosophie *irréprochable, amie sincère du christianisme*. Buchez, Bautin, Gratry, Ballanche, peut-être même Pierre Leroux et Jean Raynaud, relèvent autant du christianisme que de la philosophie.

Pour expliquer l'influence que la théologie a exercée sur la philosophie, du viiie siècle au xviie, il suffit de rappeler que presque seuls, au moyen âge, les clercs enseignent et ont le droit d'enseigner, que les philosophes d'alors sont des saints, des évêques, des moines, des papes; que les laïques acceptent l'autorité de l'Eglise ou tout au moins celle des Ecritures; que les orthodoxes trouvent par suite dans le dogme, pour un certain nombre de questions capitales, des solutions auxquelles la philosophie n'a qu'à donner une forme plus claire et plus logique; que les hérétiques eux-mêmes conservent, sur plus d'un point, les enseignements de l'Eglise ou les doctrines de l'Ecriture.

Jamais non plus les rapports de la philosophie et de la théologie n'ont été plus complexes et plus difficiles à définir. On sait quelle était au temps de Charlemagne, l'ignorance des hommes qu'il s'agissait de rappeler aux études littéraires. Alcuin (V, VI, VII) et ses successeurs n'avaient d'Aristote que des ouvrages logiques; leur métaphysique leur vint d'ailleurs, du *Timée* et de Chalcidius, d'Apulée, de saint Augustin, de Macrobe, de Cassiodore, de Boèce, du Pseudo-Denys l'Aréopagite et de Jean Scot Erigène. c'est-à-dire en somme du néo-platonisme.

Ainsi les chrétiens d'Occident se trouvent, à la renaissance carolingienne, en présence des doctrines qui avaient déjà inspiré les Pères et les docteurs, mais qui avaient été aussi celles des plus ardents défenseurs du polythéisme. Moins encore que leurs prédécesseurs, ils possèdent l'esprit critique. Aussi ne croient-ils nullement avoir affaire à des doctrines hétérodoxes. Saint Augustin et surtout Denys, dont plusieurs papes ont invoqué l'autorité, les empêchent même de soupçonner que leur orthodoxie court quelque danger. L'influence exercée indirectement par le néo-platonisme fut profonde et durable: David de Dinant, Albert le Grand, saint Thomas, Dante, tous les mystiques, Bossuet, Fénelon, Malebranche, Leibnitz le reproduiront en plus d'un point et même sans en avoir conscience; Pierre Ferno croira servir les intérêts de la religion en publiant le texte grec de Plotin.

Au XIII° siècle ont lieu les croisades contre les schismatiques, les hérétiques, les infidèles, des guerres entre les nations et, dans les nations, entre les rois et les seigneurs, des massacres sans cesse renouvelés, des persécutions incessantes. On fonde les Universités et la Sorbonne; les plus grands docteurs apparaissent avec les Franciscains et les Dominicains. On lit la *Métaphysique*, la *Physique*, le *Traité de l'âme* d'Aristote, les commentaires des néo-platoniciens; puis Al-Kendi, Al-Farabi, Avicenne, Avicebron, Avempace, Averroès, Maïmonide, le *Livre des Causes*. Les philosophes arabes avaient déjà essayé de concilier les théories d'Aristote et de ses commentateurs avec le Coran. Accusés d'encourager l'audace des hérétiques, leurs livres avaient été brûlés et à Bagdad et en Espagne, leurs auteurs eux-mêmes avaient été persécutés. Les Juifs, et spécialement Maïmonide, avaient voulu concilier le judaïsme et la philosophie qui, par les Arabes, leur était venue d'Aristote et des néo-platoniciens.

Or, en laissant de côté les travaux métaphysiques d'Aristote, nous voyons que les ouvrages d'Al-Kendi, d'Al-Farabi, d'Avicenne, d'Avicebron qu'on a compté parmi les panthéistes les plus résolus, d'Avempace, d'Averroès, qui trahissent l'influence néo-platonicienne, de Maïmonide qui a inspiré peut-être Spinoza, que le *Livre des Causes*, qui reproduit une partie de l'*Institution théologique* de Proclus, donnent, comme les commentaires de Simplicius, de Philopon, de Thémistius, une nouvelle force aux doctrines néo-platoniciennes déjà connues dans l'époque précédente et rendent de plus en plus difficile l'union de la philosophie et de la théologie, que cherchent alors de bonne foi la plupart des penseurs. Il ne s'agit plus seulement, ce qui était déjà une tâche bien difficile, de concilier avec les doctrines orthodoxes les théories des néo-platoniciens partisans de la religion hellénique, il faut encore concilier avec elles celles des philosophes qui ont déjà essayé de les mettre en harmonie avec le judaïsme et le mahométisme. Aussi ne faut-il pas s'étonner de rencontrer alors beaucoup de novateurs ou d'hérétiques se rappprochant plus ou moins de David de Dinant et d'Amaury de Bennes, beaucoup de théologiens et de philosophes, considérés comme orthodoxes, dont les doctrines, en plus d'un point, sont celles des hommes condamnés par l'Eglise ! Pétrarque a pu dire qu'au xiv° siècle, Aristote tenait la place du Christ, Averroès celle de saint Pierre, Alexandre celle de saint Paul ; Brucker, qu'Avicenne a été, jusqu'à la Renaissance, le maître principal, sinon le seul des Arabes et des chrétiens ; Renan, que l'histoire des vicissitudes de l'interprétation alexandrine du péripatétisme pendant la Renaissance se confond avec l'histoire même de la philosophie et de la religion à cette époque.

Bien plus difficile encore est la tâche de l'historien qui veut démêler, du xv° au xvii° siècle, les rapports de la théologie et de la philosophie. Les Grecs ont apporté de nouveaux manuscrits en Occident, l'imprimerie récemment découverte met successivement à la disposition de ceux qui travaillent, Platon, Aristote avec des commentaires d'Averroès, d'Alexandre d'Aphrodise, de Syrianus, de Simplicius, de Jean Philopon ; Plotin, Cicéron, Sénèque, Jean Scot, saint Anselme, saint Thomas, Roger Bacon, Gerson, Tauler et presque tous les auteurs du moyen âge, les Pères, les docteurs et écrivains ecclésiastiques des huit premiers siècles. En outre on fortifie, par de nouveaux arguments, d'anciennes doctrines. Pomponace et ses disciples affirment que les principes d'Aristote sont en désaccord avec ceux que lui ont prêtés les scolastiques et ce qu'enseigne l'Eglise ; Telesio reproduit Parménide ; Juste Lipse, les doctrines stoïciennes ; Magnen, celles de Démocrite ; Bérigard, celles des Ioniens et d'Anaxagore ; Gassendi se rattache à Epicure, Ramus à Socrate, Bruno au néo-platonisme ; Campanella veut étendre la réforme de Telesio à toute la philosophie et trouve dans la Trinité l'explication de toutes les sciences (*illustratio omnium scientiarum*) ; Montaigne, Charron, Sanchez, La Mothe Le Vayer, reviennent au scepticisme (III, 9).

En même temps que les doctrines philosophiques se heurtent ainsi entre elles, il y a lutte chez les luthériens, chez les calvinistes, chez les catholiques ; il y a lutte entre luthériens, calvinistes et catholiques, entre théologiens et philosophes. De plus les sciences, qui se séparent alors de la philosophie, rendent la conciliation plus difficile ou la guerre plus acharnée : les découvertes de Copernic, de Galilée, de Képler, des académiciens de Florence, de Boyle, de Harvey, de Malpighi, de Leuwenhoek, de Swammerdam, de Ruisch et de Sydenham ; les recherches philosophiques et scientifiques de Descartes et de son école, de Bacon et de ses successeurs, contribuent tout à la fois à déconsidérer Aristote et les anciens, les philosophies médiévales et les solutions qu'elles ont données des rapports de la raison et de la foi ; à lancer les esprits dans une direction nouvelle. Elles obligent les théologiens à examiner de nouveau comment il convient de résoudre les questions qui intéressent la science, la philosophie et la religion ; les savants et les philosophes soucieux de rester orthodoxes, à se demander comment leurs doctrines peuvent s'accorder avec les dogmes.

Pour étudier l'histoire des rapports de la théologie et de la philosophie, il faut examiner non seulement les œuvres des philosophes et des théologiens, mais encore les décisions des conciles, les bulles des papes, les doctrines des hérétiques, les travaux historiques, littéraires et juridiques, ceux des astrologues et des alchimistes, pour y relever tout ce qui peut servir à la faire plus exacte, plus précise, plus complète ; il faut s'occuper des bibliothèques et des manuscrits, des Universités et des écoles, des ordres religieux dont les membres acceptent en commun un certain nombre de doctrines. Les Dominicains et les Franciscains, saint Thomas et saint Bonaventure, tous deux canonisés par l'Eglise, offrent des différences profondes dans leur œuvre. De même encore, il faut essayer de faire la philosophie de l'art chrétien, de montrer ce qu'il doit à l'art antique et en quoi il en diffère. Il convient de faire la psychologie de chacun de ceux dont on étudie les œuvres, de ceux qui ont joué un rôle littéraire, politique, philosophique ou religieux ; car on pourra peut-être, en rapprochant les résultats ainsi obtenus, avoir une notion plus exacte des idées, des sentiments qui dirigeaient la conduite des hommes de cette époque : la psychologie de Gerbert, de Raoul Glaber, de Pierre l'Ermite et de Godefroy de Bouillon, par exemple, sera aussi utile, pour atteindre ce but, que l'étude des œuvres philosophiques et théologiques.

Quant à la méthode à suivre dans cette étude, nous procéderons, comme pour l'histoire de la philosophie elle-même (ch. I). Nous réunirons les textes, originaux, fragments, expositions ou mentions. Nous ferons l'histoire bibliographique des manuscrits et des éditions, nous examinerons l'authenticité et la valeur des textes. Pour les interpréter et les exposer, nous nous appuierons sur les travaux des philologues et des psychologues, sur ceux des historiens qui ont étudié les institutions, les sociétés, les lettres, les sciences et les arts. Enfin nous exposerons ce que contient chacun de ces textes, en nous demandant quelles questions se posait l'auteur et quelles réponses il y faisait, quelle importance il attachait aux unes et aux autres. Nous réunirons les résultats auxquels nous aura conduit l'étude de toutes ses œuvres et nous rechercherons ce qu'il doit à ses prédécesseurs ou à ses contemporains, ce qui lui appartient en propre, ce qu'il a donné à ses contemporains et transmis à ses successeurs, historiens, artistes, littérateurs, savants, philosophes et théologiens.

Nous ne prendrons pas une question spéciale pour rechercher les solutions diverses qui lui ont été données du VIIIe au XVIIIe siècle, car nous craindrions, en l'isolant de celles auxquelles elle était unie ou subordonnée, de faire prédominer nos idées contemporaines, et de nous éloigner de la vérité historique. Mais nous suivrons chronologiquement un certain nombre de questions qui sont d'une importance égale pour l'histoire de la philosophie, de la théologie et de la civilisation. En voici quelques-unes. La question de l'origine du mal, résolue implicitement ou explicitement en Orient et en Grèce, abordée par les Pères de l'Eglise auxquels elle s'imposait, puisque le christianisme promettait de délivrer du mal physique et moral, a été reprise par les philosophes et les théologiens du moyen âge et transmise par eux aux modernes, à Malebranche, à Bayle et à Leibnitz, à Voltaire et à Rousseau, à Schopenhauer et à Hartmann. La preuve dite ontologique rappelle Epicure, saint Anselme et Gaunilon, saint Thomas et Gerson, Descartes, Gassendi et Spinoza, Leibnitz et Kant. A travers tout le moyen âge et la Renaissance, chez les chrétiens, les Arabes et les Juifs, nous relèverons les théories sur la nature et la destinée de l'âme ; nous comparerons à ce sujet les livres des philosophes, les décisions des conciles et des papes, les affirmations des catholiques et des protestants. Nous étudierons chez saint Thomas une curieuse théorie des passions, qui rappelle Aristote et annonce Descartes ; chez Cardan, la renaissance de la doctrine épicurienne. Nous examinerons les théories sur le libre arbitre, sur la grâce et la prédestination, la prescience et la Providence divines — dans lesquelles il est si difficile de faire la part de la philosophie et de la théologie — chez Boèce, Jean Scot Érigène et ses contemporains, chez saint Anselme, Abélard, saint Bernard, Pierre le Lombard, saint Thomas d'Aquin, Duns Scot, Buridan, Wickleff, Luther, Érasme et Calvin, dans les décisions du concile de Trente, chez les jansénistes et les molinistes, chez Descartes, Malebranche et Leibnitz. Nous rechercherons quelles transformations cette question a subies en passant des philosophes grecs aux théologiens chrétiens, en revenant des théologiens aux philosophes. Nous verrons, en morale, Abélard montrer le rôle de la conscience dans la moralité, faire reposer la distinction du bien et du mal sur la volonté arbitraire de Dieu, placer le souverain bien dans l'amour de Dieu, le bien et le mal moral dans l'intention ; saint Thomas, mêler la morale d'Aristote et la morale chrétienne ; saint Bernard, Hugues et Richard de Saint-Victor, l'auteur de l'*Imitation*, unir la morale chrétienne avec les doctrines néo-platoniciennes ; Malebranche, l'allier aux principes cartésiens ; Kant, unir une morale piétiste à des doctrines venant de Voltaire, de Rousseau et des Écossais. Nous ferons l'histoire de la querelle qu'ont soulevée, à propos des universaux, les nominalistes, les réalistes, les conceptualistes et les autres sectes qui se produisirent à côté de ces trois grands partis. Nous indiquerons comment chacun d'eux entendit la doctrine théologique de la Trinité et quel jugement ont porté sur leurs théories les conciles, les papes et les théologiens.

Nous montrerons quel emploi on a fait du syllogisme en matière philosophique et en matière théologique, quel rôle a joué la terminologie que Jean XXI a résumée dans ses *Summulæ*. Avec Roger Bacon, nous étudierons un théologien et un précurseur de la science moderne ; avec Képler, un homme dont la science et le mysticisme se disputent la possession.

Nous essayerons d'indiquer avec précision non seulement comment les théologiens, les philosophes et les savants ont conçu en général les rapports de la philosophie, de la science et de la religion, mais comment ils ont, sur chacune des questions qui peuvent être considérées comme appartenant à des titres divers à ces trois domaines, déterminé la part de chacune d'elles ; comment les dogmes fondamentaux, par exemple, ont été jugés par les philosophes et les savants, comment les principes métaphysiques et les doctrines scientifiques ont été appréciées par les théologiens. Nous exposerons les arguments philosophiques par lesquels les théologiens ont cherché à faciliter l'intelligence de la Création, de la Trinité, de l'Incarnation, de la Transsubstantiation, les arguments théologiques par lesquels les philosophes ont voulu montrer que leurs doctrines n'étaient pas en désaccord avec ces dogmes. Nous étudierons la théologie orthodoxe, qui devient la théologie catholique, chez saint Thomas, et la théologie hérétique, où dominent des tendances panthéistiques ou néo-platoniciennes, chez Jean Scot Érigène, David de Dinant, Amaury de Benne, G. Bruno, Spinoza. Nous verrons quels arguments théologiques et philosophiques ont employés les défenseurs et les adversaires du pouvoir spirituel et du pouvoir temporel dans la grande lutte où l'on rencontre Hincmar, Grégoire VII et Henri IV, Thomas Becket, saint Bernard et Innocent III, Boniface VIII et Philippe le Bel, le Dante et

Occam, des bulles papales et des édits royaux, des dissertations juridiques et des ouvrages populaires, comme le *Dialogue entre un clerc et un soldat* ou le *Songe du Vergier*. Nous exposerons de même ceux par lesquels on a combattu ou justifié le droit de punir des hérétiques chez les catholiques, les luthériens et les calvinistes, chez Bayle et les Encyclopédistes. Nous nous demanderons s'il faut voir en Jean de Salisbury un précurseur de la politique démocratique et théocratique, pratiquée par la Ligue et encore en honneur chez bon nombre de nos contemporains, s'il faut voir dans les ordres mendiants des prédécesseurs des réformateurs qui ont de nos jours voulu changer la constitution de la propriété. Nous montrerons comment l'esclavage a été justifié ou combattu par les théologiens, les philosophes, les politiques.

D'un autre côté, nous prendrons un des ouvrages de l'antiquité qui ont été lus par les théologiens et les philosophes dont nous chercherons à faire connaître la doctrine. Nous choisirons par exemple, le Περὶ ψυχῆς d'Aristote, nous en comparerons le texte, tel qu'il est actuellement constitué, avec les traductions et les commentaires latins dont se servaient ces auteurs; nous chercherons, après avoir rappelé ce que se demandait Aristote et ce qu'il affirmait, à établir quelles questions ce traité a servi à poser, quelles solutions il a fournies à ceux qui l'ont consulté, quelle influence il a exercée sur la philosophie et la théologie, quelle influence ont exercée sur la philosophie ultérieure les doctrines ainsi constituées. Nous ferons ensuite les mêmes recherches sur tous les autres écrits d'Aristote, puis, réunissant tous ces résultats partiels, nous pourrons montrer ce qu'a été l'aristotélisme dans le moyen âge, ce que les doctrines qu'il a fait éclore ont transmis aux philosophes et aux théologiens modernes (1). Ce que nous ferons pour Aristote, nous essayerons de le faire pour les ouvrages des autres philosophes de l'antiquité, des philosophes arabes et juifs, pour ceux des Pères de l'Eglise et des écrivains ecclésiastiques, quand ils traitent des questions qui intéressent à la fois la philosophie et la théologie (2). Nous espérons établir, ou tout au moins montrer comment il convient d'établir, d'une façon aussi exacte que possible, ce qui revient, du VIIIe au XVIIIe siècle, au platonisme, au néoplatonisme, au pyrrhonisme, au stoïcisme et à l'épicurisme, à l'averroïsme, à saint Augustin, à Boèce et au Pseudo-Denys l'Aréopagite.

La critique et l'examen des textes accompagneront l'histoire suivie des rapports de la théologie et de la philosophie, lui serviront par conséquent de vérification et de justification.

En résumé, on peut montrer ainsi ce que doivent, à la philosophie ancienne, la philosophie et la théologie de l'Occident, du VIIIe au XVIIIe siècle, ce qu'elles ont fourni à la philosophie et à la science modernes. Et l'on pourrait entreprendre la même tâche, pour la philosophie et la théologie des Pères, pour celles des Byzantins, des Juifs et des Arabes d'Orient ou d'Occident.

---

(1) Nous montrerons aussi par contre ce qu'Aristote doit, pour la précision et la clarté, aux commentateurs grecs et aux hommes du moyen âge.
(2) Le même travail a été fait depuis 1889 sur la *Métaphysique* d'Aristote, sur sa *Physique*, sur la *Morale à Nicomaque*, sa *Politique*, sur le *de Fato*, les *Académiques*, le *de Officiis* de Cicéron, sur le livre de Plotin, VI, 9, *du Bien ou de l'Un*, etc. Voir les comptes rendus de la 5e section de l'Ecole pratique des Hautes Etudes.

CHAPITRE V

LES VRAIS MAITRES DES PHILOSOPHES MÉDIEVAUX

L'énumération rapide des philosophes et des théologiens dont l'œuvre nous a paru digne d'être étudiée au moyen âge (ch. III et ch. IV), nous a persuadé qu'ils eurent bien d'autres maîtres qu'Aristote ; que l'influence la plus grande, c'est-à-dire la plus durable et la plus étendue, revient à Plotin et aux néo-platoniciens. Et cela, parce qu'ils ont synthétisé, de la façon la plus complète et la plus satisfaisante, les doctrines antérieures qui répondaient le mieux aux aspirations de leurs contemporains et de leurs successeurs.

Mais, on trouve, à toutes les époques du moyen âge, des témoignages d'une admiration sans limites pour Aristote et ses doctrines. Jean Damascène nous apprend que les monophysites le considéraient comme un saint, comme un treizième apôtre. Pour Averroès, Aristote « a renouvelé la logique, la physique et la métaphysique et il les a achevées ; aucun de ceux qui l'ont suivi, pendant près de 1500 ans, n'a pu ajouter à ce qu'il dit, rien qui soit digne d'attention ; c'est pourquoi les anciens l'ont appelé le divin ». Et Maïmonide s'exprime à peu près de même. Au XIIIe siècle, Aristote devient le « précurseur du Christ dans les choses naturelles comme S. Jean-Baptiste est le précurseur de Jésus dans les choses de la grâce ». Les péripatéticiens, dit Albert le Grand, affirment tous que la nature a donné, avec Aristote, la règle de la vérité, et la perfection suprême de l'intellect humain (1).

Il faut donc procéder, pour ainsi dire, à une contre-épreuve et se demander quelle fut la fortune d'Aristote, depuis sa mort en 322 avant J.-C., jusqu'à la rénovation du thomisme sous le pontificat de Léon XIII ? (2).

Débarrassons-nous d'abord de conceptions étrangères au monde grec et qui sont de nature à fausser complètement l'histoire du péripatétisme.

Pour ceux que dominent les idées judaïques, selon lesquelles le vrai disciple

---

(1) RITTER, *Histoire de la philosophie chrétienne*, trad. Trullard, II, p. 469, AVERROÈS, préf. au com. sur la Physique (BRUCKER III, p. 105) ; UEBERWEG-HEINZE, 8e édition, p. 257 ; ALB. MAGN. *de anim*. III, tr. 2 et 3.
(2) Le livre de LAUNOY, *De varia Aristot. fortuna in Acad. Paris.*, Paris 1658, peut encore être consulté avec fruit ; mais il faut avoir soin de vérifier ses indications d'après les travaux récents.

accepte intégralement les doctrines du maître, et les idées romaines d'après lesquelles toute nouveauté est condamnable ou suspecte, un disciple est un homme qui, en toutes matières et sur tous sujets, n'affirme ni plus ni moins que son maître. Au contraire, chez les Grecs — à l'exception des seuls épicuriens qui nous apparaissent, pour cette raison, bien plus comme des croyants que comme des penseurs —, tout philosophe qui a suivi l'enseignement d'un maître estime qu'il lui fait honneur, en pensant d'une façon indépendante, en allant plus loin dans la voie où il s'engage après lui, en s'en ouvrant une nouvelle et parfois même en le combattant. Platon se dit, comme Euclide, Antisthène, Aristippe ou Phédon, le disciple de Socrate ; Aristote s'est proclamé platonicien ; les stoïciens se réclament de Zénon.

En second lieu, pour ce qui concerne, non plus les Grecs en général, mais Aristote, nous avons depuis un siècle, accordé une grande importance à la *Métaphysique* ; mais nous avons été par cela même, tenté de ne pas reconnaître comme des péripatéticiens véritables ceux qui n'ont pas, après lui et comme lui, traité les questions métaphysiques (1). Or Aristote ne fait pas des idées, comme Platon, un monde à part ; c'est dans les êtres et les choses qu'il les trouve ; c'est donc les êtres et les choses qu'il étudie en eux-mêmes et dans leurs rapports pour connaître les idées. Aussi est-il, aussi bien qu'un métaphysicien, un érudit et un savant, dont les recherches ont embrassé presque tout le domaine de la connaissance positive ou historique. Ses ouvrages, acroamatiques ou exotériques, constituent une véritable encyclopédie, où les parties principales, logique, physique et astronomie, histoire naturelle, psychologie, morale, économique et politique, esthétique, monographies critiques ou historiques, servent de base, de confirmation ou de complément aux doctrines de sa philosophie première. Par conséquent nous devons tenir pour péripatéticiens tous ceux qui, se réclamant d'Aristote et parfois le combattant, lui ont emprunté certaines de ses théories ou « se sont promenés » à sa suite dans les diverses sciences, à la recherche de vérités nouvelles. Mais aussi il faudra nous souvenir qu'un péripatéticien n'est que rarement un philosophe, chez qui se retrouvent toutes les idées d'Aristote, reproduites sans altération, sans mélange avec des vues personnelles ou puisées à d'autres sources.

En tenant compte de ces remarques préliminaires et essentielles, il convient de distinguer sept périodes dans l'histoire du péripatétisme : la première va de 322 au 1er siècle avant l'ère chrétienne ; la seconde, du 1er au ixe siècle après J.-C. ; la troisième du ixe au xiiie ; la quatrième, du xiiie au xve ; la cinquième comprend la Renaissance et la Réforme ; la sixième, le xviie et le xviiie siècles ; enfin la septième commence avec la première moitié du xixe siècle.

La première période est une des plus fécondes dans l'histoire du péripatétisme. D'abord il fournit aux stoïciens, aux épicuriens, même aux sceptiques une partie de leurs doctrines logiques, physiques, et morales. Certains de leurs chefs pourraient, aussi bien que le scolarque péripatéticien Straton, passer pour des continuateurs d'Aristote (2). Et quand le stoïcisme, pour pénétrer à Rome, se fait éclectique

---

(1) Voir surtout RAVAISSON, *Essai sur la Métaphysique d'Aristote*, Paris, 1837-1846 ; ED. ZELLER, UEBERWEG-HEINZE, *op. cit.*; BOUTROUX, art. *Aristote* (Grande Encycl.). Les idées que nous exposons ici ont été présentées d'abord dans la *Grande Encyclopédie* (art. *Péripatétisme*). Voir la *Bibliographie* du début.

(2) C'est ce qu'a bien montré Ravaisson dans l'*Essai sur la Métaphysique d'Aristote*.

(iii, 3), Panétius de Rhodes s'appuie sur Aristote, Théophraste et Dicéarque, comme sur les maîtres du Portique et de l'Académie, Posidonius fait appel, dans des proportions à peu près identiques, aux platoniciens et aux péripatéticiens. Les maîtres qui se présentent comme les héritiers de Platon subissent eux-mêmes l'influence d'Aristote : ainsi Carnéade, dont l'importance est si considérable dans l'histoire de la philosophie postérieure à Chrysippe, s'approprie, sur la liberté, la plupart des arguments d'Aristote (III, 3). Antiochus d'Ascalon qui, dit-on, fit entrer le Portique dans l'Académie, soutient qu'il faut considérer comme identique l'ancienne Académie et le péripatétisme, tout en attribuant d'ailleurs à celle-là bien des doctrines morales qui viennent de celui-ci (1).

Mais c'est surtout dans l'École du Lycée, que se continuent, avec une indépendance et une liberté telle qu'on y a vu parfois de nos jours un abandon pur et simple des doctrines du maître, l'enseignement et les recherches d'Aristote. Elle a une succession ininterrompue de scolarques dont les plus célèbres sont Théophraste (322-287), Straton de Lampsaque (287-269) ; Critolaüs qui vient en ambassade à Rome en 155 avec Carnéade et Diogène; Andronicus de Rhodes qui, vers 50 av. J.-C., donne une édition méthodique des ouvrages du maître. Autour des scolarques se groupent de nombreux chercheurs qui, à Athènes et dans les grands centres de civilisation hellénique, pratiquent la méthode et complètent l'œuvre positive d'Aristote. Mais leurs écrits ont été oubliés ou dédaignés par les philosophes, surtout théologiens, de l'époque ultérieure et il ne nous en est guère resté que des fragments. Toutefois l'étude approfondie, minutieuse, impartiale de leurs travaux mutilés, a montré que ces successeurs d'Aristote ont exploré tous les domaines auxquels s'est étendu le savoir antique; qu'ils ont continué, commenté, expliqué le maître en conservant une certaine originalité, comme le disent implicitement d'ailleurs la plupart des historiens qui les accusent d'avoir plus ou moins modifié les doctrines péripatéticiennes. Sur la métaphysique, dont ils ont moins parlé, parce qu'ils ont cru plus nécessaire de se donner aux recherches phénoménales qui feraient mieux connaître le monde dont elle entreprend l'explication, il y aurait bien des œuvres à mentionner, notamment celles de Théophraste, d'Eudème, de Pasiclès de Rhodes à qui l'on a attribué le second livre de la *Métaphysique*, de Straton même qui mêle, à la façon des stoïciens, la métaphysique et la physique (2). Pour la logique, Prantl, qui a plus de cinquante pages pour les anciens péripatéticiens, a établi, d'une façon indiscutable, que leurs études ont été recueillies, mises en œuvre et utilisées dans leur ensemble par les commentateurs ultérieurs, auxquels nous en avons fait honneur aussi longtemps que nous avons ignoré les sources auxquelles ils ont puisé. Nous savons ainsi, par Boèce, que Théophraste et Eudème ont ajouté cinq modes à la première figure du syllogisme, un septième à la troisième. L'école fait une grande place aux mathématiques, à l'astronomie avec Eudoxe et Calipe, à la théorie de la musique qui acquiert avec Aristoxène une valeur vraiment scientifique. Elle étudie la physique dans son ensemble et dans ses divisions,

(1) Les *Académiques* de Cicéron où sont exposées ces affirmations d'Antiochus ont passé, en partie, par S. Augustin et les écrivains latins des premiers siècles, aux scolastiques postérieurs à Alcuin (Voir la *Bibliographie* du début).
(2) Sur Straton, voir Rodier, *La physique de Straton de Lampsaque*, Paris, F. Alcan, 1891 ; Diels, *über d. physik. System. des Str.*, Ber. d. Ak. z. Berl. 1893, p. 101-127.

dont elle tend à augmenter le nombre, comme le font bien voir les titres des ouvrages de Théophraste et de Straton. Les sciences naturelles s'enrichissent de monographies détaillées et de travaux considérables, parmi lesquels nous avons conservé ceux de Théophraste sur les plantes. La médecine, la psychologie expérimentale et métaphysique, sont cultivées comme les sciences naturelles. Il y a, chez les péripatéticiens, des moralistes qui décrivent les mœurs telles qu'elles sont et des moralistes qui cherchent ce qu'elles devraient être. D'autres s'occupent d'éducation et de politique. L'histoire, divisée en domaines spéciaux, s'attache aux institutions, aux hommes et aux événements, aux lettres et aux arts, aux sciences, arithmétique, astronomie, géométrie, musique, à la médecine et à la philosophie. La géographie et l'ethnographie se développent et s'unissent. L'esthétique porte avant tout sur la rhétorique et la poétique, mais s'appuie parfois aussi sur ce que l'on appellera par la suite les beaux-arts. C'est un péripatéticien, Démétrius de Phalère, qui organise la bibliothèque d'Alexandrie où se formeront des érudits et des exégètes, des poètes et des savants, des grammairiens et des philosophes. Et l'on pourrait de même constater l'influence péripatéticienne à Pergame et à Rhodes.

Du premier siècle avant J.-C. au IXe siècle de l'ère chrétienne, c'est-à-dire pour la première partie de cette période qui constitue le moyen âge, il faudrait suivre l'aristotélisme dans tout l'empire romain, puis dans les empires d'Occident et d'Orient, chez les savants et les philosophes, chez les chrétiens et les défenseurs du polythéisme. Presque tous les hommes se tournent vers le divin, presque tous les penseurs s'occupent de Dieu, de la Providence et de l'immortalité, de la pureté morale et du salut (ch. II). Aussi la science positive passe-t-elle au second plan chez les péripatéticiens, comme chez tous ceux qui font des emprunts à l'aristotélisme. Il en résulte, pour les premiers, moins d'originalité ; i's sont surtout exégètes et commentateurs. Après Andronicus de Rhodes viennent Nicolas de Damas, Alexandre d'Égée, Adraste et surtout Alexandre d'Aphrodise, l'exégète par excellence, qui occupe à Athènes la chaire de péripatétisme (198-214) et qui, par la manière dont il traite de l'âme et du destin, accentue lui-même le changement de direction par lequel la philosophie est devenue essentiellement théologique et religieuse (III, 3).

A côté des péripatéticiens, il y a des éclectiques qui mêlent, comme on le voit nettement chez Cicéron et ses successeurs, des doctrines aristotéliques au stoïcisme, au platonisme et même à l'épicurisme. Le péripatétisme se retrouve encore chez les platoniciens pythagorisants et éclectiques, chez Eudore d'Alexandrie, Arius Didymus, Théon de Smyrne, Apulée de Madaure, Alcinous, surtout chez le médecin Galien qui suit, en logique, Aristote, Théophraste, Eudème et ajoute une 4e figure au syllogisme, qui, même en métaphysique, admet les quatre principes, matière et forme, cause efficiente et cause finale (III, 2).

Les néo-platoniciens font la synthèse du platonisme, du stoïcisme, du péripatétisme qu'ils unissent au mysticisme oriental : « On lit dans les conférences de l'école, nous apprend Porphyre, les ouvrages des péripatéticiens, d'Aspasius, d'Adraste, d'Alexandre d'Aphrodise et des autres qui se rencontrent... La *Métaphysique* d'Aristote est condensée tout entière dans les *Ennéades* ». Et Bouillet, dans ses trois précieux volumes, a montré par des citations typiques, tout ce que Plotin a emprunté à Aristote (III, 4). Toutefois c'est surtout au métaphysicien et au théologien que Plotin veut avoir affaire. Les catégories de substance, de qualité, de quantité, de relation, de lieu et de temps qui, pour Aristote, s'appliquent à tous les êtres, sont, par Plotin, confinées dans le monde sensible et doivent, pour le monde intelligible, être remplacées par les catégories platoniciennes de l'être, du mouvement et du repos, de l'identité et de la différence. En outre, c'est aux questions sur Dieu et sur l'âme, résolues en un sens religieux et mystique, par des arguments souvent venus d'ailleurs, que les néo-platoniciens ramènent le péripatétisme.

De là un changement profond dans la manière d'envisager Aristote : le théologien et le métaphysicien sont placés au-dessus du logicien, surtout du savant dont on se bornera souvent, jusqu'au XVIIe siècle, à répéter les affirmations, sans s'occuper de les vérifier ou d'en préparer de nouvelles en s'inspirant de sa méthode et de son esprit de recherche. Comme toute la philosophie médiévale, le péripatétisme prend un caractère théologique et religieux, qui s'accuse au temps de Porphyre, quand la lutte s'engage entre le christianisme et le néo-platonisme. Tandis que les chrétiens, avec Origène, unissent l'Ancien et le Nouveau Testament, Porphyre soutient, en sept livres, l'identité de la philosophie de Platon et de celle d'Aristote ; il commente les *Catégories* et l'*Interprétation* ; il écrit l'*Isagoge* ou l'*Introduction aux Catégories* dont on fera si grand cas, à partir du IXe siècle, et qu'on sera tenté alors d'attribuer à un péripatéticien. De même Thémistius (317-387) commente Aristote plus encore que Platon et cela se comprend, puisqu'il s'agit d'en faire le défenseur d'une œuvre essentiellement platonicienne. L'école d'Athènes voit, dans l'étude d'Aristote, une préparation à celle des doctrines pythagorico-néo-platoniciennes : elle constitue, selon Syrianus, des « préludes » (προτέλεια), des « petits mystères » (μικρὰ μυστήρια), comme la philosophie proprement dite deviendra plus tard une préparation évangélique, une auxiliaire, une servante, une vassale, voire une maîtresse de la théologie. De même encore Proclus (411-485) parle de « Dieu » à propos de Platon (θεῖος), de « Démon », à propos d'Aristote (δαιμόνιος) ; Hiéroclès soutient qu'Ammonius Saccas, le fondateur de l'école, a proclamé l'identité des théories platoniciennes et péripatéticiennes. Jusqu'à l'édit de 529 qui la ferme, l'école continue à paraphraser et à commenter Aristote : Simplicius, qui en est alors un des principaux représentants, restera un de ceux auxquels on demandera le plus volontiers, même dans les temps modernes, l'intelligence des écrits aristotéliciens (1).

Dès lors tous ceux qui, par la suite, étudieront directement ou indirectement les néo-platoniciens, relèveront d'Aristote, comme la plupart de ceux qui liront Aristote, l'expliqueront avec ses commentateurs néo-platoniciens : l'Aristote du moyen âge, presque toujours revu, expliqué, complété par les néo-platoniciens, sera parfois même plus néo-platonicien que péripatéticien. En ce sens, les chrétiens néo-platoniciens, S. Basile, Grégoire de Nazianze et Grégoire de Nysse, S. Augustin, Synésius, Némésius, Enée de Gaze relèvent d'Aristote. Même quand la rupture est complète entre les deux directions religieuses, les chrétiens continuent d'étudier Aristote et s'efforcent de faire entrer dans leur philosophie ou dans leur théologie, tout ce que le christianisme peut accepter de ses doctrines. Jean Philopon, David l'Arménien commentent Aristote et transmettent à leurs successeurs, avec bien des théories empruntées aux néo-platoniciens, des ouvrages et des doctrines du maître. Boèce — que le moyen âge considère comme un

---

(1) Voir ch. III, IV, VI, VII, X.

chrétien (480-525) — écrit une *Consolation* néo-platonicienne, se propose de concilier Platon et Aristote, mais laisse des traductions et des commentaires des ouvrages logiques d'Aristote comme de l'*Isagoge* de Porphyre. Avec Cassiodore (477-570), Isidore de Séville (636) et Bède le vénérable (674-735), il fournira aux scolastiques occidentaux, pendant plusieurs siècles, le cadre péripatéticien dans lequel ils feront entrer des doctrines chrétiennes et néo-platoniciennes. Enfin Jean Damascène donne, vers 700, une *Source de la Connaissance* (πηγὴ γνώσεως), exposition des doctrines chrétiennes où la logique et l'ontologie péripatéticiennes prennent une place considérable et dont l'influence ininterrompue dans l'Orient chrétien, s'est fait sentir en Occident à partir du xii⁰ siècle (ch. III, 5, 6; 7).

Du ix⁰ au xiii⁰ siècle, la philosophie compte des représentants chez les Byzantins, chez les Arabes d'Orient et d'Espagne, chez les Juifs et chez les chrétiens d'Occident (1).

A Byzance, les doctrines aristotéliques se propagent indirectement par les Pères et les docteurs chrétiens de l'époque antérieure, par les penseurs néo-platoniciens, d'autant plus qu'on fait partout alors de fréquents appels à l'autorité. Mais, en raison même de la multiplicité des sources auxquelles on puise et des interprétations auxquelles on soumet les textes, il est fort difficile de déterminer quelle fut, par ce côté, l'influence d'Aristote. Par contre, nous savons que Photius, Psellus, Jean Italus, Michel d'Ephèse, Eustrate et bien d'autres étudient, exposent et commentent la logique ou même la métaphysique d'Aristote. Puis les nestoriens de Syrie, dont l'un des plus marquants, Probus, écrit un commentaire sur l'*Interprétation*, transportent en Perse la philosophie d'Aristote comme celle de Platon. De leur côté les monophysites syriens ou jacobites s'appliquent à l'étude d'Aristote et Sergius de Resaina le traduit en syriaque. Les médecins syriens le font connaître aux Arabes. Il y a, au ix⁰ siècle, des écoles de traducteurs qui mettent en arabe les œuvres d'Aristote et de certains péripatéticiens, Théophraste et Alexandre d'Aphrodise ; celles des néo-platoniciens qui ont interprété Aristote, de Porphyre, de Thémistius et de Jean Philopon. Parmi les philosophes arabes (2), Avicenne en Orient, Averroès en Espagne témoignent une vive admiration pour Aristote qu'ils commentent, paraphrasent ou continuent. Mais les péripatéticiens arabes, qui ne négligent rien d'ailleurs des œuvres scientifiques d'Aristote, voient le philosophe à travers le néo-platonisme et lui attribuent déjà des ouvrages dont l'essentiel vient des continuateurs de Plotin, de Proclus ou de ses disciples (3). Il y a d'ailleurs des atomistes qui combattent le péripatétisme, des mystiques, comme Algazel, qui condamnent toute philosophie, comme il y a d'abord des théologiens qui usent, contre leurs adversaires, de la logique péripatéticienne, tandis que d'autres théologiens ne veulent rien

(1) Voir nos chapitres III, IV et VII ; A. JOURDAIN, *Recherches critiques sur l'âge et l'origine des traductions latines d'Aristote*, Paris, 2ᵉ édit., 1843 ; HAURÉAU, PRANTL, MUNK, RENAN, *op. cit.* (*Bibliographie*).

(2) RAVAISSON, *Mém. sur la ph. d'Aristote chez les Arabes*, Paris, 1844 (compte rendu de l'Acad. des Inscript. et Belles-lettres), MUNK, RENAN, *op. cit.*

(3) Voir UEBERWEG-HEINZE, IIᵉ, p. 248, qui cite les *Elementa theologiæ* de Proclus, le *Pseudo-Pythagoras*, le *Pseudo-Aristote*, *Theologia*, le *de Causis*, etc., et JOURDAIN, *op. cit.*

avoir de commun avec la philosophie et deviennent, à la fin du xii⁰ siècle, les maîtres du monde de l'Islam, où ils font détruire ou brûler les œuvres des philosophes. Chez les Juifs, les philosophes les plus célèbres, Ibn Gebirol et Maimonide, se rapprochent des péripatéticiens arabes, mais tiennent de plus près encore au néo-platonisme. A l'Occident chrétien, ils conservent et transmettent les œuvres arabes et ils contribuent ainsi à lui révéler le péripatétisme néo-platonicien. Les invasions des Barbares, qui se multiplient, se continuent et se succèdent pendant plusieurs siècles, ont fait disparaître en Italie, en Gaule, en Espagne, en Angleterre, bien des écoles et bien des manuscrits : on ne connaît d'abord d'Aristote ni sa Physique, ni sa Métaphysique, ni ses traités de psychologie, de morale ou de politique. De l'*Organon*, on ignore jusqu'au xii⁰ siècle et jusque Jean de Salisbury, les *Analytiques*, partant la théorie de la démonstration et de la science, même les *Topiques* et les *Réfutations des Sophistes*; on ne connaît que les *Catégories*, l'*Interprétation*, auxquelles il faut joindre l'*Isagoge* de Porphyre, les commentaires de Boèce, Martianus Capella, Apulée, Bède, etc., certains pères latins, comme S. Augustin, ou grecs, comme ceux que suit Jean Scot Erigène, qui donnent un péripatétisme très incomplet, mêlé de néo-platonisme et dominé par le christianisme. A la fin du xi⁰ siècle, vers 1090, et au xii⁰, la querelle des universaux, à laquelle prennent part avec Roscelin, Guillaume de Champeaux, Abélard, le « péripatéticien palatin » et leurs successeurs, met en présence des philosophes qui se disent ou qu'on proclame disciples d'Aristote, mais qui ne connaissent et ne reproduisent que peu de chose du maître. Il faut noter toutefois l'étude continue et exclusive de ses *Catégories* qu'on ne peut compléter par celles de Plotin : le résultat, fécond en nouveautés et même en hérésies, c'est qu'on tente de faire entrer dans les cadres logiques ou métaphysiques, préparés pour un système de réalités immanentes, les doctrines transcendantes formulées par les néo-platoniciens et les chrétiens. En ce sens, l'influence d'Aristote fut alors considérable.

Du xiii⁰ au xv⁰ siècle, il y a encore à Byzance des commentateurs d'Aristote; mais les Arabes n'ont plus guère que des théologiens, pour qui le péripatétisme, comme toute philosophie, reste une chose inconnue et dédaignée ; les Juifs suivent le mouvement spéculatif de l'Occident. Et c'est dans l'Occident chrétien que l'aristotélisme prend une importance sans cesse croissante avec les progrès de la pensée philosophique et théologique. D'abord on est mis en possession de la plupart des œuvres d'Aristote et de ses commentateurs néo-platoniciens comme des travaux arabes, juifs et chrétiens de l'époque antérieure. Des traducteurs, comme Constantin l'Africain, comme Gundisalvi et Jean d'Espagne à Séville ; ceux qui fréquentent la cour de Frédéric II ; ceux qui, comme Guillaume de Moerbeke, se procurent sans peine des manuscrits grecs après l'établissement en 1204 d'un empire latin d'Orient, font de cette époque une de celles où il fut le plus aisé de réunir toutes ses théories scientifiques et philosophiques. Mais alors même Aristote n'est pas ce maître incontesté dont parlent les manuels modernes. D'abord il a des adversaires : sa *Physique* et sa *Métaphysique* sont condamnées en 1210 et en 1215. Même quand l'étude en est autorisée, après 1231, il y a des philosophes, dont le plus célèbre et le plus original est Roger Bacon qui pensent par eux-mêmes et recommandent ou pratiquent l'expérimentation et l'observation ; il en est qui inclinent au mysticisme ou vers les doctrines de Platon et de Plotin. Ceux-là même qui se réclament le plus souvent d'Aristote, Albert le Grand et S. Thomas d'Aquin l'interprètent avec les commentateurs néo-platoniciens et surtout le mettent en accord avec le dogme chrétien. D'autres le lisent à travers Averroès (Ch. VIII). Enfin il y a un pseudo-Aristote, dont les doctrines, prises à Plotin et à ses disciples, ont une influence qui a été trop longtemps négligée par les historiens modernes.

Au xiv° siècle et au début du xv°, les études philosophiques, comme toute recherche pure et désintéressée, sont en décroissance par suite des guerres, des pestes, des famines. Aristote, beaucoup moins lu et commenté qu'au xiii° siècle, revient au premier plan avec Occam et ses successeurs, qui reprennent la question des universaux.

La Renaissance du xv° siècle mérite son nom en ce qui concerne les sciences et la philosophie antiques. A côté de purs humanistes, pour qui la forme vaut infiniment plus que le fond, il y a des hommes qui observent la nature et qui entendent ne suivre Aristote, comme Galien, Pline ou Ptolémée, que s'il est en accord avec elle. Il y a des philosophes qui unissent Platon, Plotin, Proclus et ses successeurs; il y en a qui renouvellent les théories stoïciennes, académiciennes, sceptiques et épicuriennes. On trouve des adversaires passionnés d'Aristote, comme Ramus, mais aussi des péripatéticiens thomistes, albertistes ou occamistes, qui sont avant tout, des chrétiens; des péripatéticiens averroïstes ou alexandristes qui essaient de reconstituer, dans sa pureté et son exactitude, la doctrine du maître, qui la déclarent en désaccord avec le christianisme et qui cependant entendent parfois rester eux-mêmes chrétiens.

La Réforme (p. 78) condamne d'abord la philosophie d'Aristote comme une auxiliaire de la théologie édifiée au xiii° siècle par des chrétiens admirateurs et amis du péripatétisme; même Zwingle unit la théologie nouvelle au stoïcisme. Mais Mélanchthon crée bientôt, pour les écoles protestantes, une philosophie où Aristote est la principale autorité, pendant que, par les jésuites, qui remettent en honneur le thomisme tout en le modifiant, et commentent les écrits péripatéticiens, Aristote reste un maître respecté dans les écoles catholiques. En outre, si l'imprimerie multiplie les chefs-d'œuvre de l'antiquité païenne, elle publie surtout, pendant le xv° et le xvi° siècles, les textes et les commentaires, les traductions, les paraphrases et les exposés dogmatiques qui ont à l'époque médiévale, fondé, conservé ou accru l'influence péripatéticienne.

Au xvii° siècle, la philosophie scientifique et moderne, rejoint par delà l'époque théologique, où se développèrent le christianisme et le néo-platonisme, la philosophie des anciens péripatéticiens, fondée sur les recherches positives. Les sciences d'observation, aidées par des instruments précis et puissants, font des progrès tels qu'elles égalent, en ce sens, les sciences mathématiques. Et, chose curieuse, ce sont les savants ou les philosophes comme Galilée et Bacon, Descartes, Gassendi, Pascal ou Malebranche, en qui l'on verrait avec raison les vrais continuateurs d'Aristote, qui l'attaquent avec le plus d'énergie et aussi avec le plus d'injustice. C'est que ceux qui se disent alors ses disciples, jésuites ou professeurs des Universités, en ont fait ce qu'il ne fut jamais auparavant, même aux époques où on l'admirait le plus, un maître dont les doctrines doivent être acceptées sans discussion, comme on reçoit sans y rien changer, les dogmes catholiques. C'est que le Parlement de Paris défend en 1624, sous peine de mort, d'enseigner rien de contraire à la doctrine d'Aristote. Et pour empêcher, en 1670, le Parlement de reproduire sa condamnation de 1624, il faut que Boileau et ses amis composent et répandent l'*Arrêt burlesque*. Aussi l'influence d'Aristote va-t-elle diminuant sans cesse au XVIIe et au XVIIIe siècles sur les penseurs et les savants qui dédaignent le péripatétisme des écoles, encore que Descartes, Spinoza, même les logiciens de Port-Royal et Pascal, soient parfois moins éloignés qu'ils l'imaginent du véritable Aristote dont les doctrines leur sont arrivées par des voies indirectes.

Il n'en fut pas de même en Allemagne. Jamais les philosophes ne se sont séparés complètement de la scolastique péripatéticienne de Mélanchthon, pas plus d'ailleurs qu'ils n'ont entièrement rompu avec les croyances religieuses qu'avaient alors adoptées leurs pères. Leibnitz disait qu'il y a de l'or dans le fumier de la scolastique et voulait faire une place au péripatétisme dans son système éclectique. Son successeur Wolf systématise, à la façon des mathématiciens ou plus exactement des scolastiques péripatéticiens, les connaissances transmises ou récemment acquises. Même les piétistes, qui rompent avec la théologie scolastique, réformée depuis Luther et Calvin, conservent en partie les idées et presque entièrement les formules ou les modes d'argumentation de l'École. Et cela est manifeste chez Kant, dont relèvent à peu près, en dehors des mystiques, tous les penseurs de l'Allemagne contemporaine. Aussi ont-ils travaillé à publier les textes d'Aristote et de ses commentateurs, à les éclaircir, à les rendre plus accessibles, parce qu'ils ont cru que les bien connaître était nécessaire, non seulement à l'historien, mais encore à celui qui poursuit une explication aussi approchée que possible, de la nature et de l'homme.

De leur côté, les savants français, en lisant Aristote et non plus ceux qui prétendaient l'interpréter dans les écoles, s'aperçurent, dès la seconde moitié du XVIIIe siècle et surtout au début du XIXe, que ses recherches positives méritaient de figurer dans l'histoire des sciences ; que sa méthode pouvait encore être étudiée et méditée avec fruit. En même temps ou un peu plus tard, des philosophes dont le plus marquant a été Ravaisson, estimèrent que la *Métaphysique* constitue la partie la plus importante de son œuvre et conserve aujourd'hui encore toute sa valeur et toute sa portée. Enfin, depuis 1879 et l'Encyclique *Æterni Patris* de Léon XIII, le néo-thomisme et par suite un péripatétisme chrétien, a trouvé des adhérents catholiques, ou augmenté le nombre de ceux qu'il a conservés, en Belgique et en Hollande, en Allemagne et en France, en Hongrie et en Autriche, en Italie et en Espagne, même en Angleterre et en Amérique. Aussi Aristote est-il lu et cité par les naturalistes, les psychologues, les moralistes et les logiciens, par les sociologues et les métaphysiciens, par les historiens des arts et des institutions comme par les théologiens. Partout on l'édite, on le traduit, on le commente.

Ainsi les savants, les philosophes et les historiens, dégagés de toute attache confessionnelle, se sont, dans l'antiquité et dans les temps modernes, très librement inspirés d'Aristote : ils ont vu en lui un initiateur ou un guide, un témoin précieux et bien renseigné. Pendant la période théologique — qui peut proprement être appelée le moyen âge — sa métaphysique ou sa philosophie première, au sens très large du mot fut, directement ou indirectement, pour les Grecs et les Latins attachés à l'ancienne religion, pour les philosophes et les théologiens orthodoxes ou hérétiques, des Juifs, des Arabes et des chrétiens d'Occident et d'Orient, une introduction ou une préparation, un élément important ou essentiel. Sa logique a été pour eux un cadre, parfois doublé, comme chez les néo-platoniciens, parfois élargi ou dépassé comme chez le Pseudo-Denys et les partisans d'une théologie négative. Elle fut aussi une méthode puissante d'argumentation contre leurs adversaires, religieux ou autres. Et de ce point de vue, Aristote continue à être invoqué par les néo-thomistes et les néo-scolastiques. Ses affirmations scientifiques furent, quand on les connut, répétées sans être toujours comprises ; sa méthode d'observation, appliquée aux êtres naturels et aux documents historiques, ne fut bien aperçue, saisie et pratiquée que lorsqu'elle eut été reprise ou retrouvée par les savants du xviie et du xviiie siècles. A aucun moment du moyen âge, Aristote ne fut le maître unique, même sur les sujets profanes ; à aucun moment, il ne fut un maître dont on aurait suivi les doctrines telles qu'il les avait exposées, puisque tantôt on ignore certains de ses ouvrages et tantôt on lui en attribue qui ne sont pas authentiques ; puisque toujours on les complète ou on les interprète avec les néo-platoniciens. Enfin on ne le reproduit jamais exactement, même quand on s'attache à des œuvres tout aristotéliques, puisque l'interprétation allégorique qui ne conserve plus parfois aucun lien, même apparent, avec l'interprétation littérale, est employée pour les écrits aristotéliques comme pour l'Ancien et le Nouveau Testament.

Pourquoi le néo-platonisme a-t-il réussi à pénétrer partout dans le monde médiéval, dans le monde chrétien, arabe et juif, comme dans le monde hellénique, pour lequel il semblait plus spécialement composé et avec lequel il eût pu ou même dû disparaître ? On peut déjà s'en rendre compte, en une certaine mesure, en voyant comment Plotin a substitué, dans les mystères d'Eleusis, ses doctrines à l'interprétation stoïcienne.

MM. Lenormant et Pottier, Foucart et Goblet d'Alviella ont donné de pénétrantes études sur ces mystères dont la place fut si grande dans le monde hellénique (1). Les hiérophantes y retrouvaient « ce qui de leur temps était considéré comme la sagesse suprême par la philosophie la mieux accréditée » (2). Le stoïcisme y succéda au pythagorisme, plus ou moins modifié par les doctrines de l'Académie. Le néo-platonisme remplaça le stoïcisme dans les mystères d'Eleusis, comme il l'avait remplacé dans le monde hellénique (3).

(1) Lenormant a écrit l'article *Eleusinia* dans le dictionnaire Daremberg et Saglio. M. Pottier l'a revu. De M. Foucart, nous avons : *Recherches sur l'origine et la nature des Mystères d'Eleusis* (Mémoires de l'Académie des inscriptions et belles-lettres. XXXV, 2e partie, Klincksieck, 1895) ; *Les Grands Mystères d'Eleusis*, personnel, cérémonie (même collection et même éditeur, 1900). M. Goblet d'Alviella a publié quatre articles dans la *Revue d'histoire des Religions*, septembre-octobre, novembre-décembre 1902, janvier-février, mars-avril 1903. La même *Revue* a publié en juin-juillet notre article *Plotin et les Mystères d'Eleusis*, que nous reprenons en partie et que nous complétons.
(2) Goblet d'Alviella, *loc. cit.*, et Jean Réville, *La Religion à Rome sous les Sévères*, p. 178.
(3) Goblet d'Alviella, *loc. cit.*, s'appuie sur les témoignages de Chrysippe, de Cicéron, de Sénèque, de Plutarque, de S. Augustin et de Varron pour affirmer la substitution du stoïcisme au pythagorisme platonisant, puis il ajoute : « En dehors même des œuvres orphiques de cette période qui reflètent les idées et les tendances des Alexandrins, les écrits de Porphyre et de Proclus attestent suffisamment que le néo-platonisme était devenu

A la façon des Mystères, la philosophie néo-platonicienne se présente comme une initiation réservée à ceux qu'on en a jugés dignes : « Hérennius, Origène et Plotin, écrit Porphyre dans la *Vie de Plotin*, étaient convenus de tenir secrète la doctrine qu'ils avaient reçue d'Ammonius. Plotin observa cette convention. Hérennius fut le premier qui la viola, ce qui fut imité par Origène. Ce dernier se borna à écrire un livre *Sur les Démons* ; et sous le règne de Gallien, il en fit un autre pour prouver que *Le Roi est seul créateur* (ou *poète*). Plotin fut longtemps sans rien écrire. Il se contentait d'enseigner de vive voix ce qu'il avait appris d'Ammonius. Il passa de la sorte dix années entières à instruire quelques disciples, sans rien mettre par écrit ; mais comme il permettait qu'on lui fît des questions, il arrivait souvent que l'ordre manquait dans son école et qu'il y avait des discussions oiseuses, ainsi que je l'ai su d'Amélius... Plotin commença, la première année de Gallien, à écrire sur quelques questions qui se présentèrent ».

Lors même que Plotin écrit, il ne s'adresse pas à tous ; il fait un choix entre ceux qui souhaiteraient devenir ses lecteurs comme entre ceux qui se présentent pour être ses auditeurs : « La dixième année de Gallien, dit Porphyre, qui est celle où je le fréquentai pour la première fois, il avait écrit 21 livres *qui n'avaient été communiqués qu'à un très petit nombre de personnes ; on ne les donnait pas facilement et il n'était pas aisé d'en prendre connaissance ; on ne les communiquait qu'avec précaution et après s'être assuré du jugement de ceux qui les recevaient* ».

Enfin Plotin annonce, par les jugements mêmes qu'il porte dans son école, l'estime qu'il fait des Mystères et l'importance qu'il leur attache : « Un jour, écrit Porphyre, qu'à la fête de Platon je lisais un poème sur le *Mariage sacré*, quelqu'un dit que j'étais fou, parce qu'il y avait, dans cet ouvrage, de l'enthousiasme et du mysticisme. Plotin prit alors la parole et me dit d'une façon à être entendu de tout le monde : « Vous venez de nous prouver que vous êtes en même « temps poète, philosophe et *hiérophante* ».

L'étude de l'œuvre révèle, chez Plotin, les mêmes préoccupations et nous explique comment, en prenant pour point de départ les cérémonies, les pratiques et les formules des Mystères, il y a fait entrer sa philosophie tout entière. Mais pour que cela apparaisse nettement, il faut la parcourir en suivant l'ordre chronologique de la composition, et non l'ordre arbitraire que lui a imposé Porphyre (ch. III, 4).

Dans le livre sur le Beau, que Plotin écrivit le premier et qui est, pour les éditions porphyriennes, le sixième de la première Ennéade, se trouvent, pour ainsi dire, le plan et le but de l'œuvre tout entière. Plotin entreprend de montrer comment, par la vue du Beau, on peut purifier l'âme, la séparer du corps, puis s'élever du monde sensible au monde intelligible et contempler le Bien, qui est le principe du Beau. Par le vice, par l'ignorance, l'âme s'éloigne de son essence et tombe dans la fange de la matière ; par la vertu, par la science, elle se purifie des souillures qu'elle avait contractées dans son alliance avec le corps, et elle s'élève à l'intelligence divine, de laquelle elle tient toute sa beauté.

Dès ce premier livre, Plotin fait, à trois reprises, intervenir les Mystères pour

---

la philosophie des Mystères. Maxime, Eunape, Julien, sans aucun doute Proclus étaient des initiés d'Eleusis et la charge d'hiérophante, au IIIe et au IVe siècle de notre ère, fut occupée plus d'une fois par des philosophes néo-platoniciens. Jamais peut-être l'accord ne fut plus étroit entre la religion et la philosophie ».

en expliquer l'institution, les rites, les pratiques et en esquisser l'interprétation : « Ainsi (§ 6), comme le dit une antique maxime, le courage, la tempérance, toutes les vertus, la prudence même ne sont qu'une purification. C'est donc avec sagesse qu'on enseigne, dans les Mystères, que l'homme qui n'aura pas été purifié séjournera, dans les enfers, au fond d'un bourbier, parce que tout ce qui n'est pas pur se complaît dans la fange par sa perversité même : c'est ainsi que nous voyons les pourceaux immondes se vautrer dans la fange avec délices ».

Qu'il s'agisse bien, dans ce passage, des Mystères d'Eleusis, c'est ce que prouve le texte de Platon auquel Plotin fait allusion : « Musée et son fils Eumolpe, dit Platon, attribuent aux justes de magnifiques récompenses. Ils les conduisent, après la mort, dans la demeure d'Hadès et les font asseoir, couronnés de fleurs, au banquet des hommes vertueux, où ils passent leur temps dans une éternelle ivresse. Quant aux méchants et aux impies, ils les croient relégués aux enfers, plongés dans un bourbier et condamnés à porter l'eau dans un crible ».

Dans le paragraphe suivant (7), Plotin continuant à développer sa pensée, dit que, pour atteindre le Bien et s'unir à lui, l'âme doit se dépouiller du corps : « Il nous reste maintenant à remonter au Bien auquel toute âme aspire. Quiconque l'a vu connaît ce qui me reste à dire, sait quelle est la beauté du Bien. En effet le Bien est désirable par lui-même ; il est le but de nos désirs. Pour l'atteindre, il faut nous élever vers les régions supérieures, nous tourner vers elles et nous dépouiller du vêtement que nous avons revêtu en descendant ici-bas, comme, dans les Mystères, ceux qui sont admis à pénétrer au fond du sanctuaire, après s'être purifiés, dépouillent tout vêtement et s'avancent complètement nus ».

Au paragraphe suivant, Plotin substitue son idéal de l'homme sage et heureux à celui des stoïciens et indique plus clairement encore son intention de remplacer leur interprétation allégorique des Mystères par celle qu'il puisera dans sa propre doctrine. Celui qui est malheureux, dit-il d'abord, ce n'est pas celui qui ne possède ni de belles couleurs, ni de beaux corps, ni la puissance, ni la domination, ni la royauté, mais celui-là seul qui se voit exclu uniquement de la possession de la Beauté, possession au prix de laquelle il faut dédaigner les royautés, la domination de la terre entière, de la mer, du ciel même, si l'on peut, en abandonnant et en méprisant tout cela, contempler la Beauté face à face. Puis il ajoute :

« Comment faut-il s'y prendre, que faut-il faire pour arriver à contempler cette Beauté ineffable qui, comme la divinité dans les Mystères, nous reste cachée au fond d'un sanctuaire et ne se montre pas au dehors, pour ne pas être aperçue des profanes ? Qu'il s'avance dans ce sanctuaire, qu'il y pénètre, celui qui en a la force, en fermant les yeux au spectacle des choses terrestres et sans jeter un regard en arrière sur les corps dont les grâces le charmaient jadis ».

Le livre que Plotin a écrit le 9e et qui porte sur le Bien et l'Un, a paru d'une importance extrême à Porphyre, qui l'a placé le 9e dans la VIe Ennéade, c'est-à-dire le dernier de toute son édition. En fait, c'est un de ceux qu'on étudie avec le plus grand profit, quand on cherche à saisir, rapidement dans ses traits essentiels, la philosophie néo-platonicienne. Plotin y traite d'abord de l'Un, qu'il distingue de l'Intelligence et de l'Être ; qu'on ne saisit, ni par la science, ni par la pensée; qui est le principe parfaitement simple de tous les êtres, indivisible, infini, absolu, le Bien considéré d'une manière tout à fait transcendante. Puis il affirme que nous pouvons nous unir à l'Un et que cette union, momentanée dans notre existence actuelle, est appelée à être permanente, peut-être définitive. Être uni à Dieu, c'est notre vie véritable. Et nous sommes en état de nous unir à lui, d'un côté, parce qu'il est présent à tous les êtres, de l'autre, parce qu'il nous suffit pour cela de faire disparaître en nous toute différence. Cette union, qui est la vie des dieux, des hommes divins et bienheureux, constitue un état ineffable, extase, simplification, don de soi, etc. Si l'âme ne peut la maintenir, c'est qu'elle n'est pas tout à fait détachée des choses d'ici-bas, qu'elle ne s'est pas encore identifiée à l'Un.

Dans ce livre, bien caractéristique de l'époque théologique ou médiévale (ch. II), Plotin fait deux choses également significatives au point de vue qui nous occupe. S. Paul avait rattaché aux doctrines stoïciennes une formule célèbre : « C'est en Dieu que nous vivons, que nous sommes et que nous nous mouvons » (*Actes*, *XVII*, 27, 28). Le traité de l'Un ou du Bien en contient une interprétation toute spiritualiste qui intervient dans l'élaboration de la théologie chrétienne (§ 11), mais qui contribue aussi à introduire sa philosophie dans les Mystères, dont il offre une explication moins matérialiste, plus satisfaisante pour les tendances religieuses de ses contemporains, que celle de ses prédécesseurs les stoïciens.

Il faut citer, en son entier, le § 11 qui termine l'édition de Porphyre et qui, par conséquent, lui semble le plus important de l'œuvre : «*Certes c'est cela que veut montrer l'ordre des mystères, de ceux où il y a défense de produire au dehors, pour les hommes qui n'ont pas été initiés, ce qui y est enseigné* : comme le divin n'est pas de nature à être divulgué, il a été interdit de le montrer à celui à qui n'est pas échue la bonne fortune de le voir lui-même. Or puisqu'il n'y avait pas deux êtres, mais qu'il y en avait un, le voyant identique au vu, de façon qu'il n'y eût pas un être vu, mais un être unifié, celui qui serait devenu tel, s'il se souvenait du temps où il était uni au bien, aurait en lui-même une image du Bien. Et il était un et n'avait en lui aucune différence, ni relativement à lui-même, ni relativement aux autres. Car rien de lui n'était mû ; en lui, revenu en haut, n'étaient présents ni appétit ni désir d'autre chose ; en lui, il n'y avait ni raison, ni pensée, quelle qu'elle soit, ni lui-même absolument, s'il faut dire aussi cela. Mais comme ayant été ravi ou porté en Dieu, il était constitué tranquillement dans une installation solitaire, ne s'écartant en aucune façon de son essence, qui est sans tremblement, ne se tournant pas vers lui-même, se tenant de toute façon en repos et étant devenu pour ainsi dire stabilité (1). *Il ne s'occupe plus des choses belles, s'élevant déjà aussi au-dessus du beau, ayant dépassé déjà aussi le chœur des vertus, comme quelqu'un qui, ayant pénétré dans l'intérieur de l'impénétrable (du sanctuaire), laissant par derrière les statues qui sont dans le ναός, statues qui, pour celui qui sort du sanctuaire, sont de nouveau les premières, après le spectacle du dedans et la communication qu'il a eue là, non avec des statues ou des images, mais avec lui. Spectacles certes qui sont les seconds. Et peut-être n'était-ce pas là un spectacle, mais un autre mode de vision, une extase et une simplification et un don de soi, et un désir de toucher et une stabilité et une pensée tout entière tournée vers l'harmonisation, si toutefois on con-*

---

(1) Sur l'emploi de ce mot στάσις, chez Plotin, voir ch. III, 4, 10 ; ch. 5, 11.

temple ce qui est dans le sanctuaire (1). Mais s'il regarde autrement, rien ne lui est présent. *D'un côté donc, ces images ont été dites à mots couverts par les sages certes d'entre les prophètes pour indiquer de quelle manière ce Dieu est vu. De l'autre, le sage hiérophante, ayant pénétré l'énigme, ferait, étant venu, la contemplation véritable du sanctuaire. Et n'y étant pas venu, mais ayant pensé que le sanctuaire, celui-là qui est en question est une chose invisible et une source et un principe, il saura qu'il voit un principe comme principe (ou le principe par excellence) et lorsqu'il y est venu avec lui, il sait qu'il voit aussi le semblable par le semblable, ne laissant, en dehors de sa vue, rien des choses divines, de toutes celles que l'âme peut avoir. Et avant la contemplation, elle réclame ce qui reste à voir de la contemplation. Mais ce qui reste, pour celui qui s'est élevé au-dessus de toutes choses, c'est ce qui est avant toutes choses. Car certes, ce n'est pas au non-être absolument qu'ira la nature de l'âme ; mais, d'un côté, étant allée en bas, elle viendra dans le mal et ainsi vers le non-être, non toutefois vers le non-être qui le serait d'une façon achevée. De l'autre, ayant parcouru la voie contraire, elle viendra non à autre chose, mais à elle-même et ainsi n'étant pas dans autre chose, il n'en résulte pas qu'elle n'est dans aucune chose, mais qu'elle est en elle-même. Et celui qui est en elle-même seule, non dans l'être, est dans Celui-là. Car il devient ainsi lui-même non quelque essence, mais supérieur à l'essence dans la mesure où il a commerce avec Celui-là. Si donc quelqu'un se voit devenu Cela, il a lui-même une image de Celui-là et s'il passe au-dessus de lui-même, comme une image allant vers son archétype, il atteindra la fin de sa marche. Mais tombant et perdant cette vue, il éveillera de nouveau la vertu, celle qui est en lui, il s'observera lui-même, mis en ordre de toute façon ; il sera de nouveau allégé et il ira par la vertu vers l'Intelligence, par la sagesse vers Lui (le Bien ou l'Un). Et telle est la vie des Dieux, telle est la vie des hommes divins et ayant en eux un bon démon, détachement des autres choses, celles d'ici, vie non rendue agréable par les choses d'ici, fuite de celui qui est seul vers celui qui est seul* » (2).

Plotin débute par rappeler la défense qui est faite, dans les Mystères, d'en dévoiler le secret aux hommes qui n'ont pas été initiés. On sait qu'il y avait interdiction absolue, quoi qu'en ait pensé M. Alfred Maury, de révéler aux profanes les actes ou les paroles qui constituaient les secrets (τὰ ἀπόρρητα) de l'initiation. Lenormant et Pottier, Foucart et Goblet d'Alviella sont absolument d'accord sur ce point (3). Mais Plotin explique cette défense par une raison philosophique : c'est que le « divin n'est pas de nature à être divulgué, c'est, comme le

---

(1) Tous ces termes employés pour désigner la vision de Dieu et l'union avec lui sont caractéristiques : οὐ θέαμα ἀλλὰ ἄλλος τρόπος τοῦ ἰδεῖν, ἔκστασις καὶ ἁπλωσις καὶ ἐπίδοσις αὑτοῦ καὶ ἔφεσις πρὸς ἁφὴν καὶ στάσις καὶ περινόησις πρὸς ἐφαρμογήν... Les mystiques des siècles suivants, chrétiens ou musulmans, ont choisi l'un ou l'autre de ces termes, qui impliquent des procédés différents : tous relèvent ainsi de Plotin et de son école.

(2) Nous avons essayé de traduire ce texte aussi littéralement que possible, la traduction de Bouillet ne nous ayant pas toujours paru suffisamment exacte. On peut consulter la traduction anglaise de Th. Taylor, *Select Works of Plotinus*, p. 468 et suivantes.

(3) Les uns rappellent la peine de mort portée contre toute profanation des mystères et la condamnation à mort, par contumace, d'Alcibiade. Le dernier écrit, 1er article, p. 174, n. 11 : « Les Grecs eux-mêmes, font venir μυστήρια de μύω (clore la bouche). En réalité, la célébration des mystères pouvait comprendre certaines cérémonies publiques, mais leur élément essentiel n'en restait pas moins le secret, avec sa conséquence nécessaire, l'initiation ».

disait déjà Platon dans un passage du *Timée* souvent reproduit par Plotin, « que si c'est une grande affaire de découvrir l'auteur et le père de cet univers, il est impossible, après l'avoir découvert, de le faire connaître à tous » (*Timée*, 28, c). Et sur cette explication repose, outre la constitution de la théologie négative si importante avec le Pseudo-Denys, l'interprétation des mystères d'Eleusis (§ 11).

Plotin rappelle ensuite le rôle du hiérophante, en ce qui concerne la communication aux initiés des objets touchant de très près aux divinités des Mystères, probablement même de leurs effigies (τὰ δεικνύμενα). Ces statues ou attributs différaient des attributs et des représentations exposées en dehors du péribole ; elles étaient enfermées dans un sanctuaire (μέγαρον, ἀνάκτορον) où le hiérophante pénétrait seul. Elles en sortaient pour la fête des Mystères : sous la garde des Eumolpides, elles étaient transportées à Athènes, mais voilées et cachées aux regards des profanes. Pendant l'une des nuits de l'initiation, les portes du sanctuaire s'ouvraient et le hiérophante, en grand costume, montrait aux mystes assemblés dans le τελεστήριον les ἱερά éclairés par une lumière éclatante. De là même venait son nom d'hiérophante (ὁ ἱερὰ φαίνων). Pour Plotin, ce sanctuaire — qui rappelle peut-être aussi le Saint des Saints des Hébreux (1) — et ce qu'il contient figure l'Un ou le Bien, l'hypostase suprême avec laquelle nous devons chercher à nous unir ; les statues qui sont dans le ναός représentent, comme il l'indiquera ailleurs, l'Ame et l'Intelligence, la troisième et la seconde hypostase, avec lesquelles il faut s'unir pour atteindre le Bien. Enfin, pour lui, celui qui arrive aux sanctuaires a dépassé le chœur des vertus, idéal des stoïciens, comme son interprétation dépasse celle qui, grâce aux stoïciens, avait été longtemps acceptée pour les Mystères.

Ce magnifique morceau de Plotin, dit Bouillet (t. III, p. 564), est assurément ce que l'antiquité nous a laissé de plus beau sur les vérités religieuses, enseignées à Eleusis. Nous y voyons, en outre, la manière dont l'école néo-platonicienne propage sa doctrine parmi les partisans des Mystères et comment, lorsque ceux-ci ont disparu, elle l'a laissée à leurs adversaires, parce qu'elle restait, en plus d'un point, l'expression la plus parfaite des conceptions chères à toute la période théologique, qui s'étend, de Philon, à Galilée et à Descartes.

Le livre qui traite des trois hypostases principales, le dixième dans l'ordre chronologique, le premier de la cinquième Ennéade chez Porphyre, développe ou complète les doctrines du livre sur l'Un ou le Bien. L'âme voit qu'elle a une affinité étroite avec les choses divines. Elle se représente d'abord la grande Ame, toujours entière et indivisible, qui pénètre intimement le corps immense dont sa présence vivifie et embellit toutes les parties ; puis l'intelligence divine, parfaite, immuable, éternelle, qui renferme toutes les idées, et constitue l'archétype du monde sensible ; enfin, l'Un absolu, le principe suprême, le Père de l'Intelligence qui est son Verbe, son acte et son image. Par la puissance que l'Intelligence reçoit de son principe, elle possède en elle-même toutes les idées, comme le font entendre les Mystères et les mythes : « Invoquons d'abord Dieu même, dit Plotin (§ 6), non en prononçant des paroles, mais en élevant notre âme jusqu'à lui par la prière ; or la seule manière de le prier, c'est de nous avancer solitairement vers l'Un, qui est solitaire. Pour contempler l'Un, il faut se recueillir dans son for intérieur comme dans un temple et y demeurer tranquille, en extase, puis, considérer les statues qui sont pour ainsi dire placées dehors (l'Ame et l'Intelli-

---

(1) Il faut se souvenir que Philon, par Numénius, a agi sur Plotin (III, 4).

gence) et avant tout la statue qui brille au premier rang (l'Un), en la contemplant de la m... que sa nature exige ».

Ainsi Plotin, parlant de l'Âme du monde, en termes qui sont stoïciens et qui transforment le stoïcisme, montre comment il en fait une partie constitutive et, en une certaine mesure, secondaire, de son système. Puis il continue son interprétation des Mystères, en identifiant, avec l'âme et avec l'intelligence, les statues qui sont en dehors du sanctuaire (1).

En résumé Plotin, dans les divers passages rappelés, superpose sa philosophie à toutes les parties constitutives et essentielles des Mystères. Tous ceux qui, préoccupés du divin, placent un monde intelligible au-dessus du monde sensible, qui substituent le principe de perfection aux principes de causalité et de contradiction, seront conduits à accepter son interprétation, s'ils conservent les Mystères ; à prendre pour eux ses doctrines, s'ils renoncent à tout ce qui rappelle la religion antique. A cet égard, Plotin se met dans une position unique. Il pense bien moins à défendre les anciennes croyances qu'à faire accepter son système. S'il invoque les mythes, les Mystères ou même les croyances populaires, c'est surtout pour montrer qu'il les complète, et qu'il en donne l'explication la plus satisfaisante.

Après Plotin, les tendances sont religieuses, bien plus encore que théologiques et philosophiques : la lutte se poursuit, ardente, implacable entre les partisans de la religion hellénique et ceux du christianisme. Sauf Synésius, le Pseudo-Denys l'Aréopagite et Boèce, dont les doctrines philosophiques sont très nettement plotiniennes et néo-platoniciennes, tandis que leurs croyances ont pu les faire rattacher tantôt à l'une, tantôt à l'autre des deux religions, les philosophes de cette époque se prononcent pour le christianisme ou pour l'hellénisme. Aussi l'interprétation des Mystères sert-elle surtout à défendre, chez Jamblique et ses successeurs, la religion pour laquelle ils ont résolu de combattre. C'est ce qui apparaît manifestement chez le commentateur Thémistius, mort après 387, chez

---

(1) On pourrait retrouver, dans la plupart des livres importants de Plotin des allusions, directes ou indirectes, aux Mystères d'Eleusis. Il nous suffira d'en mentionner quelques-unes, puisque nous avons, avec les citations précédentes, une interprétation complète. Le second livre sur l'Âme, le 28e dans l'ordre chronologique, le 4e de la 4e Ennéade dans l'édition de Porphyre, traite des âmes qui font usage de la mémoire et de l'imagination, puis des choses dont elles se souviennent. Il se demande si les âmes des astres et l'Âme universelle ont besoin de la mémoire et du raisonnement ou si elles se bornent à contempler l'Intelligence suprême. Il cherche quelles sont les différences intellectuelles entre l'âme universelle, les âmes des astres, l'âme de la terre et les âmes humaines, quelle est l'influence exercée par les astres et en quoi consiste la puissance de la magie. Bouillet signale, avec raison, un beau passage qui se termine par ces lignes : « Avant de sortir de la vie, l'homme sage connaît quel séjour l'attend nécessairement et l'espérance d'habiter un jour avec les dieux vient remplir sa vie de bonheur » (IV, 4, § 45). C'est, dit-il, le développement d'une pensée de Pindare : « Heureux qui a vu les mystères d'Eleusis, avant d'être mis sous terre ! Il connaît les fins de la vie et le commencement donné de Dieu ». Enfin dans le livre qui est le 30e par l'ordre chronologique et le 8e de la 5e Ennéade, Plotin s'occupe de la beauté intelligible et fait figurer « toutes les essences dans le monde intelligible, comme autant de *statues* qui sont visibles par elles-mêmes et dont le spectacle donne aux spectateurs une ineffable félicité ».

Olympiodore le jeune, le contemporain de Simplicius, comme chez Jamblique, Proclus ou l'auteur des *Mystères des Égyptiens* (1).

Mais, dit M. Goblet d'Alviella, cette introduction du néo-platonisme dans les Mystères fut leur chant du cygne, comme celui du paganisme lui-même. En inculquant, dit de son côté M. Jean Réville, des doctrines peut-être aussi élevées que celles du christianisme, les Mystères ne firent que précipiter leur défaite et travailler pour l'Evangile. Le néo-platonisme aurait-il donc disparu avec la religion hellénique et les Mystères ?

Il faudrait d'abord faire remarquer que la religion hellénique a été ruinée par des luttes politiques où la violence eut infiniment plus de part que les convictions philosophiques ou même théologiques. Ainsi Constantin place la croix sur le labarum et permet aux chrétiens d'exercer librement leur culte; puis il les favorise ouvertement, préside un concile, construit une église chrétienne à Constantinople et porte à son casque un clou de la vraie croix. Mais il reste Grand Pontife et laisse représenter le Dieu-Soleil sur les monnaies ; il édifie à Constantinople un temple de la Victoire et ne se fait baptiser qu'au moment de sa mort. Quand le mari de Théodora, Justinien, fermait les écoles d'Athènes (III, 6), il est difficile de dire qu'il songeait à faire triompher les doctrines les plus élevées ! M. Goblet d'Alviella fait lui-même une remarque analogue pour Eleusis : « En 396 les Goths reparurent en Afrique, conduits par Alaric ; les moines qui avaient acquis assez d'influence sur l'envahisseur pour lui faire épargner Athènes, durent lui persuader aisément de se dédommager sur le sanctuaire des Bonnes Déesses, qui fut livré au pillage et à l'incendie ».

---

(1) « La sagesse, écrit Thémistius, fruit de son génie et de son travail, Aristote l'avait recouverte d'obscurité et enveloppée de ténèbres, ne voulant ni en priver les bons, ni la jeter dans les carrefours; toi (mon père) tu as pris à part ceux qui en étaient dignes et pour eux tu as dissipé les ténèbres et mis à nu les statues. Le néophyte, qui venait de s'approcher des lieux saints, était saisi de vertige et frissonnait ; triste et dénué de secours, il ne savait ni suivre la trace de ceux qui l'avaient précédé, ni s'attacher à rien qui pût le guider et le conduire dans l'intérieur : tu vins alors t'offrir comme hiérophante, tu ouvris la porte du vestibule du temple, tu disposas les draperies de la statue, tu l'ornas, tu la polis de toutes parts, et tu la montras à l'initié toute brillante et toute resplendissante d'un éclat divin, et le nuage épais qui couvrait ses yeux se dissipa: et du sein des profondeurs sortit l'intelligence, toute pleine d'éclat et de splendeur, après avoir été enveloppée d'obscurité ; et *Aphrodite apparut à la clarté de la torche que tenait l'hiérophante, et les Grâces prirent part à l'initiation* » (Thémistius, *Discours* XX, *Éloge de son père*, ch. IV, Bouillet, III, p. 609).

« Dans les cérémonies saintes, dit de son côté Olympiodore, on commençait par les lustrations publiques ; ensuite venaient les purifications plus secrètes : à celles-ci succédaient les réunions ; puis les initiations elles-mêmes ; enfin les intuitions. Les vertus morales et politiques correspondent aux lustrations publiques ; les vertus purificatives, qui nous dégagent du monde extérieur, aux purifications secrètes ; les vertus contemplatives, aux réunions ; les mêmes vertus, dirigées vers l'unité, aux initiations ; enfin l'intuition pure des idées à l'intuition mystique. Le but des mystères est de ramener les âmes à leur principe, à leur état primitif et *final, c'est-à-dire à la vie en Zeus dont elles sont descendues, avec Dionysios qui les y ramène. Ainsi l'initié habite avec les dieux, selon la portée des divinités qui président à l'initiation*. Il y a deux sortes d'initiations : les initiations de ce monde, qui sont pour ainsi dire préparatoires ; et celles de l'autre, qui achèvent les premières (Cousin, *Fragments de philosophie ancienne*; Olympiodore, *Commentaire sur le Phédon*, p. 448).

Mais surtout il faut distinguer entre la religion hellénique et le Plotinisme. On pouvait brûler les temples et fermer les écoles : les doctrines philosophiques qui, par les unes comme par les autres, s'étaient introduites chez les esprits cultivés et chez les chrétiens eux-mêmes, ne disparaissaient pas. Tout au plus en étaient-elles réduites à se présenter comme chrétiennes, ainsi qu'il arriva pour celles qu'on attribua, presque aussitôt après la fermeture des écoles, au Pseudo-Denys l'Aréopagite !

D'ailleurs M. Goblet d'Alviella admet, avec Edwin-Hatch, que l'organisation et les rites des communautés chrétiennes en terre hellénique, avec Harnack, que les dogmes, dans leur conception et leur structure, sont l'œuvre de l'esprit grec sur le terrain de l'Évangile. C'est, en termes moins précis, ce que nous avons affirmé de Plotin, au moins pour ce qui concerne les doctrines (ch. III, 4, 10). D'un autre côté, M. Goblet d'Alviella montre l'influence des Mystères sur les gnostiques et sur les chrétiens. Ceux-ci font des emprunts à leur terminologie, séparent les catéchumènes et les fidèles, en instituant des rites et des formules réservés aux initiés, en établissant des degrés d'initiation. Dans les communautés fondées en terre païenne, ils utilisent, comme on le voit par l'art des catacombes, les applications du symbolisme des Mystères ; ils s'en inspirent pour la cène et pour la messe, comme pour le développement de l'idée sacerdotale. A plus forte raison ont-ils pu subir l'influence de l'interprétation que Plotin avait jointe aux mystères et qui, bien plus aisément que toutes les pratiques, pouvait se détacher de la religion hellénique !

Mais la doctrine philosophique des néo-platoniciens qui continuèrent Plotin fut souvent unie à des croyances opposées au christianisme et ne fut pas toujours distinguée de celle du maître, elle fut plus d'une fois mise à contribution par les hétérodoxes. De sorte que le néo-platonisme a alimenté toute la spéculation des dogmatiques et des mystiques du moyen âge, orthodoxes ou non orthodoxes.

De même que Plotin a donné, des mystères d'Éleusis, une interprétation idéaliste qui leur survécut, il a présenté, d'un passage célèbre de S. Paul — qu'il ne nomme pas d'ailleurs — une explication systématique, destinée à passer tout entière dans le christianisme et à en former une partie essentielle.

Les Actes des Apôtres (XVII, 16 à 34) nous apprennent que S. Paul, arrivé à Athènes, discutait tous les jours sur la place publique avec les premiers venus : puis qu'il conféra avec quelques philosophes épicuriens et stoïciens. Il parut, comme autrefois Socrate, annoncer des divinités étrangères, ξένων δαιμονίων, parce qu'il parlait de J.-C. et de la résurrection. Conduit à l'Aréopage, S. Paul fait un discours dont tous les points sont à relever. D'abord il considère les Athéniens comme des hommes très religieux, δεισιδαιμονεστέρους, et apporte ainsi un argument nouveau à ceux qui commencent au 1er siècle la période théologique dont nous formons le moyen âge (II, 8). Puis il signale à l'appui de son affirmation, l'autel élevé au Dieu inconnu, ἀγνώστῳ θεῷ, qui tient une place si grande dans la théologie chrétienne. Le Dieu que S. Paul annonce aux Athéniens, c'est celui qui a fait le monde et toutes les choses qui sont en lui, ὁ ποιήσας τὸν κόσμον καὶ πάντα τὰ ἐν αὐτῷ ; c'est le maître du ciel et de la terre. Il n'habite point dans des sanctuaires faits de main d'homme ; il n'est point servi par des mains humaines comme s'il avait besoin de quelque chose, προσδεόμενός τινος, mais il donne à tous vie, respiration et toutes choses, διδοὺς πᾶσιν ζωὴν καὶ πνοὴν καὶ τὰ πάντα; il a réparti la terre entre tous les hommes, issus d'un seul, pour qu'ils le cherchent et le trouvent en le touchant ζητεῖν τὸν θεόν, εἰ ἄραγε ψηλαφήσειαν αὐτὸν καὶ εὕροιεν. Il n'est pas loin de chacun de nous, puisqu'en lui nous vivons, nous nous mouvons et nous sommes, puisque nous appartenons à sa race, comme l'ont dit quelques poètes, καὶ γε οὐ μακρὰν ἀπὸ ἑνὸς ἑκάστου ἡμῶν ὑπάρχοντα ἐν αὐτῷ γὰρ ζῶμεν καὶ κινούμεθα καὶ ἐσμέν, ὡς καὶ τινες τῶν καθ' ὑμᾶς ποιητῶν εἰρήκασιν· τοῦ γὰρ καὶ γένος ἐσμέν. Et comme nous sommes de sa race, nous ne devons pas croire que la Divinité soit semblable à de l'or, à de l'argent ou de la pierre sculptés par l'art et l'intelligence de l'homme. Enfin le narrateur nous apprend que, parmi ceux qui s'étaient attachés à S. Paul et avaient embrassé la foi chrétienne, se trouvait Denys l'Aréopagite.

Ces poètes dont parle S. Paul, c'est Aratus, c'est aussi Cléanthe, dans l'hymne célèbre à Zeus, ἐκ σοῦ γὰρ γένος ἐσμέν. Le Dieu dont parle S. Paul, c'est au sens littéral des mots, celui du stoïcisme (III, 3). Comment Plotin a-t-il transformé cette doctrine, matérialiste, puisque l'éther divin reste un corps, en un idéalisme qui pût être accepté par les chrétiens, auxquels il fournit le commentaire le plus complet et le plus satisfaisant du texte de S. Paul ?

Et d'abord que devient chez Plotin le Dieu inconnu ? C'est celui auquel ne s'appliquent ni les instruments de connaissance par lesquels nous saisissons le monde sensible, ni les catégories dans lesquelles on fait rentrer les idées que nous nous en formons, ni les mots par lesquels nous avons coutume de les désigner et de les rappeler.

Au livre 9e, Plotin résumant sa théorie de l'Un et de l'extase, dit que Dieu n'est aucune des choses que nous connaissons ; que la compréhension, σύνεσις, que nous en avons, ne vient ni par la science, ἐπιστήμη, ni par la pensée, νόησις, comme celle des autres intelligibles... Car l'âme qui acquiert la science d'un objet s'éloigne de l'Un et cesse d'être tout à fait une, la science impliquant le raisonnement (λόγος), qui comporte multiplicité. A plus forte raison, l'Un ne peut-il être connu par la sensation ou par l'opinion sa compagne, qui ne pourrait le représenter que comme une grandeur, une figure ou une masse (μέγεθος ἢ σχῆμα ἢ ὄγκον). Aussi ne peut-il prendre place dans aucune des catégories établies par Aristote ou ses successeurs : il n'est ni une certaine chose, ni quantité, ni qualité, ni âme, ni intelligence, ni ce qui se meut, ni ce qui est stable ; il n'est ni dans le lieu ni dans le temps; il est sans forme et c'est la raison pour laquelle il échappe à la science, puisque notre connaissance est fondée sur les formes, γνῶσις εἴδεσιν ἐπερειδομένη. Enfin, ce qui répond déjà par avance aux accusations de panthéisme, l'Un n'est point toutes choses, τὰ πάντα, car de cette manière, il ne serait plus l'Un ; il n'est point davantage l'intelligence, car alors il serait encore toutes choses, puisque l'intelligence est toutes choses ; il n'est point non plus l'Être, puisque l'Être est aussi toutes choses (1).

Voilà pourquoi Platon disait qu'après avoir découvert le Père de cet univers, il est impossible de le faire connaître à tous; pourquoi Plotin dit, à son tour, qu'il est ineffable et indescriptible (οὐδὲ ῥητὸν, οὐδὲ γραπτόν), pourquoi il défend de

---

(1) Dans l'édition porphyrienne, voir VI, livre 9, §§ 7, 4, 3, 3, 2. Voir aussi, VI, 8. *De la liberté et de la volonté de l'Un*; V, 1, *Des trois hypostases principales* ; VI, 1, 2, 3, *Des genres de l'être* (critique des catégories aristotéliciennes et stoïciennes qui précède l'exposition des doctrines plotiniennes).

lui donner un nom ou un autre, de lui joindre aucun attribut. Il n'y a pas même besoin de dire, *Il est;* il suffit de l'appeler le *Bien* en retranchant tout, afin de ne pas introduire en lui quelque diversité. Et c'est aussi ce qui amène Proclus à affirmer, dans sa *Théologie élémentaire* (CXXIII), que « tout ce qui est le divin même est, à cause de son unité supra-essentielle, ineffable et inconnu aux êtres de second rang » (1).

Cette théologie négative dont les chrétiens auront l'expression la plus complète dans les *Noms divins* et les autres ouvrages qu'on attribuera à Denys l'Aréopagite, converti par S. Paul, Plotin l'appuie sur une théorie de la connaissance qui lui sert aussi à édifier sa théologie positive. C'est le semblable qui connaît le semblable ; c'est avec l'Intelligence, sans se servir d'aucun des sens, sans mélanger aucune de leurs perceptions aux données de l'Intelligence, que l'homme contemple l'Un ; c'est avec l'Intelligence pure, avec ce qui en constitue le degré le plus élevé, qu'il contemple le principe le plus pur, καθαρῷ τῷ νῷ τὸ καθαρώτατον θιᾶσθαι καὶ τοῦ νοῦ τῷ πρώτῳ. Ce qui rend, même, en ce cas, notre connaissance imparfaite, c'est que l'âme devient Dieu ou plutôt qu'elle est Dieu ; c'est que celui qui voit, ne voit pas, à proprement parler, ne distingue pas, ne s'imagine pas deux choses. Absorbé en Dieu, il ne fait plus qu'un avec lui, comme un centre qui coïncide avec un autre centre. Comment dépeindre comme différent de nous, dit Plotin, Celui qui, lorsque nous le contemplions, ne nous apparaissait pas comme autre que nous-même, mais comme ne faisant qu'un avec nous ? Sans compter qu'en retombant dans le monde d'ici-bas, l'âme, plongée dans l'obscurité, s'éloigne de l'Un et revient aux choses sensibles, parfois aux passions et au mal. Toutefois comme Minos rédigea des lois plus sages que celles de tous les autres législateurs parce qu'il était encore sous l'influence de son union avec Dieu, le philosophe qui a contemplé l'Un, peut exprimer mieux qu'aucun autre ce que nous éprouvons, en tournant autour de lui, en nous en rapprochant, en nous unissant à lui, sinon indiquer réellement ce qu'il est en lui-même et en dehors de tout rapport avec nous.

On l'appelle l'Un, le Bien, le Premier, l'Absolu, τὸ αὔταρκες. Simple et indivisible, il est supérieur comme il a été dit, à l'Intelligence et à l'être, il est au-dessus de toutes choses ; il leur donne leur forme en les faisant participer à l'unité ; il est partout et il n'est nulle part, il est partout et de toutes parts. Affranchi de toute détermination, possédant une puissance incommensurable, il est infini. Meilleur que toutes choses, il est unique ; ayant toutes choses sous sa dépendance, il est suprême, ὑπέρτατος. C'est le nombre Un, la raison Une qui embrasse tout. Comprenant tout, il est le dehors ; étant la profondeur la plus intime de tout, il est le dedans. Par le rayonnement, par la surabondance et l'effusion de sa puissance, il est le principe dont toutes choses procèdent, sur lequel toutes choses sont édifiées.

Il est le désirable et n'est point par hasard ce qu'il est. Son existence, son essence, son acte ne font qu'un : son existence contient donc l'acte de se choisir

---

(1) Dans l'édition porphyrienne, VI, 7, § 38 ; VI, 9, §§ 4 et 3 ; VI, 1. 8, §§ 19 et 20. « S'il faut cependant le nommer, dit Plotin, VI, 9, 5, on peut convenablement l'appeler en général l'Un, mais en comprenant bien qu'il n'est pas d'abord quelque autre chose, et ensuite l'Un ».

et de se vouloir soi-même, car il n'y a rien autre chose que le Bien qu'il eût souhaité d'être. L'Un étant cause de lui-même, étant par lui-même et étant Lui en vertu de Lui-même, est Lui d'une manière suprême et transcendante, il est l'indépendance même et l'auteur de toute liberté. Il s'aime et se donne ainsi l'existence : il y a en lui identité du désir et de l'essence. Acte immanent, ce qu'il y a de plus aimable en lui constitue une sorte d'intelligence. Ayant une intuition simple de lui-même par rapport à lui-même, il est une action vigilante, c'est-à-dire une supra-intellection éternelle. Comme il est le Premier, procédant de lui-même; comme son être est identique à son acte créateur et à sa génération éternelle, il est l'acte premier. Se commandant à lui-même, il est le Premier, non par l'ordre, mais par sa puissance parfaitement libre. Souverainement indépendant de toutes choses, il est l'absolu. Supérieur à l'Intelligence, il est la cause de la cause ; il est cause d'une manière suprême et contient à la fois toutes les causes intellectuelles qui doivent naître de lui. C'est le Convenable pour lui-même et pour les autres, puisqu'il est ce qu'il a voulu être et qu'il a projeté sur les autres ce qu'il a voulu et leur a donné à chacun sa forme. C'est la puissance universelle véritablement maîtresse d'elle-même, l'acte premier qui s'est manifesté tel qu'il convenait qu'il fût. A ce titre, il s'appelle Providence.

De ce qu'il est le désirable même, de ce que toutes choses aspirent à lui, tandis qu'il n'aspire à rien, il résulte qu'il est le Bien, non pour lui-même, mais pour les autres êtres qui participent de lui dans la mesure où ils en sont capables : c'est d'une manière transcendante qu'il est le Bien (1).

Ainsi toutes les perfections que les anciens ont signalées en Dieu, tout ce que Platon, Aristote et les stoïciens en ont conçu par l'étude d'eux-mêmes et du monde sensible, tout ce que les Mystères et les religions antérieures en ont entrevu ou pressenti, tout ce que ses prédécesseurs immédiats en ont dit (ch. III, 1. 2. 3. 4. 5. 10), Plotin le rassemble en une synthèse qui pourrait admettre des éléments nouveaux, mais qui, en fait, ne s'en adjoindra guère pendant la période médiévale, pas plus qu'il ne s'introduira de données nouvelles dans le système que Plotin a constitué pour ses successeurs. Mais il reste entendu que les termes dont on se sert et qui désignent primitivement des idées puisées dans le monde sensible ne sauraient être considérés comme l'expression adéquate de la réalité intelligible ; pas plus que celle-ci ne peut être soumise aux principes de contradiction et de causalité, par lesquels se règle la pensée rationnelle et se construit la science de notre univers visible.

Si S. Paul affirme que Dieu a fait toutes choses, Plotin l'explique, surtout dans le livre 7, *Comment procède du Premier ce qui est après lui*; dans le livre 10, *des trois hypostases principales*; dans le livre 11, *de la génération et de l'ordre des choses qui sont après le Premier*. D'abord il montre pourquoi l'Un ou le Bien n'est pas resté en lui-même, pourquoi, par procession, il a produit l'Intelligence, l'Ame et tous les êtres dont notre monde est peuplé. Toutes les choses, tant qu'elles persévèrent dans l'être, tirent nécessairement de leur propre essence et produisent au-

---

(1) Voir, en suivant l'ordre de l'édition porphyrienne, les livres *Contre les Gnostiques* (II, 9,); sur *l'Ame, l'Intelligence et le Bien* (III, 9) ; sur *les trois hypostases principales* (V, 1) ; sur *les hypostases qui connaissent et le principe supérieur* (V, 3); sur *la liberté et la volonté de l'Un* (VI, 8); sur *l'Un ou le Bien* (VI, 9).

dehors une certaine nature qui dépend de leur puissance et qui est l'image de l'archétype dont elle provient : le feu répand la chaleur; la neige, le froid ; les parfums, tant qu'ils durent, émettent des exhalaisons auxquelles participe tout ce qui les entoure ; les sucs des plantes tendent à communiquer leurs propriétés. Si donc le Bien suprême restait enfermé en lui-même, c'est qu'il serait impuissant ou jaloux. Mais, dans un cas comme dans l'autre, il ne serait plus ni parfait, ni principe. Donc l'Un, éternellement parfait, engendre éternellement, et ce qu'il engendre, éternel mais inférieur au principe générateur, c'est l'Intelligence qui, à son tour, engendre l'Âme (1). Celle-ci engendre tout ce qui est inférieur aux choses divines. Ainsi tout est produit par une procession descendante, comme, par une progression ascendante, tout se retourne vers son principe générateur et accomplit sa conversion vers l'Un.

Mais pour conserver à Dieu sa perfection, il faut éviter tout à la fois le dualisme manichéen ou le panthéisme des époques ultérieures. Il faut également conserver à l'homme sa personnalité et sa liberté, pour rendre possible son immortalité et son union avec Dieu. On ne le pourrait avec le principe de contradiction et avec le principe de causalité ; on le peut si l'on réserve pour le monde intelligible le principe de perfection, qui réclame tout à la fois la persistance de Dieu, tel qu'il était avant la production des choses, et l'existence séparée des choses après la procession. C'est ce que montre et ce que répète souvent Plotin. Si toutes les âmes forment une unité générique, elles ne forment pas, dit le livre 8, une unité numérique; elles peuvent éprouver des affections diverses, comme les mêmes puissances produisent des actes variés. Et la raison, c'est que si l'on se bornait à affirmer que l'âme universelle est présente à toutes les âmes particulières dont elle est la commune origine, on ne pourrait admettre que les unes demeurent unies à l'Intelligence et que les autres n'y demeurent pas, on ne pourrait admettre la liberté. De même au livre X (VI, 9,5), l'Un est présenté comme la source des choses excellentes, la puissance qui engendre les êtres, tout en demeurant en elle-même, sans éprouver aucune diminution, sans passer dans les êtres auxquels elle donne naissance.

C'est plus encore peut-être en ce qui concerne notre parenté avec Dieu et sa présence parmi nous, que Plotin, répétant les formules stoïciennes que citait S. Paul, en donne un commentaire idéaliste et spiritualiste, dont les Chrétiens feront leur profit. C'est le semblable qui, pour Plotin, connaît le semblable : c'est par sa présence, non par science, opinion ou sensation que l'on arrive, autant qu'il est possible, à la compréhension de l'Un. Il faut donc que l'âme humaine ait de l'affinité avec la nature divine et éternelle et que l'Un soit présent partout, pour que l'union puisse se faire entre l'âme et l'Un. Or dans le livre 2, sur l'Immortalité, Plotin établit que l'âme n'est pas corporelle, qu'elle n'est ni l'harmonie ni l'entéléchie du corps, par conséquent qu'elle est de même race que la nature divine et éternelle, τῇ θειοτέρᾳ φύσει συγγενές ἡ ψυχὴ καὶ τῷ ἀιδίῳ (IV, 7, 10). Puis, après avoir expliqué, au livre 6, que l'âme individuelle obéit à la loi par laquelle l'Un produit les deux autres hypostases et le monde, en venant ici-bas pour se communiquer aux choses inférieures, pour y manifester ses puissances

---

(1) Sur la différence de la Trinité orthodoxe et des hypostases plotiniennes, voir S. Basile, lettre XXXVIII (III, éd. Garnier, p. 120), et S. Augustin, *de Trinitate*, V, 9.

tout en conservant son intégrité, Plotin insiste, au livre 9, sur la parenté de l'âme avec l'Un, pour expliquer l'extase : « Puisque les âmes sont de l'ordre des essences intelligibles et que l'Un est encore au-dessus de l'Intelligence, il faut admettre que l'union de l'âme et de l'Un, συναφή, s'opère ici par d'autres moyens que ceux par lesquels l'Intelligence s'unit à l'intelligible. Cette union est en effet beaucoup plus étroite que celle qui est réalisée entre l'Intelligence et l'intelligible par la ressemblance ou l'identité ; elle a lieu en vertu de l'intime parenté qui unit l'âme avec l'Un, sans que rien les sépare, καὶ πλέον, ὡς τὸ νοοῦν παρεῖναι ὁμοιότητι καὶ ταυτότητι καὶ συνάπτειν τῷ συγγενεῖ οὐδενὸς διείργοντος ».

Plotin insiste sur l'omni-présence de Dieu. Deux livres, le 22ᵉ et le 23ᵉ, sont spécialement employés à montrer que l'Être un et identique est partout présent ; mais presque tous reproduisent et justifient la même affirmation. Pour le monde intelligible, il y a des catégories spéciales, *être, mouvement et stabilité, identité et différence*, qui sont tout à fait distinctes des catégories auxquelles Aristote ramène le monde sensible. Il faut donc écarter la notion de lieu quand il s'agit de l'Un. « Nous nous représentons d'abord l'espace et le lieu comme un chaos et nous introduisons ensuite le premier principe dans cet espace et dans ce lieu que nous représente notre imagination ou qui existe réellement. »

Or, en l'y introduisant, nous nous demandons d'où il y est venu et comment il y est venu. Le traitant alors comme un étranger, nous cherchons pourquoi il y est présent et quel il est ; nous nous imaginons qu'il est sorti d'un abîme ou qu'il est tombé d'en haut. Pour écarter ces questions, il faut donc retrancher de la conception que nous avons de Dieu toute notion de lieu, ne le placer en rien, ne le concevoir ni comme se reposant éternellement et comme édifié en lui-même, ni comme venu de quelque part, mais nous contenter de penser qu'il existe, dans le sens où le raisonnement nous force à admettre qu'il existe, et bien nous persuader que le lieu est, comme le reste, postérieur à Dieu ; qu'il est postérieur même à toutes choses. Ainsi concevant Dieu en dehors de tout lieu, autant que nous pouvons le concevoir, nous ne le circonscrivons pas en quelque sorte dans un cercle, nous n'entreprenons pas de mesurer sa grandeur, nous ne lui attribuons ni quantité, ni qualité ; car il n'a pas de forme même intelligible, il n'est relatif à rien, puisqu'il subsiste en lui-même et qu'il a existé avant toutes choses » (1). Non seulement l'Un n'occupe point de lieu et n'a pas besoin d'un fondement pour être édifié, mais c'est sur lui que sont édifiées toutes les autres choses, c'est lui qui, en leur donnant l'existence, leur a donné en même temps un lieu où elles fussent placées (2). Dès lors, il est partout, car il n'y a point de lieu où il ne soit pas ; il remplit tout. Mais s'il était seulement partout, il serait simplement toutes choses. Comme, en outre, il n'est nulle part, toutes choses existent par lui parce qu'il est partout, toutes choses sont distinctes de lui parce qu'il n'est nulle part. Pourquoi est-il partout et nulle part ? C'est qu'en raison même du principe de perfection, l'Un doit être au-dessus de toutes choses, tout remplir, tout produire, sans être tout ce qu'il produit (3).

A plusieurs reprises, Plotin précise le sens qu'il convient d'attribuer à cette omni-présence et la distingue nettement de ce qu'elle pourrait être, si l'on prenait

---

(1) L. 39, *De la volonté et de la liberté de l'Un*, dans Porphyre, VI, 8, 10 ; VI, 8, 11.
(2) VI, 0, 7.
(3) III, 9, 3.

pour point de départ les catégories du sensible : « L'Etre véritablement universel, dont le monde n'est que l'image, n'est dans rien ; car rien n'a précédé son existence. Ce qui est postérieur à cet Etre universel doit, pour exister, être en lui, puisqu'il dépend de lui ; que sans lui il ne saurait ni subsister ni se mouvoir... Il ne faut donc pas placer notre monde dans cet être véritablement universel comme dans un lieu, si vous entendez par lieu — avec Aristote — la limite du corps contenant, en tant qu'il contient, ou — avec Démocrite et Epicure — un espace qui avait auparavant et qui a encore pour nature d'être le vide. Mais concevez que le fondement sur lequel repose notre monde est dans l'être qui existe partout et qui le contient ; représentez-vous leurs rapports uniquement par l'esprit, en écartant de lui toute détermination... Notre monde a voulu se mouvoir autour de cet être ; ne pouvant ni l'embrasser ni pénétrer en son sein, il s'est contenté d'occuper un lieu et d'avoir une place où il conservât l'existence, en approchant de l'Etre universel qui lui est présent en un sens et ne lui est pas présent en un autre sens : car l'Etre universel est en lui-même, lors même que quelque chose veut s'unir à lui. Le monde tourne autour de l'Etre universel, en sorte que, par toutes ses parties, il jouit de la présence de cet être tout entier. Si l'Etre universel était dans un lieu, notre monde devrait se rendre auprès de lui en ligne droite, toucher différentes parties de cet être peu différentes de ses parties et se trouver ainsi éloigné de lui d'un côté et voisin de lui d'un autre côté. Mais comme l'Etre universel n'est ni voisin d'un lieu, ni éloigné d'un autre, il est nécessairement présent tout entier dès qu'il est présent ; par suite, il est présent tout entier à chacune de ces choses, dont il n'est ni voisin ni éloigné (1).

Comment l'Un peut-il demeurer en lui-même et être partout ? Ce sont, dit Plotin au livre 22, ses puissances qui descendent en toutes choses, auxquelles il les communique dans la mesure où elles peuvent y participer. Ainsi par elles, il est présent partout et cependant il demeure séparé, car l'unité de l'Etre premier, un et identique partout, n'empêche pas la pluralité des Etres, pas plus que l'unité de l'âme n'exclut la pluralité des âmes, pas plus même que la main qui tient un morceau de bois divisé en plusieurs coudées ou plutôt que la force qui est dans la main, n'a pour cela perdu son unité. Si les corps ne peuvent s'unir entre eux, c'est parce qu'ils ne se laissent pas pénétrer. Mais ils ne peuvent empêcher les substances incorporelles de s'unir entre elles. Ce qui les sépare les unes des autres, ce n'est pas une distance locale, c'est leur distinction, leur différence, ἑτερότητι δὲ καὶ διαφορᾷ. Lorsqu'il n'y a pas de différence entre elles, elles sont présentes l'une à l'autre. L'Un, qui n'a pas en lui de différence, est donc toujours présent, ἀεὶ πάρεστιν (2). Et Plotin, recourant aux comparaisons qui ont une si grande place dans son système et qui lui servent à conclure du monde sensible au monde intelligible son modèle, fait intervenir la lumière : « Figurez-vous, dit-il au livre 22, un point lumineux qui serve de centre et autour de lui une sphère transparente, de telle sorte que la clarté du point lumineux brille dans tout le corps qui l'entoure, sans que l'extérieur reçoive aucune clarté d'ailleurs... Cette lumière impassible pénètre toute la masse qui l'entoure... du point central dans lequel on la voit briller, elle embrasse toute la sphère... Ce petit corps répandait sa lumière en vertu d'une puissance incor-

(1) Livre 23, dans Porphyre VI, 4.
(2) VI, 9, 8. Il faut se rappeler que le monde intelligible ne relève que de cinq catégories, être, mouvement et stabilité, identité et différence.

porelle... Anéantissez la masse... Conservez la puissance... la lumière sera également dans l'intérieur et dans toute la sphère extérieure... Vous ne verrez plus où elle était fixée... Vous ne direz plus d'où elle vient, ni où elle est..; Si le soleil était une puissance incorporelle, vous ne pourriez, lorsqu'il répandrait la lumière, dire où elle a commencé et d'où elle est envoyée ; il n'y aurait qu'une seule lumière, la même partout n'ayant point de commencement ni de principe d'où elle provînt ».

Pourquoi donc, si l'Un est présent partout, ne nous apercevons-nous pas toujours de sa présence? C'est, dit Plotin qui répond à toutes les difficultés que soulève le texte de S. Paul, pour deux raisons bien différentes. La vie d'ici-bas, au milieu des choses sensibles, est pour l'âme une chute, un exil, la perte de ses ailes (VI, 9, 9). Nous ressemblons à un homme qui aurait les pieds plongés dans l'eau et le reste du corps placé au-dessus de l'eau ; nous nous rattachons par le centre de nous-mêmes au centre commun de tous les êtres. Mais l'âme se laisse ramener aux choses sensibles ; les passions, œuvre du corps, introduisent en elle des différences et des diversités. En ce cas, il lui est absolument impossible de contempler l'Un et de s'apercevoir de sa présence. Et cela n'est guère facile non plus, comme nous le savons déjà, quand nous nous sommes unis à lui. « L'âme étant une, parce qu'elle ne fait qu'un avec l'objet vu, s'imagine que ce qu'elle cherchait lui a échappé, parce qu'elle n'est pas distincte de l'objet qu'elle pense... L'âme, affranchie de toutes les choses extérieures, tournée entièrement vers ce qu'il y a de plus intime en elle... ignorera toutes choses, d'abord par l'effet même de l'état dans lequel elle se trouvera, ensuite, par l'absence de toute conception des formes, elle ne saura même pas qu'elle s'applique à la contemplation de l'Un, qu'elle lui est unie ». Si nous reprenons les comparaisons tirées de la lumière, l'âme est, dans le monde sensible, plongée dans l'obscurité et séparée par des obstacles, de l'éternelle lumière ; unie à Dieu, elle se voit brillante de clarté, remplie de la lumière intelligible, comme une lumière pure, subtile, légère de sorte qu'il lui est bien difficile de se distinguer de la lumière incréée, ineffable et indescriptible avec laquelle elle se confond ou se fond (VI, 9, 8).

Dès lors, Plotin peut reprendre et développer la formule de S. Paul : « Lui, il n'est absent d'aucun être et cependant il est absent de tous, en sorte qu'il est présent (à tous) sans être présent (à tous). Il est présent pour ceux-là seuls qui peuvent le recevoir et qui y sont préparés, qui sont capables de se mettre en harmonie avec lui, de l'atteindre et de le toucher en quelque sorte en vertu de la conformité qu'ils ont avec lui, en vertu également d'une puissance innée analogue à celle qui découle de lui, quand leur âme enfin se trouve dans l'état où elle était après avoir communiqué avec lui ; alors ils peuvent le voir autant qu'il est visible de sa nature (VI, 9, 4).....

Dieu n'est pas dans un lieu déterminé, privant le reste de sa présence, mais il est présent partout où il se trouve quelqu'un qui puisse entrer en contact avec lui ; il n'est absent que pour ceux qui ne peuvent y réussir... Dieu n'est en dehors d'aucun être ; il est au contraire présent à tous les êtres, mais ceux-ci peuvent l'ignorer : c'est qu'ils sont fugitifs et errants, hors de lui, ou plutôt hors d'eux-mêmes : ils ne peuvent point atteindre celui qu'ils fuient, ni, s'étant perdus eux-mêmes; trouver un autre être (VI, 9, 7)... L'Union de l'Ame et de l'Un est plus étroite que celle qui est réalisée entre l'Intelligence et l'intelligible par la ressemblance ou par l'identité ; elle a lieu en vertu de l'intime parenté qui unit l'âme avec l'Un, sans que rien les sépare... N'ayant point en lui de différence, l'Un est toujours présent ; et nous, nous lui sommes présents dès que nous n'avons plus en nous de différence... Quand nous le contemplons, nous atteignons le but de nos vœux et nous jouissons du repos, nous ne sommes plus en désaccord et nous formons véritablement autour de lui un chœur divin (VI, 9, 8). Nous ne sommes point séparés de l'Un, nous n'en sommes point distants, quoique la nature corporelle, en s'approchant de nous, nous ait attirés à elle. Mais c'est en l'Un... source de la Vie, source de l'Intelligence, principe de l'Être, cause du Bien, racine de l'Âme... que nous respirons, c'est en lui que nous subsistons ; car il ne nous a pas donné une fois pour s'éloigner ensuite de nous ; mais il nous donne toujours, tant qu'il demeure ce qu'il est, ou plutôt tant que nous nous tournons vers lui ; c'est là que nous trouvons le bonheur ; c'est en lui que notre âme se repose ; c'est là qu'elle pense... là qu'elle vit véritablement... La vie véritable (où l'on est avec Dieu) est l'actualité de l'intelligence... C'est en lui qu'est le principe de l'âme et sa fin ; son principe, parce que c'est de là qu'elle procède ; sa fin, parce que c'est là le bien où elle tend et qu'en retournant là, elle redevient ce qu'elle était... Là-haut seulement est l'objet véritable de l'amour, le seul auquel nous puissions nous unir et nous identifier, que nous puissions posséder intimement, parce qu'il n'est point séparé de notre âme par l'enveloppe de la chair... L'âme vit alors d'une autre vie, elle s'avance vers Dieu, elle l'atteint, le possède et, dans cet état, reconnaît la présence du dispensateur de la véritable vie (VI, 9, 9)... Si l'âme ne demeure pas là-haut, c'est qu'elle n'est pas détachée des choses d'ici-bas. Mais un temps viendra où elle jouira sans interruption de la vue de Dieu ; c'est quand elle ne sera plus troublée par les passions du corps (VI, 9, 10)... Celui qui entre en communication avec Dieu... devenu Dieu, a en lui-même une image de Dieu... quand il aura perdu la vue de Dieu, il pourra encore, réveillant la vertu qu'il a conservée en lui et considérant les perfections qui ornent son âme, remonter à la région céleste, s'élever par la vertu à l'intelligence, et par la sagesse à Dieu-même. Telle est la vie des dieux, telle est aussi celle des hommes divins et bienheureux de « ceux que leur démon a bien traités », εὐδαιμόνων.

Comment Plotin est-il parvenu aux philosophes chrétiens, arabes et juifs d'Orient ou d'Occident ? (1)

(1) Presque tous les auteurs de comptes rendus ont donné une place considérable à la thèse d'après laquelle il faut voir en Plotin le maître des philosophes médiévaux. Quelques-uns l'ont combattue et niée. Selon M. de Wulf, la diversité des philosophies médiévales est trop considérable pour qu'on puisse répondre d'une façon uniforme à la question. Mais les grandes personnalités du xiiie siècle, Albert le Grand, Thomas d'Aquin, Bonaventure, adversaires de l'émanatisme et du panthéisme, ne sauraient avoir été inspirées par Plotin (*Rev. néo-scol.* 1905, p. 115). P. Nicolas Stehle renvoie à de Wulf et juge à peu près de même : Zu ihrem Beweise fehlt noch vieles und ein solcher Beweis wird wohl auch nie gelingen (*Ph. Jahrb.* 1905). Les *Studi Religiosi* ont cherché les arguments fondamentaux sans pouvoir les trouver : ... dopo aver percorso lentamente queste 365 pagine in-8°... sempre aspettando gli argumenti fondati, che purtroppo, non abbiamo

Il est nécessaire d'abord de rappeler les passages où la question a été abordée et en partie résolue. Il a été donné une exposition des doctrines d'Ammonius, de Plotin, d'Amélius, de Porphyre (III, 4) ; l'indication de 325 à 329, des chrétiens potuto trovare (1905, p. 674). Fr. Timothée dans les *Études franciscaines*, p. 4, écrit : « La thèse est neuve et hardie. M. P. la prouve-t-il ? Disons hardiment : non. Si Plotin a exercé quelque influence sur le moyen âge, cette influence a été très peu considérable... On sait que ses écrits n'ont été publiés qu'assez tard. Le moyen âge ne l'aurait donc connu que par les quelques auteurs païens qui l'ont cité. Or rien dans les auteurs médiévaux les plus célèbres qui donne à penser qu'ils aient subi l'influence du néo-platonisme de Plotin... Plotin doit énormément au christianisme... C'est un néo-platonicien que le christianisme a fortement influencé et qu'il a même profondément pénétré ». — M. Cantoni (*Rivista filosofica*, 1905, p. 12-16), dit : « Ma il Picavet non arriva a convincere pienamente il lettore la dove tenta di sostituire ad Aristotele Plotino, come il vero maestro del medio evo ». Pour M. Cantoni le fait que la philosophie d'Aristote a été transformée ou déformée par ses successeurs prouve uniquement sa vitalité ; puis la philosophie plotinienne fut vaincue avec les Mystères ; enfin la théologie négative se trouve dans Origène, avant de figurer chez Plotin ; « Senza voler menomamente diminuire il valore altissimo e l'efficacia di Plotino nella storia della filosofia, sembra che le due prove messe innanzi dal Picavet non siano pienamenta persuasive ». — Dans la *Revue de philosophie* (1906, p. 296), M. Domet des Vorges écrit : « L'exposé des faits nous conduit à penser, contre l'opinion de M. P., que, si les philosophes chrétiens ont employé quelquefois des expressions plotiniennes en usage dans la langue philosophique de leur temps, Plotin n'a fourni aucune doctrine caractéristique à la philosophie chrétienne, mais a plutôt introduit dans le néo-platonisme certaines idées chrétiennes déjà répandues dans le monde romain ». D'autres écrivains admettent partiellement la thèse, à propos de laquelle ils présentent des objections et des questions : « L'influence de Plotin, écrit dans les *Études*, 1906, p. 245, X. Moisant, et en général des néo-platoniciens, sur les philosophies médiévales, fut plus active qu'on ne le pense parfois. M. P. l'observe justement. Elle s'étendit, non seulement aux fondateurs de la scolastique, mais à leurs successeurs ; non seulement aux hétérodoxes, mais aux orthodoxes ; non seulement aux mystiques, mais aux dialecticiens ». — L'argument de M. de Wulf (opposition de la doctrine de l'émanation à la doctrine orthodoxe sur la distinction du Créateur et de ses créatures) ne lui paraît pas suffisant. « Lorsque l'auteur nous rappelle, dit-il, qu'Origène, dont les idées ne laissèrent pas indifférent le moyen âge suivit avec Plotin, les leçons d'Ammonius Saccas ; lorsqu'il nous représente, d'une part, le rôle des doctrines augustiniennes dans la philosophie chrétienne et, d'autre part, l'intérêt qu'inspirait à S. Augustin celui qu'il appelait, *Magnus ille Platonicus* ; lorsqu'il nous fait observer que Thomassin, dans les *Dogmata theologica*, donne une large place à Plotin ; il nous met en présence de documents significatifs, d'où nous devons déduire que l'histoire du platonisme se répercute dans l'histoire de la scolastique. Il faut de même convenir que les ouvrages d'Aristote ne sont pas parvenus aux philosophes du moyen âge, dégagés de tout commentaire néo-platonicien ». Mais X. Moisant ne trouve pas également décisifs tous les autres rapprochements (S. Paul et Plotin, Alcuin, Maïmonide, scolastique contemporaine). « M. P., dit-il, estime que la philosophie plotinienne fournit le modèle et la philosophie chrétienne, la copie. Dans certains cas, et dans une certaine mesure, oui. Mais il faut bien accorder que la philosophie chrétienne reçoit du christianisme son idée inspiratrice ». — T. R., dans la *Revue des Études grecques*, écrit : « A part les livres du Pseudo-Denys, on n'aperçoit pas très nettement les canaux qui auraient servi à transmettre le plotinisme en Occident... C'est un point que M. P. devra développer et préciser ». — La *Revue thomiste*, 1905, p. 359, écrit : « Il est incontestable que les doctrines néo-platoniciennes ont eu sur le développement de la philosophie et de la théologie du moyen âge une influence considérable. M. P. insiste sur ce point plus qu'on ne le fait d'habitude et il a raison... La question est de savoir si

plotiniens, S. Basile, S. Grégoire de Nysse, S. Grégoire de Nazianze, Cyrille
d'Alexandrie, Synésius, Némésius d'Émèse ; David l'Arménien, Victorinus,
S. Augustin, et des plotiniens partisans de l'hellénisme, de Jamblique à Simpli-

la philosophie médiévale, du VIII° au XV° siècle, continue directement le néo-platonisme,
ou si elle est le produit d'une civilisation nouvelle... Nous tenons pour la seconde hypothèse... Il eût été bon aussi de préciser le mode d'action du néo-platonisme sur les philosophes du moyen âge... En réalité, Plotin n'a probablement été connu que par des citations empruntées à quelques auteurs anciens, Macrobe, par exemple, et les vrais propagateurs des doctrines néo-platoniciennes furent S. Augustin et le pseudo-Denys, tributaire
de Proclus plus que de Plotin ». — M. Bidez, dans la *Revue critique*, 1905, p. 129, dit :
« Les rapprochements que M. P. établit sont pleins d'enseignements et de suggestions, et
son exposé est fort abondamment documenté... La publication des commentaires d'Aristote... de Platon... permet de constater que la philosophie médiévale, dans la plus
grande partie de son existence, s'est contentée de plagier les écrits des néo-platoniciens...
Ne faut-il pas remonter jusqu'à Platon, jusqu'aux Orphiques ? » La plupart des comptes
rendus et des lettres comportent l'approbation tacite ou expresse de la thèse relative à
l'influence du plotinisme. Ainsi MM. F. Albert (*Aurore*), N. (*Journal des savants*),
R. (*Petit Temps*), Altamira, Ch. Denis (*Annales de philosophie chrétienne*), d'autres
encore se bornent à la formuler sans réserves. Le *Soir* écrit : « Cette thèse originale et
ingénieusement développée est, pour ainsi dire, le leitmotiv de son livre ». L'auteur de
l'article, M. L. Leclère, revenant sur la question dans la *Revue de l'Université de
Bruxelles*, 1905, p. 441, dit : « Il est à prévoir que la thèse plotinienne de M. P. sera
fortement discutée par ceux qui croient démontrée la primauté intellectuelle d'Aristote sur
le moyen âge, pensant ou nulle ou insignifiante l'action du néo-platonisme sur cette
époque. Elle subira, sans doute, des corrections. Nous la croyons, cependant, dans son
ensemble, très sérieuse et fortement appuyée par les arguments et les textes invoqués par
M. P., et... nous avons déjà eu l'occasion, au cours de leçons sur l'histoire de la philosophie du moyen âge, d'émettre des doutes sur la valeur des opinions qui dénient aux idées
néo-platoniciennes, toute influence sérieuse sur les doctrines du moyen âge ». M. Millioud
(*Journal de Genève*) écrit : « Le vrai maître de l'École est un néo-platonicien, c'est
Plotin... Cela est-il pour rabaisser la dignité de la religion chrétienne ? Point. Le christianisme attestait sa puissance en aspirant la sève de l'antiquité ». — M. Paul Alphandéry
(*Revue de l'histoire des religions*, 1905, p. 427), emploie plusieurs pages fort docu-
mentées à établir pourquoi et comment le plotinisme passa chez les chrétiens, les musulmans et les juifs. — M. Arthur Hannequin (*Rev. phil.*, avril 1905) écrit : Les deux
raisons qu'en donne M. P. sont l'une et l'autre très fortes et très séduisantes ». — M. Bourdeau (*Débats*) dit : « D'après M. P., c'est le mysticisme individualiste de Plotin qui représente le véritable esprit du moyen âge et l'esprit religieux de tous les temps ». — La
Revue de Métaphysique et de morale, janvier 1905, dit : « M. P. insiste sur le rôle
essentiel que Plotin a joué dans la formation de la métaphysique religieuse. C'est lui, et
non Aristote, qui est le maître par excellence ; ou si l'on préfère, c'est à travers l'alexan-
drinisme que le moyen âge a été péripatéticien ». — M. Boutroux écrit : « Conformément
à ces vues, M. P. croit pouvoir démontrer que le vrai maître des théologiens du moyen
âge n'est pas le naturaliste Aristote, mais le théologien Plotin » (*Ac. des sc. m. et p.*,
séance du 26 nov. 1904). M. Montet (*Asiatic Quarterly Review*, avril 1905) : « It is
Plotin who, from a theological and mystical point of view, first gives the synthesis, defi-
nitive in its grand lines, of the elements isolated or already assembled by the ancients.
It is Plotin, therefore, who is the real master of the philosophers of the Middle Ages, ortho-
dox or heterodox. The author thus comes to formulate this chief thesis. *Plotin is the
real master of the philosophers, Christians, Jews, and Musulmans*. This very original thesis deserves to be the subject of a special paper ». — M. Louis Lévy, dans l'*Univers israélite*, 1905, p. 138. « M. P. me semble être... dans le vrai quand il affirme

cius et à Priscianus, à Macrobe et à Boèce (III, 6). On a signalé, de 329 à Charlemagne, le Pseudo-Denys l'Aréopagite, Maxime le Confesseur, Jean Philopon, Jean Damascène, Cassiodore (III, 7). Il a été montré sommairement que le système de Plotin domine toutes les philosophies médiévales, du Ier au VIIIe siècle (III, 10) ; puis, que de 325 au VIIIe siècle, les chrétiens s'assimilent les doctrines plotiniennes (IV, 6 et 7) ; ensuite, que l'Aristote des Byzantins et des Arabes est plus plotinien que péripatéticien (V, 1, 2, 3, 4) ; pourquoi Plotin est devenu le maître des philosophes (V, 9-11) ; quelles furent les doctrines de Scot (VI, 3-5) et les études des philosophes du VIIIe au XIIIe siècle (VII).

Il faut, en second lieu, délimiter et préciser la thèse, pour éviter les questions et les objections qui s'adressent à une conception différente. Mettre au premier plan l'influence de Plotin, ce n'est pas supprimer l'influence d'Aristote, de Platon ou du Portique, puisque les trois doctrines platonicienne, péripatéticienne et stoïcienne sont synthétisées par Plotin et qu'Aristote notamment lui fournit une logique et une science du monde sensible, comme certains éléments du monde intelligible ; c'est dire que, pour les questions capitales relatives à Dieu et à l'immortalité, les solutions plotiniennes, qui sont les plus complètes, ont été les plus utilisées dans leurs parties ou dans leur ensemble. En outre ce n'est pas davantage supprimer l'originalité des grands penseurs du moyen âge, puisque nous avons pris soin d'indiquer (V, 1) que, pour nous comme pour les Grecs, le disciple qui a profité de l'enseignement d'un maître ne se borne pas à le répéter, mais y ajoute et parfois même le critique ou le combat. Puis, cette influence de Plotin s'exerce sur la philosophie et, en une certaine mesure, sur la théologie ; mais il reste dans le christianisme, dans le judaïsme et le mahométisme, bien d'autres domaines où l'on peut maintenir l'originalité religieuse. Par contre, si les néo-platoniciens commentent Platon et Aristote, parfois Epictète, c'est pour faire l'unité dans le monde hellénique, c'est pour y trouver une préparation et une justification des doctrines plotiniennes : toutes les discussions sur le νοῦς, par exemple, qu'on rattache au traité aristotélicien de l'*Ame*, demeurent inintelligibles si l'on ignore les théories néo-platoniciennes ; elles se comprennent et s'expliquent pour qui connaît bien Plotin.

Il convient encore de reconnaître, d'un côté, avec Chaignet, qu'il n'y a qu'une école néo-platonicienne ; elle relève tout entière de Plotin et, dans sa longue existence, elle reste fidèle aux principes comme à la doctrine de son fondateur. De l'autre, il faut distinguer Plotin des néo-platoniciens qui le suivent, en ce sens qu'il n'est pas l'ennemi des chrétiens, mais qu'il apparaît plus d'une fois comme leur auxiliaire : à son époque, comme le laisse entendre Porphyre (*Vita Plot*. 16), il y a un grand cercle correspondant à la philosophie antique et dans lequel rentrent un certain nombre de chrétiens. Aussi Plotin est-il également

que Plotin est le véritable maître des philosophes du moyen âge ». — M. Pillon (*Année philosophique*, 1904) cite quelques passages de la conclusion « où le rôle de Plotin dans la formation des doctrines religieuses est fort bien expliqué ». — M. Arréat, *Monist*, 1906, 296 : « M. P. establishes with forcible proofs that all syntheses first attempted between scientific, theological and philosophical elements can be traced to Plotinus, and also those undertaken later by the Christians, Mussulmans, Oriental and Occidental Jews ». — *Monist*, 1905, p. 477. « The man who swayed not only Thomism but the entire Mediæval philosophy, was that ancien mystic, Plotinus ». Georges Renard, *Rev. polit. et parlem*., 1905, p. 588 : « Plotin d'Alexandrie est le maître des philosophes de Byzance comme de ceux de France ou d'Italie » — etc., etc.

revendiqué par les chrétiens et par leurs adversaires. D'ailleurs il est impossible de déterminer exactement ce qui revient à Ammonius Saccas et ce qui appartient à Plotin dans les Ennéades. Or il semble infiniment probable qu'Origène le chrétien fut un disciple d'Ammonius et qu'il transmit, par conséquent, aux chrétiens des doctrines qui, se trouvant aussi chez Plotin, y ont pris souvent une forme plus complète et plus systématique (1).

Enfin il importe de faire remarquer qu'une *Esquisse* ne comporte qu'un certain nombre d'indications, destinées à montrer la vraisemblance de la thèse, qu'il appartiendra à l'*Histoire générale et comparée* d'en fournir les preuves.

Or Plotin, malgré les difficultés du texte, inhérentes à la profondeur du sujet et à la façon dont composait l'auteur, a été beaucoup lu au moyen âge. Les néo-platoniciens l'étudient, le commentent et le citent à Rome, à Alexandrie, à Athènes, pendant les six premiers siècles. Les chrétiens d'Orient le lisent comme les néo-platoniciens : au iv⁰ siècle, c'est S. Basile, S. Grégoire de Nysse et S. Grégoire de Nazianze, les « trois lumières de l'Eglise de Cappadoce ». Puis, c'est Synésius, disciple d'Hypatie et évêque de Cyrène ; Cyrille d'Alexandrie, dont les livres contre Julien sont remplis de passages empruntés à Plotin ; Némésius d'Emèse, Enée de Gaza et Zacharie de Mitylène, David l'Arménien et Jean Philopon. En Occident, S. Augustin nous dit (Ep. 118, 33) que l'école de Plotin est florissante à Rome, où elle compte beaucoup de disciples, très pénétrants et très habiles. Victorinus, Macrobe et Boèce connaissent Plotin et travaillent à le faire connaître à leurs contemporains. Enfin on continue à lire Plotin dans le monde byzantin : le meilleur des manuscrits dont on se servira plus tard pour l'éditer est du xiii⁰ siècle. En 1492, Ficin le traduit pour l'Occident. La traduction est réimprimée en 1540, en 1559 ; elle l'est avec le texte grec en 1580, en 1615. Désormais Plotin sera dans les mains des historiens et des philosophes.

Il est donc incontestable que, directement et indirectement, Plotin a été connu à toutes les époques par les philosophes de l'Orient chrétien. Par les néo-platoniciens, par les trois Cappadociens, surtout par Synésius, par Cyrille qui, « dans l'histoire des dogmes ne peut être comparé qu'à Athanase, dans l'histoire de la théologie qu'à Augustin » ; par Némésius, Enée et Zacharie, par David l'Arménien et Jean Philopon, par le Pseudo-Denys l'Aréopagite et Maxime le confesseur, même par Jean Damascène, ses doctrines furent conservées et transmises.

Les Arabes ont-ils eu connaissance de la philosophie plotinienne ? Vacherot croit qu'ils eurent les livres de Plotin, de Porphyre, de Jamblique, de Proclus, encore fort répandus dans les écoles grecques du Bas-Empire au moment où la philosophie commença à fleurir chez les Arabes. Aucune traduction des ouvrages originaux, dit-il, ne nous est restée, mais Plotin et Proclus jouissaient d'une grande faveur, surtout le premier que les Arabes appelaient le Platon égyptien. D'ailleurs la *Théologie* apocryphe attribuée à Aristote et le traité des *Causes*, qui résument à peu près la philosophie alexandrine, suffisaient à eux seuls pour assurer l'influence du plotinisme. Pour Renan, le texte de Plotin n'a pas été connu des Arabes. Si Haarbrucker pense que le maître dont parle Schahristani est Plotin, il est certain que celui-ci ne le connaissait que par des extraits fort

---

(1) Bouillet signale plusieurs ressemblances de ce genre. Les *Etudes* du 5 décembre 1905 disent d'Origène p. 580 : « Son vrai maître, celui qui fit sur son esprit l'empreinte la plus profonde, fut sans contredit le fondateur de l'éclectisme... Ammonius Saccas ».

incomplets. Comme Vacherot, Renan estime que la *Théologie* et le *de Causis*, ont laissé leur empreinte sur la philosophie arabe. Ajoutons que les chrétiens de Syrie ont traduit en syriaque, puis en arabe tous les commentateurs néo-platoniciens d'Aristote, qui fournissaient sur Dieu et le νοῦς des solutions qu'on ne trouve pas dans la philosophie péripatéticienne (1).

Les Juifs disposent de tous les ouvrages mis en arabe : ils ont les commentateurs néo-platoniciens, les *Eléments de théologie* de Proclus, la *Théologie* attribuée à Aristote, le livre des *Causes*. Aussi Ibn-Gebirol et Maimonide rappellent-ils souvent Plotin.

Enfin l'Occident chrétien a connu, directement à certaines époques, et indirectement, pendant tout le moyen âge, la philosophie plotinienne. Victorinus, Macrobe et Boèce lisent Plotin; il en est de même de Marsile Ficin, de ses contemporains et de ses successeurs. Victorinus a traduit, en latin, vers le milieu du IV° siècle, Plotin, Porphyre, Jamblique et Origène. A-t-il traduit toutes les *Ennéades*? Bouillet et Monceaux inclinent à le croire. D'après ce qu'en dit S. Augustin, il est incontestable qu'il a traduit les livres du *Beau*, de la *Providence*, *Questions sur l'âme*, *Des trois hypostases principales*, *Des vertus*, *Du Ciel*, *De l'impassibilité des choses corporelles*, de *l'Eternité et du temps*, *Comment l'âme tient le milieu entre l'essence indivisible et l'essence divisible*, de *l'immortalité de l'âme*, *l'Etre un et identique est partout présent tout entier*, *Des Nombres*, *du Démon qui est propre à chacun de nous*, *Le principe supérieur à l'Etre ne pense pas*, de *l'Amour*, *du Bien et de l'Un*. De Porphyre, il avait fait passer en latin, *La philosophie des Oracles*, la *Lettre à Anébon*, les *Principes de la théorie des intelligibles* ; de Jamblique, le traité *sur les Dieux*. Nous ne savons pas ce qu'il traduisit d'Origène. Or Victorinus a écrit et professé à Rome ; il s'y est fait chrétien, après avoir été un adversaire redoutable du christianisme ; S. Augustin s'est converti en lisant ses traductions et il a fait, comme Boèce, un grand éloge de Victorinus. Il n'est donc pas invraisemblable que ces traductions, aujourd'hui perdues, se soient conservées pendant une période assez longue. D'ailleurs ses *Hymnes* reproduisent des idées plotiniennes; son *Traité contre Arius* n'est parfois qu'une transcription presque littérale du texte des Ennéades. Par S. Augustin, dont l'influence fut si considérable pendant tout le moyen âge, Plotin est entré dans la spéculation occidentale et des hommes comme S. Anselme ont contribué puissamment, à leur tour, à répandre les doctrines plotiniennes. Macrobe, le contemporain de S. Augustin, demeuré fidèle à la religion hellénique, lu dès le IX° siècle et cité encore par Jean de Salisbury et S. Thomas, résume et parfois traduit littéralement les doctrines de Plotin sur les hypostases, sur l'âme et son immortalité, sur la matière, sur la Providence, sur le monde intelligible. Boèce, que l'on comparerait volontiers à Synésius veut, comme tous les néo-platoniciens, concilier Aristote et Platon par Plotin, qu'il cite, qu'il analyse, qu'il commente dans la *Consolation de la Philosophie*, dont les lecteurs furent innombrables. A son tour, Cassiodore connaît, par l'intermédiaire de S. Augustin et de Boèce, des doctrines plotiniennes. Puis il faudrait dresser la liste des Pères grecs qui ont été traduits en Occident par Rufin, par Jérôme et bien d'autres. Bornons-nous à

---

(1) Vacherot, *Histoire de l'Ecole d'Alexandrie*, III, 100 ; Renan, *Averroès* 93-94 ; Ueberweg, §§ 26 et 27. Il resterait à faire la liste exacte de tous les ouvrages chrétiens, comme le traité de Cyrille contre Julien, ou helléniques, qui ont été mis en syriaque et parfois ensuite en arabe.

rappeler que Jean Scot Érigène traduit le Pseudo-Denys, Maxime le Confesseur et peut-être les *Questions* de Secundus. Jean Sarrasin donne une traduction nouvelle ou une traduction revisée du Pseudo-Denys que S. Thomas, Denys le Chartreux étudient et commentent, que S. Bonaventure suit dans sa *Hiérarchie ecclésiastique* et dans sa *Théologie mystique*. Le pape Eugène III (1146-1154) fait traduire la 3º partie de la *Source de la Gnose* de Jean Damascène. Puis au xiiiº siècle, ce sont les traductions latines qui viennent d'Espagne et portent sur les Arabes et les Juifs, Aristote et ses commentateurs néo-platoniciens, les apocryphes comme la *Théologie*, le traité des *Causes*, le *Secret des secrets*, etc. A ces traductions d'origine arabe se joignent, après la prise de Constantinople, de nombreuses traductions faites sur le grec, en particulier de l'*Elévation théologique* de Proclus par Guillaume de Mœrbeke. Il n'est donc pas étonnant que l'on retrouve chez les philosophes de l'Occident les solutions plotiniennes ; il le serait, à coup sûr, qu'ils n'en reproduisent ni l'ensemble, ni les éléments essentiels (1).

---

(1) Bouillet, *Ennéades*, passim ; Monceaux, III, c. 4 ; Grandgeorge, *op. cit.* ; Jourdain, *Recherches sur les traductions d'Aristote* ; Chaignet, Ueberweg, Croiset, *op. cit.*

CHAPITRE VI

LA RENAISSANCE DE LA PHILOSOPHIE AVEC ALCUIN ET JEAN SCOT ÉRIGÈNE

Le vi^e et une bonne partie du viie siècle furent, pour l'Occident, sauf en Angleterre et en Irlande, une époque d'ignorance (ch. III, 7). C'est par Raban Maur que l'Allemagne commence l'histoire de sa philosophie et de ses écoles. Toutes les générations de l'Allemagne, écrivait Jean de Trittenheim au xve siècle, doivent à jamais célébrer ses louanges. Pour Schwarz c'est le premier précepteur de la Germanie ; pour Hauréau, c'est par lui que l'Allemagne a recommencé l'apprentissage des lettres profanes.

On fut longtemps d'accord pour attribuer à Alcuin un rôle identique en France. Son nom, disaient les auteurs de la *France littéraire*, sera toujours en bénédiction parmi la nation française, tant qu'il s'y trouvera des gens de lettres. Pour Tennemann, c'est un de ces hommes distingués qui répandirent quelques lueurs parmi les ténèbres de l'ignorance et posèrent les fondements de la philosophie scolastique, c'est son disciple Raban Maur, qui divulgua sa dialectique en Allemagne. C'est par Alcuin que Degérando et Cousin commencent la période. Autour de lui et de Charlemagne, Guizot, dans son *Histoire de la civilisation*, range tous les hommes célèbres de cette époque : Angilbert, abbé de Saint-Riequier ; Leidrade archevêque de Lyon ; Smaragde, abbé de Saint-Mihiel ; Saint-Benoît d'Aniane ; Théodulfe, évêque d'Orléans ; Adalhard, abbé de Corbie ; Anségise, abbé de Fontenelle ; Wala, abbé de Corbie ; Amalaire de Metz ; Eginhard, le chroniqueur célèbre ; Agobard, archevêque de Lyon ; Thégan, abbé de Fulda ; Raban Maur et Walfried Strabon ; Nithard et Florus ; Prudence et Servat Loup ; Paschase Ratbert et Ratramne ; Gottschalk et Jean Scot : « Avec Alcuin, dit-il, commence l'alliance de ces deux éléments dont l'esprit moderne a si longtemps porté l'empreinte, l'antiquité et l'Eglise, l'admiration, le goût, dirai-je le regret de la littérature païenne et la sincérité de la foi chrétienne, l'ardeur à sonder ses mystères et à défendre son pouvoir » (1).

Avec Lorenz (2) en 1829, Alcuin devient un orgueilleux, un menteur, un char-

---

(1) *Histoire de la Civilisation en France*, tome II, (11e éd. 1869).
(2) *Alcuins Leben*, Halle.

latan, un esprit plein de ténèbres et de désirs, qui fut un obstacle à l'action de Charlemagne et arrêta ses efforts pour créer une langue nationale, c'est-à-dire allemande. Et depuis lors, les historiens de la philosophie ont fort peu considéré Alcuin. Rousselot (1) voit en lui un organisateur qui sort à peine des éléments, qui, sauf en quelques points de théologie, n'a rien laissé qui ait un caractère scientifique et qui ne saurait, par conséquent, avoir introduit, à l'école de Tours, l'étude de la philosophie. Si Monnier, dans un travail très soigneusement fait, dit qu'Alcuin a réuni en lui toutes les sciences, comme Charlemagne tous les pouvoirs..., qu'Abélard comme S. Bernard, pouvait saluer dans Alcuin, un de ses ancêtres, Frédéric Morin (2), se refuse à lui accorder un article spécial, à le considérer comme le point de départ d'une ère nouvelle et soutient que Guizot a exagéré la valeur intellectuelle d'Alcuin et de Charlemagne. Pour Hauréau, il y a trop de compilations, d'erreurs et de lacunes dans les œuvres d'Alcuin, ce n'est ni un philosophe, puisqu'il ignore surtout la philosophie, ni l'érudit versé dans toutes les lettres dont parlent les Bénédictins ; les premiers philosophes seront envoyés par l'Irlande à l'Ecole du Palais. Ueberweg reconnaît qu'on étudiait, avec grand soin, la dialectique dans les écoles fondées par Alcuin ; il affirme que la scolastique est née de l'application de la dialectique à la théologie et il en prend un exemple dans le *de nihilo et tenebris* de Fridugise, le disciple d'Alcuin et son successeur à Tours ; mais il n'en fait pas moins commencer la période avec Jean Scot Erigène, auquel il oppose l'école de Raban Maur. M. de Wulf, dans sa récente *Histoire de la philosophie médiévale*, en fait un compilateur et un grammairien, un puissant instaurateur d'études, mais il estime qu'il ne mérite pas, comme philosophe, la réputation qu'on lui a faite (3).

Or, l'examen des historiens cités et des textes d'Alcuin nous avait conduit, dès 1889, à des résultats absolument opposés et qui n'ont pas été infirmés (4).

Il va sans dire qu'on ne saurait faire d'Alcuin ni un homme habile dans le grec et le latin (5), versé dans toutes les sciences divines et humaines, ni un philosophe original. Mais son rôle n'en est pas moins considérable.

D'abord Hauréau et Ueberweg font de Fridugise le successeur d'Alcuin à Tours et son disciple à l'Ecole du Palais. Or si Fridugise soutient que le néant et les ténèbres sont quelque chose de réel et même de corporel, parce que tout nom désigne quelque chose, Alcuin offre dans ses ouvrages, même les plus puérils, des discussions analogues. Contre un des nouveaux maîtres venus d'Irlande, il affirme que la mort n'est pas une substance. Dans la conversation avec Pépin, il dit que le néant est de nom et n'est pas de fait. Et ces questions subtiles à la vérité ne sont pas aussi dénuées d'intérêt qu'on pourrait le croire en se plaçant à

---

(1) *Etudes sur la philosophie dans le moyen âge*, I, p. 76.
(2) Monnier, *Alcuin et son influence littéraire, religieuse et politique*, Paris, 1854 ; F. Morin, *Dictionnaire de philosophie et de théologie scolastiques*, t. XXI et XXII de la troisième encyclopédie théologique de Migne.
(3) Hauréau, I, p. 26, 125 sqq. ; De Wulf, p. 163.
(4) *Bibliothèque des Hautes Etudes*, section des sciences religieuses, vol. 1. *Les Origines de la philosophie scolastique en France et en Allemagne*.
(5) Voir, dans l'histoire de France de M. Lavisse, le volume rédigé par MM. Bayet, Pfister et Kleinclausz et le compte rendu de la *Revue Internationale de l'Enseignement*, 15 octobre 1903.

notre point de vue moderne; car pour une philosophie qui admet un monde intelligible (III, V), il s'agit de savoir s'il faut y transporter tout ce qui a un nom dans nos langues créées en vue du monde sensible.

De même, selon Hauréau, Candide fut un disciple d'Alcuin dont il reproduit plus d'une fois les assertions. Venu de Fulda avec Candide, Raban Maur resta six ans à Tours auprès d'Alcuin. Il en emporta des cahiers de rédaction, sur la marge desquels il écrivait ses gloses et dont il se servait pour ses leçons :

Me quia quæcunque docuerunt ore magistri
Ne vaga mens perdat, cuncta dedi foliis
Hinc quoque nunc constant glossæ parvique libelli.

Aussi la méthode qu'il observe et fait observer à Fulda, c'est celle qui était pratiquée à Tours. Comme Alcuin, il fait l'éloge de la dialectique (1) et rappelle que c'est grâce aux sept arts que les vénérables et catholiques docteurs ou défenseurs de la foi ont toujours vaincu les hérétiques dans les disputes publiques.

Même Raban Maur, instruit peut-être des ravages que produisait la dialectique dans le domaine religieux, quand elle était maniée par un Jean Scot Erigène qui, en combattant Gottschalk, au nom des orthodoxes, accumulait erreurs sur erreurs, semble avoir douté de la valeur de la dialectique. Dans le *de Universo*, qui contient entre autres une doctrine atomiste, adaptée (2), bien avant Gassendi, au christianisme, et qui semble avoir été remanié, après la transformation de sa pensée, Raban fait remarquer qu'au sens spirituel, l'autruche peut signifier les hérétiques ou les philosophes qui « *cum pennis sapientiæ se exaltare volunt, sed tamen non evolant* ». Du geai, il dit : *loquacissimum genus et vocibus importunum. Quod vel philosophorum vanam loquacitatem vel hæreticorum verbositatem noxiam significare potest* ; de l'étain, *Stannum allegorice sophisticam locutionem et hæreticorum simulationem significare potest*. Avec Alcuin il appelle Athènes, *mater liberalium litterarum et philosorum nutrix*. Comme Alcuin et Isidore de Séville, il définit la philosophie, l'astronomie, l'astrologie et les vertus ; il établit un parallélisme entre la philosophie et les *eloquia divina*, mais il ne pense pas que la foi et le baptême distinguent seuls le chrétien du philosophe et il affirme que les erreurs philosophiques ont produit des hérésies dans l'Eglise. Bien plus, il dit à propos des démons : *unde* (demones = scientes) *ita dicimus quæ exsecratione dignos judicamus, non immerito, quoniam in illis vera scientia non est, qui Creatoris sui non secundant arbitrio ; sic et sapientes philosophos dicimus*. Et, avec l'apôtre, il ajoute que la sagesse de ces derniers n'est que folie (*stultitia*). Aussi sépare-t-il nettement, au moins en ce qui concerne les mystères, la théologie de la philosophie : « *Omnis qui incarnationis mysteria juxta humanam sapientiam discutere conatur, carnes agni aqua vult coquere, id est, dispensationis ejus mysterium per dissolutam vult scientiam penetrare* ». Aux prises avec Gottschalk, il recourt, non à la dialectique mais aux Ecritures et aux Pères (*e divinis Scripturis et de orthodoxorum Patrum*

---

(1) Oportet clericos hanc artem nobilissimam scire ejusque jura in assiduis meditationibus habere, ut subtiliter hæreticorum versutiam hac possint cognoscere eorumque dicta veneficatis syllogismorum conclusionibus confutare (*de Inst. cleric.*).

(2) JEAN PHILIPPE, *Le Poème de Lucrèce depuis la Renaissance carolingienne jusqu'au XIe siècle* (thèse diplômée de l'Ecole pratique des Hautes Etudes, 5e section).

sententiis), pour trancher la question de la Prédestination, et même il recommande de ne pas être trop hardi : « *In scrutando autem et meditando Scripturas sacras oportet lectorem caute et prudenter agere, ne forte velit plus sapere quam oportet sapere, sed sapere ad sobrietatem et secundum rationem fidei* » (1).

C'est d'ailleurs par des raisons sceptiques qu'il recommande cette abstention : « *Si homo rationalis vim suæ agnosceret naturæ et Creatoris sui potentiam rite intelligeret, nequaquam stultis se implicaret quæstionibus, et quæ Christianæ religioni sunt contraria nec sensu teneret, nec voce proferret* ».

Donc si l'on insistait surtout sur la seconde partie de la vie de Raban (2), on devrait le ranger parmi les théologiens qui ont condamné la philosophie plutôt que parmi ceux dont la philosophie peut se réclamer. Que si on ne le fait pas, au moins faudra-t-il considérer comme philosophe celui dont il tient tout ce qu'il sait et faire commencer avec Alcuin la scolastique française et allemande.

D'autres raisons nous y obligent. Alcuin eut pour disciples, à l'Ecole du Palais, Adalhard qui fit fleurir les études à Corbie, d'où sortiront par la suite Paschase Radbert et Ratramne ; Angilbert, l'abbé de Saint-Riequier, qui y réunit plus de deux cents volumes ; l'historien Eginhard, abbé de Seligenstadt ; Riculf archevêque de Mayence qui peut-être envoya à Tours Raban, Candide et quelques autres de leurs condisciples ; Rigbod archevêque de Trèves. Dans la lutte de l'Eglise contre les Adoptianistes, il a été au premier rang, et Hincmar consulte plus tard Raban, parce *qu'il est le seul disciple vivant d'Alcuin*. La Chronique de Tours l'appelle « *mirabilis philosophus* », les grandes Chroniques de Belgique « *clarus ingenio, in philosophia excellentissimus* », l'auteur du Chronic. Chronicorum, « *nec non theologorum philosophorumque sui temporis princeps* ». Non seulement Raban emprunte ses gloses à l'enseignement d'Alcuin, mais encore Heiric d'Auxerre commente les vers mis comme prologue au livre des « *Decem Categoriæ* ». Gerbert suit à Reims l'ancien programme de Raban et d'Heiric (3).

La tradition scolaire est ininterrompue d'Alcuin à Gerbert, à Roscelin, à saint Anselme et à Abélard (ch. VII). Sans doute avec Jean Scot, avec Gerbert, avec Lanfranc s'introduisent des éléments nouveaux qui viennent d'Irlande, d'Espagne et d'Italie, mais la philosophie, remise en honneur par Alcuin, a été cultivée, combattue ou mise à profit par les théologiens qui lui ont succédé. Il faut donc, dès à présent, le considérer comme le véritable auteur de la renaissance philosophique en France et en Allemagne.

C'est au même résultat que conduit l'examen des ouvrages du maître de Charlemagne. Alcuin a fort bien compris qu'il était appelé à travailler à une renaissance littéraire et philosophique (4). Et les noms nouveaux que prennent le

(1) Les mêmes paroles se retrouvent dans les lettres qu'adressent à Roscelin, Thibault d'Etampes et Yves de Chartres. Voir notre Roscelin, *op. cit.*

(2) On pourrait rappeler encore que le successeur de Raban, Haimon, connaissait mieux, au témoignage d'Heiric, les lettres sacrées que les lettres profanes ; que les gloses attribuées par Cousin et Haureau à Raban, sont, selon Prantl et Kaulich, l'œuvre d'un de ses disciples médiats ou immédiats.

(3) Voir GERBERT, *Un pape philosophe, d'après l'histoire et d'après la légende* (Bibl. des Hautes Etudes, section des sciences religieuses, vol. IX).

(4) « *Si plurimiæ inclytum vestræ intentionis studium sequentibus, forsan Athenæ nova perficeretur in Francia, imo multo excellentior, quia hæc Christi Domini*

maître et les disciples, *Flaccus, Homère, Délie, Augustin, David*, etc., indiquent tout à la fois que chacun devait commencer une vie nouvelle, distincte de la vie guerrière et barbare, et travailler à unir les lettres anciennes avec les doctrines chrétiennes

Les œuvres d'Alcuin dans l'édition de l'abbé Migne, en laissant de côté les œuvres douteuses et les œuvres supposées, donnent pour les écrits théologiques, auxquels il convient de joindre les Vies des Saints, environ 1 300 pages, 200 seulement pour les écrits philosophiques. Il n'est pas étonnant que la théologie y ait une place prépondérante : Alcuin fut encouragé par son archevêque, peut-être même par le pape, à venir en aide au prince « qui donnait la paix aux chrétiens en les défendant contre les païens, qui, pieux et zélé pour la religion, se présentait en toutes circonstances comme le défenseur de la papauté et de l'Église ». Par contre, pour se concilier le puissant prince dont il voulait être l'auxiliaire, il dut lui montrer comment sa tâche pouvait être facilitée par les connaissances qu'il lui apportait ; il fut obligé de les mettre à la portée des esprits incultes, curieux et neufs, auxquels il s'adressait, de fournir des réponses à toutes les questions qu'ils posaient, de les amuser et de les étonner. L'enseignement, qui avait pour couronnement la théologie, fut pratique, élémentaire, quelquefois puéril. Il eut surtout pour objet de faire aimer le savoir et de préparer les esprits à comprendre les anciennes doctrines, à les introduire dans des cadres nouveaux, pour résoudre par elles des questions nouvelles, pour jeter les germes d'une philosophie qui devait être tantôt l'auxiliaire, tantôt l'ennemie du christianisme.

La philosophie ou les sept arts constituent pour Alcuin une préparation excellente à la vie pratique et à la vie religieuse : « C'est à eux, dit-il, que les philosophes ont consacré leurs loisirs, c'est grâce à eux qu'ils ont réussi dans le monde ; c'est grâce à eux qu'ils sont devenus plus illustres que les consuls, plus célèbres que les rois et se sont acquis une gloire et une renommée immortelle ; c'est grâce à eux que les vénérables et catholiques docteurs et défenseurs de la foi ont toujours vaincu les hérétiques dans les disputes publiques » (*Gram.*). C'est par les vérités qui relèvent de la philosophie autant que de la théologie qu'il recommande de commencer l'enseignement religieux : « Il faut, dit-il, dans un texte caractéristique et déjà cité (ch. II, p. 35), comme le bienheureux Augustin l'a établi dans son livre sur l'*Instruction des simples*, d'abord instruire l'homme de l'immortalité de l'âme, de la vie future, de la rétribution des bons et des méchants et de l'éternité de leur destinée. Il faut lui enseigner ensuite pour quels crimes et quels péchés il aura à souffrir, auprès du diable, des peines éternelles et pour quelles bonnes actions il jouira avec le Christ d'une gloire éternelle. Il faut enfin lui inculquer avec soin la foi dans la sainte Trinité et lui expliquer la venue en ce monde du fils de Dieu, N.-S. J.-C., pour le salut du genre humain » (Froeb. Ep. 28). Alcuin va même jusqu'à dire que les philosophes ont trouvé la vertu, la vérité et l'amour que la religion loue et honore, dans la nature humaine ; qu'ils les ont cultivés avec le plus grand zèle et ne sont séparés du chrétien que par la foi et le baptême (Rhét.). Toutefois, il ne

nobilitata magisterio omnem Academicæ exercitationis superat sapientiam. Illa tantummodo Platonicis erudita disciplinis septenis informata claruit artibus, hæc etiam insuper septiformi sancti spiritus plenitudine ditata omnem sæcularis sapientiæ excellit dignitatem. » (Migne, Ep. LXXXVI).

confond pas la philosophie et la théologie. S'il loue la philosophie; s'il vante, comme son maître Egbert, la beauté de la science, le bonheur de ceux qui consacrent leurs veilles à la conquérir ; s'il ne veut pas qu'on méprise les sciences humaines, c'est parce que la philosophie, rendant l'âme et l'intelligence plus vigoureuses, nous élève à la hauteur des saintes Écritures ; c'est parce que les sciences humaines sont comme le fondement sur lequel on peut édifier la perfection évangélique. La philosophie n'est pas la servante de la théologie puisqu'elle sert à interpréter l'Écriture, c'est une véritable *préparation évangélique*.

Quelles en sont les divisions ? Quel en est le contenu ? Au trivium, grammaire, rhétorique, dialectique, au quadrivium, arithmétique, musique, géométrie, astronomie, qui formaient les sept arts ou la philosophie, Alcuin fait des additions qui nous montrent en lui autre chose qu'un disciple des anciens. Le traité fragmentaire *de septem Artibus* que Du Chesne attribue à Alcuin est de Cassiodore. La Grammaire comprend un double dialogue : le premier est une instruction préliminaire pour l'acquisition de la vraie sagesse, à laquelle on arrive, comme par des degrés, grâce à la grammaire, à la rhétorique, à la dialectique, à l'arithmétique, à la géométrie, à la musique et à l'astrologie. Intitulé, dans un manuscrit, *Disputatio de vera philosophia*, il contient l'éloge enthousiaste de la philosophie, que nous avons cité plus haut. Le second traite des lettres et des syllabes, du nom, de ses genres, nombres, figures et cas, du pronom, de ses espèces, figures et cas, du verbe, de ses modes et figures, de sa conjugaison et du nombre, de l'adverbe, du participe, de la conjonction, de la préposition et de l'interjection.

La grammaire, science des lettres, gardienne du langage et du style corrects (*recte loquenti et scribendi*), repose sur la nature, la raison, l'autorité et l'usage : elle comprend la voix, les lettres, les syllabes, les parties, les dictions, les discours, les définitions, les pieds, les accents, les pauses, les notes, l'orthographe, les analogies, les étymologies, les gloses, les différences, le barbarisme, le solécisme, les vices (du langage), le métaplasme, les figures, les tropes, la prose, les vers, la fable, l'histoire — dans laquelle Alcuin fait rentrer la géographie. Ce singulier plan, où la grammaire devient la science universelle, a sa raison d'être : les objets sont, selon Alcuin, perçus par l'intelligence qui en fait des idées, exprimées par des mots. La grammaire est, par suite, l'étude des mots dans leur rapport avec la pensée, c'est-à-dire une partie de la logique. Et c'est ce que montre encore Alcuin, en recherchant des définitions *philosophiques* du nom, du verbe, etc.. Cette grammaire, où l'auteur utilise Donat, Priscien et reproduit textuellement à plusieurs reprises Isidore de Séville, fut en grand honneur chez ceux qui le suivirent : *Albinus*, dit Notker, *talem grammaticam condidit ut Donatus, Nicomachus, Dositheus et noster Priscianus in ejus comparatione nihil esse videantur*. Ce témoignage d'un homme qui a rendu, selon Ueberweg, de grands services en traduisant en allemand les *Catégories* et l'*Interprétation* d'Aristote, la *Consolation philosophique* de Boèce, les *Noces de la Philologie et de Mercure* de Capella, nous montre encore encore qu'il faut placer Alcuin au commencement d'une ère nouvelle et non à la fin d'une époque qui disparaît.

Le traité d'orthographe, qui se rattache à la grammaire, est fort intéressant pour l'histoire de la transformation du latin en langue romane. La rhétorique était enseignée par Alcuin d'une façon essentiellement pratique et non purement scolastique : « Tu m'as expliqué déjà, dit Charles, que la rhétorique consacre toutes ses forces aux questions civiles. Or, tu le sais bien, à cause des occupations de mon règne, à cause des soins du palais, nous nous trouvons toujours au milieu de pareilles questions et il est ridicule d'ignorer les préceptes d'un art dont on doit être occupé tous les jours ». Aussi Alcuin recommande-t-il, pour augmenter la mémoire « *thesaurus omnium rerum* », l'exercice et l'usage d'écrire, l'habitude de réfléchir, l'abstention de l'ivresse qui, avec la santé du corps, enlève l'intégrité de l'âme. C'est dans la dernière partie du dialogue intitulé *de rhetorica et virtutibus*, qu'après avoir parlé de la vertu, de la science, de la vérité, de l'amour, comme de choses à aimer et à rechercher pour elles-mêmes, Alcuin place le passage auquel il a été déjà fait allusion : *C. Numquid [non] has Christiana religio apprime laudat? Alb. Laudat et colit. — C. Quid philosophis cum illis? Alb. Has intellexerunt in natura humana et summo studio coluerunt. — C. Quid tunc distat inter philosophum talem et Christianum. Alb. Fides et baptisma.*

La dialectique d'Alcuin n'est pas originale : comme l'a bien montré Monnier, elle reproduit souvent à la lettre les *Dix Catégories*, faussement attribuées à saint Augustin, ou le texte d'Isidore de Séville. En 3 chapitres elle traite de la philosophie et de ses divisions, des Isagoges et des Catégories. Mentionnons, dans le premier, le parallélisme entre la philosophie qui comprend physique, logique, morale, et les *eloquia divina* qui traitent de la nature (Genèse et Ecclésiaste) ; de la morale (Proverbes), de la logique dans laquelle les chrétiens font rentrer la théologie (Cantique des Cantiques, Évangile). L'étude de la philosophie est ainsi recommandée et pratiquée d'abord par les théologiens, qui croient y retrouver les questions posées et résolues dans les livres Saints. Dans la dialectique rentrent comme espèces les isagoges, les catégories, les formules des syllogismes, les définitions, les topiques, les périhermeniæ. Les Isagoges, genre, espèce, différence, accident, propre, sont brièvement définis, sans qu'il soit fait aucune mention de la fameuse phrase de Porphyre. A propos des catégories, le nom de substance est réservé à ce que nous percevons par les sens ; celui d'accident, à ce que nous connaissons par l'esprit (*mente*). Traitant ensuite de la relation (*ad aliquid*), Alcuin montre comment on peut faire servir la dialectique à confondre les hérétiques : « *Ideo secundum hanc categoriæ regulam (alterna conversio), miranda est Arii, vel magis miseranda et ejus quoque sociorum stulta cæcitas, asserentes Filium secundum tempus Patri esse posteriorem, dum omnino constat secundum dialecticam simul consempiternum esse Filium cum Patre. Et si Deus Pater (quod nec illorum impietas audebat negare) æternus est, utique et Filius æternus est secundum dialecticæ rationis necessitatem* ». Aux livres saints il emprunte des exemples de définitions faisant connaître la substance (*beatus vir, Christus*), définitions, ajoute-t-il, dont se servent surtout les philosophes ; il prend des exemples d'arguments à Cicéron, à Térence, aux Évangiles et plus encore à Virgile. Sans connaître Aristote directement (1), Alcuin a résumé, dans sa dialectique, les théories de l'Isagoge, des Catégories, de l'Interprétation, des Topiques, c'est-à-dire celles qui ont pour objet le vraisemblable. Comme la plupart de ses successeurs, il ignore non seulement les Réfutations des sophistes, mais les premiers et les derniers Analytiques, où se trouvent exposées les théories sur la démonstration et la science, la définition et l'induction, qui constituent l'originalité d'Aristote et dominent toute sa philosophie.

(1) Alcuin dit dans sa dialectique et dans une lettre à Paulin (XL) : « *Aristotelicum illud... proverbium... qui acutissimas Perihermentarium scriptitans argumentationes, dicitur in mente calamum tinxisse* ».

Dans la physique Alcuin fait rentrer tout le quadrivium. Sur l'arithmétique et la géométrie, il n'a pas laissé de traité spécial. La science des nombres lui paraît surtout nécessaire pour connaître les divines Ecritures. Comme les néo-pythagoriciens (ch. III, 2), il se plaît à faire ressortir les propriétés merveilleuses de quelques-uns d'entre eux (1). S'il semble quelquefois se placer sur un terrain plus pratique, comme dans les 53 propositions qui peuvent lui être rapportées avec une grande probabilité, nous voyons immédiatement, par les histoires et les énigmes dont elles sont remplies, que l'arithmétique et la géométrie n'intéressent le maître et les élèves que lorsqu'elles prennent une forme concrète, amusante et puérile.

Le traité d'Alcuin sur la musique est perdu. La Rhétorique nous apprend qu'il avait enseigné l'astrologie à Charles : « *Astrologiæ splendore illuminasti* ». Ses lettres le montrent exerçant à Tours certains de ses disciples aux études astronomiques ou répondant aux questions de Charles sur le saut de la lune, la septuagésime, la sexagésime, la quinquagésime, le cours du soleil à travers les signes du zodiaque, l'année bissextile, etc... Toutes ces recherches dont le but est essentiellement théologique, puisqu'il s'agit surtout de savoir si la Pâque doit être célébrée à la façon alexandrine ou à la façon romaine, relèvent-elles de l'astrologie ou de l'astronomie ? En laissant de côté le *Liber De divinis officiis*, que rien ne nous autorise à attribuer à Alcuin, il nous semble, d'après les textes (*Dial.* sub. fine ; Ep. septembre 798 ; *rhét.* sub. init.) authentiques, qu'Alcuin n'a pas distingué l'astrologie de l'astronomie ; qu'il a étudié les astres pour connaître la loi qui préside à leur lever et à leur coucher, leur nature et leur puissance.

Par ses élèves, Alcuin fut forcé de sortir du domaine des sept arts. Gundrade, sœur d'Adalhard, lui transmit certaines questions agitées dans les réunions du Palais. Pour y répondre, il composa le *Liber de animæ ratione ad Eulaliam virginem*. Que suis-je, dit Alcuin après Plotin (III, 4), après saint Augustin et avant Descartes, sinon une âme et un corps ? L'âme, la meilleure partie de l'homme, a une nature triple, elle est concupiscible, rationnelle, irascible. Quand la raison commande à la concupiscence et à la colère, l'âme possède la prudence, la justice, la tempérance, la force ; elle se rapproche tout à fait de Dieu (*proximam Deo*) quand la charité s'y ajoute. Rien d'ailleurs, dit Alcuin qui fait encore songer aux Alexandrins (ch. III, 4) n'est meilleur que de s'unir à Dieu par l'amour. L'âme s'appelle *anima*, en tant qu'elle donne la vie ; *spiritus*, en tant qu'elle contemple ; *sensus*, en tant qu'elle sent ; *animus*, en tant qu'elle a la sagesse ; *mens*, en tant qu'elle comprend ; *ratio*, en tant qu'elle discerne ; *voluntas*, en tant qu'elle consent ; *memoria*, en tant qu'elle se souvient : mais elle n'est pas divisée en substances comme en noms, car toutes ces choses sont l'âme et une seule âme. Elle n'est pas un corps et ne peut mourir. Supérieure à toute créature corporelle, ayant dans sa nature une image de la sainte Trinité, puisque ses trois facultés intelligence, volonté, mémoire, ne constituent pas trois substances, mais une seule, elle ressemblera plus tard aux anges, si l'homme se conforme aux lois (2).

---

(1) Voyez la décomposition du nombre 153 (les 153 poissons de l'Evangile de saint Jean) dans la lettre à Arnon (Ep. XXXVI).

(2) On chercherait vainement, dans cet ouvrage d'Alcuin, comme l'a fait Monnier, une faculté nouvelle, la conscience, qui serait le véritable instrument de toute philosophie et qui permettrait d'analyser toutes les autres facultés.

Cet ouvrage d'Alcuin fut utilisé plus tard par Alcher moine de Clairvaux, qui y joignit des passages de saint Augustin, de Boèce, de Cassiodore, d'Hugues de Saint-Victor, de saint Bernard, d'Isaac de l'Etoile, pour en former le livre de l'Esprit et de l'Ame : les œuvres philosophiques d'Alcuin n'étaient pas plus oubliées que sa grammaire.

D'autres élèves interrogeaient le maître sur la substance, l'essence, la subsistance et la nature de Dieu. Pour Alcuin, l'essence se dit principalement de Dieu, qui toujours est ce qu'il est et qui seul est véritablement, parce que seul il est immuable (*incommutabilis*) : la substance est le nom commun de toutes les choses ; le ciel, le soleil, la lune, la terre, les arbres, les herbes, les animaux, tous les êtres vivants et les hommes sont des substances, mais Dieu, créateur de toutes choses, est la substance suprême et première, la cause de toutes les substances. Le Père, le Fils, l'Esprit constituent une seule substance (p. 14), une *ousia* et trois hypostases, c'est-à-dire une substance de trois subsistances, une substance en trois personnes. Dieu est surtout nature, puisqu'il n'y a en lui aucune partie sujette au changement : il y a, des trois personnes, une seule nature comme une seule essence, une seule toute-puissance, une seule divinité (*Epist. CLXI, ad Arnonem*). Dans d'autres lettres (*CLXII ad Carol.*), Alcuin distingue, en mêlant la grammaire, la théologie et l'ontologie, les mots *æternum* et *sempiternum*, *perpetuum* et *immortale*, *sæculum*, *ævum* et *tempus*. A Fridugise l'auteur du *De nihilo et tenebris*, il indique qu'il y a trois espèces de vision : la corporelle, la spirituelle, l'intellectuelle qui ont lieu, la première par les yeux du corps quand nous voyons les lettres, la seconde, par l'esprit quand nous nous les rappelons, la troisième, par la seule vivacité de l'âme, quand nous les comprenons. De même encore il soulève et résout une question reprise par saint Thomas et Duns Scot, par Descartes et Leibnitz : « *An aliquid distet in Deo esse, vivere, intelligere, posse ? Simplex deitatis natura unum habet, est, vivit, intelligit et omnia potest. Non ita in nobis, dum aliud est in nostra natura vivere, aliud intelligere, aliud posse* » ; il indique qu'il faut entendre, par les deux glaives, l'âme et le corps et il ne songe pas encore à y voir la puissance spirituelle et la puissance temporelle (*Ep. CLXIII*).

Monnier a même signalé dans Alcuin des tendances réalistes : « *Verba quibus loquimur nihil aliud sunt nisi signa rerum quas mente concipimus, quibus ad cognitionem aliorum venire volumus : quæ verba numquam recte proferuntur, nisi veritatem significent. Veritas enim omni homini naturalis ut nullus unquam pro veritate falsum audire velit* ». Mais ce passage est peu concluant et Alcuin n'a pas posé le problème des universaux en parlant de Porphyre. Bien plus, il considère comme substance ce qui est perçu par les sens, comme accident ce que la seule réflexion de l'âme peut percevoir, de sorte que si l'on voulait à toute force lui faire prendre parti, il faudrait en faire toute autre chose qu'un réaliste, puisqu'il ne voit de substance que l'individu. Mais Alcuin ne soulève pas la question, il affirme l'existence de la Trinité, sans rattacher cette assertion au problème des universaux. Contre un des maîtres venus d'Irlande pour qui la mort a reçu le prix de la rédemption du monde — ce qui laisserait supposer que la mort de Jésus-Christ ne fut pas entièrement volontaire — il affirme que la mort n'est pas une substance et il le prouve non par un argument nominaliste, mais en disant que la mort ne figure pas parmi les créatures de l'œuvre des six jours.

Plus encore que de logique, de physique ou de métaphysique, c'est de morale que s'est occupé Alcuin. Le nom de *directeur de conscience*, dont on a peut-être abusé, lui convient plus qu'à personne. Ses exhortations sont adressées à des moines et à des prêtres, à des évêques et archevêques, au pape, à des ducs, à des princes et à des princesses, à des rois et à l'empereur lui-même. A tous, il rappelle avec beaucoup d'élévation, de bon sens et de sagacité, avec modestie et autorité, les devoirs qui leur incombent. De ses lettres on pourrait extraire une morale pratique, pour l'usage des chrétiens de toute condition au ixᵉ siècle, qui serait à l'honneur du précepteur de Charlemagne. D'ailleurs il a lui-même condensé bon nombre de ses idées morales dans le *Liber de Virtutibus et Vitiis*, composé pour le comte Widon ou Gui, gouverneur de la marche de Bretagne et directeur des biens de Saint-Martin. Des 38 chapitres, 13 reproduisent en grande partie des sermons de saint Augustin. Il y est question de la sagesse, de la foi, de la charité qu'il met au premier rang; de l'espérance, de la lecture de l'Ecriture sainte qui donne la connaissance du bonheur; de la paix, de la miséricorde, de l'indulgence, de la patience, de l'humilité, de la componction du cœur, de la confession et de la pénitence, de la nécessité de ne pas tarder à se tourner vers Dieu (*converti ad deum*), expression qui rappelle les Alexandrins (ch. III, 4), de la crainte du Seigneur, du jeûne, des aumônes et de la chasteté; de la fraude qu'il faut éviter; des juges qui doivent corriger certaines choses par l'équité, être indulgents dans d'autres par miséricorde, ne faire aucune acception de personnes et ne recevoir aucun présent. Après avoir parlé des faux témoins, de l'envie, de l'orgueil, de la colère (*iracundia*), de la louange humaine qu'il ne faut pas rechercher, de la persévérance dans les bonnes œuvres, l'auteur passe aux huit péchés capitaux (*superbia, gula, fornicatio, avaritia, ira, acedia, tristitia, cenodoxia*) et aux vertus. La vertu est *animi habitus, naturæ decus, vitæ ratio, morum pietas, cultus divinitatis, honor hominis, æternæ beatitudinis meritum*. La prudence est la science des choses divines et humaines, par laquelle l'homme apprend ce qu'il doit faire et éviter. La justice est la noblesse de l'âme, attribuant à chaque chose sa dignité propre (*divinitatis cultus, humanitatis jura, justa judicia et æquitas totius vitæ*). La force est la grande patience et longanimité de l'esprit. La tempérance est la mesure de toute la vie, par laquelle l'homme n'aime ou ne hait trop quoi que ce soit (*ne quid nimis homo vel amet, vel odio habeat*). Définitions qui sont tout à la fois d'un théologien et d'un philosophe.

S'il s'agissait de faire connaître complètement Alcuin, il faudrait insister sur le rôle qu'il a joué dans la lutte contre les adoptianistes, sur ces poésies qui ne manquent quelquefois ni de souffle, ni de hardiesse; sur l'influence qu'il a exercée pour le développement de l'art au moyen âge; sur le correcteur de manuscrits et le collaborateur de Charlemagne qui introduit en France et en Allemagne le chant grégorien et la liturgie romaine. Rappelons seulement que, dans ses Commentaires et ses traités théologiques, où il emploie presque toujours la méthode des *deflorationes*, il n'oublie pas la dialectique. Ainsi dans le *de Fide Trinitatis*, il traite, au chapitre XV, de la manière dont il faut entendre les locutions attributives que l'on applique à Dieu (*quomodo intelligendæ sint locutiones prædicamentorum de Deo*), rappelle les 10 Catégories et ajoute : *his omnibus modis solet sancta Scriptura loqui*.

En résumé, Alcuin, plus occupé de théologie que de philosophie, a parlé de la philosophie et des sciences avec enthousiasme, sinon avec précision. Considérant la philosophie comme une véritable préparation évangélique, comme une arme excellente contre les hérétiques et retrouvant les divisions de la philosophie dans l'Ecriture, il traite de la grammaire, de la rhétorique, de la dialectique en montrant comment on peut s'en servir contre les ariens; de l'arithmétique, de la géométrie et de l'astronomie, de manière à rappeler les philosophes des trois premiers siècles. Il aborde certaines questions de psychologie métaphysique, d'ontologie et de théologie. Il donne un cours, sinon méthodique, du moins fort complet de morale pratique, reproduit plus d'une expression alexandrine et mêle la dialectique à tous ses travaux de théologie. Sans être un philosophe original comme Jean Scot (1) dont les doctrines conservent aujourd'hui encore un intérêt spéculatif, il remet la philosophie en honneur, il forme des disciples qui l'enseignent après lui et d'après lui; il a des successeurs qui le tiennent en grande estime et qui travaillent avec des fortunes diverses, à continuer l'œuvre qu'il recommande et ébauche. Pour toutes ces raisons, Alcuin est le père de la scolastique en France et le premier auteur de la philosophie qui, à travers le moyen âge, la renaissance et les temps modernes, s'est développée en Occident jusques à Kant, Fichte, Schelling et Hegel.

Si la philosophie renaît, en France et en Allemagne, avec Alcuin, c'est avec Jean Scot Érigène, le contemporain de Photius et d'Alkendi, qu'elle se montre dans tout son éclat; c'est dans les discussions sur la liberté qu'elle révèle toute sa puissance et qu'elle commence à inquiéter ceux qui auraient tenté d'en faire une auxiliaire de la théologie.

Le problème, complexe et difficile, naquit en Grèce des conceptions religieuses. Au-dessus de Zeus, le maître des dieux et des hommes, il y a d'abord la destinée : *Aisa*, *Moira*. Puis Zeus devient le conducteur des destinées et des divinités secondaires assurent l'accomplissement de ses volontés. Au ve siècle, les dieux acquièrent chez Eschyle, Phidias et Pindare, une perfection égale à leur majesté. Aux vainqueurs des Perses, aux admirateurs de Sophocle et d'Hippocrate, de Périclès, d'Aristophane et de Thucydide, ils ne sauraient plus d'ailleurs apparaître comme des maîtres absolus : des sophistes affirment la liberté morale comme la liberté politique. Socrate et Platon soutiennent et font accepter la thèse du déterminisme psychologique. Par Aristote, le problème, exclusivement philosophique, est résolu en faveur de la liberté. La morale, dit-il, établit la responsabilité humaine, qui ne peut exister si l'homme n'est pas libre; la psychologie, par l'analyse de la délibération, conduit à ce résultat, que confirme le témoignage universel, que justifie encore la doctrine logique et métaphysique des futurs contingents. Initiateur en cette matière comme en tant d'autres, Aristote jette ainsi les bases de la théorie qu'admettront et que développeront, à travers les siècles, les partisans du libre arbitre.

Les Stoïciens compliquent la question. Dans leur système (ch. III, 2), ils mêlent étroitement la religion, la physique et la métaphysique. Le Dieu d'Aristote descend dans le monde pour le pénétrer et le gouverner : il absorbe en lui les anciens dieux, qu'il transforme tout en leur laissant une existence idéale. L'intellect, νοῦς, et Zeus, la destinée, εἱμαρμένη et la Providence, πρόνοια, sont un seul et même dieu, qui reçoit plusieurs autres noms. Déterministes en logique, puisqu'ils nient l'existence des futurs contingents, les Stoïciens le sont en phy-

---

(1) Il ne faudrait même pas dire comme M. Guizot : « Pythagore, Aristote, Aristippe, Diogène, Platon... reviennent aussi dans sa mémoire. » Car il est évident qu'il ne connaît ni les uns ni les autres. De tels éloges appellent, comme représailles, des appréciations aussi inexactes dans leur sévérité.

sique et en métaphysique, car ils affirment l'enchaînement ininterrompu des causes et leur subordination à un ordre déterminé par une finalité immanente ; ils le sont comme théologiens, parce qu'ils croient à la divination et partant à la prescience.

Chose digne de remarque, c'est Epicure, si souvent décrié pour sa morale, qui maintient la liberté dans l'homme, comme le clinamen dans l'atome, et qui, au *fatum* des physiciens, préférerait même les fables des poètes. C'est le sceptique, ou plutôt l'acataleptique Carnéade qui combat, avec le plus d'énergie, toutes les thèses du déterminisme stoïcien. Par lui, un nouvel argument est présenté en faveur du libre arbitre : la volonté est elle-même une cause, et une cause dont l'existence et l'action nous sont bien mieux connues, grâce à la conscience (*clamante conscientia*), que l'existence et l'action de toutes les autres. Par conséquent, comme le rediront plus tard les Biraniens, on doit admettre tout à la fois le libre arbitre et le principe de causalité.

Avec les néo-platoniciens, la métaphysique, redevenue distincte de la physique, est avant tout une théologie (ch. III, 2, 4, 10 ; ch. V). Adversaires du déterminisme psychologique et astrologique des Stoïciens, dirigés, dans leur pensée, par le principe de perfection, ils admettent tout à la fois, comme Plotin, la liberté et la Providence, ou même, comme Jamblique, la liberté, la divination et la prescience. Les dieux, disent-ils, savent l'avenir, comme le présent et le passé ; ils connaissent l'indéterminé d'une manière déterminée, ἄοριστον ὡρισμένως.

Pour le christianisme, le problème, théologique dans la forme, se présente avec tous les éléments si complexes qu'y ont introduits les logiciens et les métaphysiciens, les psychologues et les physiologistes, les physiciens et les moralistes (1). Il faut assurer à Dieu la prescience et la providence, la toute-puissance et la bonté, que comporte sa souveraine perfection. Il faut expliquer la grâce, le péché originel, la prédestination ; que de difficultés si l'on ne subordonne pas nettement les principes de causalité et de contradiction à celui de perfection ! Aussi les hérésies sont fréquentes ; souvent même, on n'évite l'une que pour tomber dans l'autre. Dans la première moitié du IIIe siècle après Jésus-Christ, Mani (ch. III, 5), par sa théorie dualiste, sauvegarde la bonté, mais détruit la toute-puissance de Dieu. Pélage, maintenant le libre arbitre, porte atteinte à la grâce. Contre les manichéens, S. Augustin cherche, dans le libre arbitre, l'origine du mal, mais il lui accorde une place si grande que les théologiens sont obligés, aujourd'hui encore, de faire remarquer qu'il n'avait pas alors à s'occuper de la grâce. Contre les pélagiens, il va si loin dans ses affirmations sur la grâce et la prédestination, que les adversaires du libre arbitre se sont plus d'une fois présentés comme ses fidèles disciples.

Ainsi a fait Luther, l'auteur du *de servo Arbitrio*, pour qui tout s'accomplit par nécessité, pour qui la prescience et la prédestination de Dieu rendent impossible le libre arbitre dans l'homme, dans l'ange et dans toute autre créature. Ainsi Calvin, pour qui rien n'advient « sinon ainsi que Dieu l'a déterminée en son conseil ».

(1) Pour ne citer que deux points, notre science moderne trouve, dans l'action du physiologique sur le moral, du physique sur le physiologique et dans l'hérédité, des questions aussi compliquées et aussi importantes que l'étaient, pour le théologien, celles de la grâce ou du péché originel.

Mais, parmi ceux qui se rattachèrent à saint Augustin, aucun n'est plus connu que Jansénius, évêque d'Ypres et ami de Saint-Cyran. Pascal a immortalisé le jansénisme par les *Provinciales*; les religieuses et les solitaires de Port-Royal ont montré, au siècle de Louis XIV, ce que la foi peut entreprendre et supporter ; quelques-uns de ces derniers, Arnauld, Nicole, Lancelot, même Fontaine, ne sont pas déplacés à côté de Pascal. Boileau et Racine, Philippe de Champagne et Rollin, à des titres divers, rentrent dans l'histoire du Jansénisme. Le diacre Pâris le rend populaire et, sous Louis XV, il fut pour beaucoup dans l'expulsion des jésuites qui, au siècle précédent, avaient été ses adversaires les plus acharnés et les plus heureux. Il ne disparut pas à la Révolution. Grégoire et Royer-Collard ont encore aujourd'hui des héritiers; il en est à Paris qui conservent pieusement leur souvenir et défendent leur mémoire ; il y en a dans la Vendée, où il n'est pas rare de rencontrer les christs aux bras rapprochés, qui rappelaient le petit nombre des élus ; il y en a en Hollande. Eussent-ils tous disparu, que l'histoire de Sainte-Beuve, également propre à charmer les chrétiens, par sa sympathie respectueuse, et les lettrés par la finesse psychologique de ses analyses ou la vivacité de ses portraits, les ferait vivre à jamais dans la postérité.

Or, au ixe siècle, la même question s'est posée et a soulevé des discussions aussi vives, sinon aussi prolongées. Purement théologique et surtout pratique avec Gottschalk, Raban Maur et Hincmar, elle est devenue philosophique avec Jean Scot et a mis aux prises tout ce qui restait d'hommes éminents dans les pays autrefois soumis à Charlemagne.

Le traité de Verdun, en 843, avait donné l'Allemagne à Louis le Germanique et la Gaule à Charles le Chauve. Lothaire, empereur, possédait une longue bande de territoire qui allait de la mer du Nord à la Méditerranée et à l'Adriatique. En 848, Louis tenait une assemblée générale à Mayence pour traiter, selon l'usage, des affaires de l'église et du royaume. Le prêtre Gottschalk, disent les *Annales de Fulda*, y fut condamné pour avoir soutenu que, si les bons sont prédestinés par Dieu à la vie éternelle, les méchants le sont de même à la mort pour l'éternité. Raban, archevêque de Mayence, signala, ce semble, les conséquences pratiques de la double prédestination. Un de ses prêtres, Loup, se livra à une discussion solide dont nous ne savons rien, mais à la suite de laquelle Gottschalk fut jugé incorrigible. Raban l'envoya à Hincmar, l'archevêque de Reims ; le roi Louis lui fit jurer de ne jamais remettre les pieds en Allemagne.

C'en était fait, ce semble, de Gottschalk et de son hérésie. C'était un moine obscur, que l'homme le plus savant et le plus considérable de l'église d'Allemagne condamnait et renvoyait au puissant Hincmar, pour qu'il ne troublât pas davantage les fidèles. Qui donc pourrait songer à le défendre ?

Raban Maur a justifié l'éloge de Trithème (§ 1) : l'ancêtre des universités allemandes n'a pas été moins honoré que l'archevêque de Mayence et le continuateur de saint Boniface. Disciple d'Alcuin à Tours (§ 1), il fut à son retour à Fulda, chargé d'en diriger l'école, il l'installa sur le modèle de celle de Tours, en plaçant la grammaire au début des études. Ses élèves devinrent évêques ou continuèrent, non sans succès, son enseignement. Eginhard lui envoya son fils ; Walafried Strabon, Luthbert, Bernard, Servat Loup de Ferrières, Haimon d'Halberstadt, pour nous borner à quelques noms, font de leur maître un digne successeur d'Alcuin. Ratgaire, abbé de Fulda, trouva que les études profanes occupaient trop les moines ; mais l'empereur lui donna tort. En 817, il était remplacé par Eigil. Raban succéda à Eigil ; puis archevêque de Mayence, il devint un conseiller des plus écoutés en matière politique et religieuse.

Il n'est pas sûr que les gloses sur l'*Interprétation* et l'*Isagoge*, dont Cousin a parlé le premier, soient de Raban Maur. Mais, dans l'*Institution des Clercs*, qui certes lui appartient, il recommande l'étude de la dialectique (§ 1). Son *de Universo* est, parmi les encyclopédies qui nous viennent du moyen âge, une des premières, des moins connues et des plus curieuses. C'est une théologie, qui traite du Père, du Fils et du Saint-Esprit, des Écritures et des Conciles, des fêtes et des sacrements. C'est une anthropologie qui fait connaître le corps de l'homme, comme tout ce qui concerne sa vie et sa mort; une zoologie, où figurent les bêtes, grandes et petites, les serpents et les vers, les poissons, les oiseaux et les abeilles. C'est encore une physique, au sens antique du mot, avec les atomes et les éléments, le ciel et la lumière, le soleil, la lune et les étoiles; l'air, les nuages, le tonnerre et les éclairs, les vents et les tempêtes, la neige, la glace et la rosée. A cette physique succède une géographie, qui décrit la terre alors connue, les villes et tout ce qu'elles contiennent, les campagnes avec leurs habitations et leurs divisions. L'histoire de la philosophie, qui mentionne les Platoniciens et la nouvelle Académie, les Péripatéticiens, les Stoïciens et les Cyniques, les Épicuriens et les Cyrénaïques, définit la vraie philosophie comme l'entendent les Pères catholiques. Elle précède celle des poètes, des mages, des païens et de leurs dieux — qui sont des démons — de leurs langues et de leurs dialectes. L'ouvrage se termine par des traités de géologie ou de minéralogie, des poids, des mesures, et des nombres; de musique et de médecine, d'agriculture, d'art militaire et naval, des métiers et de l'alimentation. C'est l'œuvre d'un grammairien, qui signale les étymologies; d'un compilateur qui cite Ovide, Virgile et tous les poètes latins y compris Lucrèce, comme Cicéron, Sénèque et Pline l'Ancien; d'un chrétien qui cherche un sens mystique aux affirmations les plus singulières des écrivains sacrés ou profanes. Nulle œuvre de cette époque ne fait mieux voir comment les idées antiques se mêlent alors aux idées chrétiennes.

Quel était ce Gottschalk dont Raban et Louis le Germanique tenaient à débarrasser l'Allemagne? C'est un moine vagabond, écrivait le premier à Hincmar, qui est venu d'Italie à Mayence, semant de nouvelles superstitions et une doctrine funeste. Il a déjà séduit beaucoup de gens et il les a rendus moins dévoués à l'œuvre de leur salut. Vous apprendrez de sa bouche ce qu'il pense d'une façon plus complète et vous déciderez ce qu'il convient de faire.

Ce n'était pas la première fois que Gottschalk entrait en lutte avec Raban Maur. Fils d'un comte saxon et envoyé tout enfant à Fulda, il voulut un jour en sortir. Raban, alors abbé, décida qu'on devait conserver au couvent les enfants offerts par leurs parents. Devant un synode, Gottschalk accusa Raban de l'avoir, malgré lui, fait moine. Le synode se prononça contre l'abbé qui en appela au roi. Celui-ci fit réformer la sentence par l'archevêque de Mayence. Gottschalk s'enfuit à Orbais, près de Soissons, où Rigbod l'ordonna prêtre.

Si nous nous en rapportons aux vers publiés par Monnier (1), Gottschalk fit à Fulda de bonnes études grammaticales et littéraires. Mais désireux d'échapper à la vie monastique, il ne s'occupa guère de théologie et de philosophie. « J'ai suivi une année à peine, écrit-il plus tard à Ratramne, les leçons d'un maître;

---

(1) *De Gotheścalci et Johannis Scoti Erigenæ controversia (Insunt decem Gotheścalci carmina hactenus inedita)*. Paris, 1853.

je n'ai jamais eu de guide » (1). Et Raban qui devait le connaître mieux que personne, l'appelle dédaigneusement un demi-savant (*sciolum*). Au monastère d'Orbais, il lit, ce semble, S. Augustin. Il demande à Loup de Ferrières, peut-être son condisciple à Fulda, si c'est avec les yeux de l'âme ou avec ceux du corps que les bienheureux verront Dieu face à face, après le jugement universel.

Sans autorisation, il quitta son couvent et mena, comme nous l'apprend sa première confession, une vie fort irrégulière. J'ai été, dit-il, trop rapidement enchaîné par les liens du péché. Et il prie le Christ et la Vierge, saint Michel et tous les chœurs des anges, saint Pierre, les martyrs et les patriarches, les prophètes, les vierges et les confesseurs de lui venir en aide. Dans une seconde confession, il rappelle ses passions et ses fautes, depuis son enfance. Il n'espère plus en lui-même, mais en Dieu et en sa grâce ; il ne compte plus sur ses mérites, mais sur la clémence de Dieu, qui distribue gratuitement ses biens aux coupables. N'a-t-il pas toujours cru au Christ, méprisé Arius, Sabellius et les autres hérétiques ? N'a-t-il pas été nourri par le lait catholique de l'Eglise ? Mais il songe aux peines éternelles et au jugement dernier : les maudits iront en enfer, les élus verront Dieu face à face ! Et il termine en demandant que tous crient avec lui : *Ab infernis, Christe, nos libera*.

Enfin viennent des vers sur la pénitence, où il avoue encore qu'il a péché par luxure, par gourmandise, par avarice, etc., et que, pour cela, il devrait être éternellement torturé. Mais il pleure et espère la grâce, qui seule relève ceux qui sont tombés (*sola est namque gratia Lapsi qua solent surgere*) : n'a-t-elle pas sauvé la courtisane et le bon larron ?

Ce que nous savons de la vie de Gottschalk nous explique en grande partie sa doctrine. Moine contre sa volonté, il a quitté le Dieu qui l'appelait à lui et s'est rendu coupable de toutes les fautes ; il a cru qu'il n'avait pas plus été en son pouvoir de diriger sa vie d'homme fait que sa vie d'enfant. Vaincu par son abbé, il l'a été ensuite par le démon. Il avait donc été décidé par Dieu qu'il en serait ainsi. Sera-t-il damné ? Il en a peur, mais Dieu aura peut-être pitié de lui, comme il a eu pitié d'autres misérables. Son espoir grandit. Dans S. Augustin, il trouve des textes où il est affirmé que Dieu a prédestiné tous les hommes ; que, sans la grâce, l'homme ne peut rien ; qu'avec elle, il n'y a pas de situations désespérées. Avec les mêmes préoccupations, il lit les autres Pères et n'y relève que des textes conformes à ses idées : Dieu est tout-puissant ; il a prédestiné les bons au salut, les mauvais à la damnation ; l'homme est son esclave et ne saurait être libre ; mais, par la grâce, il peut être sauvé.

Il a souffert et comprend ce que doivent souffrir ceux qui lui ressemblent. Il a trouvé la vérité : ne doit-il pas les secourir, comme il demandait naguère à Dieu, aux saints et aux hommes de lui venir en aide ? La prédication de la bonne nouvelle s'impose : il mourra, s'il le faut, plutôt que de ne pas la faire connaître à tous.

Quittant alors Rome où l'avaient conduit ses courses vagabondes, pour retourner en Allemagne, il rencontre le comte Eberhard et lui expose ses doctrines. Eberhard en entretient l'évêque de Vérone, Nottingue, qui s'adresse à Raban Maur (847). Homme pratique, Raban n'aime guère ces discussions : ne suffit-il

(1)   *Namque magisterio vix uno subditus anno*
               Nec didici deinceps...
      Nemo fuit mihi dux, ideo minime patuit lux.

pas d'observer trente ou quarante ans les préceptes de l'Evangile, pour assurer son salut et savoir ainsi, par Dieu lui-même, la vérité sur ces obscures questions ? Chef de l'Eglise, il craint la doctrine de la double prédestination, parce qu'elle rend les hommes indociles à ceux qui les évangélisent, parce qu'elle jette dans le désespoir ceux à qui elle est annoncée. Pourquoi, disent-ils, travailler à mon salut, puisque si je fais le bien, sans être prédestiné à la vie éternelle, je n'en serai pas plus avancé ? Ou elle les encourage à faire le mal, car si je suis prédestiné au salut, disent-ils encore, j'y parviendrai quoi que je fasse, en raison même de la toute-puissance de Dieu.

Tandis que Raban Maur révélait à Eberhard, comme à Nottingue, les dangers pratiques de la prédication de Gottschalk et recommandait de combattre, par les Ecritures et les Pères orthodoxes, une doctrine qui détruit la justice et la bonté de Dieu, Walafried Straben écrivait à Gottschalk, son condisciple de Fulda, qu'il s'était engagé dans une voie périlleuse et lui offrait de venir diriger l'école de son monastère. Gottschalk, sûr de tenir la vérité, voulut la faire accepter par son ancien abbé, pensant sans doute qu'elle ne trouverait plus ensuite d'adversaire pour la combattre. Déçu dans ses espérances, il fut envoyé à Hincmar. La doctrine, qui n'avait guère eu le temps d'agir en Italie et en Allemagne, allait bouleverser toute la Gaule.

Hincmar est, au IXe siècle, un personnage plus considérable encore que Raban Maur. Archevêque de Reims pendant 37 ans, de 845 à 882, il est le directeur des rois, qu'il sacre et qu'il conseille, qu'il sert fidèlement dans les circonstances difficiles, mais auxquels il rappelle que les évêques ont droit de les juger. Fort considéré en général des papes, il défend contre eux l'autorité des rois. Théologien moins profond et moins sûr que Bossuet, avec qui il n'est pas sans ressemblance, c'est un politique habile et un des théoriciens marquants de la lutte entre le sacerdoce et l'empire. Dans son diocèse, c'est un maître absolu, souvent juste, parfois despotique, contre lequel, à deux reprises, Nicolas Ier devra protéger ses administrés.

Gottschalk, qui troublait la paix de l'Eglise, après avoir manqué à ses devoirs de moine et de prêtre, n'avait aucune indulgence à attendre d'Hincmar. En mars 849, un concile se réunissait à Kiersy-sur-Oise, où Charles le Chauve tenait sa cour : trente évêques et trois abbés y siégèrent. Hincmar attaqua, par les conséquences, la double prédestination. Il demanda à Gottschalk si Dieu est l'auteur du mal et, en même temps, il insista sur l'impiété d'une telle affirmation. Gottschalk aurait pu réciter de mémoire, pendant toute une journée, et sans prendre de repos (*sine respiratione*), des passages recueillis chez les Pères ; il avait en mains un ouvrage où il les avait consignés et voulait qu'on discutât pour savoir si les Pères, et en particulier S. Augustin, avaient cru à une double prédestination. Il accusa donc Hincmar d'user d'un subterfuge indigne de lui et des évêques. Hincmar lui reprocha de manquer de respect au corps épiscopal et fit lire sa sentence : il était interdit comme prêtre, en raison de ses doctrines perverses et de ses mauvaises pratiques. Pour avoir jeté le trouble parmi les laïques et les ecclésiastiques, il était condamné à être frappé de verges (*durissimis verberibus te castigari*) et enfermé dans un cachot (*ergastulo*), où il garderait un silence perpétuel. En présence du roi, des évêques et des abbés, la sentence fut exécutée : Gottschalk, immobile et silencieux (*stabat silens*), serrait dans sa main le livre où étaient réunies ses sentences, bien qu'on lui criât de le brûler. Ses forces s'épuisèrent ; les témoignages des pères tombèrent dans le feu et Gottschalk fut emporté, presque sans vie, dans le cachot qui devait être désormais sa demeure.

Mais Hincmar n'en avait pas fini avec Gottschalk. Des évêques, qui relevaient de Lothaire, prirent la défense du condamné : « Nous avons tous horreur, écrit Remi de Lyon, de ce qui s'est passé, car c'est par la parole et la discussion qu'il faut vaincre et convaincre les hérétiques ». Hincmar essaya d'amener Gottschalk à renoncer de bon gré aux doctrines qui l'avaient fait condamner. Gottschalk s'y refusa. Par l'intervention de Prudence de Troyes, sa captivité fut adoucie. Il en profita pour écrire deux Confessions : dans l'une étaient les passages des Pères, dans l'autre l'exposition de sa doctrine. Fondée sur l'immutabilité de Dieu elle prend ainsi, malgré les textes théologiques, une forme philosophique qui prépare, avec l'intervention de Jean Scot, la transformation du problème. Plus que jamais Gottschalk est certain de posséder la vérité : il aimerait mieux souffrir mille morts que d'y renoncer. Qu'on le plonge dans des tonneaux remplis d'eau, d'huile ou de poix bouillante, qu'on l'oblige à passer à travers un feu bien nourri, et qu'on l'y laisse périr, s'il manifeste la moindre crainte. D'ailleurs il pardonne à ses ennemis, en souhaitant qu'ils reviennent à de meilleurs sentiments !

Tant d'assurance et une si grande infortune gagnèrent à Gottschalk bien des partisans. Hincmar crut nécessaire de mettre en garde « les moines et les simples de son diocèse ». Mais Ratramne de Corbie prit le parti de Gottschalk, et dans un concile tenu à Paris, Prudence se prononça pour la double prédestination. De même que la souveraineté politique tendait à se diviser, en préparant l'organisation féodale, où chaque seigneur sera le maître dans son domaine, les représentants de l'Église en venaient à se mettre en opposition avec leurs chefs. Sans doute, ils ne songeaient guère à faire appel à la raison, mais ils cherchaient avec soin les autorités anciennes et les interprétations qui leur permettraient de combattre les pouvoirs actuels (ch. II). Après Prudence, c'est Ratramne de Corbie qui répète au roi, à Bourges, ce qu'il avait écrit à Gottschalk.

Servat Loup, abbé de Ferrières, se déclare lui-même contre Hincmar. Si l'archevêque de Reims est un politique plus qu'un théologien, Servat Loup nous apparaît comme un lettré, qui ne semble guère préparé à jouer le rôle d'un Père de l'Église. Dans ses lettres, il pense surtout à réclamer ou à envoyer des livres anciens. Il voudrait qu'Eginhard lui procurât la *Rhétorique* de Cicéron et les *Nuits attiques* d'Aulu-Gelle. Il remercie Adalgard d'avoir fait corriger Macrobe. Au métropolitain de Tours, il demande les *Commentaires* de Boèce sur les *Topiques* de Cicéron ; il promet à l'évêque Héribold de lui adresser le *de bello Gallico* de César. Du pape Benoît III, il espère obtenir le *de Oratore* de Cicéron, les *Institutions oratoires* de Quintilien, qu'il a déjà demandées à l'abbé d'York, et le *Commentaire* de Donat sur Térence. Il s'adresse à Regimbert pour avoir le *Catilina* et le *Jugurtha* de Salluste, les *Verrines* de Cicéron. Il fallait que les discussions sur la prédestination eussent pris une importance bien grande, pour qu'un homme aussi amoureux des œuvres antiques se crût obligé d'intervenir. D'ailleurs ses lettres à Charles le Chauve et à Hincmar, le *Collectaneum de tribus quæstionibus* n'apportent absolument rien de nouveau : Servat Loup ne cherche qu'à se défendre d'avoir exprimé sur Dieu des pensées impies.

Raban, à qui Hincmar avait fait connaître ce qui se passait, lui adressa tout ce qu'il avait écrit sur ce sujet à Nottingue et à Eberhard. Il lui conseilla d'interdire à Gottschalk de continuer à écrire ou à disputer, car, disait-il, il n'y a en lui que de l'orgueil. Ne méprise-t-il pas l'Eglise, en affectant de ne s'adresser qu'à Dieu ? Et S. Ambroise, après S. Paul, n'a-t-il pas recommandé d'éviter l'hérétique, à qui on a infligé une première et une seconde correction ? D'ailleurs Raban s'en rapporte « à l'érudition et à la santé d'Hincmar » pour compléter son argumentation.

Hincmar fit composer cinq ouvrages dont les auteurs étaient en désaccord : on trouva hérétique celui d'Amalaire de Metz qu'il avait laissé publier. C'est alors que, désespérant de trouver des défenseurs parmi les clercs, il s'adressa (1) à un laïque, Jean Scot Erigène.

Jean Scot était en faveur auprès de Charles le Chauve qui l'avait appelé en France vers 843, comme Charlemagne avait fait venir Clément Scot, quand Alcuin s'était retiré à Tours. Une anecdote, peut-être légendaire, le montre aussi hardi avec le roi qu'il le fut avec les théologiens. Quelle distance, lui aurait demandé Charles, y a-t-il entre un sot et un Scot (*quid distat inter sottum et Scotum*) ? La table (*tabula*), aurait répondu Jean, assis alors en face du roi.

C'est un lettré dont certaines pages, par la facilité et l'ampleur, rappellent Cicéron et sont plus nourries que les meilleures des humanistes de la Renaissance. C'est un érudit qui met en latin les ouvrages du pseudo-Denys l'Aréopagite, et qui compose des vers grecs. C'est un chrétien qui commente, d'une façon fort originale, comme nous l'a appris M. Ravaisson (2), l'évangile de saint Jean. C'est un néo-platonicien, comme l'ont dit MM. Cousin, Saint-René Taillandier et Vacherot. C'est parfois un logicien qui relève d'Aristote. Mais surtout c'est un penseur qui se sert de la raison, pour établir ou justifier les théories philosophiques et théologiques, qui remplissent le *de Divisione naturæ* et le *de Prædestinatione*.

Les dix-neuf chapitres que comprend ce dernier ouvrage mériteraient chacun une analyse spéciale. Jean Scot a entrepris, dit-il, de discuter l'hérésie inventée et défendue par Gottschalk, sur le commandement des pasteurs de l'Eglise et avec l'approbation du roi très orthodoxe Charles, « dont la grande étude est de penser pieusement et bien sur Dieu, de repousser les dogmes mauvais des hérétiques par de solides raisonnements (*veris rationibus*) et par l'autorité des Pères ». Voilà donc le roi rangé parmi les rationalistes, et les Pères placés au second plan. C'est que, par les règles de la philosophie, on résout toutes les questions, car la vraie philosophie est la vraie religion. Gottschalk prétend qu'il y a une double prédestination : c'est une opinion insensée qu'on peut réfuter par l'autorité divine et réduire à néant par les règles de la vraie philosophie. En Dieu il y a volonté, partant aucune nécessité, car si une cause le poussait à faire quelque chose, elle serait meilleure que lui et, du même coup, deviendrait la cause suprême. Et si sa volonté est libre, il en est de même de sa prédestination.

Mais la prédestination n'a-t-elle pas rapport à la substance ? Comme le dit S. Augustin, la prédestination est la préparation et la disposition, avant tous les

---

(1) Hincmar s'en défendit, mais Jean Scot l'affirme de telle façon, au début de son livre, qu'il est impossible d'en douter. Les contemporains sont d'accord avec Jean Scot.

(2) Rapports sur les bibliothèques des départements de l'Ouest, Paris, 1841.

siècles, de ce que Dieu doit faire. Elle existe donc avant toute créature et elle est Dieu même.

Or, nous désignons par des noms différents l'essence une et immuable de Dieu. Il serait impie de dire qu'il y a en lui deux essences, deux sagesses, deux vertus, etc. Il est tout aussi impie et contraire à la raison de mettre en lui deux prédestinations. Et puis, qu'est-ce que la nécessité ? Ce n'est rien autre chose que la volonté de Dieu. Tout ce qu'il a voulu faire est nécessairement, et sa volonté est la nécessité des natures qu'il a créées.

Considérons Dieu comme cause et non plus comme substance. La raison s'oppose à ce qu'une seule et même cause produise des choses contraires, par exemple, l'être et le non-être, la vie et la mort, la justice et le péché, la béatitude et la damnation. Donc il ne saurait y avoir en Dieu deux prédestinations, l'une qui imposerait la vie, l'être et le bonheur ; l'autre, la mort, le péché ou le non-être et le malheur.

Mais Gottschalk substitue aux deux prédestinations une prédestination double (*gemina*), en invoquant l'exemple de la charité qui est un double amour, puisqu'elle s'adresse à Dieu et au prochain. N'est-ce pas mettre le nombre en Dieu que de le dire *geminus*, *bipertitus*, *duplex*, puisque c'est détruire son unité ? Et n'est-ce pas le faire encore, que de dire double sa prédestination, attribut de la substance divine et une ? D'ailleurs, si le précepte, qui commande la charité, est double, puisqu'il nous oblige à aimer Dieu et le prochain, la charité est une, puisque c'est à cause de Dieu que nous devons aimer l'un et l'autre.

Donc une seule prédestination : à quelques hommes, Dieu accorde ce qu'ils n'auraient pas eu par eux-mêmes, pour vaincre et pour acquérir le bonheur futur ; d'autres commettront d'eux-mêmes les péchés par lesquels ils périront. Pélage supprimait la grâce ; certains de ses adversaires suppriment la liberté. Gottschalk prend une position intermédiaire ; il nie tout à la fois deux dons divins, la liberté et la grâce. Or, il ne se peut pas en même temps, que le monde soit sauvé et que la grâce de Dieu n'existe pas. Car d'où viendrait au monde le salut, s'il n'y avait pas de grâce ? Comme nous affirmons avec certitude que le salut est enfin venu, nous devons affirmer que la grâce de Dieu a lui pour le monde. Pareillement il ne peut se faire que le monde soit jugé et qu'il n'y ait pas de libre arbitre, car avec quelle justice aurait lieu le jugement, si l'homme n'était pas libre ? Si donc c'est une impiété de nier le jugement futur, c'est une impiété égale de nier que Dieu ait donné le libre arbitre à l'homme. C'est pourquoi, marchant par une voie royale, sans nous détourner ni à droite ni à gauche, nous ne défendrons pas le libre arbitre, de manière à lui attribuer les bonnes œuvres au détriment de la grâce ; nous ne défendrons pas la grâce, de manière à ce que l'on compte sur elle pour aimer les œuvres mauvaises.

Mais libre arbitre et grâce ne sauraient coexister avec la nécessité de la prédestination, car, dans un seul être il ne peut y avoir une cause nécessaire qui contraigne et une volonté qui agisse. Or, nous croyons avec raison, nous savons évidemment (*lucidissime sentimus*) que libre arbitre et grâce peuvent être dans l'homme (ch. III, 2). Donc, la nécessité de la prédestination n'est pas dans l'homme.

Dieu avait doté Adam d'une volonté libre. Par son péché, il a perdu le pouvoir de conserver à lui seul le précepte divin, mais non sa substance, qui est d'être, de vouloir, de savoir. « L'homme, placé dans d'épaisses ténèbres, dit Jean Scot, en une comparaison souvent reproduite, ne voit rien, avant que, du dehors, lui vienne la lumière qu'il sent déjà, même les yeux fermés, et qu'il aperçoit, en les ouvrant, comme les objets placés en elle : ainsi notre volonté, aussi longtemps qu'elle est couverte par l'ombre du péché originel et de ses péchés propres, est embarrassée par l'obscurité. La lumière de la divine miséricorde, quand elle arrive, détruit la nuit du péché, guérit la volonté malade et la rend propre à contempler la lumière elle-même ».

Mais pourquoi donc, demande-t-on, Dieu n'a-t-il pas créé l'homme tel qu'il ne pût pécher ? Il suffit de consulter la raison pour répondre à cette question. Dieu, qui est juste, récompense, de la couronne de vie, celui-là seul qui a librement observé ses commandements. Il a donné à l'homme de grands biens, comme la prudence, la force, la justice, la tempérance, dont on ne peut faire un mauvais usage; il lui a donné des biens beaucoup moindres, comme la beauté du corps dont on use souvent mal. L'homme en a reçu d'intermédiaires, comme la dialectique, dont il fait un usage tantôt bon et tantôt mauvais : tel est aussi le libre arbitre. C'est par nature que la volonté de l'homme est raisonnable ; c'est grâce à un don de Dieu qu'elle est libre. Partant elle se meut elle-même ; le don gratuit et répété de la grâce divine coopère avec elle pour produire les bonnes actions ; c'est, au contraire, par le conseil du démon, *suadente diabolo*, qu'elle produit ce mouvement pervers d'où sortent les fautes, que suivra un juste malheur.

Que si maintenant nous examinons l'Ecriture et les Pères, il faut remarquer que les mots, signes sensibles et adhérents aux corps, ne sauraient s'appliquer tous à cette nature incorporelle dont peut à peine s'approcher (*attingitur*) l'âme la plus purifiée (1); car elle dépasse toute intelligence (*omnem transcendens intellectum*). Si l'on peut sans absurdité (*non absurde*), se servir pour elle de certains mots (*sum, es, eras, esse, essentia, veritas, virtus, sapientia*), qui désignent ce qu'il y a de meilleur en nous, il en est d'autres qui lui sont tout à fait étrangers (*aliena*). Tel celui de prédestination, qui signifie préparation. Pour Dieu, préparer et agir ne sont qu'une seule et même chose, puisqu'il fait toutes choses et qu'en lui elles vivent, celles qui ont été, aussi bien que celles qui doivent être. C'est donc abusivement (*abusive*) qu'on dit de lui : *fecisse, facturum esse, præsciisse, prædestinasse, prædestinare*. En réalité, c'est à la ressemblance des choses temporelles (*similitudine rerum temporalium*), ou par opposition avec elles que nous concevons Dieu, quand nous mettons en lui la prescience et la prédestination. Dans le premier cas, on veut désigner ce que le Créateur de toutes choses doit faire, soit en constituant la substance de l'univers, soit en l'administrant ; dans le second, on entend ce que Dieu permet à la créature d'opérer par le mouvement propre et libre d'une nature raisonnable, usant mal des biens naturels qui lui ont été départis. Mais la prédestination et la prescience ne peuvent jamais s'appliquer qu'aux élus, car la science est l'intelligence de ce qui est ; or, le péché est un défaut de justice, la mort éternelle, une privation de la vie, l'enfer, une privation de béatitude. Comment y aurait-il, en Dieu, prescience et prédestination de ce qui n'est pas, du défaut ou de la privation ?

Il y a plus. L'Ecriture et les Pères montrent, comme le raisonnement, qu'il n'y a prédestination que pour les bons. Si S. Augustin présente certains textes, qu'a cités Gottschalk, où il est question des réprouvés, il faut les interpréter *e contrario*; car il convient de croire à l'autorité de S. Augustin, mais surtout d'aller par

(1) Voir tout ce qui a été dit de Plotin, ch. III et V.

elle à la vérité. Il nous fournit d'ailleurs bon nombre de témoignages, avec lesquels on établit manifestement qu'il n'y a de prédestination que pour les saints. Et dans une comparaison où Jean Scot met autant d'ampleur qu'il y avait de clarté et de netteté dans les pages précédentes, il achève d'expliquer et d'éclaircir sa pensée (1)

D'où vient donc l'erreur de ceux qui pensent autrement sur la prédestination ? C'est qu'ils ignorent les arts libéraux, c'est qu'ils ignorent le grec. Et après avoir affirmé que les corps des saints deviendront de l'éther, ceux des damnés, de l'air, et supprimé du même coup l'enfer et les peines éternelles, Jean Scot, dans un épilogue, anathématise, avec tous les fidèles orthodoxes, ceux qui parlent de deux prédestinations ou d'une prédestination double (*gemina, bipertita, duplex*).

Gottschalk fut oublié. Certains de ses disciples lui conseillèrent d'en appeler à Rome. Le pape Nicolas Ier semble avoir songé à se prononcer pour lui ou plutôt contre Hincmar. Toutefois, le moine resta enfermé à Hautvilliers et y mourut sans s'être rétracté. Hincmar lui fit refuser le viatique et la sépulture ecclésiastique.

Jean Scot attira sur lui les adversaires et les partisans de Gottschalk. Hincmar se défendit de l'avoir appelé à son aide. Contre l'homme qu'il avait tendrement aimé, Prudence de Troyes écrivait son *de prædestinatione* : « Jean Scot reproduit, disait-il, les hérésies de Pélage et d'Origène, pervertit le sens des Pères catholiques et, comme leurs adversaires, recourt aux subtilités dialectiques ». Tout en rappelant les jugements sévères de S. Jérôme sur les anciens philosophes et en condamnant la dialectique, Prudence essayait de suivre son adversaire sur le terrain où il avait transporté la question, mais en recourant plus souvent aux injures qu'aux arguments. Même il invoquait, lui aussi, les philosophes et soutenait que les Pères n'ont pas été aussi ignorants en cette matière que semblait le dire Jean Scot.

Puis le diacre Florus, au nom de l'Eglise de Lyon, combattait à son tour

---

(1) Nous la citons tout entière, parce qu'elle nous révèle l'humaniste :

« Quid si pater multarum familiarum, qui per artem suam voluit amplissimam sibi domum construere, longitudine, latitudine, profunditatisque capacitate spatiosam, laterum, angulorum, absidarum, diversorumque schematum varietate numerosam, altitudine fundamentorum stabilitam, basium, stilorum, capitellorumque tramitibus ordinatam, arcuum, tectorumque multiformium elata proceritate eminentissimam, excellentissimo turrium acumine consummatam, exterius interiusque innumerabilium colorum formarumque pulchritudine in tanta picturarum varietate decoram, omnium metallorum, pretiosissimorumque lapidum honestate refertam, per varias multimodasque fenestrarum species copiosa luminis effusione illustratam, ceteraque ad perfectissimam pulchritudinis gloriam pertinentia, quæ numerare longum est, ita ut nullum in ea inveniatur spatium, quod non omnes habitatores ejus amplitudine sui capiat, nulla pars, quæ non omnium aspicientium oculos pulchritudine sui pascat, nullus locus, quem præclarissima lux ubique diffusa, auri gemmarumque honor a superficie resultans, eorumque mirabiles colores trahens non profundat, nulla in ea sedes, quæ non sit regia, honoribus quietique apta ; in tanta deinde, ne tam mirabili æde, ut diximus, pater ipse, auctor videlicet ejus et ordinator, aliter in ea filios suos disponeret, aliter servos, aliter gratia perpetuæ sanitatis numeratos, aliter inopia malarum cupiditatum, quas intemperantia suæ libidinis traxerant, cruciatos, dentibus stridentes, vermibus scatentes, diversis perennis tristitiæ generibus laborantes : nunquid recte æstimaretur durissimus punitor, qui laudaretur justissimus ordinator ? »

Jean Scot, qu'il lui arrivait plus d'une fois, comme l'a remarqué Bellarmin, de ne pas comprendre. « Jean Scot, dans sa diabolique discussion, s'élève, disait-il, contre la foi, contre l'autorité de l'Écriture et des Pères, contre toute raison divine et humaine ». Mais, plus encore que Prudence, Florus condamne l'emploi du syllogisme et l'introduction de la philosophie dans les questions théologiques.

Un concile tenu en 853 à Kiersy-sur-Oise, affirma, après Jean Scot : 1° qu'il n'y a qu'une seule prédestination ; 2° que le libre arbitre, dans l'homme, est guéri par la grâce ; 3° que Dieu veut le salut de tous ; 4° que Jésus-Christ a souffert pour tous les hommes. Deux ans plus tard, l'archevêque de Lyon, Remi, faisait condamner, par le concile de Valence, les articles promulgués à Kiersy. Le synode de Langres, en 859, s'attaquait surtout à Jean Scot. Il y a lutte alors entre les églises, comme entre les royaumes et les provinces. Mais la discussion philosophique ou théologique ne présente plus d'originalité. L'anarchie augmente, les guerres civiles sont fréquentes et les ravages des Normands ou des Sarrasins rendent l'existence de plus en plus précaire et misérable. Comme dans toutes les époques où l'on a peine à vivre, on n'a plus le loisir nécessaire pour philosopher.

Quelles conclusions ressortent de cette étude, où l'on n'a donné que l'essentiel, pour l'histoire de la civilisation, de la théologie et de la philosophie ?

Les contemporains, surtout Florus, dans un passage devenu classique, ont déploré la ruine du florissant empire que Charlemagne avait édifié, en essayant, non sans succès, d'y implanter la culture sacrée et profane. La plupart des historiens ont constaté la décadence de l'organisation politique, qui apparaît clairement sous Louis le Débonnaire et Charles le Chauve(1). Mais ils ont souvent aussi parlé de décadence intellectuelle et affirmé que la renaissance carolingienne n'avait pas survécu à la destruction de l'empire. C'est ce qu'il est impossible d'admettre quand on examine, ne fût-ce que sommairement, les hommes et les œuvres. De même que, sous la Restauration, dans une France démembrée et affaiblie par la chute de Napoléon, la poésie et les lettres, les sciences et les arts, la philosophie rationaliste et religieuse, ont été brillants, hardis et prospères, le progrès intellectuel a continué sous les successeurs de Charlemagne. Laissons de côté les littératures nationales, qui s'affirment et grandiront en France et en Allemagne. Raban Maur et Hincmar, Florus, Jean Scot et Servat Loup, même Gottschalk, écrivent mieux le latin que la plupart de leurs prédécesseurs immédiats. De leurs œuvres on extrairait, sans trop de peine, un certain nombre de pages qui feraient bonne figure dans une anthologie, à côté de celles des humanistes les plus estimés du xv° et du xvi° siècles.

Il y a progrès pour le fond comme pour la forme. Les contemporains de Charlemagne avaient surtout discuté les hérésies toutes théologiques des adoptianistes et des iconoclastes ; ceux de Charles le Chauve reviennent à une question dont l'objet est l'homme aussi bien que Dieu, où l'on invoque l'expérience personnelle et l'argumentation philosophique, comme les livres saints et les Pères.

---

(1) A la suite de Fustel de Coulanges, plusieurs historiens inclinent à accepter l'opinion contraire. Nous n'avons pas à nous prononcer : tout ce que nous entendons établir, c'est qu'il n'y a pas eu décadence intellectuelle, aussitôt après la disparition de Charlemagne.

Les hommes qui la discutent valent leurs prédécesseurs ou même leur sont supérieurs. Raban Maur est un digne disciple d'Alcuin : plus riche en connaissances positives, il est aussi prudent et aussi sage dans les luttes contre les hérétiques. Hincmar conserve une place dans l'histoire des idées, pour ce qu'il a écrit sur les rapports des deux pouvoirs. Servat Loup possède plus de livres antiques qu'aucun des contemporains d'Alcuin ou de Charlemagne. Gottschalk, que nous connaissons très imparfaitement, l'emporte en puissance persuasive, comme en ténacité et en résignation sur Félix d'Urgel ; à supposer qu'il n'eût pas grande originalité, il mit au jour, mieux que personne, les idées de ses contemporains. Quant à Jean Scot, il n'a pas d'égal au temps de Charlemagne, il y a peu d'hommes au moyen âge qui méritent de lui être comparés. Et c'est Charles le Chauve qui, en l'appelant en France, comme Charlemagne y avait amené Alcuin, lui a fourni l'occasion de se faire connaître par la postérité, après avoir agi puissamment sur ses contemporains et ses successeurs.

L'œuvre de la reconstitution de la pensée antique ne sera plus interrompue. Et il en sera de même du travail par lequel se constitue lentement la pensée moderne. Les érudits continueront Servat Loup et Jean Scot ; les théologiens orthodoxes s'inspireront de plus en plus, comme Gottschalk, de S. Augustin, et tendront à accroître les perfections de Dieu, sans s'occuper de savoir si elles s'accordent logiquement entre elles. Les hérétiques, pendant tout le moyen âge, ne feront guère que reprendre ou développer quelqu'une des pensées hardies, mises ou remises en circulation par Jean Scot. Il fut condamné ou il aurait dû l'être, au XIe siècle, avec Bérenger de Tours, puis avec Abélard, Arnauld de Brescia et les partisans de l'Évangile éternel, enfin avec les Amauriciens et les doctrines panthéistiques dont on avait d'abord rendu Aristote responsable. Et l'on trouverait de même que son action s'est exercée à plusieurs reprises sur les orthodoxes depuis S. Anselme jusqu'à Alexandre de Halès, S. Thomas et Duns Scot. C'est qu'en effet la théologie et la philosophie ont en luttant entre elles, repris conscience de leur puissance réciproque : il y aura des théologiens qui, en tout et partout, condamneront la philosophie ; il se trouvera même des philosophes qui dédaigneront la théologie ; mais il y aura bien des esprits, avant et après S. Thomas, qui voudront les unir et les concilier. Et quand la philosophie moderne, avec une science positive plus étendue, s'efforcera d'expliquer l'univers et de trouver une règle de conduite appropriée aux besoins nouveaux, on ne perdra pas le souvenir des hommes et des choses du IXe siècle. Heiric d'Auxerre sera, plus de cent ans, honoré comme un précurseur de Descartes, pour avoir copié, en l'abrégeant, une page de Jean Scot (1). Luther, Calvin et Jansénius n'ont pas fait oublier Gottschalk ; Bayle et Leibnitz, aux prises sur des questions que le dernier a traitées dans sa *Théodicée*, citent plus d'une fois leurs prédécesseurs du temps de Charles le Chauve. Et c'est au siècle de Louis XIV, l'année même où meurt Descartes, que Mauguin édite toutes les pièces de la discussion qui eut, au IXe siècle, un si grand retentissement.

Enfin on sait que les mystiques comme Eckhart et Jacob Bœhme sont les véritables ancêtres des grands philosophes de l'Allemagne moderne, de Kant et de Fichte, d'Hegel et de Schelling, de Baader et de Schopenhauer (2). On sait aussi

(1) Cf. Hauréau, *Histoire de la philosophie scolastique*, I, p. 125 sqq.
(2) Cf. Boutroux, *Jacob Bœhme* (*Mémoires de l'Académie des Sciences morales et politiques*, 1889).

que les mystiques sont les vrais successeurs de Jean Scot et que si tous ne l'ont pas lu ou médité, tous s'en sont inspirés par des intermédiaires plus ou moins nombreux, mais dont on connaît les noms et les œuvres.

Et pour les panthéistes modernes, depuis Spinoza, il en est de même que pour les mystiques.

N'est-il donc pas permis de dire que l'époque de Charles le Chauve s'attache à recueillir tout ce que les anciens ont laissé de vraiment humain et qu'elle élabore bon nombre des idées dont vivra le monde moderne ?

CHAPITRE VII

HISTOIRE COMPARÉE DES PHILOSOPHIES DU VIIIe AU XIIIe SIÈCLE

La comparaison sommaire des philosophies qui apparaissent, du premier siècle au concile de Nicée, nous a montré (III, 2, 3, 4, 5) une grande variété dans les doctrines, mais aussi assez d'analogies entre elles, pour que l'intelligence complète à en acquérir résulte véritablement de leur rapprochement méthodique. Un examen rapide de la période qui s'étend du VIIIe au XIIIe siècle nous fera entrevoir des résultats plus intéressants encore, parce que les philosophies se produisent chez des peuples différents de race, de langue, de mœurs et de gouvernement ; parce que l'étude générale, synchronique et comparée n'en a presque jamais été faite par les historiens (ch. X). Au IXe siècle, nous sommes en présence de Jean Scot Érigène, dont l'argumentation soulève l'Occident chrétien (ch. VI) ; de Photius, qui demeure pour nous une source précieuse d'information et qui tient une place capitale dans les discussions dont le résultat fut le schisme ou la séparation des églises d'Orient et d'Occident ; d'Alkindi qui n'est peut-être inférieur ni à l'un ni à l'autre. Le Xe est représenté par Gerbert, Saadia, Alfarabi ; le XIe par Michel Psellus, par les frères de la Pureté, Avicenne et Algazel, par Avicebron, par Fulbert, Yves de Chartres et Bérenger de Tours, par Lanfranc et S. Anselme. Au XIIe, les Byzantins ont Eustratius ; les chrétiens latins, Roscelin, Abélard et S. Bernard, les Victorins, Jean de Salisbury et Alain de Lille. Les Juifs, Abraham ben David et surtout Maïmonide, peuvent être comparés aux Arabes d'Occident, Avempace, Abubacer et Averroës, car les uns et les autres construisent les synthèses les plus compréhensives et les plus consultées par les chrétiens, dans la période ultérieure.

Byzance reste en possession de toutes les connaissances antiques, les répand partout et parfois les augmente. Les Juifs travaillent avec les Arabes et avec les chrétiens : leur savoir devient plus étendu de jour en jour et ils transmettent aux uns ce que les autres ont trouvé. C'est donc entre les Arabes, chez qui la philosophie commence, grandit rapidement pour mourir à la fin du XIIe siècle, et entre les chrétiens d'Occident, où elle renaît, pour n'atteindre son apogée qu'au XIIIe, pour se transformer ensuite jusqu'à être enfin remplacée par des systèmes entièrement scientifiques et rationnels, que la comparaison peut le plus utilement être instituée (1).

Pour les Arabes comme pour les chrétiens occidentaux, il faut se demander ce qu'ils ont connu de l'antiquité, de Platon et d'Aristote, des sceptiques et des épicuriens, des stoïciens et des néo-platoniciens. Les catalogues des manuscrits offrent de précieux renseignements. Mais il ne suffit pas de savoir qu'ils datent de tel ou tel siècle ; il faut établir qu'ils ont été lus ou du moins que, selon toute vraisemblance, ils ont dû l'être par les philosophes contemporains ou postérieurs. Les théologiens, orthodoxes ou hérétiques, copient les écrivains ecclésiastiques qui les ont précédés et transmettent ainsi une exposition ou une esquisse des doctrines que l'on n'a plus dans leurs textes originaux. Les poètes et les moralistes conservent des idées philosophiques que commentent et développent parfois les grammairiens. Enfin les savants, mathématiciens et astrologues, physiciens, naturalistes et alchimistes, écrivains politiques et historiens ; les artistes, peintres et sculpteurs, architectes, imagiers et enlumineurs, contribuent, en une très large mesure, à assurer la survivance des idées antiques.

Par les Arabes, le septième siècle après J.-C., le premier de l'hégire, est employé à la conquête. Dès 711, l'Espagne est soumise. La bataille de Poitiers, la résistance des Byzantins arrêtent leur marche victorieuse. Ils organisent alors et administrent les pays soumis. Pour eux, comme autrefois pour les chrétiens, des questions se posent que n'avait pas soulevées leur livre saint. Par l'interprétation allégorique du Coran, par l'autorité ou par le raisonnement, on donne des réponses à ces questions nouvelles. Des sectes apparaissent, kadrites, djabarites, cifatistes, motazales, qui se combattent et que combattent les orthodoxes. Ainsi naît le *calam* ou science de la parole, que Munk nomme la dogmatique ou la théologie scolastique ; ainsi apparaissent les *motecallemin*, les orthodoxes qui luttent, avec le raisonnement, contre les hérétiques (II, 6 ; VII, 5).

C'est à l'époque des Abbassides, vers 750, que la médecine et la philosophie grecques pénétrèrent chez les Arabes. Aristote et ses commentateurs avaient été mis en syriaque, par David l'Arménien et par les maîtres qui se succédèrent dans les écoles monophysites de Resaina et de Kinnesrin ou dans celles de Nisibe et de Gandisapora (ch. III, 6 et 7). Sous Al-Mamoun (813-833), les écrits d'Aristote sont traduits du syriaque en arabe. Sous la direction de Johannes Ibn-al-Batrick, le fils du patriarche, furent faites des traductions que l'on considère comme fidèles, mais qui manquent d'élégance. Au temps de Al-Motawackel, le médecin nestorien Honaïn Ibn Ishak, mort vers 876, qui connaît le grec, le syrien et l'arabe, est à Bagdad, à la tête d'un collège de traducteurs, parmi lesquels se trouvent son fils Ishak ben Honaïn et son neveu Hobeisch el Asam. Au Xe siècle, de nouvelles traductions sont faites ou les anciennes sont corrigées par les nestoriens Abou Bischr et Matta, par Yahya ben Adi et Isa ben Zaraa. Malgré les travaux récents, nous sommes loin d'avoir des indications suffisantes sur l'éducation scientifique et philosophique que les Arabes reçurent des Grecs par les Syriens. On a dit que la métaphysique d'Aristote, avec sa doctrine de l'unité personnelle de Dieu, sa physique qui pouvait servir de base à la médecine, sa logique capable de fournir une méthode aux sciences et à la théologie, avaient

(1) Voir *Bibliographie générale*, au début du volume.

contribué à en faire, pour les Arabes, le philosophe par excellence. En fait, ils ont utilisé surtout les ouvrages qui avaient déjà été employés par les Syriens et ils n'ont jamais cessé, en Orient, d'être leurs disciples. Ainsi Alfarabi et Avicenne ont pour maîtres des médecins chrétiens et syriens.

Il y a, au xe siècle, des traductions arabes, faites sur les textes syriaques, mais comparées, ce semble, avec les textes grecs, des écrits authentiques d'Aristote, sauf peut-être de la Politique; probablement de la République, des Lois, du Timée, du Criton et du Phédon de Platon. On a, en outre, les commentaires d'Alexandre d'Aphrodise, de Thémistius et des néo-platoniciens, comme Porphyre, Syrianus, Ammonius, etc.; des ouvrages attribués à Aristote comme la Pseudo-Théologie publiée par Dieterici, qui contiennent des doctrines néo-platoniciennes; des traductions de Galien, de Théophraste, d'œuvres astronomiques et mathématiques. Au temps de Gerbert, on peut dire que les Arabes d'Orient sont à même de s'approprier toutes les connaissances positives qui avaient été accumulées par les Grecs, puis la logique et la philosophie d'Aristote, mais surtout les doctrines de Plotin et de ses successeurs. Elles furent acceptées d'autant mieux qu'elles leur arrivaient par des hommes qui s'étaient présentés bien souvent comme les commentateurs purs et simples de celui que les philosophes arabes, bien plus que tous autres, ont appelé le maître (V. 1). Et l'œuvre des Arabes fut considérable. Aux données positives en astronomie, en mathématiques, en médecine, ils ajoutèrent des connaissances nouvelles. Aux commentaires sur Aristote, ils joignirent des interprétations inspirées souvent des néo-platoniciens. Des doctrines philosophiques, ils firent des combinaisons originales qui, dès le xiiie siècle, passèrent aux Occidentaux avec tout ce qu'ils avaient, par les Syriens, emprunté aux Grecs.

Les chrétiens d'Occident ont été infiniment moins bien partagés, à ce point de vue, que les Arabes d'Orient et d'Occident.

Il ne reste plus guère que les auteurs de manuels peu renseignés pour parler d'Aristote comme de leur maître unique (ch. V). Les travaux de Jourdain, de Cousin et surtout ceux d'Hauréau et de Prantl (1) ont montré qu'Aristote est alors plus nommé que lu ou étudié. Alcuin en parle comme un homme qui ne le connaît pas directement. Dans sa *Dialectique*, il reproduit à peu près textuellement Isidore de Séville et les *Dix catégories*, faussement attribuées à saint Augustin. Il n'a pas le texte latin des *Catégories* et s'il connaît indirectement l'*Isagoge* de Porphyre, l'*Interprétation*, les *Catégories* et les *Topiques*, il ignore tout à fait les *Réfutations des sophistes* et surtout les *Analytiques*, qui contiennent la théorie de la science et de la démonstration, la partie la plus originale de l'*Organon* et l'une des plus importantes de toute la philosophie d'Aristote.

Raban Maur commente la traduction, due à Boèce, de l'*Interprétation*. Les contemporains de Heiric d'Auxerre savent que les *Dix Catégories* du Pseudo-Augustin ne sont pas une véritable traduction. Toutefois, c'est seulement vers la fin du xe siècle que la version de Boèce les remplace et qu'elle est, en particulier, commentée par Reinhard, à Würzbourg, puis mise en allemand par Notker Labeo.

Vers 985, Gerbert explique et commente, à Reims, l'*Isagoge* avec les traductions de Victorinus et de Boèce, les *Catégories*, l'*Interprétation*, les *Topiques* qu'il prend encore pour une traduction par Cicéron des *Topiques* d'Aristote, avec les

---

(1) Voir *Bibliographie générale*, au début.

six livres de *Commentaires*, les *Différences topiques*, le *Syllogisme catégorique*, le *Syllogisme hypothétique*, et la *Division* de Boèce (1).

Un siècle plus tard, selon Hauréau, Guillaume de Champeaux aurait glosé, de vive voix, sinon par écrit, tous les traités dont se compose l'*Organon*. Ce qu'on peut affirmer avec certitude, c'est que Guillaume connut, en tout ou en partie, les *Premiers Analytiques*, puisque Jean de Salisbury lui attribue, de l'invention, une définition qui est celle d'Aristote (2). Et, d'un autre côté, Abélard, son disciple, ne dispose, pour ses recherches dialectiques, que de deux ouvrages d'Aristote, mis en latin, *Catégories* et *Interprétation*; de l'*Isagoge*, de Porphyre; des *Divisions* et des *Topiques*, des *Syllogismes* tant catégoriques qu'hypothétiques de Boèce (3). Il est vrai qu'il nomme la *Physique* et la *Métaphysique*, mais lui-même nous apprend que personne n'a encore traduit ces deux traités. Comme il ne sait pas le grec, il est évident qu'il ne les connaît pas plus qu'il ne connaît les *Analytiques*. Robert de Thorigny affirme qu'en 1128 Jacob, clerc de Venise, met, du grec en latin, les *Topiques*, les premiers et les seconds *Analytiques*. C'est probablement sur son témoignage que s'est appuyé Ueberweg, pour dire que *Topiques* et *Analytiques* se sont, à partir de 1128, répandus dans les écoles. Assertion fort contestable, à coup sûr, car nous ne voyons guère que Jean de Salisbury, dont l'érudition rappelle Jean Scot, à qui elle puisse s'appliquer. Et on sait que nul n'est plus éloigné du péripatétisme.

Donc jusqu'au XIIIᵉ siècle, l'*Organon* est seul entre les mains des Occidentaux. Même il leur manque la partie essentielle, les *Analytiques*. Incapables de distinguer entre le syllogisme dialectique et le syllogisme démonstratif; ignorant la conception aristotélique de la science, ils ne sauraient, en développant les brèves affirmations des *Catégories* ou de l'*Interprétation*, rencontrer les théories de la *Physique*, de la *Métaphysique* ou du *Traité de l'Ame*.

Ce qu'ils ne trouvent pas chez Aristote, ils le demandent à d'autres. Sur les questions métaphysiques qui confinent à la théologie, ils ont des guides qui viennent de toutes les écoles, mais surtout de celles d'Alexandrie et d'Athènes.

Lucrèce figure au catalogue de Bobbio, du Xᵉ siècle (4). Peut-être faut-il attribuer à l'influence épicurienne, la doctrine des hérétiques qui, selon Servat Loup, soutiennent que les élus voient Dieu avec les yeux du corps; les arguments dont Ratramne se sert pour défendre le dogme de la virginité de Marie (5); ceux de Paschase Ratbert, pour qui la chair de J.-C. n'est pas autre, dans le sacrement et sur l'autel, que celle qui est née de Marie, qui a souffert sur la croix et qui est ressuscitée du sépulcre. La doctrine des atomes reparaît chez Raban Maur; celle de la liberté, dans les querelles relatives à la prédestination. Marbode réfute la morale d'Epicure, et l'on impute parfois aux épicuriens les hérésies d'Amaury et de ses partisans.

---

(1) Voir notre volume sur Gerbert.
(2) *Metalogicus*, III, 9.
(3) *Petri Abelardi Palatini Peripatetici Analyticorum priorum primus* (sub initio).
(4) Voir le mémoire diplômé de Jean Philippe (*op. cit.*) sur Lucrèce, puis Hauréau (*op. cit.*).
(5) « Si quidem pervenimus ad genitalia Virginis, transimus ad pudenda puerperæ, ut cui non dabat intelligentiam conceptus, partus, generatio, nativitas, apertio vulvæ, tandem doceant pudenda, erudiant genitalia ».

Hauréau a cru trouver, chez un contemporain de Heiric, un curieux essai de conciliation entre la doctrine pythagoricienne de la réminiscence et le dogme chrétien de la déchéance originelle. A supposer que, pour ce cas, on soit en présence d'un platonicien, on noterait encore mainte ressemblance entre les conceptions, théologiques ou métaphysiques, que les scolastiques ont fondées sur les nombres et les théories néo-pythagoriciennes. De même Jean de Salisbury (1) se proclame le disciple des académiciens, d'Arcésilas et de Carnéade, qui pourtant ne sont guère plus estimés au moyen âge que dans l'antiquité et les temps modernes. Des stoïciens ont été fort bien connus. Servat Loup cite le *de Officiis* de Cicéron et demande à un de ses correspondants les *Nuits attiques* d'Aulu-Gelle. Il lit Macrobe, S. Augustin, et, avec tous ces auteurs, il peut avoir une idée assez exacte de la morale et de la métaphysique stoïciennes. Leur *principale* (ἡγεμονικόν) intervient dans les explications de Remi d'Auxerre (2). A Reims, Gerbert commente Virgile, Stace, Térence, Juvénal, Perse et Lucain : le catalogue de Bobbio, rédigé peut-être par son ordre, mentionne le *de Officiis* de Cicéron et celui de S. Ambroise, les œuvres de Virgile, de Lucain, de Perse, de Juvénal, de Térence, d'Ovide. Ses Lettres indiquent qu'il pratiquait Horace, Virgile et Térence, qu'il lisait le *de Officiis*, peut-être même la *République* (3). C'est à Virgile, à Horace, à Juvénal, que Vilgard s'adresse, pour obtenir une direction de la vie, qu'il ne veut plus demander aux livres saints (4). Le pseudo-Hildebert compose sa *Moralis philosophia de honesto et utili*, avec des extraits du *de Beneficiis* et des lettres de Sénèque, du *de Officiis* de Cicéron, auxquels il joint des citations d'Horace, de Juvénal, de Lucain. Peu d'ouvrages sont aussi intéressants, pour qui veut avoir une idée exacte de la façon dont on étudiait alors les poètes et les écrivains : ce n'étaient pas des beaux vers ou du beau langage qu'on leur demandait, c'était avant tout une pensée utile à la spéculation ou à la pratique. On le voit bien clairement encore, chez Abélard qui, dans le célèbre *Sic et Non*, définit le pécheur avec Aristote, Boèce, Origène, S. Ambroise et S. Augustin. C'est Cicéron qui lui fournit la définition de la justice et de l'amitié, Sénèque qui lui indique les rapports du péché et de la volonté. Virgile, même Ovide et l'*Art d'aimer*, interviennent à côté des Pères et de l'Ecriture. L'*Introductio ad Theologiam* fait appel, pour l'existence de Dieu et la Trinité, à l'Ecriture, puis aux philosophes, à Hermès, à Platon, qui approche plus que personne de la foi chrétienne et qui, par l'âme du monde, désigne le Saint-Esprit ; ensuite aux poètes, à Virgile (*Spiritus intus alit... Mens agitat molem*, etc.); enfin à la Sibylle, qui a prédit la divinité et l'humanité du Verbe. Juifs, Grecs et Latins servent comme les chrétiens, à fortifier le dogme de la Trinité. De son côté, Héloïse, pour dissuader Abélard de l'épouser, emprunte des arguments à S. Jérôme et à Théophraste, à Cicéron, à Sénèque et aux Sadducéens, aux Esséniens, aux moines et aux philosophes, à Socrate, et même elle cite Eschine, justifiant l'union libre de Xénophon et d'Aspasie !

---

(1) *Metalogicus*, ch. 3, 4 et suivants.
(2) Aulu-Gelle donne leur théorie de la liberté, VI, 2, 11, du ζῆν ὁμολογουμένως τῇ φύσει, XII, 5, 7, etc. ; saint Augustin, dans la *Cité de Dieu*, esquisse une histoire de la philosophie ancienne.
(3) François Picavet, *Gerbert, un pape philosophe d'après la légende et d'après l'histoire*, Paris, Leroux.
(4) Raoul Glaber, édition Prou, p. 20.

On ne saurait exagérer l'influence que les poètes ont exercée sur les scolastiques occidentaux du ix° au xiii° siècle. Les doctrines qu'ils exposent sont plus accessibles à tous, plus agréables aux jeunes gens. D'ailleurs, c'est avec les poètes que commence l'enseignement : n'est-il pas avantageux de les conserver pour compléter l'œuvre et faire acquérir des idées nouvelles, sans invoquer des noms et des mots nouveaux ?

Mais, dira-t-on, si Perse et Lucain, voire Sénèque, sont vraiment stoïciens, Virgile et Horace, Térence et Ovide, Cicéron même sont des éclectiques, chez lesquels il y a bien d'autres doctrines, mêlées et confondues avec le stoïcisme. Rien de plus vrai. Nous accorderons fort aisément que celui-ci ne se présente guère au moyen âge tel qu'il fut, antérieurement à Panétius et à Posidonius. Presque toujours, il est uni au platonisme ou au néo-platonisme. C'est qu'en effet Platon et surtout Plotin ont été, directement ou indirectement, les véritables maîtres des scolastiques, depuis la renaissance carolingienne jusqu'à la fondation de l'Université (1).

On sait quelle est l'importance du *Timée* dans l'œuvre de Platon : l'auteur explique l'origine de l'espèce humaine, de la matière, du monde en général. Dieu est bon et fait le monde à l'image du vivant intelligible. Le monde a un corps et une âme ; il doit contenir tous les animaux particuliers que renferme le modèle intelligible. La nécessité intervient par ce que Platon appelle le réceptacle et la nourrice de tout ce qui se produit : de là le lieu éternel et les éléments corporels, les triangles qui donnent les solides, puis les corps élémentaires et les corps particuliers. Ceux-ci agissent sur le nôtre et font naître ainsi les sensations, qu'il y a lieu de classer et de distinguer. Ensuite, connaissant l'œuvre de l'intelligence et de la nécessité, on peut expliquer la formation de l'homme, avec son âme immortelle et son âme mortelle, avec son corps, qui est sujet à des maladies et qui en fait naître dans l'âme elle-même ; on peut enseigner à guérir ou à éviter les unes et les autres. Enfin on est en mesure de parler des animaux, qui sont des hommes châtiés et dégradés. En résumé, le *Timée* a un caractère d'universalité philosophique : il contient une théologie et une théodicée, une cosmologie et une psychologie métaphysique, une psychologie et une physiologie, une anatomie et une pathologie, une médecine et une morale, une astronomie et une histoire naturelle. C'est, en abrégé, une véritable encyclopédie, où il n'y a pas de distinction entre les objets ou les méthodes de la théologie, de la métaphysique et de la science. Un pareil livre fournissait donc des réponses à toutes les questions ; il était d'un prix infini, à une époque où l'on disposait de si peu d'ouvrages, sans qu'on renonçât cependant à aucun des problèmes agités par des générations plus favorisées.

Or le *Timée* a été traduit par Chalcidius, qui fut peut-être chrétien, mais qui certainement a été un disciple de l'école d'Alexandrie. De bonne heure, cette traduction fut entre les mains des scolastiques. Jean Scot Érigène en reproduit plusieurs passages (2). En 957 Gunzo la montre aux moines de Saint-Gall ; Ger-

---

(1) Sur le rôle des poètes latins au moyen âge, nous avons rappelé et examiné les travaux de Comparetti et de Thomas sur Virgile, de Manitius sur Perse, de Hild et de Uri sur Juvénal, de Graf sur Rome, dans la *Revue philosophique*, *Revue générale*, avril 1893. — Il va sans dire que nous nous bornons ici à indiquer les conclusions, sans citer tous les faits qui les justifient.

(2) HAURÉAU (*Hist. de la Scol.*, I, p. 152) croit même qu'il a lu le texte original de Platon.

bert l'utilise; Odon, au témoignage d'Hérimann, la lit habituellement à l'école de Tournay; Adhélard de Bath et Abélard s'en servent fréquemment. Après eux, nous dit Hauréau, on ne veut plus lire, pour s'initier à la sagesse des philosophes, que le *Timée*, commenté par Chalcidius, ou les écrits attribués à Mercure Trismégiste. Bernard et Thierry de Chartres en sont tout imprégnés. Guillaume de Conches commente le *Timée* et, comme bien d'autres, applique au Saint-Esprit ce que Platon dit de l'âme du monde. C'est une croyance générale que la création a été exposée en termes identiques, par Moïse dans la *Genèse* et par Platon dans le *Timée*. Même ceux qui, par dédain, ne veulent pas être comptés entre les philosophes, Alain de Lille, par exemple, s'attachent à développer les théories du *Timée*. A plus forte raison ceux (1) qui ne se rattachent à aucune des sectes alors en crédit, tout en restant philosophes, sont-ils au courant, comme Jean de Salisbury, de ce que Platon a développé dans le *Timée*. Peut-être serait-il difficile de trouver, dans toute cette première période, un scolastique connu, qui n'ait pas lu la traduction de Chalcidius.

Mais si le *Timée* est important par le nombre de questions qu'il traite, c'est à coup sûr, un des dialogues les plus difficiles à traduire et à interpréter, même pour des lecteurs modernes (2). Il devait bien plus embarrasser les hommes du moyen âge. Pour s'éclairer, ils ont le commentaire néo-platonicien de Chalcidius. Ils ont, pour se renseigner sur Platon lui-même, d'autres œuvres qui se rattachent à l'école de Plotin. D'abord S. Augustin, qui s'est converti après avoir lu les écrits des platoniciens ou plutôt des néo-platoniciens, et qui a introduit, dans tous ses traités, des théories alexandrines (3). Puis les *Noces de Mercure et de la Philologie*, de Martianus Capella, le *de Dogmate Platonis*, d'Apulée, que S. Augustin place à côté de Plotin, de Porphyre et de Jamblique; les *Saturnales* et le *Commentaire sur le Songe de Scipion* de Macrobe (4), les ouvrages de Cassiodore, qui puise chez S. Augustin; la *Consolation de la philosophie* de Boèce, où l'on trouve la théorie plotinienne de la Providence et du Destin, transmirent par fragments aux premiers scolastiques le système néo-platonicien. Avec le Pseudo-Denys l'Aréopagite, que traduit, commente et développe Jean Scot Érigène, c'est Proclus, plus encore que Plotin, qui entre dans la théologie et la philosophie chrétiennes du moyen âge, sous le couvert d'un des noms les plus illustres de l'âge apostolique. Enfin, vers la fin de la période, Alain de Lille connaît le *Liber de Causis* que Gundisalvi traduit après 1150 et attribue à Aristote, tandis que les éléments en viennent, pour la plus grande partie, de l'*Institution théologique*, de Proclus (5). Peut-être ont-ils déjà aussi entre les mains, la prétendue *Théologie d'Aristote*, *Sapientissimi philosophi Aristotelis Stagiritæ theologia, sive mystica philosophia secundum Ægyptios*, qui est toute néo-platonicienne (6).

---

(1) Voyez l'*Anti-Claudianus* dans les œuvres éditées par Charles de Visch (*Note de la page 150*, à propos d'Alain).

(2) Il suffit, pour s'en convaincre, de parcourir les *Études sur Timée* de Th.-H. Martin, 2 vol., Paris, 1841.

(3) Cf. Bouillet, *Les Ennéades de Plotin*, Notes et Éclaircissements; Grandgeorge, *op. cit.*

(4) Bouillet note tous les rapprochements qui peuvent être faits avec les néo-platoniciens. Dungal, en 810, cite Macrobe.

(5 et 6) Sur l'influence exercée par ce livre, voir Hauréau, II, 1; Munk, *op. cit.*

Lorsqu'on rapproche les œuvres lues par les chrétiens occidentaux de celles que les Arabes ont eues à leur disposition, on comprend que ceux-ci durent être plus originaux, ayant plus d'éléments à leur disposition pour en faire la synthèse ; partant qu'ils devinrent, au xiiie siècle, les maîtres des premiers et contribuèrent, ainsi, par ce qu'ils transmirent de l'antiquité et par ce qu'ils pensèrent eux-mêmes à la formation de la philosophie et de la théologie catholiques.

Pas plus qu'on ne saurait continuer à faire d'Aristote le maître du moyen âge ou même des scolastiques occidentaux du ixe au xiiie siècle (ch. V), on ne saurait soutenir que les recherches des Arabes, des chrétiens et des Juifs se réduisent à savoir quelle est la valeur des universaux. Qu'on l'ait affirmé longtemps, c'est ce qu'expliquent les préoccupations dogmatiques de ceux qui, les premiers, ont entrepris de faire l'histoire des idées au moyen âge. Les grandes discussions du xviie et du xviiie siècles, auxquelles prirent part Descartes, Gassendi et Hobbes, Arnauld, Nicole et Malebranche, Locke, Voltaire, Hume, Reid, Kant, Condillac et Destutt de Tracy, comme la campagne entreprise, par Royer-Collard et par Cousin, contre la philosophie dénommée chez eux sensualiste, ont porté principalement sur l'origine et la valeur des idées ou sur les principes des connaissances humaines. Tennemann, Degérando, Cousin estimèrent que les philosophes du moyen âge et même de toutes les époques s'étaient occupés de ce qui, pour eux, était l'essence de la philosophie.

Or si l'historien doit être attentif aux solutions données autrefois pour des questions discutées aujourd'hui encore (ch. I, 12), il se propose, avant tout, de voir quels problèmes ont tenté de résoudre ceux dont il étudie la vie et les doctrines.

Qu'ont donc fait, d'un point de vue général, les Arabes d'Orient et d'Occident, pour la philosophie et les sciences positives ?

Ce qu'il faut noter, en effet, tout d'abord, c'est que les Arabes ont été, pendant cette période, des savants comme des théologiens et des philosophes (1).

Dès le règne d'Al-Mamoun (813-833), ils traduisent et commentent Euclide, Apollonius, Théodose, Ménélaüs, Hypsiclès. Albategni, le Ptolémée arabe (877-929), substitue les sinus aux cordes : c'est un des fondateurs de la trigonométrie moderne. Aboul-Wéfa, contemporain de Gerbert et mort à Bagdad en 998, écrit sur l'arithmétique de Diophante et connaît les formules des tangentes et des cotangentes, des sécantes et des cosécantes. Avec les tables de tangentes et de cotangentes qu'il constitue, il simplifie le calcul des formules connues. Dès 1820, le bibliothécaire d'Al-Mamoun, Alkhowarezmi établit ce que l'on appelle l'Algorisme ou l'art d'Alkhowarezmi, en traitant de l'addition, de la soustraction, de la multiplication, des expressions où se trouvent l'inconnue, son carré ou sa racine : ce sont les premiers éléments d'algèbre ($gidr = racine$?). Le traité de Thébit-ben-Korrah, mort en 900, sur les *Problèmes géométriques*, a pu faire croire à quelques historiens que les Arabes eurent, avant Descartes, l'idée d'appliquer l'algèbre à la géométrie. Hassan-ben-Haïthem, mort au Caire vers 1038, écrit sur la géométrie et, sous le nom, plus connu par les Occidentaux, d'Alhazen, un *Traité d'optique*, qui sert, comme l'a montré Sicbeck, de point de départ à des recherches de psychologie expérimentale et qui, d'un autre côté, inspire encore Képler.

(1) Munk, *Mélanges de philosophie arabe et juive*, p. 240 et suivantes, et note 1, p. 163.

A Al-Sindjar, on doit un *Traité sur les sections coniques*, des opuscules sur *les règles géométriques*, sur *des lignes menées d'un ou de plusieurs points donnés à des cercles donnés*, une *Réponse à des questions proposées sur le livre des Lemmes d'Archimède*. Arzachel, mort vers 1080 à Tolède, substitue, peut-être le premier, l'ellipse aux excentriques et aux épicycles de Ptolémée.

Personne aujourd'hui ne soutient l'origine indienne de nos chiffres; mais il reste incontesté que, par leur forme, ils se rapprochent autant des lettres arabes que des *apices* de Boèce. Quelle qu'en soit d'ailleurs l'origine, il semble bien que Mohammed ben Mousa a produit une révolution scientifique, en donnant, à chacune des lettres arabes qui représentent les 9 chiffres et se lisent toujours de gauche à droite quand elles constituent des mots, une valeur déterminée par une progression géométrique, dont la raison est 10, et en mettant un petit cercle, un *zéro*, à la place qui reste vide.

En astronomie, les écoles de Bagdad et du Caire se rattachent à celles d'Alexandrie et d'Athènes, peut-être même, par un cas d'atavisme qu'on signalerait en d'autres domaines, reviennent-elles aux recherches chères autrefois aux Chaldéens. Déjà Haroun-al-Raschid, en 807, envoie à Charlemagne une horloge qui marque les 12 heures du jour et de la nuit, avec des balles tombant dans un vase d'airain. Al-Mamoun (813-833) construit deux observatoires, l'un à Bagdad, l'autre à Damas. Par ses ordres, on traduit l'Almageste et on revise les Tables de Ptolémée. Deux observations importantes sur l'obliquité de l'écliptique donnent, pour la plus grande déclinaison, à Bagdad, 23° 33', à Damas, 23° 33' 52". Pour mesurer la terre, des astronomes, opérant dans la plaine de Sindjar en Mésopotamie, vont les uns au Nord, les autres au Sud. Les premiers trouvent, pour un degré, 56 milles, les autres 56 2/3. Sans affirmer, avec Sédillot, que les Arabes sont, au IX° siècle, en possession de la méthode féconde qui doit être si longtemps après entre les mains des modernes, l'instrument de leurs plus belles découvertes, on ne saurait nier que les astronomes de Bagdad aient entrepris des recherches remarquables et obtenu des résultats importants. Le mathématicien Albategni écrit, sur la science des étoiles, un ouvrage que commente en 1537 Régiomontanus; il corrige la valeur du mouvement de précession des équinoxes, signale le mouvement de l'apogée du soleil et l'excentricité de son orbite. Par la comparaison des observations d'Albategni avec celles des modernes, Halley est conduit à déterminer l'inégalité séculaire de la lune. Les *Éléments d'astronomie* d'Alfergani, mort en 820, traduits en hébreu et en latin, sont imprimés d'abord en 1493; ils le sont ensuite à Nuremberg, avec une préface de Mélanchthon; puis à Francfort; enfin, par Golius, en 1669. Le philosophe Alkindi, qui commente les travaux des écoles d'Alexandrie et d'Athènes, relate, dans ses ouvrages, beaucoup de faits curieux, en particulier, une observation du passage de Vénus sur le disque du soleil. Mais déjà son disciple Albumazar, l'auteur de tables dressées d'après la méthode t la chronologie des Persans, s'occupe plus d'astrologie que d'astronomie. Ennemi de la philosophie et des sciences naturelles, incompatibles pour lui avec la vraie religion, il croit que le monde fut créé, quand les sept planètes étaient en conjonction dans le premier degré du Bélier; qu'il finira quand elles y entreront dans le dernier degré des Poissons. C'est par la combinaison de l'Aduar, égal à 360 années solaires, et de l'Akuar, avec ses 120 années lunaires, que sont réglés les actions et les événements de la vie humaine. La religion chrétienne subsistera 1460 ans; la religion mahométane, 844.

Les trois fils de Mousa-ben-Schakir, l'auteur, au début du IX° siècle, des

Sources de l'histoire, sont d'habiles astronomes, dont l'observatoire est placé sur le pont de Bagdad. Ils mesurent la hauteur méridienne du soleil, au solstice d'hiver, au solstice d'été, son apogée et son mouvement ; ils fixent la précession des équinoxes, en observant l'étoile Régulus en 810 et en 817. Les Éphémérides de l'aîné, Mohammed, pour les lieux des planètes, ont été fort longtemps employés dans les calculs. Son disciple, le mathématicien Thébit-ben-Korrah, qui dispose des observations recueillies depuis le règne d'Al-Mamoun et regrette de n'en avoir pas davantage, parce que « seules, elles peuvent assurer les progrès de la science », semble le premier s'apercevoir qu'il y a des variations dans l'obliquité de l'écliptique (1).

De l'observatoire du Caire, construit sous Al-Hakem (990-1021), sortent les *tables hakémites*. Dans l'Almageste d'Aboul-Wéfa, un passage relatif à une inégalité du mouvement lunaire, a donné lieu à de longues discussions, dont l'objet était de savoir si cette inégalité est identique à la variation dont on attribue la découverte à Tycho-Brahé (2).

D'Ibn-Younis, mort en 1008, et l'un des principaux auteurs des tables hakémites, nous avons une préface à la *Pratique des instruments astronomiques du calcul et usage des tables chronologiques et trigonométriques*, qui est curieuse, parce qu'elle nous montre la nécessité, pour les hommes de cette époque, de justifier leurs recherches astronomiques par des raisons religieuses (3) et pratiques. « Au nom du Dieu clément et miséricordieux. L'étude des corps célestes n'est point étrangère à la religion. Cette étude seule peut faire connaître les heures des prières, le temps du lever de l'aurore, où celui qui veut jeûner doit s'abstenir de boire et de manger ; la fin du crépuscule du soir, terme des vœux et des devoirs religieux ; le temps des éclipses, temps dont il faut être prévenu pour se préparer à la prière qu'on doit faire en pareil cas. Cette même étude est nécessaire pour se tourner toujours, en priant, vers la Kaaba, pour déterminer le commencement du mois, pour connaître certains jours douteux, le temps des semailles, de la pousse des arbres et de la récolte des fruits, la position des lieux par rapport à un autre et pour voyager sans s'égarer. Le mouvement des corps célestes étant ainsi lié à des préceptes divins et les observations du temps du khalife Al-Mamoun étant déjà anciennes et donnant lieu à des erreurs comme celles qui ont

---

(1) Voir Ferdinand Hoefer, *Histoire des mathématiques, Histoire de l'Astronomie, Histoire de la physique et de la chimie, Histoire de la zoologie, Histoire de la botanique, de la minéralogie et de la géologie*, Paris, Hachette ; Delambre, *Histoire de l'astronomie du moyen âge* ; Sédillot, *Matériaux pour servir à l'histoire comparée des sciences mathématiques chez les Grecs et les Orientaux* ; Hanckel, *Histoire des mathématiques chez les Arabes* ; Woepke, travaux publiés pour la plupart dans les Actes de l'Académie pontificale *de Nuovi Lincei*, par Buoncompagni ; Sédillot, *Introduction aux Prolégomènes des Tables astronomiques d'Olang-Zeb*, Paris, 1847 ; Pouchet, *Histoire des sciences naturelles au moyen âge* ; Haureau, Prantl, Ueberweg, Munk, *op. cit.*, etc., etc. (Voir *Bibliographie générale*).

(2) Sédillot a soutenu que la *Prosneusis* de Ptolémée, le *muhadsat* d'Aboul-Wéfa et la *variation* de Tycho-Brahé indiquent une seule et même chose. D'autres ont cru à une interpolation. Après une nouvelle traduction, par Munk, Bertrand a écrit : « Si Aboul-Wéfa a réellement fait cette découverte, on aura lieu de s'étonner qu'aucun astronome antérieur à Tycho n'en ait parlé. La découverte... était donc, par cela même, comme non avenue ». A notre point de vue, il n'en est rien.

(3) Voir ce qui a été dit d'Alcuin, ch. VI, 1, 2.

été faites précédemment par Archimède, Hipparque, Ptolémée et d'autres, notre maître et seigneur l'iman Hakem a ordonné les corps célestes dont le mouvement est rapide (la Lune, Mercure et Vénus) et plusieurs de ceux dont la marche est plus lente (Mars, Jupiter et Saturne) ».

Les observations faites sous le sultan Gébal-Eddin produisent, en 1079, cinq ans avant la réforme grégorienne, une réforme du calendrier, qui fait l'année de 365 jours, 5 heures, 48 minutes, 49 secondes.

Aux Académies de Cordoue, de Séville, de Grenade, de Tolède, qui possèdent de riches bibliothèques, on enseigne les mathématiques et l'astronomie. Le juif Arzachel dresse vers 1080 les Tables Tolétanes qui, avec celles d'Albategni, servent à l'établissement des *Tables Alphonsines*. Après lui, Geber compose un traité, qui a été traduit par Gérard de Crémone et qui a pour objet de faire comprendre Ptolémée, en employant une méthode plus facile et en démontrant ce qu'il n'avait pas essayé de prouver. Averroës donne un Abrégé de l'Almageste. Des écoles sont établies à Tanger, à Fez, à Ceuta, etc. Alpétrage, vers 1156, observe l'obliquité de l'écliptique et propose un système nouveau pour remplacer les excentriques et les épicycles de Ptolémée. Aboul-Assan, au début du XIIIe siècle, détermine la latitude d'une quarantaine de villes de l'Afrique et du midi de l'Espagne. Il écrit, sur les instruments astronomiques, le traité le plus complet qui nous vienne des Arabes.

En chimie, les Arabes se rattachent, par leurs tendances pratiques et expérimentales, aux Grecs et aux Romains. Au VIIIe siècle, Geber unit l'observation et le raisonnement. « Une patience et une sagacité extrêmes, dit-il, sont également nécessaires. Quand on a commencé une expérience difficile et dont le résultat ne répond pas d'abord à notre attente, il faut avoir le courage d'aller jusqu'au bout et ne jamais s'arrêter à mi-chemin; car une œuvre tronquée, loin d'être utile, nuit plutôt aux progrès de la science ». De même, il signale les dangers de l'imagination : « Il est aussi impossible de transformer les métaux les uns dans les autres que de changer un bœuf en chèvre. Car si la nature emploie des milliers d'années pour faire des métaux, pouvons-nous prétendre en faire autant, nous qui vivons rarement au delà de 100 ans ? Par une température élevée, nous pouvons produire parfois, en un court intervalle, ce que la nature met des années à engendrer, mais ce n'est encore là qu'un bien faible avantage ». Sur l'intervention des gaz, sur la coupellation ou la séparation de l'or et de l'argent d'avec leurs alliages, sur la préparation de l'eau forte, de l'eau régale et de la pierre infernale, sur la distillation et la cristallisation, sur les moyens de guérir toutes les maladies et de conserver la jeunesse, on attribue à Geber un certain nombre d'affirmations, qui peut-être ne sont pas de lui, mais qui constituent un singulier mélange de vues ingénieuses et chimériques, parfois vraies et justifiées par les recherches ultérieures. Rhazès, Avicenne donnent, comme Geber, des résultats qui témoignent d'un grand souci de l'expérience. Mais dans les livres qu'on dit de Calid, roi d'Egypte, on trouve l'alchimie associée à l'astrologie : « Dans toute opération, il importe d'observer les mouvements de la lune et du soleil, il faut connaître l'époque où le soleil entre dans le signe du Bélier, dans le signe du Lion ou dans celui du Sagittaire, car c'est d'après ces signes que s'accomplit le grand œuvre avec ses quatre opérations ou magistères, solution, solidification, albification et raréfaction ». Dans le livre secret sur la pierre philosophale, il est question d'une merveilleuse quintessence par laquelle la vie serait prolongée au delà de mille ans, mais la recette n'en est pas donnée. Puis les minéraux sont rapprochés des végétaux pour la manière dont ils se produisent et existent. Les alchimistes qui suivent s'engagent dans les mêmes directions. Toutefois Bechir semble avoir obtenu, avant Brandt, du phosphore, en distillant des urines avec de l'argile, de la chaux et du charbon (1).

Pour les sciences naturelles (2), il faut citer l'école de médecine de Bagdad, qui s'attache aux auteurs grecs dans son enseignement. Des traductions, des commentaires, parmi lesquels figurent ceux d'Avicenne, d'Avempace et d'Averroès; des ouvrages originaux, qui traitent des animaux et des végétaux ; d'autres, qui sont consacrés à la géographie, mais portent aussi sur la zoologie et la botanique, dénotent une grande activité et parfois une grande sagacité dans les recherches scientifiques. Ainsi Abd-Allatif, né à Bagdad en 1162, visite l'Egypte et en décrit les plantes les plus remarquables. Ainsi encore les Occidentaux connaissent d'abord, par les Arabes, les travaux des naturalistes et des médecins grecs.

La philosophie des Arabes, pour laquelle nos documents sont très incomplets, tient à leur théologie et s'inspire parfois des résultats auxquels ils sont arrivés par leurs études scientifiques.

Pour résoudre les questions que le Coran n'avait pas posées, on recourt, comme chez les chrétiens et les Juifs, à l'interprétation allégorique, puis à la dialectique ou science du raisonnement. C'est le premier *calam*, essentiellement théologique et antérieur à l'arrivée des doctrines péripatéticiennes et néo-platoniciennes. Les *motecallemin* (3) sont des orthodoxes, obligés, pour mieux combattre en faveur de leurs doctrines, de recourir, comme les chrétiens, aux armes dont usent les hérétiques.

Avec Maabed ben Khaleb al Djohni, les *kadrites* (de *kadr* = *pouvoir* ou *liberté*) (4), se posant une question qui avait été discutée par Pélage et S. Augustin, qui allait l'être à nouveau par Gottschalk et Jean Scot Erigène (ch. VI, 3, 4, 5, 6), rapportent à la seule volonté de l'âme, ses actions bonnes ou mauvaises, mais, par cela même, n'acceptent ni fatalité ni prédestination. Au contraire, Djahm ben Safwan et les *djubarites* (de *djabar* = *contrainte*) (5), soutiennent que l'homme n'a ni pouvoir, ni liberté. Mais à cette doctrine, qui peut être justifiée par des textes empruntés au Coran, ils joignent la négation des attributs de Dieu, jugeant ainsi comme les néo-platoniciens et comme le Pseudo-Denys l'Aréopagite (ch. III et V), qu'il ne convient pas d'attribuer au Créateur les qualités des créatures. D'autres théologiens ne veulent pas de ce Dieu abstrait, qui leur semble dépouillé de réalité, de vie et de perfection. D'un point de vue

---

(1) Voir les publications et travaux de M. Berthelot, signalés au chapitre VIII et *Bibliographie générale*.

(2) Voir dans Carus, *Histoire de la zoologie*, traduite par Hagenmuller, Louis Ollivier, E. de Tannenberg, annotée par Schneider, la zoologie des Arabes, p. 127-143.

(3) (*Loquentes*), de *tecallam*, professer le *calam* ou science de la parole, au participe présent *motecallem*, dont le pluriel est *motecallemin*. Voir Munk, *Mélanges de philosophie juive et arabe* et *Dictionnaire philosophique de Franck* (Cf. *Bibliographie générale*).

(4 et 5) Sur le sens de ces mots, Carra de Vaux (*Avicenne*, *Algazel*, Paris, Alcan) n'est pas d'accord avec Munk. Il est incontestable qu'ils en ont d'autres, mais qu'ils ont aussi celui-là.

opposé, les *cifatistes* (de *cifat* = attribut) mettent en Dieu, telles que les leur révèle l'étude du monde sensible, les qualités que lui donne le Coran ; ainsi ils construisent un Dieu, qui est tout entier à l'image de l'homme.

Dans la première moitié du viiie siècle, Wacel ben Atha (700-749), chassé comme dissident (*motazal*) de l'école de Hasan al Baçri à Bassora, fonde une école nouvelle et systématise une partie des doctrines professées par les sectes précédentes. Les motazales se subdivisent eux-mêmes en sectes différentes. Mais ils s'appellent les partisans de la justice et de l'unité ; ils semblent tous d'accord pour ne point reconnaître en Dieu d'attributs distincts de son essence et éviter tout ce qui pourrait compromettre son unité, comme pour sauvegarder sa justice en disant que l'homme est libre, qu'il fait de lui-même le bien et le mal, qu'il a ainsi, par conséquent, des mérites et des démérites. Comme ils disent, en outre, selon M. Sacy (1) que toutes les connaissances nécessaires au salut sont du ressort de la raison ; qu'on peut, avant comme après la révélation, les acquérir par les seules lumières de la raison et qu'elles sont, par suite, d'une obligation nécessaire pour tous les hommes, dans tous les temps et dans tous les pays (ch. II, 6), les motazales sont amenés à employer la dialectique contre les orthodoxes, qui mettent la foi avant la raison et contre les hérétiques, dont ils entendent se distinguer. A leur tour orthodoxes et hérétiques sont ainsi conduits à user du *calam* ou du raisonnement.

Quand les traducteurs ont mis entre les mains des Arabes, non seulement les œuvres d'Aristote, mais encore celles des néo-platoniciens, des écoles philosophiques s'ajoutent aux écoles théologiques. Des divisions sommaires et imparfaitement justifiées que donne Munk, péripatéticiens ou *maschäyin*, et *ischrákiyyin* de (*ischrak* = φωτισμός et de *meschrek* ou *schark* = orient) ou contemplatifs, disciples de Platon ou plutôt de Plotin, on peut cependant tirer quelques indications importantes. D'abord comment concilier le Coran, qui admet la Création et la Providence, avec le dualisme d'Aristote et son Dieu, acte pur qui ignore le monde ? Les Arabes font appel au néo-platonisme et, sans satisfaire les orthodoxes, ils arrivent, autant qu'on peut en juger d'après les documents qui nous restent, à une systématisation, qui rapproche souvent leurs doctrines de celles de Plotin. Ainsi ils proclament la matière éternelle et pour expliquer l'action de Dieu sur elle, ils placent, entre Dieu et le monde, les intelligences des sphères, qui nous ramènent à la procession néo-platonicienne. Mais ils inclinent — ou du moins leurs adversaires le leur reprochent — vers une Providence qui s'étend sur les choses universelles, c'est-à-dire sur les lois générales, plutôt que sur les choses particulières ou accidentelles. On a dit que les ischrákiyyin allaient en ce sens plus loin que les maschäyin et qu'ils s'occupaient surtout de l'union de l'homme avec la première intelligence ou Dieu. Mais il semble que tous étaient d'accord, en ce point, pour suivre Plotin, même quand ils employaient des termes péripatéticiens. L'âme ou intellect passif, capable de recevoir toute espèce de perfection, se prépare, par l'étude et les mœurs, à l'action de l'intellect actif, qui émane de Dieu. Le but à atteindre par l'homme, c'est de s'identifier avec l'intellect actif, qui lui donne perfection et béatitude. Est-il arrivé aux philosophes de dire qu'on peut obtenir cette béatitude éternelle, quelle que soit la religion que l'on professe ou la manière dont on ait adoré Dieu ? que le paradis et l'enfer sont l'image des récompenses et des châtiments spirituels, qu'ils dépen-

---

(1) *Exposé de la religion des Druzes.*

dent du plus ou moins de perfection que l'homme a atteint ici-bas ? Cela n'est pas impossible (VIII, 4), mais il est plus incontestable encore que les orthodoxes leur ont attribué ces doctrines et les ont déclarés hérétiques ou tout au moins suspects.

Encore fallait-il, comme avaient fait contre leurs adversaires les orthodoxes chrétiens (IV, 5 à 11), les combattre sur leur terrain. De là le second *calam*, qui a pour objet de maintenir ou de constituer une théologie en accord avec le Coran. Par leur souci de placer un monde intelligible au-dessus du monde sensible, les fondateurs de ce second calam se rapprochent des néo-platoniciens et des chrétiens : « Les Motecallemin, dit Maïmonide (Moré Nebouchim, l. I, ch. 71), marchèrent sur les traces de quelques théologiens chrétiens, tels que Jean le Grammairien (Philopon), Yahya ibn Adi et autres, également intéressés à réfuter les doctrines des philosophes. En général, tous les anciens motecallemin, tant parmi les Grecs devenus chrétiens que parmi les Musulmans, ne s'attachèrent pas d'abord, en établissant leurs propositions, à ce qui est manifeste de l'être, mais ils considéraient comment l'être devait exister, pour qu'il pût servir de preuve de la vérité de leur opinion ou du moins ne pas la renverser. Cet être de leur imagination une fois établi, ils déclarèrent que l'être est de telle manière, d'où ils devaient faire dérouler les propositions par lesquelles leur opinion pût se confirmer ou être à l'abri des attaques… Quoique divisés en différentes classes, ils sont tous d'accord sur ce principe, qu'il ne faut pas avoir égard à ce que l'être est, car ce n'est là qu'une habitude et non pas une nécessité et le contraire est toujours possible dans notre raison. Aussi dans beaucoup d'endroits suivent-ils l'imagination qu'ils décorent du nom de raison ».

Pour établir la nouveauté du monde, la production de la matière, un Dieu créateur, unique et incorporel, c'est donc au néo-platonisme qu'ils s'adressent tout d'abord. C'est aussi aux atomistes, qui leur fournissent une physique propre à être opposée à celle d'Aristote. Des atomes, sans quantité ni étendue, créés par Dieu quand il lui plaît ; le vide ; un temps composé de petits instants indivisibles, séparés par des intervalles de repos ; des substances, avec beaucoup d'accidents qui ne durent qu'un instant et que Dieu crée continuellement comme il produit constamment les privations ou attributs négatifs, le repos, l'ignorance, la mort (1) ; des accidents qui n'ont entre eux aucune relation de causalité, qui tous peuvent exister dans toute substance, toutes choses pouvant être autrement qu'elles ne sont, puisque tout ce que nous pouvons imaginer peut aussi exister rationnellement, par exemple, le feu pouvant se mouvoir vers le centre et être froid, les sens étant incapables d'être juges de la vérité ou de nous fournir aucun argument, parce que leurs perceptions nous trompent souvent, voilà quelques-unes des conceptions ou des affirmations que les Motecallemin opposent aux philosophes. Munk, en les rapportant, dit qu'ils détruisent toute causalité, qu'ils déchirent tous les liens de la nature, pour ne laisser subsister réellement que le seul Créateur. Manifestement les Motecallemin sont guidés, comme la plupart des théologiens et des philosophes médiévaux, par le principe de perfection et, comme eux encore, ils sont avant tout préoccupés du monde intelligible. Mais ils vont plus loin que Plotin et que S. Thomas : au lieu de subordonner les principes de contradiction et de causalité au principe de perfection, ils se plaisent.

---

(1) Voir ce qui est dit de Fridugise et d'Alcuin, pp. 118, 125.

comme Tertullien, à les lui sacrifier aussi souvent qu'ils le peuvent ; au lieu de voir, dans le monde sensible, une série de degrés pour s'élever au monde intelligible, ils veulent l'ignorer et ne voient en lui qu'une succession de créations et de destructions, propres uniquement à montrer la puissance et la liberté de Dieu. On conçoit qu'obligés de choisir entre la science et la philosophie, d'une part, la religion et le salut de l'autre, ils se soient décidés sans peine à condamner les deux premières et qu'ils aient aisément aussi entraîné à leur suite tous les vrais croyants, tous ceux qui faisaient passer le désir de la béatitude éternelle avant l'amour de la science et de la vérité rationnelle ou expérimentale (ch. II, 5).

Ce sont surtout les Ascharites qui ont entraîné les Arabes dans cette direction. Al-Aschari, de Bassora (880-940), s'étant séparé du motazale Al-Djalbaï, proclama la préexistence du Coran, les attributs de Dieu, la prédestination des actions humaines, tout en faisant des réserves, pour ne pas tomber dans l'anthropomorphisme et dénier tout mérite et tout démérite aux actions humaines. Pour les attributs, il convient, selon lui, de les distinguer de l'essence, mais il ne faut pas comparer Dieu aux créatures. La puissance de Dieu, dont la volonté éternelle et absolue, cause de tout, du bien et du mal, est inséparable de sa prescience, crée les actions des hommes ; mais les hommes, par *l'acquisition* (*casb*), concourent à la production de l'action créée et acquièrent ainsi mérite ou démérite. La part de Dieu est grande : c'est lui qui fait apparaître et disparaître les accidents, par exemple, chez l'individu qui écrit, la volonté de mouvoir la plume, la faculté de la mouvoir, le mouvement de la main et celui de la plume. Et par là, les ascharites énoncent ou entrevoient des réponses aux questions que soulèvent encore, au XVIIe siècle, les partisans de la création continuée, des causes occasionnelles ou de la prémotion physique.

Un Ascharite, Abou-Hamed al Gazâli (1), que ne satisfont pas les théories des motecallemin et qui penche vers le mysticisme des Soufis, attaque victorieusement les philosophes dans le *Tehâfot al falâsifa* : ils n'ont aucune preuve pour établir les vingt affirmations doctrinales par lesquelles ils sont en contradiction avec les théories religieuses. Au XIIe siècle les Ascharites sont les maîtres du monde musulman, en Orient, en Egypte, en Espagne : on prêche dans les mosquées contre les philosophes, on brûle leurs livres ; on persécute leurs successeurs. Sans les transcriptions, les traductions et les commentaires des Juifs, nous ignorerions une bonne partie de la philosophie arabe.

Ses principaux représentants sont en Orient, Al-Kindi, Al-Farabi, Ibn-Sina (Avicenne) et Al-Gazâli (Algazel) qui, en les attaquant tous, reste lui-même un philosophe ; en Occident, Ibn-Badja (Avempace), Ibn-Tofaïl (Abubacer), Ibn-Roschd (Averroès).

Al-Kindi est un contemporain de Photius et de Jean Scot Erigène. Il est bien difficile de déterminer exactement ce qu'il savait et ce qu'il pensait. On nous dit qu'il possédait la science des Grecs, des Perses, des Indiens et qu'Al-Mamoun le chargea de traduire — ou plutôt de reviser les traductions déjà existantes — d'Aristote et des auteurs grecs ; que des fanatiques le persécutèrent ; qu'un khalife confisqua sa bibliothèque et qu'un autre la lui rendit. On ajoute qu'il

---

(1) Voir Munk, Ueberweg, Carra de Vaux, *op. cit.*, et Miguel Asin, *Algazel*, Zaragoza, 1901.

avait écrit 200 ouvrages sur la philosophie, les mathématiques, l'astronomie, la médecine et la politique, la musique et la théologie. Mais il ne nous reste que quelques traités de médecine et d'astrologie. Nous savons qu'il fut remarquable comme mathématicien et comme astronome ; qu'un médecin arabe du XII° siècle attaqua, au nom de l'orthodoxie, les doctrines d'Al-Kindi sur l'essence, les attributs et l'unité de Dieu, que l'auteur du *Tractatus de erroribus philosophorum* lui reproche, en l'appelant un savant homme, d'avoir affirmé que les événements terrestres dépendent de la situation des astres, que toutes les causes de ce monde agissent sur tous les individus et que la connaissance d'un seul de ceux-ci offrirait, comme dans un miroir, toute la représentation de l'harmonie céleste. Al-Kindi se serait trompé encore, en disant qu'on donne abusivement à Dieu les attributs divins, que les noms de Créateur, de premier principe et de seigneur des Dieux ne conviennent pas au Dieu inconnu ; que toutes ces perfections qui sont mises en Dieu ne nous apprennent sur lui rien de positif.

Ces reproches sont caractéristiques. Ils montrent que si Al-Kindi a beaucoup pratiqué Aristote (1), il l'a complété par les doctrines qui, de Plotin et de ses disciples, étaient passées aux chrétiens et au Pseudo-Denys (ch. III et V).

Ajoutons que les Arabes l'ont appelé le philosophe par excellence, que son influence fut considérable au XII° siècle et que Cardan le considère encore comme un des douze génies qui jusqu'au XVI° siècle, ont paru dans le monde.

Al-Farabi, de Farab en Mésopotamie, meurt en 950. C'est un contemporain de Saadia († 942), qui disparaît à peu près au moment où Gerbert entre au couvent d'Aurillac pour y commencer son éducation. C'est un mathématicien, un médecin et un philosophe, un musicien célèbre par son talent et par ses études spéculatives, dont la plupart des œuvres ne nous sont pas parvenues. Son *Enumération* ou *Revue des Sciences*, que Casiri appelle une Encyclopédie, est peut-être résumée dans le *de scientiis*, qui nous a été conservé : elle comporte les sciences linguistiques ou philologiques (*scientia linguæ*) : logiques, doctrinales (mathématiques), naturelles et civiles. Il distingue la *Logica utens*, qui emploie l'argumentation et constitue l'instrument par lequel on passe du connu à l'inconnu, de la *Logica docens*, qui considère l'argumentation comme sa matière, son sujet et son substratum.

En métaphysique, il insiste sur la preuve de l'existence de Dieu, tirée de la nécessité d'un premier moteur, qui a son point de départ, selon lui, dans le *Timée*, 28, et dans la *Métaphysique*, XII, 7. Albert le Grand, S. Thomas et bien d'autres, même au XIX° siècle, la reproduisent et en font un argument classique. Ce qu'Al-Farabi dit de Dieu nous ramène à Plotin (ch. III, 4, 10 ; ch. V, 8, 9, 10, 11) : Dieu est cause de tout ce qui existe. Son éternité suppose la perfection. Libre de tous les accidents, il est simple et immuable. C'est la pensée et le bien absolus, objet absolu de la pensée et être pensant absolu. Premier être voulant, premier objet du vouloir, il jouit de la béatitude absolue ; il a sagesse, vie, connaissance, beauté, puissance et volonté, excellence et splendeur. Le connaître et lui ressembler, c'est notre but. Mais Al-Kindi ne croit pas, contrairement à Plotin et à ses successeurs arabes, qu'on puisse s'unir et s'unifier avec Dieu.

---

(1) Un médecin arabe d'Espagne disait qu'aucun philosophe musulman n'avait suivi aussi exactement les traces d'Aristote. Bon nombre de ses ouvrages étaient d'ailleurs destinés à faire connaître l'Aristotélisme. Voir Munk, *op. cit.*

Par contre, il admet, comme les néo-platoniciens, la doctrine de l'émanation. A l'Un, d'où procède l'Intelligence, puis l'Ame, fondement de la corporalité, Al-Farabi ne refuse pas tous les prédicats, puisqu'il le fait intelligent. A la matière sont liées les puissances inférieures de l'âme, même l'intellect en puissance, qui devient intellect en acte, en s'unissant à l'intellect divin et constitue alors une substance simple, capable de survivre au corps et de persister dans son indestructibilité.

Dieu, qui a tout créé, dirige toutes choses et, par suite, tout est bien. Si l'âme humaine connaît les choses, c'est qu'il y a entre elles une identité de forme, provenant de ce qu'elles émanent les unes et les autres du même être primitif.

Maïmonide recommandait de ne lire sur la logique — comprise sans doute en un sens très large — que les ouvrages d'Al-Farabi, car tout ce qu'il a composé, disait-il, et particulièrement ses *Principes des êtres*, est de pure fleur de farine. Al-Farabi reconnaît six principes des choses : le principe divin ou cause première, les causes secondaires ou intelligences des sphères célestes, l'intellect actif, qui ne sont ni des corps, ni en rapport avec des corps ; puis l'âme, la forme et la matière abstraite qui sont unies aux corps, sans être elles-mêmes des corps. Il y a de même six genres pour les corps dont l'ensemble constitue l'univers, corps des sphères célestes, animal raisonnable, animaux, végétaux, minéraux et éléments. Pour que l'homme atteigne le but de son existence et le bien suprême, il faut qu'il puisse recevoir les notions premières ; il faut que l'intellect actif les lui donne. Possédant ainsi l'intellect en acte, puis l'intellect acquis, il peut s'attacher à l'intellect actif et recevoir la révélation prophétique, puisqu'il ne reste aucun voile entre lui et l'intellect actif. Les sociétés humaines sont d'autant mieux organisées qu'elles sont plus propres à nous faciliter cette union.

Que deviennent les âmes séparées ? Nous ne sommes pas bien sûr d'avoir en ce point l'opinion d'Al-Farabi. Les âmes, échappées des corps, monteraient et seraient rejointes par les âmes qui les suivraient et les imiteraient. Attachées les unes aux autres, leur jouissance augmenterait avec leur nombre ; car chacune, en pensant sa propre substance, penserait une multitude de substances semblables et l'objet de sa pensée augmenterait constamment dans la suite des temps : le but extrême, ce serait la béatitude parfaite et véritable.

Al-Farabi n'admet-il de permanence que pour les âmes arrivées dans cette vie à l'intellect acquis ? Peut-on rattacher sa doctrine à celle de l'unité des âmes ? Disait-il réellement que les âmes des impies qui, connaissant le bien suprême, n'ont pas fait d'efforts pour l'atteindre, conservent, après la mort, la conscience de ce qui leur manque pour être parfaites : que sans périr, elles n'arrivent jamais à la perfection, tandis que celles de ignorants rentrent dans le néant ? Affirmait-il même que le suprême bien de l'homme est en ce monde et que tout ce qu'on prétend être au delà n'est que « folie et contes de vieilles femmes » ? Attribuait-il ailleurs des tourments éternels aux âmes des méchants ? Ou niait-il positivement, comme le croit Munk, la permanence individuelle de l'âme, telle que la donnent les dogmes religieux ? Ses ouvrages sur la philosophie, écrivait Ibn-Tofaïl, sont pleins de doutes et de contradictions. Ibn-Sina dit qu'il a puisé sa science dans Al-Farabi et nous fait ainsi comprendre pourquoi les livres de celui-ci ont pu ne pas se conserver. Au XIIIe siècle, Guillaume d'Auvergne, Albert le Grand, Vincent de Beauvais, d'autres encore le citent avec respect.

Après Al-Farabi, la *Société des frères de la pureté et de la sincérité* (1) essaie, tout en affirmant que l'homme n'est supérieur aux animaux que par la religion, d'unir la philosophie grecque à l'islamisme. Péripatétisme et néo-pythagorisme sont, dans leur Encyclopédie, complétés, liés et dominés par le néo-platonisme. Pour eux, il y a neuf degrés de l'être. Dieu, Allah, l'Un ou l'Être est le principe des choses. En se développant, il devient l'Intelligence, qui contient les formes. L'âme, primitive ou totale ; la matière première ; la matière seconde, ayant longueur, largeur, profondeur, mais non beauté ; le monde ou Cosmos, qui montre les choses en une harmonie complète ; la nature, faculté de l'âme totale qui pénètre tous les corps du monde sublunaire et par laquelle celle-ci agit sur les quatre éléments, qui forment le monde de la génération et de la destruction ; les minéraux, végétaux et animaux, qui résultent du mélange des quatre éléments, présentent une chaîne ininterrompue d'êtres où apparaît un art qui n'est jamais en défaut.

Les dévots virent, dans cette Encyclopédie, une œuvre impie ; les philosophes estimèrent que leurs doctrines étaient trop arbitrairement rapprochées de la théologie coranique.

Ibn-Sina ou Avicenne (2) (980-1037) a été le plus célèbre des philosophes arabes d'Orient. En le comparant à son contemporain Fulbert de Chartres, on peut se rendre compte de la supériorité des Arabes sur les chrétiens occidentaux. Avicenne avait écrit une centaine d'ouvrages dont bon nombre ont été conservés. Une encyclopédie des sciences philosophiques (*Al-Schéfa* = *la guérison*) et un *Abrégé* (*Al-Nadjah* = *la délivrance*) qui contient logique, physique et métaphysique ; un *Canon* de médecine, des Commentaires sur le *de Anima*, le *de Cælo*, le *de Mundo*, la *Physique* et la *Métaphysique* ; une analyse de l'*Organon*, etc., sont spécialement à signaler dans son œuvre. Sa *Philosophie orientale*, aujourd'hui perdue, contenait, selon Ibn-Tofaïl, sa vraie doctrine, tandis qu'il se bornait, dans le *Al-Schéfa*, à exposer le péripatétisme. Et pour cette exposition, il avait utilisé les œuvres d'Al-Farabi. Il y rangeait les sciences en trois catégories : la métaphysique ou philosophie première, portant sur les choses qui ne sont pas attachées à la matière ; la physique ou science des choses qui sont dans la matière ; les mathématiques, intermédiaire entre la métaphysique et la physique. Une ontologie était jointe à cette classification qu'on a parfois trouvée supérieure, en clarté et en précision, à celle d'Aristote.

L'être se présente sous trois formes ; le possible ou les choses sublunaires ; le possible par lui-même, rendu nécessaire par une cause extérieure, les sphères et les intelligences ; le nécessaire par lui-même, Dieu ou première cause. Sur Dieu et la production des choses, Avicenne se rapproche infiniment plus de Plotin que d'Aristote ; par exemple, il distingue l'éternité du monde, qui a une cause intemporelle, de celle de Dieu, par qui le temps est produit avec les choses. De même il donne, de la Providence, une conception qui se rapproche des idées religieuses. Dieu connaît par lui-même les choses universelles ; mais les âmes des sphères connaissent les choses particulières et, par leur intermédiaire, la Providence divine s'étend au monde sublunaire. De la distinction

---

(1) F. Dieterici, *Die Philosophie der Araber in X Jahrhundert nach den Schriften der lautereu Bruder* (*Bibliographie générale*).
(2) Munk, Carra de Vaux, Prantl, Renan, *op. cit.* (*Bibliographie générale*).

entre l'intellect actif et l'intellect passif. Avicenne tire une classification systématique des facultés qu'ont reprise les Arabes, les scolastiques occidentaux et bien des modernes : 1° facultés extérieures, les cinq sens ; 2° facultés intérieures, facultés motrices, facultés raisonnables ou intellectuelles. C'est par l'activité spéculative, en y joignant une vie morale et pieuse, qu'on subjugue la matière, qu'on purifie l'âme et qu'on en fait un vase capable de recevoir l'infusion de l'intellect actif. Des hommes d'une nature très pure reçoivent, en toutes choses, le secours de l'intellect actif ; d'autres semblent tout savoir, parce qu'ils ont l'intellect saint, l'inspiration prophétique.

Ainsi, en admettant avec Munk, Hauréau et leurs successeurs, après Al-Gazel, Albert le Grand et S. Thomas, qu'Avicenne a été le représentant du péripatétisme, il faut reconnaître que, sur les doctrines essentielles pour les hommes du moyen âge, il s'est surtout inspiré de Plotin. Il s'en rapproche encore, en affirmant la permanence de l'âme humaine qui, séparée du corps, conserve son individualité. Et si, comme l'a montré Siebeck pour la psychologie, comme l'ont dit, pour l'ensemble de sa philosophie, la plupart des historiens de la scolastique, Avicenne a exercé une influence considérable sur le XIIIe siècle, il a contribué à faire régner Plotin bien plus encore qu'Aristote.

Al-Gazali ou Al-Gazel (1058-1111), qu'on pourrait rapprocher de S. Bernard (1091-1153), plutôt que de S. Anselme, veut établir que l'islamisme est supérieur aux autres religions et à la philosophie. On l'appelle « Preuve de l'islamisme, Ornement de la religion ». Et sa vie, au monastère qu'il a fondé à Tous pour les Soufis, se termine dans la contemplation et les actes de dévotion.

De 29 à 50 ans, Al-Gazel étudie toutes les doctrines philosophiques et théologiques, orthodoxes ou hérétiques ; il examine même, comme le fera plus tard Descartes, ce que lui ont appris ses parents ou ses maîtres, pour se demander s'ils lui ont fourni des connaissances certaines, c'est-à-dire exemptes de tout doute, de toute erreur, de toute conjecture. Ni les perceptions des sens, ni les principes intellectuels, ne lui parurent, pour des raisons bien souvent répétées de Pyrrhon à Descartes, mériter une confiance complète. Aussi ne put-il être satisfait par la dogmatique, qui s'appuie sur le raisonnement pour défendre et fortifier la tradition. Il ne le fut pas davantage par la philosophie : les fatalistes n'admettent ni un Dieu créateur, ni un monde périssable ; les naturalistes étudient les animaux et les plantes, sans s'occuper du sage créateur qui connaît la fin des choses ; les théistes comme Socrate, Platon, Aristote, adversaires des uns et des autres, sont, comme eux, hérétiques et mécréants.

Les mathématiques sont suspectes, sauf pour ce qui concerne la marche de la lune et du soleil, leur conjonction et leur opposition. La logique ne doit pas être réprouvée, mais l'on ne doit pas croire que l'hérésie, venant de logiciens, a l'évidence qu'ont les démonstrations logiques dans les matières ordinaires. Il en est de même de la physique et de la médecine, sauf pour certaines questions qui touchent à la philosophie. Pour la métaphysique, Al-Gazel signale vingt erreurs dont dix-sept sont hérétiques et trois irréligieuses · les plus graves sont la négation de la résurrection des corps, de la création et de la Providence. En morale, les philosophes mêlent leurs pensées à celles des Soufis, ce qui fait qu'on ne leur prend pas ce qui est bon ou qu'on prend le mauvais en même temps que le bon. Donc la lecture des philosophes est dangereuse et nuisible, la philosophie est imparfaite, la raison insuffisante. C'est dans l'extase qu'il faut chercher, avec les Soufis, mais aussi après Plotin, le but véritable de la vie humaine.

De là les deux ouvrages d'Al-Gazel, *Les tendances des philosophes* et *La Destruction des philosophes*. Le premier expose la logique, la métaphysique, la physique d'après Al-Farabi et Ibn-Sina. Traduit par Gundisalvi, il contribue à répandre leur péripatétisme néo-platonicien. Le second s'attaque à Aristote, à Al-Farabi et à Ibn-Sina, mais ne s'occupe que de leurs doctrines contraires aux dogmes religieux, création *ex nihilo*, attributs divins, résurrection des corps, miracles que nie leur théorie de la causalité. C'est un livre qui devait produire une impression profonde sur ceux que préoccupaient surtout l'existence de Dieu et l'immortalité de l'âme : car il mettait en lumière l'opposition d'un monde intelligible, régi par le principe de perfection, supposant le mystère et le miracle, et d'un monde sensible où règnent le principe de contradiction et le principe de causalité. Al-Gazel fut, en Orient, puis par ses successeurs, en Espagne, le destructeur de la philosophie. Et par le premier de ses ouvrages, au contraire, il en fut un actif propagateur dans l'Occident chrétien.

Ibn-Badja ou Avempace, né à Saragosse, vit à Séville et à Grenade, meurt à Fez en 1138, quatre ans avant qu'Abélard mourût au prieuré de S. Marcel. Ibn-Badja semble avoir été le premier des Arabes d'Espagne qui ait cultivé la philosophie avec succès. Mais déjà, comme l'a montré Munk, il rencontre pour l'attaquer des disciples d'Al-Gazel. Médecin, mathématicien, commentateur de la Physique, de la Météorologie, de la Génération et de la corruption, des Parties et de la Génération des animaux, il a écrit des traités de logique, un Traité de l'âme, un Régime du solitaire, un Traité de la conjonction de l'intellect avec l'homme, une Lettre d'adieux. Le but du Régime du solitaire, que Munk a analysé, à défaut du texte perdu, d'après un commentaire hébreu de Moïse de Narbonne sur un ouvrage d'Ibn-Tofaïl, c'est de montrer comment l'homme peut, par le seul développement de ses facultés, s'identifier avec l'intellect actif, en d'autres termes, comment il arrive, par la spéculation, à l'intuition divine.

Ibn-Tofaïl, né à Guadix, vécut à Grenade, mourut à Maroc, en 1185. C'est, par conséquent, un contemporain de Jean de Salisbury. Poète et mathématicien, remarquable comme médecin et comme philosophe, il fut en grand honneur auprès des Almohades. Après Ibn-Badja, il s'attache à montrer comment se fait la conjonction ou l'union de l'homme avec l'intellect actif et Dieu. Il choisit, bien avant Condillac, Buffon ou Bonnet, pour exposer le développement des facultés, un solitaire né sans père ni mère, dans une île inhabitée sous l'équateur. Hay Ibn-Yakhan, *le vivant fils du vigilant*, arrive à se détacher successivement de tout ce qui est inférieur pour ressembler à Dieu et s'unir à lui. Asal, qui est arrivé par la religion au même résultat, vient trouver Hay qu'il instruit, en lui faisant connaître l'usage de la parole et les doctrines religieuses. L'un et l'autre concluent que la philosophie et la religion enseignent les mêmes vérités. Et nous pouvons aller plus loin et constater à nouveau que les musulmans, comme les chrétiens, sont des disciples et des continuateurs de Plotin.

Averroès ou Ibn-Roschd (1) (1126-1198) est le dernier et le plus illustre des philosophes arabes. Il étudia la théologie et la jurisprudence, la littérature et la poésie, la médecine, les mathématiques et la philosophie. Juge et médecin, il vécut à Cordoue, à Séville, à Maroc. On lui doit le Colliget, traité de thérapeu-

---

(1) Voir RENAN, MUNK, UEBERWEG, *op. cit.*, notre chapitre VIII et notre *Bibliographie générale*.

tique générale qui a été publié en latin ; une Astronomie, abrégé de l'Almageste, surtout des commentaires des ouvrages d'Aristote, les grands, les moyens, les paraphrases ou analyses, qui ont fait dire que si la nature avait été interprétée par Aristote, Aristote lui-même l'avait été par Averroès. Ses principaux ouvrages philosophiques sont la Destruction de la Destruction *(Tehafot al Tehafot)*, où il réfutait Al-Gazel ; des Questions ou Dissertations sur l'Organon, sur la Physique, sur la Conjonction ou l'union de l'intellect séparé avec l'homme ; des Traités sur l'accord de la religion avec la philosophie, sur le vrai sens des dogmes religieux, etc. Proscrits par les musulmans, ses ouvrages nous sont parvenus, en petit nombre et non sous leur forme primitive, grâce aux Juifs de Provence et d'Espagne.

Aussi est-il bien difficile de distinguer, dans tout ce qui a été rapporté d'Averroès, ce qui est légendaire et ce qui est historique. Il semble qu'il maintienne, en face l'un de l'autre, la puissance et l'agent, la matière première, inengendrée et incorruptible, le moteur qui ne peut agir librement, puisque le monde n'aurait pu être ni plus grand ni plus petit, qui ne connaît que les lois générales de l'univers. Entre Dieu et l'homme, il y a une hiérarchie nombreuse, qui rappelle Aristote et Plotin, des intelligences qui constituent la chaîne des moteurs, par lesquels le mouvement se transmet de la première sphère jusqu'à nous.

De même Averroès mêle Plotin et Aristote dans la théorie de l'âme. Il y a deux intellects, l'un matériel, passif et périssable ; l'autre séparé, impassible, impérissable, immortel et éternel. L'intellect actif est impersonnel, absolu, séparé des individus, qui ne font qu'y participer. Faudrait-il avec Renan, dire que l'unité de l'intellect n'est que l'universalité des principes de la raison pure et l'unité de constitution psychologique dans toute l'espèce humaine ? Cette interprétation, qui suppose des théories toutes modernes, nous ne voyons aucune raison positive, historique ou psychologique, de l'adopter. D'autant plus qu'Averroès demande, comme Plotin, au développement continu de l'intelligence, l'union avec Dieu : l'intellect actif fait percevoir l'intelligible à l'intellect matériel, puis l'unit aux intelligibles et rend ainsi l'homme semblable à Dieu.

Il faut encore signaler, chez Averroès, les théories relatives à la perception des substances ou intelligences séparées, à la hiérarchie des principes éternels, autonomes et primitifs, vaguement rattachés à une unité supérieure ; celles qu'il a exposées sur l'immortalité, sur la résurrection des corps, qui l'ont fait considérer comme un hétérodoxe (ch. VIII), et dont il est bien difficile de se faire une idée exacte ; sa morale où il combat les *motecallemin*, pour qui le bien est ce que Dieu veut ; sa politique, qui est une paraphrase de la République de Platon ; ses jugements sur les théologiens, sur les religions existantes, sur les dogmes religieux, qui ont donné lieu à tant d'interprétations différentes. Elles s'expliquent, ce semble, si l'on admet qu'Averroès, en suivant parfois, souvent même, Plotin pour constituer un monde intelligible où règne le principe de perfection, s'est souvent souvenu d'Aristote et a donné à l'étude du monde sensible et aux principes qui le régissent une place telle, qu'il ne lui a plus été possible, par la suite, de subordonner ou de coordonner l'un à l'autre.

Après Averroès, la philosophie disparaît de l'Occident musulman, tuée par les disciples d'Al-Gazel, comme elle l'avait été, dans l'Orient, par le maître lui-même. Tout au plus pourrait-on dire que les *motecallemin*, qui raisonnent sur les doctrines religieuses, poursuivent encore, lorsqu'ils sont mystiques, le but clairement indiqué par Plotin, l'union de l'âme avec Dieu ; mais ils ne veulent plus se laisser guider par les philosophies qu'ont édifiées la raison et l'expérience, appuyées sur les données positives des sciences dont l'objet est la connaissance de notre monde sensible. C'est par les Juifs, chez lesquels la philosophie continue à vivre et à se développer, que les doctrines arabes sont connues de l'Occident chrétien, auquel ils transmettent en outre leur œuvre propre, qui est elle-même considérable.

Après la ruine de Jérusalem, en 70, surtout après la dévastation de la Judée en 135, les docteurs juifs voulurent préciser le sens de la Bible, que les chrétiens s'appropriaient en la traitant comme une préparation et une introduction à l'Évangile (ch. II). Jusqu'à la fin du vi^e siècle, ils travaillent à fixer le texte des livres sacrés, d'après les manuscrits les plus authentiques, mais surtout à réunir les interprétations et les développements traditionnels que les écoles pharisiennes avaient conservés par l'enseignement oral, quelquefois par des rédactions partielles. Ils constituent ces immenses compilations dont se compose la littérature talmudique : la Mischnah qui contient les lois, coutumes, observances religieuses acceptées par les Pharisiens ; les Beraïtot (de *bar* = *en dehors*) ou les lois, pratiques et propositions que Juda le Saint n'avait pas placées dans la Mischnah ; le Talmud proprement dit, commentaire de celle-ci sous forme de *Halachah*, questions juridiques ou normatives, et de *Haggadah* ou questions d'homilétique et de morale, les Midraschim (de *drasch* = *chercher, interroger*), qui continuent et développent la Haggadah, même après le viiie siècle.

La littérature talmudique, comme la littérature patristique dont elle est contemporaine (ch. III), donne, pour des raisons analogues, une place qui tend à devenir considérable, à la raison et à la philosophie. Le Talmud avait pour objet de concilier la prophétie et la loi, de protéger, contre l'intrusion de tout élément païen ou chrétien, les prescriptions divines auxquelles il applique la réflexion dialectique. Par la Haggadah, par les Midraschim entrent les philosophies et les métaphysiques qui semblent les plus contraires au judaïsme. L'interprétation littérale et homilétique, l'interprétation juridique, l'interprétation allégorique, dont Philon avait fait un si fréquent usage (ch. III, 1), opèrent un singulier mélange d'éléments juifs et d'éléments grecs. Ainsi le christianisme et le judaïsme, qui cherchent à se distinguer de plus en plus comme doctrines religieuses, se rapprochent de jour en jour par leurs emprunts au néo-platonisme et aux doctrines antiques ou contemporaines, dont il est la synthèse la plus complète. L'âme devient spirituelle et préexistante au corps, pour mieux l'en distinguer ; son union avec lui est une épreuve et son immortalité l'emporte sur la résurrection des corps. Par le Maaseh Bereschit ou fait de la création, une cosmologie, qui rappelle le néo-pythagorisme et plus encore le néo-platonisme, est introduite dans le judaïsme, où elle n'avait pas plus de place d'abord qu'une théogonie ou, d'une façon générale, que la recherche scientifique et philosophique. Par le Maaseh Mercabah ou fait du char, entre toute une métaphysique, qui porte sur un monde suprasensible et fait une bonne place aux idées eschatologiques (1).

(1) Karpe (*op. cit.*) a montré, contre Munk, pour qui il n'y a pas trace de spéculation philosophique dans la littérature talmudique, que la philosophie s'introduit, par elle, dans le judaïsme. Contre Graetz, qui voit dans le gnosticisme, la source des interprétations, Karpe a fait appel au néo-pythagorisme. Il faut y joindre le néo-platonisme. Selon la Bible,

Après la clôture du Talmud, les *gaonim*, les docteurs qui sont les chefs des Académies de Soura et de Poumbedita, dirigent, par leurs réponses, les communautés et les particuliers de tous pays. Ils entrent en contact avec les Arabes. Au IXe siècle, on signale l'apparition d'une doctrine anthropomorphique, matérialiste et mystique, qui se rattache à la Haggadah et rappelle les anthropomorphistes musulmans ; puis celle de doctrines mystiques, un peu différentes qu'on trouve surtout dans le *Sefer-Yesirah* ou *Livre de la Création* (1), dont l'influence sera grande dans l'avenir.

D'un autre côté, Anan ben David, le fondateur de la secte des *karaïtes* ou *partisans du texte*, se soustrait, au IXe siècle, à l'autorité de la hiérarchie rabbinique. Il proclame les droits de la raison : toute interprétation doit être d'accord avec elle, comme avec le texte. Les karaïtes attachent une grande importance à l'exégèse biblique ; ils se servent de la dialectique, pour constituer une théologie systématique et rationnelle. Ils se rattachent, comme nous l'apprend Maimonide, aux *motecallemin* musulmans et par conséquent aux néo-platoniciens, tels que Jean Philopon (§ 5).

Les rabbanites, ou partisans du Talmud, firent comme les karaïtes. Saadia (892-942), qui commente le *Sefer-Yesirah*, écrit vers 993, le livre des Croyances et des Opinions, où il joint l'autorité de la raison à celle de l'Écriture et de la tradition. L'unité de Dieu et ses attributs, la création et la nature de l'âme humaine, la résurrection des morts et la métempsychose, la liberté humaine sont les principales questions dont il traite, comme ses contemporains, chrétiens ou arabes. En vrai plotinien, il soutient que les catégories d'Aristote ne peuvent s'appliquer à Dieu (2). Il établit l'existence du libre arbitre, en faisant appel aux sens, à la raison, à l'Écriture et à la tradition.

S'il trouve absurde la croyance à la métempsychose, il montre que la résurrection des morts n'est pas absolument contraire à la raison. D'une façon systématique, il expose, par la seule volonté de Dieu, la création *ex nihilo* et combat tous les philosophes antiques qui affirment l'éternité de la matière, comme ceux de ses coreligionnaires qui posent des atomes éternels, qui nient les miracles ou cherchent à les expliquer par la raison. En montrant, comme Alcuin (ch. VI), que la religion trouve, dans la raison, un solide appui, il prépare les recherches des Juifs d'Espagne et de Provence.

Une école juive, indépendante de l'Académie babylonienne de Sora, se fonde à

---

il y a entre Dieu et l'homme un abîme que rien ne peut combler ; il n'y a place ni pour une théogonie, ni pour une cosmogonie, puisque *bar = créer*, désigne un miracle où la raison n'a rien à voir ; ni pour la recherche scientifique ou philosophique, puisque la Bible se borne à dire que les choses sont, sans jamais indiquer pourquoi elles sont — ce qui la distingue profondément de la spéculation grecque, d'Aristote, par exemple, pour qui la poursuite du *comment* et du *pourquoi*, doit suivre la connaissance du fait. Le Maasch Bereschit est une allusion au début de la Genèse, qui commence par le mot *Bereschit* ; il y aurait lieu de le comparer au commentaire d'Origène et de ses successeurs chrétiens ; le Maaseh Mercabah porte sur le premier et le dixième chapitre d'Ezéchiel, où il est question du char divin.

(1) Karpe (*op. cit.*, p. 136), en donne la traduction et en fait la critique.
(2) Karpe écrit, p. 168, que Saadia cherche dans le *Livre de la Création*, le rationalisme péripatéticien qui lui est cher, mais qu'il admet dans sa doctrine des éléments mystiques. En fait, Saadia subordonne le monde sensible au monde intelligible ; Aristote, aux plotiniens.

Cordoue. Grâce à Hasdaï-ben-Isaac-ben-Schaphrout, les Juifs d'Espagne ont tous les ouvrages dont disposent les Juifs d'Orient et peut-être, comme le croit Munk, cultivent la philosophie, avant les musulmans à côté desquels ils vivent. Ibn-Gebirol ou Avicebron, né vers 1025 et mort vers 1070, est non pas un Arabe, mais un Juif dont les poésies sont d'ailleurs restées célèbres. Son ouvrage capital, la *Source de vie, Fons vitæ*, dont Baeumker nous a donné, à défaut du texte original depuis longtemps perdu, la traduction latine, a eu la plus grande influence au XIIIe siècle. C'est, sous des formes parfois péripatéticiennes, une des expositions les plus complètes que l'on trouve, dans cette période, des doctrines de Plotin et de ses successeurs, mais avec des modifications qui dénotent un penseur original, qui parfois même laissent apercevoir un emploi différent des principes de perfection, de causalité et de contradiction, et qui, avec les œuvres de Jean Scot Érigène, nous expliquent les systèmes de David de Dinant, d'Amaury de Bennes, de Duns Scot, peut-être même de Giordano Bruno et de Spinoza (ch. V et VI).

Un autre poète, Juda Hallévi compose, vers 1140 (p. 36-37), le *Kozari*, où il met le judaïsme au-dessus du christianisme ; où il se prononce pour les théories rabbiniques, tout en maintenant que la foi n'est pas contraire à la raison : où il témoigne une vive admiration pour le Sefer-Yesirah et préfère un mysticisme qui rappelle Philon et Plotin, à une philosophie syllogistique et péripatéticienne.

Puis, c'est Maïmonide (1135-1204), théologien, médecin, savant et philosophe, dont le *Guide des Égarés* (*Moré Nebouchim*) a pour objet de conduire l'homme, par la raison, les sciences et la métaphysique, par la révélation, la foi et la religion, à la connaissance de Dieu, à la vue de son Père et de son Roi. On reconnaît la méthode, le but et même les termes dont s'est servi Plotin (ch. III et ch. V). Et l'on peut voir, par tous les travaux qui ont traité de Maïmonide, de sa philosophie et de son influence, combien il a contribué, dans le monde juif et chrétien, à répandre les idées néo-platoniciennes (1).

Rappelons enfin, pour compléter cette esquisse rapide de la philosophie juive, que les traductions, faites à Tolède sous la direction de l'archevêque Raymond, sont, en bonne partie, l'œuvre de Juifs ; que les Juifs de Provence ont répandu, dans tout l'Occident, les œuvres des philosophes grecs et arabes, comme celles de leurs coreligionnaires. Les chrétiens n'ont pas adopté leurs doctrines religieuses, mais ils leur ont emprunté, au XIIIe siècle, tout ce qui, des philosophes et surtout des néo-platoniciens, pouvait entrer dans leur théologie et leur philosophie (ch. VIII).

Dans l'Occident chrétien, les sciences sont loin de présenter le même développement que dans le monde arabe et musulman. Quelques noms peuvent être rappelés, ceux de Walafried Strabon et de l'abbesse Hildegarde, que mentionnent les historiens de la botanique ; ceux d'Alcuin, d'Odon de Cluny, surtout de Gerbert et d'Adhélard de Bath, de Gérard de Crémone qui appartiennent à l'histoire des mathématiques ou de l'astronomie. Il faut encore citer le *Physiologus*, qui, sous ses formes très différentes, sert de manuel de zoologie (2) ; les *Bestiai-*

---

(1) Voir *Bibliographie générale*.
(2) Voir Cahus, *op. cit.*, p. 87 et suivantes, qui résume et examine tout ce qu'on sait du *Physiologus*.

res et les travaux des alchimistes (ch. VIII). Mais il semble bien que la renaissance scientifique fut moins marquée que la renaissance littéraire et philosophique.

Quelles furent, du VIII° au XIII° siècles, les questions que se posèrent et qu'essayèrent de résoudre les philosophes et les théologiens d'Occident ? (1).

Pour Charlemagne, la théologie, partout et toujours, est au premier plan. Pendant ses repas, il se fait lire la *Cité de Dieu*. Pour qu'on pénètre ou qu'on accepte plus facilement les mystères des Saintes Écritures, il recommande aux évêques et aux abbés d'installer des écoles. A ses questions sur la religion, la morale et la discipline, les évêques répondent par de véritables traités de théologie. C'est en invoquant l'utilité pratique et surtout théologique des arts libéraux, qu'Alcuin réussit à les lui faire étudier. Enfin il meurt en corrigeant, avec des Grecs et des Syriens, le texte des Évangiles (ch. VI).

Sous son règne, deux grandes querelles ont lieu, celle des adoptianistes et celle des iconoclastes. Les premiers se rapprochent des ariens et des nestoriens, par suite des néo-platoniciens, pour qui la première hypostase est supérieure aux deux autres. Peut-être aussi ont-ils subi l'influence des musulmans d'Espagne, tout occupés de maintenir l'unité divine. Pour les combattre, trois conciles sont réunis, où siègent Paulin d'Aquilée, Alcuin, Benoît d'Aniane, Haimon et Raban Maur ; une mission est envoyée en Espagne. Par les seconds, l'existence de l'art chrétien était compromise. Au fond il s'agissait de savoir si le christianisme resterait, pour une part, l'héritier de l'antiquité grecque, ou si, comme l'islamisme, il se tiendrait tout près du mosaïsme : le concile de Francfort et les *Livres carolins* témoignent de l'importance que Charlemagne accorda à cette question.

Le *Commentaire* d'Alcuin sur S. Jean, entrepris à la demande des princesses, le *Liber de animæ ratione* ; certaines réponses à ses disciples sur la substance, l'essence, la subsistance et la nature de Dieu ; le *Liber de Virtutibus et Vitiis* (ch. VI), prouvent que les contemporains de Charlemagne veulent résoudre des difficultés théologiques, morales et psychologiques, qui, sans toucher aux universaux et sans avoir été abordées par Aristote, n'en ont pas moins rapport à la philosophie.

Sous Louis le Débonnaire se continuent les discussions sur les images et sur la Trinité : le *filioque* est ajouté au symbole par les églises françaises, avant d'être accepté par Rome. Les *Fausses Décrétales* placent le pape au-dessus de tous (*tanquam le omnibus præesse moneris*) : les rapports du pouvoir temporel et du pouvoir spirituel sont complètement changés. Les papes, soumis encore au temps de Charlemagne à l'Empereur, revendiquent la suprématie : Nicolas I°, dès 858, règne « sur les rois et les tyrans, qu'il soumet à son autorité comme s'il eût été le maître du monde ».

Puis c'est Gottschalk qui bouleverse les églises d'Italie, d'Allemagne et surtout de France, avec ses affirmations sur la double prédestination. Des conciles ou des synodes se réunissent à Mayence, à Kiersy-sur-Oise, à Paris, à Valence, à Langres. Les hommes les plus marquants, Raban Maur et Hincmar, Prudence et Servat Loup, Ratramne de Corbie, Jean Scot et Florus de Lyon, bien d'autres dont les noms ne nous ont pas été transmis, discutent, raisonnent ou colligent, dans leurs traités, des textes concluants (VI, 3, 4, 5).

(1) Voir « *La Scolastique* », *Revue internationale de l'enseignement*, 15 avril 1893, et *Grande Encyclopédie*.

Au fond la question discutée relève tout autant de la métaphysique que de la théologie. S'il y a double prédestination, il n'y a ni libre arbitre, ni grâce ; s'il n'y a pas un libre arbitre et si la grâce n'intervient pas, pour rendre à la volonté sa puissance affaiblie par le péché originel, Dieu devient responsable du péché ; sa justice et sa bonté disparaissent. Ainsi deux questions théologiques sont liées à celle du libre arbitre. Aux premiers temps de la Grèce, l'opposition entre le *Fatum* et la liberté est surtout religieuse ; à l'époque d'Epicure et de Zénon, puis de Carnéade et de Chrysippe, le problème est surtout métaphysique. Avec S. Paul, Origène, S. Augustin et Pélage, il redevient théologique, sans cesser de comporter, pour sa solution, des données philosophiques. Avec Gottschalk, comme avec Luther, Calvin et Jansénius, il continuera à en être de même, tandis qu'avec Descartes, Spinoza, Leibnitz, surtout avec Voltaire, Hume et Kant, avec des contemporains, comme Renouvier, Secrétan, Fouillée, la question reprendra la forme métaphysique.

Non seulement ce problème est philosophique dans son essence, mais encore il faut, pour en comprendre les solutions diverses, faire une place considérable aux raisons psychologiques et humaines. S. Paul, S. Augustin, par suite de leur conversion, Gottschalk, si souvent impuissant à diriger sa vie comme il l'aurait voulu, restreignent, s'ils ne la suppriment pas complètement, la liberté humaine. Au contraire, Origène, Pélage, Jean Scot et Hincmar, confiants en la force de leur esprit ou en la puissance de leur action, paraîtront parfois enclins à diminuer Dieu pour grandir l'homme.

Directement ou indirectement, l'influence de certains philosophes — dont n'est guère Aristote — se fait sentir dans la discussion du ixe siècle. Raban Maur semble connaître Lucrèce ; Servat Loup a lu Macrobe et le *de Officiis* ; tous connaissent la *Cité de Dieu*, où S. Augustin résume les arguments présentés par Cicéron après Carnéade, contre le *Fatum* stoïcien en faveur de la liberté. Jusqu'à l'intervention de Jean Scot, c'est, à vrai dire toutefois, la théologie qui occupe la première place. Avec lui, les autorités religieuses passent au second plan ; même c'est la raison qui est appelée à les interpréter. Et ses adversaires sont obligés de le suivre sur le terrain philosophique, ne fût-ce que pour réprouver la philosophie : Prudence et le synode de Langres trouvent que Jean Scot et le concile de Kiersy ont mal philosophé, tandis que Florus et ceux qui se réunissent à Valence condamnent l'emploi même de la philosophie.

Voilà donc une discussion qui a occupé les représentants les plus autorisés de l'Eglise et les plus libres esprits, après avoir passionné les philosophes grecs et latins, comme les Pères de l'Eglise grecque et latine, avant de passionner à leur tour les Réformateurs, puis les penseurs du xviie, du xviiie et du xixe siècles. Et cependant elle est passée sous silence dans l'histoire des idées, parce qu'on a décidé, *a priori*, qu'il ne fallait voir dans la scolastique que les recherches sur les universaux (1).

Une autre question commence aussi à être discutée au ixe siècle, qui prendra, pour les générations postérieures, une importance presque aussi grande, dans

(1) L'*Histoire de la philosophie* de MM. Janet et Séailles ne mentionne ni Gottschalk, ni Jean Scot, à propos du problème de la liberté — Ueberweg, II, p. 122, consacre cinq lignes au débat sur la prédestination. — Hauréau, I, p. 176, montre bien que, par Gottschalk, l'étude des Pères est devenue suspecte ; il n'insiste pas sur l'importance du débat.

l'ordre religieux, que celle de la suprématie de l'un ou de l'autre pouvoir dans l'ordre politique : c'est celle de la présence réelle. Le *de Corpore et Sanguine Domini*, de Paschase Ratbert, affirme que la chair n'est pas autre dans le sacrement et sur l'autel que celle qui, née de Marie, a souffert sur la croix et est sortie du sépulcre après la résurrection. Ratramne et Jean Scot furent d'un avis contraire et Ratbert ne semble guère alors avoir trouvé de partisans.

Le xe siècle fut un « siècle de fer et de plomb ». Toutefois nous voyons, par les recherches de Gerbert (1), par les discussions qu'il soutint, les ouvrages qu'il publia et les hautes situations auxquelles il parvint, que des sujets scientifiques, philosophiques et théologiques, où ne figurent pas les universaux, occupent encore les hommes de cette époque qui n'ont pas renoncé à étudier et à réfléchir.

Le siècle suivant a surtout des préoccupations religieuses. Les hérétiques foisonnent : il y a des manichéens à Orléans parmi les hérétiques brûlés en 1022; peut-être y en a-t-il aussi à Arras et à Toulouse. Le grammairien Vilgard veut qu'on croie Virgile, Horace, Juvénal, de préférence aux livres saints. Bérenger reproduit les assertions de Jean Scot sur la présence réelle : la doctrine de Ratbert, qui avait paru si singulière deux siècles plus tôt, est devenue orthodoxe (2). La doctrine de Jean Scot et de Bérenger, très répandue en Italie, en Gaule, en Germanie, est condamnée à Rome, à Brionne, à Verceil, à Paris. Lanfranc l'attaque avec une énergie qui témoigne de l'importance que l'Eglise attache à la défaite de Bérenger. Puis c'est Roscelin et ses affirmations sur la Trinité, que rien n'autorise à rapprocher historiquement, sinon logiquement, de sa doctrine d'ailleurs si vague sur les universaux, mais qu'on peut comparer, avec bien plus de raison, aux doctrines analogues qui ont paru dans les époques précédentes ou qui seront soutenues au xiie siècle (3). Lanfranc avait combattu Bérenger, S. Anselme combattit Roscelin. Comme si elle eût été dans un camp où obligée de se défendre, l'Eglise demandait à ses plus vaillants défenseurs de la débarrasser de ses ennemis intérieurs.

Aussi a-t-elle été singulièrement puissante ! En 1020 elle rétablit la *Paix*, puis en 1041 la *Trêve* de Dieu. En 1077, Henri IV reste à Canossa, trois jours et trois nuits et les pieds nus, exposé à un froid des plus rigoureux. Vers la fin du siècle, la papauté lance la chrétienté contre l'Orient musulman et, en 1099, Godefroy de Bouillon devient « avoué » du Saint-Sépulcre. Les Hospitaliers, un peu plus tard les Templiers, sont institués pour soigner les malades et les blessés, pour protéger les pèlerins, mais surtout pour garder le tombeau du Christ et combattre les infidèles.

C'est que jamais les croyances religieuses n'ont été plus vives et n'ont exercé une influence plus grande sur la vie pratique. Au-dessus du monde réel, d'où l'on veut chasser hérétiques et infidèles, il y a un monde où les démons, les anges et Dieu lui-même se mêlent aux hommes, d'où ils interviennent pour modifier les lois naturelles, pour faire de la vie actuelle un enfer ou un paradis. Alors se forme la légende de Gerbert qui, en se développant pendant plus d'un siècle, nous donne l'idée de l'importance sans cesse grandissante du merveilleux. Les

---

(1) Cf. notre volume sur Gerbert, dans la Bibliothèque de l'Ecole des Hautes Etudes.
(2) Sur l'évolution des dogmes, voir Harnack (*Bibliographie générale*). Sur Bérenger de Tours, le travail le plus récent est la thèse diplômée d'Ebersolt à l'Ecole des Hautes Etudes, *Revue de l'histoire des religions*, 1903.
(3) Voir notre brochure sur Roscelin.

Histoires de Raoul Glaber ; terminées entre 1046 et 1049, sont remplies de visions, d'apparitions, de miracles et de prodiges fabuleux(1). Ce sont aussi des miracles et des visions, avec des discours, que l'on trouve dans l'Histoire des Normands d'Odon de Saint-Quentin.

Mais surtout l'œuvre et la vie de S. Anselme sont instructives à ce point de vue. C'est de l'existence et de l'essence de Dieu que traitent le *Monologium* et le *Proslogium* (2). Dans sa jeunesse, il veut aller au ciel et il rêve qu'il y a été. Déjà Dieu fait pour lui des miracles. A l'abbaye du Bec, il a, par suite d'austérités et de macérations fréquentes, la vision à travers l'espace, qui lui explique celle des prophètes à travers le temps. En songe, un jeune moine, qu'il a tendrement aimé, lui apparaît aussitôt après sa mort. Un autre est débarrassé par lui du démon qui le tourmente. Par son intervention on fait des pêches inespérées et miraculeuses. Le *Monologium* est le résultat d'une longue méditation, devenue une véritable obsession : le démon jaloux cache ou brise les tablettes sur lesquelles il est écrit. Une autre fois, le démon lutte encore contre S. Anselme, pour empêcher la conversion de Cadul, qui était venu demander aide et direction au prieur du Bec. Vainqueur du démon, S. Anselme guérit, même sans le vouloir, les lépreux et les fiévreux. Et nous ne sommes plus, comme pour Gerbert, en présence d'une légende fabriquée après coup. C'est le fidèle serviteur de S. Anselme, Eadmer, qui, après avoir vécu seize ans avec lui, nous a laissé ces pieux récits. Son secrétaire Riculfe, ne l'a-t-il pas vu en oraison, entouré d'une sphère de flamme brillante ? On n'a pas besoin alors d'inventer le merveilleux, parce que partout on le voit, on le sent, on l'entend.

Les tendances religieuses sont tout aussi puissantes au xiie siècle. Philippe Ier meurt en 1108, sous l'habit de moine bénédictin, avec une frayeur horrible de l'enfer. Louis VII et Conrad III entreprennent la seconde croisade ; Frédéric Barberousse, Philippe-Auguste et Richard Cœur-de-Lion dirigent la troisième. A la fin du siècle, la quatrième est résolue au tournoi d'Ecry-sur-Aisne. L'ordre Teutonique s'ajoute aux Templiers et aux Hospitaliers ; puis ce sont les chevaliers porte-glaive, les ordres espagnols de Calatrava, d'Alcantara, de Saint-Jacques de Compostelle, qui s'organisent, et pendant longtemps se livreront à la guerre sainte. Les Juifs sont massacrés, en Allemagne, au temps de la seconde croisade, brûlés ou chassés de France et dépouillés par Philippe-Auguste. Les hérétiques, ou les chrétiens soupçonnés d'hérésie, sont nombreux et aussi maltraités qu'au siècle précédent. Abélard est condamné, à Soissons et à Sens, pour ses doctrines sur la Trinité, sur la grâce, sur la personne du Christ. C'est semble-t-il (3) non seulement pour ses conceptions politiques, mais pour ses assertions sur l'eucharistie et sur le baptême des petits enfants, surtout pour avoir voulu ramener l'Eglise à la simplicité et à la pauvreté évangéliques de l'époque primitive, pour avoir prêché cet évangile éternel qui devait remplacer les livres chrétiens, comme ceux-ci avaient remplacé les livres juifs, qu'Arnaud de Brescia fut combattu et étranglé avant d'être brûlé. Puis, c'est Gilbert de la Porée que l'on poursuit au concile de Paris pour ses opinions sur la Trinité. A Guillaume

---

(1) Voir GEBHART, *Moines et Papes*. Paris, Hachette.
(2) Le *Dialogus de veritate*, le *Cur Deus homo ?* le *De fide Trinitatis* montrent les mêmes tendances.
(3) GEBHART, *L'Italie mystique*, p. 40.

de Conches, Guillaume de Saint-Thierry et Gauthier de Saint-Victor reprochent d'être « païen, manichéen, sabellien », et ils le forcent à se rétracter. Le dernier de ces accusateurs, dans le *Contra novas hæreses*, attaque tout à la fois Abélard, Pierre le Lombard, Gilbert et Pierre de la Porée, qu'il appelle les « quatre labyrinthes de la France » — non parce qu'ils ont touché à la question des universaux, — mais parce qu'ils ont traité, avec une légèreté toute scolastique (*levitate scolastica*) de la Trinité et de l'Incarnation (p. 91). Enfin, quand le siècle va finir, on condamne les Henriciens, précurseurs des Vaudois, puis des Manichéens auxquels se rattacheront les Albigeois, les Cathares, les Patarins et les Vaudois eux-mêmes.

Qui donc s'occupe des universaux? Quelques scolastiques : Guillaume de Champeaux, avant sa conversion ; Abélard, quand il veut triompher de celui dont il avait été le disciple ; d'autres encore, dont les discussions agitent l'école (1), mais qui n'ont pas d'action réelle sur leurs contemporains. Involontairement, on songe à certains de nos philosophes classiques qui ont examiné, avec beaucoup de sagacité et de finesse, des questions dont la solution ne satisfait guère qu'eux-mêmes et leurs disciples.

C'est qu'en effet, il y a, au XII° siècle, toute une série de théologiens philosophes pour qui rien n'existe en dehors d'une métaphysique qui nous ramène encore aux Alexandrins. S. Bernard, dont l'influence a été si grande ; les Victorins, Hugues, Richard, Gauthier, l'abbé Achard, cherchent avant tout à préparer cette union de l'homme et de Dieu, cette *conversion* à propos de laquelle les néoplatoniciens enseignaient les intermédiaires qui, du monde sensible, conduisent aux hypostases et à l'Un, la plus élevée de toutes.

Les titres de leurs ouvrages sont caractéristiques et présentent un grand intérêt pour la psychologie mystique. De S. Bernard, nous avons le *De Contemptu mundi*, le *De diligendo Deo* ; de maître Achard, les *Sept déserts*. Hugues de Saint-Victor a surtout en vue la science des choses divines et revient, dans tous ses ouvrages, sur la contemplation et ses divers degrés. C'est ce que font encore Richard de Saint-Victor, dans son *Benjamin Minor, sive de Contemplatione*, et Adam le Prémontré avec le *De Triplici genere contemplationis*. A côté de ces mystiques, il faut placer les penseurs qui s'inspirent du *Timée* et de son commentateur néoplatonicien. Thierry de Chartres (*De sex dierum Operibus*), qui veut mettre en accord la science, représentée par Mercure Trismégiste, Platon et Virgile, avec la Genèse ; Bernard de Chartres, qui écrit un *Mégacosme* et un *Microcosme*, sont des métaphysiciens qui s'essaient à esquisser une cosmologie.

Dans son livre des *Sentences*, qui sert pendant tout le moyen âge à l'enseignement, Pierre le Lombard s'occupe de Dieu, le bien absolu dont nous jouissons ; des créatures, dont nous nous servons ; des vertus et des sacrements (ch. VIII). Alain de Lille (*de Arte, sive de Articulis fidei catholicæ*) connaît le livre des Causes et défend, contre les Mahométans, les Juifs et les hérétiques, les doctrines capitales de l'Église chrétienne.

En outre la lutte continue entre le pouvoir spirituel et le pouvoir temporel. Elle est marquée en Angleterre par l'assassinat de Thomas Becket et la pénitence de Henri II. Pour la comprendre il faut tenir compte des ouvrages de Jean de Salisbury, du Décret de Gratien, qui constitue le droit canonique du moyen âge,

---

(1) C'est par Jean de Salisbury que nous savons ce qui s'y passe.

et des Recueils du droit romain, imprégnés de stoïcisme, dont on se sert de plus en plus dans les écoles. Puis il faut se rappeler le mouvement communal, si puissant au xii° siècle, le mouvement littéraire — chansons de gestes, romans en prose du cycle breton, romans de Rou, romans d'Alexandre, de Troie, chansons d'aventure, sirventes, mystères, Roman de Renart, — qui se rattachent aux spéculations politiques, mystiques, métaphysiques ou religieuses. Enfin l'art ogival prend naissance, et l'Europe se couvre des cathédrales qui, aujourd'hui encore, nous révèlent les aspirations de ceux qui les ont élevées. Les alchimistes continuent leurs recherches (ch. VIII). La psychologie réapparaît comme science naturelle, l'enseignement littéraire achève de se constituer sous la forme qu'il conservera jusqu'à nos jours (1). L'archevêque de Tolède, Raimond, fait mettre en latin Aristote, mais aussi bien des ouvrages néo-platoniciens et arabes, qui se répandront au siècle suivant en France, en Allemagne et en Italie.

Quels ont été les maîtres les plus éminents depuis Alcuin jusqu'à Jean de Salisbury ?

Nous savons qu'Alcuin est le père de la scolastique en France et en Allemagne (ch. VI, 1, 2).

Après Alcuin, la série est ininterrompue des maîtres qui, dans l'un et l'autre pays, nous conduisent jusqu'au xiii° siècle, puis de là à la Renaissance et aux temps modernes. Ainsi Raban Maur, « le premier précepteur de la Germanie », emporte, de Tours et de l'école d'Alcuin, les gloses dont plus tard il se sert pour ses leçons. De même Notker Labeo, qui, par ses traductions, a été placé au rang de ceux à qui l'Allemagne doit beaucoup, met comme grammairien Alcuin bien au-dessus de Donat, de Dosithée et de Priscien (*in ejus comparatione nihil esse videantur*). En outre, c'est de l'école de Corbie, fondée par Adalhard, disciple d'Alcuin à l'Ecole du Palais, que sortirent Paschase Ratbert et Ratramne. Raban Maur est le maître de Haimon d'Halberstadt, de Servat Loup, qui comptent l'un et l'autre Heiric d'Auxerre entre leurs auditeurs. De Heiric relèvent Hucbald, qui dirige l'école de Saint-Amand, et Remi, qui restaure l'enseignement à Reims, où il a pour auditeur Abbon de Fleury, puis, à Paris, où Odon de Cluny est son disciple. Gerbert apprend la philosophie d'un archidiacre de Reims et reprend lui-même l'ancien programme de Raban Maur et de Heiric. Par Gerbert nous arrivons à Fulbert de Chartres, puis à Bérenger de Tours, et à Hildebert de Lavardin, peut-être à Lanfranc et à S. Anselme. C'est à Reims encore qu'étudie Roscelin ; c'est de Haimon et de Raban Maur, comme de Jean Scot, de Bède et de S. Ambroise, que se recommande Wilbald, abbé de Corvey, dont l'ami, Manégold de Lutenbach, est un des maîtres de Guillaume de Champeaux. Abélard, disciple de ce dernier, cite à plusieurs reprises, Remi d'Auxerre. De Guillaume de Champeaux et d'Abélard, nous allons — par l'enseignement officiel et par l'enseignement libre, pour nous servir d'expressions modernes — jusqu'à la fondation de l'Université de Paris, jusqu'à la période illustrée par Albert le Grand, S. Thomas et Roger Bacon.

Jean Scot mérite, sans contredit, d'occuper la première place parmi les penseurs antérieurs au xiii° siècle. Bien plus, c'est un de ceux qu'on ne saurait supprimer dans l'histoire générale des idées (ch. VI, 3, 4, 5).

(1) Voyez notre Revue générale dans la *Revue philosophique*, avril 1893, — et spécialement l'analyse du *Didascalion* de Conrad de Hirschau.

Ce qui vaut à Heiric et à Remi d'Auxerre d'être nommés, entre Jean Scot et Gerbert, c'est qu'ils rappellent souvent Alcuin et Scot Erigène. Heiric étudie les auteurs sacrés auprès d'Haimon d'Halberstadt ; pour les auteurs profanes, il suit les leçons de Servat Loup. Dans un texte depuis longtemps célèbre, mais qui a été emprunté, comme on le sait par Hauréau, à Jean Scot, Heiric exprime, en termes énergiques et convaincus, une doctrine qui est l'antécédent du *Cogito, ergo sum*. Dans des gloses célèbres (1), Heiric, reproduisant encore Jean Scot, s'en écarte cependant, parce que, s'il fait converger toutes les catégories à la substance, il se refuse à voir en celle-ci un tout universel, mais la prend comme le tout intégral de chacun des êtres numérables.

Remi mêle la philosophie à ses commentaires théologiques, tout en émettant des opinions très variées sur les rapports qu'elle soutient avec la théologie. Ainsi le verset I de la Genèse — *In principio creavit Deus cœlum et terram* — est, à son sens, une réfutation des doctrines des philosophes sur la création du monde ; de Platon qui donne, comme principes, Dieu, l'exemplaire et la matière, d'Aristote qui admet la matière, la forme et une troisième chose (*operarium*), par laquelle on ne sait pas bien ce qu'il entend (2). Ailleurs, il réfute l'opinion platonicienne qui fait du cerveau le siège de la pensée. Et, reproduisant Jean Scot et Heiric, il prend pour philosophes les dialecticiens, les rhéteurs, les sophistes et les jurisconsultes. Dans son œuvre, on trouve, confusément mêlés, des éléments platoniciens et néo-platoniciens, stoïciens et pythagoriques, qui viennent de ses prédécesseurs ; mais dans le Commentaire sur les psaumes, qui sera plus d'une fois cité par Abélard, il y a des passages qui font songer à saint Anselme (3).

Chez Heiric et Remi, nous avons à signaler des reflets ou des ébauches. Gerbert est un personnage que l'on peut rapprocher de Jean Scot.

On ne saurait omettre, en parlant de Gerbert, les légendes qui se sont formées sur son compte. Elles le présentent comme un magicien dont le pouvoir redoutable ne s'explique que par l'intervention de Satan auquel, en revanche, il est livré après sa mort (4). Mais s'il faut savoir à quelles époques elles ont pris naissance et accroissement pour les comprendre et se faire une idée exacte des hommes qui les ont forgées, il importe de les distinguer avec soin de ce que nous pouvons historiquement affirmer de l'origine et des premières années de Gerbert, de son séjour en Espagne, de son enseignement à Reims, de son rôle comme abbé de Bobbio, comme archevêque de Reims et de Ravenne, comme souverain pontife, enfin de ses relations avec les rois de France et les empereurs d'Allemagne.

Ses œuvres ont besoin d'être analysées, expliquées, commentées. Pour la dia-

---

(1) M. Cousin lisait HENRICUS, *magister Remigii, fecit has glossas* : Hauréau lut avec raison HEIRICUS.

(2) Voir ce qui a été dit des Juifs et du Maaseh Bereschit, § 6.

(3) « J'ai résolu, dit Remi, de faire une enquête sur mon Dieu, car il ne me suffit pas de croire en lui, je veux encore voir de lui quelque chose. Je sens qu'il y a quelque chose au delà de mon âme. Si mon âme demeurait en elle-même, sans s'élever au-dessus d'elle, elle ne verrait qu'elle : il faut qu'au-dessus d'elle, mon âme atteigne Dieu. » (Ps. XLI, MIGNE, p. 567).

(4) OLLERIS, *Œuvres de Gerbert*, Clermont-Ferrand et Paris, 1867, donne les renseignements nécessaires sur le développement de la légende. Voir notre volume déjà cité sur Gerbert.

lectique, il faut tenir grand compte de la discussion de Gerbert et d'Othric en présence de l'Empereur Othon Ier, que Richer reproduit d'une façon trop incomplète. Bien plus nécessaire est la traduction explicative du *Liber de rationali et ratione uti*, qui a plus d'importance peut-être encore que d'obscurité. Enfin le catalogue de Bobbio, que Muratori fait remonter au xe siècle, permet d'établir assez exactement quels sont les ouvrages de l'antiquité dont pouvait disposer Gerbert, sinon tous ses contemporains.

La *Regula de abaco computi*, le *Libellus de numerorum divisione* de Gerbert, le *Liber abaci* de Bernelinus, font connaître quelles étaient les connaissances de Gerbert en arithmétique et comment il les rattachait à sa dialectique. Les traités sur la musique, l'astronomie, la géométrie fournissent bien des passages où apparaît manifestement l'union de la philosophie, de la géométrie et de la théologie. Le *De Corpore et sanguine Domini*, dont l'authenticité semble au moins probable, doit être rapproché des ouvrages auxquels a donné lieu la question de la présence réelle au temps de Raban Maur, de Jean Scot, de Paschase Ratbert, comme au temps de Bérenger et de Lanfranc : le syllogisme qui le termine et plusieurs paragraphes du texte font bien voir que la dialectique est une auxiliaire estimée de la théologie. Celles des lettres de Gerbert, qui ne servent ni à retracer sa vie ni à exposer sa doctrine, nous apprennent quels poètes et quels philosophes il lisait, quelle valeur il attribuait aux différents ordres d'études. Avec tous ces documents, on peut discuter les jugements d'Olleris, de Franck, de Hauréau, de Ueberweg, de Julien Havet, sur la valeur morale et intellectuelle de Gerbert (1). Il a continué l'œuvre de ses prédécesseurs ; il a élargi la dialectique, en y joignant la poésie et la rhétorique, l'arithmétique et la géométrie. La philosophie ainsi agrandie, il l'unit à la théologie, à laquelle elle est pour lui supérieure. Devenu « *summus pontifex* », mais resté « *summus philosophus* » (2), il tente d'allier le pouvoir spirituel et le pouvoir temporel, le sacerdoce et l'empire, pour une action commune ; il essaie de lancer la chrétienté dans une direction nouvelle.

Mais l'hérésie de Vilgard (3), qui veut substituer les poètes latins aux livres saints, et qui fait couler le sang en Italie, en Sardaigne, en Espagne, où elle a trouvé de nombreux partisans, rend la poésie suspecte aux théologiens. Suspecte aussi sera la philosophie après la condamnation de Bérenger de Tours. Ainsi se détruit l'œuvre synthétique de Gerbert ; ainsi les orthodoxes — et qui ne veut l'être à cette époque ? — en viennent à considérer comme vraiment diabolique toute connaissance qui n'est pas purement théologique, et, partant, à supposer que Gerbert, ami de la poésie, mathématicien et philosophe, n'est devenu si savant et n'a pris une situation aussi haute entre ses contemporains, que par l'intervention du démon. Les progrès de la légende, au xie et au xiie siècle, correspondent aux progrès sans cesse croissants de la défiance contre la science profane (4).

---

(1) OLLERIS, *op. cit.*, FRANCK, *Journal des savants*, mai et juin 1868 ; UEBERWEG, *Geschichte der Ph*. Bd. II ; HAURÉAU, *Histoire de la Scolastique*, vol. I ; JULIEN HAVET, édition des *Lettres de Gerbert*, Paris, Picard, 1889.

(2) *Lettre à Adalbod* (Olleris), p. 477

(3) RAOUL GLABER, édition Prou, p. 50.

(4) « Ne soyez pas surpris, dit un vieux poète, que le vulgaire ignorant m'ait pris pour un magicien : j'étudiais la science d'Archimède et la philosophie (sophia), lorsque c'était une grande gloire de ne rien savoir. » — Cela est vrai des successeurs, sinon des contemporains de Gerbert.

Toute théologique est l'œuvre de S. Anselme. Sa vie à Aoste, au Bec, à Canterbury, à Lyon ou en Italie, telle que nous l'a racontée Eadmer, nous montre, tout à la fois, quelles étaient les mœurs des différentes classes de la société et comment grandissent de jour en jour les tendances mystiques ou le rôle du surnaturel dans la vie privée ou publique. Ses œuvres, analysées et rapprochées, offrent un système théologico-métaphysique, d'une unité et d'une liaison incontestables.

Dans le *Monologium*, l'idée de l'essence suprême, du Dieu unique, souverain maître et gouverneur de toutes choses, est graduellement enrichie de nouveaux attributs. Constituée ainsi de façon à n'avoir en elle aucune contradiction, elle fournit une base solide à l'argumentation du *Proslogium*, qui est complétée par l'opuscule de Gaunilon, dont la critique est si pénétrante et si forte, comme par la réponse de S. Anselme. La preuve ontologique serait donc tout à fait mutilée, si l'on s'en tenait au *Proslogium*, comme on le fait souvent et comme on est tenté de le faire, en lisant S. Anselme. En comparant certains passages de ces différents ouvrages au *de Trinitate* de S. Augustin, et en remontant aux *Ennéades* de Plotin, on voit que l'influence, directe ou indirecte, des néo-platoniciens, a été grande pendant toute cette époque ; l'œuvre de S. Anselme, comme une partie de celle de Jean Scot, leur doivent leur ampleur métaphysique. Mais aussi, en rapprochant du *Monologium* et du *Proslogium* les Méditations de Descartes, les textes de Spinoza, de Leibnitz et de Kant, où la preuve ontologique a été exposée et combattue, on s'aperçoit que la métaphysique médiévale a inspiré plus d'une fois les modernes. Ainsi Descartes a connu, comme l'a montré Hauréau dans la vie de Marin Mersenne, l'argumentation de S. Anselme. Mais les *Méditations* sont inférieures, en rigueur logique, comme en profondeur métaphysique, au *Monologium* et au *Proslogium*. C'est que S. Anselme s'est inspiré davantage des néo-platoniciens ; c'est que Descartes est grand, original par sa philosophie scientifique, comme l'a établi M. Liard, et non par une métaphysique qui continue, sans l'égaler, celle du moyen âge. En outre, si l'on considère la correction que Leibnitz apportait à la preuve cartésienne, on sera convaincu qu'il ne faisait par là que revenir à S. Anselme. Enfin, si l'on compare la métaphysique de S. Anselme à celle de Kant, on se rappellera que celle-ci exige au moins trois postulats, tandis que celle de S. Anselme devient absolument inattaquable, si on lui accorde son point de départ, à savoir qu'il existe quelque chose de parfaitement bon, de parfaitement grand et de supérieur à tout ce qui est.

Donc, l'étude impartiale des textes montre qu'on doit faire une place considérable, plus grande que celle qu'on leur accorde d'ordinaire, à Alcuin, à Heiric d'Auxerre, même à Bérenger de Tours ; qu'il faut compter, parmi les penseurs dont l'influence s'étend au delà de leur époque et de leur pays, Jean Scot, Gerbert, S. Anselme.

On arrive à des résultats différents pour certains hommes de la fin du xie et du xiie siècle, qui ont été plus vantés qu'étudiés, pour Roscelin, pour Guillaume de Champeaux, pour Abélard. On n'avait pas assez tenu compte des sources auxquelles ils ont puisé. Moins encore avait-on étudié leurs prédécesseurs, qui n'avaient que peu ou point abordé le problème des universaux auxquels on ramenait toute la scolastique.

Si l'on s'en rapporte uniquement aux textes, on voit que Roscelin semble bien avoir soulevé la question, pour soutenir que les genres et les espèces sont des mots (*voces*). Incontestablement aussi, il a été attaqué pour avoir affirmé que les trois personnes de la Trinité sont absolument distinctes (*tres res*). Mais il est tout à fait impossible de croire qu'il a saisi l'importance psychologique, logique et métaphysique de la question par lui posée; il est absolument déplacé de le comparer à Locke, à Hobbes, à Condillac et aux philosophes modernes. Moins facilement encore on établirait un rapprochement entre les deux doctrines qui résument, dans les manuels, la pensée de Roscelin. Sans doute, il est *logique*, pour un moderne, de lier sa doctrine de la Trinité et sa doctrine des universaux. Rien ne nous permet de supposer qu'elles aient été *réellement* unies par Roscelin ou même par ses contemporains (1).

C'est en enseignant la rhétorique (2) que Guillaume de Champeaux s'est occupé des Universaux; et d'ailleurs il ne s'est prononcé que sur le rapport des espèces aux individus. Pas plus que Roscelin n'a fondé un nominalisme métaphysique, Guillaume de Champeaux n'a traité du réalisme en métaphysicien. Par ses deux opinions successives, il paraît bien plus occupé des mots que des choses. La seconde est une pure correction grammaticale (3) de la première. Aussi, n'y a-t-il aucune raison, même lointaine, de le comparer à Spinoza.

Abélard n'a pas, comme Jean Scot, su le grec, ou étudié les sciences, comme Gerbert. Il n'a même pas eu, comme Jean de Salisbury, les *Seconds Analytiques*, qui lui auraient fourni la théorie péripatéticienne de la science. Ni en philosophie, ni en théologie, Abélard n'a été un rationaliste; jamais il n'a donné à la raison la place qu'elle occupe chez Gerbert et surtout chez Jean Scot. Au contraire, c'est lui qui, le premier, a fait constamment appel à l'autorité (ch. VIII). Qu'il s'agisse de littérature, de philosophie ou de théologie, il s'appuie, tout à la fois et également — ce qui explique la réprobation des orthodoxes et les sentences des conciles de Soissons et de Sens — sur les poètes et les écrivains latins, sur les philosophes, sur l'Écriture et les Pères. Ce qu'il se propose, par ses traités de philosophie, c'est de constituer, à l'usage des étudiants et des maîtres, une Somme des ouvrages d'Aristote, de Porphyre et de Boèce, qu'il avait à sa disposition; c'est de bien exposer, non d'inventer (4). Sur les universaux, il a des opinions fort différentes; mais là où il est le plus affirmatif, il n'est pas conceptualiste, puisqu'il ramène à des *sermones* les genres et les espèces. La plupart de ses hardiesses philosophiques sont des digressions où, tout occupé de montrer les applications possibles de son exposition présente, il oublie ce qu'il a dit ailleurs et ne se décide jamais à traiter d'une façon complète les questions qu'il soulève.

Alcuin et Jean Scot, Bérenger et S. Anselme, bien avant Abélard, ont appliqué la dialectique à la théologie. Ce qui appartient en propre à ce dernier, c'est d'avoir voulu, pour la théologie comme pour la philosophie, composer une Somme (*aliquam sacræ eruditionis Summam*) où, pour chaque question, se trouve indiqué ce qu'ont dit les Écritures et les Pères, comme aussi les philosophes et les poètes. S'il est hardi, téméraire, voire même hérétique, c'est qu'il connaît,

---

(1) Voir notre travail déjà cité sur Roscelin.
(2) Abélard est aussi précis que possible sur ce point.
(3) *Individualiter* au lieu de *essentialiter*.
(4) *Quorum omnium* (ARISTOTE, Catégories, Interprétation; PORPHYRE, Isagoge; BOÈCE, Divisions, Topiques, Syllogisme catégorique, Syllogisme hypothétique) SUMMAM *nostræ dialecticæ textus plenissime concludet et in lucem usumque legentium ponet* (2ᵉ partie, *primus Peripatetici analyticorum priorum*).

d'une façon trop incomplète, les problèmes théologiques et la méthode qu'il faut suivre pour les résoudre (1). En ce sens et spécialement, par ses affirmations sur la Trinité, sur l'Esprit-Saint, par la dédicace au Paraclet de l'asile qu'il abandonna plus tard à Héloïse, il peut être rattaché, d'un côté, à Jean Scot, de l'autre, à Arnauld de Brescia, à Joachim de Flore et aux partisans de l'Evangile éternel, à S. François d'Assise et à la floraison artistique du xiii° et du xiv° siècle.

Pour qui s'attache surtout à l'enseignement théologique, littéraire ou philosophique, Abélard apparaît comme le continuateur d'Alcuin, de Raban Maur et de Gerbert, comme un précurseur d'Alexandre de Halès (ch. VIII), de Vincent de Beauvais, d'Albert le Grand, de S. Thomas. Mais les conciles de Soissons et de Sens, les rapports d'Abélard avec S. Bernard, témoignent tout à la fois que l'ignorance est autrement profonde qu'au temps de Gerbert et que les esprits, tout aux Croisades et à la vie mystique, tiennent beaucoup moins la spéculation en honneur.

On a vu plus haut ce qu'ont fait les hommes du xii° siècle — mystiques, néoplatoniciens, écrivains politiques, artistes et savants — sans se soucier, ni les uns ni les autres, des universaux. Qu'il nous suffise maintenant de rappeler, en quelques mots, ce qu'a été l'un de ceux dont il importe le plus d'étudier l'œuvre, pour voir ce que fut la spéculation à cette époque, ce qu'elle est devenue dans la seconde période et même au xvii° siècle ou de nos jours.

Jean de Salisbury, l'auteur du *Polycraticus* et du *Métalogicus*, qu'on prendrait volontiers, dit Hauréau, pour un contemporain des beaux esprits de la Renaissance, et qu'il faut, pour sa latinité élégante, rapprocher de Jean Scot, est un des écrivains les plus originaux et les plus suggestifs de notre moyen âge. Disciple d'Abélard et de bon nombre de ceux qui tinrent école pendant son premier séjour en France, il nous apprend ce qu'étaient l'enseignement et les doctrines, les maîtres et les disciples. Ami de Thomas Becket, il nous décrit la société anglaise, surtout les courtisans, et, mieux que personne, nous renseigne sur les diverses péripéties de la lutte entre Henri II et son ancien favori. Par lui nous savons ce que furent les Cornificiens, ces singuliers contempteurs de toute science et de toute recherche spéculative. Il connaît les *Analytiques* et cependant il se rattache, par Cicéron, aux Académiciens en métaphysique (*qui me in his quæ sunt dubitabilia sapienti, academicum esse pridem professus sum*). Plus d'une fois on pense, en le lisant, à Arcésilas, à Carnéade, à Sextus Empiricus. Nul n'est si bien renseigné sur la philosophie antique, nul n'a voulu la faire connaître plus exactement — dans la mesure où le comportaient les sources, qu'il lui a été donné de consulter, — personne non plus n'a exposé avec autant d'exactitude et d'impartialité, les problèmes soulevés et les solutions trouvées ou reproduites au xii° siècle. Évêque de Chartres, tout dévoué à ses fonctions épiscopales, chrétien convaincu et pratiquant, il a montré, bien avant Charron, Pascal et Huet, comment le christianisme le plus austère pouvait s'allier au scepticisme métaphysique.

En somme Aristote n'a été, que pour la logique, le maître des théologiens et

---

(1) Il n'écoute que fort peu de temps Anselme de Laon et se pose comme son rival en théologie. D'abord il a peu d'auditeurs, parce qu'on trouve ridicule que, dénué presque entièrement de lecture sacrée, il se hâte d'aborder la science; puis, Anselme lui interdit de continuer ses leçons et ses gloses, parce que, s'il échappait à son INEXPÉRIENCE quelque erreur touchant la foi, on pourrait l'imputer à celui dont il usurpait ainsi la place.

des philosophes chrétiens d'Occident. Dans toutes les questions posées, du viiie au xiiie siècle, on rencontre des doctrines épicuriennes, stoïciennes, éclectiques et académiciennes, mais surtout néo-platoniciennes. Plotin et ses disciples sont sans cesse reproduits, amplifiés, commentés.

On ne traite des universaux que dans les écoles et on n'en traite que de 1090 à 1160 environ, pour en donner d'ailleurs des solutions grammaticales et logiques plus que métaphysiques. D'autres problèmes sont examinés et discutés avec passion, qui nécessitent des arguments philosophiques et théologiques. La Trinité et la présence réelle; les images et l'évangile éternel ; la liberté, la prédestination et la grâce ; l'existence de Dieu, ses rapports avec le monde et avec l'homme ; la morale pratique (1) et la médecine, le droit et l'alchimie, la cosmologie et la psychologie ont successivement ou en même temps, attiré l'attention des scolastiques et provoqué leurs discussions ou leurs recherches.

Si donc nous voulons exposer les résultats essentiels et non classer tous ceux dont les noms méritent d'être conservés, nous mettrons au premier plan Jean Scot Érigène et S. Anselme, qui reproduisent et continuent Plotin ou ses disciples orthodoxes et hétérodoxes, sans leur être trop inférieurs; Gerbert, qui tente une synthèse si hardie et Jean de Salisbury, le premier représentant de l'histoire de la philosophie au moyen âge. Ensuite viendront Alcuin et Heiric d'Auxerre, Bérenger de Tours et Abélard considéré surtout comme un précurseur d'Alexandre de Halès et de S. Thomas, les mystiques, tels que S. Bernard et les Victorins, les cosmologistes comme Thierry et Bernard de Chartres, qui rappellent, eux aussi le néo-platonisme. Enfin nous placerons Raban Maur et Remi d'Auxerre, Roscelin et Guillaume de Champeaux..

La succession des maîtres est continue d'Alcuin à Gerbert, à Abélard et à Jean de Salisbury. L'enseignement littéraire se constitue comme l'enseignement philosophique ; l'Université de Philippe-Auguste se rattache aux écoles carolingiennes.

La philosophie et la théologie sont étroitement unies. La première est parfois une servante de la seconde ; mais elle en est chez Alcuin et S. Anselme une auxiliaire fort utile, même nécessaire ; elle domine, pour Gerbert, la théologie, comme les sciences et les lettres. Pour Jean Scot, il faut suivre la raison en tous sujets et en toutes circonstances.

En résumé, l'histoire générale et comparée des philosophies du viiie au xiiie siècle, chez les Byzantins et les chrétiens occidentaux, chez les Juifs, chez les Arabes d'Orient et d'Occident, montre, même après une esquisse succincte et nécessairement incomplète, combien est fragmentaire et inexacte la conception qu'on s'en fait ordinairement en la réduisant à une scolastique subordonnée à la théologie, disciple d'Aristote et surtout occupée de la question des universaux (ch. X). En fait les sciences, la philosophie et la théologie ont été constamment en rapport chez les Arabes, les Byzantins et les Juifs, parfois chez les chrétiens d'Occident, de façon qu'il est fort difficile de déterminer ce qui tient la première place dans leurs combinaisons systématiques ; qu'il est toujours néces-

---

(1) Voir le mémoire diplômé de M. Alphandéry, sur les idées morales et les hétérodoxes latins au début du xiiie siècle (*Bibl. des Hautes Etudes*, section des sciences religieuses).

saire, pour comprendre celles-ci, de se placer, simultanément ou successivement, sur le terrain scientifique, théologique ou philosophique. Aussi ont-ils abordé les questions les plus diverses, tout en donnant, comme leurs prédécesseurs et leurs successeurs, une importance capitale à celles qui portent sur Dieu et sur la manière dont l'homme peut s'unir à lui. C'est ce qui apparaît clairement chez Avicenne et Averroès, chez Avicebron et chez Maimonide, chez Jean Scot Erigène, S. Anselme et les Victorins. S'ils demandent à Aristote de les guider pour l'étude du monde sensible, s'il en est parfois qui essaient, vainement d'ailleurs, de le suivre encore, pour constituer ou expliquer le monde intelligible, si la démarcation n'est pas toujours nettement établie entre l'un et l'autre monde, entre le domaine où il convient d'employer le principe de perfection et celui qu'il faut réserver aux principes de contradiction et de causalité, c'est de Plotin qu'ils relèvent pour la subordination ou la coordination de l'un à l'autre ; c'est de lui que s'inspirent indirectement, mais par des sources nombreuses et variées, les orthodoxes, les hérétiques et les novateurs, les partisans comme les adversaires de la philosophie, les scolastiques qui font surtout appel à l'intelligence et les mystiques qui préfèrent la voie du sentiment, comme ceux qui, plus près de lui par la méthode suivie, font servir la raison, la volonté, l'âme tout entière à construire ce monde intelligible et à s'en rapprocher de plus en plus pour y vivre enfin le plus longtemps possible et même pendant l'éternité.

CHAPITRE VIII

LA RAISON ET LA SCIENCE DANS LES PHILOSOPHIES MÉDIÉVALES

Les progrès de la raison et des sciences, étroitement unies, concordent avec ceux de la civilisation, sinon dans tous les domaines — car la poésie, par exemple, peut avoir atteint, en des genres divers, une perfection qu'on ne saurait plus dépasser (1) — au moins dans quelques-uns d'entre eux et en particulier dans celui de la philosophie.

Ceux dont l'histoire conserve les noms et étudie les systèmes ont été parfois des savants remarquables dont la raison, fortifiée par l'observation et l'expérience, appliquées d'ailleurs au monde intérieur comme au monde extérieur, a pu s'élever au delà pour tenter une explication métaphysique, d'autant plus compréhensive qu'elle portait sur une connaissance plus étendue et plus précise de la réalité phénoménale : tels furent Platon et Aristote, Descartes et Leibnitz. D'autres ont recueilli les découvertes de leurs contemporains et de leurs prédécesseurs, pour en faire sortir, comme Kant, Auguste Comte, Cournot ou Spencer, un système qui en rende compte, les coordonne et même en prépare de nouvelles.

Séparée des sciences, la raison ne produit rien que de provisoire et de fragile, comme les données du sens commun sur lesquelles elle édifie ses constructions. Sans la raison, les sciences risqueraient de ne constituer qu'un ensemble de connaissances, positives sans doute et dont on pourrait tirer des conséquences importantes pour la vie pratique, mais qui ne seraient pas liées entre elles, qui ne formeraient pas la base d'un de ces systèmes destinés à donner une explication provisoire de l'univers et à montrer, du même coup, les lacunes de notre connaissance, dont la claire vision occasionnera de nouvelles recherches et provoquera l'apparition de systèmes plus complets et plus vraisemblables (2).

---

(1) C'est ce que ne semblent pas avoir compris, au XVIIe siècle, les partisans des modernes, comme Perrault, La Motte et Fontenelle.
(2) Quand même on inclinerait à croire, avec Ravaisson, Renan, Ribot, que la métaphysique est, comme les œuvres d'art, essentiellement le produit de l'imagination, il resterait à noter l'importance des notions positives qui joueraient, pour le métaphysicien, le rôle

Les philosophies du moyen âge, malgré la prédominance des tendances théologiques, nous apparaissent elles-mêmes d'autant plus vivantes et d'autant plus puissantes, qu'elles font une place plus grande à la raison et aux sciences. Nous l'avons déjà vu pour Plotin (ch. III et ch. V), qui emploie à construire le monde intelligible les données positives de ses prédécesseurs et les résultats d'une analyse de l'âme humaine, poussée jusqu'aux limites où elle pouvait alors atteindre. Cela est manifeste pour les Juifs comme Avicebron et Maïmonide, pour les Arabes, chez qui l'apparition, l'apogée et la ruine de la philosophie accompagnent les progrès et la décadence des recherches rationnelles et scientifiques, chez qui la plupart des philosophes furent eux-mêmes des savants (ch. VII, 4, 5). Et il en est ainsi encore pour certains philosophes de l'Occident chrétien, pour Gerbert qui fut, en même temps qu'un chrétien fort orthodoxe, un grand ami de la science et de la raison ; pour S. Anselme et Jean Scot Érigène, qui, par S. Augustin et le Pseudo-Denys l'Aréopagite, rejoignent Plotin et les néo-platoniciens.

Du XIIIe siècle à nos jours, les philosophies catholiques, comme celles qui prennent naissance chez les calvinistes, les luthériens, les piétistes ou autres protestants, comme celles qui reproduisent des systèmes antiques, ont une vigueur et une action proportionnées à l'importance qu'elles accordent à la science et à la raison. Ainsi le XIIIe siècle a été une grande époque dans la civilisation chrétienne ; il est, pour les catholiques, la période la plus glorieuse et la plus féconde, puisque c'est alors que se sont constituées, sous une forme à peu près définitive en ses grandes lignes, leur théologie et leur philosophie. Or jamais, dans toute la période médiévale, la raison et la science n'ont été plus consultées et plus écoutées. Leur intervention est marquée, chez les orthodoxes, par les œuvres que Roger Bacon compose pour le pape Clément IV et où il recommande, en vue des progrès de la religion et de la théologie, l'étude des langues et des sciences. Sur ce point, toute contestation est impossible : on a même dépassé la mesure en tentant de faire de Roger Bacon un positiviste avant Auguste Comte et en oubliant ses préoccupations exégétiques et théologiques (1). Sur d'autres où l'accord est moindre, il vaut la peine de montrer brièvement que la raison et les sciences se retrouvent partout au XIIIe siècle. D'abord elles contribuent à l'achèvement, par Alexandre de Halès, de la méthode scolastique qu'avait esquissée Abélard ; puis à la formation de l'albertisme et du thomisme. En second lieu, les Averroïstes vont si loin, dans cette direction, qu'ils opposent la raison et la foi, la philosophie et la religion. Enfin, ce sont maître Pierre et les alchimistes, à peu près uniquement tournés vers les recherches expérimentales et scientifiques. Les catholiques actuels, rénovateurs du thomisme ou de la scolastique, ont si bien compris que le XIIIe siècle a été grand parce qu'il a utilisé tout ce qui lui venait de la raison, ou de l'expérience contemporaine et antérieure, qu'ils se sont adressés aux sciences pour rendre à leur métaphysique sa force et sa splendeur (ch. IX). N'avaient-ils pas d'ailleurs les enseignements de l'histoire, qui leur fournissait une contre-épreuve excel-

---

que remplissent les couleurs pour le peintre, les sons pour les musiciens, les formes pour le sculpteur, les images et les mots pour le poète.

(1) Voir Émile Charles, *Roger Bacon* ; Bridges, *The opus majus of Roger Bacon*, Oxford, 1897, Introduction, p. XCII, combat Renan, Hauréau et Littré, rapprochant Roger Bacon et Auguste Comte. Voir notre brochure (*Bibliographie*).

lente? N'est-ce pas pour avoir, au xviie siècle, refusé d'écouter Galilée, Descartes et leurs contemporains, de s'assimiler les résultats de leurs travaux, également appuyés sur l'expérience et la raison, que les catholiques, défenseurs du péripatétisme thomiste, ont vu l'activité, la vie et l'influence échapper à leurs écoles?

Que le xiiie siècle ait été un grand siècle dans l'histoire de la civilisation chrétienne (1), c'est ce que personne ne conteste, même parmi ceux qui condamnent les Croisades contre Byzance ou contre les Albigeois, l'Inquisition et les procédés dont on use avec les Juifs et les hérétiques. C'est l'époque où la France et l'Europe se couvrent de cathédrales et, comme l'a dit un de nos poètes à qui l'on peut pardonner un anachronisme :

> Où Cologne et Strasbourg, Notre-Dame et *Saint-Pierre*,
> S'agenouillant au loin dans leurs robes de pierre,
> Sur l'orgue universel des peuples prosternés
> Entonnaient l'hosanna des peuples *rénovés* (2).

Des papes, demeurés illustres, dirigent l'Eglise, à laquelle les Universités, les Franciscains et les Dominicains donnent gloire et puissance. De grands rois surgissent, Louis IX qui protège, de son auréole de sainteté et de justice, ses successeurs jusqu'à Louis XV; Frédéric II, qui rêve de faire de la science la directrice d'une société où il aurait gardé un absolu pouvoir; Alphonse X, que son amour pour les lettres, l'astronomie et la science, comme sa prudence et son habileté, font surnommer le Sage par la catholique Espagne. Puis éveillés par S. François d'Assise, Dante et Giotto créent une poésie nouvelle et un art qui, sans méconnaître l'esprit et sa haute valeur, voit la nature dans sa beauté et sa jeunesse éternelles (3). A côté de l'idéal entrevu ou rêvé, les légistes tentent de faire revivre la société la plus positive qui fut jamais. Les traducteurs enrichissent la langue comme la connaissance. Suivant la voie ouverte par Lucrèce et Cicéron, par les Pères comme S. Jérôme, ils forgent des mots latins pour rendre les termes grecs métaphysiques, scientifiques ou simplement abstraits. Une nouvelle langue, d'où sortira le français moderne, se forme, également redevable au latin classique et au grec, capable d'exprimer toutes les idées.

Que la philosophie et la théologie aient, au xiiie siècle, acquis leur plus grand développement parmi les catholiques orthodoxes, c'est ce que prouve la place qu'a toujours conservée, dans leur Eglise, la *Somme de théologie* de S. Thomas, à laquelle les Pères du Concile de Trente demandent toutes leurs réponses, comme les restaurations du thomisme ou d'une scolastique voisine du thomisme, chez les catholiques qui, au xvie et au xixe siècles, ont voulu avoir une philosophie (ch. III et IX).

---

(1) Sur le xiiie siècle, voir, dans l'Histoire de France publiée sous la direction de M. Lavisse, les volumes où M. Albert Luchaire traite de Louis VII, Philippe-Auguste et Louis VIII, M. Ch. V. Langlois, de S. Louis, de Philippe le Bel, des derniers Capétiens. On peut relire les volumes où Michelet en a fait un éloge enthousiaste et ceux où, parlant de la Renaissance, il en a fait la critique.
(2) Musset dit « *nouveau-nés* », ce qui s'applique surtout à l'époque du Christ.
(3) Voir Gebhart, *l'Italie mystique* et *Moines et Papes*, Paris, Hachette, Taine, *Philosophie de l'Art* et *Voyage en Italie*.

Sans revenir sur Roger Bacon (1), pour qui la contestation est impossible et dont l'exemple est d'autant plus significatif qu'il écrivit son œuvre à la demande d'un pape, par qui elle semble avoir été fort bien accueillie, essayons de montrer d'abord comment la raison et l'expérience ont contribué à l'achèvement de la méthode scolastique.

Rappelons brièvement (2) ce qui avait été fait, par les chrétiens d'Occident, pour la constitution d'une méthode propre à résoudre les questions qu'on se posait dans les écoles (ch. IV) et à en transmettre les solutions à ceux qui ne pouvaient guère acquérir les connaissances nécessaires à l'exercice de la prédication, au gouvernement de l'Eglise ou à la direction des âmes, qu'auprès de maîtres savants et capables d'enseigner.

On a cité (3), parmi les ouvrages où cette méthode se trouve en germe, le *Liber Sententiarum Prosperi*, extrait de Prosper et de S. Augustin, surtout les *tres Libri Sententiarum*, d'Isidore de Séville, formés de citations empruntées aux Pères de l'Eglise. Ce dernier ouvrage constituerait un progrès considérable, en ce que la matière y est répartie en trois divisions, et que, sous chaque titre, il y a plusieurs sentences d'auteurs différents. Isidore de Séville serait resté, dit-on, le modèle du genre jusqu'au temps où Abélard, par le *Sic et Non*, fournit des cadres nouveaux plus commodes et moins imparfaits.

Mais dans ces compilations de Prosper et d'Isidore, il n'y a absolument rien de méthodique, et partant, comment les scolastiques y auraient-ils appris quelle voie il leur était le plus avantageux de suivre ? (4). Par contre, obligés d'enseigner le peu qu'ils savaient à des barbares dont l'intelligence était grossière et rude, de combattre sans cesse des hérétiques qui invoquaient l'Evangile et les Pères, ils s'efforcèrent d'être clairs dans leur enseignement et pressants dans leur argumentation. C'est chez eux qu'il faut étudier les commencements obscurs, relever les lents progrès par lesquels les clercs redeviendront peu à peu capables de saisir la pensée antique dans son ensemble, et de traiter les questions dont la solution importe à leurs contemporains. Déjà Alcuin procède, dans quelques-uns de ses livres, par questions, par objections et par réponses (ch. VI, 1, 2).

Le *De Universo*, de Raban Maur, contient des divisions et des énumérations dont la place est marquée dans la méthode future (5).

---

(1) Emile Charles, Roger Bacon. Voir notre brochure (*Bibliogr. générale*).

(2) *Abélard et Alexandre de Halès, créateurs de la méthode scolastique* (Bibl. de l'Ecole des Hautes Etudes, 5e section, vol. 7). Paris, Leroux, 1896. Ce travail a été remanié et complété.

(3) *Denifle*, Die Sentenzen Abälards, und die Bearbeitungen seiner Theologia vor Mitte des 12 Jarhrhunderts (*Arch. f. Litteratur und Kirchengeschichte des Mittelalters*, I, p. 618 sqq.; *Endres*, Ueber den Ursprung und die Entwicklung der scholastischen Lehrmethode (*Ph. Jahrbuch*, II, 4).

(4) Peut-être faudrait-il tenir plus de compte de S. Hilaire de Poitiers, dont les ouvrages, *Adversus Arianos, de fide* ou *de trinitate*, en 12 livres, *de synodis, Contra Auxentium, Contra Dioscurum*, ont été considérés comme ouvrant la série des *Sommes* ou des *Traités* du moyen âge, par M. Pichon (Histoire de la littérature latine, p. 839), qui y trouve la méthode de la scolastique philosophique, parce qu'elle emploie un grand nombre d'arguments et de syllogismes ; religieuse, parce que ses arguments ont, comme point de départ, des propositions prises dans les livres saints.

(5) Ainsi, pour le temps, dit-il, on compte de trois manières : selon l'autorité humaine (olympiades), selon l'autorité divine (le sabbat est le septième jour de la semaine), par

Mais c'est dans les discussions suscitées par les hérétiques qu'il faut surtout chercher les antécédents du *Sic et Non*. Et l'on sait combien il y eut d'hérésies au Moyen Age! Contre les Adoptianistes, Alcuin prouve l'humanité et la divinité de J.-C. par des témoignages « empruntés aux quatre Evangiles ». Même méthode contre les Iconoclastes, au concile de Francfort, sous Charlemagne, à celui de Paris, sous Louis le Débonnaire; dans les luttes entre les deux pouvoirs, où les adversaires s'opposent des sentences de la Bible, de l'Evangile, des Pères et plus tard des lois romaines.

Caractéristique entre toutes est l'hérésie de Gottschalk (ch. VI, 3, 4, 5), au temps de Charles le Chauve : « Il a extrait beaucoup de témoignages des œuvres de saint Augustin, sur lesquels il appuie sa doctrine de la double prédestination ». Aussi faut-il, écrit Raban Maur, « composer, pour combattre son erreur, un recueil de sentences prises aux Ecritures et aux Pères » (*e divinis Scripturis et de orthodororum Patrum sententiis aliquod opusculum conficere ad convincendum errorem*).

On juge Gottschalk : « Il peut réciter de mémoire, pendant tout un jour, des passages des Pères, et il a en main un ouvrage où il les a consignés ». Condamné, c'est seulement quand « ses forces sont épuisées, que sa main s'ouvre et le laisse tomber dans le feu ». Mais Gottschalk ne se soumet pas; Raban Maur s'en rapporte « à l'érudition et à la santé d'Hincmar, pour réunir plus de témoignages ». Jean Scot qui voudrait, comme un moderne, se servir toujours et partout de la raison (*consulta ratione, rationibus*), rassemble des témoignages de saint Augustin, par lesquels il établit « qu'il n'y a qu'une seule prédestination et qu'elle n'a rapport qu'aux saints ». Loup de Ferrières craint-il d'être accusé d'hérésie, après s'être prononcé devant le roi en faveur de la double prédestination? il adresse aussitôt à Charles le Chauve un recueil de sentences des Pères favorables à cette opinion (*Collectaneum de tribus quæstionibus*).

Or Jean Scot, en combattant l'hérétique Gottschalk, a accumulé les propositions erronées. Contre lui Ratramne invoque S. Augustin, Fulgence, S. Grégoire, Cassiodore et Isidore. Prudence, dans le chapitre V du traité où il le combat (*Incipit collectio ex Patribus qua prima propositio de genuina prædestinatione probatur*), y joint S. Jérôme, Prosper, Bède et « divers autres écrivains orthodoxes ».

C'est de cette façon aussi que Paschase Radbert, abbé de Corbie, affirme dès 844 la présence réelle, dans l'écrit (*De Corpore et Sanguine Domini*) qu'il offre à Charles le Chauve. Quand, deux siècles plus tard, Bérenger reprend l'assertion contraire de Jean Scot, acceptée par tous au IX⁰ siècle, Lanfranc écrit de lui, que toujours il a « rassemblé des témoignages contre la foi catholique » (*semper contra fidem catholicam auctoritates collegisti*). Et autour de Bérenger, les disciples de Fulbert rappellent les anciens et les Ecritures, pour l'engager à revenir au che-

---

autorité naturelle (année de 365 jours 1/4). A propos de théologie, il rapproche les diverses opinions des philosophes. Pour Pythagore, Dieu est formé de nombres et constitue, *animum in omnibus commeantem et lucidum*; Platon et les Platoniciens disent de lui : *Deum sine tempore incommutabilem, Deum curatorem et arbitrum et judicem, mundum incorporalem*; Cicéron : *mentem solutam*; Virgile : *spiritum et mentem*. Héraclite le compose de feu, Epicure, d'atomes. Pour ce dernier, en outre, il est *otiosus et inexercitus*. — On pourrait dire que ces procédés ont été fréquemment employés par les anciens, mais pour les scolastiques, inventer n'est bien souvent, en toutes matières, que retrouver et comprendre (Voir ch. VI, 4).

min « droit et battu que nous ont montré nos maîtres si saints, si sages, si catholiques » (1).

Ainsi, en faveur de leurs thèses opposées, hérétiques et orthodoxes prennent des sentences dans la Bible, l'Évangile et les Pères. Avaient-ils besoin pour cela d'imiter les apories d'Aristote ? (2) D'abord ils connaissent fort peu de choses d'Aristote (V et VII). Puis, ce qui est en jeu entre les adversaires, c'est la gloire de Dieu, l'existence de l'Église, leur salut éternel et celui de leur prochain. Que de raisons pour être diligent dans le choix des textes et l'examen des propositions contraires! Enfin nous ne voyons pas de quelle autre méthode les scolastiques auraient pu se servir. Pour eux, la vérité est dans les Livres saints et chez les Pères. Dès lors, ne faut-il pas réunir, sur chaque question qu'on pose, les sentences qui l'expriment, comme celles qui condamnent l'erreur ? N'emploiera-t-on pas une argumentation positive (*Pro, Sic*) dans le premier cas, négative dans le second (*Contra, Non*) ?

Quelle est donc la part d'Abélard dans la création de la méthode scolastique ? D'abord le *Sic et Non* réunit les sentences opposées, dont les unes étaient auparavant relevées par les orthodoxes et les autres par les hérétiques. Puis Abélard eut l'intention d'en tirer une doctrine unique, et il vit bien les difficultés de cette tâche. Dans les écrits des saints, dit-il, il y a des propositions qui diffèrent et qui se combattent. On leur attribue des ouvrages apocryphes, et certains passages de leurs œuvres authentiques ont été altérés par les sophistes. Les Pères se sont rétractés, comme S. Augustin; ils posent des questions que nous prenons pour des affirmations ; ils imitent l'Écriture, en se conformant aux idées communes, et appellent, par exemple, Joseph, le père de J.-C. Donc il faut rapprocher soigneusement les différents sens d'un même mot ; il faut, si les contradictions sont trop manifestes, comparer les autorités et faire un choix entre elles.

Avec le *Sic et Non* (3), où il a rassemblé les sentences des Pères qui paraissent, sur une même question, présenter quelque dissonance, il veut exciter les jeunes lecteurs à chercher la vérité et, par cette recherche même, les rendre plus pénétrants. Car l'inquisition est la clef de la sagesse, et Aristote, le plus perspicace

---

(1) Voir Clerval, *Les Écoles de Chartres*, Paris, 1885 et Ebersolt, *op. cit.*
(2) « Die Aporien den Skolastikern als Vorbild der Disputatio pro et contra dienten ». Zeller, *Die Ph. der Griechen*, II, 2^3, p. 241.
(3) « His autem prælibatis, placet, ut instituimus, diversa sanctorum Patrum dicta colligere, quando nostræ occurrerint memoriæ, aliquam ex dissonantia, quam habere videntur quæstionem contrahentia, quæ teneros lectores ad maximam inquirendæ veritatis exercitium provocent et acutiores ex inquisitione reddant. Hæc quippe prima sapientiæ clavis definitur assidua scilicet seu frequens interrogatio ad quam quidem toto desiderio arripiendam philosophus ille omnium perspicacissimus Aristoteles in prædicamento ad aliquid studiosos adhortatur, dicens : Fortasse autem difficile est de hujusmodi rebus confidenter declarare nisi pertractæ sint sæpe. Dubitare autem de singulis non erit inutile. Dubitando enim ad inquisitionem venimus ; inquirendo veritatem percipimus ; juxta quod et Veritas ipsa : Quærite, inquit, et invenietis, pulsate et aperietur vobis (*Matth.*, vii). Quæ nos etiam proprio exemplo moraliter instruens, circa duodecimum ætatis suæ annum sedens et interrogans in medio doctorum inveniri voluit, potius discipuli formam per interrogationem exhibens, quam magistri per prædicationem, cum sit tamen in ipsa Dei plena ac perfecta sapientia ».

des philosophes, l'a recommandée, comme le doute qui conduit au vrai. De même la Vérité nous dit : Cherchez et vous trouverez, frappez et l'on vous ouvrira. Et Jésus n'est-il pas venu s'asseoir au milieu des docteurs pour les interroger ?

Les 158 questions sur lesquelles Abélard rapporte le *Sic* et le *Non* ont un caractère théologique, même quand le titre semble philosophique. Demande-t-il s'il faut croire ou non en Dieu seul, il s'agit de savoir si l'on doit suivre S. Pierre, S. Paul, c'est-à-dire l'Eglise comme les Livres saints. Cherche-t-il s'il y a ou non une substance, il ne parle que de Dieu et de la Trinité. De même, c'est en théologien qu'il voit si rien ne se fait par hasard ; qu'il examine si la foi doit s'appuyer ou non sur des arguments humains. S. Grégoire, S. Ambroise, S. Jérôme lui fournissent les propositions négatives, et il termine par Bède, dont la conclusion positive est toute théologique (1).

Le *Sic et Non* s'adressait aux débutants, *teneros lectores* : les questions n'étaient guère liées, non plus que les sentences, placées « comme elles s'étaient offertes à sa mémoire ». Et Abélard n'avait rien fait pour en résoudre les contradictions, au moins apparentes. Pour ses auditeurs, il composa l'*Introduction à la Théologie*, dont il voulait faire une Somme de l'érudition sacrée, *sacræ eruditionis Summam*. Le premier livre porte sur la foi catholique, le second sur la Trinité, le troisième sur la puissance et la bonté de Dieu. Abélard se défend surtout d'avoir voulu innover, et s'il s'écarte de la pensée ou de l'expression catholique, il sera toujours prêt à corriger ou à effacer ce qu'il aura dit, dès qu'un fidèle le redressera par la puissance de la raison ou par l'autorité de l'Ecriture.

Dans tout son enseignement, Abélard avait procédé comme en théologie. Ce qu'était le *Sic et Non* pour les jeunes théologiens, un ouvrage aujourd'hui perdu (*in his Introductionibus... quas tenerorum dialecticorum ad eruditionem conscripsimus*), devait l'être pour les jeunes dialecticiens. A la *Somme de l'érudition sacrée* correspondait la *Somme de dialectique*, où il s'était proposé de réunir les doctrines de sept ouvrages qu'il connaissait (*quorum omnium Summam nostræ Dialecticæ plenissime concludet et in lucem usumque legentium ponet*). Chacun, disait-il, y trouvera ce qui est nécessaire à l'enseignement et, à peu près encore comme pour la théologie, il annonçait l'intention de corriger les erreurs de quelques-uns, de concilier les dissidences schismatiques des contemporains, de résoudre les difficultés des modernes.

Ainsi Abélard recueille des sentences avant Pierre le Lombard. Avant les hommes du xiiie siècle, il compose des Sommes de dialectique et de théologie, qui, par elles-mêmes et par les ouvrages dont elles sont la suite et le complément, doivent guider les maîtres et leurs élèves. Même, à première vue, on pourrait croire qu'il a créé définitivement la méthode scolastique. Nul, en effet, n'a fait si constamment appel à l'autorité, à laquelle il joint d'ailleurs, comme tous les hommes de cette époque, l'interprétation allégorique (ch. II et ch. III), qui introduit des pensées personnelles sous un texte antique. « Il est plus sûr, dit-il, après S. Augustin, surtout dans les choses qui ont rapport à Dieu, d'user de l'autorité que du jugement humain » (2). Or, ses autorités sont, comme pour tous

---

(1) « Duobus modis de spe et fide nostra rationem poscentibus reddere debemus, ut et justas spei ac fidei nostræ causas omnibus intimemus, sive fideliter, sive infideliter quærentibus, et ipsam fidei ac spei nostræ professionem illibatam semper teneamus etiam inter pressuras adversantium ».

(2) « Beato attestante Augustino, in omnibus auctoritatem humanæ anteponi rationi.

les théologiens, la Bible, le Nouveau Testament, les Prophètes et les Pères. Mais ce sont aussi les hommes que la philosophie a conduits à connaître l'existence de Dieu, et dont il se sert pour réfuter, avant S. Thomas, les gentils, comme il use des prophètes pour réfuter les Juifs. Et tous, Hermès, Platon et les Platoniciens, Pythagore et Cicéron, Varron et Sénèque, bien d'autres dont il recueille les affirmations chez les Pères plus que chez les auteurs profanes, viennent témoigner en faveur des doctrines chrétiennes, telles que les entend Abélard.

Après les philosophes, la Sibylle (1), qui a prédit la divinité et l'humanité du Verbe, l'une et l'autre venue, l'un et l'autre jugement. Puis Virgile et les poètes, Horace, Lucain, Ovide, etc.

Ne semble-t-il pas qu'Abélard ait employé les autorités profanes, comme les autorités sacrées, à l'exposition des doctrines théologiques, et que, de leur opposition ou de leur rapprochement, il ait fait jaillir la lumière sur les points obscurs ou naître la certitude sur les questions contestées ? Ne semble-t-il pas, qu'aux hommes du xiiie siècle, il ne restait d'autre tâche que d'élargir les cadres par lui formés, pour y faire entrer tout ce qui leur vint alors des Grecs, des Arabes et des Juifs ?

Rien cependant de moins exact. Abélard sait établir une hiérarchie entre les autorités sacrées : Prophètes et Pères viennent après la Bible et le Nouveau Testament. Il classe de même les philosophes : d'abord Hermès, Platon qui, selon les Pères, a le plus approché de la foi chrétienne, et qu'il suivrait, de préférence à Aristote, moins ancien, s'il possédait ses œuvres ; puis Aristote, qui passe avant Porphyre et Boèce. La valeur des poètes est déterminée par la place qu'ils occupent dans la chronologie, telle que la conçoit Abélard.

Ainsi tout ce qui est écrit (*scriptum*) constitue pour lui, comme pour beaucoup d'autres, une autorité. En fait, les clercs, concentrant toutes leurs ressources, espéraient maîtriser plus aisément les nombreux partisans de la force brutale, comme autrefois Panétius et ses compatriotes, établis à Rome, soutenaient l'accord des penseurs grecs pour faire accepter les doctrines philosophiques à leurs farouches vainqueurs. Mais Abélard met sur le même rang les autorités sacrées et les autorités profanes : « Dieu, dit-il moins clairement, mais aussi expressément que Roger Bacon, s'est révélé aux philosophes. Peut-être Platon a-t-il vu Jérémie en Égypte, ou a-t-il lu les Écritures dans ses voyages, et certes les abeilles qui couvraient ses lèvres de miel présageaient que Dieu lui révélerait un jour sa doctrine. Et si Dieu a fait parler l'ânesse de Balaam, n'a-t-il pu inspirer la Sibylle et Virgile ? » Abélard rapproche donc ce que disent sur Dieu Platon et Hermès, de ce qu'en disent S. Jean, S. Augustin, S. Hilaire, bien d'autres encore ; il s'appuie également sur Aristote et sur Jésus. Dans Virgile, il trouve l'Incarnation et la Trinité. Et pour se défendre d'avoir cité les philosophes, il invoque, après S. Jérôme et S. Paul, Horace, Lucain et Ovide !

On comprend l'indignation des chrétiens sévères contre celui qui établissait une égalité impie entre Aristote et Jésus, entre Cicéron, Priscien ou la Sibylle et

---

convenit ; maxime autem in his quæ ad Deum pertinent, tutius auctoritate quam humano nitimur judicio ».

(1) « Ut vero ne aliquis sexus inter homines sapientiæ fama cæteris præstantes fidei nostræ testimoniis desit ».

S. Paul ou S. Augustin (1). Rien d'étonnant, certes, qu'ils l'aient accusé « d'avoir soumis les Écritures aux philosophes et d'avoir souillé la théologie chrétienne ». Peut-être de plus indulgents, se souvenant que le Seigneur avait ordonné aux Hébreux d'emporter les vases précieux qu'ils avaient empruntés aux Égyptiens, lui auraient-ils pardonné et même su gré, d'avoir fait témoigner les plus illustres des païens en faveur du christianisme. Mais l'Église avait condamné plusieurs des propositions théologiques d'Abélard ; il n'avait donc pas ramené à l'unité les assertions opposées du *Sic et Non*. Ce livre devenait, privé ainsi de son complément nécessaire, dangereux pour la foi, puisqu'il préparait des armes aux hérétiques. Les philosophes et les poètes apparaissaient bien plus comme des fauteurs d'hérésies, tels que l'avaient été déjà Jean Scot, Bérenger et Vilgard, que comme des commentateurs propres à éclairer les obscurités des Écritures et des Pères. Pour toutes ces raisons, Abélard n'avait pas atteint le but qu'il avait clairement aperçu et il n'était pas sûr, pour un théologien, d'argumenter après lui, *pro et contra*, surtout de s'appuyer sur les autorités profanes à l'égal des autorités sacrées. Ne part-il pas, d'ailleurs, des catégories d'Aristote (p. 91), applicables au monde sensible, jointes aux principes de contradiction et de causalité, tandis que le monde intelligible auquel tout chrétien doit croire correspond au principe de perfection et suppose, comme l'a montré Plotin (ch. III, 4, 10), des Catégories spéciales ? Et pour un philosophe, la Dialectique était une Somme incomplète (2), puisque Abélard ne connaissait ni la Physique, ni la Métaphysique, ni même les Analytiques et les Topiques ; tout à fait insuffisante, car les difficultés n'y étaient pas plus résolues que les oppositions n'y étaient conciliées.

Les disciples d'Abélard, dit Denifle, firent connaître sa méthode dans tous les pays. En ce sens, scolastiques et même juristes sont des continuateurs, dont la plupart pratiquent, pour une fin orthodoxe, les procédés qu'avait mis en usage le condamné de Soissons et de Sens.

Voici d'abord la *Summa Sententiarum* (3) de Hugues de Saint-Victor, mort en 1141. C'est une rédaction abrégée de son grand ouvrage sur les sacrements (*de sacramentis christianæ fidei*). La raison humaine est insuffisante sans la révélation. Les philosophes « qui ne croyaient que ce que prouve la raison humaine »

---

(1) Qu'on se rappelle Héloïse récitant des vers de Lucain au moment de prendre le voile et de prononcer ses vœux !

(2) Abélard dit lui-même qu'il y a réuni deux ouvrages d'Aristote, les Catégories et l'Interprétation, un de Porphyre, l'Isagoge, quatre de Boèce, les Divisions, les Topiques, les Syllogismes hypothétiques et catégoriques.

(3) Des sept livres, six seulement, dit-on, appartiennent à Hugues : le 1er traité de la Trinité ; le 2e des anges ; le 3e de l'homme ; le 4e des sacrements ; le 5e du baptême ; le 6e de la confirmation, de l'eucharistie, de l'extrême-onction. — Le premier livre comprend les chapitres suivants : 1 de fide ; 2 de spe et charitate ; 3 de fide antiquorum ; 4 de quibus constet fides ; 5 de spiritu creato, utrum sit localis ; 6 de distinctione Trinitatis ; 7 de nominibus personas Trinitatis distinguentibus ; 8 de æqualitate Patris et Filii et Spiritus sancti ; 9 quod de sancta Trinitate nihil dicatur secundum accidens ; 10 de diversa nominum acceptione ; 11 de personarum appropriatis ; 12 de prescientia et prædestinatione ; 13 de voluntate Dei ; 14 de omnipotentia Dei ; 15 de fide incarnationis ; 16 quod Christus simul animam et carnem assumpserit ; 17 quod Christus omnia infirma nostra præter peccatum susceperit ; 18 an Christus sit creatura ? 19 an in morte Christi separata fuerit divinitas a humanitate ?

ne sauraient être sauvés. Si la définition cicéronienne de l'amitié est reproduite, comme chez Abélard, Platon n'est cité que pour être critiqué, quoiqu'en plus d'un endroit, on reconnaisse des doctrines qui ont chez lui leur origine, comme pour l'ensemble, on est amené sans cesse à songer à Plotin (ch. III et VII). A Jean Scot et à Bérenger, il fait dédaigneusement allusion sans même les nommer (1).

Puis c'est Robert Pulleyn, mort en 1150, avec ses *Sententiarum libri octo*; Robert de Melun et les *Quæstiones de divina pagina* ou *Summa theologiæ*, surtout Pierre le Lombard, mort en 1164 évêque de Paris, dont les *Sententiarum libri quatuor* (2) furent lus, commentés dans les écoles pendant toute la seconde période, et parfois placés, si nous en croyons Roger Bacon, avant la Bible elle-même. Dieu, le bien absolu dont nous jouissons, les créatures dont nous usons, l'Incarnation, les Sacrements en forment les quatre divisions. Chacune comprend des *Distinctiones*, partagées en un certain nombre de paragraphes et terminées par un *Epilogus* qui résume les résultats obtenus.

Enfin avec Pierre de Poitiers, disciple de Pierre le Lombard et chancelier de l'Université de Paris, dont nous avons aussi des *Sentences*, nous arrivons au XIIIe siècle.

Il n'y a pas de raison pour renoncer, alors, à la méthode d'autorité entendue au sens où elle a été précédemment expliquée. Traduits en latin, Aristote et ses

---

(1) « Quidam ausi sunt dicere in altari non esse veritatem corporis Christi, sed solum sacramentum et rem ipsam ».

(2) Voici le développement de la Distinctio III^a : Quomodo per creaturam poterit cognosci Creator ? 1 Deus se revelavit illis scilicet, dum fecit opera (Apôtre). 2 Prima ratio vel modus quomodo potuit cognosci Deus (S. Ambroise). 3 secunda ratio qua potuit cognosci, vel modus quo noverunt (S. Augustin). 4 tertia ratio vel modus. 5 Quartus modus vel ratio. 6 Quomodo in creaturis apparet vestigium Trinitatis. 7 Quomodo in anima sit imago Trinitatis (S. August.). 8 Quomodo æqualia sint, quia capiuntur a singulis omnia et tota (S. Aug.). 9 Quomodo tota illa tria memoria capiat. 10 Quomodo tota illa tria capiat intelligentia et 11) voluntas (S. Aug.). 12 Ex quo sensu illa tria dicuntur esse unum et una essentia quæritur. 13 Quod etiam ad se invicem dicuntur relative (S. Aug.). 14 Hic aperitur quod supra quærebatur, scilicet quomodo hæc tria dicantur unum (S. Aug.). 15 Quod in illa similitudine est dissimilitudo (S. Aug.). 16 Prima dissimilitudo (S. Aug.). 17 Altera dissimilitudo (S. Aug.). 18 Alia, assignatio Trinitatis in anima, scilicet mens, notitia, amor. 19 Quia mens vice Patris, notitia Filii, amor Spiritus sancti accipitur (S. Aug.). 20 Quod non est minor mente notitia, nec amor utroque (S. Aug.). 21 Quod hæc tria in seipsis sunt (S. Aug.). 22 Quomodo mens per ista proficit ad intelligendum Deum. 23 Hic de summa Trinitatis unitate.

Voici l'Epilogus de la Distinctio Prima : Omnium igitur quæ dicta sunt ex quo de rebus specialiter tractavimus, hæc summa est. Quod aliæ sunt quibus fruendum est, aliæ quibus utendum est, aliæ quæ fruuntur et utuntur, et inter eas quibus utendum est, etiam quædam sunt per quas fruimur, ut virtutes et potentiæ animi, quæ sunt naturalia bona. De quibus omnibus antequam de signis tractemus, agendum est, ac primum de rebus quibus fruendum est, scilicet de sancta atque individua Trinitate. — L'auteur avait traité dans les 8 paragraphes qui précédaient cet Epilogus : 1 de rebus communiter ; 2 des choses dont on jouit, dont on use, dont on jouit et use ; 3 autre différence entre frui et uti ; 4 determinatio eorum quæ videntur contraria ; 5 alia determinatio ; 6 utrum hominibus sit utendum vel fruendum ; 7 hic quæritur an Deus fruatur an utatur nobis ; 8 utrum utendum an fruendum sit virtutibus.

commentateurs néo-platoniciens, les Arabes et les Juifs, les astronomes et les géomètres, les médecins et les alchimistes agrandissent à tel point le domaine intellectuel des scolastiques que, pour eux, la vérité est toute trouvée et qu'il n'y a plus qu'à l'en extraire (1). Assez considérable et assez méritoire sera le rôle de la raison, si elle parvient à faire un choix entre toutes ces richesses, pour les concilier avec la doctrine chrétienne. L'œuvre est immense et la méthode devra gagner singulièrement en ampleur, en certitude, en rigueur.

A qui revient l'honneur de l'avoir ainsi complétée et presque transformée ? D'ordinaire on se prononce pour Albert le Grand et surtout pour saint Thomas (2). Mais elle existe, sous sa forme la plus complète et la plus exacte, dans la Somme de théologie d'Alexandre de Halès, antérieur à l'un et à l'autre.

La Somme est divisée en *questions*. La première partie en compte soixante-quatorze, qui portent sur Dieu, son essence, ses attributs, et sur la Trinité. Cha-

---

(1) Il convient de ne pas oublier les mystiques, qui continuent avant tout la tradition néo-platonicienne et S. Anselme, puis Roger Bacon et ceux qui préparent plus directement la philosophie et la science modernes.

(2) Hauréau, dont l'autorité est grande en cette matière, a écrit (*Hist. de la Scolastique*, II, 1, p. 235) : « La manière d'Albert le Grand ne ressemble guère à celle des docteurs qui sont venus avant lui... Non seulement il reconnaît, il avoue les difficultés que les questions lui présentent, mais après avoir déclaré comment il faut les résoudre, il revient sur les solutions par lui-même proposées, pour y faire des objections qu'il discute séparément. Cette discussion achevée, il se demande si d'autres objections ne se trouveraient pas ailleurs. Il s'adresse donc alors aux interprètes, les interroge tous, arabes, latins ou grecs, et n'hésite pas à se prononcer contre eux, c'est-à-dire contre l'autorité, lorsqu'elle lui paraît en défaut. Cette méthode sera désormais celle de nos docteurs scolastiques. Elle était encore en faveur au XVIIe siècle, quand Descartes vint proposer la sienne ». On ne saurait nier qu'Albert le Grand et S. Thomas aient pratiqué cette méthode. Mais avant eux, Alexandre de Halès en avait fait usage et partant doit en être considéré, après Abélard, comme le véritable créateur. C'est ce qu'ont affirmé d'ailleurs, des auteurs dont le témoignage est d'un grand poids. Paul Janet (*Histoire de la Science politique*, I[3], p. 360, sqq), dit : « Selon la méthode scolastique, l'auteur démontre d'abord le pour, puis le contre et enfin il donne son opinion... Pour avoir l'opinion précise d'un scolastique, il ne faut la chercher ni dans le *Sic* ni dans le *Non* ; il faut surtout interroger le corps de la discussion, cette partie qu'Alexandre de Halès appelle *resolutio* et saint Thomas *responsio*. C'est en quelque sorte le jugement rendu après plaidoiries ». Pour Paul Janet, Alexandre pratique donc, avant saint Thomas, la méthode scolastique. Jourdain, l'historien et l'admirateur de saint Thomas, écrit (*Dict. ph. art. Alexandre*) : « Dans sa Somme de Théologie, il donne le premier exemple de cette méthode rigoureuse et subtile, imitée depuis par la plupart des docteurs scolastiques ; il distingue toutes les faces d'une même question, expose sur chaque point les arguments contraires, choisit entre l'affirmative et la négative, soit d'après un texte, soit d'après une distinction nouvelle, en ramenant le tout, autant que faire se peut, à la forme du syllogisme ». Endres, qui a consacré un travail considérable à la Psychologie d'Alexandre (*Philosophisches Jahrbuch*, I, 1, 2, 3), dont il fait grand éloge, n'a pas traité de sa méthode, et il ne l'a pas cité dans l'article que nous avons rappelé en commençant notre exposition. Dans son *Histoire de la philosophie médiévale*, pp. 201 et 253, M. de Wulf adopte nos conclusions, relatives à Abélard et Alexandre de Halès, sur la formation de la méthode scolastique. Dans la *Revue thomiste*, le R. P. Mandonnet a contesté que la *Somme* soit d'Alexandre, mais il n'a pas donné, à notre connaissance, les raisons sur lesquelles il s'appuie pour conclure ainsi. Dans le nouveau *Dictionnaire de théologie*, le R. P. Portalié a accepté, à peu près dans leur ensemble, nos affirmations.

que question comporte une sorte de préambule, où elle est séparée en plusieurs *membres*. A son tour, le *membre* est parfois partagé en *articles*. Tout membre indivisé et tout article donnent des arguments négatifs, placés les uns à la suite des autres, qui se terminent par la même conclusion, et des arguments positifs disposés de même. De ces arguments, les uns sont des enthymèmes, avec majeure et conclusion (*ergo*), les autres, des syllogismes avec majeure, mineure (*sed, atqui, vero*), des épichérèmes où sont prouvées la majeure, la mineure, même l'une et l'autre (*quia, enim*) ; enfin des polysyllogismes. Les prémisses viennent des Écritures, des Pères, des philosophes ; quelquefois, ce sont des assertions rationnelles.

En certains cas, les arguments sont suivis immédiatement d'une conclusion qui résume ceux pour lesquels se prononce l'auteur (*quod concedendum est*). Et il ne lui reste alors qu'à répondre à chacun des autres (*ad argumenta solutio, ad primum argumentum, ad secundum*, etc.). Dans d'autres cas, après les arguments (*pro et contra*), vient la solution ou réponse à la question (*solutio sive responsio quæstionis*), précédée parfois de quelques remarques préliminaires (*prænotandum*), complétée par une note (*nota, notandum*), et suivie de la réfutation des arguments négatifs qui comporte, pour certains d'entre eux, objection et réponse. Enfin, il arrive qu'une conclusion finale résume et complète la réponse à la question.

Ainsi la première question a pour titre *de theologia doctrina*. Selon Boèce, il faut procéder avec la raison (*rationabiliter*), dans les choses naturelles ; par enseignement (*disciplinabiliter*), dans les mathématiques ; intellectuellement (*intellectualiter*), dans les choses divines. On se demandera si la théologie est une science, si elle se distingue des autres sciences, quel en est l'objet et comment elle nous est transmise (*Préambule avec division en quatre membres*).

Dans le premier membre, on cherche si la théologie est une science. Quatre arguments conduisent à une seule et même conclusion négative.

1. La théologie est en grande partie historique (S. Augustin). Donc (*ergo*), elle rentre dans les choses qui sont saisies actuellement par l'intelligence. Mais (*sed*) de ces choses, il n'y a pas de science. Car (*enim*) la science porte sur les intelligibles. Il reste donc (*relinquetur ergo*) que la théologie n'est pas une science (*polysyllogisme et épichérème*).

2. Comme le dit le *Philosophe* au début de la Métaphysique, l'expérience porte sur le singulier ; la science sur l'universel. Or la théologie traite, non des universaux, mais des individus, comme le montre la narration historique. Il reste donc (*relinquetur ergo*) qu'elle est un art et non une science.

3. De la vérité, il y a une forme triple : l'opinion (*opinabilia*), la foi (*credibilia*), la science (*scibilia*). Or la théologie a rapport à la foi (*Joh.*, XX : Hæc scripta sunt ut *credatis*). Donc la théologie n'est pas une science.

4. La théologie n'engendre que la foi (S. Augustin). Or la foi est au-dessus de l'opinion, au-dessous de la science. Donc la théologie n'est pas une science.

D'arguments positifs (*in oppositum*), Alexandre en donne deux : 1. On connaît plus sûrement par l'inspiration divine que par le raisonnement humain, parce que, dans l'inspiration, il ne peut y avoir de fausseté, tandis qu'il y en a souvent avec la raison. Or la théologie est fondée sur l'inspiration divine. Donc, plus que toutes les autres connaissances, elle est une science. 2. La théologie est la science qui porte sur les choses relatives au salut de l'homme. Donc elle est une science.

Dans la réponse à la question, Alexandre fait cette remarque préliminaire (*prænotandum*) qu'il y a science de la cause et science de l'effet ; que la première est par elle-même (*sui gratia*), tandis que la seconde dépend de la première. Or la théologie, science de Dieu, cause des causes, est par elle-même. C'est pourquoi Aristote et le Deutéronome l'appellent la « sapience ». Puis Alexandre ajoute (*notandum*) que la théologie parfait l'âme, en la conduisant, par de bons principes, vers ce qu'elle doit aimer et craindre (*ad bonum timoris et amoris*); qu'elle doit donc surtout (*proprie et principaliter*) être dite sapience, tandis que la philosophie première, la théologie des philosophes, achève seulement la connaissance selon la voie de l'art et du raisonnement, et n'est dite sapience que d'une façon relative.

Nous arrivons aux réfutations des arguments négatifs. 1. L'histoire, dans l'Écriture, ne relate pas les actes individuels, mais les actes universels et les conditions particulières qui instruisent les hommes, et les amènent à contempler les divins mystères ; la passion d'Abel signifie celle du Christ et des justes, la malice de Caïn, la perversité des méchants. Donc il y a, de la théologie qui introduit un fait singulier pour signifier l'universel, intelligence et science. 2. L'universel se dit *in prædicando, in exemplando, in significando, in creando*. Aux trois premiers sens, on le trouve dans l'Écriture. Surtout elle ramène tout à Dieu, cause universelle de la réparation des hommes (4e sens) et ainsi elle porte sur les choses universelles. 3. S. Augustin distingue : *a*, ce que l'on croit toujours et ce qu'on saisit actuellement par l'intelligence, comme l'histoire ; *b*, ce qui est compris pour être cru, comme les mathématiques ; *c*, ce qui est cru d'abord pour être compris ensuite, comme les choses religieuses. Donc il n'y a aucune contradiction (*non repugnat*) à ce que la théologie relève de la foi (*esse credibilium*) et de la science. 4. La théologie engendre la foi, et la foi, changeant le cœur, donne naissance à l'intelligence (*intellectum*) et à la science. Mais, dira-t-on (*objection*), toute science porte sur un sujet dont elle considère les parties et les passions en soi, comme l'indique le *Philosophe*. Or, selon Boèce, Dieu n'est pas sujet et ne peut être considéré à la façon d'une passion. Donc la théologie, qui est la connaissance de Dieu, n'est pas une science. Mais ce n'est pas la même chose (*réponse*) de connaître les formes attachées à la matière et celles qui en sont séparées. C'est par les choses créées que l'intellect saisit ce qui, en Dieu, est invisible. Autre chose est, en outre, la connaissance des composés et celle des simples, comme Dieu.

Dans le second membre : la théologie est-elle distincte des autres sciences et comment s'en distingue-t-elle, le premier des arguments négatifs est un enthymème. Toute sagesse vient de Dieu, donc toute sagesse ou science est théologie et divine. Les cinq arguments positifs précèdent une conclusion — « La théologie n'est pas comptée parmi les autres sciences, de manière à être subordonnée à une partie de la philosophie », — après laquelle vient la réponse aux arguments négatifs.

Dans le troisième membre, disposé comme le premier, Alexandre détermine l'objet (*de quo*) de la théologie, en faisant la synthèse des opinions qui y voient, l'une, les œuvres de condition ou de création, l'autre, les œuvres de restauration. « C'est, dit-il, la science de la substance divine, qu'il faut connaître par les œuvres de réparation ».

Le quatrième, — *de modo traditionis hujus scientiæ*, — compte cinq articles, traités chacun comme le premier et le troisième membre. 1. *S'agit-il d'une méthode technique ou scientifique ?* L'Écriture ne relève pas de l'art ou de la science, selon la compréhension humaine, mais, par une disposition de la sagesse divine, elle informe l'âme pour ce qui a rapport au salut. 2. *La théologie a-t-elle plus de certitude que les autres sciences ?* La certitude est spéculative, expérimentale, intellectuelle et affective. La certitude de la théologie est plus grande que celle de l'expérience et du sentiment. 3. *La méthode de la théologie est-elle uniforme ou multiforme ?* Elle est multiforme. 4. *Quelles en sont les formes multiples ?* Avec la réponse au premier argument de Hugues de Saint-Victor, Alexandre donne la solution. La théologie est triple dans l'unité ; une dans la lettre (*histoire*), triple par l'esprit ; *anagogique*, elle conduit au premier principe, *allégorique*, elle développe les arcanes de la vérité, *tropologique* ou *morale*, elle a rapport à la bonté suprême. Et Alexandre explique (*nota*) que Hugues, pour qui l'Ecriture porte sur les œuvres de réparation, ne voit que les trois sens relatifs à l'effet, tandis que Bède y joint les œuvres de création et l'*anagogique*, relative à la cause. 5. *Le sens littéral est-il établi sur la vérité ?* La réponse précède les arguments. Alexandre distingue la vérité relative à la signification des mots (*histoire*), des choses (*paraboles*), aux ressemblances et aux différences (*mystique*).

L'article et la question tout entière se terminent par une conclusion qui résume celle-ci et prépare les suivantes.

Alexandre de Halès a utilisé l'œuvre de ses prédécesseurs, depuis S. Augustin, Boèce, Bède, Raban Maur jusqu'à S. Anselme et Hugues de Saint-Victor. Il connaît Aristote, celui de la première et celui de la seconde période, auquel il attribue même le livre des Causes. Il a lu Avicenne et peut-être Averroès. Il s'inspire de Platon, de Plotin et des philosophes grecs ou latins, dont le xiiie siècle a eu une connaissance plus ou moins complète. Il donne plus d'une solution originale, reproduite par S. Thomas et ses successeurs, voire par nos contemporains. A la méthode, il est manifeste qu'il a donné la forme sous laquelle elle sera désormais pratiquée par les scolastiques. Aux divisions inaugurées par les hérétiques et les orthodoxes, systématisées par Abélard et conservées par les auteurs de *Sentences* et de *Sommes*, il a assuré l'ampleur et la précision. Par l'emploi du syllogisme, dont les Analytiques lui avaient montré le maniement, elle a acquis rigueur et exactitude. En prenant ses prémisses chez les philosophes comme dans la Bible, l'Evangile et les Pères, en les demandant à la raison comme à l'autorité, Alexandre a fait voir comment on pouvait, de toutes mains, travailler à l'augmentation du savoir et réaliser la synthèse des matériaux de provenance si diverse, en possession desquels venait d'entrer le xiiie siècle. Et cette entreprise considérable, dont il a vu, mieux encore qu'Abélard, le but et la portée, non seulement il l'a réalisée, mais de plus il est resté orthodoxe et en a ainsi, du même coup, rendu le succès certain. Soixante-douze théologiens, dit Wadding, chargés par Alexandre IV d'examiner la Somme, la recommandèrent, comme un livre parfait, à tous les professeurs. Comment donc ne verrait-on pas, dans le premier maître des Franciscains, le créateur de la méthode scolastique qu'Abélard avait esquissée et à laquelle il donna toute la perfection dont elle était devenue susceptible au xiiie siècle.

Mais dira-t-on, comment ne lui a-t-on pas rendu plus tôt justice, et pourquoi ne lui a-t-on pas accordé la place qu'il mérite parmi les grands scolastiques ? Il ne suffit pas, pour répondre à cette question, de rappeler que Roger Bacon en a parlé avec dédain ; car Roger Bacon fut peu lu et encore moins suivi au moyen âge, même par les Franciscains. Et d'ailleurs il a plus mal traité encore Albert le Grand et S. Thomas. Le véritable motif, c'est que, de bonne heure, les

Dominicains cessèrent de consulter Albert le Grand, à plus forte raison Alexandre de Halès, pour s'attacher étroitement à S. Thomas. Pour leur opposer un saint de leur ordre, les Franciscains choisirent leur général Bonaventure. Puis quand ils songèrent à lutter contre les thomistes, ils eurent Duns Scot. Nul d'entre eux ne se réclama d'Alexandre de Halès. Quant à l'Université, également hostile dès l'origine aux Dominicains et aux Franciscains, elle ne lut guère, quand elle consentit à leur faire une place, que S. Thomas et Duns Scot. Alexandre fut par tous ignoré comme Roger Bacon, et personne ne pensa à lui restituer ce qu'on trouvait chez ses successeurs, d'autant plus que nul ne se préoccupe alors des questions d'originalité ou de probité scientifique.

Et pourtant il est manifeste que la méthode scolastique n'offre chez saint Thomas rien qui ne soit déjà chez Alexandre. La *Summa theologica* est divisée en *questions*, celles-ci en *articles*. La première question, par son titre, *de ipsa scientia theologica*, et par ses dix articles (1), rappelle Alexandre de Halès. L'argumentation plus concise, mais moins variée, est au fond identique. La question, posée dans l'article, est divisée (*decem quæruntur*) et suivie de la formule, *ad primum* (ou *tertium* ou *sextum*) *sic proceditur*.

Puis viennent les arguments négatifs : *Videtur quod non*, avec leurs numéros, et les arguments positifs : *Sed contra*. Ensuite la réponse (*Respondeo dicendum*), avec les raisons qui infirment l'argumentation négative (*Ad primum, ad secundum ergo dicendum*), enfin la conclusion.

Et pour montrer que les divisions proposées ne sont pas restées la propriété exclusive de la théologie, rappelons qu'aujourd'hui encore certains manuels de philosophie se demandent si la logique est un art ou une science, si la philosophie est une science, en quoi elle se distingue des autres sciences, quel en est l'objet et quelle en est la méthode (2). Et les mêmes questions sont posées à propos de la psychologie.

Donc Abélard, mettant à profit les recherches de ses prédécesseurs, a pratiqué la méthode dont se sont servis les auteurs des *Sentences* et des *Sommes* du xiie siècle ; Alexandre de Halès, s'inspirant d'Aristote comme des théologiens et des philosophes antérieurs, partant de toutes les conceptions rationnelles transmises au xiiie siècle, a été le véritable créateur de la méthode, employée par S. Thomas et ses successeurs jusqu'au xixe siècle, utilisée en partie encore par des philosophes contemporains, qui ne se réclament pas du thomisme (3).

Les sciences et la raison tiennent de même une grande place dans la constitution du thomisme, avec lequel il convient de rappeler l'albertisme, qui l'a préparé

---

(1) 1 Utrum præter alias scientias doctrina theologica sit necessaria. 2 Utrum sit scientia. 3 Utrum sit una scientia, vel plures. 4 Utrum speculativa vel practica. 5 Utrum sit dignior aliis scientiis. 6 Utrum sit sapientia. 7 Quid sit subjectum ejus. 8 Utrum sit argumentativa. 9 Utrum uti debeat metaphoricis vel symbolicis locutionibus. 10 Utrum sit secundum plures sensus exponenda.

(2) Voyez en particulier le *Manuel de philosophie* de Paul Janet. On pourrait instituer une comparaison analogue pour ce qui concerne la connaissance, l'existence, l'essence et les attributs de Dieu.

(3) Nous avons montré, p. 63, qu'elle se complète souvent par une méthode mystique. L'une et l'autre désignent ce que les néo-platoniciens ont parfois appelé la dialectique de l'intelligence et la dialectique du sentiment.

et qui avait peut-être une tendance scientifique plus marquée encore : « Le coup de maître d'Albert et de S. Thomas, dit le R. P. Mandonnet, fut dans la claire vue de la valeur réelle du trésor immense qui leur était offert (par Aristote) et dans la hardiesse qu'ils mirent à le défendre et à le dispenser autour d'eux... portant d'un coup la société chrétienne au niveau scientifique atteint par le plus haut développement du génie hellénique ». Si l'effort remarquable opéré au point de vue scientifique, ajoute-t-il, n'eut pas de résultat dans les deux siècles suivants, c'est que l'activité intellectuelle prit une direction éminemment dialectique, c'est que l'on ne put s'assimiler aussi aisément les données scientifiques basées sur des habitudes d'expérimentation et des moyens d'observation étrangers à l'érudition latine. En tout cas, les deux idées qui guidèrent Colomb, sphéricité de la terre, proximité relative des extrémités occidentales de l'Europe et de la partie orientale de l'Asie, se trouvent dans Albert le Grand et dans S. Thomas, comme dans la lettre de Toscanelli, du 23 juin 1474, où il les a puisées (1).

L'œuvre de S. Thomas (2) répond, avec la méthode employée déjà par Alexandre de Halès, à toutes les questions qu'on peut se poser dans une période théologique. Orthodoxe et partisan de la suprématie du pontife de Rome, S. Thomas était désigné pour accomplir ce que le pape Grégoire IX demandait à quelques théologiens, pour examiner, avec l'attention et la rigueur convenables, les livres d'Aristote condamnés en 1209 et en 1215, pour en retrancher scrupuleusement toute erreur capable de scandaliser et d'offenser les lecteurs. Dans ses *Commentaires*, qui portent sur les ouvrages suspects, mais aussi sur ceux dont la lecture peut être profitable aux chrétiens, S. Thomas établit le sens littéral avec des traductions arabico-latines et grecques, avec des commentaires grecs, latins ou arabes, parfois avec les textes originaux. Il en donne le sens général, replace chaque ouvrage dans l'ensemble, en indique l'objet et les divisions. L'interprétation vise à défendre, à fortifier, à compléter et à élargir les doctrines orthodoxes. Avec le περὶ ἑρμηνείας, S. Thomas construit une théorie complète de la contingence et de la liberté qui ruine le *fatum* astrologique, justifie la Providence et la Prédestination, écarte le manichéisme et le pélagianisme. S'il étudie la Physique, il discute, point par point, les affirmations des commentateurs qui voulaient, en soutenant l'éternité du mouvement, établir l'impossibilité de la création et, avec des textes fort habilement choisis dans la Métaphysique, il maintient qu'Aristote n'a jamais dit que Dieu n'est pas la cause de l'existence du monde sensible. Dans la *Métaphysique* elle-même, il trouve des arguments pour établir l'existence de Dieu et la Providence, pour définir plus exactement son essence et ses attributs. Avec le περὶ ψυχῆς, il soutient qu'Averroès a mal interprété Aristote et prétendu à tort que l'intellect humain n'est ni personnel ni immortel. La *Morale* et la *Politique* lui servent à montrer qu'Aristote a admirablement traité de la conduite à suivre en cette vie et préparé les bases sur lesquelles peut être édifiée la doctrine chrétienne du salut et de la vie éternelle. Ainsi S. Thomas fait entrer, dans le catholicisme, toute la doctrine positive d'Aristote, acceptée par les Grecs, les Arabes et les Juifs et il soutient que ses

(1) Revue thomiste, *Les idées cosmographiques d'Albert le Grand et de S. Thomas d'Aquin et la découverte de l'Amérique*, 1893, pp. 46-64, 200-231.
(2) Voir art. *Thomisme et Néo-Thomisme* (Grande Encyclopédie) et *Bibliographie générale*.

théories, métaphysiques et théologiques, sont bien plus en accord avec le christianisme qu'avec les religions ou les doctrines rivales. Aristote n'est plus un ennemi, c'est un auxiliaire d'autant plus précieux que son autorité est plus grande chez tous les adversaires du catholicisme romain.

La philosophie de S. Thomas se construit, d'un point de vue chrétien, avec tous les éléments qui lui viennent d'Aristote, des néo-platoniciens et des Grecs, des Arabes et des Juifs. Elle est, par rapport à la théologie (p. 36), « une vassale », capable de conquérir aussi bien que de défendre, pour son chef, des territoires fort étendus ; une « servante » qui, au lieu de suivre pour tenir la queue, marche devant, comme disait Kant, pour porter le flambeau. C'est ce que montre la *Somme de théologie*, où le philosophe et le commentateur, Aristote et Averroès tiennent leur place avec les autres philosophes étudiés par S. Thomas. C'est ce que montrent mieux encore les Commentaires sur les *Sentences* de Pierre Lombard, trop négligés par les philosophes, qui n'y voient que de la théologie, et par les théologiens, auxquels la *Somme* fournit une exposition plus systématique de la doctrine thomiste. Ces *Commentaires* se rapprochent de la *Somme* par l'étendue, le plan, le contenu, à tel point que Launoy voyait, dans celle-ci le travail d'un frère prêcheur, inspiré surtout par les *Commentaires*. Or si l'on compare les *Sentences* à l'explication de S. Thomas, on voit que celle-ci tient cinq ou six fois plus d'espace. On peut apprécier l'accroissement que la théologie a pris en moins d'un siècle et, du même coup, se rendre bien compte qu'il est dû tout entier à l'acquisition, par la philosophie, de connaissances nouvelles. Sur la nature divine, sur les êtres créés, anges et hommes, sur l'incarnation, les vertus et les vices, les sacrements et les fins dernières de l'homme, des questions sont posées, des objections soulevées et résolues, des prémisses avancées et justifiées, des conclusions proposées et établies, par l'appel incessant à la raison, au bon sens interrogés en eux-mêmes ou par l'intermédiaire des philosophes, d'Aristote, dont tous les ouvrages sont utilisés, d'Avicenne, d'Averroès, de Maimonide, comme des Latins que connaissait la période antérieure.

A la théologie ainsi enrichie par la philosophie, S. Thomas joint un *Commentaire* des livres saints plus étendu qu'aucun de ceux qui avaient été jusque-là en usage. Sans doute, il souhaitait éclaircir l'œuvre qu'il étudiait et méditait sans cesse ; sans doute, il se croyait des lumières spéciales, puisque S. Pierre et S. Paul lui étaient apparus, disait-il, pour lui expliquer un passage obscur et mystérieux d'Isaïe. Mais il voulait, d'un côté, faire pour l'histoire une synthèse analogue à celles qu'il a données pour la théologie et la philosophie : la *Catena aurea*, par exemple, a pour objet de relier, avec l'autorité des saints, Pères et docteurs, les quatre Évangiles, comme s'ils étaient l'œuvre d'un seul docteur (*historia unius Doctoris*). D'un autre côté, l'interprétation allégorique, par laquelle on fortifie la connaissance et la croyance ; l'interprétation morale par laquelle on cherche des règles de conduite, doivent se modifier et s'étendre avec les doctrines théologiques et philosophiques qu'elles accompagnent. Le Psautier, dit S. Thomas, découvre au fidèle tout ce qu'il doit savoir de la création, du gouvernement de l'univers, de la rédemption du genre humain et de la gloire des élus, comme de tous les mystères de Jésus Christ. En germe, il contient tout ce que développela *Somme de théologie* et il faut montrer, au moins par un certain nombre d'exemples, comment on l'y découvrira. La même œuvre doit être faite pour le *Symbole*, l'*Oraison dominicale* et le *Décalogue*, comme pour le *Livre de Job* ou l'*Épitre aux Romains*.

Ainsi la raison, après avoir intervenu dans la construction du système philosophique, puis dans celle du système théologique, intervient dans l'interprétation allégorique, qui conserve toujours chez S. Thomas, un rapport étroit avec le sens littéral ou historique (II, 6 ; III, 1, 2, 4, 10) et qui est justifiée par la raison ou l'expérience psychologique. Ainsi il nous rappelle Plotin, dont il se rapproche encore par le mysticisme dont témoigne le *Commentaire* sur le Pseudo-Denys l'Aréopagite. Sa synthèse, qui embrasse tous les résultats connus de l'observation interne et externe, liés par une raison exercée à l'étude des philosophes ; qui fait une place aussi grande que possible aux principes de contradiction et de causalité, tout en conservant, pour le monde intelligible, le principe de perfection, restera valable, pour les catholiques, jusqu'au moment où la culture scientifique et rationnelle donnera des connaissances nouvelles ou détruira celles qu'on croyait définitivement acquises (§ 6).

L'usage de la raison est plus manifeste encore chez certains averroïstes, dont nous demanderons surtout la connaissance à S. Thomas. Non seulement ils font appel au principe de contradiction, mais ils l'appliquent à l'examen d'une des questions qui intéressent le plus les hommes du moyen âge ; ils montrent l'opposition de la raison et de la foi, de la philosophie et de la religion, en termes dont l'énergie ne sera pas dépassée au xvi° siècle, mais en continuant à se dire chrétiens.

Averroès (1) a commenté Aristote, de telle façon qu'au xiii° siècle, on ne croit pas possible de comprendre, sans lui, le maître auquel on demande la connaissance des choses naturelles. Parfois on le substitue à Aristote, comme on se dispense d'observer la nature pour chercher ce qu'en dit celui dont on fait un précurseur du Christ dans les choses naturelles. Aussi S. Thomas et Dante font très grand cas de celui qu'on appelle simplement le « Commentateur ». Puis Averroès a, sur l'union avec Dieu, sur l'unification, l'ἕνωσις, une doctrine qui satisfait des mystiques.

Par contre, il affirme l'éternité de la matière et l'unité de l'intellect. Il compare les trois religions (II, 5, 6) et les déclare toutes trois inférieures à la philosophie. Quoiqu'il essaye de maintenir la Providence et de conserver l'immortalité, quoiqu'il recommande de ne pas mépriser les religions, ses doctrines, telles que les interprètent quelques-uns de ses adversaires et de ses partisans, semblent ruiner la Création, la Providence, l'immortalité avec le paradis et l'enfer, avec les religions dont les fondateurs, Moïse, Jésus, Mahomet seront appelés les trois imposteurs. L'Averroès légendaire, comme cela arrive souvent au moyen âge, prend la place de l'Averroès, tel que nous le montre l'étude historique et impartiale (2).

---

(1) Voir Renan, *Averroès et l'Averroïsme* ; Munk, *Mélanges de philosophie juive et arabe* ; Ueberweg Heinze, *op. cit.* ; R. P. Mandonnet, *Siger de Brabant et l'Averroïsme latin au xiii° siècle*, Fribourg, 1899 ; Ch. V. Langlois, *Questions d'histoire et d'enseignement*, Paris, 1902 ; François Picavet, *L'Averroïsme et les Averroïstes du xiii° siècle*. Mémoire présenté au Congrès d'histoire des religions, 1900 (Revue de l'Histoire des religions, 1902) et *Bibliographie générale*. Voir ch. VII, 5.

(2) Le *Directorium inquisitorum* de Nicolas Eymeric dit d'Averroès : « Cet impie a nié la création, la Providence, la révélation surnaturelle, la Trinité, l'efficacité de la prière, de l'aumône, des litanies, l'immortalité, la résurrection et il a placé le souverain bien dans la volupté ».

C'est avant 1270 qu'on place d'ordinaire l'apparition du *de unitate intellectus contra Averroïstas*, de S. Thomas. En voici les divisions. L'auteur expose son intention, chap. I, *Quæ sit auctoris intentio*. Il montre que l'âme intellective est acte et forme du corps, que l'intellect est quelque chose de l'âme : chap. II, *Quod anima intellectiva sit actus et forma corporis, et quod aliquid animæ est intellectus*. Il rapporte et détruit les raisons de ceux qui soutiennent que l'intellect n'est rien de l'âme ; chap. III, *Rationes probantium intellectum nihil animæ esse et earum solutiones*. Il rappelle ce que pensaient les péripatéticiens sur ce sujet, chap. IV, *Quid circa hoc senserunt Peripatetici* ; détermine ce qu'il faut en retenir, chap. V, *In quo ostenditur per rationes quid tenendum* ; soutient que l'intellect possible n'est pas un pour tous, chap. VI, *Ubi ostenditur quod intellectus possibilis non est unus omnibus* ; enfin réfute les objections par lesquelles les adversaires s'efforcent d'exclure la pluralité de l'intellect possible, chap. VII, *Solvuntur ea quibus pluralitatem intellectus possibilis nituntur excludere* (1).

Dans le langage de l'école, Averroès affirme que l'intellect, appelé possible par Aristote, nommé par lui d'un nom qui ne convient pas, matériel, est une substance séparée du corps selon l'être, unie à lui en quelque façon comme forme ; il soutient en outre que l'intellect possible est un pour tous (2). Saint Thomas traduit en langage chrétien ces affirmations, en indiquant la conséquence que les averroïstes en font sortir ou qu'on leur impose : « Elles répugnent, dit-il, à la foi chrétienne, comme chacun peut le voir aisément. Car si l'on supprime la diversité de l'intellect, qui seul apparaît incorruptible et immortel entre les parties de l'âme, il suit que rien des âmes humaines ne demeure après la mort, si ce n'est l'unité de l'intellect : ainsi disparaissent les récompenses et les peines (3) ». En d'autres termes, les averroïstes, en soutenant que l'intellect n'appartient pas en propre à l'individu, rendent impossible la survivance après la mort et, avec l'immortalité, suppriment le purgatoire, le paradis, l'enfer, le salut pour l'homme, la justice, la bonté et même la puissance de Dieu.

Quand les partisans du troisième Évangile s'attaquaient au Christ et à toutes les institutions de l'Église, leur but était de rendre le salut plus assuré, plus aisé même pour chacun. En ce sens ils restaient chrétiens, car la crainte de châtiments terribles et éternels, surtout l'espoir de récompenses infinies, d'un bonheur qui ne cessera pas et qui sera en proportion de notre mérite et de nos vertus, l'attente du règne futur, éternel et incontesté du Dieu tout parfait et tout-puissant, peuvent être considérés, à toutes les époques, comme les points

---

(1) L'édition Fretté, t. XVII, donne un faux titre ; le véritable titre est fourni par le texte lui-même.

(2) Ch. 1. « Error... ex dictis Averrois sumens exordium, qui asserere nititur, intellectum quem Aristoteles possibilem vocat, ipse autem inconvenienti nomine materialem esse quandam substantiam secundum esse a corpore separatam et aliquo modo uniri ei ut formam et ulterius quod intellectus possibilis sit unus omnium ».

(3) Ch. 1. « Nec id nunc agendum est ut positionem prædictam ostendamus erroneam, quia repugnet veritati fidei christianæ : hoc enim cuique satis in promptu apparere potest. Substracta enim ab omnibus diversitate intellectus, qui solus inter partes animæ incorruptibilis et immortalis apparet, sequitur post mortem nihil de animabus hominum remanere nisi unitatem intellectus et sic tollitur retributio præmiorum et pœnarum et diversitas eorumdem ».

les plus essentiels par lesquels le christianisme s'est attaché les esprits (ch. II, 5 ; ch. VI, 2).

Aussi s'explique-t-on l'émotion que produisit dans le monde chrétien, comme d'ailleurs dans le monde juif et musulman, l'apparition d'une doctrine qui supprimait l'immortalité personnelle. L'acharnement de nos luttes actuelles sur les questions sociales, où il s'agit pour les uns d'acquérir, pour les autres de conserver des biens que la mort ravira sûrement et bientôt peut-être ; dont la jouissance ne produit parfois — l'expérience nous en avertit — aucun des plaisirs attendus, ne saurait donner une idée, même approximative, de l'âpreté des discussions qui portaient sur la possession à tout jamais d'un patrimoine dont tous pouvaient avoir leur part, de biens auxquels on n'a jamais goûté, mais dont la perfection divine garantit la valeur et la durée.

La question prenait une importance plus grande encore pour des religieux qui s'imposaient toutes les privations, renonçaient même à tout ce dont l'Eglise permet l'usage aux chrétiens, pour faire leur salut et travailler à celui d'autrui. Aussi saint Thomas combat-il l'averroïsme toujours et partout, avec abondance, avec force, avec insistance. Il saisit et fait naître les occasions de montrer qu'il est contraire, non seulement au christianisme, mais encore à toute philosophie (1). Il provoque même avec hauteur, les averroïstes, à la fin du traité *De unitate intellectus* : « *Si quelque adversaire, glorieux et vain de sa science de mauvais aloi, écrit-il, songeait à contester nos conclusions, qu'il ne se mette pas à parler dans des coins, ni devant des enfants qui sont incapables de prononcer sur des matières aussi ardues, mais qu'il prenne la plume, s'il l'ose et qu'il écrive contre nos écrits ; il trouvera, pour lui répondre, non pas moi seulement, qui suis le plus petit de tous, mais d'autres que moi en très grand nombre, qui cultivent la vérité et qui sauront résister à ses erreurs et apporter le remède à son ignorance* (2) ».

Les expressions dont il se sert à leur égard dénotent le dédain, l'ironie, le mépris, la colère : ils argumentent d'une façon grossière (*ruditer*), ils n'ont jamais vu les ouvrages sur lesquels ils s'appuient, on s'étonne (*miror*) d'où ils tirent leurs objections, on se demande comment ils peuvent se vanter d'avoir pour eux des péripatéticiens, comment ils aiment mieux errer entièrement (*aberrare*) avec Averroès, que penser juste (*recte sapere*), avec les autres péripatéticiens. Ce qu'ils disent n'a pas de sens, *hoc nihil est*; ils rêvent (*somniant*), ils mentent, *ut quidam mentiuntur*; ils sont impudents ; ils comprennent ou interprètent mal Thémistius, Théophraste, Alexandre, surtout Aristote (*perverse accipiunt, exponunt*), de telle sorte que leur maître Averroès serait mieux dit le destructeur (*perversor, depravator*) que le commentateur de la philosophie péripatéticienne.

---

(1) « Mirum est quam graviter, quam copiose S. Thomas in illam vanissimam sententiam semper inveheretur. Captabat ubique tempora, quaerebat occasiones unde ipsam retraheret in disputationem ; pertractantem vero torquebat, exagitabat monstrabatque non a christiana solum, sed ab omni quoque alia, peripateticaque praecipue philosophia dissentire ».

(2) Ch. VII. « Si quis autem gloriabundus de falsi nominis scientia velit contra haec quae scripsimus aliquid dicere, non loquatur in angulis, nec coram pueris qui nesciunt de causis arduis judicare ; sed contra hoc scriptum scribat, si audet, et inveniet non solum me qui aliorum sum minimus, sed multos alios qui veritatis sunt cultores, per quos ejus errori resistetur, vel ignorantiae consuletur ».

Les adversaires averroïstes de saint Thomas sont nombreux. Leur erreur, qui a son point de départ dans Averroès, a fait depuis longtemps son apparition ; elle s'est enracinée dans les esprits. Saint Thomas a déjà beaucoup écrit contre eux ; mais ils ne cessent pas de lutter contre la vérité, écrivant peu, ce semble, s'adressant de préférence aux jeunes gens, probablement dans les écoles et en les prenant à part (1).

Si leur erreur part d'Averroès (*exordium sumens*), il semble bien que son expansion résulte, en bonne partie, de l'influence qu'exercent alors en Occident les œuvres et l'esprit des Grecs. Ceux-ci, plus subtils, plus raisonneurs que les Latins, ont été, dans une large mesure, les auteurs et les défenseurs des hérésies, comme ils ont le plus contribué à la formation des dogmes. Après la croisade de 1204, qui rendit les Latins maîtres de Byzance, il se produisit quelque chose d'analogue, toutes proportions gardées, à ce qui s'était passé quand Rome avait conquis la Grèce, à ce qui se passera encore quand les Byzantins viendront en Italie après la conquête turque. Des manuscrits grecs arrivèrent en Occident et provoquèrent, avec les versions latines des ouvrages grecs et arabes venus d'Espagne, la renaissance du xiiie siècle qui vit paraître tant d'hérésies, non populaires mais savantes, issues d'un développement de l'esprit d'examen et de recherche scientifique (2). Ainsi les averroïstes, que combat saint Thomas, estiment que les Latins n'ont rien écrit de vrai en cette matière et ils disent qu'ils suivent les péripatéticiens ; ils vont même plus loin et soutiennent que tous les philosophes, sauf les Latins, sont avec eux pour affirmer l'unité de l'intellect (3).

Mais, pourra-t-on dire, doit-on ajouter une confiance entière, pour connaître les averroïstes, aux affirmations que leur attribue leur redoutable adversaire ?

Deux raisons également puissantes nous y invitent. D'abord les formules mêmes dont se sert saint Thomas indiquent qu'il entend rapporter exactement les opinions qu'il combat. On ne saurait dire d'ailleurs après l'avoir lu, comme après avoir lu d'autres polémistes, qu'elles sont présentées de manière à les diminuer ou à les fausser (4). Sans doute nous ne pouvons comparer les textes

(1) Ch. I. « Inolevit siquidem jamdudum circa intellectum error apud multos ex dictis Averrois sumens exordium... contra quem jampridem multa conscripsimus... quia errantium impudentia non cessat veritati reniti. — Ch. VII. « Remarquer dans le texte précédemment cité : « si quis... velit.... aliquid *dicere*, non loquatur in angulis, nec coram pueris. — Sed contra hoc scriptum *scribat*, si audet ».

(2) Voir dans Prantl, *Gesch. der Logik*, III, 129-144. *Erweiterung der byzant. Logik* ; voir aussi le *Contra Errores Græcorum* de saint Thomas.

(3) Ch. I. « Et quia quibusdam in hac materia verba Latinorum non sapiunt, sed Peripateticorum verba sectari se dicunt quorum libros in hac materia nunquam viderunt, nisi Aristotelis, qui fuit sectæ Peripateticæ institutor, ostendemus positionem prædictam ejus verbis et sententiæ repugnare omnino » ; ch. VII. « Patet autem falsum esse quod dicunt hoc fuisse principium apud omnes philosophantes et Arabes et Peripateticos, quod intellectus non multiplicaretur numeraliter, licet apud Latinos non ».

(4) Ch. I. « Verba sectari se dicunt ». Ch. II et III. « Adhuc autem ad sui erroris fulcimentum assumunt ; objiciunt etiam, objiciunt ulterius » ; ch. V. « Secundum dictum Averrois, secundum positionem Averrois; secundum istorum positionem destruuntur moralis Philosophiæ principia. Dicunt enim, horum autem solutio » ; chap. VI. « Hæc positio manifeste apparet repugnans dictis Aristotelis » ; ch. VII. « Valde autem ruditer

rapportés par saint Thomas à tous ceux des averroïstes auxquels il répond et peut-être même, comme nous l'avons fait déjà remarquer, la plupart d'entre eux n'avaient-ils rien écrit. Mais il rapporte et commente de nombreux passages d'Aristote, empruntés surtout au *Traité de l'Ame*. Or si l'on peut contester quelques-unes de ses interprétations — et cela se comprend puisque, sur le νοῦς, la doctrine d'Aristote, incomplète, a été tirée en des sens différents par ceux qui ont voulu lui faire résoudre des questions qu'il ne s'était pas posées — on ne saurait nier, qu'en ce qui concerne l'interprétation littérale du texte, saint Thomas ait toujours cherché à être exact et ait presque toujours réussi à l'être. D'une façon générale, il procède de même partout où nous pouvons instituer une comparaison entre ce qu'il prête aux auteurs et ce qu'ils ont réellement pensé et dit, en particulier dans tous ses commentaires sur Aristote. Il est donc très vraisemblable qu'il en a agi de même avec les averroïstes.

On est amené à n'en pas douter, quand on examine de plus près l'opuscule de saint Thomas, où il s'est efforcé évidemment de ne laisser sans réponse aucune affirmation hétérodoxe des adversaires, comme de ne répondre qu'à celles dont ils usaient ou pouvaient user. Or saint Thomas a écrit « sa réfutation sans recourir à l'autorité de la foi, avec les arguments et les textes des philosophes eux-mêmes », *non per documenta fidei, sed per ipsorum philosophorum rationes et dicta*. Il est faux, déclare-t-il, après examen, que tous les philosophes aient admis l'unité de l'intellect (1). Il s'appuie sur Platon, dont il ramène la doctrine sur l'Ame à être voisine de l'orthodoxie, sur Grégoire de Nysse, quoiqu'il ait abusivement imposé à Aristote une conséquence contraire au christianisme, sur Plotin, cité par Macrobe (ch. V, VII), parce que, Grecs et non Latins, ils soutiennent des doctrines tout à fait contraires à celles des averroïstes (2). Quant aux disciples grecs d'Aristote (3), les averroïstes, dit saint Thomas pour les com-

argumentantur... Adhuc autem ad munimentum sui erroris aliam rationem inducunt. Quærunt enim... Quod autem ulterius objiciunt... Objiciunt etiam ad sui erroris assertionem. Patet autem falsum esse quod dicunt ». Quant aux formules indirectes, ch. II et III. « Et ne forte aliquis diceret... Et ne forte dicatur, sed ne aliquis dicat, et ne alicui videatur... Si quis autem contra hoc objiciat... Si quis autem pertinaciter dicere vellet... Si quis autem quærat ulterius », etc. ; ch. VI et VII. « Si quis autem dicat... Si quis autem objiciat... Si quis autem vellet respondere, etc. », on peut supposer que saint Thomas prête des raisons, des objections ou des réponses à ses adversaires, quand ils ne les ont pas données eux-mêmes, ce qui nous inclinerait encore à croire qu'il n'a voulu ni les diminuer ni diminuer leurs doctrines. Mais on peut aussi supposer que ces formules rappellent un adversaire dont saint Thomas ignore le nom, qu'il est peut-être un peu moins sûr que les choses citées aient été dites, ou qu'il les emploie pour varier son exposition, car on en trouve même où il réunit les deux formes ; ch. II. « ET NE QUIS DICAT SICUT AVERROES PERVERSE EXPONIT ».

(1) Cf. la n. 3, p. 198, ce qui est tiré du ch. VII.

(2) Ch. II. « Quos (Platon et saint Grégoire de Nysse) in id induco, quia non fuerunt latini, sed græci » ; ch. III. « Nam Gregorius Nyssenus imponit Aristoteli quod quia ponit animam esse formam corporis posuerit eam esse corruptibilem » : ch. V. « Sed et Plotinus, ut Macrobius refert... qui quidem Plotinus, unus de magnis commentatoribus, ponitur inter commentatores Aristotelis, ut Simplicius refert ».

(3) Ch. I, n. 3 de la page 198 ; ch. IV. « Nunc autem considerare oportet quid alii Peripatetici de hoc ipso senserunt... Theophrasti... quidem libros non vidi... Quod autem Alexander intellectum possibilem posuerit esse formam corporis et etiam ipse Averroes confitetur... A Græcis ad Arabes transeamus... ut ostendamus quod non solum

battre, n'ont jamais vu leurs livres, *libros nunquam viderunt*. Cependant il examine ce que les péripatéticiens ont pensé sur ce sujet. D'après le *Commentaire* de Simplicius au *De Anima*, on voit que l'intellect possible, que l'intellect agent lui-même est une partie de l'âme humaine, pour le maître comme pour le disciple. Saint Thomas n'a pas vu les livres de Théophraste, mais, par Thémistius, il sait que pour Théophraste, l'intellect possible est en puissance toutes choses, qu'il est naturellement en nous (*innaturalis*) et que l'être extrinsèque (*esse ab extrinseco* = θύραθεν) ne s'applique qu'à une première génération contenant et comprenant la nature humaine. Alexandre, de l'aveu même d'Averroès, posait l'intellect possible comme forme du corps. Et saint Thomas fait d'Alexandre, qui nie purement et simplement l'immortalité, un adversaire d'Averroès, ce qui est exact et explique la lutte ultérieure en Italie des averroïstes panthéistes et des alexandristes matérialistes; mais il en fait presque un auxiliaire du christianisme, ce qui est faux et montre bien qu'il ne le connaît que de seconde main. Des Grecs, il passe aux Arabes, pour bien prouver qu'il n'y a pas que les Latins — auxquels les averroïstes refusent leur confiance — dont les écrits établissent l'intellect comme partie, puissance ou vertu de l'âme. Cela est manifeste pour Avicenne et son *Livre de l'âme*, comme pour Algazel. Aussi saint Thomas se demande-t-il ironiquement, à quels péripatéticiens ils se glorifient d'avoir pris cette erreur, à moins peut-être qu'ils se soucient moins de penser juste (*recte sapere*) avec tous les péripatéticiens que de se tromper entièrement (*aberrare*) avec Averroès, le véritable corrupteur de la philosophie péripatéticienne. Ne vont-ils pas, eux qui se disent des péripatéticiens, jusqu'à professer des doctrines platoniciennes ?

C'est à tort aussi que les averroïstes se réclament d'Aristote (1). Leur thèse, dit saint Thomas, est en contradiction avec ses paroles et sa pensée. Et après deux chapitres où il compare leurs assertions au texte d'Aristote, où il vante le soin et l'ordre admirable dans lequel le maître s'avance, il conclut contre eux que, pour lui, l'âme humaine est l'acte du corps, que l'intellect possible en est une partie ou une puissance.

Ainsi les averroïstes n'usaient que d'arguments et de textes philosophiques, refusaient toute sagesse aux Latins, soutenaient que tous les philosophes grecs et arabes, notamment les péripatéticiens et leur maître Aristote affirmaient, comme eux, l'unité de l'intellect. Nous ne pouvons savoir exactement s'ils connaissaient, autrement que par Aristote ou par Averroès, les philosophes dont saint Thomas leur oppose le témoignage, ni ce qu'ils leur empruntaient. Mais il est possible de reconstituer, en une certaine mesure, leur argumentation. Ils partaient de la définition de l'âme, acte premier d'un corps naturel organisé et, s'appuyant sur le contexte, disaient qu'elle ne s'applique pas à toute âme.

Latini, quorum verba quibusdam non sapiunt sed et Græci et Arabes hoc senserunt quod intellectus sit pars vel potentia, sive virtus animæ, quæ est forma corporis. Unde miror ex quibus Peripateticis hunc errorem se assumpsisse glorientur, etc ».

(1) Ch. I. « Positionem prædictam ejus (Arist.) verbis et sententiæ repugnare omnino »; ch. II. « Est autem consideranda mirabilis diligentia et ordo in processu Aristotelis »; ch. III. « Sic igitur diligenter consideratis fere omnibus verbis Aristotelis quæ de intellectu humano dixit, apparet eum hujus fuisse sententiæ quod anima humana sit actus corporis et quod ejus pars sive potentia sit intellectus possibilis ».

Puis prenant les textes où il est question de l'intellect et insistant sur ceux où il est dit séparé, χωριστός, où il est parlé de l'intellect agent et de l'intellect possible, ils aboutissaient à conclure que l'intellect n'est pas une partie de l'âme. Ils procédaient encore d'une autre façon. Rassemblant les endroits où Aristote présente l'intellect comme séparé, éternel, incorruptible, immortel; puis les opposant à ceux où l'âme est donnée comme forme du corps, ils disaient, avec Grégoire de Nysse, avec les alexandristes, que l'âme est corruptible dans la doctrine d'Aristote, que, par conséquent, il est impossible de faire, de l'intellect, une partie de l'âme. Ils utilisaient tous les textes où il est dit que penser, aimer, haïr sont des passions de celui qui a l'âme, non de l'âme elle-même ; que l'intellect ne s'exerce pas sans image; bien d'autres empruntés aux traités physiques et métaphysiques d'Aristote, pour soutenir que leur interprétation est seule exacte, que toute autre oblige à mutiler Aristote ou à aboutir logiquement à nier l'immortalité.

Ils faisaient appel à la raison, après avoir employé l'autorité des philosophes. Ils s'efforçaient de montrer que cette substance séparée s'unit à l'individu par les images qui sont en lui, qu'en même temps, par conséquent, il y a intellection pour l'intellect possible uni à l'individu et pour l'individu lui-même. En d'autres termes, ils résolvaient, par des arguments et aussi par des textes, cette grosse difficulté de la conjonction de l'intellect possible et de l'individu ; ils essayaient de rendre compte de l'existence indéniable de l'intelligence et de la science dans un homme, dans Socrate, par exemple. Peut-être introduisaient-ils une solution ou plutôt une comparaison inconnue d'Aristote. Socrate n'est pas un absolument (*unum quid simpliciter*), il est un par son union comme moteur au corps, *unum quid aggregatione motoris et motu;* l'opération de l'intellect est attribuée à Socrate, comme l'opération de voir, dans l'homme, est attribuée à l'œil. Et pour la soutenir, ils puisaient dans les traités d'Aristote, comme y puise saint Thomas pour la ruiner (1). Enfin ils essayaient d'établir indirectement leur thèse, en niant la pluralité de l'intellect possible, en soutenant, en d'autres termes, que l'existence de la Divinité exclut la personnalité humaine. Tout ce qui est multiplié selon la division de la matière est forme matérielle ; si l'intellect était divisé en plusieurs hommes, il en résulterait que l'intellect est forme matérielle. Dieu même ne pourrait faire plusieurs intellects d'une seule espèce en divers hommes, parce que cela implique contradiction. Partant nulle forme séparée n'est une numériquement, n'est quelque chose d'individuel, *una numero, aliquid individuum*. Ils ajoutaient que, si les âmes sont multipliées selon les corps, il suit que les âmes, mourant comme les corps, leur nombre va diminuant sans cesse, *non remanent multæ animæ;* que, si plusieurs substances intellectuelles persistaient après la destruction des corps, elles demeureraient oisives ; que, si les intellects étaient plusieurs pour plusieurs hommes, l'intellect étant incorruptible, le monde éternel et éternellement habité par des hommes, les intellects seraient infinis.

Aussi les averroïstes distinguent-ils la raison de la foi en termes qui choquent saint Thomas : « L'un d'eux va jusqu'à dire que les Latins n'acceptent pas ces principes, à savoir l'unité de l'intellect, parce que peut-être leur loi y est opposée. Il montre ainsi qu'il est douteux pour lui que cette doctrine soit contraire à

---

(1) Ces considérations devaient tenir une grande place dans l'argumentation des averroïstes, puisque saint Thomas y a consacré plus de deux chapitres sur les six qui suivent l'introduction.

la foi et en outre qu'il se donne comme étranger à cette loi ». Cet averroïste ajoute : « C'est la raison pour laquelle les catholiques paraissent avoir cette position » et il ose affirmer que « Dieu ne peut faire plusieurs intellects, parce que cela implique contradiction ». Il va plus loin encore, selon S. Thomas : « Par la raison, dit-il, je conclus nécessairement que l'intellect est un numériquement ; je tiens cependant fermement le contraire par la foi ». Comme une conclusion nécessaire ne peut donner que le vrai nécessaire, dont le contraire est faux et impossible, il suit, dit saint Thomas, de son affirmation, que la foi porte sur le faux et l'impossible, c'est-à-dire sur ce que Dieu ne peut faire... « Il ne manque pas d'ailleurs de témérité dans les choses mêmes qui n'ont pas rapport à la philosophie, mais relèvent de la foi pure, par exemple, il discute pour savoir si l'âme souffre du feu éternel et il affirme qu'il faut condamner, sur cette matière, les théories des docteurs. Avec la même méthode, il pourrait discuter sur la Trinité, l'Incarnation et autres choses semblables, dont il ne parlerait qu'en balbutiant » (1).

La foi opposée à la raison, l'appel au principe de contradiction, même en matière théologique ; la raison empiétant sur le domaine de la foi et celle-ci indiquée comme ne s'appliquant guère qu'à ce qui est « faux et impossible » ; la distinction du croyant et du rationaliste, maintenue en fait, sans qu'elle soit justifiée en droit ; voilà donc, chez les averroïstes latins du XIII° siècle, à peu près tout ce qu'on attribue d'ordinaire aux averroïstes de la Renaissance, tout ce qui appartient manifestement à leurs prédécesseurs.

De même qu'on trouve au XIII° siècle, des partisans de la raison qu'on peut soupçonner, sinon convaincre, de se contenter des affirmations auxquelles elle conduit, on y rencontre des partisans de l'expérience, qui semblent la préférer à tout autre mode de connaissance. Tels sont maître Pierre, dont Roger Bacon fut le disciple, et les alchimistes étudiés par M. Berthelot.

Maître Pierre dédaigne les hommes et les honneurs. Vivant dans la retraite, « le maître des expériences » étudie, en prenant l'observation pour guide, la

---

(1) « Est etiam majori admiratione, vel etiam indignatione dignum, quod aliquis Christianum se profitens tam irreverenter de Christiana fide loqui præsumpserit : sicut cum dicit, quod « Latini pro principiis eorum hæc non recipiunt », scilicet quod sit unus intellectus tantum, « quia forte lex eorum est in contrarium ». Ubi duo sunt mala : primo quia dubitat an hoc sit contra fidem ; secundo quia alienum se innuit ab hac lege. Et quod postmodum dicit, « Hæc est ratio per quam Catholici videntur habere hanc positionem » ubi sententiam fidei positionem nominat. Nec minoris præsumptionis est quod postmodum asserere audet, Deum facere non posse quod sint multi intellectus, quia implicat contradictionem. Adhuc autem gravius est quod postmodum dicit : « Per rationem concludo de necessitate, quod intellectus est unus numero ; firmiter tamen teneo oppositum per fidem ». Ergo sentit quod fides sit de aliquibus quorum contraria de necessitate concludi possunt. Cum autem de necessitate concludi non possit nisi verum necessarium, cujus oppositum est falsum et impossibile, sequitur secundum ejus dictum quod fides sit de falso et impossibili, quod etiam Deus facere non potest. Quod fidelium aures ferre non possunt. Non caret etiam magna temeritate quod de his quæ ad philosophiam non pertinent sed sunt puræ fidei, disputare præsumit, sicut quod anima patiatur ab igne inferni et dicere sententias Doctorum de hoc esse reprobandas. Pari ergo ratione posset disputare de Trinitate, de Incarnatione, et aliis hujusmodi, de quibus non nisi balbutiens loqueretur ».

chimie, les sciences naturelles, les mathématiques et la médecine. Ainsi il a appris à connaître les secrets de la nature, les phénomènes célestes et leurs rapports avec ceux d'ici-bas, à fondre les métaux et à les travailler, à manipuler l'argent, l'or et les minéraux, à inventer des instruments et des armes pour la guerre, à faire une science de l'agriculture, sans négliger l'arpentage, l'art de construire, même ce que cachent les charmes des sorciers, les impostures et les artifices des jongleurs. Aussi rendrait-il à S. Louis, dans une expédition contre les infidèles, plus de services qu'une armée. C'est de lui que Bacon tient tout ce qu'il sait, langues, astronomie, mathématiques, science expérimentale; auprès de lui, les autres ne sont que des idiots et des ânes (1)!

M. Berthelot a employé plusieurs années à montrer, avec les œuvres des alchimistes qu'il a publiées, traduites et commentées (2), comment la plus positive des sciences, la chimie, mêlée d'abord à la théologie et à la métaphysique, s'est constituée à travers les siècles.

Les artisans d'Égypte s'efforçaient de faire accepter aux acheteurs, comme de l'or, des alliages qui parfois n'en contenaient pas la moindre parcelle; et ils finissaient par être eux-mêmes persuadés qu'ils pouvaient opérer la transmutation des métaux. De ces procédés, qui constituent « des fraudes professionnelles », les Grecs faillirent faire sortir une science, en les expliquant par la théorie atomique de Démocrite et de Leucippe. Puis ils y superposèrent des doctrines, surtout néo-platoniciennes (III, 4, 10), où ils synthétisaient les systèmes et les conceptions religieuses qui réunissaient toutes les divinités de l'Orient. Art divin et sacré, l'alchimie enrichit ses adeptes par la pierre philosophale, les maintient en santé par l'élixir de vie, leur procure un éternel bonheur en les unissant à l'esprit universel.

Les successeurs de l'antiquité avaient à prendre possession de l'héritage et à en examiner la valeur pour n'en conserver que ce qui pouvait être de quelque utilité. Byzance perfectionna les procédés techniques et créa une peinture, une sculpture et une architecture nouvelles, des armes inconnues avec lesquelles elle se maintint au milieu des flots sans cesse renaissants des Barbares. Elle vit qu'une science y était impliquée, mais ne sut pas l'en dégager, tout occupée qu'elle était de néo-platonisme et de mysticisme.

Les Syriens, instruits par les Byzantins, instruisirent d'abord les Persans.

---

(1) ROGER BACON, Opus majus, Opus minus, surtout Opus tertium, ch. XII, XIII, XXXIII et XXXIV; ÉMILE CHARLES, Roger Bacon, pp. 15-19; J. H. BRIDGES, The Opus majus of Roger Bacon, Oxford, 1897, p. XXV et suiv.; F. P, art. Pierre de Mahariscourt ou de Mariscourt (Grande Encyclopédie).

(2) Les Origines de l'alchimie. Paris, Steinheil, 1885, in-8°. — Science et Philosophie. Paris, Lévy, 1886, in-8°. — Introduction à l'étude de la chimie des anciens et du moyen âge, Paris, Steinheil, 1889, in-8°. — Collection des anciens Alchimistes grecs, publiée sous les auspices du Ministère de l'Instruction publique, par M. Berthelot avec la collaboration de Ch. Em. Ruelle. Paris, Steinheil, 1887-88, 4 vol. in-4°. — Histoire des sciences, La Chimie au moyen âge, ouvrage publié sous les auspices du Ministère de l'Instruction publique, par M. Berthelot. I. Essai sur la transmission de la science antique au moyen âge. II. L'alchimie syriaque... avec la collaboration de M. Rubens Duval. III. L'alchimie arabe... avec la collaboration de M. Houdas. Paris, Impr. nat., 1893, 3 vol. in-4°. Voir Moyen Age novembre 1891, La science expérimentale au XIII° siècle en Occident; Revue philosophique, art. de M. Boutroux sur le premier volume de M. Berthelot.

Deux manuscrits syriaques du British Museum fournissent une compilation des procédés et des recettes techniques, traduites du grec au viie, au viiie et au ixe siècle, avec des additions du temps des Abbassides. Un autre, à Cambridge, joint à des recettes et à des procédés de falsification pour tous les arts, des doctrines mystiques qui dominent de plus en plus les idées scientifiques. Ainsi les deux métaux qui constituent le miroir d'électrum, sont assimilés au Verbe fils de Dieu et à l'Esprit-Saint. Ce miroir est placé au-dessus des sept portes, répondant aux sept cieux, dans la région des douze maisons célestes et des Pléiades, au-dessous de l'œil divin. Avec ce métal, Alexandre a fabriqué des monnaies qu'il a semées en terre ; ce sont des talismans institués par Aristote, dont la grande intelligence est cependant limitée, puisqu'il ne possède pas l'inspiration divine, nécessaire pour atteindre au plus haut degré de connaissance. C'est avec ce miroir, c'est-à-dire à la lumière du Verbe et de l'Esprit-Saint, en présence de la Trinité, que l'on doit regarder son âme pour se connaître soi-même. Puis, après une mention des sept talismans, tirés de la gehenne et en forme de bouteilles, dans lesquelles on peut emprisonner les démons, il est montré combien ont grandi encore les espérances des alchimistes : « Nous pouvons faire qu'un végétal devienne animal... que des cheveux vivants en se pourrissant forment un serpent vivant, que la chair de bœuf se change en abeilles et en frelons, que l'œuf devienne dragon, que le corbeau engendre les mouches, qu'en pourrissant, les plantes engendrent des animaux, le basilic, des scorpions venimeux ».

Depuis que les Arabes furent par les Syriens, initiés à l'alchimie, ils n'ont pas cessé d'écrire sur ce sujet : encore aujourd'hui il existe, au Maroc et dans les pays musulmans, des manuscrits alchimiques. Avec les procédés techniques, ils ont créé, en peu de temps, un art original. Par eux l'Occident a connu les alchimistes comme les savants et les philosophes grecs. Quant aux œuvres de Djaber, le Géber latin et le plus célèbre des alchimistes arabes, M. Berthelot a cru que les traductions latines, où se trouvent des découvertes à noter pour l'histoire de la science, n'ont rien à voir avec les ouvrages publiés par lui et traduits par M. Houdas. On trouve, dans ceux-ci, des invocations et des professions de foi musulmane, des théories métaphysiques, notamment sur les qualités occultes. Dans d'autres œuvres figurent, avec des questions puériles, des histoires qui rappellent les *Mille et une Nuits* et la légende dont Gerbert devint le héros au xie et au xiie siècle. D'une façon générale, les Arabes font une grande place au merveilleux et entrent surtout comme des agents de transmission dans le développement de la science (ch. VII, 4).

L'Occident latin fut moins favorisé tout d'abord. Du *Corpus* constitué à Alexandrie et à Byzance, il ne connut rien. Les procédés techniques et, dans une mesure qu'il est difficile de déterminer, les idées des alchimistes étaient passées des Grecs aux Latins, dès le temps de l'Empire romain. Nous savons que les traditions techniques des arts et métiers se sont conservées, même aux époques les plus sombres. Puis, au ixe siècle, se produit une première renaissance (VI, 1, 2, 3, 4, 5), qui indique une connaissance moins rudimentaire de l'antiquité, avec une tendance à en faire sortir d'utiles enseignements pour les contemporains. C'est de cette époque que date le manuscrit de Lucques, où se trouvent les *Compositiones ad tingenda*, qu'a publiées Muratori. C'est un cahier de recettes et documents rassemblés par un praticien ; le latin est barbare, avec des diversités très apparentes d'orthographe et de dialectes ; des recettes écrites en grec et transcrites en lettres latines par le copiste qui ne les comprenait pas, témoignent d'une origine byzantine ; d'autres, par exemple, pour écrire en lettres d'or, sont les mêmes, sauf des variantes très légères, que celles du papyrus de Leyde. Ces recettes sont rangées en cinq séries : coloration et teinture du verre, teinture des peaux, drogues et minerais, dorure et peinture. Elles nous apprennent bien des choses qu'on ne songerait pas à demander à un semblable recueil. Ainsi les théories d'Aristote sur l'exhalaison sèche, opposée à l'exhalaison humide dans la génération des minéraux (*Mét.* III, ch. XXVII), sont invoquées à propos de la fabrication du verre et du plomb métallique. Le nom du vitriol, qu'on ne faisait remonter qu'au *De Mineralibus*, attribué à Albert le Grand, figure dans la série des drogues et minerais. Enfin, les recettes pour la réduction de l'or et de l'argent en poudre nous révèlent comment, malgré les interdictions, on faisait passer l'or et l'argent d'un pays dans un autre.

Des *Compositiones ad tingenda*, il faut rapprocher la *Mappæ Clavicula* ou *Clef de la peinture* ; elle se trouve dans un manuscrit de Schlestadt, du xe siècle, et Way l'a publiée dans l'*Archæologia*, d'après un manuscrit du xiiie. Le traité d'orfèvrerie du début rappelle l'artisan égyptien du manuscrit de Leyde, avec les recettes pour faire accepter à ses clients des objets qui, d'or et d'argent, n'ont quelquefois que le nom. Celle qui a pour but d'augmenter la quantité d'or (*aurum plurimum facere*) se rapproche de la *diplosis* et d'un procédé récemment inventé pour donner, à un alliage de 94/100 de cuivre et 6/100 d'antimoine, la plupart des propriétés apparentes de l'or. Un autre (*auri plurimi confectio*), qui suppose qu'un même agent, suivant le degré de cuisson, peut multiplier tantôt l'or et tantôt l'argent, jouera un grand rôle dans la recherche de la pierre philosophale. Bon nombre de ces recettes reproduisent le papyrus de Leyde et prouvent qu'il y a une tradition ininterrompue depuis l'Égypte des Pharaons jusqu'au moyen âge ; telles sont celles qui parlent du verre incassable, considéré comme malléable par Pétrone, Pline, Isidore de Séville, Jean de Salisbury et le pseudo-Lulle, qui recommandent de réciter une prière, pendant la fabrication ou la fusion, pour que l'or soit réussi, ou qui mentionnent « les dieux noirs », auxquels ne peut s'être adressé qu'un écrivain païen ; enfin, celles qui concernent la balance hydrostatique, la balistique incendiaire et la magie.

Mais si l'Occident latin connaissait, par la tradition orale et écrite, des pratiques qui impliquaient la plupart des théories sur lesquelles les appuyaient les anciens, c'est par les Arabes qu'il connut ces théories elles-mêmes.

Robert de Castres termine le 11 février 1182 le *Liber de Compositione alchemiæ* et semble le premier qui ait fait connaître les alchimistes arabes : « Les Latins, dit-il, ignorent ce qu'est l'alchimie (*Quid sit alchymia, nondum cognovit vestra latinitas*) ». Au milieu du xiiie siècle, Vincent de Beauvais a lu ce que les Arabes ont sur l'alchimie, transmis à l'Occident. En cinquante ans, les traducteurs ont mis en latin les œuvres médicales, philosophiques et scientifiques.

Les philosophes apparaissent tout différents de ce qu'ils avaient été chez les Grecs et de ce qu'ils sont pour nous. Ainsi les commentaires arabes de la *Météorologie* se confondent avec le texte, et de ce chef Aristote devient un alchimiste. Il l'est encore comme inventeur du feu grégeois. Dans un voyage avec Alexandre — ce qui semble indiquer quelque rapport avec le pseudo-Callisthène — Aristote aurait fait une préparation capable de produire, en un mois, ce que le soleil accomplit en un an : avec une autre espèce de feu, Aristote aurait incendié les maisons situées dans les montagnes et brûlé une montagne elle-même. De là le *Tractatus Aristotelis alchymistæ ad Alexandrum Magnum de lapide philosophico*, qu'un Grec, sur l'ordre du pape Honorius, aurait traduit de l'hébreu en latin. Il y est question de la lutte d'Alexandre contre Antiochus, du char d'Antiochus dont les roues sont assimilées aux quatre éléments, du serpent d'Hermès, etc. De là aussi le *De perfecto Magisterio* qui développe, sous le nom d'Aristote, des théories sur l'existence simultanée dans les choses, de qualités apparentes et de qualités occultes, dont le rôle a été grand au moyen âge et même de nos jours, puisque Voltaire la proclame la plus sage qu'aient eue les scolastiques. Sans doute, elle se rattache aux *Météorologiques*, qui parlent de deux éléments actifs et de deux éléments passifs, existant chacun en puissance dans les autres, de l'exhalaison sèche qui fait minéraux et pierres, tandis que l'exhalaison vaporeuse engendre les métaux fusibles et ductiles. Mais la théorie fondamentale de la transmutation, venue de Platon, quoique rendue plus précise par les Arabes, est aussi donnée sous le nom d'Aristote. L'or, dit le *De perfecto Magisterio*, est engendré par un mercure clair, associé avec un soufre rouge, clair et cuit pendant longtemps sous la terre à une douce chaleur ; le fer, par un mercure trouble, mêlé avec un soufre citrin troublé ; le plomb, par un mercure épais, mêlé avec un soufre blanc, épais et un peu rouge. Joignez à cela qu'on donne à Aristote des ouvrages néo-platoniciens, comme le *De Causis* et vous verrez combien parle peu clairement celui qui dit d'un homme du xiiie siècle qu'il est disciple d'Aristote ! (ch. V).

Il va sans dire qu'il y a un traité d'alchimie sous le nom de Platon ; il est en même temps astrologique et géométrique, cite l'*Almageste* de Ptolémée, Euclide, Pythagore, Homère, les Chaldéens siégeant sur le fleuve Euphrate, gens habiles dans la connaissance des étoiles et de l'astrologie judiciaire. Mais de toutes ces traductions ou adaptations — car il n'y a guère, en cette matière, de traducteur fidèle — la plus curieuse peut-être est la *Turba Philosophorum*, parce qu'elle nous présente, sur la même ligne des citations attribuées à des philosophes et à des alchimistes d'époques fort différentes. L'auteur est monothéiste : *Deus cum solus fuisset... dico Deum ante omnia fuisse, cum quo nihil fuit*. Ce qu'il dit des choses, créées par Dieu d'une essence unique, qui ne meurent pas jusqu'au jour du jugement, ferait croire qu'il est chrétien ; mais d'autres passages : « Il existe un Dieu un, non engendré et qui n'a pas engendré », font plutôt songer à un Juif ou à un Musulman. Autour de la *Turba*, toute une littérature se forme : *Allegoriæ Sapientium supra librum Turbæ*, *Ænigmata*, *Distinctiones et Exercitationes*, etc., qui rappelle les noms des principaux alchimistes de toutes les époques. Le pythagoricien Arisleus, qu'on donne pour disciple d'Hermès, réunit les philosophes : chacun d'eux expose ses idées sur la formation du monde par les éléments, sur la pierre philosophale, la transmutation et les questions qui s'y rapportent. Les philosophes, disent les *Exercitationes* comme les anciens textes grecs, se réunissent pour discuter si le mystère s'accomplit au moyen d'une seule espèce ou de plusieurs. L'œuvre, dit très bien M. Berthelot, est une bouillie de faits et de théories anciennes, non digérées, commentées par un théologien qui ne révoque jamais en doute les textes sur lesquels il s'appuie. Le sens expérimental des vieux écrits grecs se perd, tandis que grandit la partie mystique et chimérique.

Voilà ce que le xiiie siècle reçut de ses prédécesseurs. Des matériaux de provenance grecque, latine, byzantine, arabe, il a construit une grande philosophie, mise en accord avec une théologie qu'il avait dû préserver du panthéisme des Amauriciens, des hérésies des Albigeois et de ceux qui voulaient substituer le troisième Évangile, celui du Saint-Esprit, au christianisme, comme celui-ci avait remplacé le judaïsme. On sait que les pratiques techniques atteignirent une grande perfection et, pour une large part, contribuèrent à rendre incomparable l'art qui élève les cathédrales et les hôtels de ville, qui sculpte tout un monde de statues, produit des vitraux et des tapisseries, des meubles et des miniatures, des autels et des châsses d'un travail merveilleux. Même on commence à reconnaître que Léonard de Pise, qui introduit en Orient l'arithmétique et l'algèbre des Arabes, est allé plus loin que Diophante, pour n'être surpassé que par Fermat et le xviie siècle.

Ce qu'on sait moins, c'est que le xiiie siècle marque une époque importante dans l'histoire des sciences expérimentales, que Roger Bacon n'est pas une apparition isolée ou une exception. D'abord il y a toute une école d'alchimistes qui font les expériences indiquées par les anciens et en imaginent de nouvelles : « J'ai répété cette opération dans le fourneau des fabricants de verre, dit Johannes dans le *Liber Sacerdotum*... et cela s'est passé à Ferrare. » Il semble bien que cette confrérie alchimiste ait eu son siège dans la Haute-Italie, d'où était originaire d'ailleurs le célèbre traducteur Gérard de Crémone. Certains ouvrages, où ils sont mentionnés, rappellent les Mémoires ou les Traités actuels de chimie, qui rapportent à chaque individu sa doctrine ou son procédé : « Le frère Pasinus Petit de Brescia possède un livre d'alchimie et sait éteindre le mercure avec le corail... Je crois que c'était le frère prêcheur de Mantoue dont parlait Gabriel en disant : Il y a un frère mineur qui est dans l'erreur, comme le disait aussi Lanfranc de Verceil... Maître Jean possède, pour les opérations, le livre des Douze eaux qui occupe deux folios... Richard de Pouille (Pulia) a de même le livre des douze eaux... Cortonellus, fils de feu maître Bonaventure de Yseo, possède un livre d'alchimie... Maître Jean dit qu'on peut donner toute espèce de figure au fer chaud... Pierre Tentenus parle d'une veine de minerai blanc, pareille à du cristal... Frère Michel de Crémone, de l'ordre des Ermites, est alchimiste et il a dit à Ambroise de Crémone... Ambroise a dit de même que l'on peut fabriquer de bon azur avec la terre que l'on foule aux pieds... Maître Galien, le scribe de l'évêché, est alchimiste et sait blanchir le cuivre en le rendant pareil à l'argent ordinaire... Renaud de Crémone a traduit le Livre des 70 chapitres de Jean... Voici le chapitre d'un archevêque très habile dans l'art alchimique... ; le chapitre de maître Marc de Seca à Naples — (probablement l'abréviateur de saint Thomas d'Aquin) —... ; le chapitre du sieur Pierre, — (peut-être le maître de Roger Bacon) —... ; celui de maître Guillaume ».

Et comme on peut s'y attendre, quand la nature est consultée avec ardeur et ténacité, les découvertes sont assez nombreuses pour qu'on rapproche l'œuvre des alchimistes de celle des hommes qui ont le plus marqué en tout genre. Les Traités publiés en latin sous le nom de Géber, *Summa perfectionis magisterii*, *De Inventione veritatis*, *Liber Fornacum*, *Testamentum Geberi regis Indiæ et Alchimia Geberi*, sont, pour M. Berthelot (1), des œuvres d'un auteur de l'Occident qui,

---

(1) Il ne serait pas impossible d'admettre, ce semble, que ces traités supposent la connaissance d'ouvrages de Géber (VII, 4), perdus comme tant d'autres et différents de ceux qu'a publiés M. Berthelot. Quelle que soit d'ailleurs la part, très difficile à déterminer, des

peut-être, faisait partie de cette confrérie des alchimistes. En particulier la *Summa* est un ouvrage méthodique et fort bien composé. La préface donne les raisonnements de ceux qui nient l'alchimie et elle les réfute, à la façon dont procèdent Alexandre de Halès et saint Thomas d'Aquin. Voici une objection qui est à relever, parce qu'elle a tué l'alchimie : « Il y a bien longtemps, est-il dit, que cette science est poursuivie par des gens instruits ; s'il était possible d'en atteindre le but par quelque voie, on y serait parvenu déjà des milliers de fois. Nous ne trouvons pas la vérité sur ce point dans les livres des philosophes qui ont prétendu la transmettre. Bien des princes et des rois, ayant à leur disposition de grandes richesses et de nombreux philosophes ont désiré réaliser cet art, sans jamais réussir à en obtenir les fruits précieux ; c'est donc là un art frivole ». Parmi les arguments contraires, il y a un principe de philosophie expérimentale : « Ce n'est pas nous qui produisons ces effets, mais la nature ; nous disposons les matériaux et les conditions ; elle agit par elle-même, nous sommes ses ministres ». Le premier livre traite des problèmes généraux de la chimie : on y trouve des faits, des définitions très nettes des métaux et, sauf pour la transmutation, une science solide et positive. La description des opérations chimiques, accompagnée de figures exactes, rappelle la méthode d'exposition de saint Thomas. Même dans le second livre, tout alchimique, ce qui concerne l'analyse et l'épreuve des métaux par coupellation, ignition, etc., dénote une science véritable qui poursuit un but effectif, par des procédés sérieux, sans mélange d'illusion mystique et de charlatanisme.

C'est à ces alchimistes occidentaux que nous devons l'alcool ou l'eau-de-vie, qu'on assimile à l'élixir et au mercure des philosophes, l'acide nitrique, l'eau régale, l'huile de vitriol, le nitrate d'argent. D'ailleurs ce sont des esprits parfois fort ouverts et en avance sur leur époque, à laquelle ils parlent de tolérance et de morale philosophique : « Jacob le juif, homme d'un esprit pénétrant, dit l'un d'eux, m'a aussi enseigné beaucoup de choses et je vais te répéter ce qu'il m'a enseigné. Si tu veux être un philosophe de la nature, à quelque loi (religion) que tu appartiennes, écoute l'homme instruit, à quelque loi qu'il appartienne lui-même, parce que la loi du philosophe dit : *ne tue pas, ne vole pas, ne commets pas de fornication, fais aux autres ce que tu fais pour toi-même et ne profère pas de blasphèmes* ».

Enfin l'Occident devient à son tour une source où puise l'Orient grec. L'ouvrage de Théoctonicos, du XIIIe siècle, est une traduction grecque d'un Traité latin attribué à Albertus Teutonicus. Peut-être est-elle l'œuvre d'un de ces élèves du collège constantinopolitain que Philippe-Auguste avait institué à Paris au début du XIIIe siècle.

Ainsi, nous savons, par M. Berthelot, comment les arts ont pu atteindre au XIIIe siècle unsi haut de gré de perfection. Une fois de plus nous constatons que la Renaissance carolingienne conduit sans interruption, sinon par un progrès constant, jusqu'au XIIIe siècle. Nous voyons en outre que sous le nom d'Aristote et sous bien d'autres, les alchimistes font vivre et développent des théories platoniciennes et néo-platoniciennes. Enfin et surtout nous arrivons à conclure que l'époque où la science expérimentale et la recherche rationnelle ont été aussi florissantes,

Arabes et des Occidentaux, nos conclusions sur le rôle de la science dans les philosophies médiévales n'en sont pas modifiées ou ébranlées.

est celle où la philosophie et la théologie catholiques ont acquis leur plein développement.

Pour avoir renoncé à user librement de leur raison, pour n'avoir tenu aucun compte des résultats considérables que donnent au xvII^e siècle l'observation et l'expérience, aidées par des instruments nombreux et puissants, les scolastiques de l'Occident catholique ont laissé ruiner l'œuvre de leurs prédécesseurs du xIII^e (1).

Les libres esprits qui, après le xIII^e siècle, sont des précurseurs de la science moderne, Bernard Palissy, dont les aperçus sur la chimie et la géologie sont des plus originaux ; Léonard de Vinci, qui a vanté et parfois pratiqué l'expérimentation (2), Paracelse, Rabelais, Copernic, d'autres encore, n'avaient pas réussi à convaincre leurs contemporains.

Au contraire, après 1600, les Universités et les Jésuites s'accordent à prendre pour maître l'Aristote catholicisé par saint Thomas (chap. III, 9 ; V, 7). L'autorité séculière, pas plus que le clergé, ne laisse aux étudiants la liberté dont avaient joui Albert le Grand et son illustre disciple. En 1600, Giordano Bruno, condamné par l'Inquisition est brûlé à Rome ; en 1619 le Parlement de Toulouse fait périr Vanini d'une mort horrible. En 1624, le Parlement de Paris décrète la peine de mort contre quiconque avancerait quelque chose de contraire à la doctrine d'Aristote. Aussi enseigne-t-on partout que le soleil tourne autour de la terre et que les cieux sont incorruptibles ; que l'éther se meut en cercle, tandis que les corps périssables se meuvent en ligne droite vers le haut ou vers le bas (3).

C'est à Pise que Galilée naquit en 1564, vingt ans après le Tasse et l'année même où mourait Michel Ange, comme si l'Italie, après avoir inspiré les artistes et les poètes, devait guider les savants et les philosophes. Sa famille, originaire de Florence, était noble et pauvre ; son père savait les littératures grecque et latines, un peu de mathématiques et il écrivit sur la théorie de la musique. A 16 ans, l'enfant qui a étudié les lettres, arrive à l'Université de Pise : au lieu de se préparer une situation lucrative en suivant des cours de médecine, il se laisse entraîner vers les mathématiques et la physique. Il est ensuite professeur à Pise, de 1589 à 1592, puis à Padoue, de 1592 à 1610. Il quitte alors le territoire de la République de Venise et il est appointé à Florence, pendant plus de 30 ans, pour « travailler au progrès des mathématiques, de l'astronomie et de la physique ».

En 1616, la Congrégation de l'Index déclare que l'opinion de l'immobilité du soleil et du mouvement de la terre est fausse, tout à fait contraire à l'Ecriture sainte ; qu'elle ne peut être ni professée ni défendue. En 1633, Galilée est con-

---

(1) Quelques-unes des idées que nous exposons ici ont été présentées dans une conférence faite pour la Société des études italiennes, à la demande de M. Dejob, *Galilée destructeur de la scolastique et fondateur de la philosophie scientifique*. Imprimée dans la *Revue scientifique* du 5 janvier 1895, elle a été reproduite dans un volume publié chez Fontemoing.
(2) Voir l'éloge qu'en a fait M. Gabriel Séailles, dans le volume qu'il lui a consacré.
(3) DE WULF, *La philosophie scolastique dans les Pays-Bas*, p. 381 ; TH. H. MARTIN, art. Galilée (*Dict. philos.*).

PICAVET

damné par l'Inquisition, emprisonné quelques jours, puis obligé de résider successivement à la villa Médicis, à l'archevêché de Sienne, enfin à la villa d'Arcetri, près de Florence. Aveugle, dès 1638, il continue ses travaux avec ses disciples, Castelli, Viviani et Torricelli. Il meurt en chrétien le 8 janvier 1642 (1).

Nous savons que Galilée n'a pas été soumis à la torture, qu'il n'en fut pas menacé. Rien ne permet d'affirmer qu'il ait prononcé, après son abjuration, le « *pur si muove* », qui a inspiré de grands artistes et popularisé une légende plus poétique que l'histoire. Mais nous savons aussi qu'il est mort prisonnier dans sa villa d'Arcetri, malgré les sollicitations des ambassadeurs de Toscane et de France ; que, pour le condamner, on s'est servi de pièces apocryphes.

Que cette condamnation ait été mauvaise pour la science et la philosophie, c'est ce que montrent assez Descartes, se refusant à publier le livre *Du Monde* et peut-être aussi Gassendi, renonçant à donner les cinq livres qu'il avait promis d'ajouter aux *Exercitationes paradoxicæ adversus Aristoteleos*. Mais elle fut plus mauvaise pour les défenseurs du catholicisme et de sa scolastique : succédant au supplice de Giordano Bruno et de Vanini, elle épouvanta les catholiques. Ce sont des protestants, Rœmer et Huyghens, Newton et Bradley, qui achèvent de faire une vérité scientifique de l'hypothèse copernicienne et qui, plus est, l'imposent à leurs adversaires religieux.

Pourquoi donc cette condamnation a-t-elle été dangereuse et inutile ? Rappelons d'abord que les découvertes de Galilée étaient divulguées, avant la publication de ses ouvrages, par les étudiants qui lui venaient de toute l'Europe ou par les lettres qu'il adressait aux savants des divers pays.

D'un autre côté, si l'on doit admettre, avec le poète Gœthe et le logicien Stuart Mill, avec le chimiste Wurtz, le physicien Tyndall et le physiologiste Claude Bernard, avec Descartes, Darwin, Herbert Spencer ou Pasteur, que l'hypothèse est toujours utile, parfois même d'une importance capitale (2), pour le progrès scientifique ; il faut reconnaître que l'expérimentation, associée à la déduction et au calcul, en est toujours un facteur essentiel, parfois même le facteur principal.

Or ce n'étaient pas les hypothèses qui faisaient défaut au moment où parut Galilée. Copernic avait signalé lui-même parmi ses prédécesseurs, Héraclides, Ecphante et Hicétas. Les atomistes, Leucippe et Démocrite, Epicure et Lucrèce avaient affirmé que, dans le vide, tous les corps tombent avec une vitesse égale. Plus d'une fois même, on avait supposé qu'un germe préexiste à la production de tout être vivant et qu'il n'y a pas de génération spontanée. Aussi a-t-on pu soutenir, sans trop d'inexactitude, qu'il n'y a pas une découverte moderne que n'ait affirmée à l'avance une ancienne hypothèse. Mais aussi les hypothèses contraires avaient des défenseurs pour qui toute raison était bonne. Même on peut dire que ce qu'on appelle alors la Physique ou la science de la nature n'est

---

(1) Voir surtout sur Galilée le livre de M. Th. H. Martin.
(2) « L'ouvrier carrier, dit en artiste le naturaliste Milne-Edwards, qui taille sans relâche dans le sein de la terre les matériaux d'un vaste édifice, peut croire que l'architecte n'a qu'à entasser pierre sur pierre ; mais s'il sortait de son souterrain et voyait les blocs informes qu'il en a tirés se réunir sous la main du maître pour constituer le Parthénon ou le Colisée, il comprendrait que l'architecture n'est pas une science inutile ». Voir les textes soigneusement réunis et les opinions largement discutées dans RABIER, *Logique*, Paris, Hachette.

qu'un assemblage d'hypothèses entre lesquelles un esprit, uniquement soucieux de la vérité, ne saurait faire un choix.

Ce choix, Galilée inventa les moyens de le faire et le rendit facile pour ses successeurs : l'observation et l'expérimentation, favorisées par des instruments nouveaux, aidées par la déduction et le calcul, furent instituées les juges suprêmes de toute discussion scientifique.

D'abord il retrouve, imagine ou prépare des instruments, compas de proportion, balance hydrostatique, thermomètre et baromètre, horloge à pendule et microscope. Surtout il donne au télescope une merveilleuse puissance et révolutionne la science.

Au commencement de 1609, Galilée apprend qu'un Hollandais a imaginé une lunette, avec laquelle on voit les objets éloignés aussi nettement que s'ils étaient rapprochés. De Paris, Jacques Badouère lui confirme cette nouvelle. Galilée construit lui-même un tube de plomb et y adapte des verres de lunettes en s'appuyant sur la théorie des réfractions. Les objets lui apparaissent trois fois plus près et neuf fois plus grands, puis, à la suite de nombreux perfectionnements, mille fois plus grands qu'à l'œil nu.

Galilée examine la lune, y découvre des montagnes dont il enseigne à calculer la hauteur. Il la compare à la terre, voire à la Bohême (*regio consimilis Bohemiæ*). Après la lune, les étoiles. Dans le Baudrier et l'Epée d'Orion, il en compte quatre-vingts, où l'on en voyait sept. Au lieu des sept Pléiades que symbolisaient les poètes alexandrins, avant Ronsard et ses amis, il en met plus de quarante. Dans la voie lactée, il signale comme dit son admirateur Milton, une poussière d'étoiles.

Aux planètes, il donne plus d'attention encore. Le 16 janvier 1610, il aperçoit, à côté de Jupiter, trois points lumineux, les deux premiers à l'orient, le troisième au couchant. Il se dit que peut-être ce sont des étoiles inconnues. Mais le lendemain les trois points apparaissent à l'orient : ce ne sont donc pas des fixes, mais des planètes ou des astres errants, comme disaient les anciens. Cinq jours plus tard, Galilée en voit quatre. Après deux mois d'observation, il est sûr d'être en présence de satellites qui tournent autour de Jupiter, comme la lune accompagne la terre dans sa rotation autour du soleil.

De Jupiter il passe à Saturne dont il voit confusément l'anneau et que, pour cette raison, il nomme un astre trijumeau, puis à Vénus, dont il observe les phases et établit le mouvement de rotation.

Désormais, il ne peut plus être question de l'incorruptibilité des cieux, non plus que d'une distinction entre la région céleste et la région sublunaire. Avant 1597, Galilée était partisan du système de Copernic. Maintenant il a des raisons positives d'être plus hardi dans ses affirmations. La terre et les planètes tournent autour du soleil. L'espace est plein de soleils qui sont, chacun, comme le nôtre, centre d'un système. Identiques à notre terre sont la lune et le soleil, le satellite et le chef du chœur. Unité dans le système solaire, unité des systèmes qui constituent l'univers, voilà les résultats incontestables — à préciser dans l'avenir — que l'observation donne à Galilée et qui détruisent à jamais l'astronomie de Ptolémée, la physique céleste d'Aristote et toutes les conceptions géocentriques auxquelles la scolastique attribuait tant d'importance.

A ces recherches, il faut joindre celles que Galilée a faites antérieurement sur la chute des corps. Là encore il rencontrait une théorie scolastique. Les péripatéticiens disent bien que les corps acquièrent d'autant plus de mouvement qu'ils s'éloignent davantage du lieu d'où a commencé leur chute ; mais ils opposent les graves, qui vont en bas, aux légers qui se dirigent vers le haut : ils croient que des corps différents, dans un milieu aérien et identique, tombent avec une vitesse proportionnelle à leur masse. C'est à 25 ans que Galilée abandonne du haut de la tour penchée de Pise, des corps différents de volume et de poids : les spectateurs maîtres et élèves, constatent que, pour tous, la gravité ou la tendance à descendre est sensiblement la même. Par ces originales expériences, Galilée qui ne peut user, comme nous faisons aujourd'hui, de la machine pneumatique, ruine la distinction péripatéticienne des légers et des graves, partant une des différences et non des moins importantes qu'elle supposait entre le ciel et les régions sublunaires.

Comment s'effectue le mouvement de descente ? Les scolastiques disent que sa vitesse est proportionnelle à l'espace parcouru. Mais, objecte Galilée, le corps qui n'a traversé aucun espace, sera donc immobile ? N'est-il pas plus vraisemblable que la vitesse de la chute, mesurée par l'espace, est proportionnelle au temps ? Et partant de considérations mathématiques, Galilée représente le mouvement uniformément accéléré par la progression arithmétique des nombres impairs, 1, 3, 5, 7, 9. La suite des nombres carrés, 1, 4, 9, 16, représente la sommation des termes de cette progression.

Puis Galilée imagine de faire rouler une balle sur un plan incliné. Pour établir une comparaison avec les espaces parcourus selon la verticale de la pesanteur, il recourt à l'observation que lui a suggérée, dans la cathédrale de Pise, une lampe suspendue au balancement régulier et découvre ainsi l'isochronisme des oscillations du pendule. Le raisonnement et la géométrie l'ayant conduit à affirmer que les espaces parcourus sont entre eux comme les carrés des temps, il revient à l'expérimentation. Dans la rainure pratiquée à la face supérieure d'un soliveau, incliné d'une, de deux ou de trois coudées au-dessus de l'horizon, il fait glisser une balle de laiton. Pour mesurer le temps, il pèse l'eau qui coule, par un robinet étroit, d'un vase très large. Avec cette horloge d'une exactitude suffisante et après plus de cent expériences, Galilée établit que les espaces parcourus sont proportionnels aux carrés des temps. De cette loi, il déduit alors celles qui portent sur les espaces et la vitesse.

Enfin Galilée s'occupe du mouvement curviligne des projectiles et montre que l'impulsion communiquée se combine, avec la direction perpendiculaire qui vient de la pesanteur, de manière à leur faire décrire une parabole.

En somme ces recherches, où l'expérience a un rôle capital, détruisent la physique scolastique, créent la mécanique et préparent l'horloge à pendule de Huyghens, dont Galilée a même l'idée. Mais déjà aveugle, il ne peut faire construire l'instrument qui sera d'un si grand secours pour l'observateur. En outre ses découvertes sur la combinaison des mouvements annoncent et justifient à l'avance les trois grandes lois de Képler sur la marche des planètes.

Les découvertes astronomiques, physiques et mécaniques de Galilée sont rapprochées par Newton qui demande, lui aussi, à l'expérience et à l'observation les solutions qu'il ne veut pas puiser dans la métaphysique scolastique et péripatéticienne ou même cartésienne : « Physique, dit-il souvent, préserve-toi de la Métaphysique ». Assimilant la marche des astres à l'action de la pesanteur, il trouve l'attraction universelle, mais ne la transforme en loi qu'après la mesure, par Picard, d'un degré du méridien. Astronomes et physiciens pratiquent la méthode qui a si bien réussi à Galilée et tous ensemble, ils préparent cet admirable *Traité de mécanique céleste* et l'*Exposition du Système du Monde*, qui dépassent de bien loin les poétiques divinations de Pascal et ont fait dire, à un penseur contemporain, que les cieux révèlent la gloire de Newton et de Laplace.

Ainsi Galilée a montré aux savants, d'une façon éclatante, ce que peut la méthode expérimentale. Avec elle il a détruit l'antique conception de l'univers ; avec elle, il a déterminé ce qu'il fallait garder des théories de son temps. Les résultats atteints par lui et conservés par ses successeurs indiquent en partie et préparent, pour le reste, notre moderne conception de « l'infini, à l'égard duquel l'homme est un néant et dans lequel il est englouti ». Son influence a donc été capitale dans la formation de la civilisation moderne. S'il n'a pas été métaphysicien — ce que contesteraient Th.-H. Martin et Kurd-Lasswitz (1), il a plus que personne, sauf peut-être Descartes, préparé la métaphysique nouvelle, qui devra s'appuyer sur les sciences et la philosophie des sciences.

En face des Universités et des Ecoles qui restent fidèles au passé, les Académies groupent tous ceux qui veulent utiliser les méthodes nouvelles pour augmenter les connaissances positives. En 1603, se constitue à Rome, pour l'avancement des sciences expérimentales, l'Académie des *Lincei*, qui crée un cabinet d'histoire naturelle, un jardin botanique et a pour membres Stelluti, Severino, Galilée. En 1657, est fondée à Florence, par le grand-duc Léopold de Médicis, l'Académie *del Cimento*, qui s'inspire des idées et de la méthode de Galilée. Elle publie des *Essais*, où l'on trouve toute une série d'expériences qui sont demeurées classiques. A peu près à la même époque, un médecin de Schweinfurth, Bausch, organise l'Académie des *Curieux de la Nature*. Puis c'est la *Société royale* qui, en 1660, est régulièrement constituée par lettres patentes ; l'*Académie des Sciences*, de Paris, que Colbert organise officiellement en 1666.

Les noms choisis par les Académies italiennes indiquent l'obligation d'observer avec des yeux pénétrants (*Lincei*), de réunir les efforts des travailleurs individuels, comme le ciment maintient les unes à côté des autres, les pierres d'un édifice. Toutes ces fondations nouvelles poursuivent un but identique, bien marqué par Robert Boyle. « Si les hommes, dit-il, avaient plus à cœur le progrès de la vraie science que leur propre réputation, il serait aisé de leur faire comprendre que le plus grand service qu'ils pourraient rendre au monde, ce serait de mettre tous leurs soins à faire des expériences, à recueillir des observations, sans chercher à établir aucune théorie ». Toutes publient des mémoires où sont recueillies les observations faites par leurs membres ou même par des étrangers.

Quelques noms et quelques dates suffisent pour montrer avec quelle ardeur on se lance dans cette voie nouvelle. En 1614 Napier découvre les logarithmes, qui rendent prompts, faciles, précis, les calculs trigonométriques et astronomiques. En 1619, apparaissent les *Harmonices mundi libri quinque* de Kepler où se mêlent, à des conceptions métaphysiques et religieuses que l'expérience ne justifiera pas, les lois qui expliquent les révolutions des planètes. Puis Hévélius donne une *Sélénographie*, un catalogue où, pour 1660, il fixe 1564 positions d'étoiles ; Cassini fait la théorie complète de la libration de la lune, Torricelli et Pascal, peut-être averti par Descartes (2), établissent la pesanteur de l'air, détruisent la

---

(1) *Op. cit.* (*Bibliographie générale*).
(2) ADAM, *Rev. philosoph.*, XXIV, 612.

croyance à l'horreur du vide et fournissent aux observateurs un instrument précieux. Otto de Guéricke invente la machine pneumatique ; Boyle passe sa vie à faire des expériences et à recueillir des observations. Son disciple Denis Papin fait des recherches sur la vapeur. Sauveur abandonne la théologie pour l'acoustique ; Roemer mesure la vitesse de propagation de la lumière et, en la replaçant ainsi parmi les agents physiques, lui enlève ce caractère mystérieux qui avait permis aux néo-platoniciens (ch. III, 4, 10) d'en tirer un si grand parti pour leurs explications métaphysiques. Huyghens donne l'horloge à pendule, si précieuse pour les astronomes, découvre un nouveau satellite et l'anneau de Saturne, la polarisation de la lumière. Newton et Leibnitz créent par des voies différentes, le calcul différentiel. Newton, complétant les travaux de Roemer et de Huyghens, décompose la lumière solaire.

D'un autre côté Harvey et Malpighi, Leuwenhoeck et Swammerdam, Ruisch, Spallanzani et Lyonnet demandent à l'observation, à l'expérimentation servies par le microscope et par des instruments d'une délicatesse infinie, la connaissance des êtres vivants et de l'infiniment petit à côté duquel « l'homme est un tout ». De tous ces merveilleux observateurs, on peut affirmer ce que Sénebier disait de l'un d'eux. « Ils anéantissent les nombreux et énormes volumes qu'on avait écrits pour couvrir la nature de ténèbres ». Ou si on le préfère, ils leur laissent une valeur purement historique et ils obligent, par conséquent, les théologiens et les philosophes à comparer leurs conceptions, pour qu'elles ne disparaissent pas comme les conceptions de la science médiévale, avec les résultats obtenus par les physiciens et les naturalistes.

Mais les scolastiques du XVIIe et du XVIIIe siècle ne voulurent pas savoir ce que devenaient, de leur temps, les sciences positives. Ils ne lurent pas Bacon qui vantait, en termes poétiques et grandioses, la nouvelle méthode, le *Novum organum*, l'induction, que n'avait pas d'ailleurs ignorée Aristote, mais dont ne se souvenaient plus ceux qui se prétendaient alors ses disciples et ses continuateurs. Ils ignorèrent de même Descartes, qui recommande de n'admettre pour évident que ce qu'on reconnaît être tel, qui adapte aux recherches expérimentales l'analyse et l'algèbre des géomètres et prépare ainsi, par l'intermédiaire de Condillac, les travaux de Lavoisier, comme par ses théories sur le mécanisme, il inaugure bon nombre des systèmes ou des doctrines positives dont l'apparition est une caractéristique des temps modernes. Et cela est d'autant plus étrange que ce partisan de la raison libre et de la science de plus en plus complète rejoint, dans sa métaphysique, S. Anselme et Plotin ; qu'il aurait pu ainsi servir tout au moins de point de départ pour un nouvel essai de coordonner, en un sens chrétien, le monde sensible, mieux connu, au monde intelligible dont on aurait conservé les éléments essentiels. Malebranche, plus que Bossuet et Fénelon, en eut la vision nette et, en somme, demeura orthodoxe (1). Spinoza, en une certaine mesure, se rattacha aux sciences d'alors et à la métaphysique des successeurs de Plotin, plus qu'à Plotin lui-même. Ainsi s'expliquent entre eux les ressemblances que signalait Mairan ; ainsi s'expliquent les différences qui frappaient Malebranche et qui justifient chez lui, comme chez les catholiques, ses contemporains ou ses successeurs, les attaques violentes contre « l'impie et l'athée ». Mais les scolastiques ne songèrent ni à invoquer la raison, ni à utiliser les données scientifiques pour transformer ou modifier leur métaphysique et leur

---

(1) Voir le *Pascal* de M. Boutroux où apparaît nettement cette pensée directrice.

théologie, pour reprendre l'œuvre accomplie par S. Thomas, comme par Plotin et bien d'autres, qui avaient, pour cela même, donné une place si grande à l'interprétation allégorique. Et ce fut, sinon la mort, comme chez les Arabes, du moins un long et lourd sommeil pour les doctrines auxquelles ils demeuraient attachés (1). Leurs successeurs ont de nos jours (ch. IX) essayé de réparer leur erreur, en rendant à la science et à la raison le rôle qu'ils n'avaient plus voulu leur attribuer.

(1) Voir *Bibliographie générale*.

CHAPITRE IX

LA RESTAURATION THOMISTE AU XIXᵉ SIÈCLE

A partir du XVIIᵉ siècle, il y a des hommes qui n'ont plus d'autre guide que la raison et la science pour expliquer l'univers, pour organiser la vie individuelle et sociale (p. 41). Il y a même des *athées*, des *libertins* ou des *philosophes* qui nient l'existence de Dieu et l'immortalité de l'âme, les deux dogmes essentiels de toute la période médiévale. Mais il ne faudrait pas croire, comme on l'a fait souvent, que le XVIIᵉ siècle a vu le triomphe de la science et de la philosophie scientifique, substituées tout à coup à la civilisation théologique des époques antérieures. Celle-ci se maintient dans les esprits d'un grand nombre d'hommes, comme dans les institutions ecclésiastiques, juridiques ou politiques dont l'ensemble constitue ce que l'on appelle l'ancien régime. Ils ne cessent ni d'être chrétiens, ni de se rattacher aux doctrines philosophiques dont le succès avait été grand pendant tout le moyen âge. Ce qui est incontestable, ce sont, d'un côté, les progrès de la pensée scientifique et rationnelle (1), de l'autre le déclin des Universités et Ecoles, comme du péripatétisme thomiste, qu'elles enseignent sous le nom de scolastique. Inconnue, dédaignée ou méprisée par les laïques, même par bon nombre de séculiers ou de réguliers qui entendent faire une place aux idées nouvelles, la scolastique continue à avoir des chaires à Salamanque, à Coïmbre, à Alcala, à Rome, à la Sorbonne, mais partout les maîtres sont moins remarquables et leur influence ne s'exerce guère que sur quelques-uns de leurs écoliers et non sur les meilleurs (2).

Mais il en va tout autrement pour les philosophies religieuses qui avaient précédé le thomisme et même, en un certain sens, pour le thomisme, dont la scolastique n'est alors qu'une reproduction servile, sans vie comme sans liberté.

---

(1) C'est ce que nous avons essayé de montrer dans les *Idéologues*, Paris, Alcan.
(2) Voir l'*Arrêt burlesque*, rédigé par Boileau et ses amis ; les critiques de Malebranche, dans la *Recherche de la vérité*; l'*Histoire de la philosophie cartésienne*, de Francisque Bouillier ; l'*Histoire de la philosophie*, d'Elie Blanc, vol. II, p. 110 et suivantes ; l'*Astronomie et Théologie* du P. Ortolan, 1894, pour qui l'attachement obstiné des scolastiques à leurs préjugés péripatéticiens a été en grande partie cause de la ruine de leurs doctrines. Voir chap. VIII et chap. X.

Les guerres religieuses continuent en Allemagne, entre protestants et catholiques. En Angleterre où les catholiques sont vaincus, les sectes diverses se combattent par la plume, et par les armes. En Hollande, les arminiens et les gomaristes ; en France, les jansénistes et leurs adversaires reprennent avec une ardeur au moins égale les questions qui avaient agité autrefois les contemporains de Gottschalk (ch. VI). Puis ce sont les discussions que provoque le quiétisme ; c'est la révocation de l'édit de Nantes ; ce sont des condamnations comme celles de Giordano Bruno et de Vanini, de Léonore Galigaï et d'Urbain Grandier, de Calas, de la Barre et de Sirven. On s'aperçoit nettement qu'on n'est pas sorti de la période théologique. On s'en aperçoit mieux encore, quand on passe une revue sommaire des philosophes et de leurs œuvres.

Descartes, qui ne veut pas savoir s'il y a eu des hommes avant lui, écrit les *Meditationes de prima philosophia, in qua Dei existentia et animæ immortalitas demonstrantur*, où il traite les deux questions capitales pour tous les philosophes médiévaux (ch. II) en disciple de S. Anselme, en continuateur de S. Augustin et de Plotin (1).

Pascal dans ses *Pensées*, essaie de joindre la raison et le cœur pour se rapprocher de Dieu et nous rappelle Plotin, subordonnant et unissant la raison à l'amour (ch. V) (2). Gassendi, comme certains philosophes latins ou arabes (ch. VI), maintient la Création, la Providence et l'immortalité, à côté des doctrines atomistiques qu'il substitue lui aussi au péripatétisme. Malebranche dédaigne l'histoire et compose des *Conversations métaphysiques et chrétiennes*, un *Traité de la Nature et de la grâce*, des *Méditations métaphysiques et chrétiennes*, des *Entretiens sur la métaphysique et sur la religion*, un *Traité de l'amour de Dieu*, des *Entretiens d'un philosophe chrétien et d'un philosophe chinois sur la nature de Dieu*. On y rencontre, sur Dieu et la manière dont nous le connaissons, sur la liberté, sur la Providence et sur l'optimisme, sur l'union de l'âme avec le corps, sur les rapports de Dieu et du monde, bien des théories qui par delà S. Augustin remontent à Plotin, dont il n'a pas réussi à reprendre la construction où se subordonne harmonieusement, grâce au principe de perfection, le monde sensible au monde intelligible (p. 50), puisque Mairan le soupçonne de panthéisme et ne voit pas en quoi il se distingue de Spinoza. Quant à Spinoza lui-même, il rappelle l'Averroïsme qui se maintint si longtemps dans les écoles juives, comme les doctrines cabbalistiques dont le développement témoigne de l'action exercée, directement ou indirectement, par le néo-platonisme. Et c'est par lui surtout que les théories plotiniennes arriveront aux philosophes allemands du xixe siècle (3).

Bossuet est plus augustinien et thomiste que cartésien. Comme S. Augustin, il ramène, dans le *Discours sur l'histoire universelle*, tous les événements accomplis depuis l'origine de l'humanité à l'œuvre de l'Incarnation et de la Rédemption du monde. Il pense, comme S. Thomas, sur la nature et les rapports de la raison et de la foi, sur l'incommutabilité des vérités métaphysiques et mathématiques, sur l'unité naturelle et substantielle de l'homme, sur l'origine sensible de nos idées, sur la différence spécifique et le rapport de l'âme raisonnable et de l'âme des bêtes, sur la nature des passions, sur la prééminence absolue de l'intelligence

---

(1) Voir *Bibliographie générale*.
(2) Voir surtout le Pascal de M. Boutroux où cette interprétation a été mise excellemment en lumière.
(3) Voir *Bibliographie générale*.

par rapport à la volonté, sur le mal, sur la liberté humaine et la prescience de Dieu. Aussi n'y a-t-il pas lieu de s'étonner quand on rencontre dans le *Traité de la connaissance de Dieu et de soi-même*, dans les *Méditations sur l'Evangile*, dans les *Elévations sur les mystères*, des passages qui apparaissent comme des traductions de Plotin (1).

Les mêmes rapprochements ont été faits pour le mystique Fénelon. Son Traité de l'existence de Dieu, ses Lettres sur divers sujets de métaphysique et de religion, ses Maximes des Saints font songer à S. Augustin et à S. Anselme, aux Victorins et à S. Bonaventure, comme à Plotin, leur maître à tous (2).

Locke et Condillac modifient sans doute, mais reprennent la théorie scolastique sur l'origine de nos connaissances. Rien pour eux n'est dans l'intellect qui n'ait été auparavant dans le sens. L'un et l'autre restent profondément chrétiens et acceptent sur Dieu et sur l'âme les solutions traditionnelles. Berkeley crée en Angleterre une école idéaliste qui rejoint, par plus d'un côté, celle des chrétiens plotinisants (3). Charles Bonnet voit Dieu partout ; son sentiment religieux, voisin du mysticisme, son échelle des êtres, dont le principe et les grandes lignes font penser aux hiérarchies du Pseudo-Denys, rejoignent par delà Leibnitz, les continuateurs chrétiens de Plotin. Voltaire et Rousseau maintiennent, dans leur religion naturelle, les deux dogmes essentiels des religions médiévales.

En Italie, Muratori s'inspire de Malebranche, Gerdil réfute Locke en s'attachant à Descartes et à Malebranche, Miceli a pu être considéré comme un Spinoza catholique et Gonzalez a trouvé essentiellement chrétienne la pensée philosophique de Vico, qui « vécut et mourut en vrai catholique ».

Enfin les mystiques, comme Saint-Martin et Martinez Pasqualis, Swedenborg et Cagliostro, Lavater, Gessner et Mesmer, remontent par Boehme, par les Cabbalistes, par bien d'autres sources encore, aux thaumaturges et aux mystiques successeurs de Plotin.

En résumé, les philosophes du XVIIe et du XVIIIe siècle, en dehors d'un petit nombre de penseurs indifférents ou hostiles au christianisme, restent attachés aux grandes doctrines des siècles précédents, qui supposent la prédominance d'un monde intelligible, où règne le principe de perfection, sur le monde sensible, régi par les principes de contradiction et de causalité. Mais ils ont souci de faire entrer dans ce système les découvertes dont le nombre grandit sans cesse et quelques-uns d'entre eux sont parmi ceux qui ont le plus enrichi les sciences positives. Par cela même, ils apparaissent en opposition manifeste avec les thomistes dégénérés, qui entendent surtout proscrire les nouveautés scientifiques et conserver les erreurs et les préjugés péripatéticiens ou scolastiques.

(1) Voir chap. VI et les Ennéades traduites par Bouillet où les rapprochements abondent. C'est en ce sens que s'expliquent les affirmations de M. Lanson, *Histoire de la littérature française*, p. 565. « Son œuvre est absolument catholique..., mais la meilleure substance de l'antiquité gréco-romaine a passé dans son esprit ; il découvre dans la Bible ou l'Evangile, les pensées d'*Aristote* ou de *Platon* (il faudrait lire de préférence *Plotin*)... il fait entrer dans le système de la religion toutes les vérités acquises depuis des siècles par la raison laïque ». M. Elie Blanc, *op. cit.*, ne relèverait, en néo-thomiste, que quelques passages trop favorables au cartésianisme et à l'ontologisme ; mais il se plaint, en outre, de la place trop grande que Bossuet fait à l'Etat et au gallicanisme.

(2) Voir ch. VI et BOUILLET, *Ennéades*.

(3) Voir ce que nous en avons dit à propos de lord Brooke (*Rev. ph.*, janvier 1896) et *Bibliographie générale*.

Et l'on cesse aussi de voir les ressemblances profondes qui rapprochent les doctrines théologiques et métaphysiques, prises en leurs grandes lignes, de saint Thomas, de celles de S. Anselme, de S. Augustin ou du Pseudo-Denys, et, surtout de Plotin et de ses successeurs qui continuent à alimenter les dogmatiques et les mystiques, les orthodoxes et les hérétiques.

En Allemagne, les philosophes se tiennent plus près, non seulement de la théologie chrétienne et néo-platonicienne, mais encore de la pensée occidentale et des formes qu'elle revêt du XIIIe au XVIe siècle. Mélanchthon (p. 59, 92) avait créé, pour les écoles protestantes, une philosophie où l'Aristote de la scolastique était la principale autorité. Jamais ses successeurs n'ont rompu complètement avec cette philosophie contemporaine de la Réforme, pas plus qu'ils n'ont abandonné entièrement les croyances religieuses qu'avaient alors adoptées leurs pères. Leibnitz débute par une thèse, que l'on croirait contemporaine de S. Thomas, sur le principe d'individuation. Il veut « unir les scolastiques avec les modernes, la théologie et la morale avec la raison », parce qu'il trouve « de l'or dans le fumier de la scolastique » ; il rappelle et réhabilite les formes substantielles. On lui doit des *Principes de la nature et de la grâce*, un *Systema theologicum*, une *Défense du mystère de la Sainte Trinité*, un *Examen de la démonstration de Dieu de S. Anselme, renouvelée par Descartes*, où il tient compte de l'opinion de S. Thomas et de celle de l'Ecole ; des *Considérations sur la doctrine d'un esprit universel*, où il mentionne Averroès et le rôle attribué par lui à l'intellect agent (ch. VII, VIII). Les *Essais de théodicée sur la bonté de Dieu, la liberté de l'homme et l'origine du mal* mériteraient une étude spéciale. Le mathématicien qui invente en même temps que Newton et par d'autres voies, le calcul infinitésimal, cite les expérimentateurs célèbres, comme Swammerdam et Leuwenhoeck, les philosophes de son temps, comme Bacon, Descartes, Hobbes, Locke, Malebranche et bien d'autres. Mais il invoque, pour traiter des questions qui avaient souvent été discutées et avec passion au moyen âge, tous ceux qui les avaient abordées ou en avaient proposé des solutions intéressantes : S. Athanase, S. Basile, S. Grégoire de Nysse et S. Grégoire de Nazianze, Manès, Origène, Marcion, Prudence, S. Jérôme, S. Ambroise, Pélage et S. Augustin, Gottschalk et Jean Scot Erigène, Abélard et le Maître des Sentences, S. Bernard et S. Bonaventure, les Cabbalistes et l'Evangile éternel, Maimonide et S. Thomas d'Aquin, Durand de Saint-Pourçain, Buridan et Pierre Auriol, Jansénius et Molina. Dans le *Discours sur la conformité de la foi avec la raison*, il examine les objections que Bayle, partant du principe de contradiction, déclare insolubles, de manière à laisser entendre qu'il place, comme Plotin, un monde intelligible au-dessus du monde sensible, le principe de perfection au-dessus des principes de contradiction et de causalité. Et Leibnitz termine les *Essais* par un *Abrégé de la controverse réduite à des arguments en forme*.

Le successeur de Leibnitz, Wolf systématise, à la façon des mathématiciens ou des scolastiques péripatéticiens, les connaissances qui lui ont été transmises.

Kant reste dans la période théologique : c'est un chrétien, un luthérien, un piétiste, un scolastique. Sans doute, c'est une des gloires du siècle des lumières ; il a subi l'influence de Hume, de Shaftesbury et de Hutcheson, de Voltaire et de Rousseau, des savants et des encyclopédistes (1).

(1) Voir *Avant-propos* de la troisième édition de notre traduction de la Critique de la Raison pratique, p. 2-3.

Mais il a eu pour maîtres Schulz et Knutzen, dont le piétisme s'unit aux études philologiques, historiques, scientifiques et philosophiques, qui se font « devant Dieu, partout présent ». Ce qui caractérise les piétistes, c'est qu'ils s'écartent de l'orthodoxie luthérienne, devenue une scolastique théologique ; c'est qu'ils tiennent grand compte de la parole de Dieu, de la pureté du cœur, de la pénitence, de l'effort personnel, de la lutte douloureuse pour saisir la grâce ; c'est qu'ils inclinent, comme les jansénistes, vers un ascétisme auquel rien ne semble indifférent. Dans ses dernières années, Kant revient aux idées de sa jeunesse : il cite la Bible, développe la preuve de l'existence de Dieu par les causes finales et aime à entendre répéter le sens hébreu — *Dieu avec nous*, — de son prénom Immanuel. Aussi Müller et Reinhold insistent sur l'appui que le kantisme fournit à la religion et à la morale ; d'autres, parmi leurs contemporains, trouvent que Kant est venu achever l'œuvre du Christ et manifester en esprit le Dieu que le Christ avait manifesté en chair ! De nos jours, Benno Erdmann signale, dans la personnalité morale de Kant, la forte empreinte de ses maîtres piétistes et le docteur Arnold voit dans le kantisme le plus solide rempart de la vie religieuse contre les attaques de l'incrédulité (1).

La lecture de ses ouvrages justifie ces jugements. Dans la *Religion*, Kant avance des idées chrétiennes : il affirme l'existence du libre arbitre, la présence en nous d'un idéal de perfection et la nécessité d'anéantir le péché pour réhabiliter le bien sur ses ruines ; il veut unir la politique et la métaphysique, la religion et la morale. Quand il entreprend la *Critique de la Raison pure*, il est moralement certain qu'il y a un Dieu et une autre vie : foi et sentiment moral sont tellement unis en lui qu'il ne court pas plus de risque de se voir dépouiller de l'une, qu'il ne craint de perdre l'autre. On n'a pas suffisamment remarqué que son entreprise n'aurait eu ni sens ni portée, s'il avait voulu combattre des chrétiens ou des néo-platoniciens, car ils lui auraient fort bien accordé — et Plotin l'a montré lui-même — que les catégories, dressées d'après l'étude du monde sensible, ne sauraient s'appliquer au monde intelligible ; qu'il en est de même des principes de contradiction et de causalité. Aussi Kant a-t-il insisté dans la *Préface de la seconde édition*, sur le but par lui poursuivi : il songe à couper les racines de l'incrédulité des esprits forts, à unir théologie, morale et religion, « les fins dernières les plus élevées de notre existence », en pénétrant les trois objets, Dieu, liberté, immortalité (2).

Le chrétien apparaît mieux encore dans la *Critique de la Raison pratique*, que Kirchmann considère comme une philosophie de la religion, simplement complétée par l'opuscule de 1793. En termes qui rappellent Pascal et l'*Entretien avec M. de Saci sur Épictète et Montaigne*, Kant proclame l'infériorité des écoles grecques, qu'il réduit aux Épicuriens et aux Stoïciens. Les premiers n'ont vu que le bonheur ; les seconds n'ont vu que l'intention morale. Contre ceux-ci Kant accumule, comme Pascal, Bossuet, Nicole et même Descartes, les jugements sévères : « Ils ont vu dans la vertu... l'héroïsme du sage... ils ont placé celui-ci au-dessus des autres hommes et l'ont soustrait à toute tentation de violer la loi morale. A la place d'une discipline morale, sobre, ils ont introduit un fanatisme moral, héroïque... Ils *s'arrogent* la sagesse... la vertu dont ils faisaient *un si grand cas* » (3).

(1) *Avant-propos* de la troisième édition, *op. cit.*, p. IV et note 17.
(2) *Op. cit.*, n. 8, p. 303-306.
(3) *Op. cit.*, p. 206, 151, 154, 283.

Et ces critiques sont accentuées par l'éloge du christianisme : « La doctrine morale de l'Evangile a, la première, soumis toute bonne conduite de l'homme à la discipline d'un devoir qui, placé sous ses yeux, ne les laisse pas s'égarer dans des perfections morales imaginaires ; elle a posé les bornes de l'humilité, de la connaissance de soi-même, à la présomption et à l'amour de soi, qui tous deux méconnaissent volontiers leurs limites... Les Stoïciens n'auraient pu placer le Sage au-dessus des autres hommes, s'ils se fussent représenté la loi dans toute la pureté et toute la rigueur du précepte de l'Evangile... Celui-ci enlève à l'homme la confiance de s'y conformer, complètement du moins dans cette vie, mais en retour, il le relève, car nous pouvons espérer que, si nous agissons aussi bien que cela est en notre pouvoir, ce qui n'est pas en notre pouvoir nous viendra ultérieurement d'un autre côté, que nous sachions ou non de quelle façon... Tout précepte moral de l'Evangile présente l'intention morale dans toute sa perfection... Le commandement : Aime Dieu par dessus tout et ton prochain comme toi-même, est un idéal de la sainteté... » (1).

Kant, admirateur enthousiaste de la morale de l'Evangile, la préfère même, en piétiste et sans le dire, à la morale luthérienne où Mélanchthon avait mélangé des éléments péripatéticiens. Les problèmes capitaux qu'il soulève avaient tourmenté les chrétiens ; les concepts qu'il y introduit sont chrétiens ; chrétiennes aussi sont les solutions qu'il adopte et la forme même sous laquelle il les exprime.

C'est de Dieu, de l'âme et de son salut que, dans cette période théologique où se développe le christianisme (ch. II), l'on se préoccupe avant tout et par dessus tout. De bonne heure, on s'aperçoit que la question de la liberté est étroitement liée à l'une et à l'autre. De leur mélange naissent les problèmes de la perfection, surtout de la bonté, de la puissance, de la justice de Dieu, de la Providence et de la Prescience, de la Prédestination et de la Grâce, auxquels saint Augustin, en combattant les Manichéens et les Pélagiens, travaille à donner une solution orthodoxe. Reprise par Gottschalk et ses contemporains (ch. VI), par Luther, par Calvin, par Jansénius, par Bayle, la question est longuement traitée, avec des arguments théologiques et philosophiques, par Leibnitz dans les Essais de théodicée. C'est de même sur les trois concepts de la liberté, de Dieu et de l'immortalité que Kant dirige les recherches de la *Critique de la Raison pure*, comme les solutions de la *Critique de la Raison pratique* (2).

Kant, comme autrefois Descartes (3), pose et admet le Dieu du christianisme, en lui-même et dans ses rapports avec les créatures. C'est en lui que nous nous représentons l'idéal de la sainteté en substance. Originairement, le concept de Dieu appartient, non à la physique ou à la métaphysique, mais à la morale. C'est l'existence du mal qui empêcha les philosophes grecs d'admettre d'abord une cause parfaite, raisonnable et unique. Lorsqu'ils eurent traité philosophiquement les objets moraux, ils trouvèrent, dans le besoin pratique, une détermination pour le concept de l'être premier, que la raison spéculative ne fit qu'embellir et orner. Cet être a des attributs qu'on trouve en germe dans les créatures, toute-puissance, omniscience, omniprésence, toute bonté ; il a trois attributs moraux qui n'appartiennent qu'à lui seul — saint législateur et créateur, bon gouverneur et conservateur, juste juge — qui en font l'objet de la religion et auxquels les perfections

---

(1) *Op. cit.*, p. 154, 282, 141, 148.
(2) *Op. cit.*, n. 3, p. 300.
(3) Voir la définition de Dieu dans les Méditations.

métaphysiques qui leur sont conformes s'ajoutent d'elles-mêmes dans la raison. Etre des êtres, il suffit à tout et de cet attribut dépend toute la théologie. Par l'accord de sa volonté avec la loi morale, il est en possession de la sainteté. Etre raisonnable au vouloir parfait et tout-puissant, il a besoin de la béatitude, il en est digne et il la possède. Cause première, universelle et suprême, auteur de la nature, de l'existence de la substance, son libre choix est incapable d'une maxime qui ne pourrait en même temps être une loi objective ; la sainteté qui lui convient le met au-dessus, non des lois pratiques, mais des lois pratiquement restrictives. Pour lui, la condition du temps n'est rien : par une seule intuition intellectuelle de l'existence des êtres raisonnables, il saisit la conformité à la loi morale et la sainteté qu'exige son commandement, pour être en accord avec sa justice dans la part qu'il assigne à chacun dans le souverain bien (1).

Kant accentue le caractère chrétien du concept, en raillant les partisans d'une religion naturelle. Le *Gottesgelehrte* ne peut être, dit-il, qu'un professeur de théologie révélée, car le philosophe, avec sa connaissance de Dieu comme science positive, ferait une trop misérable figure pour recevoir le nom de *Gelehrte*. Hardiment on lui demanderait de citer, pour déterminer l'objet de sa science, et en dehors des prédicats purement ontologiques, une propriété de l'entendement ou de la volonté, à propos de laquelle on ne sache montrer, d'une façon irréfutable, que, si l'on en abstrait tout ce qui est anthropomorphique, il ne reste plus qu'un mot, sans liaison avec le moindre concept par lequel on pourrait espérer une extension de la connaissance théorique !

L'homme occupe en ce monde et occupera dans l'autre, par l'intervention de Dieu, la place que lui assigne le christianisme. Créature et créature déchue par le péché originel, il est dans une position inférieure ; il a conscience de sa faiblesse et ne saurait attribuer à son esprit une bonté spontanée qui n'aurait besoin ni d'aiguillon, ni de frein, ni de commandement : il doit se garder de la présomption, d'un orgueil chimérique, lui à qui il faudrait surtout rémission ou indulgence ! Aucune créature ne peut réaliser l'idéal de sainteté, qui doit nous servir de modèle, et nous ne saurions atteindre la conformité parfaite avec la loi morale, que par un progrès allant à l'infini (2) : « Ce qui peut seul échoir à la créature, c'est la conscience de son intention éprouvée, pour s'élever à un état moralement meilleur, l'espoir d'un progrès ininterrompu même après cette vie. La conviction de l'immutabilité de l'intention dans le progrès vers le bien semble être une chose impossible en soi pour une créature. C'est pourquoi la doctrine chrétienne la fait dériver uniquement du même esprit qui opère la sanctification... ».

C'est à la liberté que Kant, comme bien d'autres chrétiens, demande la résolution des concepts posés comme problèmes. Elle forme la clef de voûte de tout l'édifice d'un système de la raison pratique et même de la raison spéculative. A elle se rattachent les concepts de Dieu et de l'immortalité, qui avec elle et par elle, acquièrent consistance et réalité objective. Par elle, nous entrons dans le suprasensible, nous sortons de nous-mêmes, nous trouvons, pour le conditionné et le sensible, l'inconditionné et l'intelligible. Elle n'est pas une propriété psychologique, c'est un prédicat transcendantal de la causalité d'un être qui appartient au monde des sens. Mais à quelle condition la raison pure pratique, nous ouvre-t-elle la merveilleuse perspective d'un monde intelligible, par la réalisation du concept, d'ail-

(1) *Op. c.*, p. 273, 254, 182, 146, 203, 216, 182, 209, 228, 51, 221.
(2) *Op. cit.*, p. 250, 147, 150, 149, 222, 224.

leurs transcendant, de la liberté ? Si Dieu est cause de l'existence de la substance, il semble que les actions de l'homme ont leur principe déterminant dans la causalité d'un être suprême dont dépendent son existence et toute la détermination de sa causalité. L'homme serait alors une marionnette, un automate de Vaucanson. Il faut donc, pour maintenir la liberté et conserver la doctrine de la création, c'est-à-dire pour échapper au spinozisme, faire de l'existence dans le temps un simple mode de représentation sensible des êtres pensants dans le monde ; il faut prendre le temps et l'espace, non comme des déterminations appartenant à l'existence des choses en soi, non comme des conditions appartenant nécessairement à l'existence des êtres finis et dérivés, mais comme des formes *a priori* de la sensibilité, ainsi que l'a établi la *Critique de la Raison pure*, dont on aperçoit clairement la liaison avec la *Critique de la Raison pratique*. La création a rapport aux noumènes, non aux phénomènes ; Dieu, créateur et cause des noumènes, n'est pas la cause des actions dans le monde sensible. Dès lors on conçoit une connexion nécessaire, médiate, par l'intermédiaire d'un auteur intelligible de la nature, entre la moralité de l'intention comme cause, et le bonheur, effet dans le monde sensible (1).

La liberté devient capable d'une jouissance qu'on ne peut appeler ni bonheur ni béatitude..., mais qui cependant par son origine est analogue à la propriété de se suffire à soi-même, qu'on ne peut attribuer qu'à l'Être suprême. Et la synthèse des deux éléments du souverain bien, désir de bonheur et moralité de l'intention, s'opère ainsi par la présence de la liberté dans l'homme et par l'existence d'un Dieu qui s'est proposé, comme dernier but de la création, sa gloire, au sens non anthropomorphique du mot, ou le souverain bien qui, au désir des êtres, ajoute la condition d'être dignes du bonheur.

C'est en chrétien que Kant termine son œuvre. D'un côté, il affirme que la morale conduit à la religion et se complète par elle : « La loi morale conduit à la religion... tous les devoirs sont des ordres divins... des ordres de l'Etre suprême... d'une volonté sainte, bonne, toute-puissante, parce que l'accord avec cette volonté peut seul nous faire espérer d'arriver au souverain bien... La morale nous enseigne comment nous devons nous rendre dignes du bonheur... Quand elle a été exposée complètement... quand s'est éveillé le désir moral de nous procurer le royaume de Dieu... quand le premier pas vers la religion a été fait... cette doctrine morale peut aussi être appelée doctrine du bonheur, parce que l'espoir d'obtenir ce bonheur ne commence qu'avec la religion ».

De l'autre, c'est en termes chrétiens qu'il exprime la solution à laquelle il aboutit, jugeant insoutenable la religion naturelle, dénonçant, comme les croyants, l'insuffisance de la raison spéculative, et montrant que la nature, en nous la donnant telle, ne s'est pas comportée en marâtre, aboutissant enfin à un acte de foi analogue à celui du chrétien : « Si nous avions ces lumières que nous voudrions posséder, *Dieu et l'éternité, avec leur majesté redoutable*, seraient sans cesse devant nos yeux... Sans doute la transgression de la loi serait évitée, mais la valeur morale des actions n'existerait plus... Notre connaissance n'est élargie qu'au point de vue pratique ; nous ne connaissons ni la nature de notre âme, ni le monde intelligible, ni l'Etre suprême, suivant ce qu'ils sont en eux-mêmes... Admettre l'existence de Dieu est une *hypothèse* pour la raison pure, une *croyance* (Glaube) pour la raison pratique... L'honnête homme peut dire : Je *veux* qu'il y

---

(1) *Op. cit.*, p. 2, 191, 170, 182-185.

ait un Dieu, que mon existence dans ce monde soit encore, en dehors de la liaison naturelle, une existence dans un monde pur de l'entendement, enfin que ma durée soit infinie; je *m'attache fermement* à cela et je ne me laisse pas enlever ces croyances » (1).

Ainsi Kant, resté ou redevenu fidèle à ses croyances de luthérien et de piétiste, établit d'abord, par la *Critique de la Raison pure*, qu'il est impossible de justifier l'athéisme et le matérialisme ; puis, avec l'idéalité de l'espace et du temps, il maintient tout à la fois, contre Spinoza, la création et la liberté ; enfin, du point de vue moral, il aboutit à de fermes croyances ; avec l'aide du Dieu des chrétiens, l'homme immortel peut se rapprocher de plus en plus du bonheur et de la sainteté. Son œuvre rappelle celle des apologistes, en particulier de saint Thomas, qui, dans la *Somme contre les Gentils*, veut amener au catholicisme, avec le seul appui de la raison, les mahométans, les juifs, les hérétiques de toutes les nuances. De même Kant s'adresse aux athées et aux matérialistes, aux panthéistes et aux fatalistes, aux incrédules et aux esprits forts. Partant de la raison dont ils reconnaissent tous l'autorité, il soutient qu'on doit admettre, non le catholicisme et ses dogmes, formulés par les Conciles et les Pères, mais le Christianisme de l'Évangile, interprété par les luthériens piétistes. Chemin faisant, les doctrines puisées chez Hume, Voltaire et Turgot, les savants et les philosophes, et qui portent sur l'âme, sur Dieu, sur le progrès, se transforment pour devenir chrétiennes ; les formules par lesquelles Kant dirige toute sa vie (2) supposent sans doute les habitudes de l'homme et du mathématicien, mais plus encore peut-être le chrétien soucieux de compléter l'œuvre de Dieu, en se donnant des ordres pour toutes les circonstances de la vie ; la morale, comme au moyen âge la philosophie, devient sinon la servante au sens moderne du mot, du moins la collaboratrice, l'auxiliaire et l'introductrice de la religion.

Par la forme, Kant s'éloigne bien plus encore de ses contemporains, pour se rapprocher des scolastiques. Tandis qu'en France, les philosophes sont de l'avis de M. Jourdain sur les universaux, les catégories et les figures, Kant estime que nous ne pouvons penser que grâce aux formes *a priori* de la sensibilité, aux catégories de l'entendement ; il donne une *idée*, une *doctrine élémentaire*, une *analytique*, une *dialectique*, une *méthodologie* de la raison pratique elle-même. Il y met définitions, scolies, théorèmes, corollaires, problèmes et postulats. Il dresse les tables des principes pratiques de détermination, des catégories de la liberté, par rapport aux concepts du bien et du mal ; il distingue des catégories mathématiques et des catégories dynamiques et, d'une façon générale, trouve fort utile, pour la théologie et la morale, la pénible déduction des catégories.

En somme les doctrines scientifiques et philosophiques de son temps ont contribué à former Kant, mais il est surtout chrétien, luthérien et piétiste et il emploie toutes les ressources d'une puissante originalité, qui éclate dans l'une et l'autre Critique, et qui s'enveloppe sous des formes scolastiques, à conserver et à justifier les croyances, capitales pour lui et pour les siens comme pour les philosophes médiévaux, à la liberté, à l'existence de Dieu et à l'immortalité de l'âme.

---

(1) *Op. cit.*, p. 209-216, 238, 235, 236, 266, 248, 269. Pour toutes ces affirmations, consulter ce qui a été dit de Plotin, ch. III et V.
(2) *Op. cit.*, n. 14, p. 341.

Avec la Révolution française, triomphent pour un temps fort court et chez un nombre limité d'hommes, en dehors de notre pays, les idées laïques et démocratiques, rationnelles et scientifiques, dont l'élaboration fut l'œuvre des esprits les plus hardis du xviie et du xviiie siècle ! Quoique des révolutionnaires, comme Robespierre, dont l'influence fut grande, conservent quelques-unes des conceptions chères au moyen âge, on entrevoit, tout au moins, qu'il est possible, avec la science et la raison, de donner de l'univers une explication suffisante pour constituer une morale et une politique destinées à remplacer celles qui avaient été empruntées aux doctrines théologiques dont Plotin avait donné l'expression la plus complète (1).

En 1815, la Révolution était vaincue par la coalition européenne. Une réaction politique et religieuse se produisit dans tous les pays où avaient pénétré quelques-unes des idées mises en honneur ou en pratique par la Révolution française. En France, il y eut dès lors, en opposition absolue, des hommes qui travaillèrent à restaurer, dans son ensemble, l'ancien ordre des choses et des hommes qui ne voulurent plus devoir qu'à la science et à la raison, la philosophie propre à régler la vie individuelle et sociale. Depuis un siècle, les progrès des sciences physiques, naturelles et morales ont transformé la vie économique et matérielle : pourquoi ne transformeraient-ils pas de même la morale, l'éducation et la politique ? Bien des époques et bien des hommes ont sans doute accepté des compromis et refusé de rompre complètement avec le passé, comme de condamner l'avenir. Ainsi la monarchie de Juillet se présenta comme la meilleure des Républiques ; ainsi l'éclectisme cousinien se donna comme gardant un juste milieu entre le sensualisme condillacien et l'idéalisme mystique des adversaires de la philosophie française du xviiie siècle. Et avec la République de 1848, comme avec celle de 1875, les tentatives de conciliation ont été nombreuses, au point de vue philosophique et au point de vue politique. Il y a eu des ministères qui ont fait une part à la tradition et aux tendances laïques ; il y a eu des systèmes qui ont uni des doctrines chrétiennes avec les données de la science et de la raison. Toutefois les deux directions maîtresses ont groupé des partisans de plus en plus nombreux, en France et même à l'étranger et la lutte entre eux est devenue plus acharnée et plus tragique (2).

(1) Voir nos *Idéologues* et *Bibliographie générale*.
(2) En novembre 1878, M. de Mun disait à la Chambre : « La Révolution n'est ni un acte, ni un fait ; elle est une doctrine politique qui prétend fonder la société sur la volonté de l'homme, au lieu de la fonder sur la volonté de Dieu, qui met la souveraineté de la raison humaine à la place de la loi divine. C'est là qu'est la Révolution... la contre-révolution, c'est le principe contraire ; c'est la doctrine qui fait reposer la société sur la loi chrétienne ». C'est beaucoup plus tard que s'est formé, en opposition au bloc contre-révolutionnaire, le bloc qui se réclame de la pensée laïque, rationnelle et scientifique : « Nous devrons nous unir, disait, le 4 août 1902, un Ministre à Moulins, pour terminer la bataille commencée depuis trois siècles... Nous serons vainqueurs définitivement et nous ferons l'union entre tous ceux qui veulent que la France soit à la tête des nations et demeure le flambeau de l'humanité ». Un autre disait à Quiberon : « Toute l'histoire du siècle est dans la lutte entre l'idéal du moyen âge et l'idéal de l'avenir, entre le cléricalisme qui a pris la défense du passé et la cause de la Révolution... Aucun de nous n'est l'ennemi de la religion, en tant qu'ensemble de croyances religieuses... Nous les respectons comme les choses du cœur. Mais nous ne pouvons accepter que l'Église catholique, institution politique, autant que religieuse, prétende mettre la main sur la vie nationale...

Pour ceux qui se réclament uniquement de la science et de la raison, il y a nécessité de tenir compte des connaissances acquises autrefois comme de celles qui s'y ajoutent tous les jours. Par conséquent, il faut que les institutions juridiques, politiques, scolaires, évoluent pour s'adapter aux conditions nouvelles d'existence. Rien pour eux — ou peu de chose — n'est définitif ; chaque jour, une découverte nouvelle soulève un problème nouveau dont la solution sera le point de départ de questions et d'applications nouvelles. Au lieu de constituer un monde intelligible en se guidant par le principe de perfection et de se préparer à y vivre, unis à Dieu, saints et bienheureux, il s'agit, pour les modernes, de tenir compte de tout ce qu'ils savent pour améliorer la société actuelle. Les sociologies remplacent les métaphysiques et les théologies ; mais elles sont essentiellement provisoires et doivent se modifier incessamment avec les progrès des sciences de la nature, de la vie et de la pensée. Sans compter que les améliorations ou les changements qui paraissent absolument commandés, pour rendre moins imparfaits les individus et les sociétés, ne peuvent parfois être réalisés, en raison des obstacles qu'y opposent les choses ou les hommes, ou que la réalisation ne produit pas les résultats attendus ou espérés. La tâche est rude pour s'instruire de ce qui est ; elle est rude pour déterminer ce qui doit être ; elle est plus rude encore pour persuader ses semblables de l'utilité ou de la nécessité des transformations individuelles ou sociales. Et elle n'est jamais terminée pour celui qui veut de mieux en mieux diriger sa vie ; elle ne l'est jamais pour les sociétés qui, décidées à vivre, entendent devenir de moins en moins imparfaites et se rendre ainsi capables de résister, s'il en est besoin, à toutes les attaques de la nature et des hommes.

Comment convient-il de procéder pour ceux qui préfèrent rester fidèles au passé et notamment au christianisme, qui fut en Occident l'inspirateur de la vie médiévale ? La direction a été indiquée aux catholiques par des hommes très différents d'origine et d'opinion.

C'est l'école idéologique, héritière de Descartes comme des savants et des philosophes modernes, qui a rendu à l'histoire son importance, sa dignité et remis en honneur, dans une mesure assez juste, l'étude du moyen âge (1).

Condorcet insiste, dans l'*Esquisse*, sur les travaux scientifiques des Arabes et sur la scolastique, qui a aiguisé les esprits et donné naissance à l'analyse philosophique. Pour Cabanis, les observations faites par les philosophes à différentes époques, sur les habitudes des individus et des nations, sont ce qu'il y a de plus propre à perfectionner la connaissance de la nature humaine. Destutt de Tracy présente les Idéologues comme « les continuateurs, les exécuteurs testamentaires d'Aristote en logique ». Daunou traite la scolastique d'une façon singulièrement

---

Nous sommes des patriotes comme nos Pères de la Révolution qui, tout en détendant toutes les frontières de la France, décernaient le titre de citoyen français à Gœthe et à Schiller. Nous sommes solidaires avec toute l'humanité sans oublier ce qu'est la patrie française et sa mission à travers l'histoire. On a dit que tout étranger avait deux patries, celle où il était né et la France qui représente les plus grandes conquêtes de l'humanité et de la civilisation. Pour nous, républicains, ces deux patries se confondent et c'est là notre honneur et notre gloire ».

(1) Voir *Les Idéologues*, Paris, Alcan et *Revue bleue*, 10 octobre 1890.

objective, si l'on se rappelle les exécutions sommaires du xvii⁰ et du xviii⁰ siècle. Le christianisme est, selon Benjamin Constant, la plus satisfaisante et la plus pure de toutes les formes que le sentiment religieux peut revêtir. Fauriel étudie la littérature provençale et l'épopée chevaleresque au moyen âge. C'est de Daunou et de Fauriel bien plus que de Chateaubriand, que relève Augustin Thierry. De Gérando condamne le mépris injuste avec lequel on traite la discussion entre réalistes et nominaux : « La scolastique, dit-il, a rendu l'indépendance aux esprits, ouvert des routes nouvelles et préparé une salutaire réforme des méthodes » (1). Saint Simon, Auguste Comte, Jean Reynaud, contribueront à appeler l'attention sur la pensée médiévale.

Si Chateaubriand s'oppose à Boileau et soutient que, pour les arts ou la poésie le merveilleux chrétien égale ou surpasse en puissance le merveilleux païen, il ne saurait être considéré comme le principal rénovateur des études médiévales. Il ignore ou traite fort mal les hommes et les œuvres du moyen âge, ou il ne les vante que par rapport à l'antiquité et aux temps modernes. Le siècle de Louis XIV lui semble le plus accompli des quatre grands siècles célébrés par Voltaire. Il préfère les Invalides et Versailles à tous les autres monuments chrétiens. Si l'architecture gothique, malgré ses proportions « barbares », a quelque chose de grand et de sombre, comme le Dieu du Sinaï, c'est au milieu des vents et des tempêtes, au bord de la mer dont Ossian a chanté les orages. Chateaubriand ignore les chansons de geste, les mystères, les fabliaux ; il dédaigne la scolastique, « cette malheureuse philosophie, qui se composait des subtilités de la doctrine péripatéticienne et du jargon mystique de Platon ». La chevalerie, l'architecture gothique, le chant grégorien, l'*Imitation*, saint Bernard « qui joint une grande doctrine à beaucoup d'esprit, qui a quelque chose du génie de Théophraste et de la Bruyère » ; Dante, « qui peut-être a égalé les plus grands poètes dans le pathétique et le terrible » ne lui paraissent pas indignes des choses et des hommes de l'antiquité ou du xvii⁰ siècle (2).

Pour Mme de Stael, le moyen âge, avec la chevalerie, est une des quatre époques entre lesquelles se partage l'histoire de la littérature : « L'Europe, dit-elle après Schlegel, était une en ces grands siècles et le sol de cette patrie universelle était fécond en généreuses pensées qui peuvent servir de guide dans la vie et dans la mort ». C'est que la chevalerie est propre à faire naître l'enthousiasme, nécessaire à l'éclosion des grandes œuvres. Aussi Mme de Stael salue-t-elle avec prédilection les ouvrages allemands qui ont tenté de la faire revivre, les *Contes* et l'*Obéron* de Wieland, *Gœtz de Berlichingen*, les *Niebelungen*, où se retrouvent l'héroïsme et la fidélité qui distinguaient les hommes du xiii⁰ siècle, « lorsque tout était vrai, fort, décidé comme les couleurs primitives de la nature ». Par contre, Richelieu a détruit le régime féodal et tari pour la France, une source d'enthousiasme ; notre poésie classique est la seule, en Europe, qui ne soit pas répandue parmi le peuple, parce qu'elle doit passer par les souvenirs du paganisme pour venir jusqu'à nous. Et Boileau, avec ses préceptes de « raison et de sagesse », a introduit, dans la littérature « une sorte de pédanterie nuisible au sublime élan des beaux-arts ». Seule la poésie romantique, celle qui remonte aux trouba-

---

(1) *Les Idéologues*, p. 113, 218, 275, 407, 415, 482, 484, 502.
(2) Même point de vue ou à peu près dans le *Dernier des Abencerages*, où il oppose les civilisations chrétienne et maure de l'Espagne à celle de la Renaissance.

dours, qui est fondée sur la chevalerie et le merveilleux du moyen âge, pourra croître, se perfectionner et se vivifier à nouveau.

Les contemporains de Mme de Stael prennent au moyen âge des sujets de tragédie et d'épopée, les chansons célèbrent troubadours et chevaliers, Ossian est traduit à plusieurs reprises et Creuzé de Lesser compose, sur la chevalerie, un poème de 15.000 vers, où il fait place à tous les cycles. Mais c'est surtout après la restauration, religieuse et politique de 1815, que nos poètes réalisent amplement la prédiction de Mme de Stael.

Lamartine voit, comme elle, dans l'enthousiasme, qu'il rapproche du don de prophétie, la source de toute poésie. Ses *Méditations*, ses *Harmonies* font penser à Malebranche, et ses idées sur l'immortalité nous ramènent par delà le xiiie siècle, jusqu'au christianisme néo-platonicien (1). Victor Hugo, dans les *Odes* et *Ballades*, tente de donner une idée de la poésie des troubadours « ces rapsodes chrétiens qui savaient manier l'épée et la guitare ». Dans la Préface de *Cromwell*, il

---

(1) Dans *l'hymne de la mort*, il dit (*Voir ch. III et ch. V*).
Qu'était-ce que ta vie ? *Exil, ennui, souffrance...*
. . . .
Tu vas boire à la *source vive...*
. . . .
L'astre que tu vas voir éclore
Ne mesure plus par aurore
La vie, hélas ! prête à tarir
Comme l'astre de nos demeures,
Qui n'ajoute au présent des heures
Qu'en retranchant à l'avenir.
. . . .
Tu vas dans un monde meilleur...
Où l'être qui se purifie
N'emporte rien de cette vie
Que ce qu'il a d'égal aux dieux...

Dans *l'Immortalité*, il invoque *le messager céleste, l'Ange de la Mort*.
Viens donc, viens détacher mes chaînes corporelles
Viens, ouvre ma prison, viens, prête-moi tes ailes !
Que tardes-tu ? Parais, que je m'élance enfin
Vers cet être inconnu, mon principe et ma fin.
Qui m'en a détaché ? Qui suis-je et que dois-je être ?
Je meurs et ne sais pas ce que c'est que de naître.
Toi qu'en vain j'interroge, esprit, hôte inconnu
Avant de m'animer, quel ciel habitais-tu ?
Quel pouvoir t'a jeté sur ce globe fragile ?
Quelle main t'enferma dans ta prison d'argile ?
Par quels nœuds étonnants, par quels secrets rapports
Le corps tient-il à toi comme tu tiens au corps ?
Quel jour séparera l'âme de la matière ?
Pour quel nouveau palais quitteras-tu la terre
As-tu tout oublié ? Par delà le tombeau
Vas-tu renaître encore dans un oubli nouveau ?
Vas-tu recommencer une semblable vie ?
Ou dans le sein de Dieu, ta source et ta patrie,
Affranchi pour jamais de tes liens mortels,
Vas-tu jouir enfin de tes droits éternels ?

recommande de ne pas dédaigner le moyen âge où « était en germe tout ce qui depuis a porté fruit ». *Notre-Dame* fait revivre le Paris du xv⁰ siècle et surtout la vieille cathédrale « vaste symphonie en pierre, œuvre colossale d'un homme et d'un peuple, tout ensemble une et complexe comme les Iliades et les Romanceros, dont elle est sœur, produit prodigieux de toutes les forces d'une époque, sorte de création humaine, puissante et féconde comme la création divine, dont elle semble avoir dérobé le double caractère, variété, éternité ». Les *Burgraves*, écrit Lanson, ressuscitent « l'effrayante, la confuse grandeur de l'Allemagne féodale » ; le *Rhin*, les légendes des vieilles cités et des ruines grandioses, accompagnées d'une description plus idéale que réelle. La *Légende des siècles* présente des évocations merveilleuses, sinon des restaurations certaines (1) du monde médiéval dans les diverses parties de l'Europe chrétienne.

De Lamartine et de Victor Hugo, il faudrait rapprocher Walter Scott, dont les romans médiévaux ont tant de lecteurs en France et en Angleterre, Mérimée et Théophile Gautier, Casimir Delavigne, Alexandre Dumas, dont la fantastique et joyeuse *Tour de Nesle* crée un moyen âge à l'usage du peuple ; Alfred de Vigny, dont le *Cor* (Roland à Roncevaux) vaut peut-être toute l'épopée du xi⁰ siècle ; Antony Deschamps, qui traduit le Dante ; Sainte-Beuve qui écrit ses merveilleox volumes sur Port-Royal ; Musset, dont les premières *Stances*, en 1828, chantent tout ce que les romantiques aiment du moyen âge et dont les vers célèbres sont dans toutes les mémoires (ch. VIII, p. 180) :

> Regrettez-vous le temps où nos vieilles romances
> Ouvraient leurs ailes d'or vers leur monde enchanté ?

Les sculpteurs ont fait peu d'emprunts au moyen âge. Les architectes en conservent et même en restaurent les monuments. Mais la peinture fut romantique avant la poésie : le *Radeau de la Méduse* inaugure en 1819, avec Géricault, l'école nouvelle. C'est en 1822 que Delacroix donne la *Barque du Dante*, que suivent tant de chefs-d'œuvre dont les sujets sont pris aux chroniqueurs médiévaux. Ary Scheffer et Ingres lui-même le suivent sur ce terrain nouveau. Overbeck se passionne, en Allemagne, pour les artistes antérieurs à Léonard de Vinci et à Raphaël. L'Angleterre a ses préraphaélites, qui rappellent Giotto, le peintre de S. François et Fra Giovanni de Fiesole, surnommé l'Angélique comme S. Thomas d'Aquin.

Weber, pour *Freyschütz* (1819, *Euryanthe* (1823), *Obéron* (1826) ; Wagner, pour le *Vaisseau Fantôme, Tannhäuser, Lohengrin, Tristan et Yseult, l'Anneau des Niebelungen, Parsifal*, etc., puisent dans les légendes allemandes et françaises du moyen âge. Par la largeur des conceptions, l'élévation de l'idéal, la richesse de la mélodie, la puissance de l'harmonie, le dernier a montré qu'on pouvait rénover la musique, comme la poésie et la peinture, en s'inspirant d'une époque où Boileau et bon nombre de ses contemporains ne voyaient guère que chaos et barbarie. La musique française a été dans cette voie : Boïeldieu, avec la *Dame Blanche*, Hérold, avec le *Pré aux clercs*, Halévy, avec *Charles VI* et la *Juive* ; Gounod, avec *Faust* ; Berlioz, avec la *Damnation de Faust* ; Reyer, avec *Sigurd*, ont montré que les musiciens avaient grand avantage à connaître et même à aimer le moyen âge.

(1) Voir dans notre *Gerbert*, ce qui concerne l'empereur Othon et le pape Sylvestre II.

Idéologues et romantiques conduisirent les historiens à l'étude impartiale, même à l'apologie du moyen âge. Pour Michaud, les croisades ont perfectionné la chevalerie et préparé la France à devenir « le centre et le modèle de la civilisation européenne ». Sismondi écrit l'*Histoire des Républiques italiennes* ; de Barante, celle des *Ducs de Bourgogne*. Guizot, dans ses cours et dans ses ouvrages, montre clairement, que pour exposer la civilisation médiévale comme celle de toutes les époques, il faut embrasser les histoires qui résument les faits, leur enchaînement et leurs causes, la politique, la religion et la législation ; celles qui traitent des lettres, des arts et des sciences, de la philosophie et de la théologie. « De même, dit-il fort bien dans un passage qui explique l'admiration de Taine, que toutes les circonstances de la destinée et de l'activité d'un homme concourent à former son caractère, qui est un et identique, de même l'unité et l'histoire d'un peuple doit avoir pour base toute la variété de son existence et son existence tout entière ». La philosophie lui apparaît comme l'un des facteurs essentiels de la civilisation au moyen âge. A Alcuin, à Gottschalk, à Jean Scot Érigène, à bien d'autres, il donne une place proportionnée à l'importance qu'ils eurent parmi les personnages les plus marquants de leur temps. On a pu critiquer certaines parties de l'œuvre de Guizot, dont les érudits ont montré l'insuffisance sur tel ou tel point déterminé, il reste, pour l'ensemble, un maître qu'on n'a pas surpassé.

A côté de lui et après lui, que d'historiens éminents ! Augustin Thierry, qui traite assez superficiellement l'histoire des idées, comme le montre ce qu'il dit de Lanfranc et de S. Anselme, fait revivre les Francs et les Gallo-Romains, les Normands et les Anglo-Saxons, les hommes des communes et du Tiers-État. Michelet se refait une âme du moyen âge et le ressuscite. Mieux encore que Victor Hugo, il en décrit l'architecture. Personne n'a parlé, comme lui, de saint Louis et de Jeanne d'Arc, de saint François et des mystiques. Henri Martin, Fustel de Coulanges qui a renouvelé par l'étude exclusive des sources, notre connaissance des institutions politiques de l'ancienne France, Ernest Lavisse qui a signalé, d'une façon singulièrement heureuse, la supériorité morale et spirituelle de la papauté et le mélange des idées antiques et chrétiennes, dans tous les esprits, Gabriel Monod dont la *Revue historique* fait une place si grande à l'histoire médiévale, bien d'autres encore dont nous avons déjà indiqué les œuvres, ont renouvelé notre connaissance du monde médiéval.

Les lettres ont eu aussi leurs historiens. Villemain suit le développement parallèle de la littérature médiévale en France et en Italie, en Espagne et en Angleterre. Fauriel fait, sur Dante et la littérature provençale, des leçons qui passent « comme un nuage coloré et électrique sur la tête de la jeunesse ». Ampère, disciple de Fauriel et de Guizot, écrit l'*Histoire littéraire de la France avant le XIIe siècle*. Ozanam veut, en catholique, faire connaître la philosophie chrétienne du XIIIe siècle par la *Divine Comédie*, qui en résume toutes les conceptions. Il salue avec émotion saint Thomas, le vrai maître de Dante « que suivit un long cri d'admiration, lorsqu'il fut rappelé au ciel », et la *Somme* « monument colossal dans ses dimensions, magnifique dans son plan, inachevée comme toutes les grandes créations poétiques, littéraires et architecturales du XIIIe siècle ».

Grâce aux érudits, dont on pourrait grouper les noms autour de ceux de Gaston Paris et de Paul Meyer, on a l'histoire de la langue, de la grammaire et du vocabulaire, celle des chansons de geste, des fabliaux, de la satire et de la poésie lyrique, celle des troubadours et des trouvères. Même on a mis la *Chanson de*

Roland au-dessus de l'*Iliade*, les *Mystères* au-dessus des tragédies de Racine et de Corneille; on a présenté les fabliaux comme des chefs-d'œuvre d'ingénieuse malice et d'observation satirique!

L'Ecole des Chartes (1821), la Section historique et philologique de l'Ecole des Hautes Etudes (1867), l'Ecole française de Rome (1874), avec leurs bibliothèques; le *Recueil des historiens des Gaules et de la France*, le Comité des travaux historiques (1834); la Société pour l'Histoire de France, la Société des Antiquaires, l'Académie des Inscriptions, par l'*Histoire littéraire* et les *Notices* et *Extraits des manuscrits*; celle des Sciences morales, par la publication des *Ordonnances des rois de France*, ont réuni, commenté, expliqué des documents de toute nature, sur les institutions et les arts, sur les lettres latines et françaises. De même, on a étudié les catacombes et les basiliques, les mosquées et les palais arabes, les églises et les abbayes romanes, les cathédrales gothiques et les châteaux féodaux, les fortifications, les hôtels de ville et les maisons privées, les tentures, les meubles et les miniatures, les œuvres des sculpteurs, des graveurs et des orfèvres.

On put croire que l'école éclectique avait fait entrer définitivement les philosophies médiévales dans l'histoire générale. Victor Cousin, qui continue Chateaubriand et de Gérando, débute comme un romantique, par un coup d'éclat en rapprochant Abélard de Descartes (1836) : « Abélard et Descartes, dit-il, sont incontestablement les deux plus grands philosophes que la France ait produits, l'un au moyen âge, l'autre dans les temps modernes ». A côté de lui, ou en même temps, Jourdain réédite les *Recherches critiques sur l'âge et l'origine des traductions latines d'Aristote*, publiées par son père en 1819 et écrit la *Philosophie de S. Thomas*; Rousselot donne trois volumes sur la *Scolastique*, dont Hauréau (ch. X) écrit l'histoire; Munk s'occupe de la philosophie juive et arabe; Renan, d'Averroès; Ch. de Rémusat, de S. Anselme et d'Abélard; Emile Charles, de Roger Bacon; C. Schmidt, des mystiques allemands; Jules Simon, B. Saint-Hilaire, Vacherot, de l'école d'Alexandrie. L'école éclectique ne se borne pas à faire l'histoire des philosophies médiévales; elle y cherche une règle de conduite. A la fin de sa vie, Victor Cousin, qui souhaite devenir un fidèle collaborateur de l'Eglise catholique (1) ne cite plus avec faveur que S. Augustin, S. Thomas et Bossuet. En 1858, Jourdain écrit, dans sa préface à la *Philosophie de saint Thomas* : « Qui eût dit, il y a soixante ans, que l'Ange de l'Ecole serait présenté pour modèle à la philosophie contemporaine, par l'Académie dont la mission particulière est l'avancement des études philosophiques » ?

Chose singulière, l'Eglise catholique a été la dernière à revenir à la philosophie médiévale et même au thomisme. La papauté restait l'alliée des rois et ne voulait pas rompre avec la philosophie moderne. Aux théories de Lamennais et de ses amis, on répondait à Rome avec des arguments tirés de Locke, de Condillac ou de leurs continuateurs. Au Collège romain, dit le P. Curci, chacun peut enseigner ce qu'il veut, à la seule condition de détester et de railler le *Peripateto*. Le P. Piancini, « un agneau de douceur », ne saurait entendre les mots de matière et de forme substantielle ou d'intellect agent, sans « bondir comme un ressort, sans pâlir et trembler »: « On aurait dit, ajoute le Père jésuite, que, de

---

(1) Voir ses lettres à Mgr Maret. On nous a même montré autrefois un catéchisme composé par lui, où il avait oublié le purgatoire.

Rome, les professeurs du Collège romain voulaient faire disparaître du monde la doctrine de saint Thomas ». De même Mgr Guillon, évêque au Maroc, professeur à la Faculté de Théologie catholique et aumônier de la reine des Français, dans son *Histoire de la philosophie*, qui paraît un an avant l'*Abélard* de Victor Cousin, combat la scolastique, parce qu'elle a « voulu aller plus loin que les Pères, en s'éclairant par un flambeau humain ».

Dans les séminaires de France, on continuait d'enseigner un cartésianisme adapté au christianisme, qui était connu sous le nom de *Philosophie de Lyon* (1).

Cependant de Bonald, Joseph de Maistre et Lamennais travaillaient à faire remonter la France et l'Eglise au delà du xviiie siècle. De Bonald, qui prend parti, comme dit Sainte-Beuve, pour toutes les mesures rétrogradantes, même contre la construction d'une route, se représente Dieu comme souverainement intolérant des opinions, ne songe qu'aux chrétiens antérieurs au xviiie siècle, mais revient « au monde des idées et au ciel métaphysique de Malebranche » — ou de Plotin (ch. V) — en nous faisant repasser « par la filière des mots et par la mécanique du langage de Condillac »; il déduit la nécessité de Dieu d'une construction philosophique et presque grammaticale. Après S. Augustin, Joseph de Maistre croit au gouvernement de toutes choses par la Providence. Comme Balzac, il pense que l'homme n'est qu'un acteur chargé de jouer un rôle dans la pièce dont Dieu est l'auteur. Partisan du pouvoir absolu des rois, de l'infaillibilité du pape, il fait l'éloge de tout ce qui avait été le plus attaqué dans les institutions du moyen âge, du bourreau, de la guerre et de l'Inquisition. Il combat, avec la même vigueur et parfois aussi avec la même injustice, Voltaire et Rousseau, Bossuet et Pascal, les jansénistes et les encyclopédistes, Locke, Condillac et Descartes. Mais « la conception théocratique, telle que l'a présentée Joseph de Maistre, est comme une armure du moyen âge qu'on va prendre à volonté dans un vestiaire ou dans un musée et qu'on revêt extérieurement sans que cela

---

(1) « Entre tous les cartésiens du xviiie siècle, le P. Joseph Valla, de l'Oratoire (1720-1790), mérite une place à part à cause des ouvrages classiques dont il est l'auteur. Il naquit à l'Hôpital (Forez), professa les humanités, la philosophie et la théologie à Soissons et à Lyon. A la demande de Montazet, archevêque de Lyon, il composa ses *Institutiones theologicæ* (1782 et suiv., 6 vol.) qui furent censurées par Pie VI, en 1792, et ses *Institutiones philosophicæ*, 1783, 5 vol. (Ce dernier ouvrage, expurgé de certaines erreurs, fut très répandu dans les écoles ecclésiastiques à la fin du xviiie siècle et au commencement du xixe. Il est bien connu sous le nom de Philosophie de Lyon. C'est peut-être la tentative la plus remarquable qui ait été faite pour concilier le cartésianisme et la philosophie chrétienne) ». Elie Blanc, *Histoire de la philosophie*, II, p. 195. — « L'enseignement philosophique du séminaire était la scolastique en latin, non la scolastique du xiiie siècle, barbare et enfantine, mais ce qu'on peut appeler la scolastique cartésienne, c'est-à-dire ce cartésianisme mitigé qui fut adopté en général pour l'enseignement ecclésiastique au xviiie siècle et fixé dans les trois volumes connus sous le nom de *Philosophie de Lyon*. Ce nom vient de ce que le livre fit partie d'un cours complet d'études ecclésiastiques rédigé il y a une centaine d'années par l'ordre de M. de Montazet, l'archevêque janséniste de Lyon. La partie théologique de l'ouvrage, entachée d'hérésie, est maintenant oubliée; mais la partie philosophique, empreinte d'un rationalisme fort respectable, était encore vers 1840 la base de l'enseignement dans les séminaires, au grand scandale de l'école néo-catholique, qui trouvait le livre dangereux et inepte ». Renan, *Souvenirs d'enfance et de jeunesse*, Paris, 1893, p. 245.

modifie en rien le fond ». On va jusqu'à dire qu'il est « le moins chrétien des cœurs », qu'il y a, dans ses œuvres « un Voltaire retourné » ou encore « qu'il ne doit guère moins à Voltaire qu'il contredit, que Courier, qui le continue ». On note qu'il voit en Napoléon « un grand et terrible instrument » ; qu'il s'est déclaré pour le Comité de salut public et on le considère parfois comme un jacobin !

C'est Lamennais (1) qui, plus que personne, a contribué à ramener l'Eglise catholique à la philosophie thomiste. Né en 1782 à Saint-Malo, il avait subi l'influence des doctrines qui, de 1789 à 1800, se répandirent par toute la France. Sa première communion fut ajournée parce qu'il avait opposé, au prêtre chargé de l'y préparer, les arguments hostiles qu'il avait *lus* auparavant. Mais la Terreur, puis la réaction qui aboutit, avec Bonaparte, à la conclusion du Concordat, produisirent bon nombre de conversions. L'année où Pie VII sacrait Napoléon à Notre-Dame, Lamennais, âgé de 22 ans « courba la raison sous le joug de la foi, demanda à la religion la solution des problèmes qu'il n'avait pas trouvée dans la philosophie et, foulant aux pieds le respect humain, fit sa première communion ».

A 34 ans, il se laissait ordonner prêtre : « Je suis et ne peux qu'être désormais extraordinairement malheureux, écrit-il à son frère... Tout ce qui me reste à faire, c'est de m'arranger de mon mieux, et s'il se peut, de m'endormir au pied du poteau où l'on a rivé ma chaîne, heureux si je puis obtenir qu'on ne vienne pas sous mille prétextes fatigants, troubler mon sommeil ». C'est alors que, pour étouffer en lui le doute, pour rendre la paix à ceux que la raison tourmentait parfois comme elle le tourmentait lui-même (2), Lamennais écrivit l'*Essai sur l'indifférence*, où il poursuivait avec acharnement la pensée libre. Descartes, malgré son orthodoxie, y était aussi violemment attaqué que Bacon le fut plus tard par Joseph de Maistre ; l'autorité de l'Eglise catholique ou du Pape y était placée au-dessus de tout dans le domaine temporel, comme dans les matières spirituelles. Et dans deux écrits politiques, *La religion dans ses rapports avec l'ordre moral et politique*, 1826, *Les progrès de la Révolution et de la guerre contre l'Eglise*, 1829, Lamennais condamnait Bossuet comme Descartes, le gallicanisme, comme le libéralisme, parce que l'un et l'autre conduisent à l'anarchie des esprits, d'où sort l'anarchie sociale et politique.

Lamennais, qui méprisait le ministère Villèle et se laissait attirer vers l'opposition libérale, renonçait à une monarchie subordonnée à l'Eglise et songeait à renouer l'alliance de la démocratie avec la théocratie, que la Ligue avait essayée au XVIe siècle. L'*Avenir*, fondé vers la fin de 1830, par Lamennais, Lacordaire, Montalembert et l'abbé Gerbet, recommanda l'alliance de Dieu et de la liberté, réclama la séparation de l'Eglise et de l'Etat, non pour maintenir les droits de l'Etat, mais pour assurer à l'Eglise une indépendance complète. Il effraya le clergé avec le catholicisme libéral. Lamennais en arrêta la publication et se rendit à Rome, avec Lacordaire et Montalembert, afin d'obtenir l'adhésion de l'autorité qu'il avait proclamée lui-même suprême et infaillible. Le pape le reçut une seule fois, pendant un quart d'heure, ne lui parla que d'œuvres d'art et de Michel-Ange ; puis par le *Bref aux évêques de Pologne*, par l'*Encyclique* de 1832, il con-

---

(1) Voir *Bibliographie générale*.
(2) Voir les deux volumes de la Correspondance d'Ampère.

damna Lamennais et ses amis. Lamennais se soumit d'abord, mais l'homme que les arguments des incrédules avaient éloigné de la religion reparut bientôt en lui et il rompit brusquement avec le catholicisme : les *Paroles d'un croyant*, le *Livre du peuple*, une *Voix de prison*, les *Amschaspans et les Darwans*, obtinrent un grand succès parmi les opposants à la monarchie de Juillet. Dans son *Esquisse d'une philosophie*, il examina toutes les questions que se sont posées les philosophes anciens et modernes, pour unir, dans une vaste synthèse, les données scientifiques. Il n'eut pas, en 1848, l'influence que semblaient lui promettre ses écrits antérieurs et mourut, en 1854, sans que l'Empire et ses soutiens, politiques ou religieux, eussent à se féliciter de la mort d'un adversaire.

Ainsi Lamennais, conquis d'abord par les idées de la Révolution, a travaillé à la restauration de l'édifice politique et religieux qu'elle a renversé. Puis il est revenu, comme Lamartine, Victor Hugo, Michelet, parmi ceux qui, en politique et en philosophie, se rapprochaient de plus en plus de l'idéal vu ou entrevu par les hommes de 1789 et de 1792.

L'œuvre du pamphlétaire a conservé une valeur littéraire, parce qu'il fut, comme dit Lanson, un romantique, un grand poète, un peintre et un prophète. Ses théories, sociales ou démocratiques, existent plus complètes, moins mêlées d'éléments théologiques, chez les théoriciens qui se rattachent, pour la continuer et lui donner toute son efficacité, à la Révolution française. Pour lui, elles constituaient surtout un moyen de faire vivre le catholicisme, en l'adaptant aux conditions d'une société nouvelle, elles fournissaient un terrain de conciliation entre les catholiques et les hommes qui ne se réclament que des sciences positives. Car il ne renonce jamais à faire triompher l'Eglise, à hâter l'avènement d'une société chrétienne qui atteindrait du même coup la perfection et le bonheur. S'il se sépare de la papauté, c'est qu'elle se trompe lourdement en maintenant l'union de l'Eglise avec le pouvoir absolu de la royauté, qui doit périr, écrit-il en 1828, parce que le principe de vie en a été détruit.

La méthode philosophique de Lamennais a été empruntée à ses souvenirs de théologien. Sur Dieu, il développe la doctrine de la Trinité. C'est au thomisme péripatéticien qu'il prend le principe, que les êtres conservent les formes précédentes, enveloppées dans les formes supérieures ultérieurement acquises. Pour ne pas admettre la conception cartésienne de la matière et du mouvement, il revient à la doctrine scolastique des formes substantielles. Sous l'influence de l'idée trinitaire, il identifie les trois principes métaphysiques — force, forme, amour — avec les trois agents physiques — lumière, chaleur, électricité — qui sont les trois propriétés de l'éther. Ce qui frappe le plus, en somme, le lecteur de l'*Esquisse*, c'est le retour aux idées chrétiennes et thomistes, sinon toujours orthodoxes. Surtout sa métaphysique apparaît comme une déviation ou une laïcisation de la théologie : l'être absolu dont il part, les formes trinitaires qui reviennent sans cesse, le Dieu qui crée le monde de sa propre substance et dont l'univers est une manifestation, dénotent un essai de modifier, pour les rendre acceptables à la raison, les doctrines catholiques et chrétiennes. De l'enseignement chrétien, Lamennais avait reçu une empreinte si profonde que jamais il n'a pu ni peut-être voulu en rejeter les affirmations essentielles. Ce qui lui manque le plus, ce sont les connaissances positives et scientifiques qui lui eussent été nécessaires pour adapter le thomisme aux conditions actuelles et au milieu ambiant, comme pour créer une métaphysique originale. Mais jamais il ne pensa librement. Ce fut bien plutôt un de ces hérétiques dont les doctrines contribuent à orienter l'Eglise dans une direction nouvelle.

Pour le catholicisme en effet, les novateurs ont fait, depuis son origine et à leurs risques et périls, des expériences d'une valeur incontestable. Si leurs idées paraissent en opposition radicale avec les dogmes ou les institutions, on les condamne, tout en se réservant de les soumettre à un nouvel examen et de les incorporer, en les fortifiant, à la dogmatique ou à l'organisation catholiques. De bonne heure, l'Eglise accueille les innovations, doctrinales ou autres, qui lui apportent une puissance plus grande, une autorité plus incontestée, une action plus étendue. Elle laisse au temps, à la recherche spéculative ou à la pratique orthodoxe, le soin de montrer les avantages ou les inconvénients de celles dont on n'aperçoit pas bien nettement les conséquences. En ce sens, Arnauld de Brescia et Joachim de Flore sont, comme l'a montré M. Gebhart dans l'*Italie mystique*, les précurseurs de saint François d'Assise et de la rénovation chrétienne à laquelle sont liés le mouvement artistique, caractérisé surtout par Giotto, et le mouvement littéraire, dont Dante est le plus glorieux représentant. De même Abélard, condamné par l'Eglise en invoquant l'autorité, mais en mettant sur le même plan l'Ancien et le Nouveau Testament, les écrits des Pères, les ouvrages des philosophes et des poètes, a préparé la méthode et les doctrines du xiiie siècle, où l'autorité religieuse tient la première place et se complète par l'autorité profane, là où elle se reconnaît insuffisante ou incompétente, mais, avant tout, là où elle peut le faire sans danger et même avec profit pour l'orthodoxie (ch. VIII).

C'est à ce titre que Lamennais figurera toujours dans l'histoire du catholicisme. C'est à ce point de vue qu'il convient de parler de son originalité et de l'unité de sa vie intellectuelle.

D'un côté il a, dans l'*Essai sur l'indifférence*, soutenu avec force et avec éclat, que le catholicisme doit remonter, non seulement au delà du xviiie siècle, mais plus haut que le xviie, pour rompre avec les compromissions et laisser le moins de prise possible à ses adversaires. Aussi combat-il le déisme. Avec lui, on ne saurait triompher de l'athéisme, puisque si Rousseau l'a employé à la défense du christianisme, Voltaire s'en est servi contre le catholicisme. Il combat le protestantisme, impuissant contre le déisme, par cela même que, s'il admet la révélation, il la subordonne au jugement de la raison. Il ne traite pas plus favorablement le cartésianisme et le gallicanisme, parce que Descartes, en proclamant le principe du libre examen, a préparé Bayle, qui en a usé pour établir le scepticisme ; puis Montesquieu, Voltaire et tout le xviiie siècle, qui l'ont employé à ruiner l'ordre social et politique. Et Bossuet, en liant la cause de la religion à celle du despotisme, a provoqué le libéralisme qui s'est uni à l'irréligion ; avec le jansénisme, dont on doit les rapprocher, les *Déclarations* de 1682 ont produit la *Constitution civile* du clergé. Aussi Lamennais est-il ultramontain : s'il n'y a point, dit-il, de christianisme sans église, il n'y a pas non plus d'église sans une règle infaillible, sans un Pape qui empêche l'anarchie dans les esprits et par suite dans la société.

D'un autre côté, Lamennais a posé les bases d'une réconciliation entre l'Eglise et le libéralisme. « Nous voulons rester, disait-il, des catholiques liés à l'unité et à la hiérarchie, mais nous demandons toutes les libertés, notamment la liberté de conscience et la liberté d'enseignement, la liberté de la presse et la liberté d'association. Nous demandons l'extension des droits de suffrage et la suppression de la centralisation... Nous voulons régénérer le christianisme, en l'unissant à la cause des peuples, en défendant les faibles contre les forts, les pauvres contre les riches, en secondant l'humanité dans ses aspirations nouvelles, en cherchant à faire régner le principe chrétien de l'égalité des droits ». Aussi Spuller a-t-il pu terminer son livre sur Lamennais, en disant « qu'il était en passe de devenir le maître et le docteur du socialisme chrétien ».

Ainsi Lamennais a justifié, tout à la fois ou successivement, la proclamation de l'infaillibilité du pape, par le Concile du Vatican en 1870 ; le retour à la philosophie thomiste, recommandé par Léon XIII en 1879 pour rendre plus forte l'unité catholique, pour lui donner la jeunesse et la vitalité, même politique, dont avait fait preuve le catholicisme libéral.

Comment s'est faite dans l'Eglise cette évolution à laquelle Grégoire XVI avait coupé court par la condamnation de Lamennais ?

Le thomisme n'avait jamais été abandonné par les Dominicains et les cours de Rosetti avaient eu du succès parmi eux. Vers 1840, un jésuite, le P. Sordi appela l'attention du Cartésien Sanseverino sur l'œuvre de S. Thomas. Sanseverino publia, 20 ans après, sept volumes — *Philosophia christiana cum antiqua et nova comparata* — qui furent approuvés par l'archevêque de Naples, Sforza, défendus contre les rosminiens et les cartésiens par Signoriello. Pie IX se déclara en faveur de Sanseverino et de l'archevêque. Mais quand le cardinal Pecci, archevêque de Pérouse, demanda que S. Thomas fût institué le patron des Universités, Pie IX se refusa à imposer aux écoles romaines un système que cependant il approuvait. A Bologne, le P. Cornoldi opposait le thomisme au mécanisme. Il instituait une Académie philosophico-médicale de S. Thomas, qui avait pour organe la *Scienza Italiana*. En 1878, le cardinal Pecci remplaçait Pie IX sur le trône pontifical et prenait le nom de Léon XIII. Dans la lettre même où il annonçait son élévation, il recommandait déjà de suivre le docteur angélique pour l'enseignement de la philosophie. Puis il appelait à l'Université grégorienne le P. Cornoldi, dont le cours, tout entier thomiste, réussit fort bien auprès des étudiants. Le 4 août 1879, Léon XIII publiait l'Encyclique *Æterni Patris* qui présentait le thomisme comme la meilleure philosophie pour les catholiques. Le P. Palmieri, hostile au thomisme, le P. Caretti, cartésien, quittaient l'Université romaine. Le P. Cornoldi et le P. Zigliara entraient, l'un au Collège romain, l'autre à la Minerve ; Mgr Lorenzelli et Mgr Satolli, à la Propagande pour la philosophie et la théologie ; Mgr Talamo faisait un cours à l'Apollinaire Le 18 janvier 1880, Léon XIII confiait aux cardinaux Antoine de Luca, Jean Simboni, Thomas Zigliara, le soin de préparer une édition des œuvres de S. Thomas. Cette édition, qui eût pu être définitive et rendre de grands services à tous ceux qui cherchent à connaître la pensée médiévale, laisse à désirer. Le texte grec d'Aristote n'a pas été constitué d'après les recensions les meilleures et les plus récentes ; les deux versions latines qui figurent dans les éditions antérieures et qui sont indispensables pour comprendre le commentaire de S. Thomas, ont été omises. Même la *Somme de théologie*, dont la publication a commencé avant qu'on eût achevé celle des Commentaires, eût été plus correcte, si les éditeurs avaient consulté les manuscrits qui se trouvent en France (1).

(1) Dans l'*Arch. für Geschichte der Philosophie*, le Dr Baeumker a fait des critiques analogues à celles que nous avons énoncées dans la *Revue philosophique* du 1er mars 1892.

L'Académie romaine de S. Thomas eut pour présidents les cardinaux Pecci et Zigliara, pour secrétaire, Mgr Talamo. Elle a dix membres romains, dix membres italiens, dix étrangers. Des évêques français, Mgr de la Bouillerie et Mgr Sauré ont collaboré aux volumes qu'elle a publiés.

En 1890 la *Gregoriana*, école supérieure de théologie et de philosophie, comptait 781 étudiants dont 237 Italiens, 139 Français, 130 Allemands, 83 Américains, 49 Anglais, 29 Suisses et 20 Polonais. Instruits sous les yeux du pape, par des maîtres qu'il a choisis, ces jeunes gens devaient retourner ensuite dans leurs pays respectifs pour y travailler à la rénovation des études scolastiques et surtout du thomisme. Les *Institutiones* de philosophie morale, les *Principia philosophica* de leurs professeurs Feretti et Schiffini, écrits en latin, se répandaient dans tous les pays catholiques. La *Scienza italiana* de Bologne, fondue en 1891 dans la *Scuola cattolica* de Milan, la *Civilta cattolica* à Rome, le *Divus Thomas* à Plaisance, servaient à propager et à défendre les idées nouvelles.

Plus que tout autre, le P. Liberatore et le P. Zigliara contribuèrent, en Italie, à faire connaître le néo-thomisme. Le premier a montré, en réclamant un impôt progressif, la fixation d'un salaire minimum et d'une taxe des pauvres, qu'il ne craint pas certaines des réformes demandées par le socialisme. Le second a donné une *Summa Philosophica* où il a abordé toute espèce de sujets.

En Italie encore, Egger, directeur du séminaire de Brescia, compose, pour les candidats en théologie, des *Propædeutica philosophica theologica*, qui portent sur la logique, la métrique, l'ontologie, la théodicée, la psychologie et la cosmologie. A Quaracchi, près de Florence, on réédite les œuvres de S. Bonaventure. Tandis que Bartaglini et Lorenzelli donnent des *Institutiones philosophicæ*, d'autres tentent d'assimiler les résultats des recherches scientifiques au thomisme. Liverani veut justifier la physique moderne par les principes de la scolastique, Scarpati écrit une Anthropologie sous forme syllogistique; Gaudenzi étudie l'atomisme; Prisco et Marinis traitent de l'Etat selon le droit et selon les enseignements de Léon XIII, selon S. Thomas, Dante et Machiavel. Rivalta s'occupe de la rénovation de la jurisprudence par la scolastique; Valensisse de l'esthétique. Des polémiques ont été instituées dans lesquelles on a réfuté toutes les doctrines modernes par une argumentation essentiellement thomiste.

Les deux faits les plus caractéristiques, à ce point de vue, ont été la condamnation de Rosmini et la conversion d'Ausonio Franchi.

Rosmini (1797-1855), fondateur de l'*Institut de la Charité*, qui devait grouper des prêtres et des laïques instruits, avait été, en 1848, le collaborateur de Charles Albert, puis de Pie IX. Devenu suspect, lors de la réaction qui suivit, il vit condamner ses livres, se soumit au jugement de l'Eglise et se retira à Stresa sur le lac Majeur, où il avait établi le siège de son ordre. Sa philosophie, qui avait pour objet la réforme du catholicisme et la rénovation politique de l'Italie, rappelle tout à la fois Hegel et Spinoza, Plotin et Platon, par son idée d'être, forme universelle de notre entendement, au-dessous de laquelle il y a le fini, corps et âmes, au-dessus de laquelle est Dieu, l'infini déterminé et actif, auteur de l'existence idéale et de l'existence réelle. Le décret du 14 décembre 1887 a condamné quarante propositions de Rosmini extraites de la *Teosofia* publiée après sa mort, mais déjà en germe (*in germine*) dans ses ouvrages. Une vive polémique s'ensuivit. On voulut opposer Pie IX et Léon XIII. On chercha la main des Jésuites. L'émotion fut si vive parmi les catholiques des diocèses de Milan, de Turin, de Verceil, que Léon XIII dut adresser aux évêques une Encyclique pour expliquer que la condamnation n'atteignait ni la personne de Rosmini, ni son *Istituto della Carita* (1).

Ausonio Franchi, du nom qu'il s'était donné lui-même, *Italien libre*, en renonçant au catholicisme, s'était fait criticiste et avait exposé sa doctrine dans *Le scuole italiane* (1852). *La religione del secolo* xix (1853), dans la Revue hebdomadaire, *La ragione* (1854), dans *Il razionalismo del popolo* (1856). Nommé par Mamiani professeur pour l'histoire de la philosophie à Padoue, il publia successivement des Lettres à Mameli, *Su la teorica del giudizio* (1871) et *Saggi di critica e polemica, questioni filosofiche* (1872). En 1889, il revenait au catholicisme et mourait dans un cloître, après avoir publié l'*Ultima critica*. Personne, pas même les éclectiques, n'a critiqué plus vivement le kantisme (2) : « Tandis que Kant, dit-il, ne vise qu'à démolir les preuves de l'existence de Dieu pour affirmer la thèse, il aboutit à déraciner le tout ensemble ; il détruit son œuvre de ses propres mains... Il croyait avoir trouvé, dans sa critique, le seul moyen de déraciner complètement le matérialisme, le fatalisme, l'athéisme, l'incrédulité et enfin l'athéisme et le scepticisme... Il n'a pas même soupçonné qu'en détruisant toute la métaphysique du théisme et du spiritualisme, sa critique... n'enfanterait qu'une tourbe d'athées et de matérialistes, d'incrédules et de sceptiques, non seulement parmi les esprits cultivés, mais surtout parmi les jeunes gens et les jeunes filles, élèves de toutes nos écoles. . Ainsi le criticisme n'a pu que ranimer et fortifier les mauvaises plantes qu'il se proposait d'extirper... Et Kant, s'il avait pu voir..., les nouvelles et pires formes de matérialisme, de fatalisme, d'athéisme, d'incrédulité .. se serait peut-être écrié le premier, plein de remords : quelle sinistre tromperie que la *Critique de la raison pure* !... C'est le criticisme qui, plus que tout autre système, a contribué .. à jeter la philosophie dans les abîmes du panthéisme germanique, puis du positivisme français, jusqu'à ce monstre du pessimisme de Schopenhauer et de Hartmann, monument de la désespérance et de l'imbécillité sénile du xixe siècle ».

Redevenu ainsi le prêtre François Bonavino, celui qui s'était appelé un moment *Italien libre*, n'a pas été plus indulgent pour l'évolutionnisme « qui sert excellemment à masquer au vulgaire la honte du matérialisme » ; pour la science « infernale, qui a atteint finalement le sommet de l'indépendance, de la liberté, de la raison, de l'autonomie absolue avec les trois découvertes qui sont venues réformer, *ab imis fundamentis*, toute la métaphysique, la cosmologie et l'anthropologie : Dieu est un mythe, le monde est un songe, l'homme est une brute ! »

Jamais, depuis la Harpe qui reprochait si durement aux autres les doctrines qu'il avait voulu lui-même faire triompher, néophyte ou converti ne fut plus sévère pour ses amis ou ses adversaires ! Et cependant François Bonavino souhaitait, entre les uns et les autres, une alliance « qui ne serait pas moins utile aux progrès de la science qu'au développement de la foi » !

---

(1) Tous les journaux catholiques ont commenté et justifié cette condamnation. Voir *Ph. Jahrbuch*, II, h. 4 et *Revue néo-scolastique*, Mgr Mercier et M. Billia, dans notre paragraphe suivant.

(2) Les journaux catholiques de France et d'Allemagne ont signalé avec éloge la conversion et le dernier ouvrage de Franchi. Nos citations sont prises aux *Annales de la Philosophie chrétienne*, septembre et octobre 1889.

Quels résultats ont obtenus les thomistes romains ? Ils sont considérables pour l'Eglise catholique, ses Universités, ses séminaires, ses évêques, ses prêtres et ses moines. Ils ont fourni une « ample apologie de la tradition », ils sont en plein accord avec « l'Eglise qui a fait si longtemps les cerveaux et les âmes », qui ne demande pas d'originalité à ses philosophes ; qui « n'a de joie qu'à universaliser le trésor surnaturel de la vérité qu'elle possède, de bénédictions que pour ceux qui en étendent au loin le pur rayonnement ». Ils savent « que les articles de foi définis resteront tels, que ceux que l'on définira le seront dans le même esprit, qu'on demandera toujours au même ordre de concepts une sorte de ligne de suture avec la pensée profane ». C'est comme « champions de la tradition, comme défenseurs de la foi », qu'ils ont été accueillis avec une confiance aussi grande par Pie IX et surtout par Léon XIII, qu'ils ont obtenu l'adhésion presque universelle de l'Eglise à leurs doctrines, que les directeurs de séminaires sont devenus thomistes comme « par enchantement » (1).

En est-il de même « du milieu contemporain », de la société moderne dans laquelle s'est produite la restauration thomiste ? M. C. Besse, dont l'admiration est sans mélange pour le thomisme belge, a jugé fort sévèrement les Romains. Pour lui, ils n'ont pas constitué avec leur doctrine, un monument de la pensée moderne, comme un monument de la religion ; ils n'ont voulu faire œuvre ni de critique, ni de science et ils ont « étonné et scandalisé singulièrement la société cultivée ». Croyant aux revenants, faisant apparaître le Christ à Aristote mourant, traitant de dévergondage l'intérêt qu'on peut prendre aux sciences psychiques, ils disent, comme le P. Ventura, « enfoncés dans la fange du positivisme » ceux qui s'adonnent à l'expérience, et ils n'ont que des haussements d'épaules pour « les piliers de laboratoire ». Ou bien, comme Schiffini, ils définissent le spiritisme un art du démon, où celui-ci apparaît clairement, tandis que, dans l'hypnotisme, il est plus caché. Zigliara, traitant d'évolutionisme, prête au mot « espèce » le sens de la « *species*, un des cinq prédicables » ; le P. Liberatore réfute le darwinisme de telle façon que William James y voit un modèle du genre, pour l'abus des axiomes métaphysiques ; Zanon définit l'électricité comme Argan définit l'opium ; le cardinal Mazella affirme que Dieu a créé les fossiles, *in statu perfecto*, tels que le géologue les trouve dans le sol. Pour le P. Cornoldi, l'histoire des philosophies modernes est l'histoire des aberrations intellectuelles de l'homme abandonné aux caprices de son orgueil, « la pathologie de la raison humaine ». C'est que le courant créé par le P. Cornoldi tendait à la science par la philosophie et que le « courant contraire eût été meilleur » ; car la science, prise comme accessoire et non sous sa forme authentique, a été abandonnée pour la dialectique. « Si l'Eglise aime la science, disait Huxley, comment expliquer que tout le Sacré-Collège n'ait pas réussi à fonder un seul laboratoire dans les maisons d'étude placées sous la dépendance immédiate du Souverain Pontife ? » Et en rompant « en visière à tout le genre humain », en se mettant en état permanent d'hostilité, en voyant une hérésie et un sectaire là où les autres voient une défaillance et un homme, en ignorant les questions scientifiques qui sont en connexion avec les questions philosophiques, les théologiens romains éliminent de parti pris une portion considérable du vrai et par suite ils font évanouir la confiance qu'on serait porté à avoir dans leur philosophie.

(1) Voir C. Besse, deux centres du mouvement thomiste, Paris, 1902, p. 28 et suivantes.

Pas plus qu'ils ne demandent à la méthode scientifique de déterminer la part de vérité qui est dans l'empirisme et le rationalisme, ils ne réclament à l'histoire les raisons lointaines de chaque affirmation traditionnelle : « Leur philosophie n'a ni topographie ni chronologie. Elle n'a point d'âge. Elle paraît sortir de la nuit, pour s'y replonger ensuite. C'est sans doute là le secret de l'ennui que distillent ces pages amorphes ». Si Signoriello a travaillé à un *Vocabularium peripatetico-scolasticum* où il faisait place à l'histoire des idées, si Mgr Talamo a écrit l'*Aristotélisme dans la scolastique*, leur exemple a été peu suivi. Les Romains font de S. Thomas une autorité et aiment mieux lire Aristote dans ses *Commentaires* que dans Aristote même ; ils connaissent les textes et l'interprétation commune qui fait loi dans l'Ecole ; mais ils font des commentaires, des amplifications ou des apologies de mots, jamais rien de critique ou d'historique. » S'ils ont voulu, par un effort conscient, demeurer en conflit, avec les méthodes et les goûts du temps présent, ils ont réussi ». Il en est résulté un « vif dénigrement contre l'esprit d'autorité qui anime l'Ecole, un dédain âpre... une défiance invariable contre les certitudes affichées, scandaleuses de tous ces syllogismes établis sur le raisonnement et qui, s'ils sont vrais dans leur forme rigide, le paraîtraient encore davantage s'ils étaient engagés dans la lutte avec le réel » (1).

Mais ne se sont-ils pas proposé, comme but essentiel, d'enseigner le thomisme aux futurs professeurs, qui devaient ensuite le répandre dans tout le monde catholique ? C'est ce que répondent aux objections de l'abbé Besse, ceux-là même qui ont été des élèves de Rome et de Louvain. Il conviendra de nous souvenir à notre point de vue historique des arguments invoqués par les uns et par les autres.

En 1892, nous pouvions écrire que le succès des catholiques était grand en Belgique. Ils avaient créé un enseignement qui répondait aux vues exposées par Léon XIII dans la bulle *Æterni Patris*. Des ouvrages, publiés à Tournai, à Namur, à Louvain et acceptés par la majorité des lecteurs belges, contribuaient, dans les pays voisins, à la diffusion du thomisme. Tels étaient le *S. Bonaventure* d'Evangélista, le *Cours d'apologétique chrétienne* de Devivier, le *Socialisme considéré au point de vue du droit naturel* de Halleux, où les doctrines socialistes sont combattues au nom du catholicisme, les *Prælectiones* du P. Lahousse qui forment un cours de philosophie de deux mille pages d'impression, le *Prælectionum Philosophiæ scolasticæ brevis conspectus* du jésuite Van der Aa, dont la première édition s'écoula immédiatement dans les écoles de Belgique, de France, d'Angleterre, d'Espagne et des Etats-Unis. Le jésuite Castelein, dans son *Cours de philosophie*, examinait, à la lumière des théories scolastiques, les récents résultats des sciences et confirmait, par les découvertes physiologiques, les assertions scolastiques. Van Weddingen, aumônier de la cour, est l'auteur de l'*Apologétique chrétienne* qui, traduite par l'évêque Gialdini, fut classique à l'*Université grégorienne*, de travaux sur l'idée du surnaturel, sur S. Anselme et S. Thomas. Désigné par Léon XIII

---

(1) Toute cette argumentation est empruntée à l'auteur précédemment cité, qui ajoute : « Mais le fond du thomisme n'est pas disqualifié pour nous être présenté d'une manière fâcheuse... Mgr Mercier et ses amis ont su échapper aux critiques précédentes et tout en conservant sa vie intérieure l'ont cependant « adapté à la vie externe » (p. 38).

pour enseigner la philosophie à l'Université de Louvain, il préféra conserver ses fonctions à la cour, mais il contribua, avec le professeur Dupont, avec les jésuites et dominicains Lepidi, Dummermuth et de San, à donner un puissant essor aux études scolastiques. Son *Essai d'introduction à la philosophie critique, les Bases de l'objectivité de la connaissance dans le domaine de la spontanéité et de la réflexion* publié en 1889, huit ans après son opuscule sur l'*Encyclique de S. S. Léon XIII et la restauration de la philosophie chrétienne*, est destiné à orienter le lecteur dans l'étude de la philosophie péripatéticienne, complétée par les grands scolastiques et les maîtres modernes. Il dénote une tendance manifeste à faire appel aux sciences en faveur des thèses scolastiques. A la façon de Biran, il déduit le principe de la cause efficiente et finale, des actes conscients et de la réflexion. Sur la tendance primitive ou innée des êtres, il signale l'accord de S. Thomas et de M. Fouillée. M. Berthelot, qui propose d'appeler la philosophie la « science idéale » ne fait, selon lui, que rappeler en langage contemporain les préceptes d'Aristote, d'Albert le Grand, de Thomas d'Aquin, de Roger Bacon. Pour appuyer le nouveau thomisme, van Weddingen cite MM. Ribot et Rabier, Janet et Wundt, Delbœuf et Tannery, Liard et Pasteur, bien d'autres encore parmi ceux qu'on croirait le plus étrangers à la scolastique.

Léon XIII avait été nonce en Belgique. Par un bref du 25 décembre 1880 au cardinal Deschamps, archevêque de Malines, il faisait savoir aux évêques qu'il souhaitait la fondation d'une chaire de philosophie thomiste à l'Université de Louvain : « Il y a, disait-il, sous l'empire de la loi de 1879 qui avait rayé l'enseignement religieux des matières obligatoires, bien des maîtres qui s'efforcent, avec une audace sans pareille, d'éteindre l'esprit chrétien dans l'âme des enfants et d'y semer les germes de l'impiété ». Et, constatant que les écoles catholiques ont commencé à s'en rapporter à la doctrine philosophique de S. Thomas, tout en se proposant de la mettre en harmonie avec les progrès et les découvertes modernes, il estimait qu'une chaire où l'on interpréterait les doctrines thomistes préserverait les jeunes gens des doctrines matérialistes et naturalistes, ferait acquérir à *ceux qui seront appelés aux honneurs, aux charges publiques, à la direction des cités*, une conviction chrétienne et philosophique qui se graverait profondément dans leur âme. M. l'abbé Mercier, professeur de philosophie au petit séminaire de Malines, fut chargé du nouveau cours.

En 1884, les catholiques reprenaient le pouvoir. Les communes eurent dès lors le droit de faire figurer l'enseignement religieux sur le programme d'une partie ou de la totalité de leurs écoles; elles furent autorisées à adopter une ou plusieurs des écoles libres fondées en si grand nombre par les catholiques depuis 1879. On revenait ainsi à une instruction essentiellement chrétienne et ou se débarrassait de « maîtres peu orthodoxes ». Plus tard les Chambres votaient une loi scolaire, dont l'objet « était de replacer la religion et la morale en tête de l'enseignement primaire, de le faire donner sous la direction des chefs du culte et d'en confier l'inspection à leurs délégués ». Les subsides des écoles libres, adoptées par les communes, étaient augmentés et les conseils municipaux, dont les pouvoirs allaient expirer, acquéraient le droit d'en adopter, pour dix ans, de nouvelles, que leurs successeurs seraient tenus de conserver.

Le 11 juillet 1888, par un bref au cardinal Goossens, archevêque de Malines, Léon XIII demandait qu'on fît plus : « Il nous semble utile et souverainement avantageux, dit-il, d'établir un certain nombre de chaires nouvelles, de façon que, de ces enseignements divers, reliés entre eux et rattachés avec ordre, il résulte un Institut de philosophie thomiste, doué d'une existence propre ». Le 8 novembre 1889, il envoyait 150.000 francs à l'archevêque de Malines pour aider à l'exécution du projet : « Nous n'ignorons pas, écrivait-il, qu'il faudrait une somme autrement considérable pour répondre à tout ce qu'on doit attendre d'un Institut digne de l'Université de Louvain. Mais nous nourrissons l'espoir que l'on recueillera des fonds en rapport avec l'entreprise ».

L'attente de Léon XIII ne fut pas trompée. Les dons affluèrent et l'Institut put s'adjoindre un séminaire important, qui fournit des professeurs de philosophie aux grands séminaires des diverses nations et qui reçoit, pour y faire leur philosophie, bon nombre d'abbés.

Le pape songeait-il uniquement à faire de cet Institut un Collège romain à l'étranger, une succursale de l'Ecole Cornoldi ? Les ennemis récents de l'Institut, écrit C. Besse, ont eu le droit de le soutenir, d'après le ton des brefs et la teneur des principales considérations qui y sont développées. C'est à son directeur, Mgr Mercier, qu'il revient d'avoir maintenu, accentué et accru le programme du pape et d'avoir créé un thomisme dégagé de toute initiative et de tout plagiat romain, d'avoir construit une philosophie qui soit, sinon indifférente, à la théologie, du moins exempte de servilisme théologique, puis de s'être appliqué à trouver dans S. Thomas un terrain d'entente entre la philosophie et la science proprement dite (1).

Il semble bien cependant que Léon XIII ait nettement indiqué, dans ses différents brefs, la voie qu'il convenait de suivre. Sans doute, il vante « le vaste savoir et le zèle plein d'ardeur, notamment en ce qui concerne les disciplines philosophiques » de Mgr Mercier, mais il espère que les catholiques reconnaîtront « que le sort de la jeunesse est en jeu ; qu'il faut employer TOUS LES MOYENS pour inculquer à l'esprit des jeunes gens les principes d'une saine philosophie et d'*une science solide*, en vue d'éviter qu'ils ne soient entraînés par la contagion de l'erreur, de toutes parts répandue ». En constatant, le 7 mars 1894, que la création de cet Institut est un fait accompli, il écrit que la philosophie est, pour la science sacrée, une habile auxiliaire (*adjutrix*), pour les autres sciences, un guide naturel, tout en affirmant qu'il n'y a de bonne philosophie que chez ceux qui, par de longues études, se sont entièrement familiarisés avec la méthode et la pensée des docteurs scolastiques. Et il ajoutait : « l'Eglise est faussement accusée aujourd'hui d'exécrer les clartés de la science et de propager les ténèbres de l'ignorance. Il est nécessaire, par conséquent, que les catholiques se fassent gloire de ne point répudier les splendeurs du savoir véritable, mais de les rechercher. Loin de renverser les dogmes sacrés, elle leur apporte un merveilleux accroissement de lumière, puisque les uns et les autres dérivent du même Dieu, auteur de la révélation et cause de l'univers ».

Mgr Mercier a certes fait preuve d'originalité en suivant la voie qui lui était ainsi tracée. En tentant de faire de la philosophie une science, il a voulu couper court au préjugé qui fait passer les catholiques pour « asservis aux préoccupations utilitaires de la foi... Car on a cette idée préconçue que le savant catholique est un soldat au service de sa foi religieuse... que la science ne peut être entre ses mains, qu'une arme pour la défense de son *Credo*. Il semble, aux yeux d'un grand nombre, que le savant catholique soit toujours sous le coup

---

(1) *Op. cit.*, p. 38 et suivantes.

d'une excommunication qui le menace, ou enlacé dans des dogmes qui le gênent et que, pour rester fidèle à sa foi, il doive renoncer à l'amour désintéressé et à la culture libre de la science. De là la défiance qui l'accueille. Une publication qui émane d'une institution catholique... est traitée... comme une thèse d'apologétique, à laquelle on refuse *a priori* les honneurs d'un examen impartial et objectif » (1).

Et Mgr Mercier semble dire que les adversaires des catholiques, ou même les purs savants n'ont pas tort. « Les catholiques se résignent trop facilement au rôle secondaire d'adeptes de la science et trop peu, parmi eux, ont l'ambition de travailler à ce que l'on a nommé la science à faire ; trop peu visent à rassembler et façonner les matériaux qui doivent servir à former dans l'avenir la synthèse rajeunie de la science et de la philosophie chrétienne... les matériaux sont groupés, rangés, classés sans nous, trop souvent contre nous et l'incrédulité accapare à son profit le prestige scientifique qui ne devrait servir qu'à la propagation de la vérité ».

Il faut donc former des hommes qui se vouent « à la science pour elle-même » ; sans but apologétique direct... des travailleurs qui « défrichent le terrain de la science » ; il faut « montrer le respect que l'Eglise a pour la raison humaine », élargir les cadres de l'ancienne philosophie, avoir des chercheurs et des maîtres... pour la physique et la chimie, pour la géologie et la cosmogonie, pour la biologie et les sciences naturelles, pour les sciences archéologiques, philologiques et sociales... qui conquièrent le droit de parler au monde savant et de s'en faire écouter... afin de répondre par des faits actuels et vivants « à l'éternelle objection que la foi et la raison ne sont pas compatibles ».

Mgr Mercier a divisé d'abord son Institut en trois grands compartiments. Dans l'un, on étudie la cosmologie ou philosophie de la matière, en connexion avec la physique, la chimie, la minéralogie, la cristallographie et les mathématiques supérieures ; dans le second, la psychologie ou philosophie de la vie, en connexion avec la biologie générale, l'embryologie, l'anatomie, la physiologie, la psycho-physiologie, la botanique et la zoologie ; dans le troisième, la morale ou philosophie de l'action, en connexion avec le droit naturel, individuel et social, les sciences économiques et politiques. Au-dessus de ces trois groupes, il place la métaphysique générale et la théodicée ou sciences de l'absolu ; à côté, il met l'histoire.

Il y a une double série de cours, les cours d'analyse, avec les faits, les expériences, les exercices pratiques ; les cours de synthèse, avec les principes et les lois qui les organisent et les systématisent.

Mgr Mercier s'est réservé l'enseignement de la métaphysique générale et de la théodicée et il en a consigné les résultats dans de nombreux volumes (2).

---

(1) *Rapport sur les Etudes supérieures de Philosophie*, présenté au Congrès de Malines, le 9 septembre 1891.

(2) Son cours de philosophie comprend aujourd'hui : I. Logique, II. Ontologie, III. Psychologie, IV. Critériologie générale ou traité général de la certitude. D'autres volumes sont en préparation et existent en autographie : *Sommaire de cosmologie, Sommaire de Théodicée, philosophie morale et droit naturel*. Il a donné, en outre, *Rapport sur les études supérieures de philosophie, Les origines de la pensée contemporaine*, etc.

M. de Wulf traite l'histoire de la philosophie (1). M. Thiéry s'occupe de physique et de psycho-physiologie ; M. Nys, de chimie et de cosmologie (2); M. Deploige, d'histoire des doctrines économiques, politiques et de philosophie sociale. L'organisation est aujourd'hui complète. Les cours de première année ont pour fin le baccalauréat (3); ceux de seconde année (4) conduisent à la licence ; ceux de troisième année, au doctorat (5).

---

(1) Il a publié une *Histoire de la philosophie scolastique dans les Pays-Bas et la principauté de Liège* ; une *Histoire de la philosophie médiévale, précédée d'un aperçu sur la philosophie antique* (voir ch. X), qui forme le sixième volume du *Cours de philosophie* de Mgr Mercier.

(2) C'est l'auteur du septième volume du *Cours* de Mgr Mercier, *Cosmologie ou philosophie naturelle.*

(3) Il y a des cours généraux : en 1903-1904, Mgr Mercier donne 4 heures 1/2 par semaine à la logique pendant le premier semestre ; M. de Wulf, 3 heures à l'ontologie, dans le second semestre ; le cours d'histoire de la philosophie du moyen âge est fait par lui en deux années. M. Thiéry consacre deux leçons par semaine à la psycho-physiologie dans le second semestre, trois à la physique, dans le premier ; M. Nys, trois leçons à la chimie dans le premier semestre. Des cours spéciaux sont faits, pour une première section, par M. Sibenaler, *trigonométrie, géométrie analytique, calcul différentiel*, par M. Meunier, *biologie générale, notions de botanique et de zoologie*, avec exercices pratiques, par M. Ide, *anatomie et physiologie générales* ; pour une seconde section, par M. Defourny, *économie politique*, par M. Cauchie, *méthode d'heuristique et de critique historiques.*

(4) Voici les cours généraux : M. Nys, *la Cosmologie*, trois heures pendant le premier semestre, cinq pendant le second ; Mgr Mercier, *la Psychologie*, deux heures chaque semaine pendant les deux semestres ; M. Thiéry, *la Psychophysiologie*, deux leçons pendant le second semestre ; M. J. Forget, *la philosophie morale*, deux leçons pendant le premier semestre, trois pendant le second ; M. de Wulf, *Histoire de la philosophie médiévale*, en deux années, une leçon pendant le premier semestre, *Histoire de la philosophie ancienne*, deux leçons pendant le second semestre ; M. Ide, *anatomie et physiologie*, trois heures pendant le premier semestre. Des cours spéciaux sont donnés, pour une première section, par M. Sibenaler, *calcul intégral*, deux leçons pendant le premier semestre, par M. Pasquier, *mécanique analytique*, deux leçons pendant le premier semestre, par M. Ide, *embryologie, histologie et physiologie du système nerveux*, deux heures pendant le premier semestre, par M. Kaisin, *notions de minéralogie et de cristallographie*, deux heures pendant le second semestre ; pour une seconde section, par M. Defourny, *Histoire des théories sociales, Saint-Simon et Auguste Comte*, deux leçons pendant le second semestre, par M. Cauchie, *Méthode d'heuristique et de critique historiques*, deux leçons pendant le premier semestre.

(5) Mgr Mercier et M. Thiéry traitent *la Psychologie*, deux leçons pendant le premier semestre, deux pendant le second ; M. Thiéry, *la Psycho-physiologie*, deux leçons pendant le second semestre ; M. Deploige, *le droit naturel et le droit social*, 6 heures pendant le premier semestre ; Mgr Mercier, *La Théodicée*, une leçon pendant les deux semestres ; M. de Wulf, *Histoire de la philosophie ancienne*, deux leçons pendant le second semestre ; M. Becker, *la Théodicée*, 3 heures pendant les deux semestres. Des conférences sont faites par M. Forget, *Exposé scientifique du dogme catholique*, par L. de Lantsheere, *La philosophie moderne, La philosophie de l'histoire*, par M. Pasquier, *Les hypothèses cosmogoniques*, par M. Van Overbergh, *Le socialisme contemporain*, par M. Legrand, *La littérature française contemporaine*. Des cours pratiques ont lieu au laboratoire de psycho-physiologie, sous la direction de M. A. Thiéry, au laboratoire de chimie, sous celle de M. Nys, à la conférence de philosophie sociale, sous celle

L'Institut comporte, outre les laboratoires de chimie et de psycho-physiologie, un séminaire d'histoire de la philosophie médiévale, un *cercle d'études sociales*, une *Société philosophique des étudiants*, une *Conférence de philosophie sociale* (1), des bibliothèques appropriées aux diverses études, une bibliothèque générale et des bibliothèques particulières où l'on a tenté de réaliser, notamment pour les *Revues*, une sorte de bibliographie encyclopédique.

La *Revue néo-scolastique*, fondée en 1894, avec Mgr Mercier pour directeur et M. de Wulf pour secrétaire, indique, par son épigraphe, *Nova et vetera*, le but poursuivi (2). Dans son article programme, Mgr Mercier s'efforçait de joindre une grande modération à une conception élargie des hommes et des choses. En faisant remarquer que tous les grands pays de l'Europe travaillaient à l'envi à mieux connaître la période médiévale et à se rendre un compte plus exact de la part d'influence qu'elle a eue sur notre civilisation actuelle, il disait, oublieux des idéologues et des éclectiques, que nous avons précédemment rappelés : « Léon XIII a remis en honneur la philosophie des grands maîtres de la scolastique, il a appelé l'attention des érudits et des penseurs étrangers à la foi chrétienne sur un monde d'idées qui leur était généralement inconnu ». Il indiquait que la *Revue* chercherait à concilier les leçons de la sagesse antique avec les découvertes modernes, qu'elle s'intéresserait, par conséquent, aux sciences physiques, biologiques, politiques et sociales, qu'elle rapprocherait les synthèses préparées par elles des doctrines traditionnelles de l'Ecole.

Une place considérable a été faite à la polémique. La *Revue néo-scolastique* a combattu le positivisme, le matérialisme, l'athéisme, les formes anciennes ou

de MM. Deploige et Defourny, au séminaire d'histoire de la philosophie du moyen âge, sous celle de M. de Wulf.

(1) En 1902-1903 le séminaire a préparé l'impression des premiers *Quodlibet* de Godefroid de Fontaines ; le Cercle a eu des études sur *L'Etape* de Bourget, *Le libéralisme* de Faguet, *La philosophie sociale* de Taine, *La psychologie de l'ouvrier*, *L'anarchisme*, *L'essor économique des Etats-Unis*, *De la participation des ouvriers aux bénéfices*, *L'assurance obligatoire contre les accidents en Allemagne*, *L'exploitation des mines du Limbourg par l'Etat*, *La question scolaire*, *La réorganisation corporative de la société*, *Les idées sociales de M. de Mun*, *Les origines de l'indépendance belge*, *La philosophie sociale de Lamennais*, *La philosophie de Windthorst*. La Société philosophique a eu 20 travaux, sur *la relativité du mouvement*, sur *la suggestion dans l'hypnotisme*, sur *la souffrance des animaux*, sur *la logique de l'hypothèse*, sur *la psychologie de l'attention*, sur *la production par la musique du plaisir esthétique*, sur *l'histoire de la Sonate*, sur *la musique classique allemande*, sur *la philosophie d'Octave Pirmez*, sur *La Fontaine fabuliste*, sur *S. François d'Assise*, sur *l'art grec*, sur *le type d'une église d'après les gothiques*, sur *Rome*, sur *les tapisseries de Bruxelles*, sur *la glorification du travail dans les églises du moyen âge*, sur *les progrès de l'outillage des rayons X*, sur *l'objectif liquide du Dr Grün*, sur *les parasites de l'homme* et sur *le fétichisme*. La conférence s'est occupée de la méthode de la sociologie. A ce point de vue, on a analysé la *Logique* de Mill, *Les règles de la méthode sociologique* de Durkheim, *L'enseignement des sciences sociales* de Hauser, *La méthode historique appliquée aux sciences sociales* de Seignobos, *La crise de la science politique et le problème de la méthode* de Deslandres, *Les classes sociales* de Bauer.

(2) Le premier numéro de janvier 1894 donne les Brefs de Léon XIII relatifs à la fondation d'un Institut supérieur de philosophie à l'Université catholique de Louvain, traduction et texte original.

contemporaines du panthéisme, le socialisme scientifique et la philosophie socialiste, le kantisme « héritier et continuateur de la Réforme », comme la dogmatique protestante du xixᵉ siècle en Allemagne, « qui n'est que le travail de l'esprit allemand sur le terrain de l'Evangile ». Après que Léon XIII a signalé, le 8 septembre 1899, les dangers de la philosophie de Kant, elle proclame, comme Paulsen, comme Eucken, l'irréductibilité de Kant et de S. Thomas, « dont les deux figures domineront les controverses des siècles futurs ». Signalant, en 1901, les philosophies contemporaines, qui sont les adversaires du néo-thomisme, elle passe rapidement sur les conservateurs opiniâtres « vieux scolastiques, hostiles à toute innovation, quelle qu'elle soit », sur l'apologétique nouvelle du sentiment, qui « ouvre une porte au fatalisme et au scepticisme ; elle mentionne les spiritualistes outrés, tributaires de Cousin, en vogue surtout dans le clergé français, mais elle insiste sur ce qui a remplacé le cousinisme, un autre excès d'idéalisme bien plus dangereux, le phénoménisme issu de Kant. « Telle est, de fait, écrit-elle, la philosophie officielle en France, enseignée en Sorbonne, non seulement aux jeunes gens, déjà viciés par une éducation antérieure, mais même aux catholiques et aux prêtres, forcés par l'état défectueux de l'enseignement supérieur et par les tracasseries d'en haut de se laisser servir ces idées subversives ». Et pour parer aux « affreux ravages qui se sont produits dans les rangs des catholiques français, pour échapper au danger imminent qui menace les croyances », elle proclame la nécessité d'étudier le néo-thomisme. L'année suivante, elle revient sur « l'irréductibilité des deux systèmes en présence, sur l'antagonisme des deux mondes représentés par Kant et Thomas d'Aquin » : « le christianisme (ou plus exactement le catholicisme) est, à l'heure présente, écrit-elle, la condition unique et nécessaire de santé ou de guérison pour les individus et pour la société ». Elle regrette encore, en 1903, que la philosophie de S. Thomas ne soit pas parfaitement acclimatée dans les écoles, en France, en raison « de la nécessité déplorable de ces examens de fin d'études, avec programme imposé par l'Etat ». Elle attaque, avec une violence extrême, l'anticléricalisme sous Combes (1) » et met en opposition l'idéal laïque qui, pour fonder la vie sociale

(1) L'auteur y parle « d'un gouvernement oppresseur et d'une nation opprimée », des « pires excès de l'espionnage politique », de l'anticléricalisme « de l'ouvrier, du bourgeois, du renégat qui reproduit plus exactement que personne l'idée que Spinoza se faisait de la haine », de « nos maîtres détraqués du pouvoir », de Combes, « balourd prétentieux ». « L'ouvrier et le bourgeois anticléricaux, dit-il encore, assez inoffensifs en temps ordinaire, firent, pour l'amour de M. Combes, cause commune avec l'anarchiste et l'apache... Les microbes jusque-là réputés neutres prirent une violence extraordinaire... Le spiritualisme des Cousiniens était indirectement anticlérical... Avec Renan, on eut un simple épicurisme intellectuel... Buisson... le grand ouvrier de la laïcisation... laissait croire aux protestants qu'il travaillait pour eux, aux catholiques qu'il n'était pas leur ennemi; cependant qu'il ne travaillait, en réalité, de concert avec Pécaut et Steeg que contre l'Eglise... L'école athée... il la voulait et il l'a... L'hypocrisie de nos philosophes est tombée le jour où ils se sont sentis les plus forts... L'Etat-Idole a, dans les 36.000 communes de France, un groupe d'idoles plus petites... petites idoles devenues enragées... La cynique parole du ministre Pelletan, « Il n'y a que deux partis, celui qui profite des abus et celui qui en est la victime »... Toutes les rouerics parurent bonnes... La défense républicaine, ironie et haine mêlées... L'Etat, soit dans ses chaires d'enseignement, soit au Parlement, au lieu de ne s'occuper que de science et de politique, ne s'est occupé que de religion, etc. ».

comme la vie morale, écarte *a priori*, tout théologisme, toute théorie de l'absolu, qui ramène tous les rapports moraux, comme les rapports sociaux au respect de la personne humaine, et le vieux Décalogue, l'éducation religieuse qui doit en tout temps se considérer comme chez elle à l'école sans épithète.

La *Revue néo-scolastique* critique ce que M. Brunetière dit des faillites « partielles de la science »; elle paraît regretter, avec Léon XIII (1901, p. 84) que « les Francs-maçons aient profité de la liberté d'enseignement pour fonder une Université libre à Bruxelles »; elle combat les scolastiques attardés qui ne veulent pas donner une place aux sciences, qui se refusent à faire de la psychologie le trait d'union de la science et de la philosophie, comme les rosminiens qui reprochent aux néo-thomistes « de faire la cour aux positivistes, de s'acharner contre Descartes et Cousin, de laisser, dans un oubli voulu, les doctrines idéalistes, de faire de l'athéisme le premier et le dernier mot de leur philosophie et de leur apologétique » (1).

Mais c'est peut-être, au point de vue antisémite, que la *Revue néo-scolastique* a été, par la plume de M. Deploige (2), la plus agressive. L'auteur, dans deux

---

(1) Mai 1899, *Un cri d'alarme*, Mgr Mercier répond à Billia, qui dans « *L'esiglio di S. Agostino* » avait appelé le néo-thomisme un système de philosophie « par décret, par obéissance » et s'était moqué, en rosminien plus qu'en chrétien, du Congrès des savants catholiques de Fribourg. « Il nuovo simbolo, disait-il, sara *credo in unum Condillachium patrem philosophorum omnipotentem*, et chi non giuri nella tabula rasa sia anatema. Aspettiamoci che il prossimo congresso faccia un falo delle opere di S. Agostino anzi delle lettere di S. Paolo ».

(2) « Il existe une question juive, parce que, disséminés par le monde, les Juifs ont en tous pays un caractère religieux et économique qui les isole...

... Certes la fameuse question juive a été maintes fois résolue, de parti pris, dans un sens défavorable à Israël. Antisémitisme, tel est le terme adopté par nos contemporains pour signifier le mouvement d'hostilité des non-juifs contre les Juifs... Des savants ont élevé l'antisémitisme à la hauteur d'une théorie. Dans leurs recherches de physiologie et de pathologie sociales, ils ont étudié la fonction du Juif, et celui-ci leur est apparu comme un ferment infectieux, comme un dangereux parasite.

Sus au Youtre ! « se sont écriés de brillants publicistes, vulgarisateurs de la théorie, amoureux, d'ailleurs, de la Patrie et des traditions nationales ». « Il est partout, cet exotique et ne devrait être nulle part. Boutez-le dehors, peuple autochtone ! » Et sur cette idée, un parti s'est constitué, très bruyant par moments en France, et remarquablement organisé en Autriche...

L'objet de cette étude est de préciser la solution donnée par S. Thomas d'Aquin à la complexe question juive et d'apprécier son antisémitisme...

... Ses dispositions à leur égard peuvent se résumer en deux mots : « Point d'hostilités. Rien que des mesures défensives. Liberté pour les Juifs, protection pour les chrétiens.

Liberté pour les Juifs ! qu'on s'abstienne de leur faire violence pour les convertir au christianisme... qu'on évite de baptiser leurs enfants si les parents y font opposition... qu'on les autorise à pratiquer leur culte sans entraves...

S. Thomas proscrit d'abord... toute politique oppressive. Il recommande ensuite des mesures protectrices pour la religion des catholiques. C'est ici que son antisémitisme va se révéler...

Protéger la religion des chrétiens contre les tentatives de corruption des Juifs, tel est son postulat antisémite. Les mesures pratiquement recommandées sont, les unes d'application universelle, les autres liées à l'état social et politique du moyen âge... C'est

articles parus en novembre 1896 et mai 1897, a entrepris d'exposer l'antisémitisme de S. Thomas et de l'apprécier. S. Thomas ne veut pas, dit-il, qu'on convertisse les juifs de force ou qu'on les empêche de pratiquer leur culte, mais il entend qu'on protège contre eux les catholiques. Ceux-ci doivent être prudents

d'abord la recommandation faite aux catholiques d'être prudents dans leurs relations avec les Juifs... Le conseil donné par S. Thomas est de bon sens élémentaire. Il est l'écho du « Ne ave eis dixeritis » de l'apôtre S. Jean, que la bouche autorisée de l'Evêque de Liège rappelait naguère à propos de l'hérésie socialiste...

La royauté sociale du Christ est le dogme et la réalité politiques du moyen âge... La religion chrétienne pénètre intimement les institutions et le premier devoir des princes est d'en favoriser l'expansion. Ils sont, comme les collaborateurs de l'Eglise dans son auguste mission et au besoin ils mettent leur épée à son service... N'eût-il pas été absurde... d'accorder une part d'autorité dans le gouvernement ?... contradictoire de nommer sous-lieutenants du Christ, ses plus obstinés négateurs ?.. Ce fut l'attitude constante de l'Eglise, durant le moyen âge. Papes, évêques et conciles rappelèrent fréquemment aux princes séculiers qu'il fallait interdire aux Juifs l'accès des fonctions publiques. La logique du système politique admis s'opposait même d'une façon générale à ce que les Juifs exerçassent des professions leur donnant autorité ou influence sur les catholiques. C'est ainsi qu'ils ne pouvaient tenir des chrétiens comme esclaves. Tout esclave d'un Juif, né dans la maison de ce Juif ou acheté pour servir et qui embrassait le christianisme devait être rendu à la liberté... (Il y avait là, en définitive, une expropriation, avec ou sans indemnité, pour cause religieuse).

Il était nécessaire ensuite que, pour se garder du commerce des Juifs, on pût les discerner des chrétiens. L'idée vint de marquer la qualité des Juifs dans leur accoutrement. Cette pensée paraîtrait pour le moins singulière à notre époque où tout le monde s'habille de vêtements uniformes ; mais aux gens du moyen âge, qui aimaient la variété des costumes, cela devait sembler moins extraordinaire. La désolation de Graetz quand il narre cet épisode de l'histoire d'Israël, est au moins très exagérée...

Justifié en principe par les considérations théoriques déjà développées, l'anti-sémitisme thomiste se légitimait aussi en fait, et l'événement démontrait la sagesse des précautions prises contre les Juifs... L'antisémitisme de S. Thomas n'était pas autre chose que l'exercice du droit de légitime défense.

On en vient naturellement, après avoir médité S. Thomas, à évoquer l'antisémitisme qui tout près de nous, a pris comme cri de guerre « La France aux Français ».

Et certes les analogies sont indéniables. Chez S. Thomas et chez Drumont il est une préoccupation commune : se défendre contre les Juifs. Tempérament à part, les deux auteurs sont bien près de se rencontrer dans leurs conclusions pratiques...

Entre l'antisémitisme de S. Thomas et celui de Drumont, il y a toutefois des différences. L'antisémitisme de S. Thomas est religieux et déductif... Drumont est l'écrivain qui a analysé dans son pays les organes principaux de la vie nationale.. Il a procédé par induction. Son antisémitisme est le fruit de ses études de psychologie sociale... Pour lui la question juive n'est pas une question religieuse, mais une question sociale et économique... C'était faire la partie belle aux avocats de la synagogue. Les Juifs, une race distincte ? se sont-ils écriés. Mais rien n'est moins démontré... Ces critiques adressées à l'antisémitisme qui réduit la question juive à un conflit de races n'en laissent pas moins subsister le fait que le Juif a partout une physionomie particulière... L'insociabilité et l'exclusivisme d'Israël sont indéniables ; les écrivains juifs eux-mêmes le reconnaissent. Où donc est l'explication dernière et vraie de la permanence des Juifs comme nation distincte, malgré leur dispersion au milieu des peuples ? Dans le sang, dans la race ? Non encore une fois. Elle est dans la religion juive. C'est elle qui a maintenu le type juif partout et toujours, avec ses particularités physiques et mentales, avec son inassimilabilité, sa morgue et son immense orgueil... La religion talmudique est une religion du corps...

dans leurs relations avec les juifs et surtout ne leur accorder aucune part d'autorité dans le gouvernement, aucun accès aux fonctions publiques ou aux professions qui leur donneraient autorité ou influence sur les catholiques. De là la nécessité d'imposer aux juifs, pour les distinguer des chrétiens, un accoutrement

où le rituel minutieux, les prescriptions légales sur la nourriture, sur l'hygiène, ont eu leur contre-coup physiologique... Elle a encore façonné le cerveau juif par les pratiques cultuelles et l'enseignement de ses docteurs. Le culte a gardé un caractère national. Les cérémonies juives ne sont que la commémoration des joies et des deuils d'Israël. Jérusalem... reste la Patrie... Le Juif demeure un nomade... Il méprise et exploite les autres peuples... Faire de la question juive une question de race, c'était aussi en compromettre les résultats futurs.

Tel qu'il est cependant, l'antisémitisme de Drumont a du bon ; ses livres sont des traités de pathologie sociale ; ils ont fixé l'attention sur le mal dont souffre la France. Et si le diagnostic est erroné, on peut le rectifier. Ce n'est pas en effet le sémitisme qui a conquis la France, c'est l'athéisme... La Révolution rompit les séculaires attaches sociales avec l'au-delà... Toutes les opinions philosophiques et toutes les confessions religieuses acquièrent droit de cité. La religion du vrai Dieu cessant d'être la religion officielle dans l'Etat devenu neutre, la religion de l'or et celle du plaisir ont bientôt d'innombrables fidèles... les Juifs se font les salariés du nouveau culte... S. Thomas et ses contemporains étaient mieux inspirés... La religion catholique est le principal élément vital pour la société comme pour l'individu ; l'attaquer, c'est se faire tueur d'âmes et ce crime est puni comme homicide... Il suffisait (selon S. Thomas) d'empêcher les Juifs de mettre la main à la « machine sociale », leurs conceptions des choses étant autres, ils l'auraient fait « fonctionner en subversif ». Le droit public médiéval fut plus sévère pour les Juifs que les canons de l'Eglise romaine, et le législateur civil ne se contenta pas de l'antisémitisme purement défensif des Papes et des conciles... Il les relégua dans les bas-fonds de l'édifice social ; il les rejeta dans la catégorie des serfs... Au XIIIe siècle... non seulement en Allemagne, mais encore ailleurs, les Juifs étaient hors cadre, avec une liberté personnelle réduite, un droit de propriété précaire et des obligations onéreuses envers le fisc... Le Juif était devenu serf quand S. Thomas parut... Sa pensée peut... se résumer en deux mots : Il ne faut pas déduire du principe que les Juifs sont serfs, des conclusions que ne renferme pas le principe. Dans l'application des conséquences licites de la théorie, il faut s'abstenir de toute rigueur... S. Thomas fait prompte justice de la théorie d'après laquelle baptiser les enfants juifs est licite... Dans la rigueur du droit, écrit-il, il est certes permis au seigneur d'exiger des redevances, puisqu'en principe les biens mêmes des Juifs lui appartiennent. Mais il faut éviter d'aller aux extrêmes. Pourquoi irriter les Juifs ? pourquoi les aigrir, les exaspérer et vous faire maudire d'eux ? Soyez large ; ne les vexez pas par de nouvelles tailles. Laissez-leur le nécessaire et abstenez-vous, par une intervention fiscale plus exigeante de déranger leur habituel train de vie. Contentez-vous, si toutefois rien ne s'y oppose d'ailleurs, de lever les impôts qu'ils ont eu coutume de payer à vos prédécesseurs... La douceur et l'humanité recommandées en l'occurrence par S. Thomas ont toujours été prêchées par l'Eglise romaine. . Excusables ou non, les Juifs contemporains de S. Thomas posaient devant l'opinion publique le grave et complexe problème de la répression de l'usure... Pour S. Thomas, s'il est arrivé que, dans un pays, les Juifs se sont injustement enrichis par l'usure... les pouvoirs publics auront d'abord à contraindre les Juifs à restitution... puis à verser entre les mains des citoyens volés par les Juifs le produit de la confiscation légale... Et si l'enquête ne parvient pas à découvrir les victimes de l'usure, si elles sont mortes ou émigrées, il faudra affecter l'argent repris aux Juifs, à des œuvres pies ou à des travaux d'utilité générale... C'est assurément une ingrate et peu profitable besogne pour le prince de faire dégorger toujours les sangsues juives et d'injecter le sang dégorgé aux victimes saignées. Mais, dit S. Thomas, il peut se l'éviter. Pourquoi attendre l'iniquité commise et s'astreindre à la réparer, au lieu de la

spécial. L'antisémitisme de S. Thomas, dit M. Deploige, était justifié en principe et en fait. Ce n'était que l'exercice du droit de légitime défense.

Instituant ensuite une comparaison entre l'antisémitisme de S. Thomas et celui de Drumont, il estimait que les deux auteurs sont bien près de se rencontrer dans leurs conséquences pratiques. Toutefois, disait-il, si l'antisémitisme de S. Thomas est religieux et déductif, celui de Drumont, qui procède par induction, est plutôt social et économique. Et ce n'est pas dans le sang, dans la race, c'est dans la religion qu'il faut chercher l'explication dernière de la permanence des juifs comme nation distincte, de leur insociabilité et de leur exclusivisme. Les livres de Drumont ont fixé l'attention sur le mal dont souffre la France. Mais il faut rectifier son diagnostic, c'est l'athéisme qui, avec la Révolution, a conquis la France, qui a remplacé la religion du vrai Dieu par celle de l'or et du plaisir. De ce nouveau culte, les juifs se font les salariés. Quant au remède, S. Thomas était mieux inspiré que Drumont. Il laissait le juif hors cadre, avec une liberté personnelle réduite, un droit de propriété précaire et des obligations onéreuses envers le fisc ; il le laissait serf, comme il était en vertu du droit public médiéval. Mais il s'opposait à ce qu'on usât de rigueur dans l'application des conséquences licites, à ce qu'on déduisît du principe que les juifs sont serfs, des assertions qu'il ne renferme pas. Il faut leur laisser le nécessaire.

prévenir ? Tolérer que les Juifs demeurent oisifs et vivent en parasites, c'est une inintelligente et coupable politique. Que l'autorité publique les oblige donc à être dans le corps social des membres producteurs ! Qu'elle les contraigne à chercher des moyens de subsistance dans le travail utile, au lieu de les laisser se nourrir aux dépens des autres. Des princes... notamment S. Louis ont suivi la politique que recommande S. Thomas. . Le souvenir de ces liquidations d'autrefois est sans doute revenu à l'esprit de Drumont quand il a écrit, « Imitons S. Louis. Mettons sous les verrous trois cents individus juifs, catholiques ou protestants de naissance, mais qui se sont enrichis par le système juif, c'est-à-dire par des opérations financières. Forçons-les à nous restituer les milliards enlevés à la collectivité contre toute justice... »

Concluons .. *De Dieu, à Dieu, par le Christ*, telle est la devise du navire qui porte les passagers de l'Etat chrétien. A cette devise, la religion des Juifs leur interdit de souscrire... Que faut-il en faire ? Les maltraiter, les jeter à l'eau ou à fond de cale ? Nullement. Il suffit de ne pas leur laisser la boussole et de les tenir à distance du gouvernail... Les idées religieuses et morales d'Israël sont subversives d'une société constituée sur les bases chrétiennes. La saine raison commande d'enlever au Juif toute influence sur la formation des esprits et sur la direction des affaires. Que les particuliers lui ferment donc leurs salons et que l'Etat l'exclue des bureaux de son administration ! Tout aussi rationnelle est la solution thomiste de la question économique... Les Juifs n'apportent rien, ils enlèvent ; ils n'aident pas leurs associés, ils les exploitent. Cela n'est pas admissible. L'Etat, qui a souci de sa conservation et de son progrès, ne peut tolérer qu'ils vivent en parasites au détriment des producteurs ; il doit leur imposer le devoir de la coopération mutuelle qui est une exigence primordiale de la vie sociale. La Révolution française a rompu avec cette politique qui fut celle de tout le moyen âge chrétien. Elle a résolu la question juive par la liberté.. Et voilà que la question juive se pose à nouveau... L'antisémitisme qui était jadis dans les lois, reparait dans les livres des écrivains, dans les journaux des propagandistes, dans les sentiments du populaire. Que sortira-t-il du mouvement... Les antisémites eux-mêmes l'ignorent. Ne feraient-ils pas toujours bien de méditer la solution thomiste ? Nous le pensons. Et nous croyons aussi qu'il faut souhaiter aux Juifs de ne pas voir le triomphe de solutions plus sévères ». — Toutes ces citations sont textuelles, nous n'avons pas besoin de le répéter.

S'ils se sont injustement enrichis par l'usure, les pouvoirs publics devront les contraindre à restitution ; puis verser, entre les mains des citoyens volés par eux, le produit de la confiscation légale, ou si on ne les retrouve pas, affecter l'argent repris aux juifs à des œuvres pies, à des travaux d'utilité générale. Mieux encore, il faudrait prévenir plutôt que réparer. Pour cela, on empêchera les juifs de demeurer oisifs et de vivre en parasites ; on les obligera à être, dans le corps social, des membres producteurs, à chercher par le travail utile, leurs moyens de subsistance. Sur le navire qui porte les passagers de l'Etat chrétien, il ne faut ni maltraiter les juifs ni les jeter à fond de cale ; mais il ne faut pas davantage leur confier la boussole ou le gouvernail. Par conséquent, les particuliers leur fermeront leurs salons et l'Etat les exclura de son administration. Enfin l'Etat leur imposera le devoir de la coopération mutuelle, qui est une exigence primordiale de la vie sociale. Et l'auteur souhaite aux juifs de ne pas voir le triomphe de solutions plus sévères, si l'on renonce à s'inspirer de la Révolution française qui, en résolvant la question juive par la liberté, a rompu avec la politique de tout le moyen âge chrétien (1).

C'est que, selon la plupart des rédacteurs de la *Revue néo-scolastique*, le catholicisme est à l'heure présente, comme nous l'avons vu, le seul moyen de santé ou de guérison, pour les individus et pour la société, comme « la philosophie scolastique bien comprise est la philosophie tout court, la philosophie de l'avenir, aussi bien que celle du passé, la philosophie du genre humain, quand, dans son légitime désir de spéculations et de conquêtes scientifiques, il a le bon sens de ne pas rejeter de parti pris le surcroît de lumière et de certitude que lui offrent la révélation et la tradition » (2).

Parfois aussi la *Revue néo-scolastique* s'attache à faire connaître, aussi exactement que possible, les doctrines véritablement historiques ou scientifiques, que présentent des hommes indifférents ou hostiles au catholicisme, thomiste ou non, en tant du moins qu'il ne s'agit pas des principes essentiels de la théologie ou de la philosophie. Parfois même on sent que le désir d'élargir l'enseignement thomiste la conduit à traiter avec modération des adversaires qui se réclament de la pensée rationnelle et scientifique. Mgr Mercier a même déclaré, à une question posée par M. Binet et par moi, qu'il acceptait la pratique de la tolérance, telle que nous l'avions réclamée au nom d'une philosophie purement scientifique (3).

---

(1) Voir au chapitre X les critiques que M. de Wulf adresse dans son *Histoire de la philosophie médiévale* à ceux qui ne sont pas thomistes et catholiques.
(2) Février 1903, p. 38. Voir mai 1901, p. 210. L'auteur explique qu'au titre de *Revue des sciences philosophiques*, qui n'effarouchait personne, mais ne symbolisait pas le programme de la *Société philosophique*, on préféra celui de *Revue néo-scolastique*, qui pouvait effaroucher, mais traduisait bien ce programme. Les lacunes et les imperfections qui pouvaient exister dans la scolastique, comme dans toutes les œuvres humaines... expliquent que ceux qui l'ont reprise ont eu raison de différencier momentanément leur philosophie de la scolastique d'autrefois : « Nous disons momentanément, car si notre confiance n'est pas téméraire, ce nom de néo-scolastique, que nécessite une période de transition, fera de nouveau place à celui de scolastique, peut-être même à celui de la philosophie tout court ».
(3) Voir Mgr Mercier, *Les origines de la psychologie contemporaine*, p. 353, et suiv.

En raison de cette tendance, qui paraît en opposition manifeste avec les polémiques précédemment relevées, la *Revue néo-scolastique* fait une place considérable aux questions scientifiques. Elle traite des bases physiologiques de la parole rythmée et de l'origine des contes populaires, de la vue et des couleurs, des nucléoles nucléiniens, des esprits animaux et de la définition de la masse, de l'hypothèse et de l'induction scientifiques. Et ces recherches rejoignent celles où est abordée la métaphysique, à propos de la notion de vérité, du principe de raison suffisante en logique et en métaphysique, de l'espace, du temps, de la durée et de l'objectivité de la connaissance intellectuelle, de la philosophie, de l'ancienne métaphysique et des sciences, des hypothèses cosmogoniques, de la philosophie de la contingence, du beau dans la nature et dans l'art. La *Revue* rend compte des Congrès de psychologie expérimentale, d'anthropologie criminelle, de philosophie. Elle aborde les questions morales et sociales : ainsi elle s'adjoint *Le Mouvement sociologique*, qui fait une place à la sociologie religieuse, philosophique, morale, politique, économique, et s'efforce de renseigner ses lecteurs, autant que de les mettre en garde contre les affirmations contraires aux principes catholiques et thomistes.

Elle est ouverte à ceux qui, en d'autres pays, se rattachent aux mêmes doctrines. Elle publie bon nombre d'articles qui lui viennent de France, de M. Clodius Piat et de M. Domet de Vorges, de M. Léchalas et de M. C. Besse. Elle félicite Baeumker de sa nomination à l'Université de Strasbourg. Elle appelle l'attention sur les Revues allemandes qui se rattachent à l'Encyclique *Æterni Patris*, sur la *Revue des questions scientifiques*, de Bruxelles, qui donne son adhésion entière et explicite à la doctrine philosophique de S. Thomas, sur la *Revue de philosophie*, dirigée en France par le R. P. Peillaube, dont le programme est identique au sien, sur les jésuites de Maria-Laach, qui ont mené à bonne fin la *Philosophia Lacensis*, dont les onze volumes contribueront à rendre plus intense le mouvement néo-thomiste (1). De même elle signale la *Revista de Aragon*, publiée à Saragosse par Harra et Ribera, qui adhère formellement à la néo-scolastique et demande qu'on « cultive la science pour elle-même sans but professionnel, sans fin apologétique directe » ; puis la *Revista Lulliana*, « qui veut faire revivre la scolastique de Lulle, tout en l'adaptant au progrès des sciences modernes », la *Contribution philosophique à l'étude des sciences* du chanoine Didiot, et *Un siècle de l'Eglise de France* de Mgr Baunard, l'un professeur et l'autre recteur de l'Institut catholique de Lille. M. Didiot veut unir « les conclusions certaines des savants modernes aux doctrines immuables des philosophes antiques et, sous forme de conclusion, résume les Paroles de Léon XIII relatives à la philosophie ». Mgr Baunard, montrant les progrès accomplis dans les études des séminaires français, insiste sur le retour à la philosophie scolastique, avec sa méthode de dialectique appliquée à la théologie et tout l'ensemble des doctrines traditionnelles de l'école, complétées, confirmées par les données certaines de la science moderne.

La *Revue néo-scolastique* annonce encore la *Bibliothèque de théologie historique* que songent à publier des professeurs de l'Institut catholique de Paris, le *Pon-*

---

(1) *Institutiones juris naturalis* par T. Meyer, *Logicales* par T. Pesch, *Philosophiæ naturalis* par T. Pesch, *Psychologicæ* par T. Pesch, *Theodicenæ* par J. Houtheim.

tifical d. Léon XIII et le Néo-thomisme du D⟨r⟩ Kaufmann, professeur à Lucerne, les articles publiés par l'abbé Conde, de Cordoue, dans la *Revista ibero-americana de ciencias ecclesiasticas*, sur la décadence philosophique en Espagne, qui reproduisent et développent des idées exposées auparavant dans ses propres colonnes, une étude du professeur Radziszewski de Varsovie, sur l'état de la philosophie scolastique, etc.

« Si la Belgique est restée fidèle à Dieu et à l'Eglise, disait Léon XIII, en 1901, si elle a conservé la religion et la foi, c'est en grande partie à l'Université de Louvain qu'elle le doit. C'est d'elle que sont sortis tant de catholiques éminents qui ont occupé des positions importantes dans la Chambre, dans les tribunaux, dans les administrations..., elle sert aux clercs, et aux laïques, comme de Lantsheere, qui vient d'entrer à la Chambre belge ».

En fait, le succès politique des catholiques a été grand en Belgique. Maîtres du pouvoir depuis 1884, ils semblent devoir le conserver longtemps encore, unis étroitement comme ils le sont sur les doctrines religieuses, politiques, philosophiques et sociales, pour lutter contre les libéraux et les socialistes, qui n'ont pu s'allier contre leurs communs adversaires. Aux évêques qui ont la haute direction de Louvain, les ministres, comme le disait l'un d'eux au cours de la discussion scolaire, n'ont rien à refuser. L'enseignement primaire est tout entier ou à peu près entre leurs mains. L'enseignement supérieur leur appartient à Louvain, qui fournit, en bonne partie, le personnel gouvernemental. C'est un des professeurs de Louvain, C. Van Overbergh, qui en est le directeur général, tout en continuant ses conférences, en présidant des thèses d'agrégation, comme il préside la *Société belge de Sociologie*, à laquelle sert d'organe le *Mouvement sociologique* annexé à la *Revue néo-scolastique*. Aussi les Universités de l'Etat, à Liège et à Gand, ont-elles un nombre de plus en plus grand de maîtres dont l'éducation s'est faite à Louvain (1). L'Université libre de Bruxelles, fondée, disait Léon XIII, par des francs-maçons, reste donc seule réfractaire à l'action catholique et thomiste. Et la scission qui aboutit à la fondation de l'Université nouvelle dont le succès ne semble pas s'être maintenu, malgré la valeur de ses maîtres, paraît montrer que l'Université libre n'était pas aussi opposée, que le croyait le pape, à celle de Louvain. Le thomisme a été le lien qui a rapproché de plus en plus les catholiques belges, qui leur a donné la cohésion et l'unité; il a indiqué aux professeurs, aux savants, aux théologiens et aux politiques le but unique et suprême qu'ils avaient à poursuivre. En s'unissant, ils se sont opposés nettement à tous ceux qui ne sont pas catholiques et thomistes, aux protestants et aux Juifs, aux francs-maçons et aux penseurs libres, même aux catholiques qui ne sont pas thomistes ou aux thomistes qui refusent de joindre les choses nouvelles aux choses antiques, *nova et vetera*, la science et la critique modernes à la théologie et à la philosophie du XIII⟨e⟩ siècle. Et par cela même, leur accord est plus complet, puisque tous soutiennent les mêmes doctrines et combattent les mêmes adversaires. Aussi les catholiques des divers pays admirent l'œuvre qui s'est faite en Belgique et sur-

---

(1) A la soutenance publique d'une thèse d'agrégation en août 1902, assistaient avec M. C. Van Overbergh, MM. Halleux, professeur à l'Université de Gand, de Craene, professeur à l'Université de Liège. M. Halkin, professeur à cette dernière Université était à la même époque admis à la *Société de sociologie* de Louvain.

tout par Louvain. Et ils la proposent comme modèle à leurs coreligionnaires (1). Des étudiants, clercs pour la plupart, viennent, à Louvain, de la Prusse Rhénane et de la France, de Beyrouth et des Indes anglaises, de l'Irlande et de la Sicile, de la Hollande, du Portugal et de Cracovie. Et la *Revue néo-scolastique* annonce, en mai 1902, que la « *Royal Commission on University Education in Ireland* » a posé à Mgr Mercier diverses questions sur l'organisation de l'enseignement à Louvain et notamment à l'Institut supérieur de philosophie.

Si l'on examine l'œuvre accomplie à Louvain, non plus à un point de vue politique, mais au nom de la science, de la philosophie et de l'histoire, on est amené à constater qu'il y a là un effort considérable, pour adapter aux doctrines essentielles du thomisme les résultats obtenus par les investigations méthodiques et désintéressées de nos savants et de nos historiens modernes. Il en résulte parfois, dans les écrits de ses maîtres, un éloge qu'on dirait uniquement inspiré par l'amour de la science positive, parfois encore une appréciation de travaux historiques venus de l'étranger, qui fait songer à l'examen impartial dont ils ont été ou auraient pu être l'objet dans leur propre pays. En ce sens Mgr Mercier et ses collaborateurs peuvent être considérés comme les successeurs d'Alexandre de Halès, d'Albert le Grand, de saint Thomas pour la place qu'ils font, dans leurs constructions philosophiques, à la science et à la raison (ch. VIII, p. 209-212). Ils le sont aussi, par le but suprême qu'ils poursuivent. S'ils font appel à la science et à la raison, ce n'est pas pour leur demander une explication de plus en plus compréhensive de l'univers, d'où ils tireraient une direction exclusive de la vie individuelle et sociale (2), c'est pour « fournir la contre-épreuve du matérialisme contemporain », c'est « pour répondre aux objections de notre temps », c'est pour montrer que la doctrine de saint Thomas est en harmonie avec les progrès de la science et repose sur des principes assez solides pour combattre et extirper les erreurs modernes sur tous les domaines » (3).

En 1892, nous constations déjà, dans la *Revue philosophique*, l'influence exercée par l'Encyclique *Æterni Patris* sur les catholiques de l'Allemagne du Sud et des provinces rhénanes. La tendance à revenir au thomisme, à rétablir l'unité catholique, en philosophie comme en théologie, s'est manifestée dans les *Revues* qui existaient antérieurement, mais surtout dans des organes nouveaux qui se sont attachés à justifier et à développer, dans toutes les directions, les doctrines de saint Thomas. Toutes font, des sciences, d'utiles auxiliaires pour la théologie et la philosophie thomistes. La *Theologische Quartalschrift* de Tubingue soutient que

---

(1) Voir surtout C. Besse, *Deux centres du mouvement thomiste, Rome et Louvain*, Paris, 1902.

(2) Les thomistes romains remarquent que les trois années employées à faire un docteur ne permettent de lui donner des connaissances bien étendues, ni dans les sciences, ni même en philosophie scolastique.

(3) Le fait que MM. Thiéry et Deploige, qui n'étaient pas dans les ordres, lorsqu'ils furent nommés professeurs à Louvain, y sont devenus prêtres, est un indice, avec beaucoup d'autres, de la prédominance des tendances religieuses. Sur l'histoire des doctrines philosophiques, telle qu'elle a été traitée par M. de Wulf, voir notre chapitre X. Voir plus loin l'examen des résultats généraux de la restauration du thomisme, au point de vue scientifique et philosophique.

seuls les scolastiques peuvent fournir la solution des questions auxquelles veulent répondre les idéalistes et les réalistes.

La *Natur und Offenbarung* de Munster contient de nombreux articles sur l'hypnotisme et le darwinisme : s'il fallait choisir, dit Gutberlet, entre la théorie qui fait descendre l'homme des animaux et celle qui fait venir les animaux de l'homme, il faudrait sans hésitation prendre la dernière. Pohle y combat l'hypothèse des mondes habités. On y trouve des considérations sur la psychologie et l'évolution des sociétés de fourmis, sur le feu central, sur l'âge de la race humaine et les hommes-singes (*dryopithecus, anthropopithecus erectus*) des temps primitifs ; sur la beauté de la nature et celle des êtres aperçus par le microscope, sur les guérisons miraculeuses opérées par la foi, sur le darwinisme rapproché de la démocratie sociale et du matérialisme.

Le *Katholik* de Mayence, qui date de 1820, expose la doctrine du Cosmos chez Nicolas de Cus, signale le discours où Virchow se met en opposition avec le darwinisme, traite des erreurs de Rosmini, examine les rapports de la conception matérialiste du monde avec la morale et le droit. C'est par S. Thomas qu'il résout le problème de la liberté humaine ; c'est avec les doctrines catholiques qu'il combat diverses théories sur l'origine de l'âme. A propos des « Sept énigmes du monde, Stöckl critique Comte et Mill, Spencer et Dubois-Reymond. De l'athéisme, il rapproche le libéralisme moderne qui, par la négation d'un ordre divin au-dessus de l'homme, attribue à celui-ci une autonomie absolue et une liberté illimitée. Gutberlet place S. Thomas bien au dessus de Kant ; Grüber expose et critique la *Religion de l'humanité* d'Auguste Comte.

Les *Stimmen aus Maria-Laach, katholische Blätter* sont éditées à Fribourg. La morale bouddhiste, en raison même du succès qu'elle semble un moment obtenir, y est vivement critiquée : il n'y a pas, disent-elles, 500 ou 600 millions, mais 100 millions de bouddhistes, contre 450 millions de chrétiens. L'hypnotisme et le darwinisme sont l'objet d'un minutieux examen : au dernier, Dressel fait des objections tirées de la chimie. C'est d'après l'*Encyclique* de Léon XIII sur la liberté humaine qu'est jugée la morale indépendante ; c'est avec l'Encyclique sur les rapports du capital et du travail que Lehmkul montre que le pape a formulé les principes toujours professés et défendus par l'Eglise ; que Pesch combat le socialisme de Karl Marx. Marx, dit Pesch, n'a pas tenu compte de la concurrence ; il a exagéré l'importance du travail dans la production de la richesse et il a donné de la valeur une théorie pratiquement impossible et en contradiction avec les faits comme avec la logique. Puis Pesch rapproche Engels et Marx du panthéiste Hegel, du matérialiste Feuerbach, de Darwin et d'Hœckel, tandis qu'il reproche aux économistes de supprimer la liberté. Les théories darwiniennes sur la connaissance et sur l'état, le duel, l'immortalité de l'âme, les preuves antiques de l'existence de Dieu qu'affermit la science, bien d'autres questions où interviennent la polémique et la métaphysique, sont abordées et discutées par les *Stimmen aus Maria Laach*.

Les *Historisch-politische Blätter für das Katholische Deutschland*, de Munich, défendent, contre Paulsen, la morale chrétienne et soutiennent que la scolastique fournit non seulement des principes philosophiques d'une certitude inébranlable, mais encore un point de vue excellent pour qui veut étudier dans son ensemble l'histoire de l'humanité.

La *Zeitschrift für Katholische Theologie* d'Inspruck, semble se rattacher à la tradition des Jésuites, en opposition parfois avec la **Revue thomiste** et le *Jahrbuch* de

Commer, qui suivent de préférence la tradition dominicaine. Aussi montre-t-elle que Sanchez a porté une lumière complète sur les solutions présentées par S. Thomas et elle combat Feldner qui, dans le *Jahrbuch* de Commer, attribuait à S. Thomas une doctrine que les Jésuites voudraient lui retirer.

Parmi les nouvelles Revues, il faut citer les *Saint-Thomasblätter*, le *Jahrbuch für Philosophie und speculative Theologie*, surtout le *Philosophisches Jahrbuch*.

C'est en 1888 que Ceslaus Maria Schneider fonda à Ratisbonne les *Saint-Thomasblätter*. Adhérant sans réserve à l'Encyclique *Æterni Patris*, la Revue s'est proposé d'appliquer les principes thomistes à la vie pratique, aux questions spéculatives, physiques et historiques, sous une forme essentiellement populaire.

Le *Jahrbuch für Philosophie und speculative Theologie* a paru en 1887, à Paderborn et à Munster, sous la direction du docteur Ernst Commer. Il faut, disait Schneider, un des rédacteurs, prendre Thomas tout entier ou ne rien en prendre, *Thomas muss ganz genommen werden oder nichts von ihm* (Bd. 1, h. 1). Et une lettre écrite par le secrétaire du cardinal Zigliara semble bien indiquer qu'il s'agit, moins de la méthode de S. Thomas que de l'ensemble de sa doctrine (1). Commer rappelle la bulle de Clément IV qui nommait les Frères Prêcheurs « l'Ordre de la Vérité ». Et Feldner attaque le jésuite Frins, qui fait de S. Thomas un adversaire de la prédétermination physique. Toutefois la *Zeitschrift* et le *Jahrbuch*, combattant les mêmes adversaires, n'ont pas institué des polémiques aussi vives que celles des *Etudes religieuses* des Jésuites, et de la *Revue thomiste*, dirigée par les Dominicains.

Certains articles du *Jahrbuch* ont pour objet direct S. Thomas et les questions principales qu'il a soulevées, le principe d'individuation, les fondements de la distinction du naturel et du surnaturel, la doctrine de la connaissance de Dieu, les passions. Pfeiffer cite, parmi les preuves de S. Thomas sur l'unité de l'âme, celle ci à savoir que l'activité spirituelle est diminuée si l'activité sensible est augmentée, ce qui ne serait pas possible si les deux formes d'activité ne venaient pas d'une force psychique unique. Par conséquent, la loi de l'équivalence des forces a sa valeur en psychologie et en mystique comme en physique. Appuyé sur S. Thomas et sur sainte Thérèse, Pfeiffer soutient que l'extase arrête ou tout au moins diminue les forces naturelles. C'est d'après S. Thomas que Feldner détermine les rapports de l'essence à l'existence, que Schneider expose les principes de la théologie morale. Pour défendre les thomistes, pour faire connaître leurs travaux, Glossner écrit plusieurs articles sur les tendances et les directions apologétiques. Pour soutenir Aristote et S. Thomas, il traite très sévèrement Dubois-Reymond à cause du jugement qu'il a porté sur la théorie d'Aristote et de Gœthe, relative aux couleurs.

---

(1) *Summus pontifex in commendando D. Thomæ studio, non solum methodum aut imitationem quamdam in indaganda veritate intellexerit sed etiam et præcipue doctrinam, ita clarescit ex Encyclia Æterni Patris, ac amplissime confirmatur ex litteris 17 octobris 1879 ad eminentissimum cardinalem De Luca, ex motu proprio 18 januarii 1880, ex Brevi S. Augusti 1880, ex epistola ad archiepiscopos et episcopos de re dubium quodquam existere posse, et omni procul hæsitatione ille apud nos a votis Leonis XIII haberetur deflexus qui contrarium tueri quocumque tandem modo contenderet.*

Parmi les articles consacrés aux philosophies religieuses des différents peuples, figure celui de Schell sur la philosophie mystique du bouddhisme et de la doctrine Tao du Lao-Tsé, où il suppose une liaison entre l'idée trinitaire du Dieu du Lao-Tsé et la révélation de l'Ancien Testament.

Contre la philosophie et la science modernes, on maintient les conclusions thomistes. Sans la cause finale, dit Gutberlet dans *Téléologie et Darwinisme*, on ne saurait expliquer le monde organisé. D'ailleurs la théorie de la descendance, ajoute-t-il, examinée d'après la logique et les faits, n'est nullement confirmée par les découvertes récentes. Schneider se refuse à confondre le principe vital et la matière, Glossner, traitant de la philosophie du christianisme et de l'avenir, estime que la philosophie doit, avant tout, se rattacher à la révélation et à la théologie, qu'ainsi seulement elle peut faire des progrès. Et elle en fera certainement, si elle ne cherche pas à s'émanciper faussement de la croyance et si elle s'unit de nouveau à la philosophie chrétienne de S. Thomas. C'est encore aux théories de S. Thomas qu'Otten compare les doctrines sur la sensibilité de Benecke, de Nahlowsky, de Hagemann et il conclut que la théorie scolastique des passions concupiscibles et irascibles se recommande par la profondeur des concepts et une unité qui pénètre tout (*alles durchdringende*). Grupp fait l'histoire du conflit entre la croyance et la pensée, comme des essais tentés pour le résoudre. Les premiers germes lui en apparaissent dans le mouvement plus païen que chrétien de la Renaissance. En vain Juste Lipse et Gassendi cherchent à unir le stoïcisme et l'épicurisme au christianisme. Aux recherches naturelles, Galilée et Giordano Bruno font une place plus grande. Bacon sépare le naturel du surnaturel, l'œuvre de Dieu ou la nature, de la parole de Dieu ou de la Bible : non sans succès, il cherche à aplanir, à arranger le différend, tandis que les Français se précipitent dans le scepticisme avec Montaigne, Charron, Le Vayer, Pascal, Huet et Descartes, qui fait du doute une méthode. C'est comme précurseurs de la philosophie moderne que Glossner étudie Nicolas de Cus et Marius Nizolius. Malgré l'opposition qu'à première vue on peut trouver entre le théosophe et l'empiriste, l'un et l'autre ont cherché à remplacer la philosophie scolastique par une science nouvelle et plus intelligible. Mais Nicolas met une fausse intuition à la place de la connaissance de Dieu obtenue chez les scolastiques par l'abstraction, tandis que Nizolius demande à la perception sensible, comme à la seule chose qu'on puisse connaître par intuition, toute vérité et toute certitude. Seule, dit Glossner, la philosophie péripatético-scolastique prend un milieu satisfaisant entre l'ontologisme théosophique et l'empirisme matérialiste. Enfin si le *Jahrbuch* traite des autres scolastiques, c'est pour les comparer à S. Thomas plutôt que pour les étudier en eux-mêmes. Ainsi Schmid, pour examiner la doctrine philosophique de la différence (*distinctio*), rapporte les controverses entre la distinction formelle des scotistes et la distinction virtuelle des thomistes.

Sous le patronage de Gœrres (1776-1848), partisan de la Révolution française, puis disciple de Schelling et auteur d'une *Mystique chrétienne*, s'est formée une association catholique dont le succès a été grand. Elle conçut le projet de fonder des *Annales philosophiques* qui seraient rédigées d'après les indications contenues dans l'Encyclique *Æterni Patris*. Le programme en fut esquissé par l'évêque de Mayence, puis approuvé par la commission directrice et par l'assemblée générale, tenue à Mayence, le 5 octobre 1887. Le nouveau journal devait servir de lien littéraire (*litterarischer Vereinigungspunkt*) à ceux qui, dans leurs études et leurs travaux philosophiques, sont conduits par cette conviction que, entre la révélation conservée par l'Eglise et les résultats de la science positive, il ne peut jamais y avoir contradiction, mais que plutôt la croyance et la science se suivent et s'éclairent réciproquement. En fidèles disciples de Léon XIII, les collaborateurs du *Philosophisches Jahrbuch* doivent maintenir fermement les grandes vérités que les écoles chrétiennes du passé, jointes aux maîtres grecs, ont données à la connaissance scientifique. Mais ils ont aussi sous les yeux les problèmes que les progrès des sciences ont soulevés, afin de traiter les uns et les autres sous une forme qui réponde aux besoins du temps présent. Sans altérer le caractère spécifique de la philosophie, en la ramenant à des recherches théologiques, sans faire directement une place à une tendance apologétique, le *Philosophisches Jahrbuch* doit, en combattant les erreurs philosophiques, s'occuper aussi des objections qui, sorties de ces erreurs, se sont élevées contre la croyance chrétienne. Tous les articles, scientifiques pour le fond, sont, autant que possible, écrits de manière à être intelligibles pour les lecteurs qui ont reçu une éducation littéraire (*akademisch gebildeten*).

Les collaborateurs sont professeurs, prêtres, jésuites, franciscains, dominicains. Un grand nombre d'entre eux résident en Bavière et dans la Prusse rhénane, mais il y en a de presque toutes les régions de l'Allemagne, de l'Autriche et de la Hongrie, de la Suisse, de l'Italie et même de l'Amérique. Les fondateurs comptent surtout, pour régénérer la philosophie, sur les anciens ordres religieux, bénédictins, dominicains, jésuites, sur des hommes qui rappelleront Raban Maur, Thomas d'Aquin, Suarez.

C'est sous la direction de Gutberlet et de Pohle, professeurs à l'école philosophico-théologique de Fulda que la *Revue* parut en 1888. Gutberlet en indiqua le but et définit la tâche de la philosophie chrétienne au temps présent. En nous attachant à S. Thomas, disait-il, parce que c'est avec lui que la philosophie chrétienne a acquis son plus brillant développement, nous ne nous interdisons nullement de l'améliorer, de le compléter et même de le contredire, quand ses principes ne seront pas en accord complet avec la vérité. Aussi la philosophie, ainsi comprise, ne manque ni de liberté, ni d'indépendance et la devise de ceux qui la défendent sera : *In dubiis libertas, in necessariis unitas, in omnibus caritas*.

La tâche était complexe. Il fallait mettre en lumière les doctrines de S. Thomas et, pour cela, les comparer avec les œuvres de la philosophie grecque, surtout avec celles d'Aristote, améliorées par la critique moderne, avec celles des Pères de l'Eglise et des écrivains chrétiens, antérieurs ou postérieurs à S. Thomas. Puis il fallait connaître les ouvrages philosophiques qui paraissent dans les deux mondes, pour signaler aux catholiques ceux qu'il leur est avantageux de consulter, ceux qui contiennent des doctrines contraires à la croyance chrétienne. Il fallait de même dépouiller les Revues et les Journaux.

Bon nombre d'articles sont consacrés à S. Thomas. Cathrein traite du droit des gens chez les Romains et chez S. Thomas ; Kaufmann, de la théorie thomiste de la connaissance et de son importance pour le temps présent ; Kadéravek, de l'origine de nos connaissances et spécialement de la théorie aristotélicienne et scolastique de l'abstraction. C'est avec les données des sciences naturelles que Gutberlet complète les preuves thomistes de l'existence de Dieu, qu'il ne faut pas remplacer par une preuve unique, comme le souhaiterait Braig, mais ajouter à une preuve qui fait songer au *Monologium*. Anton Michel, qui ne nie pas l'influence de Maimonide sur S. Thomas, s'applique à la circonscrire et à montrer que S. Thomas s'en est servi, quand il ne développe pas exclusivement des doctrines judaïques, comme des autres auteurs, pour approfondir les questions et préciser les solutions. D'autres articles portent sur S. Thomas et les philosophes grecs, sur la Cosmologie de Maimonide et de S. Thomas, sur l'âme et le corps d'après S. Thomas.

Il en est qui ont pour objet de résoudre, en faisant appel à S. Thomas et aux auteurs chrétiens, les questions que se pose notre monde moderne. Ainsi Costa-Rossetti expose la doctrine de la philosophie chrétienne sur la société. Le but de la société constituée en Etat, c'est, d'après S. Thomas, le bien commun, ou encore c'est, comme dit Suarez, que les hommes vivent en paix et justice avec des biens suffisants. Et pour montrer que l'idée moderne de l'Etat, comparé à un grand organisme, n'a pas été étrangère à la philosophie chrétienne, il cite un curieux passage de l'auteur du *de Regimine principum*, où sont expliqués et rappelés les textes d'Aristote, de S. Augustin et de S. Paul qui impliquent cette comparaison. Puis il détermine l'origine de la société constituée en Etat. En cette matière, la philosophie chrétienne tient un milieu excellent (*goldene Mitte*) entre deux extrêmes. Pour elle, l'Etat n'est ni l'œuvre artificielle de la volonté humaine, comme l'a rêvé Rousseau, ni un produit immédiat de la nature au sens de Haller. Il a une origine médiatement naturelle. Naturelle, en ce sens que l'humanité, tendant au bonheur, est invitée par la nature à vivre en société ; médiatement naturelle, non seulement parce qu'elle suppose la famille, société immédiatement naturelle, mais parce qu'il y a, dans la société politique, une place plus grande que dans la famille, pour les diverses formes de gouvernement et pour les autres organisations de l'humanité. Pour S. Thomas, pour Suarez, l'Etat est *cœtus juris consensu et utilitatis communione sociatus*.

Une vigoureuse campagne avait été entreprise autrefois par les catholiques, surtout en France, contre la « culture païenne », en matière d'éducation. Pohle a montré que la suppression du latin serait préjudiciable au catholicisme dans lequel il tient tant de place ; qu'en outre, des programmes qui favoriseraient les langues nationales et les sciences pourraient, d'un côté, diminuer l'union internationale des catholiques, de l'autre, propager des doctrines indifférentes ou hostiles. Et il a pris énergiquement la défense des classiques anciens et de la culture humanitaire, en analysant les causes de la guerre qu'on leur fait de manière à montrer à ses coreligionnaires qu'ils ont intérêt à le suivre. A ce même point de vue, Braig insiste sur l'importance philosophique des livres scolaires et regrette qu'on sacrifie la culture pédagogique et philosophique aux critiques, aux commentaires, aux compilations. Kadéravek réclame l'introduction, dans les facultés, de la philosophie péripatético-thomiste. C'est vraiment, dit-il, une science naturelle et la plus élevée de toutes, qui combat les erreurs contradictoires répandues par les systèmes antichrétiens des temps modernes. Elle cherche le savoir par la logique formelle et matérielle, par la métaphysique générale et les trois disciplines de la métaphysique particulière, théologie naturelle, psychologie et cosmologie. Par la philosophie morale, elle apaise la soif de savoir, tandis que Kant, le père des systèmes antichrétiens en Allemagne, enlève de la philosophie la métaphysique rationnelle, centre et objet capital de la pensée chrétienne. Et cette philosophie chrétienne, non seulement il est possible, mais il est nécessaire de l'introduire dans les Facultés. Car si les systèmes antichrétiens y sont enseignés, si une liberté raisonnable leur est accordée, pourquoi n'y posséderait-elle aucune chaire ?

Le *Philosophisches Jahrbuch* ne néglige pas les autres scolastiques. Ainsi Endres étudie la vie et les doctrines psychologiques d'Alexandre de Halès (p. 181), l'origine et le développement de la méthode d'enseignement. Praxmarer expose la controverse entre Vasquez et Suarez sur l'essence de la loi naturelle. On examine la Preuve de S. Anselme ; on traite de Leibnitz et de la scolastique, etc.

Il est tenu compte de la science moderne. On accepte les découvertes de la psychologie physiologique et de la psycho-physique, qui ne peuvent contredire la métaphysique thomiste. C'est ainsi qu'il est question de la mesure des actes psychiques, de liberté et de psychologie physiologique. On cherche à déterminer la valeur objective de l'infiniment petit comme du principe philosophique du calcul différentiel ; on examine, d'une façon très pénétrante, s'il peut exister une quantité infinie. On discute la théorie des ondulations lumineuses. On combat l'assertion d'après laquelle il y a incompatibilité entre la recherche désintéressée des résultats scientifiques et les croyances religieuses : plus le catholique est convaincu, moins il craint la science qui mettra sa croyance dans un jour plus pur et la justifiera de plus en plus. Même on tente de faire la réconciliation pour le passé. Ainsi Riccioli, l'adversaire de Copernic, ne l'a combattu que parce que son hypothèse ouvrait la porte aux erreurs des sens. La théorie physico-chimique de l'atomisme, qui ne contient pas de contradictions, n'est encore qu'une hypothèse, mais elle ne présente pas les difficultés que soulevait en 1616 l'hypothèse copernicienne.

Souvent, c'est à des réflexions religieuses que conduisent les recherches scientifiques. Ainsi l'examen de la théorie du contraste esthétique permet de remarquer que, si les montagnes proclament la grandeur et la puissance de l'homme, elles proclament plus encore la puissance et la supériorité de Dieu. De même, on cherche et on trouve des analogies entre la connaissance de la nature et la preuve physique de l'existence de Dieu.

On rencontrerait difficilement un article qui ne contienne une ou plusieurs critiques des doctrines modernes. Mais il en est bon nombre qui sont tout entiers occupés par la polémique. Gutberlet déclare absurde toute théorie qui nie la réalité du monde extérieur, la valeur objective des principes supra-sensibles, le finalisme dans le monde physique, la liberté de la volonté humaine et il combat toutes les philosophies déterministes, de Schopenhauer à Lombroso. Pour Isenkrahe, l'erreur fondamentale de la nouvelle philosophie, c'est d'avoir abandonné, avec l'ancien dogmatisme, le principe d'évidence. Ce n'est pas au kantisme, c'est au thomisme qu'il faut revenir. Car, en renonçant à la doctrine thomiste de la causalité, on est arrivé, selon Kaufmann, au scepticisme et à l'agnosticisme, on a supprimé toute philosophie et surtout toute métaphysique. Aussi critique-t-on le scepticisme de Gassendi et sa position relativement au matérialisme, la théorie cartésienne de la substance, la philosophie de l'histoire de Herder, la métaphysique de Lotze, celle de Wundt « château de cartes construit par des enfants et destiné à être enlevé par le vent », la morale de Paulsen, la philosophie de Schopenhauer et celle de Hartmann. Fort souvent, on s'attaque au darwinisme et à ses partisans en Allemagne, au kantisme, au positivisme et au monisme, combattus en eux-mêmes et par les conséquences qu'ils doivent impliquer : on va ainsi jusqu'à soutenir que des doctrines comme celles de Wundt amèneront une anarchie complète dans l'armée et dans la vie publique, parce qu'on se demandera où est la contraction musculaire d'un homme qui souffre la mort pour sa patrie ou pour son prochain ! Des critiques pénétrantes, mi-partie physiques, mi-partie mathématiques sont adressées à la loi par laquelle Preyer, faisant appel à Darwin et à Mayer, a voulu assimiler la vie à l'énergie.

Le *Philosophisches Jahrbuch* tient ses lecteurs au courant de ce qui est publié dans le monde savant. Une *Bibliographie* annuelle signale ce qui a paru en Europe et en Amérique, ce qui intéresse de près ou de loin les défenseurs du thomisme, qu'il s'agisse d'ailleurs d'ouvrages ou de périodiques. Les plus importants, pour ses lecteurs, sont l'objet de comptes rendus parfois fort étendus. Un « *Parloir ou salon philosophique* » (*Philosophischer Sprechsaal*), permet aux collaborateurs de la *Revue* de défendre leurs opinions particulières. Des *Mélanges et Nouvelles* (*Miscellen und Nachrichten*), des *Nécrologies* consacrées aux philosophes dont les noms sont connus par leurs travaux antérieurs, complètent ces indications (1).

Les journaux nous montrent avec quelle énergie le thomisme a été propagé en Allemagne. Les livres ont eu surtout en vue les étudiants catholiques, qu'il faut mettre à même de faire leurs études avec des guides assurés. Tels sont le *Système de philosophie* de Commer, la *Théodicée*, la *Métaphysique générale* et la *Psychologie* de Gutberlet, les *Institutiones juris naturalis* de Meyer, la *Philosophie morale* où Cathrein combat « avec un système chrétien, la littérature athée de France et d'Angleterre », l'*Anthropologie* de Platz « écrite dans un esprit chrétien », les *Histoires de la philosophie* de Baumann, de Pawlicki (en polonais) et surtout celle de Stöckl, dont les éditions se sont multipliées, les *Institutiones logicales*, que Pesch fait précéder d'un résumé historique destiné à montrer l'importance des études logiques, à distinguer ce qu'il y a de vérités parmi tant d'erreurs, à prouver que le premier pas fait en dehors du droit chemin conduit aux erreurs les plus funestes.

D'autres ouvrages ont pour objet la publication ou l'étude des œuvres médiévales. Sous la direction de M. M. Baeumker, professeur à Breslau, puis à Bonn, enfin à Strasbourg, et de G. von Hertling, professeur à Munich, paraissent une série de contributions à l'histoire de la philosophie du moyen âge (2), où l'on peut distinguer deux parties : l'une donne un texte, ou inédit, ou considérablement amélioré par l'examen des manuscrits ; l'autre a pour but de juger les doctrines en fonction du néo-thomisme, comme d'exposer, en se servant des cadres actuels, quelles ont été les doctrines des philosophes étudiés. Ainsi Baeumker a édité la traduction latine (*Fons vitæ*), par Jean d'Espagne et D. Gundisalvi, de la *Source de vie* d'Ibn Gebirol (p. 164) dont Munk avait donné des Extraits. Joh. Nep. Espenberger a traité de la philosophie de Pierre Lombard et de sa place dans le xii° siècle, en examinant successivement, *I. Logique et Théorie de la Connaissance, Méthode, Croyance et Science ; II. Ontologie, Nature, Personne, Matière, Forme, Devenir et Périr, Causalité, Espace, Temps et Eternité, Cosmologie, Place de*

---

(1) Voir *Revue philosophique*, vol. XXXIII, janvier à juin 1892, Revue des périodiques étrangers, *Philosophisches Jahrbuch*, de 1888 à 1891, pp. 100-111 ; *Le mouv. néo-thomiste*, pp. 289-295, vol. XLI, 1896, p. 57.
(2) *Beiträge zur Geschichte der philosophie des Mittelalters, Texte und Untersuchungen*, voir *Bibliographie générale*.

l'homme dans l'Univers ; III. *Psychologie, Facultés de l'âme, Essence de l'âme, Origine de l'âme, Rapport entre l'âme et le corps* ; IV. *Théologie, Preuves de l'existence de Dieu, Essence et Attributs de Dieu, Trinité* ; V. *Morale, Liberté du vouloir et Objet de l'activité libre de la volonté, Béatitude, Moralité des actions humaines, Loi morale, Bien subjectif et objectif, Le Mal.*

Le thomisme et les catholiques tiennent une grande place en Allemagne. Dans son *Histoire de la philosophie moderne*, écrite en tchèque, l'herbartien Durdik disait déjà, en 1877, que, depuis l'Encyclique *Æterni Patris*, la philosophie est entrée en un nouveau stade et qu'un mouvement puissant, qui fera époque, s'y forme pour suivre cette direction. Froschammer, Eucken, Siebeck estimaient que cette restauration du thomisme n'était pas sans danger pour la pensée libre. Sous la direction de Windthorst, le parti du centre forçait le prince de Bismarck à renoncer au Kulturkampf. Placés sur le terrain constitutionnel, portant dans leurs réunions des toasts au pape et à l'empereur, aussi soucieux que personne d'affirmer la supériorité de l'Allemagne sur les autres pays (1), d'accord sur tous les points en face d'adversaires divisés, les catholiques sont devenus de plus en plus puissants, dans un pays où ils ne forment pourtant qu'une minorité (2). Au congrès de Munich, en 1895, ils ont montré leur vitalité en insistant surtout sur leur loyauté et leurs bonnes intentions à l'égard du gouvernement de l'Empire. S'ils demandent qu'on rende au Pape ses Etats et son armée, ils croient qu'on y arrivera en ramenant le peuple italien au respect de la religion. L'Eglise doit administrer en matière scolaire : « L'Ecole a pour but, disent des instituteurs eux-mêmes, de faire de l'enfant un bon chrétien qui aille au ciel... Le curé leur doit certains égards, mais ils ont à le respecter et à lui servir d'instrument ». Ils combattront la science qui n'est pas religieuse, spécialement les théories darwiniennes qui nous font descendre du singe, comme les livres amusants qui ne sont pas approuvés par les comités catholiques. Les jeunes gens iront aux Universités catholiques de Fribourg ou de Salzbourg, à Louvain où nous en avons rencontré plusieurs, venus surtout des provinces rhénanes. On créera une littérature catholique et on ne fera aucune commande aux artistes qui traitent les personnages divins comme des personnages historiques. Par tous les moyens, disent-ils après le pape, on agira fortement sur la jeunesse, on écartera des maîtres les éléments qui troubleraient leur foi. Et allant plus loin même que Léon XIII, pour qui la philosophie est tout au moins une auxiliaire (*adjutrix*), ils veulent que « la science royale, la théologie, domine, comme au moyen âge, les Universités et la science laïque ». Seuls d'ailleurs les catholiques peuvent venir effica-

(1) Pohle, annonçant l'*Archiv für Geschichte der Philosophie*, parle du sentiment d'orgueil qu'il éprouve en faisant connaître l'apparition d'un recueil qui prouve la « brillante capacité » des Allemands à traiter l'histoire de la philosophie. Ils ont donné, dit-il, un exemple aux savants des autres pays ; la supériorité de l'Allemagne est reconnue par les savants étrangers qui acceptent d'y collaborer. Il faut voir aussi ce qu'il dit de Napoléon III dans son *Etude sur les humanités* (Rev. ph., janvier 1902, vol. XXXIII, p. 102).

(2) Aussi *Le Gaulois* du 28 décembre 1891 les citait-il en exemple aux catholiques français « qui feraient mieux, plutôt que de perdre leur activité en de vains efforts, de se réunir, pour former à l'exemple des catholiques allemands, un faisceau d'opposition constitutionnelle ».

cement en aide aux gouvernants dans leur lutte contre le socialisme. Seuls ils pourraient encore les aider à résoudre la question agraire, en arrêtant les progrès de l'usure dans les campagnes (1).

Le succès politique des catholiques, depuis 1895, n'a fait que grandir, en Allemagne. Au Reichstag, ils sont de plus en plus puissants et les gouvernants cherchent de plus en plus à leur être agréables. Il suffit de rappeler le rôle qu'y joue le baron von Hertling, le professeur de Munich, la nomination de Baeumker à l'Université de Strasbourg, qui peut se justifier d'ailleurs par ses travaux antérieurs, celle de Spahn qui n'avait guère d'autre titre que d'être le fils d'un membre militant du centre (2), la transformation de l'Académie royale, théologique et philosophique de Münster en une Université, par l'adjonction d'une faculté de droit et sciences politiques (3), la création d'une faculté de théologie catholique à Strasbourg et l'abrogation de la loi relative aux jésuites qui expliquent mieux que tout autre événement, l'alliance de l'Empire avec le catholicisme thomiste. « La *Hochschule*, écrivait Montanus dans l'*Européen*, fut organisée par les Allemands dans un esprit absolument anticlérical et libéral. On voulait en faire un instrument pour la propagation de la science et de la vie intellectuelle allemande dans les provinces annexées... On appela les meilleurs professeurs et on n'entrava nullement la liberté scientifique par des considérations de religion ou de confession... Un libre-penseur radical, comme Ernst Laas, fut nommé à la chaire de philosophie... Depuis, le centre catholique est devenu le soutien de

(1) Jules Legras, Débats des 26 et 27 août, du 1er septembre 1895, *La Croix du dimanche* et *Annales de l'Union catholique de l'île Maurice*, 30 novembre et 7 décembre 1902, complète ces renseignements. « Pour combattre le socialisme, le centre catholique a tenu en moins de 10 ans, plus de 5.000 réunions fréquentées par des milliers de personnes. Les socialistes ont 132 journaux distribués chaque jour à des centaines de mille de lecteurs. La presse du centre est aidée par le *Volksverein*, avec son comité, avec sa correspondance sociale qui envoie chaque semaine, gratuitement, à 250 journaux catholiques, deux articles d'économie et de politique sociale, qui distribue à ses membres, chaque année, 8 brochures traitant en quelques pages, les questions du jour et contenant un récit populaire propre à intéresser la femme et l'enfant de l'ouvrier. D'autres brochures écrites pour les membres de l'association populaire sont distribuées gratuitement ou au prix de deux centimes. Une de ces brochures a été tirée à 480.000 exemplaires. Des feuilles volantes pénètrent pourtant. On en a distribué en 1893, un million et demi en quinze jours, en 1894, un million, pour le commencement de 1895, 1.250.000. En moins de 10 ans, plus de 1.000 réunions populaires, plus de 12 millions de brochures, de feuilles volantes, des centaines de journaux, des milliers de travailleurs rangés sous la bannière de l'œuvre. Les 27 bureaux ou secrétariats du peuple donnent chaque année plus de 150.000 consultations et font restituer aux ouvriers plus de 70.000 francs. L'Université populaire fondée à Gladbach en 1892 sous le nom de cours social pratique a eu un très grand succès. Les chefs de tout ce mouvement ont été les deux Reichensperger, Schoclemer, Windthorst, Ketteler, Monfang, Lieber, Hitze, Spahn, Græber et Ballenstein. Heureux peuple qui possède de tels chefs ! Ses intérêts ne seront jamais livrés aux caprices d'une vile multitude ou à la haine stupide de quelques misérables sectaires » (*Revue internationale de l'Enseignement*, 15 janvier 1903, pp. 70-71).

(2) Voir la *Revue internationale de l'Enseignement*, 1901 et 1902.

(3) *Revue internationale de l'Enseignement*, 15 janvier 1903, pp. 71-72. Munster était, avec ses 358 étudiants en théologie, la première des sept facultés catholiques d'outre-Rhin. Le sénat académique a demandé une faculté de médecine, qui lui sera probablement accordée.

toute la politique impériale... Le gouvernement a été obligé de faire des concessions toujours plus grandes à l'Eglise ; la plus récente et la plus importante a été de livrer l'Université de Strasbourg aux cléricaux... Un accord vient d'être conclu entre le cardinal Rampolla et M. de Hertling. L'Université aura une faculté catholique et l'évêque de Strasbourg aura le droit de remettre aux professeurs leur *missio canonica*, qu'il pourra reprendre quand bon lui semblera et qui lie aussi l'État... A Bonn, à Breslau, à Münster, dans les facultés catholiques, il faut entendre l'avis de l'évêque avant de nommer les professeurs, mais le gouvernement n'est pas tenu de se conformer à cet avis et les professeurs peuvent continuer leur enseignement, même sans l'approbation de l'évêque... A Strasbourg, au contraire, si l'évêque retire au professeur la permission d'enseigner, le gouvernement est obligé de nommer un remplaçant et le professeur disgracié ne peut plus faire de cours. Les autres facultés sont fortement influencées par l'esprit clérical. Ainsi à des chaires importantes, on nommera désormais des professeurs qui enseigneront la science au point de vue catholique... M. Spahn fut nommé professeur d'histoire l'année dernière... Il y a quelques mois un autre représentant de la science catholique, M. Clemens Baeumker, fut nommé professeur de philosophie. La presse officieuse ne peut donner qu'une raison pour cette catholicisation de l'Université de Strasbourg, l'intérêt national... Le clergé alsacien-lorrain, jusqu'ici anti-national, anti-allemand et francophile... se germaniserait après la fondation d'une faculté catholique à Strasbourg... Une coalition entre le nationalisme et le cléricalisme semble, en effet, très probable en Allemagne » (1).

Le docteur Salvisberg, dans les *Hochschul-Nachrichten*, aboutit à peu près aux mêmes conclusions : « Le gouvernement allemand fit tout ce qu'il pouvait pour imposer aux Alsaciens-Lorrains des évêques allemands. Restait le séminaire de Strasbourg... Là aussi il fallait introduire la civilisation allemande et la science allemande (*deutsche Kultur und deutsche Wissenschaft*). C'est pourquoi l'Empereur s'adressa à Rome et demanda au Pape de vouloir bien fonder une Faculté de théologie dont les professeurs seraient nommés par lui et surveillés par lui, et c'est ainsi que les Alsaciens-Lorrains devront aux Allemands de posséder une Faculté catholique, germanique et romaine. Grâce à cette Faculté, le protestantisme et le rationalisme, combattus avec les meilleures armes de la science moderne, reculeront. Le protestantisme n'était d'ailleurs favorisé par le gouvernement impérial que pour combattre l'opposition française : que les Alsaciens soient Allemands, et ils pourront être catholiques » (2).

En résumé les Revues et les livres ont rappelé en Allemagne l'attention des érudits sur l'histoire de la philosophie occidentale du XIIIe au XVIe siècle, qui n'y avait jamais été d'ailleurs complètement négligée (§ 2), comme elle le fut en d'autres pays. D'un autre côté, la cohésion que le thomisme a contribué à donner au parti catholique et qui lui a valu d'acquérir une importance beaucoup plus grande que ne le comporterait le nombre de ses adhérents, a montré à tous

---

(1) *Européen* du 10 janvier 1903. *Revue internationale de l'Enseignement* du 15 janvier 1903, pp. 91-93.
(2) Voir *Revue internationale de l'Enseignement*, 15 janvier, p. 69 ; 15 février 1903, p. 105.

que ces doctrines, théologiques et philosophiques, que l'on considérait comme mortes, sont capables de revivre et de s'opposer à celles que l'on aurait pu croire définitivement triomphantes. Protestants et kantistes ont dû reprendre la lutte contre les catholiques et les thomistes, en particulier, opposer Kant et S. Thomas, comme les deux systèmes irréductibles qui représentent l'antagonisme de deux mondes ! Mais les protestants sont divisés et n'en viennent pas jusqu'à se réclamer de la pensée laïque, scientifique et rationnelle, qui, en d'autres pays, s'est unie aux représentants du parti socialiste. Le gouvernement allemand, qui ne trouve pas en eux un appui sûr, préfère s'entendre avec les catholiques, dociles depuis plus de vingt ans aux conseils de Léon XIII. Ceux-ci resteront-ils unis sous un pape pour qui les questions philosophiques semblent devoir passer au second plan ? Leurs adversaires trouveront-ils un terrain d'entente pour se grouper et leur enlever une situation qu'ils doivent surtout à leurs discordes ? Les progrès ou la décadence du thomisme en Allemagne dépendent de la solution qui sera donnée à ces deux questions (1).

En 1892 nous n'avions guère à indiquer comme contribution au thomisme en Hollande que le *Principe de causalité d'après la philosophie scolastique*, traduit du hollandais par P. Mansion. Mais en 1894, le dominicain de Groot était chargé d'enseigner le thomisme à l'Université protestante d'Amsterdam. Il prononçait son discours inaugural, qui est un panégyrique de S. Thomas, le 1er octobre 1894, en présence de professeurs, de prêtres et de députés, de l'archevêque d'Utrecht et de l'évêque de Harlem, pour qui des places d'honneur avaient été réservées à côté des représentants de l'autorité civile et du sénat académique. Et M. Land, l'éditeur de Spinoza et de Geulincx écrivait, de ce Discours, qu'il déterminerait les penseurs d'un pays où le protestantisme est plus puissant peut-être encore qu'en Allemagne, à faire la connaissance d'une des plus remarquables figures du moyen âge.

Le thomisme ne semble guère avoir recruté de partisans en Angleterre. Il y est apparu « comme une monstruosité ou comme un phénix qui renaît de ses cendres ». Winterton (?) trouve en lui beaucoup de vérité, mais pense que sa méthode inféconde le condamne à demeurer perpétuellement stationnaire. A côté de Newmann, qui revenait plutôt à l'Eglise primitive et du cardinal Manning, qui a donné une direction chrétienne au mouvement social, Thomas Harper s'est proposé d'exposer les doctrines métaphysiques de la scolastique, telles qu'elles figurent chez S. Thomas (3). Des manuels de philosophie catholique, publiés par Clarke, ont pour objet de combattre l'empirisme et l'hégélianisme, comme de mettre la tradition scolastique en accord avec la pensée et les recherches modernes (4). L'Encyclique adressée au peuple anglais, pour la réunion

---

(1) Il est à noter que l'annexion de l'Alsace-Lorraine, dont les conséquences pèsent si lourdement sur toute l'Europe, a contribué à amoindrir en Allemagne l'importance des éléments protestants, qui ont été les plus ardents à la revendiquer. Mommsen ne semble pas s'être douté qu'il y avait peut-être une liaison entre les deux questions.

(2) *Mind* XII, 1888, XIII, 1889.

(3) *The metaphysics of the Schools*, London, I, 1879, II, 1881, III, p. 1, 1884. L'œuvre doit comprendre 5 volumes.

(4) Parmi ces manuels nous citerons : *Moral philosophy, or Ethics and Natural*

des Églises chrétiennes, semble avoir eu un résultat contraire à celui que Léon XIII se proposait d'atteindre. Le cardinal Vaughan, en l'expliquant, a réveillé les inquiétudes au sujet « du papisme » : « Le pape, dit-il, a reçu de droit divin, l'autorité d'instruire et de gouverner l'Église, telle qu'elle a été définie aux conciles de Florence, de Trente et du Vatican. Or l'anglicanisme soutient que le pape n'a pas le droit d'instruire et de gouverner l'Église tout entière, que la juridiction du pape ne s'étend pas à l'Angleterre ». Au nom de l'Église anglicane, l'archevêque a soutenu que la communion romaine est incapable de conserver son autorité sur les peuples ; il a même esquissé un projet de « chrétienté teutonne », qui donnerait à l'Église dont il est le chef, la souveraineté morale et spirituelle de la race à laquelle est réservé, selon lui, l'empire de l'univers. Un journal anglais a été plus loin : le projet d'union des Églises, écrivait-il, serait, s'il pouvait être réalisé, un désastre pour le progrès intellectuel du monde (1).

Aux États-Unis d'Amérique, le catholicisme a pris, depuis plusieurs années, une importance considérable. Le nombre de ses adhérents s'est augmenté et, par ses théories sur les rapports du capital et du travail, il a acquis une influence qui va sans cesse grandissant en matière politique et sociale (2). Aussi a-t-on pu poser à Washington le 24 mai 1888 la première pierre d'une Université catholique, pour laquelle Mme Caldwell seule avait donné 300.000 dollars, en présence du cardinal Gibbons, de 4 archevêques, de 21 évêques et de nombreux laïques, parmi lesquels le président Cleveland. Les catholiques ont donné la première place aux théories sociales. Ainsi l'archevêque de Saint-Paul, Mgr Ireland, est, dans l'*Église et le Siècle*, d'une singulière hardiesse. Aux prêtres, il reproche de « n'avoir été admirables que de gémissements et d'avoir pris leurs quartiers d'hiver dans les sacristies ». Non seulement, il ne déclare pas la guerre à la science, mais il veut que l'Église « pousse le siècle à des recherches plus profondes, à des observations plus étendues, qui ne laissent inexploré aucun atome de matière pouvant cacher un secret, aucune particularité de l'histoire, aucun acte de la vie de l'humanité pouvant donner la clef d'un problème ». Il faut, dit-il encore, que « parmi les catholiques, se trouvent les historiens les plus érudits, les savants les plus expérimentés, les philosophes les plus habiles ». C'est en Amérique, pour l'exposition de Chicago (3), que fut tenu le Parlement des religions, dont l'objet était de « former la sainte Ligue de toutes les religions *contre l'irréligion* ». Par les affirmations sur l'importance du sentiment religieux pour le bonheur de l'humanité, l'on a vu combien « paraissent creuses les déclamations des libres penseurs qui souvent n'ont pas assez de mépris pour ce qu'ils appellent le fanatisme et la superstition », et aussi « qu'il ne faut pas

Law, par J. Rickaby ; *The First principles of Knowledge*, par le même, *Logic*, par Clarke ; *General metaphysics*, par J. Rickaby ; *Psychology*, par Michael Maher.

(1) *Journal des Débats* du 11 septembre 1895, édition du soir, *Revue philosophique*, janvier 1896, p. 54. Cependant il faut lire *Revue thomiste*, novembre 1902, p. 575, le récit d'une conférence faite à l'Université d'Oxford par le R. P. Sertillanges.

(2) Voir les articles de M. Max Leclerc dans le *Journal des Débats* en 1891.

(3) Voir *Revue philosophique*, octobre 1895, l'article de M. Arréat et janvier 1896 notre *Revue générale* des travaux récents sur le néo-thomisme et la scolastique.

conclure, avec les adeptes de la morale indépendante, que la morale n'a que faire de la religion, mais qu'au contraire les conceptions religieuses déterminent le contenu de la morale, lui fournissent ses stimulants et ses sanctions » (1).

Les catholiques d'Amérique ont fort bien compris les avantages de semblables réunions où ils auraient chance de ramener à eux, comme le souhaite Léon XIII, les chrétiens de confessions différentes et peut-être même les adhérents des autres religions. Le cardinal Gibbons estimait un tel congrès « digne d'encouragements et de louanges », parce que, composé d'hommes éminents, réunis pour déclarer ce qu'ils ont à offrir ou à suggérer pour l'amélioration du monde et pour montrer quelle lumière la religion projette sur le problème du travail, la question de l'éducation et les conditions sociales de notre époque, il ne peut que produire un heureux résultat.

Les évêques d'Amérique, réunis à New-York, déléguèrent à ce « Parlement » le Recteur de l'Université catholique, Mgr Keane, qui trouvait le projet admirable, digne de recevoir l'encouragement de tous ceux qui, aimant réellement la vérité et la charité, désirent promouvoir leur règne dans l'humanité. C'est seulement, ajoutait-il, par une comparaison pacifique et fraternelle des convictions, qu'un homme raisonnable acceptera les importantes vérités qui sont le fondement de la religion ; que l'on peut mettre fin aux divisions religieuses et à l'antagonisme qui offensent notre Père des cieux. Une pareille réunion d'hommes intelligents et consciencieux, présentant leurs idées religieuses sans dénigrement, sans acrimonie, sans controverse, avec l'amour de la vérité et de l'humanité, sera un événement bien honorable dans l'histoire de la Religion et ne pourra manquer de produire un grand bien ». Pour Mgr Ireland « la conception d'une pareille assemblée religieuse est presque une inspiration ».

Pohle a jugé sévèrement dans le *Philosophisches Jahrbuch* (VIII, 2, p. 247), le *Catholic University Bulletin*, fondé par l'Université de Washington, parce que les Américains et les Irlandais en ont exclu les professeurs allemands et français ; parce qu'ils n'ont pas même une fois mentionné leurs travaux dans la chronique, parce que l'éditeur de cette entreprise peu chrétienne et peu heureuse (*unchristliche und unkluge Gebahren*) s'est mis par ce « boycottage » en opposition avec les instructions de Léon XIII et produira une fort mauvaise impression sur les facultés catholiques de Paris, de Lille, de Louvain, de Fribourg. Quant aux universités allemandes, ajoute Pohle, le nouveau journal devra, pour mériter leur attention et justifier scientifiquement son existence, atteindre au moins la hauteur élémentaire d'un compte rendu objectif (2).

D'un autre côté, Léon XIII condamnait, le 22 janvier 1899, un certain nombre de doctrines défendues par des catholiques américains, dont le plus marquant était le P. Hecker (3). Il se prononçait contre quiconque prétend que le dépôt de la foi n'est pas essentiellement immuable, que la foi de l'Église est susceptible de progrès en ce sens qu'on y peut ajouter des vérités nouvelles, en supprimer ou

---

(1) La première assertion vient de la *Revue néo-scolastique*, la seconde d'un *Mémoire*, lu par M. Bonet-Maury, professeur de théologie protestante, à l'Académie des sciences morales et politiques.

(2) D'autres Revues, catholiques et thomistes, ont été beaucoup moins sévères.

(3) C'est dans la traduction française de la vie du Père Hecker que le R. P. Thomas, M. Pègues (*Revue thomiste*, mai 1901) trouve au moins le germe des erreurs condamnées par Léon XIII.

en modifier, et encore contre quiconque *s'industrierait* à laisser dans l'ombre tel ou tel point du dogme révélé, sous prétexte que l'enseignement n'en est plus opportun de nos jours. Surtout il se refusait à admettre qu'on appliquât « la fausse théorie de la liberté individuelle ou de l'émancipation de l'individu, au gouvernement de l'Eglise et à la conduite des âmes » ; qu'on rejetât tout magistère extérieur pour se livrer plus activement au travail de son perfectionnement moral, qu'on donnât un rôle prépondérant aux vertus naturelles, appelées *actives*, par opposition aux vertus proprement chrétiennes, humilité, obéissance, mortification, abnégation, dédaigneusement nommées *passives*; enfin qu'on s'attaquât aux vœux de religion pour les déclarer inconciliables avec les besoins, le génie ou le tempérament de notre siècle, uniquement propres à mettre obstacle à la vie religieuse et à en empêcher les progrès. Léon XIII n'approuvait pas non plus qu'on abandonnât, pour la pratique de l'apostolat, les méthodes usitées dans l'Eglise et qu'on se lançât trop à la légère dans des voies nouvelles ; que des laïques en vinssent à prêcher, à s'ériger en juges de la doctrine ou de la conduite, surtout quand il s'agit des supérieurs ecclésiastiques, tandis que des membres du clergé se feraient les apôtres des doctrines humaines et non plus seulement de l'Evangile.

Par cette condamnation, il semble bien que l'Eglise ait voulu indiquer que, si le catholicisme pouvait faire une place à la science et à la pensée modernes, il devait, surtout et avant tout, rester fidèle aux grands enseignements théologiques, philosophiques et doctrinaux du xiiie siècle.

L'Espagne et le Portugal n'avaient jamais renoncé à la philosophie traditionnelle qui leur semblait une partie constitutive du catholicisme. Au xixe siècle, elle y est représentée par Francisco Alvarado (1754-1814), par Jaime Balmes (1810-1848), par Juan Donoso Cortes (1809-1853), par Gonzalès, cardinal archevêque de Tolède, dont l'*Histoire de la philosophie* a été traduite en français, par Orti y Lara, par Urraburu, par Cosnellas y Cluet, par Gabriel Casanova. Guardia a insisté, dans la *Revue philosophique*, en 1893, sur la misère philosophique de l'Espagne. Il faudrait, d'une façon générale, faire des réserves sur ses conclusions, car un mouvement philosophique s'y produit depuis un certain nombre d'années et y fait pénétrer ou admettre bien des idées nouvelles (1). Au point de vue catholique et thomiste, il convient de rappeler les travaux historiques de Marcelino Menendez y Pelayo, puis ceux de Miguel Asin (p. 155) et de Izquierdo(2), la *Revista de Aragon* publiée à Saragosse et la *Revista Lulliana*, que nous avons précédemment mentionnées, enfin les travaux de Miguel où l'athéisme et le matérialisme sont jugés en fonction des sciences expérimentales, de Fernandez sur les doctrines juridiques de S. Thomas, de Miralles y Sbert sur S. Thomas et le moderne régime constitutionnel, qui semblent indiquer l'intention de transporter les théories thomistes sur le terrain pratique, comme de les enrichir par des emprunts aux sciences physiques et naturelles. Mais les représentants du thomisme y sont plus soucieux peut-être d'en faire l'apologie et de combattre

---

(1) Voir UEBERWEG-HEINZE, *Gesch. der Ph. der Neuzeit*, II, 1897, pp. 499 et suivantes. *Revue philosophique*, XXXIII, p. 288 ; ELIE BLANC, III, 589.

(2) *Historia de la filosofia del siglo XIX* (préface de Mgr Mercier), 1903.

leurs adversaires que de se montrer des historiens impartiaux ou des savants désintéressés. Ainsi M. de Cepeda estime que « les sociétés modernes ont façonné leur constitution et leur législation sociale, selon les théories du rationalisme et du libéralisme, c'est-à-dire de l'émancipation du droit et de la société de Dieu ; et les conséquences terribles de ces doctrines, nous les touchons dans ces horribles attentats et dans ces maux sociaux si graves qui menacent de destruction la société et la civilisation ». Don Sarda y Salvany soutient que le *Libéralisme est un péché*; puis dans *Maçonnisme et catholicisme*, que « le naturalisme contemporain.... conduit à la domination sociale de la secte antichrétienne..., que le remède au libéralisme est dans le retour à la doctrine intégrale, philosophique et sociale de l'Eglise » (1).

En Portugal, l'Histoire de la Philosophie de Lopez Praça (*Historia da phil. em Port.* Coimbra, 1868), comme les articles publiés dans la Revue de Louvain montrent qu'on y est resté le plus souvent fidèle à la philosophie scolastique et thomiste (2).

Ni la Suède, ni le Danemark et la Norwège ne semblent avoir fait une place à la philosophie thomiste. En Autriche, s'est produit un mouvement antisémite des plus puissants qui, a-t-on écrit, fut encouragé par Léon XIII (3), mais qui ne semble pas avoir été en liaison constante avec le thomisme. Des difficultés y ont été soulevées par l'institution du mariage civil et de la liberté religieuse. Des tentatives ont été faites pour amener à Salzbourg l'établissement d'une Université essentiellement catholique (4), qui augmenterait en Autriche l'influence des thomistes. En Hongrie, s'est formée à Buda-Pest une Société de S. Thomas, qui a pour organe la Revue *Bölescleti-Folyoirat*. La philosophie néo-thomiste est devenue maîtresse dans tous les séminaires. A côté du professeur Kiss qui a publié, dès 1886, le *Bölescleti-Folyoirat* et présenté, en 1895, au Congrès international des catholiques, un Mémoire sur la classification des catégories, se placent Haidn, avec un manuel de psychologie, Lubrich, avec un traité de cosmologie, Korary, qui a combattu le transformisme et le positivisme, Szilvek, Klinger, etc. (5). En Bohême, Pospisil a donné une *Philosophie* d'après les principes de S. Thomas d'Aquin (1883), Illavaty, une *Analyse de la philosophie de S. Thomas* (1885), E. Kaderavek, des écrits sur *l'âme humaine considérée en soi* (1883), sur *la comparaison de la philosophie chrétienne avec quelques philosophies modernes* (1885), sur *la Psychologie* (1894) ; Wychodil, des *Preuves de l'existence de Dieu et leur histoire* (1889), une *Apologie chrétienne* (1893). En Pologne, la direction catholique, qui s'est rattachée après 1879 au thomisme, conserve de nombreux représentants.

---

(1) Elie Blanc, III, 592-595.
(2) Braga et Mattos ont fondé, en 1878, une revue à Porto, *O Positivismo, revista de philosophia*, que nous n'avons pu nous procurer.
(3) C'est ce qu'annonçaient les *Débats*, résumant l'article d'un journal autrichien, au moment de la mort de Léon XIII.
(4) *Revue internationale de l'Enseignement*, juillet 1903, p. 62.
(5) Mathias Szlavik (*Zeitschr. f. Ph. und ph. Kritik*, 107. 1896, pp. 216. 232 ; 109, 1896, pp. 83-87). C'est d'après ce travail qu'est surtout rédigé l'article dans Ueberweg-Heinze.

En Suisse, le chanoine Nicolas Kaufmann, a fondé à Lucerne une Académie de S. Thomas. C'est un collaborateur du *Philosophisches Jahrbuch* et de la *Revue néoscolastique*. Dans un Discours prononcé à l'Assemblée générale de la *Görres-Gesellschaft*, le 3 septembre 1900, il a traité du principe de causalité et de son importance pour la philosophie. Une première partie esquisse la doctrine péripatéticienne de la causalité, parfaite chez S. Thomas. Une seconde partie soutient que Hume, Stuart Mill et Spencer, Comte et Littré, comme Kant et ses successeurs, pour avoir oublié la théorie péripatético-thomiste, ont été conduits au scepticisme et à l'agnosticisme ; qu'ils ont supprimé ainsi toute philosophie et spécialement toute métaphysique. Il faut donc, dit Kaufmann, en revenir à Aristote et à S. Thomas, avec qui on pourra défendre efficacement la philosophie chrétienne contre les fausses directions qu'a trop souvent prises la pensée moderne. Son *Etude de la cause finale* a été traduite de l'allemand en français (1898) ; elle rapproche la téléologie péripatético-thomiste des théories nouvelles dans les sciences naturelles.

L'Université de Fribourg, où domine l'élément catholique et thomiste, a contribué, pour une bonne part, à ramener l'attention sur S. Thomas. Mais c'est surtout par la *Revue thomiste*, publiée à Paris, qu'elle a obtenu les résultats les plus importants. Et, pour cette raison, nous en reporterons l'examen à l'étude du thomisme en France.

Dans le Luxembourg, J. Thill, professeur à l'Athénée, semble bien s'être rallié au thomisme. Son travail sur Xénophane de Colophon (1889), indiquait, par les autorités invoquées, comme par le but poursuivi, des tendances plus apologétiques qu'historiques. Au commentaire du P. Lescalopier sur le *de Natura Deorum*, il demandait la rectification du jugement d'Aristote, pour qui Xénophane est « un peu trop grossier ». C'est en s'appuyant sur Clément d'Alexandrie qu'il voyait en Xénophane « le fondateur de la philosophie religieuse, de la Théodicée, de la théologie naturelle, couronnement de la philosophie, reine des sciences, asseyant sur un fondement rationnel les grandes vérités dont dépend tout l'ordre religieux et tout l'ordre moral ». Par une citation de S. Thomas, il établissait que Xénophane, partant d'une distinction radicale entre Dieu et les mortels, a donné, sans le nom, la *via remotionis*, la méthode d'élimination de la philosophie chrétienne. En 1891, dans le *Philosop' isches Jahrbuch*, Thill montre que, pour la science humaine et incomplète, le principe de contradiction demeure le *summum principium*, la *dignitas dignitatum*, l'*aliquid inconcussum*, le principe fondamental qui fournit à toutes les sciences une base inébranlable sans laquelle, comme le dit Aristote, la recherche de la vérité est une chasse à des oiseaux qui s'envolent en tous sens. Et pour expliquer Aristote, Thill fait successivement intervenir S. Thomas et Suarez, Balmes, Kleutgen, et sa *Philosophie der Vorzeit*, les *Principia philosophica ad mentem Aquinatis* de Schiffini, la *Metaphysik* de Gutberlet.

On pouvait croire que la France serait au premier rang parmi les pays catholiques où l'on restaurerait le thomisme. En vertu de la loi de 1875 sur la liberté de l'enseignement supérieur, des Facultés catholiques ont été fondées à Lille, à Paris, à Lyon, à Toulouse, à Angers. Dans ces Facultés, comme dans la plupart des séminaires, on a enseigné la philosophie et la théologie scolastiques, c'est-à-dire le thomisme, complété selon les instructions de Léon XIII. Et les catholiques qui se sont ralliés à l'Encyclique *Æterni Patris* se sont de même attachés à faire triompher les idées exposées dans celle qui traite de la condition des ouvriers. Le Play (1806-1882) a fondé une école, dont l'organe est la *Réforme sociale* et dont les disciples se sont divisés vers 1885. Les uns se sont rapprochés de l'école libérale, comme Claudio Jannet, professeur d'économie politique à l'Institut catholique de Paris, qui fut, à côté de Mgr Freppel, un des chefs de la *Société catholique d'économie sociale* et qui s'est montré défavorable aux économistes catholiques, auxquels il a appliqué l'expression de « socialistes chrétiens ». D'autres, comme MM. de Mun, de la Tour du Pin, Chambly, Léon Harmel, le P. de Pascal, le P. du Lac, etc., dirigent ou suivent le mouvement d'où sont sorties l'*Œuvre des Cercles catholiques* et la Revue l'*Association catholique*. A ces tendances sociales se rattachent le *Monde* et l'*Univers*, les *Croix* de Paris et des départements, fondées par les R. P. Assomptionnistes, l'abbé Garnier et ses journaux, l'*Union nationale* et le *Peuple français*; la *Démocratie chrétienne* à Lille; le *XXe siècle* à Marseille; la *Sociologie catholique* à Montpellier; la *France libre* à Lyon, etc., etc. Les partisans de Claudio Jannet, comme M. Joseph Rambaud, professeur d'économie politique à l'Institut catholique de Lyon, sont restés attachés à la monarchie. Les défenseurs des cercles catholiques ont accepté, comme le souhaitait et l'indiquait Léon XIII, les institutions républicaines. Les uns et les autres se sont toujours présentés comme les adversaires des doctrines socialistes et révolutionnaires.

Dans les Facultés catholiques, le thomisme est dominant. A Angers, Mgr Sauvé, le premier recteur, l'ami du cardinal Pie et de Mgr Gay, suivit les directions de Léon XIII; Mgr Bourquard y enseigna la philosophie de S. Thomas et écrivit divers ouvrages sur Boèce, sur la doctrine thomiste de la connaissance, sur l'Encyclique *Æterni Patris*; le P. Fontaine, diverses études relatives à l'apologétique et à l'histoire des religions.

A Lille, où enseignait le chanoine Didiot, des thèses comme celles de l'abbé Chollet et de l'abbé Quillet témoignent qu'on suit l'impulsion donnée par Léon XIII. La première, *Theologica lucis theoria*, expose la théorie de S. Thomas sur la connaissance sensible, rationnelle et surnaturelle chez l'homme, sur la connaissance dans les anges et en Dieu. La seconde, sur l'origine de la puissance civile, réunit des textes empruntés aux Pères, aux docteurs, aux théologiens, aux orateurs, aux publicistes; à S. Thomas, à Bannez, à Suarez, pour établir, après Léon XIII, que la formule « *omnis potestas a Deo* » s'applique au pouvoir et non à la personne du prince. Bossuet lui-même, le défenseur de ces « libertés gallicanes », qui n'étaient que la « liberté de l'Eglise confisquée au profit de la puissance civile », n'a-t-il pas écrit que « le pouvoir des rois ne vient pas tellement de Dieu qu'il ne vienne du consentement des peuples », et encore que « les empires, quoique violents, injustes et tyranniques d'abord, peuvent devenir légitimes par la suite des temps et le consentement des peuples » ? Le chanoine Didiot a écrit une *Logique surnaturelle*, une *Contribution philosophique à l'étude des sciences*, un volume sur S. Thomas d'Aquin. Son recteur, Mgr Baunard est l'auteur de travaux sur les idées pédagogiques de Platon, sur S. Théodulphe, sur S. Jean, sur S. Ambroise, le cardinal Pie, le cardinal Lavigerie, sur Jouffroy et sur *Un siècle de l'Eglise de France* (1).

---

(1) Nous avons mentionné plus haut ce que la *Revue néo-scolastique* dit du professeur et du recteur; voir aussi Elie Blanc, III, pp. 491, 572.

A Lyon, nous trouvons Mgr Guiol, le premier recteur, qui « bien qu'appartenant par son éducation à une autre école, favorise, par tous les moyens, la renaissance et le développement de la philosophie de S. Thomas ». Le second recteur Mgr Dadolle, s'occupe surtout d'apologétique et d'éducation. Puis l'abbé Jaugey, qui professe la théologie morale, publie la *Controverse*, quand les Jésuites suspendent en 1880 leurs *Etudes*. Il fonde ensuite la *Science catholique* et dirige un *Dictionnaire d'Apologétique*, auquel collaborent Mgr de Harlez, MM. Didiot, Vacant, etc. Surtout l'abbé Elie Blanc, dont nous examinerons l'Histoire de la philosophie (ch. X), y défend le thomisme dans un Traité de philosophie scolastique, *honoré d'un bref de S. S. Léon XIII*, et dans une foule d'autres ouvrages, où il attaque les adversaires de la philosophie scolastique. C'est pour la Faculté libre de théologie de Lyon que M. Mielle, son ancien élève, alors professeur au séminaire de Langres, a composé une thèse métaphysique de plus de 400 pages, *de substantia corporalis vi et ratione secundum Aristotelis doctorumque scholasticorum sententiam*, où, s'inspirant de l'affirmation de Léon XIII « que les sciences physiques gagneraient singulièrement à une restauration de l'ancienne philosophie », il fait l'histoire sommaire de l'atomisme et du dynamisme, avant d'exposer en détail les théories péripatético-scolastiques sur les principes de l'être et de la génération, avant de montrer l'origine et de tenter la justification du système de la forme et de la matière, pour terminer par l'examen des rapports qu'on peut instituer entre les théories scolastiques et les sciences physiques. Un autre élève de la même Faculté, M. l'abbé Dementhon, compose le *Directoire de l'enseignement religieux dans les maisons d'éducation* (1893).

A Toulouse, le P. Caussette, qui aida le cardinal Despretz à fonder un Institut catholique, a écrit le *Bon sens de la foi* (1871). Le chanoine Duilhé de Saint-Projet, doyen avant d'être recteur, est l'auteur d'une *Apologie scientifique de la foi chrétienne*, dont la 4e édition est de 1896. C'est à lui qu'on doit en grande partie l'organisation des Congrès scientifiques des catholiques. A Toulouse ont professé ou professent encore le P. Coconnier, actuellement à Fribourg, le P. Guillermin, le P. Gayraud, aujourd'hui député, le P. Portalié, etc. C'est pour l'Institut catholique de Toulouse que le R. P. Peillaube, secrétaire de la Société de Saint Thomas d'Aquin, écrit sa *Théorie des Concepts*, où il affirme, en disciple lointain de Plotin ou de ses successeurs, que notre intelligence est une capacité réceptive de la lumière divine, qui ne rayonne pas en nous directement de l'essence même de Dieu, mais se réfléchit plutôt dans les choses et n'arrive en nous que par des rayons indirects (1).

L'Institut catholique de Paris, auquel sont joints une Ecole des hautes études scientifiques et littéraires, un Bulletin, depuis quelques années une *Revue de philosophie*, une Société de S. Thomas d'Aquin, etc., a groupé autour de lui tous ceux qui, de près ou de loin, entendent travailler au succès de la restauration thomiste. Pour cette raison, nous mentionnerons en le rappelant, les principales œuvres des thomistes français qui n'ont pas encore été cités et qui parfois pourraient être légitimement rattachés aux Instituts catholiques de province. Mgr d'Hulst, le premier recteur, fondateur avec M. de Vorges de la *Société de S. Thomas*

---

(1) Voir notre analyse, *Revue philos.*, janvier 1896, pp. 61-62. Voici aussi *Notre philosophie*, par Mgr Batiffol, le recteur actuel, dans *Bulletin de l'Institut* de novembre 1903.

avec Mgr Freppel et M. Claudio Jannet, de la *Société catholique d'économie sociale*, fut le promoteur principal des Congrès scientifiques des catholiques à Paris en 1888 et 1891. Dans la chaire de Notre-Dame, il exposa et critiqua les systèmes de morale non catholiques. Mais de même qu'il était suspect, par ses tendances économiques et sociales, aux partisans du cardinal Manning et de M. de Mun, les idées exégétiques qu'il avait exposées dans le *Correspondant* sur *la Question biblique* ne semblèrent pas en accord avec celles que Léon XIII recommanda, en 1893, dans l'Encyclique *Providentissimus*. Personne ne s'est montré plus disposé à mener la lutte contre l'Etat laïque, afin de le forcer à se convertir (1).

Parmi les travaux qui ont pour objet spécial le thomisme ou la critique de toutes les doctrines adverses, il faut placer ceux de l'abbé de Broglie, professeur d'apologétique, qui a mêlé les démonstrations de la transcendance du christianisme à la réfutation des positivistes et surtout de Taine (2). M. le comte Domet de Vorges a obtenu, en 1877, en même temps que M. Alaux, une mention honorable au concours de l'Académie des sciences morales et politiques sur la *Métaphysique considérée comme science*, dont les lauréats furent MM. Liard et Desdouits. Fondateur de la Société de S. Thomas, il faisait, en 1886, des conférences à l'Institut catholique, où il étudiait la constitution de l'être selon la doctrine péripatéticienne. Combattant Spencer, Renouvier, les positivistes, il soutenait que l'analyse réelle qui tend à découvrir le fond universel de l'être, est la véritable méthode de la métaphysique ; il distinguait, à la façon scolastique, l'essence et la substance, déterminait de même ce qu'il faut entendre par cause efficiente et cause finale, avant de procéder à la constitution d'une métaphysique positive. Au Congrès bibliographique international de 1888, il présentait un *Rapport sur la philo-*

---

(1) Dans l'antique Sorbonne, disait-il en 1890, à la rentrée de l'Institut catholique, dont on a changé l'esprit avant de renouveler les pierres, d'une part, une Faculté protestante où un professeur de dogme pourrait impunément mettre en doute la divinité de J.-C. ou la personnalité de Dieu ; de l'autre, une école des sciences religieuses où des athées notoires font une place au christianisme dans l'inventaire historique des superstitions humaines... Nous, Messieurs, qui payons les écoles publiques, où l'on combat nos croyances, et qui devons payer encore nos écoles libres, où on les défend... Que faire ?... réclamer, revendiquer, non seulement par des paroles, mais par des actes et des sacrifices... Quand je vois avec quelle résignation nous avons pris notre parti de tant d'atteintes portées à nos droits les plus sacrés, je me prends à féliciter les ennemis de notre foi d'avoir devant eux des adversaires aussi pacifiques. On dit que nous faisons acte de rébellion en instituant à nos frais et risques une concurrence légale. Des parents honnêtes et chrétiens viennent nous confesser tout bas que nos Facultés ont toutes leurs sympathies, mais que l'Etat les voit d'un mauvais œil. Moi je trouve qu'il y aurait mieux à faire que de le ménager, il faudrait le convertir. Ce ne sera pas par la persuasion ; ce sera par l'usage énergique et fier des libertés qui nous sont laissées. Que toute la jeunesse catholique vienne à nous franchement, la tête haute, décidée à servir son pays sans rougir de sa foi. Ce jour-là, je vous l'assure, l'Etat trouvera à son tour qu'il est temps pour lui de se modérer dans la victoire, de peur de préparer sa défaite. On me dira : cette attitude est séditieuse. Qu'on le dise si l'on veut. J'attends qu'on le prouve ».

(2) Voici quelques-uns de ses ouvrages : *Conférences sur la vie surnaturelle*, 1878-1883, 3 vol. ; *Le positivisme et la science expérimentale*, 2 vol., 1881 ; *Problèmes et conclusions de l'histoire des religions*, 1885 ; *Le présent et l'avenir du catholicisme en France*, 1892, etc.

sophie thomiste (1877-1887). Sa *Perception et la psychologie thomiste* (1892) est ingénieusement construite. Connaissant les physiologistes et les psychologues, surtout Taine et Ribot, lecteur assidu des spiritualistes cartésiens, de Ravaisson et de Fouillée, étonné d'abord par le thomisme où il croyait voir des antinomies, il a fini par résoudre « toutes les difficultés ». Le thomisme lui est apparu comme le véritable éclectisme, plus voisin que le spiritualisme cartésien de la physiologie contemporaine, capable de concilier le positivisme et l'idéalisme ; et il a essayé de convertir au thomisme ceux dont il avait éprouvé les inquiétudes et les doutes ; d'établir que la métaphysique de S. Thomas peut s'approprier toutes les découvertes modernes, de prouver que le « *nihil est in intellectu* » des scolastiques réserve tous les droits du spiritualisme ; enfin de donner, de l'intellect agent, une interprétation qui rende sa démonstration inattaquable (1).

Des travaux de D. Domet de Vorges, on peut rapprocher les leçons, publiées par M. Gardair, d'un cours libre fait à la Faculté des lettres de Paris, dont les diverses parties, *Corps et âme*, *Passions et volonté*, *la Nature humaine*, *la Connaissance*, etc., devaient former une exposition complète de la philosophie de S. Thomas ; la *Perception des sens*, *opération exclusive de l'âme*, cours professé à la faculté catholique de Toulouse par M. l'abbé Duquesnoy et dans lequel est maintenue la thèse cartésienne contre laquelle s'élèvent les scolastiques.

L'abbé Farges a donné avec M. Barbedette, une 4e édition du Manuel de l'abbé Brin qui, intitulé par lui *De intellectualismo*, devint ainsi la *Philosophia scholastica ad mentem S. Th. Aquinatis exposita et recentioribus scientiarum inventis aptata* (1893-1905, 2 vol.). Puis, dans une série d'*Etudes philosophiques*, il a entrepris de « vulgariser les théories d'Aristote et de S. Thomas, en montrant leur accord avec les sciences ». Il a ainsi traité de l'acte et de la puissance, du moteur et du mobile, de la matière et de la forme, de la vie et de l'évolution des espèces, du cerveau, de l'âme et des facultés, de l'objectivité de la perception des sens ; de l'idée de continu, de l'idée de Dieu, en critiquant Hume, Stuart Mill, Littré, Taine et Kant, le traditionalisme et le fidéisme ; de la liberté et des fondements de la morale, etc... Léon XIII a écrit à l'abbé Farges « qu'il formait pour lui et pour la vraie science, le vœu que son œuvre eût un plein succès ».

L'abbé Vallet est l'auteur d'une *Histoire de la philosophie*, de l'*Idée du Beau dans la philosophie de S. Thomas* ; du *Kantisme et du Positivisme*, de *la Tête et le Cœur*, de *la Vie et l'hérédité* (1891). Le transformisme est, pour lui, une forme nouvelle du matérialisme, car il est impossible de passer de la matière à la vie, de la vie à la sensation, de la sensation à la pensée. Pour l'activité de la matière, la vie végétative, animale, intellectuelle et morale, S. Thomas fournit les solutions, que les philosophes et savants modernes, Clausius, Maxwell et Stallo, Claude Bernard, Robin, Wallace et Perrier, Condillac et Cousin, Paul Janet et Ferraz, ingénieusement interprétés, rendent vivantes et actuelles. Pour l'hérédité, l'abbé Vallet pose, sur une psychologie expérimentale qui vient de Ribot, de Lucas, de Galton, de Weismann, une métaphysique tirée de l'union substantielle, d'après S. Thomas, de l'âme et du corps. S'il voit, dans l'hérédité physiologique, la cause directe ou indirecte de l'hérédité psychologique, il maintient, en affirmant l'action du moral sur le physique, la liberté et le progrès pour l'homme, l'éducation pour l'enfant. Son étude a une base expérimentale, un faîte rationnel.

(1) Voir *Revue ph.*, janvier 1896, pp. 59, 60 et 1893, vol. XXXIII, p. 301.

MM. Charles Huit, Ackermann, Piat, ont professé à l'Institut catholique. Le premier a traité en érudit bien informé et en catholique soucieux de l'orthodoxie, du platonisme au moyen âge et à la Renaissance. Mais là où il parle de Platon, il faudrait souvent lire Plotin (1). M. l'abbé Ackermann a étudié la notion de la liberté chez les grands philosophes ; M. l'abbé Piat a soutenu une thèse sur l'*Intellect actif*, qui a été rééditée sous le titre l'*Idée*, écrit deux volumes sur la liberté (1894-1895) et commencé la publication d'une collection des Grands philosophes où il a donné *Socrate* et *Aristote*, à côté d'un *Avicenne* et d'un *Gazali* du baron Carra de Vaux, d'un *Kant* de Ruyssen, d'un *S. Anselme* de Domet de Vorges, d'un *S. Augustin* de l'abbé Martin, d'un *Malebranche* de Joly, d'un *Pascal* de Hatzfeld et d'un *Spinoza* de Couchoud.

Le P. Bulliot, mariste, fut aussi professeur à l'Institut catholique, où il a tenté d'édifier une théorie cosmologique, reliée à la métaphysique d'Aristote et résistant dans toutes ses parties, au contrôle de la science. A M. Vicaire, qui défendait contre lui l'unité des forces, le P. Bulliot opposait Hirn et Stallo, Lippmann et Poincaré : « L'ennemi, disait-il, pour la philosophie scolastique, sera longtemps encore le mécanisme cartésien, qui aime mieux admettre des effets sans cause efficiente que de recourir aux principes invisibles et qui, depuis un demi-siècle, a pénétré jusqu'à la moelle ». Son confrère, le P. Ragey, a longuement étudié S. Anselme. Pas plus que le P. Bulliot, il n'estime « le gué du cartésianisme », car il veut entrer « dans les eaux profondes de la scolastique ». Et c'est chez S. Thomas qu'il trouve, à son plus haut degré de perfection, la méthode créée par S. Anselme. De même M. Pluzanski, en étudiant Duns Scot, s'efforce de le rapprocher de S. Thomas. M. Vacant lui enlève l'orthodoxie en même temps que l'originalité. M. Maisonneuve, qui a traité au Congrès international des catholiques, des doctrines philosophiques et des théories physiologiques contemporaines sur la vie, rend compte des œuvres philosophiques au *Polybiblion* et s'attache à en mettre en relief les traits essentiels. M. Lelong, dans *la Vérité sur l'hypnotisme*, a examiné la question du miracle, des stigmates, des possessions et de l'hypnose. Pour lui, les possessions de Loudun ne peuvent être assimilées aux phénomènes hystériques, mais elles apparaissent de même nature que les possessions évangéliques. C'est sur les suggestions dans l'hypnose, mais aussi sur l'exercice ou les troubles du langage, comme sur bon nombre de sujets scientifiques où il fait entrer des données catholiques et thomistes, qu'écrit le docteur Ferrand. M. Lechalas critique, au point de vue scolastique, les principes métaphysiques de la physique de Kant, tandis que, dans *Astronomie et théologie* (1894), le P. Ortolan s'efforce de résoudre les objections élevées au nom de la science contre la foi, pour ce qui concerne l'erreur géocentrique, la pluralité des mondes habités et le dogme de l'Incarnation.

Parmi les Jésuites, le P. Bonniot écrit sur l'âme et la physiologie, sur le Miracle et les sciences médicales, une Histoire merveilleuse des animaux, le Miracle et ses contrefaçons, le Problème du mal, la Bête comparée à l'homme, les Malheurs de la philosophie. Le P. de Boylesve compose une *Philosophie* qui a été une des meilleures, dit M. Elie Blanc, à une époque où la scolastique était trop oubliée. Le P. de Régnon, à qui l'on doit *Bannez et Molina*, des *Etudes de théologie positive sur la sainte Trinité*, la *Métaphysique des causes d'après S. Thomas et*

---

(1) Voir *Revue philosophique*, XXXIII, p. 301, 302 et *Bibliographie générale*.

Albert le Grand, est un thomiste qui parfois a semblé incliner vers le transformisme. D'une façon générale, les *Études* publiées par les Jésuites doivent être dépouillées si l'on veut se rendre un compte exact du mouvement thomiste et des polémiques contre toutes les théories modernes qui ne sont pas catholiques, ou même entre des catholiques qui entendent la philosophie chrétienne, voire le thomisme, de façons différentes.

De même il convient de parcourir le *Correspondant*, la *Quinzaine*, qui est ouverte à des catholiques, thomistes ou adversaires du thomisme, les *Annales de philosophie chrétienne* (1), qui ont pour collaborateurs ou amis des laïques et des clercs, des membres du clergé séculier et du clergé régulier, des professeurs des lycées et facultés de l'Etat, comme des professeurs de l'Institut catholique et des adversaires de l'Université « instrument de la tyrannie actuelle de l'Etat », des savants et des éclectiques « qui s'en font les défenseurs contre l'inondation croissante du positivisme ». Joignons-y la *Scolastique et les traditions franciscaines* du P. de Martigné, qui estime qu'il faut revenir à Alexandre de Halès, à S. Bonaventure, à Richard de Middletown, de préférence à Duns Scot, suivi par les conventuels et les observantins, pour concilier les écoles franciscaines entre elles et avec l'école thomiste. L'abbé Féret a publié un travail historique sur la Faculté de théologie de Paris et ses docteurs les plus célèbres, vivement attaqué par les Dominicains. L'abbé Mignon a donné *les Origines de la scolastique et Hugues de Saint Victor* ; l'abbé Clerval, *les Ecoles de Chartres au moyen-âge* ; l'abbé Urbain a, dans une thèse latine soutenue devant la Faculté des lettres de Paris, pris parti pour Durand de S. Pourçain contre S. Thomas. Enfin M. Elie Blanc signale, dès 1896, parmi les apologistes « ceux qui se sont appliqués à démasquer les sectes antichrétiennes, en particulier la franc-maçonnerie » ; le P. Deschamps, dont les *Sociétés secrètes et la Société ou Philosophie de l'histoire contemporaine* a été refondu et continué par Claudio Jeannet ; Mgr Meurin, auteur de *la Franc-Maçonnerie, synagogue de Satan* ; Dom Paul Benoît, dont la *Cité anti-chrétienne au XIXe siècle* comprend *les Erreurs modernes* et la *Franc-Maçonnerie*. Et à plusieurs égards, ajoute-il, on pourrait citer les Œuvres de M. Drumont qui « intéressent si souvent la philosophie sociale, en révélant l'action de la franc-maçonnerie, combinée avec celle de la juiverie » (2).

Peut-être suffirait-il, pour comprendre le mouvement thomiste dans sa complexité, d'étudier les publications des Dominicains. Ils ont fourni des professeurs à Fribourg, à Toulouse, à Paris, comme à Amsterdam et ils ont fondé la *Revue thomiste*, dont l'action a été considérable.

Le P. Maumus est l'auteur de *S. Thomas d'Aquin et la philosophie cartésienne*, des *Philosophes contemporains*, de l'*Eglise et la démocratie*. Il s'est attaché à établir l'insuffisance des doctrines philosophiques écloses dans les temps modernes, cartésiennes comme contemporaines. A Vacherot et à Taine, le thomisme pourrait prendre beaucoup de choses. Mais Kant est responsable de toutes les aberrations de la philosophie allemande. Schelling, Hegel sont des révoltés qui ne peuvent que divaguer comme des esprits malades. Schopenhauer est un triste personnage qui déshonore l'histoire de la philosophie.

(1) Voir *Revue philosophique*, vol. XXXIII, p. 300.
(2) Voir ce qu'en dit la *Revue néo-scolastique*, analysée au § 6. Nous rappelons que les affirmations où nous n'avons pas mis de notes se réfèrent à nos articles de la *Revue philosophique*.

Le P. Didon, par son *Enseignement supérieur et les Universités allemandes*, par sa *Vie de Jésus*, par son exil en Corse et par un discours souvent cité, qu'il prononça à une distribution des prix de l'Ecole Albert le Grand ; le P. Ollivier et son sermon sur l'incendie du bazar de la Charité ; le P. Coconnier et ses conférences sur l'âme humaine ; le P. Berthier et son *Etude de la Somme théologique de S. Thomas* ; le P. Mandonnet et son travail sur Siger de Brabant, le P. Sertillanges avec l'article qu'il a donné à la *Revue philosophique* pour accepter et compléter, au point de vue catholique et thomiste, l'article où M. Brochard demandait qu'on revînt à la morale d'Aristote ; le P. Berthier et sa polémique contre le néo-molinisme des jésuites montreraient comment les Dominicains sont restés des contemporains de S. Thomas, tout en se renseignant fort exactement sur la pensée et la science modernes.

Mais c'est surtout la lecture de la *Revue thomiste* qu'il faut recommander à ceux qui veulent être complètement informés sur le but poursuivi et les résultats espérés par la restauration du thomisme.

Pour la *Revue thomiste*, comme pour tous les dominicains, la théologie reste la maîtresse et la directrice de la vie pratique comme des recherches spéculatives : aussi répond-elle pleinement aux conseils de Léon XIII (*plane congruit cum consiliis nostris*).

Autrefois chargés par les papes de combattre les hérétiques et de convertir les infidèles, les Dominicains travaillent, de notre temps, à conquérir ou à garder à la foi les esprits éclairés. Le vrai thomiste, c'est pour eux celui qui a étudié l'œuvre entière de S. Thomas, qui, ami ardent et sage du progrès, sait parler à ses contemporains, s'inspirant de la méthode suivie par S. Thomas, de l'Ecriture et des Pères, de l'histoire, de la tradition et des sciences profanes.

Cette position, la *Revue* la maintient dans les questions théologiques, religieuses et exégétiques, qu'elle soulève en tenant compte de leur importance pour le dogme catholique, plus encore que de l'intérêt qu'elles semblent avoir pour les contemporains (1). Pour étudier la Bible et la théologie positive, il faut prendre S. Thomas comme guide et suivre les recommandations pontificales, où S. Thomas est dit le « théologien, l'apologiste, le philosophe par excellence », notamment en ce qui concerne les rapports réciproques de la raison et de la foi. Ainsi on sera capable de combattre le rationalisme « qui nie la révélation et l'inspiration, les miracles et les prophéties, qui blasphème Dieu, le Christ et l'Evangile et, au nom d'une prétendue science indépendante, par les livres, les brochures, le journal et l'école, trompe les masses et séduit les théologiens demi-savants ». De même, en cherchant avec S. Thomas, que suit d'ailleurs Harnack, la vraie cause de la certitude de notre foi dans l'autorité divine, en Dieu lui-même et non dans les arguments de crédibilité, on peut résoudre la question de la composition des quatre évangiles, on peut examiner et juger la conception historique du dogme fondamental, c'est-à-dire de la Trinité chez Harnack, « qui commence à trouver de l'écho dans certains milieux intellectuels en France ».

---

(1) C'est ce dont témoignent les articles où il est traité du site de l'Eden, de l'inondation diluvienne, du berceau des Chamites, de S. Jean-Baptiste, de S. Joseph, de Ste Marie Madeleine, de l'empire du diable, de l'habitation du Saint-Esprit dans les âmes saintes, du savoir divin, de S. Augustin et du Manichéisme de son temps, de la grâce suffisante, de l'ange et des Théophanies dans l'Ecriture sainte, de la définibilité de l'Assomption de la Très Sainte Vierge, d'une nouvelle explication scientifique de l'Eucharistie, etc.

En applaudissant aux idées de M. Pierre Batiffol, qui veut revivifier la théologie par l'étude de l'histoire, il ne faut pas jeter ou paraître jeter le dédain sur l'enseignement de la théologie scolastique, parler du discrédit de la métaphysique et de la scolastique, prendre son parti de voir la jeunesse ecclésiastique déserter les chaires où l'on enseigne la théologie de l'Ecole. « Car la théologie scolastique, telle qu'elle est dans la *Somme*, peut rendre aujourd'hui aux exégètes et aux historiens plus de services et de plus grands qu'elle n'en peut recevoir de leurs travaux ». Et si l'abbé Loisy eût fait d'abord «de bonne et profonde scolastique », il eût pu prendre part au mouvement historique, sans éveiller des inquiétudes ou provoquer une condamnation. De la même façon encore, on se fût guidé dans les discussions soulevées sur la doctrine spirituelle du P. Hecker, en se souvenant « qu'il n'est pas un seul de nos actes, même les plus secrets, dont l'Eglise, au tribunal de la Pénitence et par le ministère d'un directeur, n'ait le droit de juger l'inspiration et de la gouverner ». On éviterait encore de mettre en balance comme le P. de Grandmaison, dans les *Etudes*, la théologie scolastique avec une théologie critique, « dont le nom même est emprunté aux protestants ». On n'opposerait pas, comme l'abbé Denis et bien d'autres, une apologétique nouvelle à l'ancienne, car « l'apologétique dite ancienne, est au fond plus nouvelle que la nouvelle, elle est celle de l'avenir, comme elle fut celle du passé ».

Ainsi S. Thomas, étudié en lui-même, et non dans ses commentateurs, « fussent-ils Suarez ou de Lugo », permet de rester fermement catholique et de profiter, pour les études religieuses et exégétiques, des recherches modernes (1).

Ainsi armé, on peut combattre tous les adversaires. Sur les Juifs, la *Revue thomiste* pense comme les catholiques du xiiie siècle (2). Elle ne traite guère mieux les protestants (3). Elle s'attaque au rationalisme qui « aujourd'hui, dit-

---

(1) Mais c'est là une condition essentielle. Quand au Congrès de Besançon (*Rev. th.*, janvier 1899, pp. 767-768), on vote la fondation de cours de théologie pour les jeunes gens dans les villes de province, puis qu'on décide que des demandes en autorisation de cours libres de théologie devront être faites dans les Universités de l'Etat « qui constituent des milieux où il est utile aux catholiques de pénétrer », la *Revue thomiste* se demande où l'on trouvera les hommes *compétents* pour faire ces cours et elle ne semble guère croire, en leur absence, à l'utilité d'une pareille mesure.

(2) En 1894, dans l'*Empire du diable*, le P. Monsabré parle du « Juif charnel qui a l'unité des anges réprouvés pour mal faire, qui abuse des droits qu'on lui donne pour multiplier ses trahisons, qui a commis le crime de Caïn et qui le commet encore... qui, marqué comme Caïn d'un signe mystérieux, parcourt le monde et traverse les siècles, partout et toujours méprisable et odieux aux honnêtes gens, partout et toujours inexterminable ». Et il ajoute que « Dieu détruira le juif charnel, sa cupidité, sa haine, son aveuglement, pour le faire revivre, spirituel, en son église ». En 1897, le P. Coconnier analyse le travail sur S. Thomas et la question juive de M. Deploige « un des sujets les plus distingués de cette jeune et brillante école de philosophes chrétiens formés par Mgr Mercier... qui sait faire ressortir le bien fondé et la grande modération de l'antisémitisme de S. Thomas... qui établit une comparaison intéressante entre la doctrine de S. Thomas et celle des antisémites, les plus en vue « de nos jours » (Edouard Drumont). En mai 1898, p. 221, elle dit « qu'un juif nommé Lévy a jugé à propos, sous la rubrique, *Thomistische Knutselwerk*, de chercher à ridiculiser un discours du P. de Groot, professeur à l'Université d'Amsterdam... insolence talmudique, qui aura sans doute échappé aux yeux du docteur Vaihinger, duquel nous attendons mieux ».

(3) En 1897, la Revue donne les trois éditions en quelques mois du livre de Sabatier, comme « un nouveau signe de la décomposition doctrinale qui se consomme dans l'église

elle, est l'ennemi ». Très sévère pour Voltaire et pour Renan (1), elle se moque des éclectiques et de Cousin « leur grand Stradivarius universitaire », parce qu'ils ont voulu se fondre avec l'Eglise pour bénéficier de sa popularité et qu'ils sont, pour cela même, plus redoutables que les matérialistes. Elle raille Ravaisson « l'un des derniers survivants d'un âge où la scolastique était méconnue, parce qu'elle était ignorée » et elle déclare à la *Revue de Métaphysique et de Morale*, « que c'est fini et bien fini du moi et de l'idéologie cartésienne ». Kant, protestant et rationaliste, est doublement combattu, comme tous ceux qui, en France ou à l'étranger, se rattachent à ses doctrines, surtout par le P. Gardeil dont les articles, pleins de verve, sinon toujours d'impartialité, dénotent une connaissance approfondie des doctrines kantiennes et de leur opposition avec le thomisme. De vives attaques sont dirigées de même, par lui et par d'autres, contre le transformisme et l'évolutionnisme, considérés non comme des hypothèses scientifiques, mais comme des systèmes qui veulent donner, de l'univers, la meilleure explication et, pour la conduite de l'individu et de la société, la direction unique et complète. De Taine, de Fouillée, parfois de Boutroux, surtout de Ribot, la *Revue thomiste* parle en connaissance de cause, quelquefois avec sévérité, quelquefois avec sympathie.

Peut-être est-elle plus sévère encore pour les catholiques, avec lesquels ses rédacteurs ont bon nombre d'opinions communes. A l'abbé Lemire, elle conseille de relire certaines thèses « de ces scolastiques qu'il semble tant mépriser ». Contre l'abbé Ragey, elle maintient « le vice de l'argument de S. Anselme ». A l'abbé Ackermann, à l'abbé Pint, elle fait remarquer qu'ils pourraient avoir une connaissance plus précise du thomisme. Elle combat avec énergie l'abbé Gayraud qui, dominicain et professeur à Toulouse, avait attaqué le molinisme et s'en rapproche depuis, en laissant entendre que si les Dominicains ne font pas de même, c'est qu'ils ne peuvent étudier ou exposer d'une manière indépendante la doctrine de S. Thomas. Plus dure est-elle encore contre ce qu'elle appelle le « néo-kantisme » de Blondel (2).

Avec les Jésuites, il s'agit de l'interprétation même de S. Thomas. Et la *Revue thomiste* use de la raillerie et du raisonnement, pour maintenir que les Domini-

séparée... M. Sabatier a démontré d'une façon irréfutable que le protestantisme orthodoxe ne peut pas plus tenir debout qu'une maison sans fondement ». En juillet 1898 (p. 389), signalant l'article de M. Darlu sur M. Brunetière, elle écrit : « Au fond ce qui contriste M. Darlu, c'est que M. Brunetière se soit entendu avec le Saint-Père, sans doute pour lui consacrer sa parole et lui soumettre la Revue qu'il dirige, la vieille Revue libérale, maintenant repentie... M. Darlu, je l'ignore, mais je le parierais, est protestant ». Voir aussi les différents articles sur Harnack, comme l'*Origine de la société* (novembre 1898). (La théorie du *Contrat social* est le fruit naturel de l'hérésie protestante) ; la conférence du P. Sertillanges à Oxford où il parle de la réunion des chrétiens, etc.

(1) Voltaire... menteur, lâche, hypocrite et traître... le père des traîtres... n'inspire que le dégoût et le mépris (mai 1898)... Renan, apostat, sceptique léger, blasphémateur serein, sacristain plutôt encore que séminariste défroqué, renégat, etc.

(2) « Qu'il ne nous serve plus (septembre 1896) son insoutenable distinction entre le pseudo-philosophisme de la scolastique qu'il faut combattre impitoyablement et son rationalisme théologique qu'on ne saurait trop relever. Je souhaite qu'il comprenne l'insuffisance de ce petit salut comme pour la forme, adressé aux idées thomistes de Léon XIII, lorsque le pape nous présente la philosophie et la théologie scolastiques comme *un bloc un et indivisible* ».

cains ont mieux étudié, développé plus abondamment et plus clairement les doctrines de leur grand docteur (1).

Sur le terrain social, la *Revue thomiste* suit Léon XIII et S. Thomas, mais de manière à bien montrer qu'ils n'abandonnent aucune de leurs doctrines théologiques ou philosophiques, qu'ils ne donnent en aucune façon leur adhésion aux principes de la Révolution (2). « La puissance civile vient de Dieu, *omnis potestas a Deo*... Le gallicanisme avait voulu confisquer la doctrine, faire marcher le roi de pair avec le pape, confisquer la liberté de l'Eglise au profit de la puissance civile... Pour l'Eglise catholique, les gouvernements se succèdent, tantôt populaires, tantôt monarchiques. Le pouvoir demeure toujours le même, toujours immuable et toujours divin... Ainsi nous voyons le Pape persister, quand tout change ». Et commentant, en juillet 1898, un jugement célèbre, rendu, à propos d'un pain volé, par le tribunal de Château-Thierry, la *Revue thomiste* écrit : « C'est l'enseignement de S. Thomas, renouvelé par Léon XIII... qui rappelle aux riches leur dette de stricte justice envers les pauvres, s'ils se présentent à eux en état d'extrême nécessité. Il faut donc, sans crainte, excuser de tout vol l'homme qui, dans ce cas, met la main sur le bien dont il a besoin pour se nourrir. Ce n'est plus le bien d'autrui, c'est le sien ».

Assurés de leurs doctrines théologiques et philosophiques, les Dominicains ne craignent pas de s'occuper des questions scientifiques, littéraires et artistiques. Et alors s'ils abordent un sujet où ne sont pas engagées des affirmations dogmatiques, ils cherchent à être aussi exactement renseignés que possible. Ainsi s'ils se moquent de « cette fameuse science (avec un S) représentée par MM. Zola, A. France et Silvestre », s'ils rapprochent Zola « de cette bourgeoisie grossière, de ces endormis, de ces engourdis, de ces matériels, de ces Bouvard et Pécuchet auxquels il facilite la digestion de leurs dîners plantureux », ils admirent Musset, Victor Hugo et surtout Lamartine, à propos de qui ils se demandent « s'il n'aurait pas lu la *Somme* de S. Thomas », comme s'il ne lui suffisait pas d'avoir pratiqué les néo-platoniciens du xviie siècle ! Ils s'occupent de peinture comme de littérature. A côté d'un *Pèlerinage artistique à Florence* figurent des articles sur les expositions de peinture, où ne sont pas ménagés les artistes qui, « du sacerdoce, ont fait un métier ». Puis ils étudient longuement l'hypnotisme, les localisations cérébrales, le problème de la connaissance dans les Revues anglo-américaines et la philosophie en Amérique ; ils donnent des bulletins géologiques et historiques, de science sociale et d'archéologie chrétienne, des revues physico-chimiques. D'une façon générale, ils souhaitent que la philosophie catholique et thomiste s'allie de plus en plus étroitement aux sciences modernes.

---

(1) Si le *Ratio studiorum* recommande instamment l'étude de S. Thomas, il est vrai aussi qu'il consacre l'incohérence et la dislocation doctrinale (mars, puis mai 1893, *Néo-molinisme et Paléo-thomisme*). — « Mes révérends frères en Dieu et mes pères en satire, dit un de leurs rédacteurs, laissez-moi vous rappeler que la paix a été troublée par vous depuis des années et dans vos livres et dans vos revues, spécialement dans les *Etudes religieuses*, que vous avez commencé par attaquer l'ordre de S. Dominique ; laissez-nous le droit de défense ». En septembre 1893, elle publie une lettre d'Ignace qui indique une opposition des jésuites à S. Thomas et réplique au P. Portalié, qui s'est joint au P. Frins que « ce sont les jésuites qui ont commencé ».

(2) Voir surtout les articles du P. Maumus en 1893 et 1894, du P. Schwalm, en 1894, en 1895, en 1898, de Mercier, de Montagne, etc.

Ainsi, en France, les catholiques ont été dans toutes les directions. Mais il semble que ce qui a surtout frappé leurs adversaires, c'est la tendance à se mettre en opposition absolue avec les doctrines de la Révolution et à restaurer tout l'ancien régime. Et tandis que les catholiques sont restés divisés en matière politique, philosophique et sociale, tous ceux qui se trouvaient menacés par leurs attaques ont réussi à s'unir en déterminant les idées ou les conceptions dont ils entendaient réclamer en commun la réalisation. La lutte politique est devenue de plus en plus vive et, pour le moment, la conciliation ou un accord limité entre les partisans de la philosophie scientifique et rationnelle et ceux d'une conception théologique, dans laquelle le monde intelligible serait mis en harmonie avec le monde sensible, ne semblent avoir aucune chance d'être sérieusement examinés. C'est, en somme, pour la France, une situation opposée à celle de la Belgique et de l'Allemagne, mais dont les résultats apparaissent les mêmes au point de vue spéculatif.

La *Revue thomiste* a écrit que nous avions une tendance à confondre thomisme et catholicisme. Il nous semble que nous n'avons fait, en procédant ainsi, qu'interpréter la pensée de Léon XIII et des catholiques qui ont suivi le plus fidèlement ses instructions. C'est ce qui ressort manifestement, à notre avis, de l'Encyclique *Æterni Patris* et du mouvement thomiste, tel que nous avons essayé de le présenter. C'est aussi ce que pense Mgr Batiffol (1). La *Revue thomiste* (2) nous a

---

(1) *Bulletin de littérature ecclésiastique publié par l'Institut catholique de Toulouse*, novembre 1903 : « Le regard profond de Léon XIII avait vu, au delà des controverses sociales, politiques, bibliques, la nécessité qui s'impose de veiller autour des premiers principes. L'Encyclique *Æterni Patris* ...ut-être de toutes les encycliques de ce grand pontificat celle qui exprime la pensée l... plus personnelle et en même temps la plus centrale de toute l'œuvre de Léon XIII, celle aussi par laquelle il domina de plus haut son propre temps ».

(2) Nous avons déjà signalé le passage important où le P. Schwalm, en 1896, disait, à propos de M. Maurice Blondel : « Qu'il ne nous serve plus son insoutenable distinction entre le pseudo-philosophisme de la scolastique qu'il faut combattre impitoyablement et son rationalisme théologique, qu'on ne saurait trop relever. Je souhaite qu'il comprenne l'insuffisance de ce petit salut, comme pour la forme, adressé aux idées thomistes de Léon XIII, lorsque le pape nous présente la philosophie et la théologie scolastiques comme un bloc un et indivisible ». D'autres articles nous fourniraient des indications analogues. Mais il nous suffira de rappeler celui du P. Thomas-M. Pègues, sur l'américanisme où, après avoir parlé de la tendance trop fréquente, malgré les enseignements du Saint-Père, de jeter le discrédit sur la philosophie et la théologie scolastiques, il ajoute : « S'il en était pour qui cette première Encyclique (*Æterni Patris*, du 4 août 1879) eût perdu de son actualité et qui fussent tentés de croire que, dans la pensée du Saint Père lui-même, son importance a diminué avec les années, nous nous contenterions de citer le fait suivant : à la date du 1er août de l'année dernière (1900), nous avons eu l'insigne honneur et la grande joie, dans une audience privée que Sa Sainteté avait daigné nous accorder, d'entendre tomber des lèvres du Souverain Pontife ces paroles, *De toutes mes Encycliques, celle qui me tient le plus au cœur et qui m'a donné le plus de consolation est l'Encyclique Æterni Patris, sur la restauration de la philosophie scolastique et thomiste.* Et le Saint-Père repassait devant nous, avec un bonheur qu'il se plaisait à nous manifester, les bienfaits de résurrection doctrinale produits dans les séminaires, les universités

appris que c'était l'avis de bon nombre de ses rédacteurs et qu'en août 1900 Léon XIII disait lui-même que « l'Encyclique *Æterni Patris* était celle qui lui tenait le plus au cœur et qui lui avait donné le plus de consolation ».

Quel but poursuivaient Léon XIII et les catholiques en restaurant le thomisme ? Il semble avoir été multiple et rappelle l'œuvre du xiii° siècle. A cette époque, l'Eglise avait conservé et même augmenté sa puissance, spirituelle et temporelle, en triomphant de ses adversaires, spéculatifs comme les Averroïstes, ou politiques comme Frédéric II, en laissant les Juifs à l'écart de toutes fonctions, en surveillant, prévenant ou réprimant toutes les hérésies, en ramenant l'unité dans le royaume catholique et terrestre du Christ, auquel les Grecs étaient de nouveau rattachés, en cherchant à faire du monde sensible une image de plus en plus ressemblante du monde intelligible Pour y arriver on avait dû combattre Juifs, hérétiques, infidèles même, instruire et diriger les chrétiens, prêtres et laïques, partant, utiliser tout le savoir des Grecs, des Arabes, des Chrétiens et des Juifs, qu'il portât d'ailleurs sur les sciences, sur la philosophie, sur la théologie et l'exégèse biblique ou évangélique. Mais il fallait enlever de ces emprunts, tout ce qui aurait pu favoriser le judaïsme, le mahométisme, les schismatisques grecs ou les hérétiques et même les Infidèles, pour en former, fondu dans les croyances ou les dogmes de l'Occident, l'ensemble synthétique qui servirait à guider la chrétienté future. C'est ce qu'avait fait S. Thomas (p. 192-195). Dans son œuvre, exégétique, dogmatique et mystique, la philosophie, sans empiéter sur la théologie, fut l'auxiliaire incomparable qui permit d'unir les catholiques et de triompher de tous ceux qui refusaient leur adhésion à l'orthodoxie chrétienne. Au temps de la Réforme, les Pères du Concile de Trente trouvaient encore, dans la *Somme de théologie*, des réponses à toutes les questions soulevées par ceux qui voulaient à nouveau rompre l'unité de l'Eglise. Et le thomisme redevenait, pour le xvi° et le xvii° siècles, le guide philosophique d'un grand nombre de laïques et surtout de clercs.

Ne fallait-il donc pas, pour reprendre au temps présent la situation avantageuse que l'on avait eue au xiii° siècle et longtemps après, restaurer cette philosophie thomiste, si intimement unie à la théologie, qu'elle ne semble faire avec elle qu'un seul et même corps ? Puis, après l'avoir enrichie de toutes les acquisitions faites depuis trois siècles par les sciences positives, après avoir travaillé à les augmenter, il convenait d'établir l'unité entre les catholiques, en leur fournissant des réponses identiques pour toutes les questions qui se posent aujourd'hui aux individus et aux sociétés ; enfin de combattre avec les armes nouvelles tous les adversaires de l'Eglise ou peut-être de chercher, avec un certain nombre d'entre eux, un terrain d'entente pour assurer aux catholiques, sinon la prépondérance, au moins une situation de plus en plus avantageuse.

Les thomistes ont-ils réussi à joindre aux antiques doctrines tout ce que les sciences physiques, naturelles, morales et historiques, nous ont donné et nous donnent encore de résultats positifs ? Et d'abord S. Thomas, dont le génie est incontestable, eût-il pu faire de nos jours cette synthèse des *nova* et des *vetera* ? Il est venu à une époque heureuse où il y avait surtout à utiliser des vérités ou

et le monde catholique par ce premier acte si solennel et si important de son grand pontificat ».

des hypothèses depuis longtemps acquises. Après lui, la marche, un instant reprise, s'est arrêtée (p. 58, 213) et n'a guère recommencé qu'au xvii⁰ siècle, pour devenir de nos jours de plus en plus rapide. Les difficultés sont considérables pour ceux qui se proposent uniquement de faire la synthèse philosophique des données scientifiques, puis d'en tirer une morale individuelle et sociale. Et chaque jour il faut recommencer la tâche, pour tenir compte des découvertes nouvelles. Si M. Berthelot a pu dire qu'il est un des derniers chimistes, auxquels il est encore possible de se tenir au courant des recherches qui portent sur l'ensemble d'une science dont il n'a pas cessé de s'occuper depuis sa jeunesse, qu'en sera-t-il pour ceux qui aspirent à saisir au moins, de toutes les sciences, les grandes hypothèses auxquelles elles aboutissent et les méthodes qu'elles emploient ou transforment ? Le thomiste est dans une situation plus difficile encore. Il doit connaître en entier S. Thomas — et ce n'est pas peu de chose ! — Il doit connaître les sources théologiques, scientifiques et philosophiques auxquelles a puisé S. Thomas, pour voir comment il a constitué sa synthèse. Comme le partisan d'une philosophie scientifique, le thomiste est obligé de savoir ce qu'enseignent les sciences positives et, en plus, il doit l'examiner au point de vue des doctrines traditionnelles de la théologie et de la philosophie, au point de vue des questions que soulèvent ses contemporains, partisans ou adversaires. La difficulté se renouvelle tous les jours, plus encore pour lui que pour tous ceux qui admettent un monde intelligible au-dessus du monde sensible. Car le monde intelligible reste pour lui ce qu'il était autrefois, tandis que la conception du monde sensible se renouvelle de jour en jour par la science. Est-il impossible au thomiste d'établir une corrélation entre l'un et l'autre ? Je ne sais, mais il lui est fort difficile de présenter, de manière à ce qu'elles soient discutées et surtout acceptées par ceux qui étudient les phénomènes physiques, biologiques, psychologiques et sociaux, les solutions qui le satisfont.

Rien d'étonnant donc à ce qu'aucun des modernes successeurs de S. Thomas n'ait encore donné une synthèse qui ait l'ampleur, la certitude assurée pour des siècles, de la construction thomiste.

Bien des choses méritent l'attention chez les thomistes italiens qui ont surtout voulu exposer S. Thomas, chez les Belges qui ont porté davantage leur effort vers les recherches sociologiques, historiques et de synthèse scientifique, en laissant à l'arrière-plan les affirmations théologiques et doctrinales dont ils ne s'écartent jamais, chez les Américains dont nous avons noté les hardiesses sociales et apologétiques, chez les Allemands, auxquels on doit de bonnes publications relatives à l'histoire de la philosophie médiévale, chez les Français qui ont été dans les directions les plus diverses, chez les Jésuites qui restent en opposition complète avec les doctrines rationnelles, sinon scientifiques, tout en modifiant parfois le thomisme, chez les Dominicains qui maintiennent fortement toutes les affirmations de S. Thomas, mais qui tâchent de faire ensuite une part aussi large que possible aux historiens et aux savants. Mais aucun d'eux ne paraît avoir fait pour S. Thomas ce que Renouvier a fait pour Kant. Une telle œuvre est-elle d'ailleurs possible ? Ou, au contraire, les thomistes n'ont-ils d'autre but que d'assimiler les découvertes nouvelles à leurs doctrines anciennes ?

Mais, en ce dernier cas, ne se trouvera-t-il pas des catholiques, si Pie X ne conseillait plus aussi énergiquement l'adhésion au thomisme, pour construire une métaphysique nouvelle, pour reprendre, en les modifiant, celles de Spencer, de Biran ou de Kant, de Descartes ou de Malebranche, de Duns Scot ou de

S. Bonaventure, de Roger Bacon ou de S. Anselme, de S. Augustin ou du Pseudo-Denys l'Aréopagite, voire même de Plotin, le vrai maître de tous les philosophes médiévaux (ch. VI) ? D'autant plus qu'on trouverait ces tendances, au moins en germe, chez des catholiques très orthodoxes et très soumis, même chez quelques-uns de ceux qui ont donné leur adhésion formelle au thomisme.

L'unité s'est-elle constituée dans le monde catholique ? Universités et Facultés, séminaires et ordres religieux ont, en général, conformé leurs enseignements aux indications de Léon XIII. L'accord s'est fait sur les *vetera*, non sur les *nova*. La condamnation de l'américanisme, celle d'exégètes qui avaient essayé de suivre, en restant catholiques, la critique protestante ou indépendante ; l'émotion que l'une et l'autre ont provoquée dans les milieux ecclésiastiques, prouvent qu'une assimilation, analogue à celle qui s'est produite au temps de S. Thomas, n'a pas encore eu lieu. On ne saurait, quand on se rappelle les condamnations portées au XIII° siècle contre certaines doctrines thomistes, affirmer qu'elle ne se fera pas dans l'avenir. En raison même de la soumission à laquelle ont consenti les récents condamnés (1), on peut croire que l'unité persiste plus peut-être par l'autorité pontificale que par l'adhésion complète de tous aux mêmes directions exégétiques ou théologiques. Mais quelles sont les intentions du pape actuel ? Quelles sont les tendances du clergé ? (2).

Pour les laïques l'unité s'est-elle faite complète et entière, entre eux et avec les clercs ? Nous avons déjà rappelé que, pour certains partisans du thomisme, l'œuvre accomplie en Italie ou en Belgique n'a pas donné les résultats attendus et nous avons dit qu'il ne fallait pas oublier cependant combien elle a été considérable. M. Elie Blanc et Mgr Batiffol ont insisté, d'une façon générale, pour en limiter l'étendue et la portée (3).

(1) En particulier l'abbé Loisy et l'abbé Denis.
(2) Dans l'Encyclique *E supremi apostolatus cathedra*, Pie X dit : « Nous veillerons avec le plus grand soin à ce que les membres du clergé ne se laissent point surprendre aux manœuvres insidieuses d'une certaine science nouvelle qui se pare du masque de la vérité et où l'on ne respire pas le parfum de J.-C ; science menteuse qui, à la faveur d'arguments fallacieux et perfides, s'efforce de frayer le chemin aux erreurs du rationalisme ou du semi-rationalisme ». D'un autre côté, une correspondance envoyée au *Temps* (10 février) par un rédacteur bien informé, indique que Rome s'effraye du nombre sans cesse croissant de prêtres critiques et rationalistes, qui finissent souvent en France par passer de la critique historique à la négation théologique, rejettent tout et sortent de l'Eglise : « Il faut, dit le personnage ecclésiastique dont le journaliste rapporte les paroles que l'Eglise soutienne la pureté de son enseignement traditionnel... La science, qu'elle soit historique ou autre, doit en matière religieuse, être d'accord avec la théologie ». Voir aussi *Bulletin de littérature ecclésiastique de Toulouse*, novembre 1903, *La science parfaite*, par Mgr l'évêque de Pamiers.
(3) « Ces succès de la philosophie scolastique, dit M. Elie Blanc (III, 601), ne sont guère que des débuts et des espérances. Le monde de la pensée, considéré dans son ensemble, lettres, arts, sciences, politique, gravite encore autour d'autres principes, il obéit à d'autres forces. La philosophie nouvelle ne s'est emparée, en dehors du clergé, que d'un petit nombre d'esprits ; elle ne s'imposera à tous que par les institutions et les œuvres : écoles savantes, journaux et autres périodiques, bibliothèques, encyclopédies, associations puissantes, intellectuelles et morales, qui seront peut-être les assises d'une société nouvelle, si la présente où nous sommes trop menacés doit se transformer ». — « D'excellents esprits, écrit Mgr Batiffol en novembre 1903 (*Bulletin... de Toulouse*, p. 275) estiment que le ralliement recommandé par Léon XIII n'a pas été réalisé. La pensée

Distinguons donc le domaine de la spéculation et celui de l'action ; distinguons entre les différents pays catholiques. En Italie, le pape interdit aux catholiques de prendre part aux élections politiques et les Universités italiennes enseignent presque toutes une philosophie qui n'a rien à voir avec le thomisme. L'action des catholiques, limitée au domaine municipal ou social, ne nous apparaît ainsi que de loin en loin et par des renseignements incomplets ; des catholiques qui n'ont pas rompu avec l'Église reçoivent dans les Universités un enseignement philosophique et scientifique qui ne les dispose nullement à accepter les doctrines des thomistes, surtout des thomistes italiens, plus préoccupés de faire connaître les pures doctrines de S. Thomas que d'étudier les sciences modernes.

En Belgique, l'union est complète, entre clercs et laïques, pour les questions philosophiques, sociales, politiques et scolaires : tous les catholiques, dirigés par Louvain, suivent les instructions de Léon XIII. Resteront-ils aussi étroitement unis après la disparition du pape dont l'inspiration contribua si grandement à leur succès ? Libéraux et socialistes continueront-ils à rester divisés ? C'est ce qu'il est également difficile de nier ou d'affirmer.

En Allemagne, la minorité catholique, aussi cohérente que la majorité belge, a pris une situation telle que l'empereur, allié au roi d'Italie pour lui garantir la possession de Rome enlevée au pape, a déclaré, à plusieurs reprises, tout le prix qu'il attachait à leur affection et à leur fidélité. Là encore, on peut se demander si les protestants, deux fois plus nombreux, ne parviendront pas à trouver un terrain d'entente et si leur groupement avec les socialistes n'amènera pas de division parmi des catholiques (disposés d'ailleurs comme leurs coreligionnaires des autres pays) à renoncer au thomisme, pour une des philosophies que nous avons précédemment indiquées.

Il y a longtemps que nous avons signalé les avantages, manifestes pour les catholiques, du retour aux doctrines thomistes (1). On en aperçoit aujourd'hui

pontificale a été faussée par ceux qui, sous prétexte d'être scolastiques, ont borné leur horizon au XIII° siècle .. ; faussée par ceux qui, sous prétexte de dégager et d'imposer la pure doctrine de S. Thomas, ont sacrifié cependant le véritable esprit scolastique, qui est la recherche personnelle de la vérité et ont appliqué à la philosophie la méthode d'autorité qui ne vaut que pour la révélation ; faussée par ceux qui, avec un absolutisme intolérable en ces matières philosophiques, ont affecté d'affirmer avec la même intransigeance les vérités essentielles à toute philosophie chrétienne et les opinions discutables ou les systèmes douteux, comme le système de la matière et de la forme en cosmologie et la distinction de l'essence et de l'existence en métaphysique ».

(1) *Revue philosophique*, XXXIII, p. 307. « Entre les catholiques d'un même pays, il pouvait auparavant exister des divergences telles sur les problèmes philosophiques qu'il leur fût difficile ensuite de s'unir pour une action commune sur le terrain religieux .. De plus en se séparant les uns des autres, ils étaient exposés à se rapprocher de penseurs qui ne sont rien moins qu'orthodoxes... De même les catholiques se divisaient sur les questions sociales et politiques... En outre, la valeur comparative des différents philosophes était l'objet de discussions internationales, Locke, Berkeley et Reid, Descartes et Condillac, Leibnitz et Kant étaient tour à tour exaltés aux dépens les uns des autres. En revenant au thomisme, on retournait à une époque où l'unité la plus complète régnait dans l'Église. En faisant revivre... le péripatétisme... on avait l'avantage de se réclamer du plus grand philosophe qui peut-être ait jamais existé et de le modifier de façon telle qu'on ne risque plus de se rencontrer avec ceux qui, invoquant Aristote, ont émis des assertions tout à fait opposées aux doctrines catholiques. Ajoutez à cela que S. Thomas, né en Italie, a étudié à Cologne et à Paris, qu'il a professé à Cologne et à Paris, à Bologne et à Rome,

les inconvénients. Tous les thomistes ont travaillé à s'unir sur le terrain philosophique, scientifique et social, comme en religion et en théologie. Malgré certaines dissidences entre dominicains et jésuites, entre thomistes italiens et thomistes belges, entre catholiques français qui ne s'accordaient pas sur le régime politique ; malgré les condamnations portées par Léon XIII contre ceux qui inclinaient trop vers les nouveautés, l'unité, par le thomisme, a été grandissant sous le Pontificat de Léon XIII.

Deux courants se sont produits, quand il s'est agi d'employer la force plus grande ainsi acquise par les catholiques. Fallait-il ruiner ses adversaires, ou chercher à s'accorder avec eux, de manière à ce que les droits de tous étant conservés, il fût possible de vivre en paix les uns avec les autres ? De curieux essais furent faits en faveur d'une conciliation. En France, les catholiques acceptèrent la République, firent appel à la Déclaration des droits de l'homme et du citoyen, parfois même accordèrent que l'instruction religieuse fût transportée de l'école à l'église, comme au temple ou à la synagogue. Des thomistes, surtout des dominicains, accueillirent des travaux strictement historiques, scientifiques ou psychologiques, en montrant qu'ils étaient disposés à s'entendre, au moins pour la vie terrestre, avec ceux qui se réclamaient exclusivement de la raison et des sciences. On entrevit la possibilité d'une société où l'école, ouverte à tous, laisserait à part les questions religieuses, où la vie, individuelle et publique, se fonderait sur des principes acceptés de tous, tandis que la vie religieuse et future s'organiserait et se préparerait en dehors de l'école et de la société politique. A Chicago, on oublia le sous-titre du Parlement des religions (*contre l'irréligion*), pour s'attacher à ce fait que les représentants de religions longtemps rivales et ennemies s'étaient réunis pour travailler en paix à une œuvre d'entente commune.

En France même, on voyait fréquemment des hommes jeunes, catholiques, ou prêtres, protestants, juifs et penseurs libres, se réunir pour examiner toute espèce de questions, avec le désir très sincère et très vif de demeurer d'accord, aussi loin et aussi longtemps qu'ils le pourraient. C'est alors que Spuller, croyant que ces manifestations représentaient les tendances de Léon XIII et de la majorité des catholiques, parla de l'*esprit nouveau* qui animait l'Église et proposa aux hommes politiques d'en tenir compte dans leurs rapports avec elle (1).

que les jésuites ont contribué comme les dominicains, à le remettre en honneur .. Des doctrines politiques (venant de Suarez et de S. Thomas)... essentiellement catholiques, permettront... d'accepter selon les lieux, les temps, les circonstances, des modifications aux principes généraux et universels du droit naturel et partant la diversité des formes de gouvernement. En politique et en philosophie, comme en matière religieuse, les catholiques seront d'accord sur les principes et même, grâce à la direction pontificale, sur les modifications possibles pour la pratique. Non seulement ils seront, dans chaque pays, complètement unis en face d'adversaires que divisent la politique, la philosophie, la religion, mais encore les catholiques de tous les pays, groupés autour du pape, se rencontrant fréquemment dans les Congrès internationaux, travailleront en commun, en présence des peuples qui luttent sans cesse les uns contre les autres sur le terrain économique ou politique, au triomphe de leurs doctrines ».

(1) On peut voir encore dans la *Quinzaine* du 1er mars 1904 des tendances analogues, p. 43. « Reste... la nécessité de l'apaisement et d'un *modus vivendi* ». Toute la page est à lire.

Mais une autre direction apparut prépondérante dans l'Eglise. Des catholiques entendaient, avant tout, continuer la lutte, comme le demandait M. de Mun en 1878, contre tous ceux qui s'opposaient à ce que l'Eglise fût maîtresse de régir cette vie, comme de préparer l'autre. Dans tous les pays, l'antisémitisme prit une importance de plus en plus grande. Pour justifier la lutte, conseillée par tous les moyens, contre les juifs, on rappela les doctrines de S. Thomas et les pratiques de S. Louis. Puis on mit sur le même plan les protestants, les francs-maçons, les penseurs libres qui ne se réclamaient que de leur conscience et de leur raison. Alors qu'on projetait de reconstituer, pour l'Exposition de 1900, un Congrès où cependant il était posé en principe que l'union des religions était dirigée contre l'irréligion, les évêques refusèrent le concours qu'avaient promis des protestants, des juifs et même des penseurs étrangers à toute confession ! L'école laïque, à peu près annihilée en fait en Belgique, fut attaquée avec une extrême violence en France (1), comme l'enseignement des collèges et des lycées de jeunes gens ou de jeunes filles, parfois même comme celui des Universités où figurent cependant tant de représentants du catholicisme. Des campagnes politiques furent menées en tout temps, mais plus encore en temps d'élection, avec une violence extraordinaire, contre ceux qui s'opposaient à ce que l'Eglise fût la maîtresse absolue des esprits et des âmes.

En Allemagne, on a même, dans des discussions récentes, soutenu que des chaires d'Université devaient être occupées par des catholiques, non parce qu'ils étaient savants, mais parce qu'ils étaient catholiques. Et l'Espagne a montré plus d'une fois, pendant ces vingt dernières années, que la domination de l'Eglise y est restée complète, sinon incontestée.

Au fond, ceux qui se plaçaient à ce point de vue pouvaient se réclamer du thomisme. Ne se proposaient-ils pas de traiter tous leurs adversaires, comme S. Thomas avait traité les Juifs ou les Averroïstes, comme ses contemporains traitaient les hérétiques, les infidèles, les schismatiques, les Grecs et les Albigeois ? En ce sens, ils étaient bien les vieux thomistes, ceux qui maintenaient les choses anciennes, *vetera*, tandis que ceux qui voudraient la conciliation et l'entente seraient des thomistes vraiment nouveaux, au sens où le prenait Spuller.

Mais au temps de S. Thomas, le nombre des orthodoxes, fidèles disciples de l'Eglise, l'emportait à peu près partout sur celui des hétérodoxes ou des non catholiques. Il n'en est plus de même aujourd'hui. En formant un bloc contre tous leurs adversaires, en leur déclarant une guerre sans merci, les catholiques ont donné à tous l'idée de s'unir contre eux. C'est ce qui a commencé à se faire en Espagne, c'est ce à quoi pensent, en Belgique, des libéraux et des socialistes, en Allemagne, des protestants de toute nuance et peut-être même des socialistes. C'est ainsi que s'est formé, en France, le bloc des députés et des sénateurs qui

---

(1) Dans un *Manuel d'instruction morale et civique*, paru en 1889 chez Colin et en collaboration avec M. Pierre Laloi, nous avons écarté toute théorie métaphysique ou religieuse. Nous avons prié des prêtres d'en lire les épreuves pour nous signaler les affirmations qui leur paraîtraient hostiles à l'esprit religieux. Nous n'avons donné que ce qui est essentiellement laïque, scientifique, rationnel. Bon nombre de revues ou de journaux catholiques ont trouvé cette neutralité irréprochable, mais absolument inacceptable pour eux.

veulent constituer la société sur des bases essentiellement laïques et rationnelles, scientifiques et démocratiques.

La lutte s'étendra-t-elle à d'autres pays ? Continuera-t-elle à être menée avec la même vigueur ? Ou bien les catholiques renonceront-ils au thomisme ou tout au moins aux applications sociales, pédagogiques et politiques que la majorité en a fait sortir ? Se replaceront-ils sur un terrain de conciliation, comme ont voulu le faire déjà un certain nombre d'entre eux ? Ce sont là des questions qui se posent et pour la solution desquelles les dispositions des membres du clergé, séculier ou régulier, nous fourniront peut-être à bref délai de plus amples indications.

La conclusion à tirer de ce rapide exposé, où nous avons essayé d'être aussi impartial que possible, c'est qu'il importe, même à un point de vue actuel, d'étudier les philosophies médiévales. Personne ne soutiendrait aujourd'hui, ce semble, qu'il est inutile de connaître le thomisme, que nous avons vu revivre, et par suite d'en suivre la formation, depuis Plotin jusqu'aux Arabes, aux Juifs et aux chrétiens occidentaux du xiie siècle, ou la décroissance et la restauration au xvie siècle et de nos jours. On a compris qu'il fallait étudier de près les hommes et les doctrines de notre Révolution, dont se réclament la plupart des partisans d'une morale et d'une politique scientifiques, rationnelles et démocratiques, que combattent tous ceux qui veulent faire revivre ou survivre les conceptions médiévales. Pour une raison analogue, ne conviendrait-il pas d'étudier, avec le même soin, pour les connaître, les accepter, les modifier ou les combattre, les philosophies religieuses du moyen âge qui se continuent chez les kantiens ou chez les thomistes, comme aussi chez tous ceux qui entendent superposer un monde intelligible, éternel ou changeant, à un monde sensible que les sciences positives nous révèlent de jour en jour infiniment plus complexe et plus varié.

CHAPITRE X

L'HISTOIRE ENSEIGNÉE ET ÉCRITE DES PHILOSOPHIES MÉDIÉVALES

Que la philosophie et la théologie, étroitement mêlées, constituent la caractéristique de la période médiévale, c'est ce qui paraîtra incontestable, croyons-nous, à tout lecteur qui aura bien voulu suivre notre exposition sommaire. Que, par suite, l'histoire en soit indispensable pour comprendre ce que fut le moyen âge, ce qu'y devinrent les idées et les théories antiques, ou comment s'y préparèrent les conceptions modernes, c'est ce qui ne saurait, non plus, être sérieusement contesté.

En outre, la restauration du thomisme, sous le Pontificat de Léon XIII, a eu de telles conséquences pour les catholiques et leurs adversaires, que nous avons dû conclure à la nécessité, pour le politique, le sociologue et l'éducateur modernes, comme pour le philosophe, d'étudier les systèmes médiévaux dans leur formation, leur développement, leurs transformations, leurs applications ou leurs conséquences.

Cette connaissance impartiale et objective des philosophies essentiellement religieuses auxquelles se rattache le thomisme et aussi le kantisme, auprès de quels maîtres peut-on l'acquérir? de quels manuels ou de quelles histoires peut-on actuellement la tirer?

Aux Universités d'Espagne et de Portugal, à celles d'Amsterdam, de Fribourg et de Louvain ou de Washington, dans les Facultés de théologie catholique de l'Allemagne et de l'Autriche ou même dans certaines de leurs Facultés de philosophie, à Rome et dans la plupart des séminaires catholiques de tout pays, on fait l'apologie et l'exposition des doctrines thomistes, qu'accompagne parfois l'examen des sources auxquelles a puisé S. Thomas, des théories dont il a fait la synthèse ou qu'y ont adjointes ses successeurs.

En France, un travail analogue se fait à l'Institut catholique de Paris, dans les Facultés catholiques de Lille, de Lyon, d'Angers et de Toulouse (1).

(1) Paris a deux cours de philosophie scolastique à la Faculté de théologie reconnue par le Saint-Siège; à ses cours littéraires de l'Ecole libre des hautes études, il y a, pour la philosophie : 1° exposition et controverse ; 2° histoire de la philosophie — enseignements

Dans l'enseignement public de la France, comme des autres pays, le moyen âge tient une place de plus en plus grande. L'histoire générale, celle des institutions et des religions, celle de l'art médiéval, de la langue et de la littérature françaises, celle des autres langues et des autres littératures, italiennes, espagnoles, provençales, byzantines, arabes et juives, l'histoire du droit romain et du droit canon sont enseignées dans bon nombre des établissements d'enseignement supérieur de Paris et des Universités régionales (1).

De même les lycées de jeunes gens et de jeunes filles enseignent l'histoire générale, la langue et la littérature du moyen âge.

essentiellement thomistes. Lille a, outre la chaire de philosophie de sa Faculté des lettres, des chaires d'introduction philosophique à la théologie et de philosophie scolastique à sa Faculté de théologie. C'est de même la scolastique thomiste qui forme la base de l'enseignement philosophique aux Facultés de théologie et des lettres d'Angers ou de Lyon, à l'Ecole supérieure de théologie et à la Faculté des lettres de l'Institut catholique de Toulouse.

(1) La Faculté des lettres de Paris a dédoublé la chaire de littérature française du moyen âge et d'histoire de la langue française. Trois professeurs s'occupent de l'histoire du moyen âge. La chaire d'histoire de l'art fait une bonne place à l'art roman et gothique; celle des langues et littératures méridionales, occupée par M. Gebhart, a été l'occasion de nombreux travaux sur le moyen âge italien ou espagnol (en particulier, l'*Italie mystique* et *Moines et Papes*); un cours spécial d'histoire byzantine y a été récemment créé. Au Collège de France, la chaire des langues et littératures méridionales donne lieu à une étude pénétrante et minutieuse de Dante; celle des religions fait place au christianisme. Il y a, en outre, une chaire de langue et de littérature françaises du moyen âge. La 4e section de l'Ecole pratique des hautes études a de nombreux enseignements sur l'histoire du moyen âge, les antiquités chrétiennes, la philologie romane, la dialectologie de la Gaule romane. A la 5e, on traite du judaïsme talmudique et rabbinique, de la littérature chrétienne, de l'histoire des dogmes, du christianisme byzantin, de l'histoire du droit canon. On étudie le dogme luthérien et réformé, la morale évangélique, l'Ancien Testament et le Nouveau, l'histoire ecclésiastique et la patristique, la théologie pratique et l'histoire de la philosophie, à la Faculté de théologie protestante; l'histoire de l'architecture française au moyen âge, à l'Ecole des Beaux-Arts; celle de la sculpture du moyen âge, des arts appliqués à l'industrie en France, à l'Ecole du Louvre; la paléographie, la philologie romane, la diplomatique, l'histoire du droit civil et du droit canonique, l'archéologie du moyen âge, à l'Ecole des Chartes. Aix a des cours ou des chaires d'histoire de Provence, de langue et littérature provençales, de langues et littératures de l'Europe méridionale; Besançon, d'histoire et géographie de l'antiquité et du moyen âge, d'explication du français, de sciences auxiliaires de l'histoire appliquées à l'étude des chartes et manuscrits franc-comtois; Bordeaux, d'histoire du moyen âge, d'histoire de Bordeaux et de la région du S.-O.; Caen, d'histoire de Normandie; Clermont, d'histoire du moyen âge, d'histoire d'Auvergne, d'art roman; Dijon, d'histoire du moyen âge; Grenoble, de littérature italienne; Lille, d'histoire du moyen âge, d'histoire des provinces du Nord de la France, de paléographie, de littérature picarde et wallonne; Lyon, d'histoire du moyen âge, de phonétique historique du français; Montpellier, de langue et littérature françaises du moyen âge; Nancy, d'histoire du moyen âge, de langue française du moyen âge; Poitiers, d'histoire du Poitou et des antiquités régionales; Rennes, de philologie romane, de paléographie des chartes et diplômes; Toulouse, d'histoire de la France méridionale, de droit méridional, d'histoire du moyen âge, de provençal; Montauban, de critique et exégèse de l'Ancien Testament, de critique et exégèse du Nouveau Testament, d'histoire ecclésiastique, de grec et patristique, de théologie systématique, de théologie pratique, de théologie biblique et d'histoire des religions; Alger, d'antiquités de l'Afrique.

Par contre, les programmes de l'enseignement secondaire ne donnent plus aucune place aux philosophies médiévales. Autrefois, celui du baccalauréat plaçait, après des notions sommaires sur la philosophie à Rome et sur l'école d'Alexandrie, d'autres notions sommaires sur la philosophie scolastique et sur celle de la Renaissance (2 août 1880). Dès 1885, le programme, après avoir cité Aristote, les Epicuriens et les Stoïciens, passait à Bacon, à Descartes et à Locke, sans mentionner les Pères, les philosophes néo-platoniciens, chrétiens, arabes ou juifs, ou ceux de la Renaissance. Dans notre programme actuel, où l'on n'a plus mis l'histoire de la philosophie proprement dite, les auteurs latins et grecs sont Xénophon, Platon, Aristote, Epictète, Marc-Aurèle, Lucrèce et Sénèque. On trouve ensuite François Bacon, Descartes et Pascal.

Le programme de licence, en 1881, mettait, après la philosophie romaine et l'école d'Alexandrie, la Scolastique et la Renaissance. Aujourd'hui on se borne à exiger, pour la licence, une composition sur un sujet de philosophie, une autre sur l'histoire de la philosophie, qu'on peut remplacer par un travail sur une question « prise dans une période déterminée de l'histoire de la philosophie ».

Dans le programme d'agrégation, on a vu figurer autrefois Maimonide et le *Guide des égarés*, qui en a été enlevé uniquement parce que la publication de Munk ne pouvait être acquise ni par tous les candidats, ni même par toutes les Facultés. Depuis plusieurs années, l'étude de Plotin n'est imposée qu'en vue de la philosophie ancienne et l'on saute immédiatement à la philosophie moderne, avec Descartes, Spinoza, Malebranche ou Leibnitz.

En face des chaires multiples où les professeurs des Universités et des écoles d'enseignement supérieur étudient les institutions et les œuvres les plus diverses, parfois même celles dont l'importance ne semble que lointaine ou secondaire, il n'y en pas une où l'on s'occupe officiellement des philosophies théologiques qui en résument, en développent ou en formulent les pensées vraiment directrices (1).

La connaissance des philosophies médiévales peut-elle être demandée aux auteurs de travaux déjà existants qui rendraient inutiles ou tout au moins accessoires ou superflus ceux qu'on pourrait être tenté de solliciter ou d'y joindre ? Notons d'abord qu'il n'y a plus un historien vraiment digne de ce nom pour déclarer définitives les recherches instituées même par les hommes les plus éminents, sur les périodes où les documents sont les plus nombreux et les plus explicites. A plus forte raison hésiterait-on à le dire pour les philosophies médiévales, où il reste à publier et à étudier tant de textes importants dont la connaissance peut modifier l'idée générale que nous nous faisons de chacune d'elles et surtout celle des rapports qu'elles soutiennent entre elles ou avec les philosophies anciennes et les philosophies modernes.

---

(1) La Faculté des lettres et le Conseil de l'Université de Paris ont émis en 1897 le vœu qu'un cours fût créé pour les enseigner et provoquer parmi les étudiants français ou étrangers des recherches impartiales et objectives, dont les résultats pourraient être mis en opposition avec les apologies des doctrines médiévales, être utilisés d'ailleurs par leurs partisans et leurs adversaires, comme par ceux qui souhaitent avant tout savoir exactement ce que l'humanité a pensé aux diverses époques de son histoire. Le vœu est resté purement platonique jusqu'à l'heure présente.

Nous arriverons à des conclusions plus précises et plus fermes encore en considérant les diverses œuvres qui sont actuellement publiées et qui toutes d'ailleurs sont bonnes à consulter et à utiliser pour l'histoire générale et comparée des philosophies médiévales.

Nul n'a plus intelligemment et plus méthodiquement travaillé que B. Hauréau à augmenter notre connaissance des travaux philosophiques que l'on doit à l'Occident chrétien du VIII° au XVII° siècle.

C'est en 1850 que Jean-Barthélémy Hauréau (1812-1898) publiait un mémoire en deux volumes, *De la philosophie scolastique*, couronné par l'Académie des sciences morales et politiques. En 1872 paraissait la première partie de l'*Histoire de la philosophie scolastique*; il avait modifié et corrigé de l'ancien livre tout ce qu'il avait cru pouvoir en conserver; il en avait accentué la doctrine. La seconde partie, en deux volumes, était publiée en 1880 (1). L'œuvre historique de B. Hauréau est complétée par les *Singularités historiques et littéraires*, le *Commentaire de Jean Scot Érigène sur Martianus Capella, Charlemagne et sa cour, Hugues de Saint-Victor*, des *Notices et Extraits des manuscrits*, des Articles et Notices

---

(1) La première partie va de Charlemagne à la fin du XII° siècle. Ses 550 pages comprennent les divisions suivantes : ch. I. Ruine et rétablissement des écoles (1-16) ; II. De l'enseignement des écoles (17-27) ; III. De la philosophie scolastique (28-41) ; IV. Du problème scolastique (42-60) ; V. Conclusions de Platon et d'Aristote (61-89) ; VI. De quelques interprètes anciens de Platon et d'Aristote (90-121) ; VII. Alcuin, Fridugise, Agobard, Candide, Raban (122-147) ; VIII. Jean Scot Érigène (148-175) ; IX. Saint Heiric et saint Remi d'Auxerre (176-206) ; X. Gerbert, Bérenger (207-241) ; XI. Roscelin, saint Anselme, Gaunilon (242-287) ; XII. Odon de Cambrai, Hildebert, Rupert (288-319) ; XIII. Guillaume de Champeaux (320-344) ; XIV. Adhélard de Bath (345-361) ; XV. Pierre Abélard (362-389) ; XVI. Thierry et Bernard de Chartres (390-419) ; XVII. Hugues de Saint-Victor et Guillaume de Conches (420-446) ; XVIII. Gilbert de la Porrée (447-478) ; XIX. Nominalistes et réalistes orthodoxes (479-504) ; XX. Mystiques (505-532) ; XXI. Jean de Salisbury (533-549). Le 1er volume de la seconde partie, en 462 pages, comporte 15 chapitres. I. Reprise des études, vues générales sur le XIII° et le XIV° siècles (1-13) ; II. Philosophie des Arabes et des Juifs (14-53) ; III. Simon de Tournai, Alex. Neckam, Alf. de Sereshel (54-73) ; IV. David de Dinan (73-82) ; V. Amaury de Bennes et le concile de Paris (83-107) ; VI. Grégoire IX et la philosophie d'Aristote (108-128) ; VII. Michel Scot et Alex. de Halès (129-141) ; VIII. Edm. Rich et Guill. d'Auvergne (142-170) ; IX. Richard de Lincoln, Guill. Schirwood, Vincent de Beauvais, Lambert d'Auxerre (171-191) ; X. Jean de la Rochelle (192-213) ; XI. Albert le Grand, sa logique (214-247) ; XII. Physique d'Albert le Grand (248-307) ; XIII. Métaphysique d'Albert le Grand (308-337) ; XIV. Saint Thomas et XV. suite (338-462). Le second volume de la seconde partie a 495 pages et 15 chapitres qui font suite aux chapitres du volume précédent ; XVI. S. Bonaventure (1-25) ; XVII. Pierre d'Espagne, Robert Kilwardeby, Gilles de Lessines, Ulrich de Strasbourg, Gilles d'Orléans (26-51) ; XVIII. Henri de Gand (52-74) ; XIX. Roger Bacon (75-94) ; XX. Synode de 1277, franciscains et dominicains (95-128) ; XXI. Humbert de Prulli, Siger de Brabant, Godefroy de Fontaines, Pierre d'Auvergne, Jacques de Viterbe, Gilles de Rome (129-170) ; XXII. Jean Duns Scot, sa logique et sa physique (171-227) ; XXIII. Métaphysique et psychologie de Duns Scot (228-259) ; XXIV. Jean Dumbleton, Jacques de Douai, Gérard de Bologne, Raoul le Breton, Jean de Pouilly, Jean de Jandun, Augustin d'Ancône (260-291) ; XXV. Franciscains, Raymond Lull, François de Mayronis, Pierre Thomas, Jean de Bassoles, Alexandre d'Alexandrie, Pierre Auriol (292-322) ; XXVI. Dominicains, Hervé de Nédellec, Jean de Naples, Durand de Saint-Pourçain (323-355), XXVII. Guillaume d'Ockam, sa psychologie (356-392) ; XXVIII. Des universaux selon Guillaume d'Ockam (393-430) ; XXIX. Derniers scolastiques (431-469) ; XXX. Conclusion (470-495).

dans les *Mémoires* de l'Académie des Inscriptions et Belles-Lettres, le *Dictionnaire des sciences philosophiques* de Franck, le *Journal des Savants* et l'*Histoire littéraire*, etc. (1). Il a été ainsi, pendant longtemps, le maître le plus autorisé, en France et à l'étranger, de tous ceux qui, de près ou de loin, touchent à l'histoire des idées au moyen âge.

Quelles ont été ses idées directrices? quels enseignements peut-on demander à ses livres, d'une information si riche et si consciencieuse?

B. Hauréau nous apparaît d'abord comme un contemporain des grands érudits d'autrefois. Il lit et relit les textes imprimés, auteurs profanes et philosophiques, parfois même théologiques. Il se reporte aux manuscrits, dont il tire des leçons ou des indications nouvelles; il en utilise qui n'avaient jamais été consultés. Par ce côté, il est l'égal, peut-être le supérieur des Bénédictins, de Daunou et de Victor Cousin. S'il ne tient pas toujours un compte suffisant des méthodes de la philologie moderne, c'est que toutes ses préférences vont aux érudits des trois derniers siècles. Il cite et discute, parfois à l'égal des sources, Pic de la Mirandole, Nizolius, Charpentier « docte adversaire de Ramus et critique très recommandable »; Luc d'Achéry et Caramuel, Launoy et du Boulay, Saint-Evremond « toujours ingénieux, souvent judicieux »; Salabert et Chauvin; Lherminier « plus précis et plus énergique que Gassendi, Hobbes et Huet, quand il fait valoir l'objection de Gaunilon et d'Albert »; Bayle, Brucker « scrupuleux investigateur des archives philosophiques », Heumann et Meiners. Comme les meilleurs d'entre eux, il s'attache au fond plus qu'à la forme, il demande à la philologie d'être une auxiliaire pour l'histoire des idées, d'extraire des textes toute la pensée et rien que la pensée qui y est contenue.

Cet érudit joint une science de bon aloi à des opinions politiques, religieuses et philosophiques qui sont bien modernes. Partisan de la Révolution française, il est, comme la plupart des anciens rédacteurs du *National*, voltairien et idéologue. Il rappelle avec plaisir Saint-Evremond et Condorcet, Montesquieu et Locke, Diderot et Condillac, même d'Argens. Voltaire « qui fait le plus autorité parmi les philosophes mondain », lui sert de modèle et inspire souvent ses jugements. C'est parmi les voltairiens, *dont le nombre est grand*, non parmi les thomistes et les scotistes, *s'il en reste*, qu'il entend remettre en honneur la mémoire d'Ockam. Il loue Ockam d'avoir pensé comme Voltaire et ne croit pas faire un médiocre éloge du siècle de saint Thomas en le rapprochant de celui de Voltaire. Idéologie et philosophie sont pour lui synonymes : il étudie l'*idéologie* absolument chimérique de Thierry, l'*idéologie* téméraire de Guillaume d'Auvergne, « qui est bien un *idéologue* », l'*idéologie* divine de S. Thomas et de Duns Scot. Le XVIIIe siècle, possédé, comme le XIIIe, « par la passion de la philosophie », fut à proprement parler *idéologue*, et, pour cela même, constitue l' « ère vraiment glorieuse de la scolastique » (2).

B. Hauréau n'est ni un athée ni un impie : avec Platon, Aristote et Sénèque, il croit en Dieu aussi bien que S. Clément et S. Augustin; avec sa raison, qui s'incline et qui est aidée par l'expérience, il en prouve facilement l'existence. Mais, pour la raison humaine, le moteur premier et immobile n'est que le plus univer-

---

(1) Voir la *Notice* que lui a consacrée M. Wallon (*Ac. des Inscr. et B. L.*, 1898), reproduite en partie dans la *Revue Internationale de l'Enseignement*, XXXV, p. 365.
(2) *Histoire de la philosophie scolastique*, I, p. 53, 85, 177, 225, 400; II, 1, p. 12, 114, 150, 236, 321, 356, 389.

sel des universaux : avec Hobbes, il convient de dire : *Nomen Dei non usurpatur, ut illum concipiamus, est enim incomprehensibilis, sed ut honoremus* (1).

S'il croit en Dieu, il est, par contre, un adversaire résolu des religions qui « s'imposent comme révélées » et se « prétendent divines ». Au nom de la raison et de la liberté, comme de la philosophie et de la pensée modernes, il condamne la foi, l'autorité et la tradition, les livres sacrés et les dogmes, les théologiens et les mystiques Toutes les religions, nous enseigne l'histoire, ont essayé de s'accorder avec la philosophie, dont toutes méconnaissent la supériorité. Les choses de la foi ne concernent pas la raison laïque, car l'une nous commande d'ouvrir les yeux ; l'autre de les fermer. Aussi est-ce parce que la Grèce n'avait pas de livres sacrés où se gardât le dogme national, qu'elle jouit d'une liberté absolue et qu'elle donna une majesté incomparable à toutes ses œuvres. Toute théologie, si l'on en écarte la métaphysique et la morale, qui relèvent de la philosophie, comprend des fables, des mythes ou des mystères, qui, nés en tel temps et en tel lieu, par suite de tel ou tel débat, sont soumis à la critique historique. Quant aux théologiens, ils sont intéressés à perpétuer l'ignorance ou l'erreur. Ils dissertent sur les dogmes, les miracles, les sacrements, les articles de la foi comme si c'étaient des vérités logiques et, par cet artifice, ils espèrent obtenir l'adhésion de la raison trompée. Mais ils ont perdu le droit d'enseigner au nom de la raison, en s'ingéniant à compliquer le mystère de Dieu par d'autres mystères. En fait, il n'y a pour eux qu'une école légale, celle du Christ où la théologie est la maîtresse, tandis que la philosophie est la servante. Même il en est qui ne veulent pas accepter les services de la philosophie soumise et humiliée, ce sont les mystiques, ces faux sceptiques qui argumentent contre la raison, parce qu'ils la veulent oisive, au profit de la foi. Entre l'Eglise et la pensée moderne, il y a opposition : c'est par un grand acte de révolte et par un « libre effort », en dehors de l'Eglise et sans le consentement d'aucun roi, que la pensée moderne doit un jour se constituer elle-même (2).

Par suite, B. Hauréau est fort bienveillant pour les hérétiques : ce que l'Eglise appelle l'hérésie, n'est-ce pas la liberté ? Quand l'école vient de s'ouvrir, elle est le produit de l'ignorance ; plus tard elle sera « le noble fruit de l'intelligence fécondée par l'étude ». C'est la nature, c'est Dieu « qui nous veut hérétiques » ; c'est par des hérésies que commence et doit la scolastique. Réalistes et nominaux sont également suspects. Jean Scot Érigène, cet « autre Proclus à peine chrétien, qui a la gloire d'avoir devancé Bruno et Vanini, Spinoza, Schelling et Hegel », doit, comme Roscelin, être inscrit sur le martyrologe de la philosophie moderne. Bernard et Thierry, Gerbert et Michel Scot, Pierre Lombard, même S. Thomas Duns Scot et Buridan ont été, par leurs prémisses ou par leurs conclusions, des hérétiques, conscients ou inconscients, et le mépris de la tradition est « le délit commun de tous les philosophes » (3).

(1) I, p. 11, 284 ; II, p. 103, 404.
(2) I, p. 11, 111, 9, 210, 288, 503, 505 à 507, 532 ; II, 1, p. 1, 14, 43, 223 ; II, 2, p. 458, 469, 470, sqq.
(3) II, 1, p. 58 ; II, 1, p. 127 ; I, p. 151, 223, 249, 276, 488 ; II, 2, 152. De Pierre le Lombard et de S. Thomas, B. Hauréau écrit : « Il existe une sentence du pape Alexandre III contre le philosophisme de Pierre le Lombard, elle est dure, mais est-elle vraiment injuste ? Les sentences de Pierre le Lombard, et la *Somme de théologie* de S. Thomas... ont été composées selon la méthode et l'esprit de la secte nominaliste (I, 488) ». Ailleurs il

La raison est l'éternelle ennemie de la foi. Pour que la guerre n'éclate pas entre elles, il faut assurer à chacune un domaine fermé par d'infranchissables barrières. Même au cas où l'on forme, des philosophes et des dévots, deux nations étrangères l'une à l'autre, il y a presque toujours entre eux quelque querelle engagée au sujet de leurs frontières indécises. En principe, il ne conviendrait ni aux théologiens de tant raisonner avec les philosophes, ni aux philosophes de tant déraisonner avec les théologiens. Quand « l'esprit est enchaîné depuis longtemps à des dogmes immuables » ; quand le dogmatisme est triomphant, il y a lieu de le combattre et de le vaincre, non de régler avec lui les conditions d'un accord. Par la raison, l'homme connaît tout ce qu'il lui est donné de connaître ; il critique la métaphysique et la morale de toute théologie, chrétienne ou païenne, il juge définitivement, dans toutes les questions communes ; il examine le « détail des symboles consacrés », dont l'histoire lui montre la naissance et le développement ; il rappelle que, s'il n'est plus permis aux philosophes d'exposer « bien ou mal » le mystère de la Trinité depuis que les théologiens l'ont pris à leur compte, ce sont eux cependant qui l'ont inventé et il lui reste à faire remarquer que la « thèse chrétienne de la Trinité révolte le sens commun ». Et la raison finit toujours, malgré les anathèmes de l'Église contre la philosophie et les philosophes, par faire prévaloir ses droits méconnus. Elle n'élève pas de bûchers, elle ne lance pas de foudres, mais, par la vérité, elle pénètre doucement les esprits les plus rebelles. Toute sa vengeance, quand elle est maîtresse de la place, c'est d'obliger l'ennemi à faire l'aveu de sa défaite et de se donner, aussi souvent qu'elle le peut, le plaisant spectacle de ces étonnantes capitulations (1).

B. Hauréau ne veut donc pas d'une philosophie servante de la théologie, mais il ne veut pas davantage d'une philosophie réduite à la logique, comme « l'ont décrété de nos jours les théologiens et les naturalistes conjurés, dans l'intention avouée de la supprimer ». Pas plus que la religion, la science ne doit empiéter sur la métaphysique. Les mathématiques, dit-il, n'étendent pas l'esprit et ne le règlent pas, elles le disposent à prendre des abstractions pour des réalités, à rechercher plutôt les paradoxes brillants que les vérités simples et si l'on a quelque propension pour la chicane, elles l'excitent et la développent. Si l'étude de la physique expérimentale devient exclusive, la logique et les sciences morales ont à se plaindre d'un injuste abandon. Contre Roger Bacon « ce contempteur véhément de la doctrine rationaliste », dont la manière « paraît offrir peu de différence avec celle des positivistes de notre temps », B. Hauréau s'élève, parce qu'il supprime tout ce qu'on appelle encore philosophie pour mettre à la place, sous le même nom, un cours d'études qui ne serait aucunement philosophique, s'il ne finissait par quelques leçons de morale ; parce qu'il dédaigne la logique et la métaphysique, dont il restreint la compétence « en vrai positiviste » (2).

Mais B. Hauréau s'oppose, autant qu'aux positivistes « à ces idéalistes téméraires », pour qui l'homme sait tout ce qu'il rêve pour qui l'argumentation sur les vérités proclamées par la raison avec le plus de certitude, a pour objet de

---

écrit : « Les plus monstrueuses impiétés, les nouveautés les plus abominables étaient contenues dans les prémisses du réalisme (I, 203)... le nominalisme contraint la raison spéculative à quitter le terrain de la foi » (II, p. 2, 458).

(1) I, p. II, III, IV, 240, 262, 385 ; II, 1, p. 14, 217, 223 sqq. ; II, 2, p. 130, 436.
(2) II, 1, p. 231 ; II, 2, p. 91-92, p. 172. Voir I, p. 542-544 ce qui est dit des opinions de Jean de Salisbury sur les sciences naturelles et morales.

faire admettre, comme des conséquences rigoureuses et nécessaires, un certain nombre d'articles de foi. Il n'est pas sceptique, comme les Pyrrhoniens qui compromettent la raison par leurs sophismes, mais il croit que la sagesse consiste à se tromper le moins qu'il est possible, que la philosophie doit surtout enseigner à discerner ce qui peut être connu de ce qui ne peut l'être.

Parmi les questions philosophiques, celle des universaux a toujours tourmenté et fécondé l'esprit humain ; elle a engendré toutes les écoles, elle sert de base et de couronnement à tout système. Par conséquent, il y a deux catégories de philosophes : les nominalistes, avec lesquels sont d'accord, pour l'essentiel, les conceptualistes, qui demeurent les uns et les autres dans les limites tracées en commun par l'expérience et la raison ; les réalistes, qui les ont franchies (1).

Et le réalisme, pour B. Hauréau, c'est l'erreur même. Malgré ses prémisses, qui contiennent les plus monstrueuses impiétés et les nouveautés les plus abominables, il affirme que la philosophie doit servir et non commander. Puis il introduit des monstres parmi les êtres ; il nie l'individualité des choses ; il conduit au panthéisme. Or si le panthéisme est le mieux construit des systèmes, la raison, en proclamant notre personnalité, le déclare la plus fausse des doctrines. Les « nouveaux théologiens », qui le soutiennent, ont un langage plus téméraire encore que celui des mystiques (2).

Le nominalisme, au contraire, est une philosophie tempérée : née à l'école du bon sens, vouée à la défense de la vérité, elle est devenue, à juste titre, la philosophie moderne. C'est d'ailleurs la philosophie d'Aristote ; c'est celle dont se rapprochent le plus Bacon et Descartes, Leibnitz et Kant, la plupart en un mot de ceux que goûtent les modernes, car depuis Bruno, il n'y a de réalistes que les spinozistes. Par nature, le nominalisme est opposé à l'orthodoxie ; il est simple, il écarte beaucoup de prétendus problèmes qu'il montre frivoles, puérils et peu dignes d'occuper un philosophe. Il est d'ailleurs distinct du sensualisme et du scepticisme : loin de supprimer les lois et les obligations sociales, il affirme que les devoirs de l'individu lui sont naturels au même titre que ses droits (3).

Considérée de ce point de vue, la scolastique apparaît intimement liée à l'histoire politique, comme à celle des origines et du développement de la pensée moderne. « Si la France fut le sol natal de la philosophie scolastique, c'est que l'esprit français, curieux et audacieux, ne voit que le but et se précipite toujours pour l'atteindre. La scolastique, c'est le travail fervent des intelligences qui, trop longtemps asservies au joug d'un dogme révélé, s'efforcent de mériter et de conquérir leur émancipation, au prix même de cette douce sécurité que procurent l'ignorance et la foi ; la scolastique, c'est la révolution qui se prépare, qui annonce sa venue, et la Révolution — qui l'ignore ? — c'est la France même » (4).

La tâche que s'est proposée B. Hauréau (5), c'est donc de raconter, d'un côté,

---

(1) I, p. 11 sqq., 31 sqq., 58, 87 sqq.
(2) I, p. 88, 203, 178 ; II, 2, p. 458, 474 sqq., 481.
(3) I, p. 87, 88, 393, 503 ; II, 2, p. 334, 335, 391, 426 sqq.
(4) I, p. 121.
(5) Il convient de se rappeler, pour la comprendre et la juger, le programme que publiait, en mai 1845, l'Académie des sciences morales et politiques : les concurrents devaient « rechercher la part d'erreur et surtout de vérité que les systèmes et écoles pouvaient contenir, s'appliquer à dégager et à mettre en lumière ce qui, soit parmi les prin-

les luttes de la raison construisant la philosophie pour laquelle elle réclame la liberté, et de la foi, soumise à l'Eglise et invoquant l'autorité ou la tradition ; de l'autre, celles qui, dans le camp philosophique lui-même, eurent lieu entre réalistes et nominaux. L'auteur est un combattant, qui défend le rationalisme nominaliste contre les théologiens, les mystiques et les réalistes ou idéalistes ; qui relève avec soin les conquêtes successives de la raison et les défaites de ses adversaires. Avant Kant, remarque-t-il, le moyen âge avait reconnu l'insuffisance de l'argument de S. Anselme ; il avait eu Gaunilon, le sage que Hegel appelle « un Kant des anciens temps ». C'est de S. Anselme que Descartes tire son argumentation ontologique sur l'existence de Dieu. Son *cogito, ergo sum* est chez Heiric d'Auxerre, surtout chez Jean Scot Erigène, plus nettement d'ailleurs que chez S. Augustin. Avant Descartes, Guillaume d'Ockam a fait appel à l'évidence. A l'école nominaliste, qui les a transmis à la philosophie moderne, il a donné ces deux principes, que les entités simplement relatives n'existent pas et que la diversité des phénomènes n'implique pas la diversité des agents. Son langage sur la perception est aussi explicite, aussi résolu que celui de tous les docteurs écossais. Arnault définit le concept de manière à rappeler Biel l'ockamiste. C'est qu'Ockam substitue une psychologie véritable aux imaginations décevantes de la scolastique ; c'est qu'il continue Abélard, qu'il se rencontre souvent avec Locke et Kant ; que Bacon, Descartes et Leibnitz admettent sa doctrine des universaux. De son côté Roger Bacon affirme avant Condorcet, que les connaissances humaines font des progrès constants. Et, d'une façon générale, les scolastiques nous ont appris à conquérir la liberté, « le premier et le plus précieux de tous les biens » ; ils ont ainsi forcé l'autorité à se confiner dans un étroit domaine et livré le terrain abandonné à la philosophie qui, affranchie de toute dépendance, rendit à la théologie dédain pour dédain (1).

Que l'œuvre de B. Hauréau ne constitue pas une histoire générale des philosophies médiévales, c'est ce qui apparaît manifestement (ch. II et ch. III), puisqu'elle commence au IXe siècle et se termine au XVe, laissant ainsi à l'écart les philosophies essentiellement théologiques qui se développent du Ier au IXe siècle, puis à cette date et après chez les Byzantins, enfin au XVIe siècle, chez les représentants de la Renaissance, comme chez les protestants et chez les catholiques ; ne touchant à celle des Arabes et des Juifs que pour expliquer la formation des philosophies chrétiennes en Occident.

Que son œuvre ne soit pas une histoire comparée des philosophies médiévales, c'est ce qui est tout aussi incontestable, puisqu'elle n'examine, dans leur développement synchronique, ni les philosophies helléniques et les premières doctrines philosophiques des chrétiens, ni celles de Plotin ou de ses disciples et des Pères de l'Eglise grecque ou de l'Eglise latine (ch. III), ni celles des chrétiens, des Arabes et des Juifs d'Occident ou d'Orient (ch. VII).

---

cipes, soit parmi les résultats que nous a légués la philosophie scolastique, pourrait encore être mis à profit par la philosophie de notre temps ». C'est en bonne partie l'obligation imposée aux concurrents, de juger, en modernes, la philosophie médiévale, qui explique toutes les affirmations aujourd'hui contestables de B. Hauréau. Ce qui lui appartient bien en propre et ce qui lui restera, ce sont les informations étendues, minutieuses et précises d'une érudition qui n'a pas été dépassée.

(1) I, p. 287, 524, 182, 277, 282 ; II, 1, p. 87 ; II, 2, p. 333, 365, 366, 373, 389, 391, 412, 426, 428.

D'un autre côté, s'il n'est nullement impossible de rattacher ou de suspendre toute une métaphysique à la solution du problème des universaux, il l'est absolument de soutenir qu'à aucune époque du moyen âge, et particulièrement du VIIe au XIIIe siècle (ch. VII), ce problème ait été le seul ou même le plus important de ceux que cherchaient à résoudre les savants, les théologiens et les philosophes, dont il est si difficile de séparer les recherches quand on veut saisir pleinement le développement des idées ou des systèmes (ch. VIII et ch. IV).

Puis avec Renan, Fustel de Coulanges, C. Martha et leurs successeurs, nos historiens voient de plus en plus, dans l'histoire des religions, une partie intégrante de l'histoire des civilisations qui ne doit pas plus se confondre avec les critiques passionnées du XVIIIe siècle qu'avec les apologies des croyants. Et tous ceux qui font appel à la raison n'acceptent pas de l'employer à la façon de B. Hauréau. Les thomistes (ch. VIII) et les néo-thomistes (ch. IX) entendent bien s'en servir autant que de la science. Les partisans d'une philosophie exclusivement scientifique veulent surtout l'employer à justifier les hypothèses qui prolongent les affirmations confirmées par l'observation, l'expérimentation et le calcul. Même les rationalistes qui relèvent de Ravaisson, de Renouvier ou de Kant, ceux qui pensent par eux-mêmes, se refusent à enfermer la raison dans les limites que lui a tracées B. Hauréau. Seuls les rationalistes voltairiens, dont le nombre a été grandissant, en opposition aux tendances néo-chrétiennes et néo-scolastiques, admettront pleinement ce dernier point de vue et les conclusions auxquelles elles l'ont conduit (1).

Mais tous ceux qui cherchent uniquement à comprendre et à expliquer les idées médiévales, comme le naturaliste tâche de se rendre un compte exact des terrains, des faunes et des flores d'autrefois, profiteront, sinon toujours, du moins longtemps encore, de son érudition. Surtout ils continueront à s'inspirer de l'impartialité qui lui faisait rendre justice à tous ses adversaires et de cette admirable probité de savant qui l'amenait à rappeler, en des matières où il était passé maître, les noms de ses prédécesseurs les plus obscurs, pour peu qu'ils eussent émis une opinion originale ou même ingénieuse.

Il y a des catholiques qui font eux aussi rentrer l'histoire des philosophies dans la philosophie, mais dans une philosophie tout opposée à celle de B. Hauréau, dans le néo-thomisme ou la néo-scolastique. Parmi tous ceux dont nous avons signalé les œuvres (ch. IX), nous choisirons, pour le montrer brièvement, MM. Élie Blanc et de Wulf.

M. Élie Blanc (p. 272), chanoine honoraire de Valence et professeur aux Facultés catholiques de Lyon, a publié en 1896 une *Histoire de la philosophie et particulièrement de la philosophie contemporaine*, « complément naturel » de son *Traité de philosophie scolastique*, qui contient les mêmes opinions et les mêmes doctrines.

Le premier volume va des origines au XVIIe siècle ; le second comprend le XVIIe, le XVIIIe et le début du XIXe, dont il est uniquement question dans le troisième. Mais, considérée en son ensemble, son *Histoire* comprend trois parties, d'étendue et d'importance fort inégales.

---

(1) Nous avons rapproché, en ce sens, le *Précis d'histoire de la philosophie* de M. Penjon, de l'œuvre de B. Hauréau (*Revue philos.*, février 1902, p. 179).

Deux cent quatre-vingt-dix pages, pour la première partie, traitent la philosophie avant l'ère chrétienne — juive, phénicienne, chaldéenne et égyptienne, persane et chinoise, hindoue, grecque et romaine — et l'apprécient, non en elle-même, mais en fonction du christianisme (1).

La seconde partie (p. 290-650 du premier volume) nous conduit de l'ère chrétienne au XVII° siècle, avec les divisions suivantes : *Gnostiques et Alexandrins ; Pères grecs et latins ; Transition de la patristique à la scolastique ; Scolastique, préparation, première, deuxième et troisième périodes ; Philosophie arabe et juive ; Philosophie de la Renaissance* Pour M. Elie Blanc, le christianisme a apporté plus et mieux qu'une philosophie, il a donné une foi invincible, une morale parfaite, des vérités divines, populaires, consolantes, propres à désabuser les philosophes, à régénérer les peuples, à transformer les sociétés. S'il parle des gnostiques qui méconnaissaient l'autorité de l'Eglise, les vrais caractères de la Trinité et de l'Incarnation, c'est que l'histoire des hérésies a plus d'une partie commune avec l'histoire de la philosophie. Pour les néo-platoniciens, c'est vainement, selon lui, qu'ils sont entrés en lutte, par la dialectique, la raison et l'extase, avec la « religion sublime qui élève l'homme jusqu'à la divinité ». Les Pères et les philosophes chrétiens sont les vrais continuateurs des sages de l'antiquité, de Socrate, de Platon et d'Aristote. S. Clément est « le père de la philosophie chrétienne » ; S. Denys, dit l'Aréopagite, est peut-être celui qui s'est servi le mieux du platonisme pour expliquer les dogmes les plus élevés de la théologie et les mystères les plus obscurs. De la philosophie grecque dont ils ne cessèrent de posséder tous les trésors, les Byzantins n'ont rien su tirer d'excellent, tandis que l'Occident, sans connaître le schisme ou l'hérésie, hérita des Pères grecs comme des Pères latins, et eut, bien qu'il lût beaucoup plus tard Platon et Aristote, une période exceptionnellement glorieuse. S. Augustin, après Tertullien et Lactance, forma la première synthèse de toutes les sciences philosophiques, et prépara l'œuvre de S. Thomas et des scolastiques.

Dans l'époque de transition, M. Elie Blanc fait de Boèce un homme profondément attaché aux dogmes catholiques. Avec le cardinal Gonzalès, il attache une importance excessive à l'école d'Isidore, où « l'on enseignait, outre les sept arts libéraux, le grec (?), l'hébreu (?), le droit, la morale, l'histoire et la géographie, où l'on commentait la plupart des œuvres d'Aristote » et il diminue, en proportion, le rôle des Juifs et des Arabes pour l'introduction d'Aristote en Occident.

Sur la scolastique, l'auteur combat la conception de M. de Wulf. Elle n'est ni un système, ni une méthode, mais la philosophie qui florissait dans les écoles du moyen âge. Tendant à s'harmoniser avec la foi, elle employa la raison et l'expérience, elle unit la raison et la foi, l'ordre naturel et l'ordre surnaturel, le pou-

---

(1) « Les Hébreux eurent le privilège de s'abreuver toujours à une religion pure (p. 48)... Il est impossible de faire naître le christianisme du platonisme... Cette religion dépasse par ses dogmes toutes les philosophies (193). La philosophie péripatéticienne, interprétée par les plus grands scolastiques, fut d'un secours inappréciable à la théologie et à la philosophie chrétienne (p. 222). Le mot de charité ne peut avoir (chez Cicéron) ce sens élevé, surnaturel et divin que lui donnera le christianisme (v. 278). L'influence du christianisme atteignit certainement Sénèque (282)... Epictète pensait comme l'auteur de l'*Imitation* (284). La vie de Marc-Aurèle, ses belles sentences... ses actes de clémence et de justice ne furent qu'une protestation inefficace... Le remède ne pouvait venir que d'une religion et d'une philosophie nouvelle (286) ».

voir civil et le pouvoir ecclésiastique, Platon comme Aristote. Aujourd'hui, elle se complète par les sciences historiques, physiques, sociologiques pour devenir « la seule philosophie capable de donner à l'homme l'idée de sa vraie dignité et de sa grandeur intellectuelle, morale et sociale ».

Dans l'exposition des doctrines, M. Elie Blanc utilise les travaux les plus récents. Toutefois il oublie Heiric d'Auxerre et Rabelais ; il magnifie S. Bernard « l'une des plus grandes autorités théologiques et mystiques du moyen âge », S. Thomas « qui a été l'interprète le plus profond et le plus exact de la scolastique tout entière ». Il juge, en adversaire implacable, Abélard et Amaury, les Juifs et les Arabes ; Giordano Bruno « qu'on a voulu transformer en héros, qui n'en reste pas moins un apostat et sa philosophie, une de celles contre lesquelles une société chrétienne a le droit et le devoir de se défendre » ; Ramus, Vanini « qui... suspecté de mœurs infâmes... accusé de corrompre la jeunesse... subit la rigueur des lois du temps », même Galilée dont « les condamnations furent provoquées par des témérités de conduite plus encore que par ses idées elles-mêmes... qui fut toujours l'objet de grands égards, qui vécut entouré de biens et d'honneurs » (p. 227).

C'est aussi en catholique et en thomiste qu'il apprécie les philosophes, du XVIIe au XIXe siècle, Voltaire et les Encyclopédistes, les Idéologues et Victor Cousin, Auguste Comte et tous nos contemporains, sur lesquels il donne une notice et un jugement. C'est du même point de vue qu'il considère le présent et l'avenir de notre pays (1).

Persuadé que les idées mènent le monde, que les idées générales gouvernent les idées particulières, que la philosophie rend compte de la fortune politique des peuples, comme de leurs progrès dans tous les ordres de connaissances, il groupe d'un côté tous ceux qu'il estime les défenseurs d'une philosophie catholique et y fait figurer des noms qui, à première vue, étonnent le lecteur (2), de l'autre, les positivistes et les partisans d'une philosophie scientifique, les criticistes et les spiritualistes, les rationalistes et les libéraux, Jules Simon comme Burdeau, Charles Dupuy comme Jaurès, Spuller comme Paul Bert, des philosophes israélites, protestants ou même catholiques, qu'il combat le plus souvent avec courtoisie, toujours avec énergie. Et ce groupement, fait par un adversaire, semble avoir amené ceux qu'il rassemble pour les combattre, à s'unir sur le terrain politique puis sur le terrain philosophique, où bon nombre de rationalistes

---

(1) « La science matérialiste, la philosophie rationaliste et incrédule, qui se révolte contre Dieu, ont fait banqueroute... L'Université de France est livrée à l'incrédulité philosophique... les programmes sont conçus dans un esprit de neutralité plus ou moins malfaisant... l'enseignement philosophique et moral a été confié souvent à des incrédules... Avec une philosophie chrétienne, on éviterait ou on vaincrait le libéralisme, le socialisme, le rationalisme..., qui se réunissent facilement dans un même esprit maçonnique (631)... on réformerait l'instruction publique et toutes les administrations, on rendrait le droit d'association, on garantirait aux familles populaires le droit à la propriété stable, on réprimerait l'usure dévorante, on imposerait la probité aux moins scrupuleux, en un mot, on appliquerait les doctrines philosophiques et sociales louées par Léon XIII ».

(2) « Mgr Meurin, auteur d'une *Franc-Maçonnerie, synagogue de Satan*; M. Drumont, dont les œuvres intéressent si souvent la philosophie sociale, qui révèle l'action de la franc-maçonnerie, en tant qu'elle se combine avec celle de la juiverie ». (III, 195).

se sont avancés vers les positivistes ou les défenseurs d'une philosophie purement scientifique (p. 300).

Avec l'*Histoire de la philosophie médiévale, précédée d'un aperçu sur la philosophie ancienne*, de M. de Wulf (1), qui forme le sixième volume du *Cours de philosophie*, publié par Mgr Mercier (p. 244), on se trouve d'abord en présence d'une comparaison de la philosophie et de la religion (2), puis des diverses religions dont la valeur détermine en grande partie celle des philosophies qui les accompagnent ou qui les suivent. Si la philosophie est, pour lui, la science des causes premières et universelles des choses, la religion fournit une solution toute faite à une foule de problèmes qui intéressent l'ordre universel, la nature de Dieu et ses relations avec le monde sensible, l'origine et la destinée humaine, et que la philosophie cherche à résoudre par des procédés rationnels. Donc il y a un terrain commun sur lequel la philosophie est précédée par la religion, ainsi obligation pour elle de prendre en considération les doctrines religieuses ; par suite nécessité qu'une religion erronée fausse l'orientation philosophique, tandis que la religion vraie sera un adjuvant précieux pour les études spéculatives (3).

Or, pour M. de Wulf, la religion chrétienne est vraie et la seule qui soit vraie ;

---

(1) Dans le *Moyen Age* (t. XV), nous avons écrit que le *Manuel* de M. de Wulf renseignerait fort bien « ceux qui veulent savoir ce que les catholiques, soucieux de se conformer aux instructions de Léon XIII professent aujourd'hui en matière philosophique, ce qu'ils pensent de la philosophie orientale, de la philosophie grecque et de la philosophie médiévale, prise dans son ensemble. Après nous être demandé ce qu'y apprendraient ceux qui cherchent une connaissance exacte, précise, approfondie et vraiment historique des idées médiévales, nous avons conclu « qu'il faut lui demander la connaissance, sinon l'apologie des philosophes, orthodoxes selon les catholiques, de la période médiévale ». Dans la *Revue philosophique*, nous avons rapproché l'œuvre de M. de Wulf de celle de M. l'abbé Elie Blanc pour montrer « qu'elles ont le grand avantage de nous apprendre ce que pensent, ce que veulent les catholiques animés de ce qu'on a appelé « l'esprit nouveau ». « Les uns, ajoutions-nous, y verront ce qu'ils doivent attendre du triomphe de leurs idées ; d'autres, ce qu'il convient de faire pour maintenir les doctrines purement humaines et scientifiques ; d'autres enfin, jusqu'où et comment est possible une conciliation entre les deux partis, dans chacun desquels l'unité d'ailleurs est encore loin d'être faite » (février 1902). Dans la *Revue de l'Histoire des religions*, nous avons (novembre-décembre 1901) signalé des affirmations qui sont d'un apologiste ou d'un adversaire bien plus que d'un historien. Après avoir examiné surtout les jugements que porte M. de Wulf sur les religions, nous ajoutions « qu'il restait à voir ce que nous apprennent, avec une science incontestée, des hommes qui se placent, comme B. Hauréau, à un point de vue absolument opposé, puis ce que l'on doit penser de la scolastique étudiée d'une façon entièrement historique et impartiale ».

(2) Les divisions du livre indiquent les préférences de l'auteur. Sur 450 pages, 12 portent sur l'Inde et la Chine, 100 sur la philosophie grecque, 18 sur celle des Pères, 70 sur la scolastique occidentale jusqu'au XIIe siècle, 9 sur la philosophie byzantine, arabe et juive ; 112 sur la scolastique, 18 sur l'antiscolastique et les déviations de la scolastique pendant le XIIIe siècle ; 50 sur les mêmes sujets pour le XIVe et la première moitié du XVe ; 40 sur l'antiscolastique et 10 sur la scolastique, pour la période qui va jusqu'au XVIIe siècle.

(3) Pour les affirmations précédentes et celles qui suivent, voir p. 2, 25, 8, 128, 130, 133, 10 à 20, etc.

dans le christianisme, le catholicisme atteint seul la vérité complète et il l'exprime, en ses grandes lignes, au xiiie siècle, quand le dogme est systématisé.

« Un grand fait religieux, dit-il, sépare en deux versants les destinées terrestres, c'est l'incarnation de J.-C. Révélée par un Dieu infaillible, la religion chrétienne a fixé définitivement l'homme sur les problèmes capitaux de la vie, en établissant la dépendance essentielle de l'homme vis-à-vis de Dieu, l'individualité des créatures, la finalité de l'univers, la distinction de l'âme et du corps, l'immortalité personnelle... Surtout la théorie créationiste est une des plus importantes conquêtes de l'esprit chrétien sur l'esprit grec et païen ; elle supprime la dualité de la matière et de Dieu, l'effusion fatale de la substance ou de l'activité divine dans le fini, pour établir la production du monde *ex nihilo*, par un acte de la volonté libre du Tout-Puissant. Elle résout ainsi l'énigme insoluble ; elle maintient, avec Aristote, la distinction substantielle de l'être nécessaire et de l'être contingent, avec Plotin, la dépendance primordiale du monde vis-à-vis de Dieu ».

Aussi la philosophie indienne et la philosophie chinoise, antérieures à l'incarnation du Christ, aboutissent-elles au mysticisme panthéiste ou à la doctrine de l'émanation. Si la philosophie grecque est supérieure à la philosophie orientale, c'est peut-être parce qu'elle fut indépendante de la théologie et qu'elle ne subit pas l'entrave, opposée par toute religion païenne, aux premiers essors de la raison.

De même le judaïsme, qui a cependant préparé le christianisme, lui est inférieur, puisqu'il ignore l'Incarnation de J.-C. Sortie de la religion, la philosophie juive en a toujours été étroitement dépendante. Exégétique, éclectique, elle a pu opérer, avec Philon, une fusion complète de la théologie judaïque et de la philosophie grecque ; mais le produit, en raison de l'infériorité du premier élément, en raison des emprunts faits par la suite aux Arabes pour le second, ne saurait être comparable, en valeur, à la synthèse chrétienne.

La philosophie arabe va souvent contre le Coran ; mais elle n'est guère qu'un emprunt fait à la Grèce par l'intermédiaire des Syriens. Son ambition, c'est de bien commenter Aristote et souvent elle l'altère par des éléments pris aux néoplatoniciens, aux gnostiques, aux médecins grecs et à leur psychologie matérialiste.

Donc on ne peut faire un choix qu'entre les philosophies chrétiennes et il faut procéder comme lorsqu'il s'agit de choisir entre les formes religieuses du christianisme, entre les Eglises.

Tout d'abord, on écartera les systèmes de la Renaissance qui s'affranchissent presque tous des dogmes séculaires et qui tous, lors même qu'ils affirment leur soumission au dogme catholique, haïssent et combattent la scolastique.

De même, on laissera de côté le protestantisme, Luther, Calvin, Zwingle, etc., pour qui le dogme n'est pas fixé par une autorité ecclésiastique, pour qui la raison individuelle est seule l'arbitre de ce qu'il faut croire. A l'égard de la scolastique, la philosophie et la mystique protestantes remplissent « le rôle de révoltée que joua l'Eglise protestante vis-à-vis de l'Eglise romaine. Le rationalisme envahit lentement cette philosophie, au détriment de sa dogmatique, et l'on voit s'accuser cet appauvrissement graduel de la croyance qui aujourd'hui encore est remarquable chez les savants protestants... Les représentants de la spéculation nouvelle s'inspirent largement de l'individualisme absolu de l'esprit protestant et plient, de force, aux exigences de leur philosophie la théorie luthérienne qui leur paraît gênante ». Les mystiques protestants sont, pour la plupart, entraînés jusqu'au panthéisme, jusqu'au monisme absolu, en contradiction manifeste avec les fondements mêmes du christianisme.

Quant à la philosophie byzantine, son développement est irrégulier et lent, comme le génie byzantin lui-même. Les idées antiques, recueillies de première main, et dans leur forme originale, s'y infiltrent beaucoup plus superficiellement que dans le monde arabe, où elles arrivent cependant par de nombreux intermédiaires. Les Byzantins n'ont d'autre souci que de défendre ou de conserver, soit comme Photius, soit comme Aréthas ou Psellus, le platonisme.

Ainsi, non seulement une philosophie, fondée exclusivement sur les sciences et se tenant à l'écart des religions (p. 24, 216), dont ne s'occupe pas d'ailleurs l'auteur, mais encore celle des Indiens et des Chinois, des Grecs, des Juifs et des Arabes, des Byzantins et des hommes de la Renaissance ou de la Réforme, sont inférieures à la philosophie catholique, par cela même que leurs croyances religieuses sont inférieures aux croyances catholiques.

Même la philosophie des Pères, dont les catholiques invoquent l'autorité théologique, est, selon M. de Wulf, inférieure pour plusieurs raisons à la philosophie scolastique. D'abord elle se déploie dans une civilisation imbue d'hellénisme et se rattache intimement au monde qui disparaît : à des idées en partie nouvelles, elle joint un mode ancien de penser, tandis que « la scolastique naît sur un sol vierge de civilisation hellénique et germe au sein des races germaniques, *appelées à détenir l'hégémonie intellectuelle* ». Les Pères ont eu pour rôle essentiel l'établissement et le développement du dogme, non l'enchaînement des raisonnements philosophiques. Comme ils n'avaient pas le legs théologique que les scolastiques tinrent des générations antérieures, ils eurent plus de peine à mener de front l'étude de la philosophie et de la théologie ; leur philosophie est fragmentaire ; elle manque d'unité et recueille des théories stoïciennes, académiciennes, péripatéticiennes, et néo-platoniciennes, juives et orientales.

La scolastique est donc, pour M. de Wulf, la philosophie qui l'emporte sur toutes les autres, comme le catholicisme romain est la religion qui l'emporte sur toutes les doctrines religieuses ou même chrétiennes. Il la distingue de ses « *déviations* », comme aussi de l'« *antiscolastique* », et des philosophies byzantine et arabe qui forment, avec elle, la philosophie médiévale. La scolastique résulte d'un éclectisme intelligent, aux allures indépendantes et originales. Elle cherche l'accord des enseignements de la religion catholique et des résultats de l'investigation philosophique. Elle comprend une période de formation, une période d'apogée, une période de décadence, une période de transition qui conduit à la philosophie moderne.

Dans la première, S. Anselme, Jean de Salisbury, Alain de Lille, S. Bernard et Hugues de S. Victor, sont opposés à Jean Scot Érigène, le père des antiscolastiques, aux Cathares, aux Albigeois, à Bernard de Tours, aux Amauriciens et à David de Dinant.

Au XIIIe siècle, les orthodoxes sont des précurseurs, comme Guillaume d'Auvergne et Alexandre de Halès, ou de grands scolastiques, comme Albert le Grand, S. Bonaventure, Henri de Gand, même Duns Scot, mais surtout S. Thomas, « prince des théologiens et des philosophes, qui a donné, dans son système, la plus brillante formule de la pensée médiévale ». Les antiscolastiques sont presque tous des averroïstes. Parmi les déviations de la scolastique figurent les doctrines de Roger Bacon et de Raymond Lulle, qui témoignent d'une trop grande condescendance pour les averroïstes ou qui édifient contre eux un système de défense exagérée.

Dans la période de décadence, M. de Wulf distingue encore des scolastiques, occamistes ou terministes, scottistes, thomistes et orthodoxes mystiques ; des antiscolastiques, averroïstes ou mystiques hétérodoxes, déterministes ou panthéistes ; enfin des déviations de la scolastique, systèmes où s'est infiltré l'averroïsme, mystique allemande de maître Eckehart et de son école, théosophie de Raymond de Sebonde, mystique théosophique de Nicolas de Cus.

La période de transition comporte, pour l'antiscolastique : 1° les systèmes philosophiques indépendants du dogme, humanistes, platoniciens, aristotéliciens, stoïciens et atomistes, naturalistes et représentants du droit naturel et social ; 2° les systèmes philosophiques mis en harmonie avec des formes nouvelles de religion, philosophie et mystique protestantes, mystique de la Cabbale, philosophie de la religion et théisme, scepticisme. La scolastique, qui s'épuise de plus en plus, ne sait pas se défendre contre les systèmes coalisés de la Renaissance. Elle se désintéresse du mouvement de la philosophie contemporaine et se tient à l'écart du progrès des sciences. Aussi la faveur va-t-elle à la philosophie moderne qui, dès sa naissance, se montre respectueuse des découvertes scientifiques (ch. VIII, p. 214).

Ainsi, M. Elie Blanc et M. de Wulf arrivent, comme B. Hauréau, à séparer, dans les philosophies médiévales, la philosophie orthodoxe et les systèmes hérétiques ou hétérodoxes. Mais tandis que ce dernier réserve toutes ses tendresses pour les hérésies, sauf dans les cas où il se trouve en présence d'orthodoxes comme Albert le Grand ou S. Thomas, en qui il se plaît à montrer des penseurs originaux, même par rapport à nos conceptions actuelles, MM. Elie Blanc et de Wulf se préoccupent avant tout de l'orthodoxie, mettent en pleine lumière tout ce qui mérite d'être relevé et signalé chez ceux qui ont préparé, achevé, défendu, ou heureusement modifié le thomisme, plus soucieux de condamner les systèmes opposés à l'orthodoxie et de donner les raisons pour lesquelles ils les condamnent que d'en tenter une exposition précise, exacte et complète, dont on puisse se servir, en dehors de tout point de vue confessionnel, pour les comparer à ceux de leurs contemporains, de leurs prédécesseurs ou de leurs successeurs.

Par conséquent, avec MM. Elie Blanc et de Wulf, le domaine des philosophies médiévales se restreint de plus en plus. L'essentiel, ce sont pour eux les doctrines orthodoxes du XIII° siècle, dont ils suivent, avec diligence et sollicitude, la préparation et la formation, l'apogée, la persistance, le déclin ou la restauration. Avec eux et par leurs éloges enthousiastes, on est amené à soupçonner que cette philosophie du XIII° siècle, au sens très large du mot, a été parfois trop sommairement jugée ou trop vivement critiquée. On voit encore comment elle a grandi et comment elle s'est étendue au XIII° siècle et de nos jours dans le monde catholique ; on apprend ce que des catholiques fidèles aux conseils de Léon XIII et bien informés pensent en philosophie et comment ils jugent les religions ou les philosophies rivales ; on sait ce qu'on doit attendre du triomphe des catholiques animés de « l'esprit nouveau », ce qu'il convient de faire pour maintenir les doctrines purement humaines et scientifiques ou même comment une conciliation serait possible entre les deux partis, dans chacun desquels d'ailleurs l'unité est loin d'être faite. Mais il ne saurait être question pour eux d'histoire générale des philosophies médiévales, puisque les doctrines helléniques et néo-platoniciennes des premiers siècles, celles des Pères et des chrétiens, orthodoxes ou non, qui ont suivi, jusqu'au ix° siècle, celles des Juifs, des Arabes et des Byzantins, des protestants de toute confession, des rénovateurs de l'antiquité ou des penseurs libres, ne tiennent et ne peuvent tenir qu'une place secondaire. Il ne saurait davantage, dans de semblables conditions, y avoir lieu à une histoire comparée des philosophies médiévales. Il y a bien une comparaison entre toutes les philosophies, mais elle porte sur leur rapport à la théologie, dogmatique ou mystique, du catholicisme orthodoxe : elle exclut, par cela même, l'examen des analogies qui pourraient être relevées entre les philosophies reliées à des religions proclamées fausses et celle que l'on dit seule adaptée à la « vraie religion ». Une histoire comparée, au sens que nous attachons à ce mot, des philosophies théologiques du moyen âge apparaîtrait, aux croyants, comme une profanation, à peu près analogue à celle dont se rendraient coupables ceux qui voudraient écrire l'histoire comparée des religions médiévales. Par contre, la préoccupation d'attirer surtout l'attention sur ce qu'on appelle la scolastique, « sur une œuvre formelle, abstraite, conforme sans doute à la foi religieuse, mais constituée dans une région purement intellectuelle de l'âme, sur une forme pseudo-aristotélique dont on fait l'essentiel de la philosophie du moyen âge », a peut-être contribué, comme le pense M. Boutroux, à faire que les hommes de nos jours, dont l'intelligence a été formée par la science et la vie modernes, n'y aient vu que des documents historiques et des curiosités d'érudition. Et de fait, il semble que depuis la restauration du thomisme et de la scolastique par les catholiques, bon nombre d'hommes cultivés et même de maîtres d'enseignement supérieur ont éprouvé un dédain grandissant et non dissimulé pour « ces concepts quasi mathématiques, immobiles, sans profondeur et sans âme ». Ce dédain, ils ne sauraient certes l'avoir, quelles que soient d'ailleurs leurs convictions personnelles, pour ces philosophies théologiques qui sont la caractéristique d'une curieuse époque de la civilisation et dans lesquelles on est obligé de faire rentrer en tout ou en partie Philon, Sénèque, Epictète et Marc Aurèle, Plotin et Origène, S. Basile, S. Augustin et Proclus, le pseudo-Denys l'Aréopagite et S. Jean Damascène, Photius et Jean Scot Erigène, Avicenne et Averroès, Avicebron et Maimonide, S. Anselme, Roger Bacon et S. Thomas, Mélanchthon et Kant, les mystiques allemands et les philosophes comme Schelling, Hegel et tant d'autres qui ont repris, reproduit, transformé, ou synthétisé d'une façon originale et neuve les idées réunies et systématisées par Plotin, conservées et transmises par les néo-platoniciens et les chrétiens, par les Byzantins et les Occidentaux, par les Arabes et les Juifs, par les savants et les écrivains de tout ordre comme par les théologiens et les philosophes.

L'ouvrage d'Ueberweg (1), mis au courant des travaux récents par Heinze, va des origines du christianisme à la Renaissance et à la Réforme : le christianisme tourne les recherches philosophiques vers la théologie et la cosmogonie, vers la doctrine biblique de la sainteté.

(1) Friedrich Ueberweg's *Grundriss der Philosophie, Zweiter Theil*, Die mittlere oder die patristische und scholastic e Zeit. Achte... Auflage, hgg. Von Dr Max Heinze, VIII-364 p., 1898.

Une première période s'étend des Apôtres à Charlemagne ; une seconde comprend la scolastique proprement dite.

Le concile de Nicée (325) partage la première en deux parties. D'abord se fait la genèse des dogmes fondamentaux, par les Pères apostoliques, les Gnostiques et les Apologistes, les partisans de l'Homousie et leurs divers adversaires, par Clément, Origène et les Pères latins : la spéculation est théologique et philosophique. Puis, du Concile de Nicée à Alcuin et Fridugise, avec les trois lumières de l'Eglise de Cappadoce, avec saint Augustin et Synésius, le pseudo-Denys et Jean Damascène, Claudianus Mamertus, Capella, Boèce et Cassiodore, Isidore de Séville et Bède le Vénérable, on développe, on fortifie le dogme ; on le défend contre l'hérésie. La philosophie se distingue de la dogmatique.

Dans la seconde période, la philosophie est, pour Ueberweg-Heinze, la servante ou au moins la subordonnée de la dogmatique : la scolastique débute en unissant, à la doctrine de l'Eglise, la logique aristotélicienne et la philosophie néo-platonicienne ; ensuite elle s'achève et se répand. La première division va, en Occident, de Jean Scot Erigène à Amaury de Bennes et David de Dinant ; elle présente les mêmes rapports entre la philosophie et les doctrines religieuses, chez les Grecs et les Syriens (p. 213-219), les Arabes (219-237) et les Juifs (237-253). La seconde, par Alexandre de Halès, Vincent de Beauvais, Jean de Fidanza, Albert le Grand, Thomas d'Aquin, Duns Scot, Roger Bacon, Raymond Lulle, Guillaume d'Occam, Jean Buridan, Raymond de Sebonde, Gerson, conduit aux mystiques allemands du xive et du xve siècles.

Dégagés de préoccupations confessionnelles dans leurs monographies, Ueberweg-Heinze semblent, à un point de vue général, juger en chrétiens pour qui l'hellénisme est chose inférieure, pour qui le christianisme des premiers temps est supérieur au catholicisme du xiiie siècle, pour qui enfin la Réforme est un retour à la perfection primitive et le début d'une ère nouvelle. De là des lacunes, des affirmations contestables, qu'il faut relever au moins brièvement, en raison même de la valeur historique de l'œuvre.

D'abord la spéculation hellénico-romaine est séparée du mouvement chrétien, qu'on ne peut comprendre sans le replacer dans le monde théologique dont il fait partie, à côté de la philosophie grecque et romaine qui le provoque, le combat ou lui vient en aide. Philon est le maître des chrétiens et des néo-platoniciens ; Plotin combat les Gnostiques ; Porphyre et Julien, les chrétiens. Synésius et le pseudo-Denys, de qui relèvent Jean Scot et même saint Thomas, se rattachent aux néo-platoniciens, comme Boèce, comme saint Augustin, ramené par eux du manichéisme au catholicisme ; Simplicius et Jean Philopon sont inséparables ; saint Ambroise imite Cicéron ; Sénèque est rangé par les chrétiens parmi les correspondants de saint Paul ; Epictète fournit son *Manuel* à des communautés de moines. C'est chose fort légitime d'étudier à part les Grecs et les Latins restés fidèles à l'hellénisme, puis les philosophes chrétiens qui ont écrit dans l'une ou l'autre langue pour suivre la décadence des uns et les progrès des autres. Mais ce sont deux recherches qu'il faut mener de front pour faire l'histoire comparée des idées et des systèmes (ch. III).

En second lieu, la Renaissance — la troisième, puisqu'il y en eut une avec Charlemagne, une autre avec le xiiie siècle — n'a point mis fin aux conceptions théologiques dont vécut l'époque médiévale, pas plus que la Réforme où l'on vit des guerres religieuses, une scolastique protestante et une restauration catholique du thomisme. Il fallut Galilée, Bacon et Descartes, le traité de Vervins et l'édit de Nantes, pour amener la philosophie scientifique des temps modernes et préparer un régime de tolérance religieuse (ch. II).

En outre Ueberweg et Heinze ne considèrent les Syriens, Byzantins, Arabes et Juifs, qu'en fonction de l'Occident, tandis qu'il faudrait, pour les comprendre en eux-mêmes et comme éducateurs des Occidentaux, étudier en même temps : — Jean Scot, Photius et Alkendi ; — Saadja, Alfarabi, Gerbert, Psellus et Avicenne ; — Algazel, Ibn-Gebirol et saint Anselme ; — Jean de Salisbury, Alain de Lille, Eustratius, Averroès et Maïmonide (ch. VIII).

Peut-être encore ne faudrait-il pas séparer les mystiques allemands de ceux de la première période, qu'ils continuent en utilisant, comme leurs contemporains dogmatiques, les acquisitions néo-platoniciennes du xiiie siècle. Enfin, c'est par Alcuin (ch. VI), non avec Jean Scot, qu'il convient de commencer en France et en Allemagne, l'histoire de la première Renaissance de l'Occident.

Ces critiques ne sauraient faire oublier ce que nous devons à Ueberweg-Heinze. Leur bibliographie est aussi complète que possible. L'exposition de la patristique est exacte et suggestive, comme d'ailleurs celle de bon nombre des paragraphes relatifs à la seconde période, spécialement de ceux qui portent sur Jean Scot — où l'on souhaiterait seulement un peu plus de place pour les discussions sur la Prédestination — sur saint Anselme et Jean de Salisbury, sur Albert le Grand, saint Thomas, Duns Scot et Occam.

Ainsi si nous trouvons chez les historiens dont nous avons rappelé les œuvres des informations précieuses et dont il est nécessaire de tenir grand compte, il reste bien à faire une étude générale et comparée des philosophies médiévales.

Il semble qu'elle ne peut être menée à bonne fin, ni par un Français qui ferait de son pays le centre de son exposition historique, ni par un Occidental qui s'attacherait surtout au mouvement des idées en Angleterre et en Irlande, en Allemagne et en France, en Italie et en Espagne, ni par un Oriental, chrétien, juif ou musulman qui partirait de conceptions analogues, quelles que soient d'ailleurs les indications intéressantes que chacun d'eux, bien informé, fournirait sur les questions qu'il aurait étudiées.

De même, il est bien difficile, pour ne pas dire impossible, qu'elle le soit par un catholique, par un protestant ou par un chrétien de n'importe quelle confession, par un musulman ou un juif, qui se placeraient, pour exposer et juger, au point de vue de la société religieuse dont ils font partie, enfin par un adversaire de toutes les religions, uniquement occupé de combattre les philosophies théologiques, dont la survivance chez ses contemporains lui semble un anachronisme.

Celui qui semble le plus apte à accomplir une telle œuvre, c'est l'homme qui est décidé (ch. I) à séparer l'exposition et l'explication de la critique, qui cherche à embrasser dans leur ensemble, dans leur coordination ou leur subordination, sans se dissimuler les lacunes, les éléments divers dont se constituent, aux diverses époques et dans les différents pays, les philosophies rattachées à la civilisation médiévale (ch. II). S'il est lui-même partisan d'une philosophie scientifique et rationnelle, s'il estime que l'observation et l'expérience doivent lui donner l'explication des choses et la direction de sa vie, il n'oublie pas que l'observation intérieure est aussi nécessaire que l'observation externe. C'est par une analyse minutieuse, exacte et complète des idées et des sentiments qu'il trouve en lui, mais aussi qu'il rencontre chez ses contemporains ou qu'il aperçoit dans les œuvres des hommes d'autrefois, qu'il commence ses recherches. Il les continue en examinant comment idées et sentiments se liaient entre eux, comment les idées étaient associées pour former des systèmes qui, avec les groupements divers des sentiments, concouraient à expliquer la réalité et à déterminer l'orientation de la vie individuelle et sociale. En ce sens psychologique et philosophique (1), l'étude absolument impartiale et, par suite, aussi complète que possible du passé de l'humanité, surtout des religions et des philosophies, lui est aussi indispensable que l'examen des résultats auxquels aboutissent, dans leurs recherches les plus récentes, les sciences physiques, naturelles et morales.

C'est à ce point de vue que nous nous sommes placé (2), dans nos précédents travaux relatifs à l'histoire des philosophies médiévales, comme pour diriger

---

(1) On peut y voir la synthèse des affirmations de M. Théodule Ribot, éparses dans toutes ses recherches psychologiques et de M. Boutroux, dans ses *Etudes sur l'histoire de la philosophie*.

(2) Dès 1889, en même temps que nous exposions l'histoire des dogmes, nous commencions une série de recherches auxquelles se sont joints un certain nombre des jeunes gens qui suivaient nos conférences et que nous avons cru pouvoir grouper sous le titre de *Société d'histoire générale et comparée des philosophies médiévales*. Pour notre part, nous avons publié, KANT, *Critique de la Raison pratique* (traduction nouvelle), 1888, 3e édiion, 1906; *Histoire des rapports de la théologie et de la philosophie*, 1888 (voir ch. IV); *De l'origine de la scolastique en France et en Allemagne*, 1889 (voir ch. VI) ; *Les Idéologues*, 1891 ; *Le mouvement néo-thomiste*, 1892 (voir ch. IX) ; *Néo-thomisme et scolastique*, 1893 (voir ch. IX); *La scolastique*, 1893 (ch. VII) ; *La Science expérimentale au XIII° siècle*, 1894 ch. VIII); *Galilée, fondateur de la science et de la philosophie modernes, destructeur de la scolastique*, 1895 (ch. VIII); *Néo-thomisme et scolastique*, 1896 (ch. IX); *Abélard et Alexandre de Halès, fondateurs de la méthode scolastique*, 1896 (ch. VIII) ; *Discussions sur la liberté au temps de Gottschalk*, 1896 (ch. VI); *Renaissance des études scolastiques*, 1896 ; *Roscelin*, 1896; *Gerbert*, 1897; *L'Averroïsme au XIIIe siècle*, 1900 (ch. VIII) ; *Valeur de la scolastique*, 1900 ; *Le moyen âge, caractéristique théologique et philosophique, limites chronologiques*, 1901 (ch. II); *B. Hauréau*, 1901 (ch. X) ; *Histoire de l'Enseignement et des Ecoles du IXe au XIIIe siècle*, 1901 (ch. IV) ; *Les Historiens de la philosophie scolastique*, 1902 (ch. X): *Plotin et les Mystères d'Eleusis*, 1903 (ch. V); *Plotin et S. Paul*, 1903 (ch. V). De nombreux articles sur les philosophies médiévales ont paru dans la *Grande Encyclopédie* ; *École péripatéticienne, Pierre d'Aquila, Pierre de Corbeil, Pierre d'Espagne, Pierre de Poitiers, Pierre de Prusse, Pierre de Mariscourt, Pierre de S. Joseph, Pierre de Mantoue, Paul de Venise, Porphyre, Priscien, Priscus, Procession, Puissance, Quadrivium, Raimbert, Rainaud, Ranulfe de Humblières, Raoul le Breton, Raymond (de Tolède); Raimond de Sebonde, Reinhard, Remi d'Auxerre, Robert de Courçon, Robert Holkot, Robert Kilwarderby, Robert de Melun, Robert de Paris, Robert Pulleyn, Roscelin, Rüdinger, Rupert, Philopon, Sénèque, Simplicius, Stoïcisme à Rome, Scepticisme, Scolastique, Thomisme et Néo-thomisme*, etc. Pour notre conférence ont été préparés les travaux suivants : Dr JEAN PHILIPPE, *Lucrèce dans la théologie chrétienne du VIIIe au XIIIe siècle et spécialement dans les écoles carolingiennes*, 1898 (thèse diplômée) ; L. GRANDGEORGE, *S. Augustin et le néoplatonisme* (thèse diplômée) ; J. EBERSOLT, *Essai sur Bérenger de Tours et la controverse sacramentaire au XIe* (id.) ; P. ALPHANDÉRY, *Les Idées morales chez les hétérodoxes latins au début du XIIIe siècle* (thèse diplômée) et *Y a-t-il eu un Averroïsme populaire au XIIIe et au XIVe siècles* (Congrès des religions) ; LUQUET, *Aris-*

ceux des jeunes gens qui ont bien voulu nous prendre pour guide. C'est à ce point de vue que nous avons composé la présente *Esquisse* et que nous enseignerions et écririons l'*Histoire générale et comparée*, à laquelle cette *Esquisse* peut servir d'introduction (1), quoiqu'elle soit, en principe, destinée à se suffire à elle-même.

tote et *l'Université de Paris pendant le XIII° siècle* (thèse diplômée) et *Hermann l'Allemand* (Congrès des religions).
(1) Nous avions essayé déjà d'en donner une idée dans la *Revue philosophique* de février 1902, p. 188, en indiquant quels noms devraient surtout appeler l'attention, quelles questions devraient être soulevées, quelle place on pourrait donner à cet enseignement, dans les lycées, les Universités et certaines écoles d'enseignement supérieur.

CONCLUSION

De cette rapide *Esquisse* où des affirmations, d'une importance singulière, n'ont pu être justifiées que dans leur teneur essentielle, certaines conclusions nous semblent devoir ressortir.

D'abord il faut renoncer à ramener les philosophies médiévales à ce que l'on entend d'ordinaire ou parfois par la scolastique, c'est-à-dire à une philosophie chrétienne, catholique, orthodoxe, plus ou moins confondue avec le thomisme et rattachée étroitement à la logique péripatéticienne.

Elles forment un ensemble de philosophies théologiques qui se joignent aux religions helléniques et romaines, au judaïsme, au mahométisme, au christianisme, sous leurs formes les plus différentes. Toutes ou presque toutes font place aux systèmes antiques et aux acquisitions, passées ou actuelles, des sciences positives.

Ce qui domine dans toutes, ce sont les spéculations sur Dieu et sur l'âme, comme sur les moyens de nous unir pour toujours à la divine perfection.

C'est à Plotin qu'aboutissent les synthèses tentées d'abord, de ce point de vue religieux et mystique, entre les éléments scientifiques, théologiques et philosophiques. C'est à Plotin que se rattachent toutes celles qu'entreprennent ensuite les Chrétiens, les Musulmans et les juifs d'Orient ou d'Occident, même bon nombre de celles qui apparaissent après les progrès des recherches expérimentales et la constitution d'une philosophie scientifique, capable d'expliquer l'univers et de régler notre vie individuelle et sociale.

Or, pour Plotin, il y a un monde intelligible avec ses catégories spéciales, que régit le principe de perfection, un monde sensible dont les catégories rappellent celles d'Aristote et où trouvent leur application, les principes de contradiction et de causalité. Par conséquent le système comporte, d'abord et avant tout, la connaissance aussi complète et aussi précise que possible, du monde sensible pris dans son ensemble, c'est-à-dire l'utilisation, après acquisition et réunion, de toutes les notions qui relèvent des sciences physiques et naturelles, surtout des sciences psychologiques et morales. A cette systématisation positive, dont les modernes feront sortir une morale et une sociologie, se superposent, chez Plotin, une métaphysique et une théologie qui doivent exposer, dans la mesure où cela est donné à l'homme, ce qu'est en soi le monde intelligible, comment en procède le monde sensible, comment ensuite se convertissent ou se retournent vers lui, pour y rentrer ou s'y réunir, certains des êtres ainsi produits, en d'autres termes, comment notre monde est créé, puis gouverné par Dieu, comment se réaliseront un jour la justice, la sainteté, la béatitude que l'homme conçoit et qu'il désespère parfois d'atteindre en cette vie.

Une semblable doctrine tient compte, comme l'a justement dit M. Boutroux, non seulement de la région purement intellectuelle de l'âme, mais « de la croyance, de l'amour et de la vie ». Pour instituer sa dogmatique et sa mystique, qui s'accompagnent et se complètent, elle invoque, comme eût dit Platon, la dialectique des idées et la dialectique des sentiments, ou comme dirait M. Ribot, la logique rationnelle et la logique affective.

Par conséquent le système dont s'inspirent les philosophies médiévales et qui les dépasse toutes en ampleur et en harmonie est caractéristique, en ce sens, que non seulement toutes les données déjà acquises par les sciences physiques, naturelles, psychologiques et morales y trouvent place, mais encore parce qu'elles sont utilisées pour la construction du monde intelligible et pour l'union, partielle ou complète, de notre âme avec Dieu : le sensible et l'intelligible, distingués et nettement séparés, sont aussi fortement liés qu'ils peuvent l'être, le principe de perfection auquel obéit le second, laisse aux principes de contradiction et de causalité tout ce qui, du premier, ne doit pas nécessairement être modifié en vue du divin et du parfait.

De là découlent des conséquences importantes. D'abord les Chrétiens, les Musulmans et les Juifs (1) ont des livres saints qui ne contiennent guère de théologie, c'est-à-dire de croyance dogmatique ou systématisée. Pour formuler des dogmes comme pour édifier des systèmes qu'ils ne séparent pas plus les uns que les autres, ils s'adressent aux Grecs et surtout à Plotin ou à ses disciples. Tous mêlent des éléments scientifiques, philosophiques et religieux, rationnels et mystiques. Ainsi les trois religions, avec les théologies et les philosophies qui s'y joignent, se distinguent profondément des religions primitives où il n'y a place, ni pour la raison, ni pour la science. Elles ne se confondent pas davantage avec les religions de l'Inde, brahmanisme et bouddhisme, dont elles se rapprochent par leur mysticisme et par leurs tendances purement spéculatives ou morales. En effet si celles-ci procèdent à leurs créations avec l'imagination et l'allégorie, de manière à leur donner parfois un caractère artistique ou esthétique, elles ne cherchent guère à établir un lien, par la raison et l'expérience, entre l'interprétation allégorique et la connaissance positive, entre le monde intelligible et un monde sensible, où l'on ne puise que des images sans essayer d'en faire sortir ou d'y introduire des notions ou des conceptions scientifiques (2).

Ainsi, de l'étude générale et comparée des systèmes philosophiques du moyen âge sortira une connaissance plus précise, plus exacte, plus pénétrante des religions qu'ils ont complétées et même des formes diverses et multiples dont elles furent successivement ou simultanément revêtues. Le polythéisme hellénique postérieur à l'ère chrétienne, le judaïsme après Philon, le christianisme grec et latin, les communautés protestantes et réformées qui se sont élevées du XVIᵉ siè-

---

(1) Il s'agit du judaïsme avec et après Philon.
(2) Voir surtout Oldenberg, *La religion du Véda* (traduction Victor Henry), *Le Bouddha* (traduction A. Foucher), Paris, Alcan ; Victor Henry, *Les littératures de l'Inde*, Paris, Hachette.

cle à nos jours, les doctrines religieuses des Musulmans d'Orient jusqu'au xi° siècle, des Musulmans d'Occident jusqu'au xiii°, apparaissent ainsi avec des caractères communs d'une importance suffisante pour qu'il soit possible d'en extraire une philosophie religieuse, dont la constitution serait d'une valeur incontestable pour l'histoire des religions. Qu'on puisse tirer une philosophie des religions antiques ou primitives, c'est ce que l'on soutient et ce que l'on essaie de faire, malgré les lacunes des traditions et des textes, parfois même en l'absence de dates précises qui en marquent le développement continu ou synchronique. La philosophie des religions médiévales du 1er siècle au xvii°, peut, au contraire, résulter de l'étude précise d'œuvres authentiques et souvent complètes, de faits bien établis, d'institutions dont on sait l'origine et qu'on est parfois à même d'observer encore. Elle est donc propre à nous fournir des renseignements aussi probants et aussi instructifs que possible sur l'évolution religieuse de l'humanité civilisée pendant la longue période qu'à bien d'autres points de vue nous avons le mieux appris à connaître. Et pour l'élaboration de cette philosophie religieuse, l'étude générale et comparée des systèmes est l'élément essentiel sinon unique.

C'est qu'ils nous offrent une variété presque infinie dans les combinaisons que forment la foi et la raison, la tradition et l'autorité, la science autrefois acquise et l'expérience actuelle, la théologie qui grandit peu à peu et la philosophie qui décroît ou se transforme, le dogme qui se fixe et la mystique qui, par des moyens différents, poursuit invariablement le même but. Si l'on est, en général, d'accord pour affirmer l'existence de Dieu et l'immortalité de l'âme, il y a des conceptions possibles et en nombre indéfini de la divinité, de ses attributs et de son action, de la vie future et des façons d'en jouir, comme des moyens d'y atteindre. Mais surtout, s'il y a peu de systèmes qui puissent embrasser toutes les connaissances positives et subordonner ou coordonner harmonieusement le monde intelligible et le monde sensible, il est impossible de limiter le nombre de ceux qui feront une part plus ou moins grande à la science et à l'expérience, qui voudront introduire les catégories du sensible et les principes rationnels de contradiction et de causalité dans le monde intelligible ou, inversement, expliquer, en tout ou en partie, par le principe de perfection, le monde qui nous entoure et dans lequel nous vivons. Sans compter que les rapports des deux mondes, dans l'éternité et dans le temps, peuvent être conçus fort différemment et que, même sur la Création et la Providence, des solutions très diverses peuvent être acceptées ou défendues. L'histoire sera générale, parce que toutes les philosophies médiévales auront une certaine originalité ; elle sera comparée, parce qu'elles présenteront des divergences presque aussi caractéristiques que leurs ressemblances. Et la philosophie des religions dont elles sont contemporaines, alliées ou adversaires, présentera une généralité et une complexité analogues.

De ce que les systèmes les plus satisfaisants, pour la raison et pour la foi, sont ceux qui relient les deux mondes, à l'imitation du plotinisme, en synthétisant tous les résultats positifs (ch. VIII), d'autres conséquences apparaissent non moins importantes que les précédentes. Les acquisitions scientifiques, si considérables à partir du xviie siècle, seront rapprochées et systématisées par des hommes qui continueront à les abriter sous la couverture théologique et métaphysique de Plotin ou de ses successeurs. Ainsi procéderont Descartes et Malebranche, Bonnet, Leibnitz et Kant (ch. IX), des catholiques, des protestants et des penseurs libres. Mais le rôle de la raison et de la science grandit sans cesse : les créations de l'imagination sont des hypothèses qui partent souvent de la science, rarement de la théologie et qui s'appuient beaucoup plus sur la raison que sur la foi. Dès lors ce qui devient vraiment vivant dans les systèmes philosophiques, c'est la systématisation, après examen et discussion, de ce que nous apprennent les sciences de la nature et de l'esprit, ce sont les conclusions ou les inductions qui en ressortent pour la direction de la vie individuelle et sociale. L'élément théologique passe au second plan ou disparaît. Sans révolution et bien plutôt par voie d'évolution, la société moderne remplace la société médiévale, la philosophie rationnelle et scientifique se substitue à la philosophie théologique. Et du moyen âge subsistent, sous forme positive, bien des affirmations et des conceptions que l'on croit parfois toutes modernes, comme s'étaient maintenues, sous forme théologique, tant de données antiques dont seules l'expérience et la raison avaient fait l'acquisition.

Ce n'est pas tout. L'œuvre essentielle de la période médiévale fut de constituer un monde intelligible — explication, modèle et fin du monde sensible — avec des méthodes transcendantes, dogmatiques ou mystiques qui sont une extension, par l'union de la raison et du sentiment, des méthodes positives auxquelles recourent les sciences déductives, inductives ou historiques, comme des intuitions de l'artiste, du poète ou de l'inventeur. Les modernes vont en sens inverse : des conceptions théologiques et mystiques, des méthodes employées à les former et à les systématiser, les métaphysiciens et les savants travaillent à extraire ce qui peut faire mieux connaître l'homme et le monde, améliorer la société civile et politique, perfectionner l'individu, augmenter de plus en plus le pouvoir de l'esprit sur la nature. En un sens plus profond peut-être et plus exact, ils ramènent, comme autrefois Socrate, la philosophie du ciel sur la terre, mais en essayant de ne rien perdre de ce qui mérite d'être conservé dans les affirmations théologiques du passé médiéval.

Ainsi des métaphysiciens et des moralistes (1) reprennent, pour leurs constructions systématiques, d'un point de vue rationnel et largement humain, non en chrétiens de telle ou telle confession, bien des conceptions qui furent développées et défendues par les penseurs juifs, chrétiens ou musulmans dont nous avons brièvement esquissé les doctrines. En particulier les idées relatives à la liberté humaine, à la Providence, à la prédestination et à la prescience, à la grâce et à la puissance divine (ch. VI), réapparaissent dans les affirmations modernes sur la contingence des lois de la nature et le libre arbitre, le déterminisme physique, physiologique ou psychologique ou la responsabilité de l'individu et de la société. Et les sociologues, comme il a été indiqué, se proposent d'atteindre, pour cette vie et en ce monde, le but que les théologiens poursuivaient pour la vie future et dans un monde où Dieu donnerait toute satisfaction à nos souhaits de justice, de béatitude et de sainteté.

De même les savants de tout ordre, physiciens et chimistes, naturalistes et historiens sont loin d'avoir rompu, qu'ils le sachent ou l'ignorent, avec leurs prédécesseurs du moyen âge. M. Berthelot (ch. VIII) a consacré d'intéressantes

---

(1) Il suffit de rappeler les noms de Victor Cousin, de Ravaisson, de Lamennais, de Secrétan, de Renouvier, de MM. Fouillée, Boutroux, Bergson, comme la *Revue de Métaphysique et de morale*, dirigée par M. Xavier Léon. Des tendances analogues seraient plus faciles encore à retrouver chez les métaphysiciens et les moralistes d'origine protestante.

et fructueuses recherches aux alchimistes, à leurs expériences et à leurs théories théologiques ou métaphysiques, qui en sont inséparables. Plus d'un partisan de l'hérédité physiologique et psychologique a vu, dans la croyance au péché originel, l'intuition vague, mais singulièrement énergique, de ce qui semble une des découvertes les plus curieuses de la science moderne. Les doctrines transformistes et évolutionnistes sont comparées, opposées ou alliées au récit de la Genèse qui a suscité tant de commentaires théologiques et métaphysiques. Comme Roger Bacon, Chateaubriand et Renan estiment qu'il faut bien connaître la Palestine et les pays voisins pour comprendre les récits bibliques ou évangéliques et les croyances qui s'y attachent. Enfin l'on pourrait suivre la curieuse et instructive transformation que subit l'explication historique de la marche de l'humanité à travers les siècles. Essentiellement théologique avec S. Augustin qui invoque surtout l'action de la Providence, elle devient, en partie, positive avec Roger Bacon. Théologique encore au xviie siècle avec Bossuet, qui fait une grande place aux causes secondes et sera, pour cette raison, un précurseur de Montesquieu, elle est déjà métaphysique et scientifique avec Descartes et Pascal, qui mettent au premier plan le progrès des sciences et de la raison. Puis la doctrine de la perfectibilité, chrétienne encore avec Turgot, devient exclusivement humaine avec Condorcet qui en donne la formule la plus complète. Et l'on peut se demander ce que l'évolution spencérienne et le transformisme darwinien conservent ou modifient des théories sur le progrès que développent, surtout au point de vue moral et social, les partisans de la Révolution française.

Autant que les métaphysiciens et les savants, les psychologues de l'école de M. Ribot font effort pour reprendre aux systèmes médiévaux leurs données positives. Ils poursuivent l'étude analytique et synthétique de tous les phénomènes, conscients ou non, que comprend la vie psychique, non seulement de ceux qui apparaissent ou dominent chez les hommes d'aujourd'hui, mais encore de tous ceux qui, habituels, fréquents ou même exceptionnels pendant le moyen âge, persistent de nos jours sous une forme normale, accidentelle ou pathologique. Ainsi figurent, dans la *Revue philosophique*, de nombreux articles sur le mysticisme et les mystiques. Dans la *Psychologie de l'attention*, M. Ribot a traité, en psychologue et en physiologiste, de l'extase, de ses variétés et de ses degrés. La *Psychologie des Sentiments* contient un curieux chapitre sur le sentiment religieux. Dans une première période, écrit M. Ribot, où l'on rencontre le culte des ancêtres, le fétichisme et l'animisme, il y a prédominance de la peur, et la religion est, par caractère, pratique, utilitaire, sociale et non morale. Dans une seconde période, se produit une évolution intellectuelle qui amène la conception d'un ordre cosmique, d'abord physique, ensuite moral. En même temps, il y a une évolution affective qui fait prédominer l'amour, auquel s'adjoint le sentiment moral. Enfin, dans une troisième période, l'élément rationnel arrive au premier plan et provoque l'apparition d'une philosophie religieuse. Classification remarquable qui rappelle la loi des trois états d'Auguste Comte et qui vaut surtout, comme elle, pour ceux qui s'attachent à classer les religions d'après leur contenu plutôt que par leur succession chronologique. Et l'histoire générale et comparée de nos philosophies médiévales en fournirait amplement la preuve, en nous montrant la succession et la coexistence de formules religieuses qu'inspirent la peur, l'amour et le sentiment moral ou la raison.

Ces études positives, dont on rapprocherait utilement les travaux historiques de Siebeck (1) ont été fort bien accueillies, non seulement par tous ceux qui ont à cœur les progrès de la psychologie, mais par ceux qui restent des croyants fidèles, convaincus et ardents, comme les dominicains de la *Revue thomiste*.

Dans cette voie, M. Ribot va maintenant plus loin encore par *sa logique des sentiments*. La dialectique des idées et la dialectique des sentiments, dont les platoniciens ont fait si grand cas, deviennent pour lui la logique rationnelle et la logique affective.

Exclusivement pratique, suscitée et maintenue d'abord par des besoins vitaux et des désirs, la faculté d'inférer consistait, selon M. Ribot, à trouver des moyens termes dont la réunion conduise, en dernière analyse, au succès ou à l'échec, qu'il s'agisse de rites ou de la construction d'un arc et d'un filet. Par l'expérience, le raisonnement objectif, conforme à la nature des choses, probant, rationnel, tend à former un petit domaine dans le champ illimité du raisonnement subjectif, à conclusions simplement probables. Par suite d'une longue culture, la logique rationnelle s'est émancipée : la déduction fut l'œuvre des anciens ; l'induction, celle des modernes.

Mais elle ne s'étend pas au domaine entier de la connaissance et de l'action. La logique des sentiments sert à l'homme dans tous les cas où il a un intérêt, théorique ou pratique, à poser ou à justifier une conclusion et qu'il ne veut ou ne peut employer les procédés rationnels. Son domaine varie en fonction de la logique rationnelle : il est limité par le corps des sciences solidement organisées, dont on exclut les théories et les hypothèses, qui ne sont que des instruments d'ordre ou de découverte. C'est dans l'activité religieuse qu'elle rencontre sa manifestation la plus complète. Soustraite au principe de contradiction, elle est régie par ce que M. Ribot appelle le principe de finalité, considéré comme indépendant de toute théorie transcendante. Tandis que le raisonnement intellectuel tend vers une conclusion, le raisonnement affectif se propose de créer une conviction, une croyance. Dans le premier, les rapports entre les moyens termes s'établissent par ressemblance, analogie, passage de la partie au tout et du tout à la partie, par inclusion ou exclusion ; dans le second, par marche ascendante ou accumulation, par progression ou régression, par contraste. Dans le premier, la série conditionne la conclusion ; dans le second, c'est la conclusion qui conditionne la série.

Le raisonnement affectif est passionnel, comme dans la timidité, l'amour, la jalousie. Il est inconscient, comme dans les conversions et les transformations affectives. Il est imaginatif et constitue le raisonnement propre de la croyance : par lui se créent ou se conçoivent les dieux, les idées ou conclusions relatives à la vie future, l'art de la divination, et la magie. Justificatif, le raisonnement affectif est engendré par une croyance ferme et sincère qui se refuse à être troublée et aspire au repos : il s'épanouit luxurieusement, dit M. Ribot, dans toutes les religions. Enfin, composé ou mixte, il suppose, comme dans les plaidoyers de toute sorte, un enchaînement rationnel qui en est le squelette, l'emploi des émotions comme moyen d'agir et comme procédé d'argumentation. C'est une

---

(1) HERM. SIEBECK, *Geschichte der Psychologie*, 1880, 1884. La première partie, en deux divisions, a seule paru. Elle va jusqu'à S. Thomas.

forme, franche ou dissimulée, violente ou mitigée, du combat, qui cherche le succès, la victoire, le triomphe par tous les moyens et même par la ruse.

En résumé, les multiples manifestations de la logique des sentiments se ramènent, selon M. Ribot, à deux tendances fondamentales de la vie affective, la conservation et le développement, qui sont intimement liées chez les animaux supérieurs.

Pour ces études positives d'une psychologie et d'une logique, intellectuelles et affectives, les systèmes du moyen âge et la philosophie religieuse qui en résulte fournissent les matériaux les plus complets et les plus précieux, les plus précis et les plus faciles à ranger dans un ordre chronologique qui en fasse saisir le développement et l'évolution (1).

En somme, l'histoire générale et comparée des philosophies médiévales est indispensable pour connaître la période théologique sur laquelle nous avons, à tous points de vue et pour tous les sujets, les matériaux les plus riches. Elle peut nous donner une philosophie des religions par laquelle nous comprenions comment l'homme qui s'étudie et qui étudie la nature, use des connaissances ainsi acquises pour concevoir et peupler le ciel, pour construire un monde intelligible où règnent la justice et la sainteté, la perfection et la béatitude. Elle fait saisir les difficultés de l'heure présente où entrent en contact et parfois en lutte les partisans des doctrines théologiques et les hommes qui ne réclament que de la science et de la raison, l'explication ou la connaissance des choses comme la direction des individus et des sociétés. Pour ces derniers eux-mêmes, pour les physiciens, les naturalistes et les historiens, surtout pour les sociologues, les moralistes et les métaphysiciens, pour les psychologues et les logiciens, elle fournit des connaissances qui, ramenées sur le terrain positif, sont des acquisitions définitives, des indications précieuses pour la compréhension de la nature et de l'homme, pour l'organisation d'une vie individuelle et sociale où il y ait moins de misère et d'imperfection, plus de justice, de solidarité et d'union. En définitive, on ne saurait dire que le travail, fait surtout en vue de la vie future et du monde intelligible, ait été inutile pour la constitution de la cité terrestre et l'orientation de la vie actuelle vers un idéal de plus en plus humain, de plus en plus élevé, de plus en plus aperçu et poursuivi par tous.

FIN

---

(1) Voyez tout ce qui a été dit des deux mondes et des principes qui les régissent.

TABLE DES MATIÈRES

Avant-propos I
Bibliographie générale xv

CHAPITRE PREMIER

L'histoire de la philosophie dans l'histoire de la civilisation

I. L'histoire de la civilisation porte sur l'antiquité, le moyen âge et les temps modernes. Les éléments essentiels sont, pour toute civilisation, l'agriculture, l'industrie et le commerce, les institutions familiales et sociales. Les lettres, les beaux-arts, les sciences et la philosophie, en s'y ajoutant, constituent les civilisations les plus avancées. Certains historiens traitent d'une civilisation en donnant à chacun de ces éléments l'importance qu'il a eue dans la réalité ; d'autres s'attachent à un seul d'entre eux. — II. L'historien des philosophies réunit tous les textes, œuvres et fragments originaux, expositions faites d'après des documents disparus. — III. L'histoire bibliographique de ces textes différents, des manuscrits et des éditions, donne une idée générale de l'œuvre philosophique. — IV. L'authenticité des textes, abordée dans l'étude précédente, est déterminée par les preuves externes et internes, pour lesquelles on tient compte des travaux critiques dont ils ont été déjà l'objet. — V. Les textes, immédiats et médiats, sont ensuite classés d'après leur valeur respective. — VI. Pour les expliquer et les interpréter, la philologie et la sémantique qui nous donne le sens des racines et le sens successif ou simultané des mots, la psychologie, qui nous renseigne sur le philosophe, sur son éducation, sur ses tendances et son caractère, sur ses contemporains ou ses concitoyens, sont d'un précieux secours. — VII. L'Histoire des faits et des institutions, des États, de leurs relations et de leurs révolutions, comme une chronologie exacte et précise, sont tout aussi nécessaires. — VIII. Il en est de même de l'histoire des lettres et des arts. — IX. L'histoire des religions et des théologies est indispensable dans l'antiquité et surtout au moyen âge pour l'intelligence des textes philosophiques. — X. Celle des sciences mathématiques, physiques, naturelles et morales, par les résultats contrôlés qu'elle fournit à l'historien des philosophies, lui permet de reconstituer le milieu positif dans lequel est né et a grandi le philosophe. — XI. Pour l'exposition des doctrines, il faut tirer de chacun des textes, en tenant compte de la chronologie, les questions qu'il se posait et les réponses qu'il y donnait ; puis grouper les résultats obtenus autour de la théorie maîtresse, en cherchant ce qui lui vient de ses prédécesseurs ou de ses contemporains, ce par quoi il agit sur ses successeurs. On pourra ensuite, par la même méthode, faire l'histoire d'une école ou d'une époque. — XII. Ainsi comprise, l'histoire des philosophies peut rendre de grands services à l'histoire des institutions et des hommes, des lettres et des arts, des religions, des langues et des sciences, à la psychologie, à la philosophie des sciences et à la métaphysique . . . . p. 1-23

CHAPITRE II

La civilisation médiévale

I. La civilisation moderne est scientifique et philosophique ; dans les civilisations antiques, sauf celle de la Grèce, mère de la nôtre, les religions, différentes et ennemies, sont prépondérantes et forment un centre autour duquel se groupent les autres éléments. — II. On a soutenu qu'il n'y a pas de civilisation au moyen âge, en s'appuyant sur les invasions des Barbares, sur des faits empruntés à la vie sociale, sur l'état des sciences, de l'histoire, de la pensée et de la philosophie. — III. En admettant la vérité des faits et la valeur limitée des arguments, on sait que Byzance a conservé la civilisation et l'a transmise aux Syriens et aux Arabes, aux Bulgares, aux Slaves et aux Occidentaux. Les Occidentaux et les Arabes, à partir du VIII° ou du IX° siècle, les Juifs, avec les uns et les autres, s'assimilent et complètent ce qu'a laissé l'antiquité, préparent la science et la pensée modernes. Il y a eu barbarie ; il n'y a pas eu que barbarie. — IV. La caractéristique de la civilisation médiévale, c'est la religion et surtout la théologie. Les Juifs suivent leur tradition en la modifiant. Les chrétiens constituent des hiérarchies, céleste et infernale, ecclésiastique et laïque. Dieu gouverne d'après des lois et aussi par des miracles. C'est de lui que vient tout pouvoir, c'est par lui qu'il s'exerce. La prière, l'obéissance, l'humilité, la pauvreté sont propres à rapprocher de Dieu, séculiers et réguliers, pendant toute l'éternité. Les laïques suivent la direction spirituelle et parfois temporelle de l'Église. Pour les Musulmans, le Coran règle la vie religieuse et morale, civile et politique. — V. Les religions médiévales se distinguent des religions antiques par les grandes ressemblances qu'elles ont entre elles. Elles invoquent une révélation et leurs livres saints, Bible, Évangile, Coran soutiennent d'étroits rapports. Monothéistes, elles admettent la Création et la Providence, l'immortalité de l'âme. Les ressemblances sont perçues par les incrédules, par les partisans de la tolérance et ressortent de la conduite des croyants. Ceux-ci estiment qu'ils possèdent la vérité et veulent la répandre, la faire triompher par les armes, par les supplices, par la persuasion et la prédication. — VI. Le second caractère de la civilisation médiévale, c'est que, pour établir, commenter, interpréter les livres saints, pour en montrer la valeur spéciale ou générale, on recourt à la dialectique et à la logique, aux sciences et à la philosophie des Latins et surtout des Grecs. C'est ce que font à Byzance Jean Philopon, Jean Damascène et Photius. Les Arabes, les Juifs et les Occidentaux prennent presque toutes les positions diverses que peut occuper la philosophie par rapport à la religion révélée, mais ils n'en viennent pas à se réclamer exclusivement de la raison et de l'expérience. L'interprétation spirituelle des livres saints, allégorique, anagogique et morale, se joint au sens littéral et historique. L'autorité, pour prononcer entre les interprétations, fait appel au trivium et au quadrivium, à la philosophie qui devient une préparation évangélique. La dialectique et la logique sont employées à construire la théologie et la philosophie catholiques, de Jean Scot Érigène à saint Thomas. Une évolution identique se produit chez les Arabes et les Juifs. Mais la philosophie, vaincue chez les premiers, triomphe chez les seconds. — VII. Du mélange avec les traditions latines et les coutumes germaines, de la religion, de la philosophie et des sciences antiques, découlent les institutions privées et publiques, l'organisation de l'État, de la famille, de la corporation, de l'Église, des Universités et des tribunaux. Les époques où l'on use le plus de la raison et de l'expérience sont celles où la civilisation est la plus brillante. — VIII. La civilisation médiévale ne commence pas en 395 ou 476 pour finir en 1453. Pour le christianisme, il faut remonter à l'avènement du Christ ; il faut, pour comprendre le développement de la civilisation chrétienne, étudier Philon et Plotin, le mouvement religieux qui se manifeste, à partir d'Auguste, dans la foule et dans l'élite. La civilisation médiévale part donc du 1ᵉʳ siècle de l'ère chrétienne. Elle finit, ou plutôt elle laisse une place de plus en plus grande à la civilisation moderne, au xvııᵉ siècle, après l'édit de Nantes et le Traité de Vervins, avec Galilée et Harvey, Bacon et Descartes . . . . p. 24-41

CHAPITRE III

L'histoire comparée des philosophies médiévales

I. Les philosophies médiévales, dont une histoire comparée est possible, commencent avec S. Paul, Philon, Apollonius de Tyane, Plutarque de Chéronée et Sénèque. Une première période va du 1ᵉʳ au vıııᵉ siècle, avec subdivisions en 325 et en 529 ; une seconde, du vıııᵉ, au xvııᵉ, avec subdivisions à la fin du xııᵉ siècle et en 1453. Elles sont un mélange d'idées théologiques, philosophiques et scientifiques. — II. Du 1ᵉʳ siècle au concile de Nicée en 325, il y a une philosophie judéo-alexandrine, que représente surtout Philon. Avant les chrétiens et les néo-platoniciens, Philon emploie le principe de perfection, l'interprétation allégorique, la doctrine des Idées transformées en pensées divines, une théorie du Logos et une théorie mystique. Les néo-Pythagoriciens, Apollonius, Secundus, font appel au principe de perfection, au symbolisme des nombres, aux pratiques ascétiques et mystiques. Les platoniciens éclectiques et pythagorisants, Plutarque de Chéronée et Apulée, Galien et Celse, Numénius d'Apamée s'attachent à un Dieu transcendant, à la démonologie et à la magie, identifient la philosophie et la religion, la philosophie grecque à la sagesse orientale, pratiquent l'interprétation allégorique. — III. L'Épicurisme s'organise de plus en plus comme une église. Le scepticisme fournit des éléments pour une théologie négative et pour la solution de la question des rapports entre la foi et la raison. De l'Académie, par Carnéade, vient une théorie de la liberté, qui développe celle d'Aristote. Celui-ci transmet une logique fondée sur les principes de contradiction et de causalité, en opposition avec les logiques qui répondent à un monde intelligible et au principe de perfection, des textes sur la Providence et l'immortalité qu'interprètent différemment les purs péripatéticiens, les alexandristes, les averroïstes et les thomistes. Le stoïcisme grec donne aux néo-platoniciens et aux chrétiens l'interprétation allégorique, une théologie avec preuves de l'existence de Dieu, finalité et optimisme, qu'ils transforment en partie pour l'adapter au principe de perfection. A Rome, le stoïcisme, éclectique et pratique, prend un caractère plus théologique encore, Cicéron, Sénèque, Lucain, Perse, les jurisconsultes, Épictète, Marc-Aurèle sont revendiqués en tout ou en partie par les chrétiens. Les stoïciens ont leurs martyrs. Dans une période scientifique et rationnelle, c'est par l'observation, l'expérimentation, le calcul et le raisonnement logique, qu'on décide de la vérité. Dans la période théologique qui constitue le moyen âge, la foi est subjective, les croyances capitales en Dieu, en l'immortalité de l'âme, ne sont pas susceptibles d'une vérification expérimentale. On juge de leur valeur par le nombre des martyrs, par l'intensité de leurs souffrances et leur courage à les supporter. C'est pourquoi les doctrines des stoïciens, qui ont leurs martyrs, sont placées sur le même plan que les doctrines chrétiennes. — IV. Ammonius Saccas revient du christianisme à la religion hellénique et semble avoir tenté d'unir Aristote et Platon. Plotin donne, à un point de vue théologique et mystique, la synthèse des doctrines et des systèmes antérieurs. Par l'analyse des éléments de l'âme, il constitue le monde intelligible, avec des catégories spéciales, que régit le principe de perfection. C'est du corps qu'il part pour constituer le monde sensible, pour lequel il conserve à peu près les catégories d'Aristote comme les principes de causalité et de contradiction. Par procession toutes choses s'engendrent les unes les autres. En première ligne viennent les trois hypostases, l'Un, l'Intelligence, l'Ame du monde. La conversion ramène les êtres vers celui dont ils procèdent immédiatement, puis vers celui dont ils procèdent tous, vers l'Un. Ainsi par l'extase, l'âme s'unit à Dieu. Plotin n'est ni panthéiste ni fataliste, car il ne veut appliquer que le principe de perfection, non ceux de causalité ou de contradiction, au monde intelligible. Comme les chrétiens, Plotin, Amélius et Porphyre combattent les gnostiques. Contre les chrétiens, Porphyre écrit 15 livres, brûlés en 435 par ordre de Théodose II. — V. La philosophie chrétienne débute avec S. Paul. Les gnostiques tentent une première systématisation. Les apologistes, Quadratus et Aristide, S. Justin, Méliton, Apollinaire, Miltiades, Ariston, Tatien, Athénagore, Théophile, Hermias, sont nourris dans les lettres et la philosophie helléniques, comme S. Irénée et Hippolyte. Les Latins ont Minucius Félix, Tertullien, Arnobe, Lactance. A la querelle monarchianiste sont mêlés Sabellius, Paul de Samosate, Arius, S. Athanase. L'école catéchétique d'Alexandrie est représentée par Panténus, S. Clément, Origène. — VI. De 325 à 529, les chrétiens ont, en Orient, S. Basile, S. Grégoire de Nysse et S. Grégoire de Nazianze, Apollinaire le jeune, les représentants de l'école d'Antioche, Cyrille d'Alexandrie, adversaire de Nestorius et d'Hypatie, Synésius, Némésius d'Emèse, les représentants des écoles de Gaza et d'Edesse, David l'Arménien ; en Occident, S. Ambroise, S. Jérôme, S. Augustin et Pélage, S. Hilaire, Claudianus Mamertus, Boèce. Les néo-platoniciens, dont l'activité philosophique est la plus féconde dans cette période, sont Jamblique, Théodore d'Asine, Sopater, Dexippe, Ædésius, Chrysanthius, Eunape, l'empereur Julien, Thémistius, Hypatie, Plutarque d'Athènes, Syrianus, Hiéroclès, Proclus, Marinus, Isidore d'Alexandrie, Damascius de Damas, Simplicius, Priscianus ; en Occident, il n'y a guère que Macrobe et Martianus Capella, auquel on pourrait joindre Boèce. Le néo-platonisme a eu ses martyrs comme le stoïcisme et le christianisme. En 529, Justinien ferme l'école d'Athènes. — VII. De la fermeture de cette école à la Renaisssance carolingienne, il y a, en Orient, Léontius de Byzance, le Pseudo-Denys et Maxime le confesseur, Sergius et Jacob d'Edesse, Jean Philopon et Jean Damascène ; en Occident, Cassiodore, Isidore de Séville, Bède le vénérable. — VIII. De la renaissance carolingienne au xiii° siècle, il y a des philosophes chez les Arabes d'Orient et d'Occident, Alkindi, les Frères de la pureté, Alfarabi, Avicenne, Algazel ; Avempace, Abu-bacer, Averroès ; chez les Byzantins, Photius, Michel Psellus, Eustrate ; chez les Juifs, Saadia, Ibn Gebirol, Maïmonide ; chez les chrétiens d'Occident, d'Alcuin et de Jean Scot Erigène à Alain de Lille. — IX. Du xiii° siècle à la prise de Constantinople, il reste des philosophes chez les Grecs, chez les Juifs ; mais c'est dans l'Occident, surtout au xiii° siècle et dans la première moitié du xiv° que la philosophie est florissante. La décadence vient ensuite. Après 1453, il n'y a plus de philosophie byzantine. En Occident, c'est la Renaissance et la Réforme. La première fait revivre les doctrines antiques pour combattre la scolastique péripatéticienne ; la seconde condamne d'abord la scolastique philosophique comme la théologie scolastique ; mais les protestants refont, avec Mélanchthon, une scolastique péripatéticienne, les catholiques reprennent le péripatétisme thomiste. La philosophie scientifique s'empare, au début du xvii° siècle, des esprits amis de l'observation et de la réflexion, elle devient la caractéristique de l'époque moderne, sans faire disparaître complètement le thomisme et la scolastique, dont nous avons vu une nouvelle restauration chez les catholiques dociles aux enseignements de Léon XIII. — X. C'est du i° au viii° siècle que se marquent les directions philosophiques. Le christianisme, le stoïcisme et le néo-platonisme se disputent l'influence. Puis le christianisme est en lutte avec le néo-platonisme. Vaincu une première fois avec Julien, celui-ci meurt par Justinien ou plutôt achève, avec le Pseudo-Denys, d'être absorbé par le christianisme. Les néo-platoniciens ont constitué un monde intelligible dont le monde sensible est une image, ordonné et hiérarchisé d'après le principe de perfection, où l'interprétation allégorique des textes, des idées ou des données positives repose sur une analyse psychologique d'une précision et d'une exactitude qui n'ont pas été surpassées tant qu'on s'est limité à l'observation intérieure et s'appuie sur des comparaisons admirablement choisies. Leur système inspire et domine ainsi toutes les philosophies médiévales. On ne peut donc les caractériser en disant qu'Aristote est le maître de tous les philosophes ou qu'elles relèvent de l'autorité ou qu'elles sont tout occupées du problème des universaux ou qu'elles se ramènent à une scolastique chrétienne, et à une antiscolastique, non chrétienne ou hérétique. Tous les philosophes sont des théologiens dont les conceptions portent sur le monde sensible et intelligible, sur la vie présente et future, en se rattachant à la religion, à la philosophie, à la science, grecques et latines. Elles sont d'autant plus remarquables qu'elles font une part plus large à l'expérience et à la raison. La méthode scolastique emploie le syllogisme, prend des prémisses aux livres sacrés et profanes, au bon sens, à l'expérience et à la raison, use de l'interprétation allégorique, divise les questions, examine et oppose les arguments positifs et négatifs. Elle se complète par une méthode mystique qui indique à l'homme comment il peut s'unir à Dieu. Elle remonte à Plotin qui y fait une place à la science, à l'esthétique et à la morale. L'histoire comparée des philosophies médiévales présente des systèmes liés à des religions qui se pénètrent et se combattent; elle révèle des types disparus ou aujourd'hui incomplets; elle nous montre une analyse des idées poussée à ses dernières limites, des combinaisons systématiques ou non, logiques ou imaginatives, d'une richesse et d'une variété qui révèlent la puissance créatrice de l'esprit humain. . . . . . p. 42-63

CHAPITRE IV

Les écoles et les rapports de la philosophie et de la théologie au moyen âge

I. Du premier siècle à 325, il y a des écoles, dans tout l'empire, pour les représentants de l'hellénisme, pour les chrétiens, à Alexandrie, pour les Juifs, à côté des synagogues. De 325 à 529, il y a des écoles néo-platoniciennes, juives et chrétiennes. De 529 au VIII° siècle, il y en a chez les chrétiens d'Orient, il en reste quelques-unes en Occident. Du VIII° au XIII° siècle, les écoles sont florissantes chez les Juifs, les Arabes, les chrétiens d'Orient et d'Occident. De 1200 à 1453, les écoles, mutilées chez les Arabes, se maintiennent à Byzance, sont florissantes chez les Juifs, chez les chrétiens occidentaux, où elles constituent des Universités. Au XVI° siècle, il y a une grande activité dans les Ecoles catholiques et protestantes; au XVII° et au XVIII°, les progrès des sciences et de la philosophie se font presque toujours en dehors des Ecoles. — II. L'historien des Ecoles, des Facultés ou des Universités se pose un certain nombre de questions. Il lui est assez facile de réunir, pour les Ecoles actuelles, les documents qui indiquent ce que l'on a voulu en faire. Mais il doit les comparer soigneusement avec les institutions dont ils ont préparé et réglé la création, surtout pour découvrir l'étendue, la valeur et la solidité de l'instruction ou de l'éducation. Sans doute, l'instruction s'acquiert et l'éducation se fait autrement que par les Ecoles. Mais leur histoire est une partie considérable de l'histoire des institutions, qui éclaire celle des faits et des idées, qui permet parfois d'introduire des modifications heureuses dans la société dont nous faisons partie. — III. Dans la période médiévale, c'est l'histoire des écoles du VIII° au XIII° siècle, qui est la plus curieuse à étudier. Tout concourt alors à continuer, à maintenir et à compléter le travail de l'école et de ses maîtres. C'est en partant de cette époque, comme d'un point central, qu'on peut embrasser dans son ensemble la pensée du moyen âge. Les difficultés sont nombreuses : il y a peu de documents authentiques, beaucoup d'apocryphes, de déflorations, d'interprétations allégoriques, de procédés apologétiques, de généralisations hâtives. C'est pourquoi les monographies sont nécessaires. — IV. Il faut d'abord dresser la liste des écoles, du VIIIe au XIIIe siècle, puis réunir les documents contemporains ou postérieurs et examiner la valeur des travaux auxquels chacune d'elles a donné lieu, pour savoir s'il convient d'en faire la monographie. Dans ce dernier cas, on se pose un certain nombre de questions générales, puis on subdivise chacune de celles qui concernent les maîtres, les élèves, les matières enseignées, etc. La réunion de ces monographies donnerait tout ce qu'il est possible de savoir sur cette époque : elle aurait une valeur pratique comme une valeur historique. — V. L'histoire des rapports de la philosophie et de la théologie est aussi nécessaire que celle des écoles à l'histoire comparée des philosophies médiévales. C'est chez les chrétiens que l'on voit mieux quels problèmes se posent pour toute la période. L'opposition est d'abord presque complète entre le christianisme et la philosophie grecque ; mais celle-ci se fondra, comme la civilisation grecque, dans la théologie et la philosophie chrétiennes. — VI. Du premier siècle au concile de Nicée, la théologie chrétienne et la philosophie hellénique se combattent, se pénètrent, s'allient, avec S. Paul et les gnostiques ; avec les apologistes, saint Justin, Tatien, Athénagore, Théophile, Hermias ; puis avec Irénée et Hippolyte, avec Tertullien et les adversaires des monarchiens ; avec l'école catéchétique d'Alexandrie ; avec Minucius Félix, Arnobe et Lactance. — VII. De 325 au VIIIe siècle, saint Basile, saint Grégoire de Nazianze et saint Grégoire de Nysse, Synésius et Némésius, Jean Philopon, le Pseudo-Denys l'Aréopagite, Maxime le Confesseur et Jean Damascène, saint Augustin, Claudianus Mamertus, Boèce, Cassiodore, Isidore de Séville, développent les doctrines acceptées au concile de Nicée, les défendent contre les hérésies, achèvent d'y assimiler les doctrines néo-platoniciennes et conservent la civilisation que les Barbares n'ont pas détruite. — VIII. Les sujets d'étude sont nombreux, du Ier au VIIIe siècle, pour l'historien des rapports de la théologie chrétienne et de la philosophie gréco-romaine. — IX. Du VIIIe au XVIIe siècle, avant et après la Réforme, les rapports de la religion, de la science et de la philosophie sont intimes et incessants. — X. Ces rapports sont complexes et difficiles à déterminer. Au VIIIe siècle, les chrétiens d'Occident sont surtout en présence de doctrines néo-platoniciennes ; au XIIIe siècle, ils sont en présence de celles d'Aristote, de ses commentateurs néo-platoniciens, des Arabes et des Juifs. Au XVIe et au XVIIe siècle, ils luttent entre eux et contre les savants ou contre les philosophes qui ont renouvelé les théories antiques et formé des systèmes nouveaux. — XI. Pour faire l'histoire des rapports de la théologie et de la philosophie, il faut joindre, aux œuvres des théologiens et des philosophes, les décisions des conciles, les bulles des papes, les doctrines des hérétiques, les travaux historiques, littéraires et juridiques, ceux des astrologues et des alchimistes. Il faut s'occuper des œuvres d'art, des bibliothèques et des manuscrits, des universités et des écoles, des ordres religieux, etc. Il faut suivre chronologiquement un certain nombre de questions ; il faut prendre chacun des textes antiques, se demander ce qu'il a fourni aux hommes du moyen âge et ce que ceux-ci nous ont transmis ou donné . . p. 64-84

CHAPITRE V

Les vrais maîtres des philosophes médiévaux

I. L'énumération des philosophes et des théologiens a montré qu'ils ont eu pour maîtres Plotin et les néo-platoniciens bien plus qu'Aristote. Mais on trouve, à toutes les époques, des témoignages d'une admiration sans limites pour Aristote et ses doctrines. Il faut donc procéder à une contre-épreuve, examiner quelle fut la fortune d'Aristote, depuis sa mort jusqu'à nos jours, en se souvenant que le disciple, chez les Grecs qui se distinguent ainsi des Hébreux et des Romains, a reçu l'enseignement du maître, mais estime lui faire honneur en pensant par lui-même, en allant plus loin dans la même voie, parfois même en le combattant. — II. Sept périodes peuvent être distinguées dans l'histoire du péripatétisme. Dans la première, de 322 av. J.-C., à l'ère chrétienne, Aristote agit sur les Stoïciens, les Épicuriens et les Académiciens. Les scolarques et les autres péripatéticiens sont des savants et des philosophes qui continuent, dans toutes les directions, l'œuvre du maître. L'école compte des métaphysiciens et des logiciens, des mathématiciens et des astronomes, des théoriciens de la musique, des physiciens et des naturalistes, des médecins et des psychologues, des moralistes et des historiens, des géographes et des esthéticiens. — III. Du 1er siècle au ixe, la science positive passe au second plan. Le péripatétisme, comme toutes les autres doctrines, est surtout considéré d'un point de vue théologique et religieux. Les péripatéticiens sont des exégètes et des commentateurs, dont le principal est Alexandre d'Aphrodise. Le péripatétisme se retrouve chez tous les éclectiques. Il est absorbé dans le néo-platonisme et le christianisme. Pendant tout le moyen âge, les commentateurs néo-platoniciens suivront et complèteront Aristote. — IV. Du ixe au xiiie siècle, il y a chez les Byzantins et les Syriens, des commentateurs et des traducteurs d'Aristote. Les philosophes arabes, comme Avicenne et Averroès, qui témoignent une vive admiration pour Aristote, le voient à travers le néo-platonisme et lui attribuent des apocryphes dont les doctrines sont néo-platoniciennes. Il y a, chez les Arabes, des atomistes et des mystiques, des théologiens qui ne veulent même pas de la logique péripatéticienne et qui font détruire les œuvres des philosophes. Le péripatétisme d'Ibn-Gebirol et de Maïmonide est plus voisin de Plotin et de Proclus que d'Aristote. Les Juifs transmettent à l'Occident chrétien les œuvres arabes et le péripatétisme néo-platonicien. Jusqu'au xiie siècle, les chrétiens occidentaux ne connaissent qu'une partie de l'*Organon*. L'étude continue de ses *Catégories*, qu'on ne peut compléter par celles de Plotin, produit des nouveautés et des hérésies. — V. Du xiiie au xve siècle, le péripatétisme, dédaigné comme toute philosophie chez les Arabes, survit à Byzance. Les Juifs se mêlent aux chrétiens d'Occident, parmi lesquels le péripatétisme prend une importance croissante ; mais Aristote n'est pour eux ni un maître incontesté, ni le seul maître. — VI. Du xve au xviie siècle, on trouve des humanistes et des savants, des philosophes qui font renaître les doctrines stoïciennes et épicuriennes, académiques et sceptiques, qui combattent par suite Aristote ; on cite des péripatéticiens albertistes, thomistes, occamistes, averroïstes et alexandristes ; on trouve le péripatétisme des luthériens et celui des jésuites. — VII. Au xviie siècle et au xviiie, il y a ruine de la scolastique et déclin de l'aristotélisme chez les catholiques, persistance de la scolastique péripatéticienne en Allemagne. Au xixe siècle, les philosophes et les érudits allemands publient et commentent Aristote, les savants et les philosophes français, plus encore les néo-thomistes, dans tous les pays catholiques, lui font une place considérable. A aucune époque il ne fut le maître dont on reproduit fidèlement toutes les doctrines sans les mêler ou les subordonner à d'autres, sans les transformer ou les compléter. — VIII. On peut se rendre compte de la manière dont le néo-platonisme s'est répandu dans le monde médiéval, en voyant comment, avec Plotin, il s'est substitué, dans les mystères d'Eleusis, à l'interprétation stoïcienne. La philosophie de Plotin est une initiation. Le livre sur le Beau, le premier pour l'ordre chronologique, donne le plan de l'œuvre tout entière et explique les institutions, les rites, les pratiques des mystères dont le plotinisme devient l'interprétation. — IX. Le livre sur l'Un ou le Bien, le 9e dans l'ordre chronologique, contient les traits essentiels de la philosophie néo-platonicienne, la théorie de l'Un dont procèdent tous les êtres et celle de l'extase, par laquelle nous nous unissons à lui. Sans cesse Plotin rappelle les mystères, il montre que son système en fournit une explication plus élevée et plus belle que celle du stoïcisme et aussi que le système lui-même peut être accepté par ceux qui n'admettraient pas les Mystères. Les mêmes conclusions ressortent du 10e, du 28e, du 30e livre de Plotin. — X. Après Plotin, dont les tendances sont plus philosophiques que religieuses, la lutte se poursuit entre les partisans de l'hellénisme et les chrétiens. L'interprétation plotinienne des mystères sert surtout à défendre l'ancienne religion, qui est ruinée à la suite de luttes politiques où la violence a plus de part que les convictions philosophiques ou théologiques. Le plotinisme ne disparut pas avec elle. Par les doctrines des successeurs de Plotin, il alimenta toute la spéculation des dogmatiques et des mystiques du moyen âge, orthodoxes ou non orthodoxes. — XI. Plotin a fourni, pour un passage célèbre de S. Paul, dans les Actes des Apôtres, une explication systématique qui passe tout entière dans le christianisme. Elle constitue la théologie négative des livres que l'on attribuera au Pseudo-Denys l'Aréopagite ; la théologie positive qui rassemble en Dieu toutes les perfections que lui avaient attribuées les philosophies et les religions antérieures. Elle rend compte de la production des êtres en évitant le dualisme, le panthéisme et le fatalisme ; elle montre, appuyée sur le principe de perfection, en quoi consiste l'omni-présence de Dieu, comment peut se faire ici-bas l'union momentanée de notre âme avec lui ; comment se fera l'union permanente et durable de notre âme, débarrassée du corps, avec l'infinie perfection. Plotin a été connu directement et indirectement, par les philosophes de l'Orient chrétien. Les Arabes et les Juifs ont été au courant des doctrines plotiniennes. Il en a été de même pour les philosophes chrétiens de l'Occident qui ont puisé à des sources plotiniennes, néo-platoniciennes, byzantines, arabes et juives 85-116

CHAPITRE VI

La renaissance de la philosophie avec Alcuin et Jean Scot Erigène

I. L'examen des historiens qui ont refusé de voir, dans Alcuin, un philosophe ; celui des textes qu'ils avancent, nous obligent à le considérer comme le fondateur, au VIII° siècle de la scolastique française et allemande. — II. L'examen de ses œuvres conduit au même résultat. Plus occupé de théologie que de philosophie, il a parlé de la philosophie et des sciences avec enthousiasme. Il l'a considérée comme une véritable préparation évangélique, comme une arme excellente contre les hérétiques. Il a traité de la grammaire ; de la rhétorique ; de la dialectique en montrant comment on peut s'en servir contre les ariens ; de l'arithmétique, de la géométrie et de l'astronomie. Il a abordé certaines questions de psychologie métaphysique, d'ontologie et de théologie, donné un cours fort complet de morale pratique, reproduit plus d'une expression alexandrine et mêlé la dialectique à la théologie. Sans être un philosophe original, il a remis la philosophie en honneur et formé des disciples qui, en France et en Allemagne, l'ont enseignée après lui, et d'après lui. — III. C'est avec Jean Scot Erigène que la philosophie se montre en Occident dans tout son éclat ; c'est dans les discussions sur la liberté qu'elle révèle toute sa puissance. Le problème de la liberté, né en Grèce, est connexe, dans le christianisme, aux questions de la prescience et de la providence, de la toute-puissance et de la bonté divines, de la grâce, du péché originel et de la prédestination. — IV. Certaines affirmations de S. Augustin l'ont fait prendre pour un adversaire du libre arbitre. Ainsi l'ont compris Luther, Calvin, Jansénius et ses disciples. Ainsi l'a compris Gottschalk au IX° siècle. Raban Maur, disciple d'Alcuin, scolastique et abbé à Fulda, archevêque de Mayence, auteur de l'*Institution des Clercs*, du *de Universo*, qui est une des encyclopédies les plus curieuses du moyen âge, fait condamner Gottschalk. Gottschalk, moine à Fulda, où Raban l'a contraint de rester, est fait prêtre à Orbais. Vivant d'une vie fort irrégulière, il prêche ses doctrines sur la double prédestination en Italie. Condamné à Mayence, il est renvoyé à Hincmar de Reims. Il est de nouveau condamné à Kiersy-sur-Oise, en mars 819. Il écrit ses deux Confessions ; Ratramne, Prudence, Servat Loup se prononcent pour la double prédestination. — V. Hincmar fait appel à Jean Scot Erigène. Lettré, érudit, chrétien qui commente S. Jean, logicien et partisan de la raison, auteur du *de divisione naturæ* et traducteur du *Pseudo-Denys l'Aréopagite* Jean Scot se sert de raisonnements solides et de l'autorité des Pères, pour combattre la double prédestination. Il soulève contre lui les adversaires et les partisans de Gottschalk. Jean Scot n'a pas d'égal au temps de Charlemagne. Il y a peu d'hommes au moyen âge qui méritent de lui être comparés. L'œuvre de reconstitution de la pensée antique, après Alcuin et Jean Scot, ne sera plus interrompue en Occident. 117-140

CHAPITRE VII

Histoire comparée des philosophies du VIIIe au XIIIe siècle

I. L'histoire comparée des philosophies, du VIIIe au XIIIe siècle, porte sur les Byzantins et les chrétiens occidentaux, sur les Arabes d'Orient et d'Occident, sur les Juifs. Elle est particulièrement intéressante en ce qui concerne les chrétiens d'Occident et les Arabes. — II. Pour les uns et pour les autres, il faut savoir ce qu'ils ont connu de l'antiquité. Au VIIIe siècle, la médecine et la philosophie pénètrent chez les Arabes. Des traductions d'Aristote et des néo-platoniciens, de savants et de philosophes grecs, sont faites au VIIIe, au IXe et au Xe siècle, pour la plupart, par les Syriens. Au temps de Gerbert, les Arabes possèdent les connaissances positives qu'avaient accumulées les Grecs, les doctrines philosophiques d'Aristote et des néo-platoniciens. Ils augmentent les unes et combinent les autres d'une façon originale. — III. Les chrétiens d'Occident sont moins bien partagés. Jusqu'au XIIIe siècle, ils n'ont, d'Aristote, que l'Organon et il leur en manque même, à presque tous la partie essentielle, les Analytiques. Ils connaissent des doctrines épicuriennes, néo-pythagoriciennes, académiciennes, stoïciennes, éclectiques; ils ont le Timée, traduit et commenté par Chalcidius, S. Augustin, Martianus Capella, Apulée, Cassiodore, Boèce, le Pseudo-Denys l'Aréopagite, puis le livre des Causes et peut-être aussi la prétendue Théologie d'Aristote. — IV. Les Arabes ont été, du VIIIe au XIIIe siècle, plus originaux que les chrétiens occidentaux. Ni les uns ni les autres ne se sont uniquement occupés du problème des universaux. Les Arabes étudient les sciences, comme la philosophie et la théologie. Albategni, Aboul-Wéfa, Alkhowarezmi, Thébit ben Korrah, Alhazen, Al Sindjar, Arzachel, Mahomet-ben-Mousa font porter leurs recherches sur la trigonométrie, l'algorisme ou les premiers éléments d'algèbre, sur la géométrie, l'optique et l'arithmétique. A Bagdad, au Caire, à Damas, à Cordoue, à Séville, à Grenade, à Tolède, à Tanger, à Ceuta, etc., il y a des astronomes comme des mathématiciens. On revise les Tables de Ptolémée, on dresse des tables nouvelles, hakémites, tolétanes, etc., on mesure la terre, on observe et on écrit. Parfois on se réclame exclusivement de l'expérience ; parfois on se justifie d'observer par des raisons religieuses et pratiques ; parfois on mêle l'astrologie et l'astronomie. Les astronomes les plus célèbres sont Albategni, Alfergani, Alkindi, Albumazar, les trois fils de Mouza-ben-Schakir, Thébit ben Korrah, Aboul-Wéfa, Ibn-Younis, le juif Arzachel, Geber, Averroès, Aboul-Hassan, etc. En chimie Geber, au VIIIe siècle, unit l'observation et le raisonnement ; le Pseudo-Calid associe l'alchimie à l'astrologie. L'école de médecine de Bagdad donne, sur les sciences naturelles, des travaux importants. — V. La philosophie arabe se mêle à la théologie et aux sciences. Les motecallemin emploient la dialectique contre les hérétiques. Des sectes s'élèvent, kadrites, djabarites, cifatistes, dont les motazales tentent de systématiser en partie les doctrines. Puis, avec l'introduction des œuvres grecques, des écoles philosophiques prennent naissance. Presque toutes font appel au néo-platonisme, mais sans satisfaire les partisans orthodoxes du Coran. Un second calam se produit, qui a pour objet de maintenir ou de constituer une théologie en accord avec le Coran. Pour cela on s'adresse au néo-platonisme et à l'atomisme ; on subordonne et parfois on sacrifie les principes de causalité et de contradiction au principe de perfection. Al-Aschari, et ses disciples, dont le plus redoutable pour les philosophes sera Al-Gazâli, amèneront au XIIe siècle la disparition de la philosophie dans le monde musulman. Elle y eut pour représentants, en Orient, Al-Kindi, Al-Farabi, Ibn-Sina, Al-Gazâli ; en Occident, Ibn-Badja, Ibn-Tofaïl, Ibn-Roschd. D'Al-Kindi, le contemporain de Photius et de Jean Scot Erigène, sur lequel nous avons des renseignements incomplets et contradictoires, on peut dire que, s'il a beaucoup pratiqué Aristote, il l'a complété par les doctrines néo-platoniciennes. Al-Farabi, qui meurt au moment où Gerbert commence son éducation à Aurillac, insiste sur la preuve de l'existence de Dieu, tirée de la nécessité d'un premier moteur. Sur Dieu, il s'exprime comme les néo-platoniciens, sans admettre toutefois que nous pouvons nous unifier avec lui. Sur l'âme humaine et sur sa destinée, les opinions qu'on lui attribue semblent contradictoires, mais l'admiration qu'il a provoquée, même chez les chrétiens, nous oblige à suspendre notre jugement. Après Al-Farabi, les Frères de la pureté et de la sincérité tendent d'unir l'islamisme à une philosophie péripatéticienne et néo-pythagoricienne, dominée par le néo-platonisme. Ils ne contentent ni les dévots ni les philosophes. Avicenne ou Ibn-Sina, le contemporain de Fulbert de Chartres et le plus célèbre des philosophes arabes d'Orient, est un représentant illustre du péripatétisme, mais il s'inspire surtout de Plotin, pour les doctrines qui semblaient essentielles aux hommes du moyen âge. Algazel, qu'on peut rapprocher de S. Bernard, résume, dans les Tendances des philosophes, les doctrines de ses prédécesseurs. Dans la Destruction des philosophes, il combat les doctrines contraires aux dogmes religieux, mais en s'appuyant sur des principes qui supposent la distinction plotinienne du monde sensible et du monde intelligible. Ibn-Badja, mort 4 ans avant Abélard, rencontre déjà, comme adversaires, les disciples d'Algazel ; il s'attache surtout à montrer comment l'homme peut arriver, par la spéculation, à l'intuition divine. Ibn-Tofaïl, contemporain de Jean de Salisbury, insiste aussi sur la façon dont se fait la conjonction ou l'union de l'homme avec l'intellect actif et Dieu. Pour lui, la philosophie et la religion enseignent les mêmes vérités. Ibn-Roschd ou Averroès est le dernier et le plus illustre des philosophes arabes. Nous connaissons le commentateur d'Aristote. Il nous est plus difficile de distinguer, dans les théories qu'on lui attribue, ce qui est historique et ce qui est légendaire ; on peut affirmer toutefois, qu'admettant un monde sensible et un monde intelligible, à la façon de Plotin, il n'a pas toujours réussi, comme lui, à subordonner ou à coordonner l'un à l'autre. — VI. Après Averroès, la philosophie disparaît chez les Arabes. Ce sont les Juifs qui conservent, pour l'Occident, leurs doctrines auxquelles ils joignent leurs recherches personnelles. Du second au vi[e] siècle, ils fixent le texte de leurs livres sacrés et réunissent les interprétations et les développements traditionnels, dans la Mischnah, les Beraïtot, le Talmud et les Midraschim. Ainsi les philosophies, surtout le néo-platonisme, entrent dans le judaïsme. Au ixe siècle, on signale des mystiques. Les karaïtes se rattachent aux motecallemin musulmans et par conséquent aux chrétiens néo-platoniciens. Les rabbanites ou partisans du Talmud, dont l'un des plus importants est Saadia, joignent de même la raison, l'écriture et la tradition. Saadia prépare les recherches des Juifs d'Espagne et de Provence. Ibn-Gebirol, dans la *Source de vie*, modifie, mais reproduit Plotin sous des formes parfois péripatéticiennes. Juda Hallévi, dans le Kozari, se prononce pour le judaïsme rabbinique et pour un mysticisme qui subordonne Aristote à Plotin. Maïmonide, dans le *Guide des Égarés*, veut, comme Plotin, conduire l'homme, par la raison, les sciences, la métaphysique, la révélation, la foi et la religion, à jouir de la vue de Dieu, son Père et son Roi. Les Juifs transmettent aux chrétiens d'Occident des doctrines religieuses, mais surtout philosophiques et néo-platoniciennes. — VII. Dans l'Occident chrétien, les sciences se présentent, du viiie au xiiie siècle, sous une forme d'abord rudimentaire, puis font des progrès de plus en plus marqués, avec les apports qui viennent directement ou indirectement, du monde grec. Les questions posées et résolues ne sauraient être ramenées aux problèmes des universaux. Sous Charlemagne, la théologie est au premier plan. Deux grandes querelles, celles des Adoptianistes et des Iconoclastes, occupent les hommes mêlés à la renaissance littéraire, philosophique et scientifique. Alcuin touche à une foule de problèmes scientifiques, théologiques, psychologiques, moraux ou métaphysiques. Sous Louis le Débonnaire a lieu l'addition du *filioque* au Symbole. Les Fausses Décrétales apparaissent.

Puis c'est la querelle de Gottschalk sur la double prédestination, ce sont les premières discussions sur la présence réelle. Au x⁰ siècle se placent les recherches scientifiques, philosophiques et théologiques de Gerbert. Au xiᵉ, ce sont des hérésies ou des nouveautés qui font partout invasion : il y a des manichéens, des partisans et des adversaires de la présence réelle, des interprètes de la doctrine trinitaire, des théologiens et des philosophes qui traitent de l'existence et de l'essence de Dieu. Au xiiᵉ siècle, on trouve des fondateurs d'ordre religieux ; des hérétiques ou des novateurs, qui sont encore plus maltraités qu'au siècle précédent, des philosophes qui traitent des universaux ; des théologiens philosophes, pour qui rien n'existe en dehors d'une métaphysique dont les principales doctrines viennent des Alexandrins. La lutte continue entre le pouvoir spirituel et le pouvoir temporel. Le droit canonique et le droit romain sont invoqués tour à tour ou simultanément. Le mouvement communal se produit. L'art ogival prend naissance. Les alchimistes continuent leurs recherches et la psychologie réapparait comme science naturelle. Enfin les traductions latines des auteurs grecs et arabes arrivent d'Espagne. — VIII. Les philosophes les plus marquants de cette époque sont Jean Scot, Gerbert, S. Anselme, Jean de Salisbury. Après eux viennent Alcuin et Heiric d'Auxerre, Bérenger de Tours, Abélard, les mystiques, tels que S. Bernard et les Victorins. Enfin il faudrait placer Raban Maur et Rémi d'Auxerre, Roscelin, Guillaume de Champeaux, etc. La succession des maîtres est ininterrompue et nous conduit à l'Université de Philippe-Auguste. — IX. L'étude des philosophies, du viiiᵉ au xiiiᵉ siècle, nous présente un abrégé de leur développement dans tout le moyen âge 141-177

CHAPITRE VIII

La raison et la science dans les philosophies médiévales.

I. Les plus grands progrès de la civilisation, en particulier de la philosophie, concordent avec ceux de la raison et des sciences, comme on le voit par Platon, Aristote, Descartes et Leibnitz ; par Kant, Auguste Comte, Renouvier, Cournot ou Spencer. Ils supposent d'ailleurs l'union intime de la raison et de l'expérience scientifique. Les philosophies médiévales, malgré la prédominance des tendances théologiques, sont d'autant plus vivantes et plus puissantes qu'elles se servent davantage de la raison et de l'expérience. Plotin et les Arabes, Gerbert et Jean Scot Erigène, Roger Bacon et Alexandre de Halès, Albert le Grand et S. Thomas, les averroïstes, maître Pierre et les alchimistes en fournissent la preuve, que nous donnent, en sens inverse, les catholiques contemporains de Galilée et de Descartes. — II. Le xiiiᵉ siècle a été grand par ses cathédrales et ses universités, par ses papes et ses rois, ses artistes, ses légistes et ses traducteurs, par la création de la philosophie et de la théologie catholiques. On peut citer, comme ayant préparé la constitution de la méthode scolastique dans l'Occident chrétien, le Liber sententiarum Prosperi et les tres Libri sententiarum d'Isidore de Séville ; Alcuin, Raban Maur, les hérétiques et les orthodoxes qui, en faveur de leurs thèses opposées, prennent des sentences dans la Bible, l'Evangile et les Pères. Abélard recueille des Sentences, compose des Sommes de dialectique et de théologie, fait appel à l'autorité de l'Ancien et du Nouveau Testament, des Prophètes et des Pères, des philosophes, des poètes. Mais il ne ramène pas à l'unité les assertions du Sic et Non et il met sur le même plan les autorités sacrées et les autorités profanes. En outre, il ignore les œuvres capitales d'Aristote, sa théorie de la science et de la démonstration ; il ne sait pas joindre, aux procédés d'Aristote, la méthode plotinienne qui permet de passer du monde sensible au monde intelligible. Hugues de Saint-Victor, Robert Pulleyn, Robert de Melun, Pierre le Lombard, Pierre de Poitiers emploient la méthode constituée par Abélard. Le xiiiᵉ siècle est en possession d'œuvres philosophiques et scientifiques qui donnent la connaissance précise de la méthode démonstrative d'Aristote, mais aussi de celle par laquelle Plotin et ses successeurs avaient rattaché le monde intelligible et le monde sensible. C'est Alexandre de Halès qui transforme et complète la méthode, qui la transmet à tous les scolastiques du xiii° siècle et des siècles suivants. — III. La raison et les sciences tiennent de même une grande place dans la constitution du thomisme et de l'albertisme. S. Thomas répond à toutes les questions qu'on peut se poser dans une période théologique. Dans les Commentaires d'Aristote, il établit le sens littéral et donne le sens général : son interprétation vise à défendre, à compléter et à élargir les doctrines orthodoxes. Sa philosophie se construit à un point de vue chrétien, avec tous les éléments qui lui viennent d'Aristote, des néo-platoniciens et des Grecs, des Arabes et des Juifs. Elle lui sert, comme le montrent bien les Commentaires sur les Sentences de Pierre le Lombard, à enrichir considérablement la théologie. Son Commentaire des Livres saints constitue, pour l'histoire, une synthèse analogue à celles que contiennent sa théologie et sa philosophie. La raison intervient dans l'interprétation allégorique, comme dans la formation de sa théologie et de sa philosophie. Et S. Thomas rappelle encore Plotin par le mysticisme dont témoigne le Commentaire sur le Pseudo-Denys l'Aréopagite, comme il le rappelle par toute son œuvre, que les catholiques conserveront jusqu'au moment où la culture scientifique et rationnelle donnera des connaissances nouvelles ou détruira celles qu'on croyait définitivement acquises. — IV. L'usage de la raison est plus manifeste encore chez certains averroïstes. S. Thomas publie, avant 1270, le *de Unitate intellectus contra Averroïstas*. Pour lui les averroïstes suppriment l'immortalité de l'âme, partant le purgatoire, le paradis, l'enfer, le salut pour l'homme : la justice, la bonté et la puissance de Dieu. Aussi les combat-il toujours et partout. Ils sont nombreux et nous pouvons, pour eux comme pour bien d'autres, nous en rapporter au témoignage de S. Thomas. Les averroïstes n'usaient que d'arguments et de textes philosophiques; ils refusaient toute sagesse aux Latins, soutenaient que tous les philosophes grecs et arabes, notamment les péripatéticiens et leur maître Aristote affirmaient comme eux l'unité de l'intellect. Ils faisaient ensuite appel à la raison, pour établir leur thèse. Ils opposaient la raison et la foi, faisaient intervenir le principe de contradiction en matière théologique et maintenaient ainsi en fait, sans la justifier en droit, la distinction du croyant et du rationaliste, bien avant les averroïstes de la Renaissance. — V. Il y a aussi, au xiii° siècle, des partisans de l'expérience qui semblent la préférer à tout autre mode de connaissance. Tel est maître Pierre, dont Roger Bacon fut le disciple. Tels sont les alchimistes étudiés par M. Berthelot. Byzance vit qu'une science était impliquée dans les procédés techniques, qu'elle perfectionna, mais elle ne put l'en dégager. Les Syriens, les Persans, les Arabes continuent les Byzantins. L'Occident a, vers le ix° siècle, les *Compositiones ad tingenda* qu'a publiées Muratori ; puis, au x°, la *Mappæ clavicula* ou Clef de la peinture. En 1182, Robert de Castres termine le *Liber de Compositione alchemiæ* et fait connaître les alchimistes arabes, qu'au milieu du xiii° siècle a tous lus Vincent de Beauvais. Comme les commentaires arabes de la Météorologie se mêlent au texte, Aristote devient un alchimiste, en même temps qu'il est considéré comme auteur de théories néo-platoniciennes. Platon est donné lui aussi comme alchimiste. La *Turba philosophorum* groupe autour d'elle toute une littérature qui rappelle les noms des principaux alchimistes. Le xiii° siècle est une époque importante dans l'histoire des sciences expérimentales. Il y a une école d'alchimistes qui font les expériences indiquées par les anciens et en imaginent de nouvelles. Aussi les découvertes sont nombreuses et l'Occident devient une source où puise l'Orient grec. Ainsi nous apparaissent, comme intimement liés, les progrès de l'expérience et de la raison, de la philosophie et de la théologie. — VI. Les scolastiques du xvii° siècle ont laissé ruiner l'œuvre de leurs prédécesseurs du xiii°, pour avoir renoncé à tenir compte de la raison et de l'expérience. La condamnation de Galilée, après les supplices de Giordano Bruno et de Vanini, a été mauvaise pour la science, pour la philosophie, pour les défenseurs du catholicisme et de sa scolastique. Galilée donne le moyen de choisir entre les hypothèses qui se partagent les esprits. Il institue juges suprêmes de toute discussion scientifique l'observation et l'expérimentation, favorisées par des instruments nouveaux, aidées par la déduction et le calcul. Il signale les montagnes de la lune, découvre des étoiles nouvelles et les satellites de Jupiter : il entrevoit l'anneau de Saturne, observe les phases de Vénus et détruit ainsi la doctrine de l'incorruptibilité des cieux, la distinction entre la région céleste et la région sublunaire. En justifiant le système de Copernic, il ruine l'astronomie de Ptolémée, la physique céleste d'Aristote et les conceptions géocentriques auxquelles la scolastique donne tant d'importance. Par ses recherches sur la chute des corps, il supprime la distinction des légers et des graves, crée la mécanique et annonce l'horloge à pendule de Huyghens. Newton et ses contemporains, physiciens et astronomes préparent l'œuvre de Laplace. Les Académies groupent tous ceux qui veulent utiliser les méthodes nouvelles pour augmenter les connaissances positives. Physiciens et naturalistes travaillent à l'envi à renouveler les idées et les théories. Les scolastiques les ignorent, comme ils ignorent Bacon qui vante la nouvelle méthode, Descartes qui se recommande de la raison et de la science, pour maintenir une métaphysique qui rappelle S. Anselme et Plotin. De là résulte ce long et lourd sommeil de la scolastique, que ses modernes partisans tenteront de secouer en faisant intervenir la raison libre et les sciences prises dans leur intégrité . . . . p. 178-215

CHAPITRE IX

La restauration thomiste au XIXe siècle.

I. S'il y a des penseurs qui, au XVIIe siècle, n'ont d'autre guide que la raison et la science, la civilisation théologique reste dominante. Il y a sans doute progrès de la pensée rationnelle et scientifique, déclin de la scolastique ou du péripatétisme thomiste. Mais les philosophies religieuses du Moyen Age et les questions qu'elles agitaient continuent d'être suivies ou discutées. Les catholiques et les protestants, les Arminiens et les Gomaristes, les jansénistes et les quiétistes, Descartes et Pascal, Gassendi et Malebranche, Spinoza, Bossuet et Fénelon, Locke et Condillac, Berkeley et Charles Bonnet, Voltaire et Rousseau, Muratori, Miceli et Vico, Saint-Martin et les mystiques sont, en des mesures diverses, attachés aux grandes doctrines qui supposent la prédominance d'un monde intelligible sur le monde sensible, tout en s'opposant aux péripatéticiens thomistes, tout en renonçant même aux erreurs et aux préjugés scolastiques, pour y substituer les découvertes que font chaque jour les sciences positives. — II. En Allemagne, les philosophes continuateurs de Mélanchthon, se tiennent plus près encore de la théologie chrétienne et néo-platonicienne, même de la pensée occidentale et des formes qu'elle a revêtues du XIIIe au XVIe siècle. C'est ce qui apparaît manifestement chez Leibnitz, chez Wolf, mieux encore chez Kant, formé en partie par les doctrines scientifiques et philosophiques de son temps, mais, avant tout, chrétien, luthérien et piétiste. Il emploie toutes les ressources d'une puissante originalité, qui éclate dans l'une et l'autre *Critique* et qui s'enveloppe sous des formes scolastiques, à conserver et à justifier les croyances, capitales pour lui et pour les siens comme pour les philosophes médiévaux, à la liberté, à l'existence de Dieu et à l'immortalité de l'âme. — III. Avec la Révolution française triomphent, pour un instant, les idées rationnelles et scientifiques, laïques et démocratiques. La Restauration amène une réaction politique et religieuse. Depuis lors il y a opposition absolue entre les hommes qui veulent rétablir l'ancien ordre de choses et ceux qui demandent, à la science et à la raison seules, la philosophie propre à régler la vie individuelle et sociale. Il y a eu des compromis ou des essais de conciliation politiques et philosophiques ; mais les deux directions maîtresses ont groupé des partisans de plus en plus nombreux, en France et parfois même à l'étranger. La lutte est devenue plus acharnée et plus tragique. Pour ceux qui ne font appel qu'à la raison et aux sciences, les sociologies, qui remplacent les métaphysiques et les théologies, sont essentiellement provisoires et doivent se modifier incessamment avec les progrès des sciences de la nature, de la vie et de la pensée. Pour ceux qui préfèrent rester fidèles au passé, la direction à suivre a été indiquée par des hommes très différents d'origine et d'opinion. L'école idéologique a remis en honneur l'étude historique du Moyen Age. Chateaubriand a estimé que certains hommes ou certaines œuvres de cette époque ne sont pas indignes de l'antiquité ou du xvii® siècle. Madame de Staël a placé le Moyen Age parmi les grandes époques de l'histoire de la littérature. Lamartine nous ramène au christianisme néo-platonicien ; Victor Hugo, au moyen âge allemand et français. Bien d'autres, écrivains ou poètes, les accompagnent ou les suivent. La peinture est romantique avant la poésie. Les musiciens puisent dans les légendes allemandes et françaises. — IV. Les idéologues et les romantiques ont conduit les historiens à l'apologie ou à l'étude impartiale du Moyen Age. Il en a été de même des historiens de la littérature et des érudits en général. L'école éclectique a tenté de faire entrer définitivement les philosophies médiévales dans l'histoire générale et parfois y a cherché une règle de vie. L'Eglise catholique a été la dernière à revenir à sa philosophie médiévale et même au thomisme. De Bonald, Joseph de Maistre, surtout Lamennais ont contribué à l'y ramener. Adversaire de l'athéisme, du déisme, du protestantisme, du cartésianisme et du gallicanisme Lamennais est ultramontain et veut qu'on remonte au delà du xviii® siècle. D'un autre côté, il pose les bases d'une réconciliation entre l'Eglise et le libéralisme. Il justifie par avance la proclamation de l'infaillibilité du Pape et le retour au thomisme. — V. Le cartésien Sanseverino a publié vers 1860 une Philosophie thomiste, qui fut approuvée par l'archevêque de Naples et par Pie IX. Cornoldi institua une Académie et rédigea une Revue thomiste. Léon XIII, dès son avènement au pontificat, recommandait le retour au thomisme, appelait le P. Cornoldi à l'Université grégorienne et publiait l'Encyclique *Eterni Patris*. Des mesures étaient prises pour constituer à Rome un enseignement thomiste dont l'influence se fit sentir dans l'Italie et dans le monde catholique. A cette œuvre travaillèrent Cornoldi, Zigliara, Lorenzelli, Satolli, Talamo, l'Académie romaine de Saint-Thomas et la *Gregoriana*, la *Scuola cattolica*, la *Civilta cattolica*, le *Divus Thomas*, etc. Des propositions de la *Teosofia* de Rosmini furent condamnées en 1887. Le retour du kantien positiviste, Ausonio Franchi, aux doctrines catholiques et thomistes, provoqua des discussions aussi vives que la condamnation de Rosmini. Les thomistes romains ont fait pénétrer leurs doctrines dans les Universités catholiques, dans les séminaires, chez les évêques, les prêtres, les moines. Mais des catholiques mêmes trouvent qu'ils n'ont pas agi sur la société moderne, parce qu'ils n'ont fait œuvre ni de critiques, ni d'historiens ou de savants. — VI. Dès 1892 les catholiques belges avaient créé un enseignement qui répondait complètement aux vues exposées dans l'Encyclique *Eterni Patris* et auquel se rattachent les noms d'Evangélista, de Devivier, de Bossu, de Lahousse, de Van der An, de Castelein, de Van Weddingen. C'est en 1880 qu'à la demande de Léon XIII, les évêques de Belgique fondaient à Louvain une chaire de philosophie thomiste, confiée à l'abbé D. Mercier. En 1884 les catholiques reprenaient le pouvoir. En 1888, Léon XIII demandait qu'on créât à Louvain un Institut thomiste. Mgr Mercier, chargé de le diriger, y joignit un séminaire pour recevoir des clercs destinés à devenir professeurs dans les grands séminaires. Il s'est proposé de former des maîtres pour la physique et la chimie, la géologie et la cosmologie, la biologie et les sciences naturelles, les sciences archéologiques, philologiques et sociales, comme pour la philosophie. L'Institut comporte trois grands compartiments, cosmologie ou philosophie de la matière, psychologie ou philosophie de la vie, morale ou philosophie de l'action, au-dessus desquels sont la métaphysique et la théodicée, sciences de l'absolu, à côté desquels se place l'histoire. L'organisation complète comprend des cours d'analyse et de synthèse qui conduisent, en première année, au baccalauréat, en seconde année, à la licence, en troisième année, au doctorat. La *Revue néo-scolastique*, fondée en 1894 avec Mgr Mercier pour directeur et M. de Wulf pour secrétaire, indique, par son épigraphe, *Nova et vetera*, le but poursuivi. Mgr Mercier entendait qu'on y conciliât les leçons de la sagesse antique avec les découvertes modernes ; qu'on y rapprochât les synthèses préparées par les sciences physiques, biologiques, politiques et sociales, des doctrines traditionnelles de l'Ecole. Elle a fait une grande place à la polémique contre les théories sociales ou philosophiques que réprouve Léon XIII, spécialement contre le kantisme. Elle attaque l'anticléricalisme sous Combes, les scolastiques attardés et les rosminiens ; elle trouve que l'antisémitisme de S. Thomas, qu'elle compare à celui de Drumont, était justifié en principe et en fait. C'est dans la religion, non dans le sang ou la race, qu'il faut chercher l'explication dernière de la permanence des Juifs comme nation distincte, de leur insociabilité et de leur exclusivisme. Le remède, c'est que l'État chrétien oblige les Juifs à être des membres producteurs, à se livrer à un travail utile et qu'il les exclue de son administration ; c'est que les chrétiens leur ferment leurs salons. Parfois la *Revue néo-scolastique* s'attache à faire connaître, aussi exactement que possible, les doctrines historiques ou scientifiques, à traiter avec modération des adversaires qui se réclament de la pensée rationnelle et scientifique. Elle a fait une place considérable aux questions scientifiques et à la métaphysique qu'elles rejoignent, comme à la sociologie. Elle est ouverte aux thomistes des autres pays et signale leurs Revues, leurs articles ou leurs livres. Léon XIII estimait que l'influence de l'Université de Louvain a été grande en Belgique. En fait, elle a, pour sa bonne part, contribué à la conquête, par les catholiques, du pouvoir politique et elle sert à le leur conserver. Le thomisme a uni les catholiques entre eux, en leur montrant le but suprême à atteindre, et contre leurs adversaires, tous ceux qui ne sont pas catholiques et thomistes. Aussi l'œuvre accomplie en Belgique et surtout à Louvain a-t-elle été fort admirée par les catholiques de tout pays. En réalité, il y a eu un effort considérable pour assimiler les résultats obtenus par les savants et les historiens modernes, mais si l'on fait appel à la science et à la raison, c'est, en définitive et surtout comme au xiiie siècle, pour combattre et extirper, dans tous les domaines, les erreurs modernes. — VII. La tendance des catholiques de l'Allemagne du Sud et des provinces rhénanes à revenir au thomisme s'est manifestée dans les Revues anciennes, *Theologische Quartalschrift* de Tübingen, *Natur und Offenbarung* de Munster, *Katholik* de Mayence, *Stimmen aus Maria-Laach* de Fribourg, *Historisch-politische Blätter für das katholische Deutschland* de Munich, *Zeitschrift für katholische Theologie* d'Inspruck. De nouvelles Revues se sont fondées, les *Saint-Thomas Blätter* à Ratisbonne, le *Jahrbuch für Philosophie und speculative Theologie*, à Paderborn et à Munster, surtout le *Philosophisches Jahrbuch* de la Görres-Gesellschaft. Toutes ces Revues, mais spécialement la dernière, se proposent de mettre en lumière les doctrines de S Thomas en les comparant avec celles de la philosophie grecque et avant tout d'Aristote, avec celles des Pères, des chrétiens antérieurs ou postérieurs à S. Thomas, puis de signaler les ouvrages, les articles et les journaux qui peuvent intéresser les lecteurs. Le *Philosophisches Jahrbuch* contient des articles qui portent sur S. Thomas, sur les autres scolastiques ou qui ont pour objet de résoudre les questions que se posent les modernes. On y tient compte de la science et souvent on est conduit par elle à des réflexions religieuses. On y combat tous les philosophes modernes, de Gassendi à Hartmann, à Darwin et à Spencer, comme à Auguste Comte. Des livres ont été publiés en Allemagne pour les étudiants catholiques. D'autres éditent ou étudient des œuvres médiévales. MM. Baeumker et G. von Hertling dirigent les *Beiträge zur Geschichte der Philosophie des Mittelalters, Texte und Untersuchungen*, où figurent des textes en grande partie inédits, comme la traduction latine de la *Source de Vie* d'Ibn-Gebirol et des travaux comme la *Philosophie de Pierre Lombard*, où l'on détermine, en se servant des cadres actuels, quelles furent les doctrines des philosophes médiévaux. Le succès du thomisme et des catholiques a été grand en Allemagne. Le parti du centre a pris une place de plus en plus considérable au Reichstag. Après Windthorst, le baron von Hertling a joué un rôle important. Baeumker, Spahn ont été nommés à l'Université de Strasbourg. L'Académie de Münster est devenue une Université. La Faculté de théologie catholique, créée à Strasbourg, consacre l'alliance de l'Empire avec le catholicisme thomiste. Les Revues et les livres ont rappelé l'attention des érudits sur la philosophie du catholicisme aux xiiie, xive et xve siècles, celle des politiques et des philosophes, sur des conceptions qui paraissaient définitivement condamnées. Les progrès ou la décadence du thomisme en Allemagne sont subordonnés à la question de savoir si les catholiques resteront unis, sous Pie X, comme ils l'ont été sous Léon XIII, si leurs adversaires trouveront un terrain d'entente pour les combattre. — VIII. Une chaire où le P. de Groot enseigne la philosophie de S. Thomas, a été créée à l'Université d'Amsterdam. Le thomisme a eu peu de succès en Angleterre, où il n'y a guère à citer que Thomas Harper, Clarke et le cardinal Vaughan. Dans les Etats-Unis d'Amérique, une Université catholique a été établie à Washington. Mgr Ireland a écrit l'*Eglise et le Siècle*. Le Parlement des religions, tenu à Chicago, s'est proposé de former la sainte Ligue de toutes les religions contre l'irréligion, et les catholiques y ont pris une grande part, encouragés par le cardinal Gibbons, par les évêques, par Mgr Keane et Mgr Ireland. Mais Léon XIII a condamné un certain nombre de doctrines américanistes. L'Espagne et le Portugal, restés thomistes, ont parfois semblé vouloir rivaliser avec les autres nations catholiques pour suivre les instructions de Léon XIII. Il faut surtout signaler, en Autriche, le mouvement antisémite. En Hongrie, en Bohême, en Pologne, le thomisme a eu des représentants. En Suisse, le chanoine Kauffmann s'y est rattaché, comme l'Université catholique de Fribourg, dont les professeurs dominicains ont publié, avec leurs confrères de France, la *Revue thomiste*. Au Luxembourg, Thill peut être compté parmi les thomistes. — IX. En France, il y a eu des catholiques pour suivre les indications politiques et sociales de Léon XIII. Les Facultés catholiques ont mis au premier plan l'enseignement du thomisme, à Angers, à Lille, à Lyon, à Toulouse, à Paris. Des Sociétés se sont fondées, de nombreux ouvrages ont été composés pour faire connaître les doctrines de S. Thomas, pour les défendre contre leurs adversaires, pour combattre les doctrines contraires, pour essayer de faire entrer dans le thomisme les données des sciences physiques, naturelles, historiques ou morales. Les Revues catholiques ont à peu près toutes fait une place aux thomistes. Mais c'est dans les *Études* des Jésuites, dans les *Annales de la philosophie chrétienne*, dans la *Revue de philosophie*, surtout dans la *Revue thomiste*, rédigée par les Dominicains de Suisse, de France et d'autres pays, qu'on peut suivre les progrès du thomisme et se rendre compte des directions principales dans lesquelles se sont engagés ses défenseurs. — X. On peut dire que Léon XIII, pendant tout son pontificat, a eu surtout pour objet, de restaurer le thomisme et de le faire servir à la diffusion et au triomphe du catholicisme. Il a voulu fortifier l'unité catholique, en joignant à sa théologie, thomiste par tradition, la philosophie qui y est le plus étroitement unie. Enrichie par les découvertes scientifiques, elle devait répondre à toutes les questions que soulèvent les individus et les sociétés modernes, fournir des armes contre les adversaires irréductibles ou préparer un terrain d'entente où l'Eglise catholique pût rencontrer ceux qui ne voudraient pas en toute matière s'opposer à elle. L'unité ainsi entendue semble s'être faite sur les *vetera*, non toujours sur les *nova* dans le monde ecclésiastique : d'une façon générale, elle y résulte autant de l'autorité pontificale que de l'adhésion complète et entière de tout le clergé régulier et séculier. Pour les laïques, il faut distinguer la spéculation et l'action dans les différents pays. En Italie ils n'ont guère subi l'influence nouvelle. En Belgique, les catholiques, complètement unis, sont les maîtres en face d'adversaires divisés. En Allemagne, la minorité catholique est arrivée à un résultat analogue, car ses adversaires politiques, religieux ou philosophiques, beaucoup plus nombreux cependant, n'ont ni réussi ni même cherché à s'entendre pour la combattre. En France, la lutte s'est engagée de telle façon que toute conciliation soit actuellement difficile. Sur le domaine spéculatif, il y a des difficultés, non encore surmontées, pour la constitution d'une synthèse qui complète celle de S. Thomas au XIII° siècle. Des travaux partiels, fort intéressants, ont été produits sur le domaine dogmatique et historique. L'ensemble même des recherches doit être étudié par le savant et le philosophe, par l'historien des religions et des philosophies. Mais il n'y a pas en ce moment une systématisation des *nova* et des *vetera* qui ait réussi à s'imposer à la majorité des clercs, à plus forte raison à la majorité des catholiques. Peut-être se produira-t-elle par la suite ou suffira-t-il aux catholiques qu'on assimile aux dogmes et à la philosophie thomiste les découvertes scientifiques que personne ne conteste, parmi ceux qui sont aptes à en examiner la valeur et la portée. Mais peut-être aussi se trouvera-t-il des catholiques pour construire, en accord avec les dogmes, une métaphysique nouvelle ou pour reprendre quelqu'une de celles qui dans le monde chrétien, se rattachent à Plotin. D'autant plus que si nous avons pu signaler les avantages immédiats pour les catholiques, du retour au thomisme, on aperçoit maintenant les inconvénients qui en résultent pour eux. On avait vu des catholiques disposés à chercher un terrain de conciliation avec les représentants des autres religions, avec les partisans de l'école laïque, des doctrines politiques, sociales et démocratiques de la Révolution, avec les propagateurs d'une philosophie scientifique et rationnelle et l'on avait, en ce sens, signalé leur esprit nouveau. Mais il s'en est trouvé d'autres, qui ont paru l'emporter en nombre et en influence, pour combattre par tous les moyens, les hommes et les institutions qui étaient en opposition ou en désaccord avec leurs conceptions politiques, sociales, philosophiques, religieuses et scolaires. Ils ont fait bloc contre les Juifs, les protestants, les francs-maçons, les libres-penseurs, les partisans des doctrines de la Révolution ; ils ont attaqué l'enseignement et la morale laïques sous toutes leurs formes. Par suite, ils ont donné à tous ceux qu'ils traitent en adversaires l'idée de se grouper pour se défendre ou même pour prendre l'offensive. La lutte politique a remplacé les discussions philosophiques. Il faut attendre les actes de Pie X, il faut voir quelles tendances ils feront naître ou développeront chez les membres du clergé séculier ou régulier, pour savoir exactement si le thomisme continuera d'être, sous le nouveau Pontife comme sous l'ancien, la seule philosophie de l'Eglise catholique. Mais ce qui ressort, sans contestation possible, de cet exposé sommaire de la Restauration du thomisme sous le Pontificat de Léon XIII, c'est que l'étude des philosophies religieuses, qui vont de Philon, à Plotin, à S. Augustin, au Pseudo-Denys, à Avicenne, Avicebron, Averroès et Maïmonide, à S. Anselme, à S. Thomas, à Duns Scot, Malebranche, Leibnitz et Kant, jusqu'à nos contemporains, idéalistes ou thomistes, est absolument indispensable, non seulement à l'historien des philosophies qui veut savoir ce qui a été pensé avant lui pour essayer de déterminer exactement ce qu'il lui convient de penser et de faire, mais encore à ceux qui prennent part aux luttes sociales, politiques ou scolaires, s'ils estiment vraiment que, pour établir un accord durable ou pour conduire une lutte sans trop de désavantages, il faut connaître les principes sur lesquels s'appuient leurs adversaires, les applications qu'ils en ont tirées, les conséquences qu'ils en ont fait sortir pour la direction des individus et des sociétés . . . . (p. 216-288

CHAPITRE X

L'histoire enseignée et écrite des philosophies médiévales.

I. L'histoire des philosophies médiévales est indispensable pour comprendre le moyen âge, pour se rendre compte de ce que sont devenues les conceptions antiques, de la manière dont s'est formée la civilisation moderne. La restauration du thomisme sous Léon XIII a montré qu'elle est nécessaire pour le politique, le sociologue et l'éducateur, comme pour le philosophe. Or, on fait l'apologie et l'exposition des doctrines thomistes dans les séminaires de tout pays, dans les Universités d'Espagne et de Portugal, d'Amsterdam, de Fribourg et de Louvain, d'Allemagne et d'Autriche, dans les Instituts et Facultés catholiques de Paris, de Lille, de Lyon, d'Angers et de Toulouse. On étudie l'histoire générale, celle des institutions et des religions, celle de l'art, des langues et des littératures romanes, celle du droit romain et du droit canon dans bon nombre des établissements d'enseignement supérieur de Paris et des Universités régionales. L'histoire générale, celle de la langue et de la littérature françaises du moyen âge ont leur place dans les lycées.

L'histoire des philosophies médiévales ne figure plus ni aux programmes de baccalauréat, de licence ou d'agrégation, où elle entrait autrefois, ni dans l'enseignement de nos Facultés ou Universités. — II. Nous n'avons pas une histoire générale et comparée des philosophies médiévales, qui pourrait faire moins regretter l'absence d'un enseignement oral. L'œuvre de B. Hauréau est considérable. Émule des grands érudits d'autrefois, partisan de la Révolution française, voltairien et idéologue, déiste, adversaire des religions révélées et des théologiens, il est bienveillant pour les hérétiques. Il ne veut ni d'une philosophie servante de la théologie, ni d'une philosophie réduite à la logique. Il s'oppose aux idéalistes téméraires, comme aux positivistes. Pour lui, c'est la question des universaux qui a engendré toutes les écoles, qui sert de base et de couronnement à tout système. De là deux divisions capitales dans la philosophie, le réalisme qui est l'erreur même, qui nie l'individualité et conduit au panthéisme ; le nominalisme, philosophie tempérée qui est devenue la philosophie moderne et ne saurait être confondu avec le sensualisme et le scepticisme. La scolastique, c'est pour B. Hauréau, la Révolution qui se prépare et qui annonce sa venue. Le but qu'il s'est proposé, c'est de raconter les luttes entre la raison et la foi, entre réalistes et nominaux, en relevant avec soin les conquêtes successives de la raison et les défaites de ses adversaires. Son histoire, avec les publications qui la complètent, commence au IXe siècle et se termine au XVe ; elle laisse de côté ou touche à peine quelques-unes des philosophies les plus importantes du moyen âge, et elle ne les examine jamais dans leur développement synchronique. Elle omet ou place au second plan des questions infiniment plus importantes que celle des universaux, dont on a cherché la solution au moyen âge, et elle est conçue à un point de vue polémiste qu'ont abandonné avec raison les historiens actuels, soucieux d'étudier les religions pour en connaître le rôle dans les civilisations, plutôt que d'en faire la critique ou l'apologie. S'il n'a pas écrit l'histoire générale et comparée des philosophies médiévales, ceux qui le tenteront profiteront longtemps encore de son érudition et devront toujours s'inspirer de son impartialité et de son admirable probité scientifique. — III. Les catholiques font rentrer l'histoire des philosophies médiévales dans une philosophie tout à fait opposée à celle de B. Hauréau, dans le néo-thomisme ou la néo-scolastique. M. Elie Blanc utilise les travaux les plus récents, mais il juge, en catholique et en thomiste, les philosophes du moyen âge comme ceux de l'antiquité et des temps modernes. Il en est à peu près de même de M. de Wulf. Pour lui, la religion chrétienne est seule vraie et, dans le christianisme, le catholicisme atteint seul la vérité complète et l'exprime en ses grandes lignes au XIIIe siècle quand il systématise le dogme. On ne peut faire un choix que parmi les philosophies chrétiennes et ce choix doit être fait comme celui qui porte sur les formes religieuses du christianisme ou sur les églises. Ainsi se trouvent écartées la philosophie scientifique, celle des Indiens et des Chinois, des Grecs, des Juifs et des Arabes, des Byzantins et des hommes de la Renaissance ou de la Réforme, même celle des Pères. La scolastique l'emporte sur toutes les philosophies, comme le catholicisme romain l'emporte sur toutes les religions ou même sur toutes les autres doctrines qui relèvent du christianisme. Avec les philosophies byzantine et arabe, avec ses déviations, avec l'antiscolastique, la scolastique constitue la philosophie médiévale. Elle comprend une période de formation, une période d'apogée, une période de décadence, une période de transition qui conduit à la philosophie moderne. Ainsi MM. Elie Blanc et de Wulf, préoccupés avant tout de l'orthodoxie, étudient avec diligence et sollicitude dans sa formation, son apogée et son déclin ou sa restauration, la philosophie du XIIIe siècle, qu'ils nous apprennent à mieux connaître et à mieux juger. Mais ils n'ont pas songé et ne pouvaient même guère songer à une histoire générale et surtout comparée des philosophies médiévales, examinées exclusivement en elles-mêmes et non dans leurs rapports avec ce qu'ils considèrent comme la vraie religion. En restreignant ainsi les philosophies médiévales à la scolastique péripatéticienne, ils ont peut-être contribué à les faire dédaigner de plus en plus par ceux qui auraient été disposés à les étudier avec intérêt, si on les eût présentées, dans leur ensemble, comme la caractéristique essentielle de la période théologique dont on examine avec tant de soin les éléments les moins importants. — IV. L'histoire d'Ueberweg, revue par Heinze, présente une bibliographie complète et d'excellentes expositions. Elle n'est ni générale, ni comparée et parfois elle témoigne de préoccupations protestantes et chrétiennes qui, sans rendre les monographies moins exactes, sont de nature à déterminer, d'après des considérations confessionnelles plutôt qu'intrinsèques, la comparaison entre les philosophies médiévales. — V. Cette histoire générale et comparée peut être faite par celui qui sépare l'exposition et l'explication de la critique, pour embrasser dans leur ensemble, dans leur coordination ou leur subordination, les éléments divers dont se constituent les philosophies médiévales. Plus encore s'il est partisan d'une philosophie scientifique et rationnelle pour la constitution de laquelle il lui est tout aussi nécessaire de connaître le passé de l'humanité, surtout les religions et les philosophies, que les résultats auxquels aboutissent les sciences physiques, naturelles et morales. C'est à ce point de vue que nous nous sommes placé pour composer nos travaux antérieurs et diriger ceux des jeunes gens qui ont travaillé avec nous, comme pour écrire cette *Esquisse* qui se suffit à elle-même. C'est à ce point de vue que nous voulons nous placer pour exposer et rédiger l'*Histoire générale et comparée des philosophies médiévales*, à laquelle elle peut servir d'introduction . . . . p. 289

Conclusion. . . . . p. 310

LIBRAIRIE FÉLIX ALCAN

Ouvrages cités dans le présent volume

BOUTROUX (E.). — Etudes d'histoire de la philosophie, 2ᵉ édit., 1 volume in-8º . . . . 7 fr. 50
CARRA DE VAUX. — Avicenne. 1 volume in-8º . . . . 5 fr. »
DÖLLINGER (I. de) — La papauté, 1 volume in-8º . . . . . 7 fr. »
HANNEQUIN. — Essai critique sur l'hypothèse des atomes, 2ᵉ édit., 1 volume in-8º . . . . 7 fr. 50
JAMES (William). — L'expérience religieuse. Traduit de l'anglais par FRANCK ABAUZIT, préface de M. E. BOUTROUX, de l'Institut, 1 volume in-8º . . . 10 fr. »
JANET (P.). — La philosophie de Lamennais, 1 volume in-8º . . 2 fr. 50
KARPPE. — Les origines et la nature du Zohar, 1 volume in-8º . 7 fr. 50
— Essais de critique et d'histoire de la philosophie, 1 volume in 8º . 3 fr. 75
LÉON (X.). — La philosophie de Fichte, 1 volume in-8º . . . 10 fr. »
LÉVY-BRUHL. — La philosophie de Jacobi, 1 volume in-8º . . 5 fr. »
— La philosophie d'Auguste Comte, 1 volume in-8º . . . . 7 fr. 50
LIARD (L.), de l'Institut. — Descartes, 2ᵉ édit., 1 volume in 8º . 5 fr. »
LYON (G.). — L'idéalisme en Angleterre, au XVIIIᵉ siècle, 1 vol. in-8º . 7 fr. 50
MERCIER (Mgr.). — Cours de philosophie.
I. — Logique. 4ᵉ édit 1 vol. in-8º . . . . 5 fr. »
II. — Notions d'ontologie ou de métaphysique générale, 4ᵉ édition, 1 vol. in-8º . . . . 10 fr. »
III. — Psychologie. 2 vol. in-8º, 7ᵉ édit. . . . . 10 fr. »
IV. — Critériologie générale. 1 vol. in-8º. 5ᵉ édit . . . . . 6 fr. »
V. — Critériologie spéciale (En préparation).
VI. — La philosophie médiévale, par M. DE WULF, 2ᵉ éd. 1 vol. in-8º 10 fr. »
VII. — Cosmologie, par M. NYS. 1 vol. in-8º . . . . . . 10 fr. »
OLDENBERG — Le Bouddha. 2ᵉ édit., 1 volume in 8º . . . . 7 fr. 50
— La religion du Véda. 1 volume in-8º . . . . 10 fr. »
RÉVILLE (A.). — Histoire du dogme de la divinité de Jésus-Christ, 3ᵉ édit., 1 volume in-16 . . . . 2 fr. 50
RIBOT (Th.), de l'Institut. — La psychologie de l'attention, 9ᵉ édit., 1 volume in-16 . . . . 2 fr. 50
— La psychologie des sentiments, 5ᵉ édit., 1 vol. in-8º . . . 7 fr. 50
— La logique des sentiments, 1 volume in-8º . . . . . . 3 fr. 75
— Essai sur l'imagination créatrice, 2ᵉ édition. 1 volume in 8º . 5 fr. »
— L'évolution des idées générales, 2ᵉ édition, un volume in 8º . 5 fr. »
— L'hérédité psychologique, 8ᵉ édit., 1 volume in-8º . . . . 7 fr. 50
SPINOZA. — Œuvres. Edit. Van Vlooten, 3 vol. in-12, reliés . . 18 fr. »
TANNERY. — Pour la science hellène, 1 volume in-8º . . . . 7 fr. 50

A LA MÊME LIBRAIRIE

Autres ouvrages de M. F. Picavet

Histoire de la philosophie. Ce qu'elle a été et ce qu'elle peut être, 1 v. in-8º . 2 fr. »
La Mettrie et la critique allemande, 1 br. in 8º . . . . . . 1 fr. »
Les Idéologues, 1 vol. in-8º, couronné par l'Académie française. . 10 fr. »
Traduction française de la Critique de la Raison pratique de KANT avec une introduction et des notes, 1 vol. in-8º, 3ᵉ édition . . . . . . 6 fr. »

LAVAL. — IMPRIMERIE L. BARNÉOUD ET Cⁱᵉ

www.ingramcontent.com/pod-product-compliance
Lightning Source LLC
Chambersburg PA
CBHW070456170426
43201CB00010B/1367